ERAM A CONSOLAÇÃO

SERVIÇO SOCIAL DO COMÉRCIO
Administração Regional no Estado de São Paulo

Presidente do Conselho Regional
Abram Szajman

Diretor Regional
Danilo Santos de Miranda

Conselho Editorial
Áurea Leszczynski Vieira Gonçalves
Rosana Paulo da Cunha
Marta Raquel Colabone
Jackson Andrade de Matos

Edições Sesc São Paulo
Gerente Iã Paulo Ribeiro
Gerente Adjunto Francis Manzoni
Editorial Cristianne Lameirinha
Assistente: Antonio Carlos Vilela
Produção Gráfica Fabio Pinotti
Assistente: Ricardo Kawazu

LÚCIA HELENA GAMA

ERAM A CONSOLAÇÃO

SOCIABILIDADE E CULTURA EM SÃO PAULO NOS ANOS 1960 E 1970

© Lúcia Helena Gama, 2023
© Edições Sesc São Paulo, 2023
Todos os direitos reservados

PREPARAÇÃO Editora Polis, Leandro Rodrigues
REVISÃO Maiara Gouveia e Sílvia Balderama Nara
CURADORIA E PESQUISA DE IMAGENS Ennio Brauns/Foto&Grafia
PROJETO GRÁFICO, CAPA E DIAGRAMAÇÃO Tereza Bettinardi
ASSISTENTE Gabriela Gennari e Lucas D'Ascenção
FOTOS DA CAPA Acervo Simone Alcântara, foto de Mujica Saldanha, acervo Monica Mortara/fotógrafo desconhecido, acervo Héctor Costita.
QUARTA CAPA acervo Ignácio de Loyola Brandão, acervo Monica Mortara/fotógrafo desconhecido, acervo Raquel Moreno

Dados Internacionais de Catalogação na Publicação (CIP)

G14e   Gama, Lúcia Helena

Eram a Consolação: sociabilidade e cultura em São Paulo nos anos 1960 e 1970 / Lúcia Helena Gama. – São Paulo: Edições Sesc São Paulo, 2023. – 496 p. il.: fotografias.

Bibliografia
ISBN: 978-85-9493-248-8

1. Política Cultural. 2. São Paulo. 3. Consolação. 4. Cultura popular. 5. Arte. 6. Vida Cultural. 7. Sociabilidade. 8. Década de 60. 9. Década de 70. I. Título.

CDD 301.2

Ficha catalográfica elaborada por Maria Delcina Feitosa CRB/8-6187

Edições Sesc São Paulo
Rua Serra da Bocaina, 570 — 11º andar
03174-000 — São Paulo SP Brasil
Tel. 55 11 2607-9400
edicoes@sescsp.org.br
sescsp.org.br/edicoes
/edicoessescsp

APRESENTAÇÃO

TERRITORIALIDADES DINÂMICAS
A vida cultural de uma cidade, constituída principalmente pelas pessoas e comunidades que a habitam, dá o tom das formas de convivência que nela se desenrolam. Os usos cotidianos, as práticas de criação/fruição e os modos de comunicação cultivados pelos cidadãos conferem o lastro necessário para os tipos de interação e intercâmbio mantidos pelos munícipes nos ambientes públicos que frequentam. É necessário reconhecer que o território urbano é definido não somente por quem o administra, projeta e constrói, mas também, e especialmente, por aqueles que o ocupam, moldando-o com suas presenças, suas manifestações e seus desejos, o que inclui modalidades artísticas de expressão e maneiras inventivas de conceber e tocar a vida, o que contribui para a vigência de sociabilidades distintas, plurais em suas peculiaridades; portanto, refratárias à mera reprodução de padrões estagnados, haja vista que à efervescência no plano simbólico corresponde a dinamicidade no âmbito das relações sociais. Numa pólis como São Paulo, onde convivem, entre outras forças vitais, música e movimentação política, teatro e experimentação comunitária, cinema e vocação cosmopolita, é de se esperar que o caldo cultural, em sua fervura e abundância, requeira nada menos do que um caldeirão para se adensar.

O transbordamento do centro da cidade, o deslocamento de fronteiras e a multiplicação de centralidades, conforme a experiência de São Paulo entre as décadas de 1960 e 1970, configuram a principal matéria deste estudo de Lúcia Helena Gama. Recorrendo a fontes diversas, mas sobretudo a depoimentos de figuras ativamente envolvidas em seus espaços culturais, intelectuais e artísticos, a autora demonstra que as drásticas alterações urbanísticas produzidas na região central da cidade, nas duas décadas em que o regime militar vigorou de forma mais recrudescida, em vez de arrefecer a ebulição cultural e a convivialidade desenvolta dos citadinos, espalhou-a.

Talvez não se imaginasse que, ao deslocar tendenciosamente a Universidade de São Paulo para depois do rio Pinheiros, afastando-a do vórtice político-cultural representado pelo centro da cidade, os locais de resistência e invenção fossem se multiplicar de maneira tão robusta. Tudo isso a ponto de conectar Butantã, Vila Madalena, Vila Beatriz e Pinheiros às adjacências de um Centro Novo, também ele expandido, com a pujança de Vila Buarque, Bixiga, praça Roosevelt, rua Augusta e das avenidas Consolação e Paulista. Cada um desses trechos e porções, com os liames estabelecidos entre eles, tornariam a atividade cultural e a sociabilidade paulistanas ainda mais complexas e fascinantes.

Inclusive, nesse mesmo curso de multiplicação dos espaços culturais, é inaugurado, em 1967, o Sesc Consolação, na mencionada Vila Buarque, com equipamento inédito à época, em sua diversidade de opções artísticas, esportivas e de lazer, incluindo o icônico Teatro Anchieta. Intersecções desse tipo demonstram como o Sesc, com suas mais de sete décadas de existência, desenvolve-se institucionalmente em sintonia com os movimentos históricos do qual é parte integrante, e também propositiva. O presente volume, com o fôlego e a vivacidade com que logra repor a São Paulo dos turbulentos, mas profícuos anos 1960 e 70, condiz a um testemunho de como as territorialidades resultam de imbricações imprevisíveis entre distintas instâncias da sociedade.

Danilo Santos de Miranda
Diretor do Sesc São Paulo

Aos companheiros dessas gerações que suportaram com firmeza as adversidades e afirmaram com poesia nossas convicções. Saudações especiais ao companheiro Ennio Brauns, que emprestou seu olhar sobre os acontecimentos aqui narrados e me auxiliou na busca das imagens mais poéticas, mas não teve tempo de ver o livro na rua.

11	Introdução
17	Eram a Consolação...
31	Mãos à obra — 1960-1961
50	Cultura popular
76	Em busca do Brasil
78	120 por hora
107	Deseducação
110	A parte que te cabe deste latifúndio
156	Ferro's Bar
162	*Happening*
164	Entre amor, molotov e humor
211	Na barca do São Francisco
213	As gavetas e o balanço da década
216	Em busca do corpo
253	A Boca
255	Indígenas e posseiros
300	Realidade, trombadinhas, Amazônia e indígenas
325	Ganhando as ruas, a passos lentos
353	Ventos contraculturais
414	Movimentos de estudantes
444	Anistia?
476	Rodamoinho
478	Balanço
490	Referências bibliográficas
493	Créditos das imagens
495	Sobre a autora

Quantas dor de cotovelo
Eu bebi na minha vida
Espadona e Parreirinha
Ponto chique, Avenida

Outros bares da Ipiranga
Eram a consolação

Adoniran Barbosa

INTRODUÇÃO

Seguindo no espírito de *Nos bares da vida: produção cultural e sociabilidade em São Paulo, 1940-1950*, este trabalho vai traçar um panorama das alterações que o centro da cidade sofreu durante as duas décadas seguintes, anos 1960 e 1970, com a criação de novas centralidades e novos espaços de cultura e de sociabilidade.

O levantamento das informações sobre a cidade e a cultura no período foi feito através de longas entrevistas com estudantes e artistas, depoimentos escritos, entrevistas publicadas em órgãos de imprensa, publicações acadêmicas e textos literários.

A "figura" de um narrador/pesquisador percorre a rua e os espaços internos da cidade onde pulsa a vida cultural e dialoga com seus informantes, como se estivesse presente na construção desta história.

A cidade compacta, com uma centralidade bem delimitada nos anos 1940 e 1950, aos poucos vai transbordando. Algumas obras e interferências no traçado das ruas e avenidas fazem com que o Centro Novo se esparrame para Vila Buarque, praça Roosevelt, bairros Bela Vista e Bixiga, rua Augusta, avenidas Consolação e Paulista.

No final da década de 1950 e início de 1960, o som emana das ruas do Centro Novo: inúmeras casas noturnas se abrem aos grupos musicais que não param de surgir. Das boates Stardust, Arpège, Michel, L'Amiral, Club de Paris e Cave, na Vila Buarque, até os pianos-bares mais "requintados", com pianos e vozes de Claudette Soares, Ângela Maria, Cauby Peixoto, Maysa, Leny Andrade, Wilma Bentivegna, Germano Mathias, Johnny Alf, Dick Farney e Pedrinho Mattar, que emitem os primeiros acordes da bossa nova na capital paulista.

São locais musicais, teatrais, de encontro entre jovens, estudantes e profissionais das artes e comunicações. A região central consegue ainda atravessar a década de 1960 com uma agitação bastante intensa. Os festivais causam grande trânsito de jovens, mobilizam torcidas que se reúnem na Galeria Metrópole, com seus inúmeros bares e boates. Músicos, críticos e jornalistas iniciam sua carreira por ali.

A galeria, na praça Dom José Gaspar, recém-construída, ferve ao som do samba, da "fossa" e da bossa nova e aguarda ansiosa os resultados dos festivais, vendo a "banda" passar. Ali os músicos se reúnem, ouvindo antecipadamente os grandes premiados e fazendo suas apostas. Com recorde de público nos teatros alugados pelas emissoras de televisão, transmitidos ao vivo, os festivais de música agitavam os jovens e formavam facções aguerridas. Mas ainda havia espaço para o samba-canção, o chorinho, o bolero e o "infernal" gênero musical que veio para ficar: o tal do *rock and roll*.

Aliás, o tal do *rock and roll* abre casas noturnas na rua Augusta, bota muitos jovens para dançar, lança modas e programas televisivos, como o de Antônio Aguillar, na TV Excelsior, depois Record, que tem um time começando: Demétrius, Ronnie Cord, George Freedman, Tony Campello, Celly Campello, Wanderléa e Roberto Carlos. Essa juventude frequenta aos domingos, perto do viaduto Maria Paula, um clube onde fazem bailes. Procuram o programa para se apresentar, não são cantores promissores, estão começando, mas o público vibra com tudo que fazem, tudo o que querem é barulho, *rock and roll*.

Nas "quebradas do mundaréu", os músicos não tão abonados emitem os sons do bom samba paulista no Cortiço Negro, no Bixiga, nas gafieiras do centro e nas que vão se avolumando na cidade, disputando e compartilhando espaço com o lazer tradicionalmente popular do futebol de várzea.

Figurinhas carimbadas na vida urbana, as mulheres, durante a década anterior, começaram a dar o ar da graça, acompanhadas de seus maridos, namorados e pais. Mas é agora que rompem importantes amarras; pondo as manguinhas de fora, estão em todos os lugares, em bares, na cinemateca, no museu, no Clubinho dos Artistas, nas livrarias e faculdades e ocupando espaços no mercado de trabalho. Personagens fundamentais nas profundas alterações comportamentais dessas décadas trazem a graça e a ousadia da luta em várias situações. O mundo urbano, onde elas agora têm papel preponderante, ganha outras cores.

A transferência da Universidade de São Paulo para o outro lado do rio Pinheiros, medida extremamente controversa, aliada à radicalização da conjuntura política, vai aos poucos silenciando os espaços externos e centrais de convivência. Não é apenas a Faculdade de Filosofia que se retira do cenário urbano central, mas a de Economia, da rua Doutor Vila Nova, a de Arquitetura (FAU), da rua Maranhão, a de Odontologia, da rua Três Rios, a Politécnica, da praça Coronel Fernando Prestes.

Aliado às transformações urbanas, as atividades culturais passam por processos intensos de "modernização" da sua linguagem e estética, a evolução técnica das comunicações e a televisão agregam alguns elementos das culturas "nacional" e latino-americana que antes ficavam restritos às suas regiões. As linguagens visuais, antes limitadas às galerias e aos espaços expositivos, ganham novos ares, com a inserção da fotografia, de desenhos, charges e propaganda na imprensa e nos painéis urbanos. Nas outras linguagens artísticas, o que está em curso é uma quebra radical da sacralidade dos espaços artísticos, indo do palco italiano à arena, aos *happenings*. Os bares e boates com pianos e palcos vão acolhendo os músicos, assim como os auditórios das universidades e faculdades.

Apesar das inúmeras restrições, censura, atos de vandalismo de direita e das forças de segurança contra as manifestações culturais e as aglomerações estudantis e artísticas, elas não morrem. A cidade não morre, se esconde, se espalha, força seus limites, disfarça suas reuniões. Estas são as histórias que vão aparecendo. Espraiando-se do cruzamento da avenida Ipiranga com a São João para praça Roosevelt, rua Martins Fontes, rua Augusta, e descendo em direção ao bairro Bela Vista e à avenida Brigadeiro Luís Antônio.

A ida do *campus* da USP para o outro lado do rio Pinheiros causa um aumento de atividades culturais e estudantis dentro da Cidade Universitária, que passa a agregar moradia de estudantes. Aos poucos, com o aumento da repressão e a invasão do *campus*, os jovens estudantes e artistas vão encontrando outros lugares.

Assim se dá a dinâmica da "ocupação" de Pinheiros, Butantã (na saída da Cidade Universitária), Vila Madalena e Vila Beatriz. Ali vão residir os jovens estudantes, já em número muito maior, descobrindo outras formas de sociabilidade, mais cotidianas, de vizinhança, e criando novos espaços de encontro durante a década de 1970.

Momento importante e marcante na vida desses jovens das "ocupações" na Vila Madalena e entorno são as repúblicas, comunidades. Jovens estudantes, recém-formados, dividem moradias e criam regras de convivência. Uma das mulheres do grupo as descreve:

"Descobri uma rede de comunidades, muito diferentes das tradicionais repúblicas estudantis, porque a sua população não se forma apenas por necessidade de dividir um aluguel, mas por afinidades eletivas. Algumas são compostas de gente de esquerda, militantes em tempo integral; outras de grupos de *neo-hippies* (o movimento *hippie* propriamente dito ficou para trás, na década de 1960) que ainda acreditam em viver de artesanato, ioga e maconha. Há comunidades mais liberadas, que propõem sessões de sexo grupal e ausência de vínculos estáveis entre casais.

"Mas a maioria, evidentemente, não tem um perfil assim tão caricato. São grupos de amigos que tentam conciliar a vida pessoal com alguns ideais de vida antiburgueses, esperamos poder revolucionar o mundo. Sabemos que as escolhas da vida privada também são escolhas políticas; há um certo heroísmo e uma certa ingenuidade, mas acreditamos que poderemos virar a vida do avesso, superar todos os nossos hábitos, toda a cultura em que fomos criados. Tentamos inventar um estilo de vida, uma estética e uma moral que seja totalmente diferente daquelas das classes médias em ascensão no período do milagre brasileiro. Nós não deixamos a família 'para casar', com a benção dos pais e a casa montada com os presentes tradicionais" (Kehl, 2005).

Ao lado da vida fechada, restrita, controlada, infantilizada, há um mundo de festas, todo mundo faz festas. Cantam, dançam, e quem dá o espírito são os baianos Gil e Caetano. Espírito Odara, cantar, dançar, bailar e esquecer. Assim nos conta Luiz Roncari: "Alternamos o trabalho com a diversão, esperamos os fins de semana para as festas e sempre tem várias acontecendo. Mas a cidade é muito triste, os únicos lugares que ficam abertos à noite, que podemos ir para encontrar os amigos, são o Riviera e o Ponto 4".

Essa mesma perspectiva, de construção de novas formas de sociabilidade, porém com cunho político e social, leva jovens estudantes e artistas para regiões periféricas das zonas Sul, Norte e Leste da cidade, nas comunidades eclesiais de base, no teatro conscientizador e formador de público, nos clubes de mães, nas lutas contra a carestia e pelas conquistas de serviços urbanos básicos.

> Fomos fazer um teatro popular de verdade, no bairro. Este é o momento mais interessante da minha trajetória, do ponto de vista do teatro. Faz alguns anos que estou na avenida São Miguel, na Vila Esperança. Movimento contrário dos grupos, que do amador vêm para o profissional. Viemos fazer um trabalho mais vocacional. Vivo do teatro, apesar de tudo, mas no bairro. Queremos provar a possibilidade, e viabilidade, de um teatro profissional ali. Trabalhamos todos os dias, apresentando peças.

> Há um deslocamento de eixo, do movimento político todo; no final da década de 1970, vai mais para a fábrica. O eixo são os movimentos contra a carestia, pela moradia, educação de base, as pastorais, que são os lugares onde nos colocamos. O Núcleo é nosso teatro, um grupo independente, tanto político como cultural. Temos espetáculos, *shows* de música, um jornal bastante atuante, bem forte, chama

> *Espalhafato*, voltado para o movimento popular do bairro. (Celso Frateschi, depoimento)

Entretanto, esses movimentos pela cidade não são excludentes, pois, pelas imediações de Vila Buarque, praça da República, Consolação, região hoje conhecida como Baixo Augusta, ainda transitam muitos estudantes e artistas. Muitas escolas permanecem por ali, vários teatros, agências de publicidade, redações de jornais e inúmeros locais de apresentações musicais.

> Aluguei um casarão velho na Bela Cintra, rua muito simpática, e montei outra república, dou aula no Equipe, na rua Caio Prado. Em 1973, 1974, ela e a Augusta ainda se preservam; no quarteirão em que moro, na vilinha de baixo mora o Ney Matogrosso, que tem o conjunto Secos e Molhados. No prédio de cima moram As Frenéticas. É uma rua muito musical. Namoro uma ceramista que tem um ateliê em frente. Frequento muito a Baiuca, na Augusta tem muito cinema. Mas o ano passado, em 1974, fui preso, devassaram a república, ficou impossível continuar morando lá. Aluguei uma casa na rua Aspicuelta, num bairro pobre; em Pinheiros estão construindo muitos prédios, perdendo a vida de bairro, muita especulação imobiliária, mas a Vila Madalena se preserva como um bairro bem simples. Fui o segundo universitário a ir morar lá, o primeiro foi o José Álvaro Moisés. (Luiz Roncari, depoimento)

O descolamento da Cinemateca para o encontro da Paulista com Consolação e Angélica, onde hoje está o Cine Petra Belas Artes, vai dando nova vida a essa área. Próximos estão os bares Riviera e Ponto 4, o Instituto de Arte e Decoração (Iadê), mais abaixo o Sujinho, conhecido como "Bar das Putas", o Colégio Equipe na rua Caio Prado e o Cine Bijou na praça Roosevelt, salas de cinemas da Augusta, como o Marachá, e os cines Rio e Astor na Paulista. Isso faz da região um grande ponto de encontro. No final da década de 1970.

Capítulo à parte na vida da cidade, que começa a proliferar a partir das revistas *Realidade*, *Pif-Paf* e *Bondinho*, é um novo tipo de imprensa, que atrai grande parte desses jovens jornalistas e militantes das mais diversas causas. Chamada imprensa alternativa, *underground*, ou nanica, tem tiragem irregular, alguns são vendidos, outros têm circulação restrita, mas têm um componente em comum: a reivindicação de direitos e a oposição ao regime. Nessa categoria, encontram-se diversas cores, nuances, humores, denúncias e bandeiras de lutas específicas, e nela muita militância se faz.

Desde o contracultural *Bondinho*, passando pela imprensa feminista/feminina, movimento negro, de homossexuais e até ecológicos... Ao longo de nossas conversas, vamos descobrindo um número grande de nomes e temáticas que aglutinam esses jovens em busca de um canal de expressão, tão censurado na grande imprensa.

O final da década de 1970 reserva novidades na área musical, desde uma boemia sem grana, que frequenta o Bar do Alemão, muito ligada ao pessoal do samba e do choro de periferia, a Vila dos Remédios, na Casa Verde, o Bilú na saída da Cidade Universitária e o Dom João VI, uma casa com móveis antigos, na Brigadeiro Luís Antônio, depois no Itaim. Até uma certa Vanguarda Paulista, que gira em torno de um porão da rua Teodoro Sampaio, o Teatro Lira Paulistana. Dela fazem parte Arrigo Barnabé e a Banda Sabor de Veneno, Língua de Trapo, Rumo, Premeditando o Breque e Itamar Assunção e a Banda Isca de Polícia. Nessas bandas, sobressaem algumas cantoras: Virgínia Rosa, Ná Ozetti, Suzana Salles, Eliete Negreiros e Vânia Bastos.

A Vila Madalena reserva ainda surpresas. São muitas casinhas, três ou quatro no mesmo terreno, feitas na base da autoconstrução por espanhóis e portugueses que trabalharam na construção civil, e passam a agregar grande número de estudantes, recém-formados, artistas e intelectuais.

> Quase não tem prédio; moro na rua Padre João Gonçalves, que desemboca na rua Fradique Coutinho. O Grupo Bendengó mora ali, tem um movimento dos latinos exilados, poetas, músicos que estão morando nas imediações. Há um restaurante popular na Fradique, que tem um filé à cubana delicioso. Brincamos que vamos comer um filé ideológico, vivemos muito a Vila. (João Signorelli, depoimento)

No final da década, o grande acontecimento da abertura política, lenta e gradual, cria uma certa euforia. São vários grupos políticos tentando retomar suas ações, jovens participando dos grupos de atuação nas periferias e nos sindicatos, artistas saindo das tocas. Em Pinheiros, avenida Henrique Schaumann, surge o primeiro bar que junta todas as facções, Quincas Borba, seguido do Cálice, e muitos outros. A rua Pinheiros também irá agregar muitos pontos de encontro das pessoas que voltam do exílio, grupos que começam a se articular em partidos, estudantes, artistas e intelectuais.

ERAM A CONSOLAÇÃO...

Voltaremos a caminhar por São Paulo na companhia de alguns de seus habitantes, escolhidos entre os que participam ativamente de sua vida cultural, intelectual, artística nesse período marcado pela industrialização e profissionalização dos meios de comunicação. Cidade onde o trânsito é intenso entre faculdades, universidades, teatros, cinemas, bares, boates, galerias, pianos-bares, estúdios de rádios, TVs e alguns auditórios que abrigam a música e inúmeras atividades culturais sedentas por acontecer. Uma pequena sinopse do final da década de 1950, com notícias, dados da vida cultural e informações mais genéricas, será feita para introduzirmos alguns dos novos personagens que vão nos acompanhar nas nossas caminhadas.

A cidade não pode parar. As portas estão abertas. Os anseios frenéticos de transformação na "maior cidade da América do Sul" continuam estimulando a vinda de capital para a diversificação do seu parque industrial. O estímulo está dado para o trânsito de pessoas interessadas em melhores condições de vida e trabalho. Migrantes nordestinos continuam a fluir para o "Sul Maravilha", fugindo da miséria e na expectativa de uma vida melhor; gente do interior do estado e de outros cantos do país, além de imigrantes estrangeiros, vêm em busca de trabalho na "pujante economia paulista".

Juscelino executa seu Plano de Metas: monta estaleiro de construção naval aumentando nossa frota mercante; eleva a potência das centrais elétricas, implanta a indústria automobilística, com a produção de 320 mil veículos/ano e 90% das peças feitas por aqui; aumenta a produção de petróleo de 2 para 5,4 milhões de barris, e a capacidade de refino; cria a indústria do asfalto; abre 20 mil quilômetros de rodovias, ligando norte a sul, e do oceano às encostas andinas; eleva produção de aço de 1,1 para 2,6 milhões de toneladas; amplia em pequena proporção a rede ferroviária, mas a equipa com locomotivas e vagões modernos; dobra a produção industrial, fazendo de São Paulo um dos grandes centros industriais do mundo. Tudo isto através das multinacionais, atraindo o capital estrangeiro, sem nunca apelar para o Congresso, apelando a grupos executivos e conselhos de desenvolvimento.

Viabiliza programa de industrialização e criação de infraestruturas, abandona as características nacionalistas e estatistas de Getulio Vargas, bem como seu senso de responsabilidade para com os trabalhadores; é uma industrialização recolonizadora, não guarda o comando do processo e de seu destino.

Cria imensas oportunidades de produção para as empresas nacionais e subsidiárias das empresas estrangeiras que aqui se implantam, bem como a ascensão social para a classe média, no gerenciato, no funcionalismo e no operariado dessas fábricas e na ampliação poderosa de oferta de empregos na indústria e na construção civil. Acata as regras de jogo do mundo capitalista, e abre o país à internacionalização de sua economia e ao endividamento, acelera temerariamente o processo inflacionário, as máquinas de fabricar dinheiro giram em velocidade nunca vista (metas de JK).

Na Faculdade de Direito da USP, no largo de São Francisco, José Celso, Renato Borghi e Carlos Queiroz Telles organizam o Teatro Oficina; montam espetáculos em residências da burguesia, três peças curtas no *night club* Cave e ainda ganham um concurso de teatro na TV. Outro grupo teatral atuante no TBC apresenta *O panorama visto da ponte*, de Arthur Miller, direção de Alberto D'Aversa e desempenho elogiado de Leonardo Villar e Nathalia Timberg. Na tentativa de levantar o Arena, José Renato monta *Eles não usam black-tie*. Antunes Filho funda a companhia Pequeno Teatro de Comédia, estreia a peça premiada pela Associação Paulista de Críticos de Arte (APCA), *O diário de Anne Frank*. Dirige *Alô 365499*, de Abílio Pereira de Almeida, com assistência de direção de Ademar Guerra, marcando o início de uma longa parceria. (Ribeiro, 1985)

Aos que chegam agora nesta viagem, avisamos que já passeamos durante duas décadas por bares, cinemas, teatros, bilhares, faculdades, bibliotecas, redações de jornais, livrarias, cafés, leiterias, estúdios de rádios e outros locais, onde nos encontramos com estudantes, intelectuais, artistas e técnicos dos novos meios de comunicação. Nessa intensa troca de ideias, no debate político, estético, ou no mero prazer da prosa, chegamos, no limiar dos anos 1960, com uma mistura bastante eclética de tipos que compõem essa classe média que vem se fortalecendo.

Para continuarmos as caminhadas por esta cidade "que não para de crescer", vamos aos poucos introduzindo novos parceiros, que não são escolhidos aleatoriamente, mas seguem a lógica das alterações da população de classe média que transita por aqui, em busca de trabalho e estudo.

> Os imigrantes estrangeiros, nestas duas últimas décadas, representam metade dos não nativos na cidade, e os italianos e portugueses são os mais numerosos. Mas começa a existir uma alteração na proporção de migrantes internos, vindos de Minas Gerais, região Nordeste do Brasil e interior do estado de São Paulo. (Rolnik, 2001)

Nossos novos companheiros de caminhada vão nos mostrando essa mudança de perfil.

A jovem Adelaide vem diretamente de Portugal para a Mooca, em meados da década de 1960. Com 17 anos, estuda no Colégio Sagrada Família, no Ipiranga, Colégio Paulistano, na Liberdade, e no Colégio Estadual de São Paulo, no parque Dom Pedro. Ali faz dois grandes amigos, o Décio e o Carlos Felipe Moisés. Trabalham em banco e estudam à noite. Depois da escola, ou quando "matam" aula, assistem aos ciclos de cinema, *jam sessions* na Folha, na praça da República. Gostam dos novíssimos poetas e escritores, geração muito jovem, extremamente pretensiosa, intelectualizada, todos geniais, cultíssimos! Adelaine fica intimidada, porque todos leram Heidegger, e ela, só de olhar o tamanho do livro, fica desacorçoada.

> Gosto de romance, cinema e teatro. Mas fico ali, nas rodas de conversa, dando papo de entendida. Às vezes há palestras, no Centro Dom Vital, perto das ruas Barão de Itapetininga e 24 de Maio, como a do poeta e ensaísta Claudio Willer, a que assisti. Inteligentíssimo, brilhantíssimo, faz parte da turma com quem ando, e que me enriquece. (Maria Adelaide Amaral, depoimento).

Um dos viajantes presentes no nosso percurso, desde o início da década, Helvio Borelli nos permite retomar uma das principais atividades culturais da região do Centro Novo e Vila Buarque: a música. Ela ressoa por todo esse território, ensaiando a subida em direção à avenida Paulista; um gênero intimista, tocado ao piano e ao violão, chega de mansinho, vem se fortalecendo, no piano de Johnny Alf, fazendo duo com Sabá, com Luiz Chaves, na Baiuca e no Michel, na rua Major Sertório. Johnny continua pela noite, no Feitiço na rua Major Sertório, Teteia na avenida Ipiranga, Golden Ball na rua Augusta com a avenida Paulista, e na Cave. Na avenida 9 de Julho, no Hotel Claridge, é o Dick Farney quem propaga esse tipo de som, tocando piano e cantando. Na avenida Brigadeiro Luís Antônio, no Hotel Danúbio, há uma boate que sempre apresenta *show*s musicais (Castro, 1990) (Borelli, 2005).

Outro viajante ocasional, que acaba de se instalar na cidade, vindo de Buenos Aires, é Héctor Costita. Içado em um *show* de um quinteto de *jazz* no Rio de Janeiro, pelas mão de Chu Viana, desembarca na Baiuca. Depois de uma experiência de um mês, aprovada pelo Heraldo, firma contrato de seis meses e morada, para dar aos trios musicais a leveza e o solo do sopro. Interessado na bossa nova e na música brasileira em geral, não pensa muito na hora de ficar, com emprego garantido e contrato de trabalho na nova sede da Baiuca, na praça Roosevelt.

> Ganho muito bem, aqui tem boa música, são os melhores músicos que tocam. O Rubinho Barsotti baterista, o contrabaixista chamado Luiz Chaves e o pianista Amilton Godoy vêm de vez em quando e acabam formando o Zimbo Trio. É um lugar importantíssimo na música e sua evolução, para o encontro de músicos, para mostrar o que é bom. Os trios que tocam são Pedrinho Mattar, que reveza com o Chu, o Walter Wanderley, outro trio com Moacir Peixoto, só feras. Eu toco meia hora com um trio, depois meia hora com outro, sou coringa. Outra particularidade é que, como os melhores músicos estão aqui, os músicos estrangeiros, quando vêm, e são muitas orquestras e muitos grupos, vêm dar canjas aqui, porque sabem da qualidade dos músicos. (Héctor Costita, depoimento)

Outra figura que vai nos acompanhar é o repórter fotográfico Antônio Aguillar, que atua no rádio e na televisão. Trabalhou no *Estadão*, na rua Major Quedinho. Já me falou a respeito do bar que há em cima do Hotel Jaraguá, na rua Xavier de Toledo, onde jornalistas se reúnem de tardezinha, e do largo do Arouche, outro local com muitos barzinhos. Nessa conversa, já chega fazendo barulho. Foi para a TV Excelsior, comandar o *Show do Meio-Dia*, com apresentações ao vivo no Teatro Cultura Artística, e, na estreia, a fila chegou à rua da Consolação.

Bem diferente de outros profissionais das comunicações que encontraremos, traz o perfil da televisão em ascensão, da influência da cultura americana e da entrada de um tipo de programa musical até então desconhecido. Muito animado e elétrico, diz:

> A maior e mais barulhenta novidade é o *rock*, marcada pela chegada do filme *Ao balanço das horas,* ou *Rock Around the Clock*, em 1956. Como repórter fotográfico, documentei o evento, no Cine Art Palácio, onde a juventude eufórica queria afastar as poltronas do cinema e dançar. Fiquei empolgadíssimo com o que vi, acabei indo trabalhar na Rádio 9 de Julho,

↳ Na frente, da esquerda para a direita: Pedrinho Mattar, ao lado do piano; Meri Gonçalves, cantora; Héctor Costita, sax; no fundo, esq., Mário Augusto e Chu Viana, contrabaixo, tocam na Baiuca, final da década de 1950.

rua Venceslau Brás, n. 78, e depois na Excelsior e na Rádio Nacional, onde fiz o programa *Reino da Garotada*. Por fim, agora dirijo, na mesma emissora, *Ritmos para a Juventude*. A programação traz sucessos de Elvis Presley, Neil Sedaka e Paul Anka, entre outros. Reúne ainda a molecada que canta e toca, criando os conjuntos. The Jet Blacks, The Jordans estão aparecendo: Nilton César, Carlos Ely, Gessy Soares de Lima, Maria Odette, George Freedman e Ronnie Cord. (Antônio Aguillar, depoimento)

Mas Aguillar é só um representante da movimentação maior na música por aqui. Procurando essa história do *rock*, ouvi dizer que a explosão do *rock* nacional está mesmo nas baladas de Tony Campello, *crooner* do conjunto Ritmos OK, com boleros e canções americanas. Em 1958, ele vem cantar na boate Cave, rua da Consolação, mas, reprovado, foi chamado pelo compositor Mário Gennari Filho e gravou o *rock--balada* "Forgive me"; a irmã, Celly Campello, ficou com "Handsome Boy". É Tony quem diz que o *rock* marca alguns espaços paulistanos:

> Um dos primeiros lugares onde se toca e dança *rock* na noite é no alto de um prédio, na rua Cásper Líbero, atrás do jornal *A Gazeta*: Be Bop Club. Lá se reúnem os cultores do ritmo alucinante. Os organizadores, Carlos Marungan e Doca Vassalo, são irmãos de Luiz, um dos proprietários da Cave. São também os melhores dançarinos do novo ritmo, com as piruetas que enlouquecem a moçada. Frequento o local como adepto do movimento. (Tony Campello, depoimento)

Mas nada disso veio para desbancar outras sonoridades, é o que diz Helvio Borelli, escritor da noite que vai nos acompanhar:

> Ao lado do ritmo alucinante do *rock*, ainda se balança por aqui na trilha do chorinho e do maxixe. Com acordeão, violão, cavaquinho e clarinete, tocam Atílio e seu Regional, o Rago e seu Regional, Portinho, Carisma Fazoli. Há ainda outro jeito novo de cantar, do sorridente Jair Rodrigues, encantando os frequentadores da Boate 707, na avenida 9 de Julho, na Gruta de São Bento no edifício Martinelli e no Salão Asteca, em bailes com orquestra do maestro Pocho e o Caçulinha. (Borelli, 2005)

Nossa amiga portuguesa Adelaide, que mora na Mooca, já entrou nesse ritmo:

> Começo a namorar e a moda agora é Celly Campello, Tony Campello, Paul Anka, Bill Halley e seus Cometas, é o que se dança. Há ainda Maysa e Isaurinha Garcia, que está vivendo fase esplendorosa, início

do casamento com o Walter Wanderley. Há um programa na Cultura AM, com muita música brasileira, onde Isaurinha é o *must*, junto com Dolores Duran. A bossa nova estourou mesmo para valer, e sou absolutamente fissurada por ela, estamos sob o signo da boa música brasileira. Gosto da vida noturna, principalmente a que tem música ao vivo, ficar escutando, cantarolando, com um copo de bebida, posso passar noites e noites, adoro as letras das canções, falam ao coração, mas tenho um pé da minha alma no samba-canção. Os namoros são complicados e achamos que os compositores compõem para a gente. Frequento a noite com meus namorados.

Outra atividade que temos são os bailes de formatura, no aeroporto, na Casa de Portugal, e outro programa para namorar são os *drive-ins*, o El Rancho, na avenida Santo Amaro, é muito família — na medida do possível —, iluminado. Na zona Sul há o Hotel Interlagos, bem longe do centro, em Sete Praias, perto do Clube Santa Paula, e um pouco antes o Bambu, uma casa de madeira, perto do aeroporto. Estamos numa fase de jantar dançante aos sábados, com música ao v vo, e a gente dança *cheek to cheek*. Quem mora naqueles lados da cidade são os alemães. Evidentemente, essas coisas que fazemos, os pais não sabem, dizemos que vamos dormir na casa da amiga. Mas saímos, a amiga com o namorado, eu e meu namorado, ficamos naqueles amassos, e não acontece nada, quer dizer, não acontece nada efetivo, ninguém transa, todo mundo é virgem. Na zona Oeste há o Bon Voyage, com piano-bar maravilhoso, na Raposo Tavares, onde muita gente boa toca, inclusive Dick Farney e o Pachá.

Gosto de ir ao restaurante do Hotel Excelsior, na avenida Ipiranga, que tem uma bela vista da cidade; ao Fasano da rua Barão de Itapetininga, e, na esquina com a rua Dom José de Barros, há um bar chamado Cinzano, é um grande aquário, quem está na rua enxerga tudo e vice-versa. Muito frequentado por homens de negócios e eu. Passando na rua um dia, olhei e vi o Pepe, *barman* de não sei que boate, inferninho que eu costumava frequentar. Entrei e ele me serviu um daiquiri. A partir daí, toda vez que vou ao centro, entro e sento com os homens todos, discutimos a situação política... Um dia desses, meu pai passou, olhou, me viu e fez assim [palmadas]. Só não entro em muita fria porque tenho um anjo da guarda bom, sou muito incauta, não vejo maldade em nada nem acho que alguém esteja a fim de me comer, é uma coisa bem temerária, mas ingênua. Vou quase toda semana à Vienense, no primeiro andar — e meu pai, que é joalheiro, tem oficina no segundo andar — onde como salada e salsicha. É um lugar que tem muita gente querendo ser escritor e um trio de cordas ruim, desafinado, garçons velhinhos. (Maria Adelaide, depoimento)

O personagem que desembarca por aqui, já nos anos 1950, entrevistando pessoas, é o escritor da noite Helvio, que vai aparecer inúmeras vezes nas nossas caminhadas, mostrando histórias que nem todos conhecem e por vezes polemizando com outros notívagos. Nas andanças que faz pela cidade, conversa com músicos como Sabá, que tocou com a orquestra do Hotel Lord, acompanhando artistas como Edith Piaf e Jean Sablon, e em outros bares e boates de hotéis, como o Jaraguá e o Excelsior, na avenida Ipiranga. No Hotel Claridge, depois Cambridge, próximo à praça das Bandeiras, Sabá fez temporada com Claudette Soares, ao lado de Paulinho Nogueira, Geraldo Cunha, Walter Wanderley, Maricene Costa, Alaíde Costa e seu grupo, formado por Azeitona, Matias e Antoninho Pinheiros. No Cambridge, Sabá consegue emprego, tocar no conjunto do argentino Robledo, que, de tão famoso, acaba sendo convidado para o programa semanal da TV Rio apresentado por Tônia Carrero e Tom Jobim. Ali conhece o menino César Camargo Mariano, levado pelo pai, sr. Miro, pianista na Casa Manon, da rua 24 de Maio (Borelli, 2005).

Apesar de algumas moçoilas andarem passeando pela noite e frequentando alguns bares e restaurantes onde se pode ouvir a boa música, grande parte da diversão noturna no centro é masculina, e são os homens que continuam a frequentar os locais de dança. As meninas ficam mais restritas às festas familiares, dos clubes e das formaturas. Mas o ritmo do *rock* não está só lançando uma nova forma de dançar separado, o desprendimento contamina o comportamento e aumenta o número de locais que as moças podem frequentar e dançar as novas coreografias de salão. Mas tudo, nessa área do comportamento, é muito lento.

Helvio acrescenta que, ainda no Centro Novo da cidade, o que anima os pezinhos dos rapazes com dançarinas profissionais são os *dancings*. Alguns com orquestras de maestros como Sílvio Mazzuca, Clóvis Ely, Poli e Arruda Paes brilham no Avenida, Maravilhoso, Galo Vermelho, Asteca, OK e Clubadança. No Centro Velho, brilham as gafieiras: Paulistano da Glória, na rua da Glória, Som de Cristal, na rua Formosa, Lilás, na praça da Sé, Royal, na Barra Funda, e Amarelinho, na praça João Mendes, e, na praça Clóvis Bevilacqua, ao lado da Sé, ouve-se a batucada dos engraxates, que cantam os sambas sincopados, gênero muito usado por Ciro Monteiro e assimilado por Germano Mathias: "Aprendi nas rodas dos engraxates e nas gafieiras. Sempre fui um vagulino, não faço nada, ando bem-vestido e vivo atrás das mulheres" (Borelli, 2005).

É um jovem, Alberto, morador da zona Sul, que ainda não se apresentou, quem nos conta das suas incursões masculinas pela noite.

> No final de década, um pouco mais crescido, já vou aos "mucuifos", que são uma delícia, os *dancings*, o Maravilhoso, na Ipiranga, com orquestra e um conjunto. Chegou a ter duas orquestras, que se revezavam. Vou com meu irmão mais velho, pegamos mesa de pista, para dançar com as mulheres. Você tira uma mulher para dançar, e um cara fica picotando os cartões, marcando o tempo que dançou. Na hora de pagar, paga-se pelas horas de dança. Ficamos conversando, depois podemos fechar a noite numa boate, dentro do *dancing*, um mocó onde leva a mulher para uma coisa mais íntima. Quem conhece tudo aqui do centro e da noite é o Germano Mathias, grande cantor paulista, que canta com a Aracy. (Alberto Lira, depoimento)

A vida cultural da cidade vai além da música, mas ela e seus espaços de apresentação são fortes elementos de socialização, em todas as classes, na dança, nos espaços intimistas, nos teatros, auditórios das televisões, no som dos rádios colados aos ouvidos, na rua e nas construções, nas rodas de engraxates, das conversas em botecos às boates. Os sons vão se expandindo. As apresentações teatrais continuam atraindo um público grande, mais popular com as reminiscências do teatro de revista, ou com os grupos que trazem uma linguagem inovadora.

Alguns dos nossos personagens fazem parte da leva de migrantes que vêm do interior do estado em direção à capital para estudar e conseguir um espaço no mercado de trabalho aquecido. Ignácio chega em 1957, vindo de Araraquara, onde já trabalhava nos jornais locais. Vai morar em pensão na alameda Itu, depois na alameda Santos, onde também habita outro araraquarense, José Celso Martinez Corrêa, e depois vai para outra pensão, na rua Sílvia. Já na praça Roosevelt, passa a morar em apartamento. Meio sem saber o que queria estudar, vai trabalhar no jornal *Última Hora*, momento crítico da briga do Lacerda com o Samuel Wainer.

> As reportagens são feitas de ônibus, bonde, táxi ou a pé, assim estou conhecendo a cidade, fazendo reportagens pelos bairros. Todos com problemas de falta de água, esgoto, luz, posto de saúde, escola, nesse ponto. Gosto muito de andar a pé.
>
> Cidade das nebulosas que foi se derramando para a periferia, abrindo espaços longínquos com loteamentos "econômicos", para os migrantes internos que vêm trabalhando intensamente na construção urbana e na atividade industrial. As casas populares, muitas vezes de autoconstrução, ocupam terrenos sem nenhuma infraestrutura: água, luz, esgoto, transportes, serviços públicos como atendimento médico

e oferta de escolas. Essa é, por sinal, a razão do baixo custo das moradias e o isolamento da pobreza.

Tudo fica mais interessante quando começo como repórter de teatro e cinema. A televisão está começando. No teatro é que as coisas acontecem: TBC, Bela Vista, depois Sérgio Cardoso, com entrada pela rua Conselheiro Carrão, e o Maria Della Costa. Mas ainda é muito forte o teatro de revista, que acontece no Santana, na rua 24 de Maio, e no Paramount, com o grande produtor Valter Pinto. O Natal, na avenida São João, é o reduto do Zilco Ribeiro, produtor da revista de bolso, formato menor, mais barato, mas com as mulheres e a música. Os cinemas são as grandes salas: Olido, com lugar numerado e onde toda noite tem orquestra, o Rivoli, na São João, Ipiranga de luxo, Marabá das grandes estreias, Art Palácio com público fixo, Paissandu, Marrocos chiquérrimo, com um bar, naquela entrada suntuosa. (Ignácio de Loyola Brandão, depoimento)

Os bares, que funcionam como ponto de encontro desses profissionais da comunicação, da cultura e das artes, acompanham o espraiar das atividades e começam a romper o perímetro do Centro Novo, se expandindo para a Vila Buarque e descendo as ladeiras do vale preenchido pela avenida 9 de Julho.

Frequento muito, na rua 7 de Abril, 230, o barzinho do Museu, onde encontro Almeida Salles, que me ajudou na montagem do clube do cinema em Araraquara. O Lima Barreto, diretor muito engraçado, megalomaníaco, sabe a arte de se vender. Enfim, é o lugar para ir jantar e ver Sérgio Milliet, Rebolo, Clóvis Graciano, Mário Donato (ator), Oscar Pedroso Horta e o irmão dele, Mário Pedrosa, Marcos Rei, Dorian Jorge Freire, repórter e colunista do *Última Hora*, local agitado, gostoso. O Clubinho na Bento Freitas é um QG: do jornal vamos para lá e de lá para a noite. Das boates conhecemos todas as mulheres de todos os inferninhos. A noite termina na sopa do Siroco, na avenida 9 de Julho, de uma russa muito engraçada, doida. Brincamos que é a sopa do Zarur, porque tem o Alziro Zarur, da Legião da Boa Vontade, que dá sopa de graça para os pobres. (Ignácio de Loyola Brandão, continuação)

Nesse universo urbano tão masculino e com poucas mulheres que se afirmam no mundo da cultura, chama a atenção mais uma imigrante que por aqui se instalou e que está abrindo um espaço para sua arte. Tive notícias dessas ousadas posturas lendo um pouco a história dessa mulher, Marika, húngara, imigrante, que chega ao Brasil em 1947 e faz uma trajetória pelo mundo possível da dança de então. Estudante de colégio estadual, o Machado de Assis, começa a dançar no clube húngaro, mas em 1953 entra para o Balé do IV Centenário da Cidade de São Paulo, onde teve uma boa formação, com repertório moderno e clássico. Convidada pelo bailarino italiano Livio Ragan, foi trabalhar com a dança incorporada aos desfiles de moda, em uma companhia do Teatro Cultura Artística. Integra o grupo de Ismael Guiser, dançando atrás de muitos cantores em apresentações em boates, cinema e televisão. Fez muita dança clássica e muita coisa moderníssima com Renée Gumiel.

Há ainda, poucos, é verdade, que nasceram na cidade, como Idibal, nosso personagem nascido na Vila Mariana, que faz duas faculdades: Direito na Católica e Jornalismo na Cásper Líbero, presidente da UNE, está inserido na boêmia e possui intensa participação estudantil. O ponto central dos estudantes das faculdades de Direito do Largo de São Francisco e da Católica é o Brahma, na esquina da Ipiranga com a São João. A Católica é na rua Monte Alegre, nas Perdizes.

> Frequentamos o Restaurante Franciscano, na Líbero Badaró, que tem uma visão panorâmica para o Anhangabaú, e o Riviera, na Consolação com a Paulista, outro centro da intelectualidade. Na Cásper Líbero, faço o curso à noite, perto da rua Santa Efigênia, onde funciona o jornal *A Gazeta*; ali fui presidente do centro acadêmico. Na Católica, faço o curso de dia, e assumi o Centro 22 de Agosto. Acontece que acabo de ser eleito vice-presidente da União Nacional dos Estudantes e terei que morar no Rio por uns seis ou sete meses, para substituir o presidente da UNE. Tenho projeto de abrir escritório com Felipe Pugliese, José Carlos Roston, Paulo Gerab e Miguel Aldrovando Aith, na praça da Sé.
>
> No Brahma, encontro o pessoal do Mackenzie, da São Francisco, da Católica, que participa da política, disputando a diretoria dos centros acadêmicos, da União Estadual dos Estudantes, União Nacional dos Estudantes, e [também participa] dos congressos. Quando tem congresso para eleger a diretoria da UNE, em Nova Friburgo ou Santos, vão representantes do Brasil inteiro, de acordo com o número de alunos. Conhecemos todas as pessoas por participarem de eleição, apresentarem projetos para educação, para a vida acadêmica. No Brahma estão até grupos adversários; para nós, do Direito, é um ponto marcante, tem um conjunto que toca músicas populares a noite inteira. O Franciscano é importante por receber o pessoal da Faculdade de Direito, é pertinho. Há ainda o Filé do Moraes e a Pizzaria do Moraes, quase na esquina da avenida Brigadeiro Luís Antônio com a rua Major Diogo, um pouquinho mais pra cima, uma das melhores pizzas de São Paulo. Ponto de encontro da classe média. (Idibal Pivetta, depoimento)

Nesse final de década, mais uma vez, aqueles poetas do traço, que anseiam por ordenar o espaço urbano, se manifestam. Agora, através de um grupo de engenheiros e arquitetos liderados por Anhaia Melo, propõem alguns freios à descontrolada expansão da cidade. Limitam a altura dos edifícios e a densidade máxima para prédios de apartamentos. Nessas normatizações surgem as definições de áreas, predominantemente industriais: as várzeas de Tamanduateí e Tietê, se expandindo para o loteamento industrial do Jaguaré e dos arredores de Santo Amaro, junto à várzea do rio Pinheiros (Rolnik, 2001).

Alberto é um jovem paulistano da zona Sul que, ainda guri, já transita por esta cidade indo com o papai comprar linguiça no centro e com a mamãe à rua São Bento, uma coisa mágica, a verticalização involuntária, movimentação de mulheres elegantes. No bairro não há mulheres elegantes, são donas de casa. No centro tem, no chá do Mappin; são lindas, aquele olhar... "Faço passeios no parque Dom Pedro II, que é grande, com cisnes, lagos, chafarizes e vou com meu pai ver seriado no Cine Dom Pedro II, no Anhangabaú, esquina da São João" (Alberto Lira, depoimento).

Outro paulistano que vem dos bairros distantes da zona Norte, Ugo nos dá notícias de como a vida é por lá. Nasceu na rua Frei Caneca, na Maternidade São Paulo. Mora há muitos anos em Santana, bairro muito interessante, muito verde, na região do Campo de Marte. "Passa um trem, é semirrural, mas está a quatro quilômetros do centro; quando falta dinheiro, vamos a pé. Estou fazendo a minha formação no Colégio Estadual Otávio Mendes, excelente escola" (Ugo Giorgetti, depoimento).

Mesmo com os avanços das comunicações, ainda há muito de improviso e de provincianismo no meio das artes; alguns profissionais continuam passando pelas mesmas dificuldades das décadas passadas para profissionalizar-se. Nem todos têm acesso ao mercado de trabalho dos teatros ou da televisão. As linguagens artísticas se modernizam, mas o circo continua sendo uma entrada para aqueles que não têm formação nas escolas de artes dramáticas.

Formado nessa escola, da vida, encontramos um personagem da cidade que ainda vai dar muito o que falar. Plínio Marcos morava em Santos e veio para cá há alguns anos. Conta que, quando chegou, estava parado no largo do Paissandu, em um bar onde há artistas.

> Veio um velho e falou: "Você é palhaço?". Falei: "Sou". "Você tem algum preconceito?" "Nenhum". "Quer trabalhar com os ciganos?" Eu falei: "Só se pagar adiantado". Aí o cara ficou puto da vida: "Mas você falou que não tinha preconceito!". "Sim, não tenho, mas não sou burro, pô". Cigano

> não paga. Discutimos e no final resolveu pagar adiantado, estava sem palhaço e, nesse dia mesmo, pegamos um trem pro interior, fomos conversando, conversando, discutindo, e ficamos amigos. Estou há cinco anos no circo dele, como palhaço, viajamos muito. A mulher dele me ensina tarô e ele magnetismo... Circo pequeno, com tradição de cigano mesmo, uma semana em cada cidade, armamos, fazemos o espetáculo em três dias e vamos embora, para outra cidade. Tenho pouca função na trupe, só um palhaço, para dar aquela animada, a filha do cara e o marido fazem trapézio, a mulher dele tem um número com cachorrinhos amestrados, e ele, que é fantástico. Magnetizador, olha pra plateia, sempre cheia... faz a plateia ficar presa... e faz o que quer com os caras, chama pro palco pra jogar bola, dançar, pular, rumba, tango, um delírio. (Plínio Marcos à revista *Caros amigos*, ano I, n. 6, set. 1997).

Na leva de migrantes do interior do estado, nem todos chegam como artistas, mas aos poucos vão encontrando seus espaços por aqui, passando por vários locais de moradia, escolas, tipos de trabalho e grupos de convívio. Assim acontece com José Carlos, que chegou aqui com menos de dois meses de idade, vindo de São José do Rio Preto, e foi morar na Casa Verde, onde há ponte de madeira e o bonde. Depois a família atravessa o rio, vem para o Bom Retiro, rua Anhaia; ali o pai tinha uma carvoaria, alugava casas maiores e sublocava quartos, fazia pensões. Voltaram para o interior e só agora, já crescido, retorna, primeiro para a Água Branca, depois à Vila Mariana. Acaba de mudar para a rua Augusta, entre as ruas Mathias Aires e Antonio Carlos, onde há o Bar Violeta.

> Lá conheci um grupo de rapazinhos que gostam de brincar, usamos as coisas da moda, sapato mocassim com meia vermelha, fazemos muita bagunça, paramos o bonde. Já começam a falar dos *playboys* da rua Augusta. Um é batateiro, o Hugo açougueiro, o Aldo italiano é bonzinho, o Gilmar, eu, o Horácio, são estes os *playboys*. Descobrimos os bailes de formatura, que não vendem ingressos, são só para convidados, mas nós "furamos" os bailes, estou virando especialista, campeão, com o amigo Ribas Ribeiro do Vale e mais uns cinco ou seis, disputamos toda noite. Temos uma relação das orquestras e conjuntos que tocam. (João Carlos Botezelli, Pelão, depoimento).

Em nossas caminhadas, lentamente os jovens estudantes vão se misturando, em busca de seus grupos de referência e de identidade e encontrando as atividades culturais a que se apegam. Alguns mais velhos, já com uma identidade mais consolidada, com vínculos institucionais, e outros são exemplares genuínos destes tempos de renovação e mudança, estão em constante busca e engajamento em inúmeras linguagem e grupos.

É nessa turma dos que transitam em várias estradas que encontramos um personagem da cidade que veio para ficar e tem muita coisa para contar, Roberto Freire. Histórias nem sempre de êxitos, muitas vezes impedido de se manifestar, mas persistente em sua produção e no confronto com as posições retrógradas que cerceavam as manifestações. Em uma de suas primeiras aparições no mundo das artes, é na dramaturgia que se expressa e nos conta que, apesar da intensa produção teatral, alguns temas ainda brigam para existir, para se impor:

> Na noite de estreia de *Quarto de empregada*, em 1958, no Teatro João Caetano, procurei chegar mais cedo para dar força às atrizes. Nada havia visto dos ensaios e sentia grande curiosidade em conhecer o resultado cênico do meu primeiro texto para teatro. Já à porta do João Caetano, fui recebido por Alfredo Mesquita, que me informou estar a apresentação impedida de se realizar porque a peça havia sido proibida pela Censura Federal. (Freire, 2002)

Este pequeno período é apenas uma introdução para o que virá nas próximas duas décadas. Começamos pela apresentação desses personagens que por aqui desembarcam nos anos 1950 ou iniciam sua vida no trabalho. Com o passar do tempo, lentamente vamos introduzindo os outros jovens que chegam, entram em atividade na área das artes e da cultura e passam a circular pela cidade. Alguns são fiéis a uma mesma atividade, mas grande parte deles passa por várias linguagens artísticas e formas de participação. Entremeando as conversas e depoimentos, vamos tendo notícias do que ocorre no mundo da política e da cultura, num âmbito mais geral. A década finda com um duro presságio do que virá pela frente, mas com muito ânimo juvenil de quebrar as amarras dessa repressão.

MÃOS À OBRA
1960 — 1961

É o começo de uma década, vindo de muita discussão e muita gente nas ruas disposta a construir um país democrático e digno. Quantas realizações e quanto trabalho a ser feito. No findar do dia, depois de descer do bonde camarão superlotado, é possível ver as residências do Sumarezinho, esse bairro novo, de classe média, com as venezianas azuladas: é a luz da televisão refletida e a voz inconfundível do Repórter Esso, que nos dá as últimas notícias.

E atenção:

> Evento no Planalto Central faz eco em todo o país, Juscelino Kubitschek inaugura Brasília. Nas primeiras eleições no Alvorada, a UDN leva à presidência Jânio Quadros com 5,6 milhões de votos e João Goulart pelo PTB à vice-presidência com 4,5 milhões. Jango faz Darcy Ribeiro reitor da UnB. Ainda com voz isolada, "Plínio Corrêa de Oliveira, católico fanático, exótico e histérico, funda uma organização militante de direita, a Tradição Família e Propriedade (TFP), para salvar a Igreja e o Brasil do esquerdismo". Fidel Castro passeia pelo Rio de Janeiro, saudado pelos estudantes. (Ribeiro, 1985)

Com a classe média em expansão e o impulso desenvolvimentista do governo de Juscelino Kubitschek, num processo ainda lento, o volume de estudantes universitários aumenta. O eixo da economia nacional vem se deslocando para o Sudeste e São Paulo vai conquistando a dianteira na produção e divulgação cultural nacional.

Apesar da efervescência, Paulo Emílio Sales Gomes nos dá a triste notícia, passada por Benedito Duarte, sobre as atividades da Associação das Famílias Cristãs, que, através das comissões de Moral e Bons Costumes, ou Orientação Moral de Espetáculos, interfere nas decisões do serviço federal de censura cinematográfica.

Desde os anos 1940, a cidade vem se verticalizando e compactando, ou seja, adensando os bairros já formados. Sua população praticamente triplica de 1940 até 1960. Além dos cortiços na região central, a expansão e ocupação em direção à periferia é uma das poucas alternativas para as famílias de baixa renda. O processo de industrialização acelerado força a abertura dos limites do município, aumenta as classes médias, o comércio e os serviços.

A música vai enredando os passos dos estudantes que transitam freneticamente pela região de Vila Buarque, Centro Velho e Consolação, absorvendo todas as discussões, exposições, exibições cinematográficas e inúmeras canções, dissonantes ou não, que se exibem por aqui. Nos auditórios da Universidade Mackenzie, dos clubes Harmonia, Paulistano e Pinheiros acontecem espetáculos musicais, com a bossa nova e a velha guarda.

Lentamente seu som vai entrando nas telas das TVs, nos auditórios da Record. Em 9 de julho de 1960, é inaugurado o canal 9 de televisão: TV Excelsior, com *show* musical no palco de um dos teatros distritais da cidade, o Paulo Eiró, em Santo Amaro. Produzido por Álvaro de Moya e dirigido por Abelardo Figueiredo, com textos de Manoel Carlos, e com a presença de Ary Barroso, Dorival Caymmi, Dick Farney e João Gilberto. Surge o *show* domingueiro *Brasil 60*, apresentado por Bibi Ferreira e patrocinado pela Nestlé, que atrai senhores e senhoras bem-vestidos que lotam o auditório.

Zuza Homem de Mello, um de nossos companheiros neste início de viagem, traz uma contribuição enorme pelos seus anos de pesquisa e vivência na área. A nova emissora recebe escritores, teatrólogos, políticos, maestros, seresteiros e cantores de bossa nova. Tem boa programação cinematográfica, *Dr. Kildare* e *Ben Casey*, cria o *Show de Notícia*, inaugura as novelas e contrata duas orquestras: a de Sílvio Mazzuca e a de Enrico Simonetti, que faz o *Simonetti Show*. Arrenda o Teatro Cultura Artística, que passa a ser o auditório de seus grandes *show*s (Mello, 2003).

Quase como um movimento geral das artes no período, a linguagem da música clássica e orquestral vai absorvendo elementos da música popular e ousando criações que quebram a rigidez e formalidade das concepções estéticas vigentes. Expressão de um crescente questionamento geral, político, ideológico e cultural, que marca a retomada da democracia no país, os artistas se misturam aos filósofos, e a produção vai se diversificando e fundindo elementos de diversas origens.

É nesse contexto que nosso "pequeno grande homem", meio filósofo, meio músico, com seu violoncelo, vai dando o ar da graça na Orquestra Sinfônica Municipal da cidade de São Paulo e em várias orquestras de TVs, como da Excelsior, onde foi regente, arranjador e assistente de Sílvio Mazzuca. Personagem que ainda vai voltar muitas vezes ao longo deste nosso trajeto turbulento, Rogério Duprat,

↳ Rogério Duprat em atividade como professor na UnB, 1965.

↳ Interior do Bar e Restaurante A Baiuca. Pedrinho Mattar, Walter Wanderley, Chu Viana, Mario Augusto, Héctor Costita, 1958.

junto com Olivier Toni, cria e dirige, integrado à Orquestra de Câmara Municipal, um Grupo de Música Experimental para jovens.

Convidado por Darcy Ribeiro, Rogério é um dos componentes do grupo seleto que participa da criação da Universidade Nacional de Brasília (UnB). Paralelo à atividade de professor, compõe para teatro, TV, cinema e participa do grupo da vanguarda paulista Movimento Música Nova, formado em 1961 por ele, Willy Corrêa de Oliveira, Damiano Cozzella e Gilberto Mendes. Faz música experimental com o compositor Damiano Cozzella, e a produção e a redação do programa semanal *Música e Imagem*, do Festival Música Nova, em colaboração com a Bienal de São Paulo (Gaúna, 2001).

Nesse caldeirão sonoro, outros sons fervem por aqui. O *Show da Balança*, no Mackenzie, traz a bossa nova para a cidade, nas vozes de Claudette Soares, Maricene Costa, Alaíde Costa e Ana Lúcia e alguns convidados do Rio: Baden Powell, Geraldo Vandré, Vinicius de Moraes e João Gilberto. Na mesma Vila Buarque, a "velha guarda" do samba-canção reafirma sua força com o *show O cancioneiro do Brasil*, que traz Ciro Monteiro, Cartola, Ataulfo Alves, Jacob do Bandolim, Aracy de Almeida e Silvio Caldas.

Nas TVs, essa ebulição musical, com as tendências que correm pela juventude mais abonada, só chega raramente. "Na Record, artistas como João Gilberto cantam apenas em ocasiões muito especiais, como na entrega do Troféu Chico Viola de 1960, e em 1961 no Teatro Record". Figura notabilíssima nas nossas caminhadas pela cidade, Zuza mostra que as TVs não são apenas o que mostram nas telinhas, mas seus estúdios e teatros se fundem ao entorno, criando uma relação intensa com a cidade. A Excelsior,

> [...] na rua Nestor Pestana, está no âmago da *night life* paulistana, a praça Roosevelt, um descampado de terra em quase toda a sua extensão. Não há edificações, a não ser a igreja da Consolação, com a horta dos padres nos fundos. Nas ruas laterais, Martinho Prado de um lado e Olinda de outro, há o Olinda Schule, e alguns bares que movimentam a vida noturna e musical da sociedade. (Zuza Homem de Mello, depoimento)

O mais famoso é A Baiuca, de Sérgio Avadis e Heraldo Funaro, reinaugurado na praça Roosevelt, depois de ter sido fechado pelos comandos sanitários no seu endereço primitivo, à rua Major Sertório. O balcão do bar, onde se pode ficar pendurado numa banqueta, é comandado por um *expert* no ramo, o *barman* Andrés; à direita, ao fundo, está o piano de cauda, emoldurado por uma janela de vidro que separa o ambiente de um pequeno jardim decorativo iluminado; à esquerda, há uma porta que se comunica com o salão do restaurante. Quem gosta de música, ou está atrás de um bom papo, basta entrar e se deixar levar.

Local obrigatório de músicos e frequentadores da noite, onde imperam grandes pianistas, como Moacir Peixoto, jazzista convicto e com longa folha corrida em outras casas de São Paulo: Oásis, After Dark, O Boteco (do mesmo Sérgio Avadis), entre outras. Segundo Zuza, no final deste ano sai para abrir seu bar, Moacyr's, na rua Nestor Pestana; seus acompanhantes, o baterista e o baixista Chu, permaneceram na Baiuca, com o grande nome do teclado Pedrinho Mattar, com seu estilo à la Carmen Cavallaro (Mello, 2003).

Fato ou lembrança distorcida, a memória é um poço sem fundo e, quando falamos da memória coletiva, ela vai se tecendo com o ponto-final de uma outra, que se esgota com o entrelaçar da outra, e recomeça de onde outra já se esgotara ou simplesmente mudara de assunto.

No outro lado da praça Roosevelt há outra concentração de pontos de encontro, que já vêm dos anos 1950 e são estimulados pela presença constante dos estudantes das diversas faculdades: Economia, Filosofia, Letras e Arquitetura da USP, Mackenzie e Sociologia e Política. Helvio vem contando que, no final da rua Maria Antônia, há a Major Sertório, rua da música e do amor. De um lado, o La Licorne com suas lindas mulheres. Na mesma calçada, Candle Light, Ela, Cravo e Canela e o som do piano de Pedrinho Mattar. Há ainda L'Amiral, Clube de Paris e outras tantas. Antes de chegar à praça da República, é possível ver e ouvir no bar Michel Paulinho Nogueira (Borelli, 2005).

O que no final da década de 1950 era apenas um desenho sugestivo, em torno de algumas faculdades, anunciando uma nova centralidade, agora parece consolidar a vida noturna e cultural da cidade. O início da Consolação, a Vila Buarque e parte da Bela Vista são os locais onde se concentram as atividades noturnas. Também é nessa região que vêm se concentrando projetos habitacionais de altíssima qualidade arquitetônica, com produção privada de habitação e influenciados pela arquitetura moderna. Nascem na última década, pelas mãos de Oscar Niemeyer, diversos projetos, como os edifícios Montreal (1950), Copan (1951) e Eiffel (1956); um pouco mais distante está o Conjunto Nacional (1955); de David Libeskind. Entretanto, uma nova legislação urbana, de 1957, que altera o coeficiente de aproveitamento do solo, faz com que surjam edifícios habitacionais do tipo quitinetes (Barbara, 2018).

Novamente as notícias resumem os acontecimentos:

> Na vida cultural paulistana, Flávio Rangel encena, no teatro, *O pagador de promessas*, de Dias Gomes, no TBC. Companhia Tônia-Celi-Autran

estreia, no Teatro Bela Vista, *Seis personagens à procura de um autor*, de Pirandello. Cacilda Becker recebe a visita de Ionesco na Sala Azul do Teatro Natal e de Jean-Paul Sartre, que, no mesmo espaço, participa de debate com a classe teatral e aprova a adaptação teatral de seu roteiro cinematográfico *A engrenagem*, feita pela dupla José Celso Martinez Corrêa e Augusto Boal. Dupla que ainda encena *Fogo frio*, de Benedito Ruy Barbosa. Estreia, no Arena, *Revolução na América do Sul*, de Augusto Boal, com direção de José Renato. Nas artes plásticas, a VII Bienal de São Paulo realiza exposição de realismo fantástico, com retrospectiva de Ismael Neri.

Ziraldo lança *Pererê*, revista infantil centrada no saci do folclore indígena, politizada e até nacionalista. Vinicius de Moraes lança *Antologia poética*. O general Tarso de Freitas publica *Petróleo*, apesar de Mr. Link. Nelson Werneck Sodré publica, com assessoria do CBPE, *O que se deve ler para conhecer o Brasil*. É editado pelo jornalista Audálio Dantas o diário da favelada paulistana Carolina de Jesus, *Quarto de despejo*, sucesso de vendas no ano. No cinema, Roberto Farias realiza *Cidade ameaçada*. Na música, os americanos absorvem a bossa nova e Ataulfo Alves alcança sucesso com "Mulata assanhada", em gravação de Miltinho. Entra no ar a TV Cultura, tendo como logotipo uma indiazinha. Seu estúdio tem 30 m² e fica no edifício Guilherme Guinle, rua 7 de Abril, 230. Além dos técnicos e atores, a sua antena, no alto do edifício Altino Arantes, é a mesma da Tupi, que passa a usar a torre Assis Chateaubriand, no Sumaré. Consumo: Os brasileiros compram 133 mil autos "nacionais" de Volkswagen, Willys, Vemag, Simca, FNM e GM. (Ribeiro, 1985)

Algumas notícias atraem a atenção, pois destoam do que se produz na área da cultura desta cidade, em sua grande maioria destinada ao público de uma classe média que não para de crescer. Ao lado de obras de grupos locais que questionam a produção tradicional e "burguesa" em todas as linguagens artísticas, lentamente vamos percebendo a introdução de elementos "populares", ou obras realizadas por pessoas oriundas das camadas mais empobrecidas da população. Por vezes, essa parcela da população faz parte da temática de trabalho de grupos teatrais, musicais etc., mas o que vemos surgir muito pontualmente são artistas de origem mais pobre e que acabam ganhando visibilidade.

O sucesso do ano, *Quarto de despejo*, de Carolina Maria de Jesus, moradora da favela do Canindé, com prefácio do jornalista Audálio Dantas, é uma dessas pérolas que vão merecendo destaque e introduzindo novos elementos na arte e cultura local. Com um belo texto de Audálio, podemos ter noção da realidade vivida por essa mulher

↳ Capa da primeira edição de *Quarto de despejo*, desenho de Cyro del Nero

↳ Carolina Maria de Jesus, autora do livro *Quarto de despejo*, 1960.

e por toda uma parcela da população desta cidade e, em apenas um pequeno trecho do longo diário de Carolina, um pouco da poesia retirada das agruras vividas.

> Prefácio não é, que prefácio tem regras. [...] é uma história exata, de verdade — talvez uma reportagem especial. Conto: a história de Carolina Maria de Jesus, irmã nossa, vizinha nossa, ali na favela do Canindé, rua A, barraco número 9.
> O barraco é assim: feito de tábuas, coberto de lata, papelão e tábuas também. Tem dois cômodos, não muito cômodos. Um é sala-quarto-cozinha, nove metros quadrados se muito for; e um quarto quartinho, bem menor, com lugar para uma cama justinha lá dentro. A humanidade dele é esta: Carolina, Vera Eunice, José Carlos, João José e 35 cadernos.
> Isto é o barraco dentro. O barraco fora é como todos os barracos de todas as favelas. Feio como dentro. [...] Uma miséria tão grande que a gente nem entende ela. Ou não quer entender verdade verdadeira. Se a gente entendesse, a favela não estava plantada lá na beira do Tietê. Já que está, o melhor é a gente fechar os olhos e tampar os ouvidos. Convém.
>
> 23 de maio de 1958:
> O céu é belo, digno de contemplar porque as nuvens vagueiam e formam paisagens deslumbrantes. [...] Há várias coisas belas no mundo que não é possível descrever-se.
> [...] Fiz a comida. Achei bonito a gordura fritando na panela. [...] As crianças sorrindo vendo a comida ferver nas panelas. Ainda mais quando é arroz e feijão, é um dia de festa para eles. (Jesus, 1960)

Deixando um pouco de lado esta cidade masculina por onde vínhamos circulando, nos bares e boates da Vila Buarque começamos a encontrar muitas mulheres integradas no mundo das artes e participando ativamente das criações coletivas. Distanciando-se dos palcos musicais onde as cantoras embalam os corações e as mentes na nova bossa, e daqueles onde já há algum tempo a mulheres vêm entregando-se à representação teatral, novos formatos estão surgindo no mundo da dança, nestes trópicos. Deslocando-se da linguagem apolínea da dança clássica, lançando-se à busca de uma linguagem em que criem nova expressão dramática. Seguindo os passos de Isadora Duncan, busca-se a integração entre interpretação teatral e dança, aos poucos vão-se abrindo espaços onde o corpo feminino afirma sua existência, expressa suas emoções e anseios.

Assim nos conta a jovem húngara Marika, que acaba de ter um filho e fundar um grupo chamado Amigos da Dança. Trabalha com Ismael Guiser e faz muitas coisas em dança. Abriu uma escola na avenida Duque de Caxias, esquina com a São João. Mas crê que o mais importante é o que faz em teatro, com a também bailarina Renée Gumiel e Mathinas Altman. Está muito envolvida no 1º Encontro de Dança, no Theatro São Pedro, um festival.

> É o começo da agitação na área, onde existem vários grupos, o da Esther Stocklos, o da Renée Gumiel, o nosso, e mais uns quatro ou cinco, juntaram isso tudo e nos puseram no Teatro Ruth Escobar. É a primeira vez que se dá verba para a dança. Fizemos um balé inspirado num filme, em que as pessoas ficam dançando, dançando, vence aquele que aguentar mais. É uma resistência, nunca tivemos nenhum apoio, é a primeira vez.
> Conversamos muito sobre o trabalho com o teatro, que fazemos em conjunto com Ademar Guerra, pessoa muito especial. Trabalhamos com as várias linguagens: música, teatro e dança. Essa mistura acaba se incorporando à dança, traz a dança para o teatro e leva o teatro para a dança. Algo bem diferente do que há no mundo tradicional da dança. Agora estou fazendo um balé chamado *Mari Parrat*, com direção do Ademar, coreografado por mim e declamado por Aracy Balabanian. É superbrechtiano, com distanciamento, emoção, razão, tudo junto. (Marika Gidali, depoimento)

As mulheres vão ganhando a cidade, aumentando sua inserção nos bancos das escolas de todos os níveis, nos ambientes de trabalho, no universo das artes e na circulação pelas ruas. A vida noturna, até há pouco dominada pelos homens e pelas profissionais da noite, vai incorporando uma ou outra ousada mocinha que transgride aqueles que seriam os "bons" hábitos e costumes, e vão abrindo portas para as que virão. São moçoilas de classe média, algumas estrangeiras, outras ganham as ruas como estudantes e vão se apoderando dos espaços públicos, mas acompanhadas.

Adelaide, nossa conhecida portuguesa, com quem já nos encontramos aqui pelo centro, dá um pouco o clima desses passeios. Frequenta A Baiuca, na praça Roosevelt, com o namorado, que é primo do pianista Pedrinho Mattar, que toca com a Claudette Soares.

> Jantamos, tomamos drinques e vamos para o Music Box, bar na rua General Jardim, de propriedade de uma vedete do teatro de revista chamada Jane Batista, conhecida como Jane Boca Suja. Ninguém fala palavrão, exceto a Dercy, ela e eu. Quem toma conta do bar é o Maiá,

homossexual paraquedista que lutou na Segunda Guerra, na França, todo francês, afetado. É raro encontrar esse tipo de homossexual, em geral ficam na deles e escondem sua condição. Nesse bar tem música de primeira, Amaral no violão, Zelão toca e canta, negro da noite já sambado, e tem uma particularidade, é praticamente só de homens, o Maiá administrando, de vez em quando entra uma mulher, fica junto ao balcão e sai.

Demorei a entender que movimento era esse. Só descobri porque, um dia, meu namorado tomou um porre, foi ao banheiro, vomitou, e o Maiá me contou que ele estava passando mal. Nesse ínterim, Jane entrou e assistiu a tudo e falou: "Você gosta daqui, sempre te vejo aqui". Falei: "Adoro o Amaral, o Zelão". Ela falou: "Por que você não aparece na minha casa para tomar um chá?", e me deu um cartão. Pusemos o namorado num táxi, mandamos para casa, peguei outro e fui para minha casa. No dia seguinte, quando foi me buscar, e pediu desculpas pelo acontecido, falei que aquelas pessoas me trataram muito bem: "Maiá cuidou de você, Jane foi um amor comigo, inclusive me convidou para tomar chá". Quando falei isso, ele deu um pulo e falou: "Você não vai tomar chá com a Jane, não percebeu que aquilo é um bar de *call girls*, que ela é uma cafetina?". Não tinha percebido nada, continuo frequentando, agora mais prevenida. O Zelão abriu o bar dele na Nestor Pestana, não tem dança, tem música da melhor qualidade, e chama Zelão; é do lado do Zum Zum. De vez em quando vou ao Zum Zum, mas gosto mesmo é de boteco desse tipo, bar que tem música. No Claridge toca o Pachá, e na praça Roosevelt abriu o RoDrink, onde o Dick Farney toca. (Maria Adelaide Amaral, depoimento)

A cidade se expande e os bairros residenciais vão se desenhando como nebulosas ao redor do centro, com o pequeno comércio dos armazéns, açougues, farmácias, ao lado das quitandas e de algumas feiras livres que abastecem as residências, sem falar dos tradicionais padeiros que trazem pãezinhos e leite a domicílio. As escolas estaduais também se espalham vagarosamente pela cidade, acompanhando o volume de estudantes da classe média crescente. Muitos bairros ainda não contam com rede de água e esgoto, a água de poço e as fossas (sépticas) são uma realidade nesses confins, onde o abastecimento, por diversas vezes, é interrompido. Isso sem falar da enorme quantidade de riozinhos e córregos, com as várzeas densamente arborizadas e que impõem grande esforço para transpô-los. As caminhadas são longas para encontrar a travessia; muitas vezes, a passagem dos bondes marca as regiões mais altas, onde a travessia é possível. Afora esse transporte, alguns ônibus e trólebus circulam pelas regiões mais centrais, e de forma bem esporádica nas áreas distantes. Onde não há esses transportes, algumas estradas ou caminhos que ligam a outros municípios são as únicas alternativas que fluem entre rios, como a estrada da Boiada, que vai em direção a Pinheiros, e a estrada de Santo Amaro, que corta do Itaim ao município vizinho, passando por Brooklin, Monções, Chácara Flora, Granja Julieta. Algumas ruas fazem esses extensos trajetos, entre o centro e a zona oeste, Freguesia do Ó, passando por Perdizes, Alto da Lapa, Vila Romana, Lapa de baixo, até a ponte que atravessa o Tietê, como a rua Guaicurus.

O Alberto, que já encontramos passeando pelo centro com a mãe, um jovem de classe média alta e um tanto rebelde, nos conta que lá onde mora, no Brooklin, é onde acontecem festinhas, onde há as gatinhas, a turminha que fica na porta da padaria, o campinho de futebol. "Estudei no Colégio Estadual Alberto Comte, a melhor escola da zona Sul. Fui jubilado, e acabei indo para um colégio noturno da rua Joaquim Nabuco, Ennio Voss, depois para o Oxford, depois para a Vila Mariana. Vou sendo expulso e trocando de escola" (Alberto Lira, depoimento).

O noticiário nos informa o que vem acontecendo por aqui no campo da política, e nosso repórter, com certa dose de ironia, conta que:

> Jânio Quadros surpreende pela postura contra parte da elite. Através de bilhetinhos, proíbe o uso de biquínis, lança-perfume no Carnaval, rinhas de galo, corridas de cavalo em dias de semana e aumenta a jornada de trabalho dos servidores. Reata relações com URSS e China e nomeia embaixador negro para a África. Recusa-se a apoiar iniciativa norte-americana de expulsar Cuba da OEA. Condecora com a maior comenda brasileira Che Guevara, que retornava de uma reunião interamericana em Punta del Este. Em 25 de agosto, escreve bilhete à pátria e aos ministros militares: "Nesta data e por este instrumento, deixando com o ministro da Justiça as razões do meu ato, renuncio ao mandato de presidente da República!". Brizola assume o comando da Campanha pela Legalidade, com o apoio da opinião pública nacional. Emenda constitucional institui falso regime parlamentarista. João Goulart assume a 7 de setembro, tendo Tancredo Neves como primeiro-ministro.
>
> Muitas greves estremeceram o país, pedindo melhores salários e cumprimento das leis trabalhistas, mas outras, com claro conteúdo político, exigem a posse de João Goulart. Em outubro, tem lugar em Belo Horizonte o I Congresso Nacional de Lavradores e Trabalhadores Agrícolas, que reúne 1.600 delegados e 300 observadores.
>
> Comunistas, na ilegalidade, realizam legalmente, na ABI, seu V Congresso, onde se dá o racha. Um grupo de dirigentes stalinistas acusa

> os companheiros de revisionistas, porque propunham uma luta meramente liberal, e de liquidacionistas, porque mudaram o nome do Partido Comunista do Brasil para Partido Comunista Brasileiro; meses depois organizam o "verdadeiro" PCdoB, com a bandeira do maoísmo. Enquanto isso, é aprovada a Lei de Diretrizes e Bases da Educação Nacional, de caráter retrógrado e privatista. Em fevereiro é fundada a Organização Revolucionária Marxista Política Operária (Polop), crítica à política dos PCs e ao trotskismo, com certa influência na intelectualidade e na universidade.
>
> Com "uma câmara na mão e uma ideia na cabeça", Glauber Rocha filma *Barravento*. O cinema brasileiro desenvolve-se através de uma estética acentuadamente politizada, anti-imperialista, anticapitalista, de denúncia do subdesenvolvimento, defesa da justiça social e do nacionalismo. Nas publicações, Sérgio Porto — Stanislaw Ponte Preta — lança exitosamente *Tia Zulmira e eu*, Autran Dourado, *A barca dos homens*, e Clarice Lispector, *A maçã no escuro*. A Editora Abril lança a revista *Claudia*. Entra no ar, pela TV Tupi, o *Vigilante rodoviário*, com as aventuras do policial rodoviário Carlos e seu cachorro Lobo. (Ribeiro, 1985)

Distante fisicamente desses jovens estudantes dos bairros e dos colégios estaduais, mas seduzindo uma parte deles, a movimentação política adentra cada vez mais os grupos juvenis. Os trabalhadores rurais e operários agitam para garantir os seus direitos, e os estudantes se organizam para lutar contra a Lei de Diretrizes e Bases.

Uma grande figura, participante de quase todos os acontecimentos, que já deu o ar da graça, entra na nossa história para valer; em breve, vamos nos deparar com ele em vários locais da cidade. Roberto Freire, o psiquiatra, sintetiza em sua caminhada o espírito do momento. Quando menos esperarmos ele ressurge, em outro tipo de atividade, em outros locais. Num simpático café do centro, animado começa a falar de sua maior paixão no momento:

> Com o pessoal do Arena, professores e alunos da EAD, estou formando nova e apaixonante roda de amigos, nos encontramos diariamente no restaurante Gigetto, na rua Nestor Pestana. Aquela peça *Quarto de empregada*, para desafiar a censura, foi montada "apenas para a classe teatral", com distribuição de convites do Teatro de Arena. A direção de Fausto Fuser, Jacira Sampaio fazendo a negra Rosa e Dalmira Soares, a jovem empregada. O grupo do Arena cresce com a participação do ator Nelson Xavier e do diretor Augusto Boal, que tem a ideia de criação do seminário de dramaturgia, enquanto preparavam a montagem da peça *Chapetuba Futebol Clube*, do Oduvaldo Vianna

→ Interior do Bar e Restaurante A Baiuca. Héctor Costita, Walter Wanderley, Pedrinho Mattar, Mario Augusto, 1958.

→ *Eles não usam black-tie*, Teatro de Arena, São Paulo, 1959. Vianinha (sentado) e Chico de Assis (em pé).

→ Frente do Bar e Restaurante A Baiuca, praça Roosevelt, por volta de 1960.

Filho. Tendo como atores Vianinha, Vera Gertel, Riva Nimitz, Flávio Migliaccio, Milton Gonçalves e Chico de Assis nos principais papéis, direção do Boal, cenário do Flávio Império. *Gente como a gente* foi montada pelo Arena logo depois do *Chapetuba*. Conheço Antunes e Flávio Rangel; são amigos, mas disputam muito entre si qual deles desbanca os diretores estrangeiros do TBC, agora acrescidos dos italianos Gianni Ratto e Alberto D'Aversa. Jantei muitas noites em sua mesa, servidos pelo garçom Giovanni Bruno, amigo da classe teatral, especialmente dos mais "duros", como nós, fiando, às vezes, nossas jantas. A partir da montagem de *Sem entrada...*, tornei-me amigo do Antunes, que começou a namorar a gravurista Maria Bonomi, convidada a fazer o cenário da peça. (Freire, 2002)

Apesar da democracia instalada, longo trajeto ainda tem que ser feito para chegar à aceitação da diversidade, e tudo fica ainda mais acirrado quando se trata das diferenças de classe social, linguagem e respeito às regras de boas maneiras e etiqueta ditadas pelas classes altas. Regras estas que andam de mãos dadas com a exclusão social. Mas a arte está aí para quebrar essas normas e provocar a instalação de novos comportamentos. Quem nos dá um pouco do "estado da arte" é Plínio, aquele palhaço que foi trabalhar no circo dos ciganos há poucos anos, e que se atropela ao falar. Encontramo-nos num café e vem falando. Está chegando por aqui, vindo de Santos, onde era artista de circo. Lá, o Sindicato dos Estivadores financiou algumas peças. "Inaugurei muitas sedes de sindicatos, fazia essa peça *Fantoche*, que os caras acham engraçada. Não tem muito a ver com o intelectualismo, então é engraçada pra caraco. Fui bom palhaço, e continuo bom palhaço. O que você é, não esquece. E palhaço gago é raro, né?" (*Caros Amigos*, ano 1, n. 6, 1997).

As mulheres vão se instalando no mundo das artes, e anseiam por ocupar os espaços públicos. Nos bancos das escolas, nos cinemas, teatros, bibliotecas e cafés, a curiosidade por conhecer o mundo masculino é muito grande. Algumas, mais atiradas, já não se contentam em passear com os namorados, jantar nos restaurantes, ir ao cinema, clube ou teatro; querem conhecer o mundo da noite. Mas são raras as que conseguem. Nossa amiga portuguesa, Adelaide, continua ousando por aqui, mas sempre acompanhada por um namorado muito rico, "rei da baixa noite paulista", que é uma maravilha. Ele é íntimo das putas do L'Amour, na rua Bento Freitas, do Michael, na Major Sertório, e do Marino's na praça Roosevelt, do lado oposto à Baiuca.

Quando saímos, me leva nos melhores restaurantes e boates, dinheiro não lhe falta e paixão muito menos. Outro dia pedi para ir a esses lugares que ele frequenta, e acabou me levando. Numa sexta-feira fizemos a ronda, começamos no L'Amour, passamos pelo Michael e terminamos no Marino's. A exigência que fez foi que eu estivesse de lenço na cabeça e óculos escuros. As moças vinham e me contavam a vida. A música é de primeira; os cantores, maravilhosos, na semana seguinte quis voltar. Só desisti da baixa noite porque elas começaram a ficar íntimas demais e a contar os problemas; foi ficando muito deprimente, me comovia muito, me sensibilizava, elas são chiquérrimas. Na baixa noite, além do álcool, o que tem aqui é maconha, mas não é todo mundo que fuma, as putas não são "muito loucas", de puxar fumo. Isso é coisa de *playboy*, pessoal que anda de lambreta. Mas bebe-se bastante. Com esses moços abonados saio muito pra noite, é muito seguro, volto tarde, sem o menor medo. Aqui no centro há o Jardim de Inverno Milano, na avenida Ipiranga, em cima de um prédio, um bar restaurante dançante, uma amiga me levou e achei uma merda, muito estranho, só tinha velho, acho que é ponto de "encontros". Fui embora sozinha, não gostei do ambiente. (Maria Adelaide, depoimento)

Os jornais noticiam:

No teatro, o Oficina parte em direção ao engajamento social, sob a liderança de José Celso Martinez Corrêa, Renato Borghi e Etty Fraser. Compram casa na rua Jaceguai, 520, projeto de Joaquim Guedes, com trezentos lugares e um palco flexível, elisabetano e italiano. A inauguração é com *José, do parto à sepultura*, peça de Augusto Boal e direção de Antônio Abujamra. Companhia Pequeno Teatro de Comédia, de Antunes Filho, realiza espetáculo: *Sem entrada, sem mais nada*, de Roberto Freire, fruto de pesquisas e discussões do Seminário de Dramaturgia do Arena sobre a vida dos trabalhadores a partir de uma visão marxista; a peça tem montagem de Antunes Filho, no Teatro Maria Della Costa, com cenografia de Maria Bonomi e tendo como atriz principal Eva Wilma. (Ribeiro, 1985)

Essa é apenas uma parcela dos jovens dessa época; outros que se formam ou começam a chegar por aqui têm outras preocupações. Herdeiros diretos dos existencialistas, são muito engajados nos grupos de esquerda que começam a se formar em vários locais do país. É assim que vem chegando um jovem representante do movimento estudantil, só de passagem pela cidade, que encontro numa breve caminhada pelo

Centro Novo, perto da Biblioteca Municipal. O mineiro Izaías conta que tem uma militância política em Minas Gerais, nos últimos anos do colegial, e pertence à base secundarista do Partido Comunista, com a tarefa de distribuir jornaizinhos.

> Quando houve a invasão da baía dos Porcos pelos Estados Unidos, em Cuba, fizemos uma manifestação no Colégio Estadual de Minas Gerais e conseguimos parar o colégio, com discursos e faixas; só não fomos expulsos por intervenção de dois deputados da Assembleia Legislativa, que tinham ligação com o Partido Comunista" (Izaías Almada, depoimento).

Os estudantes são presença constante nas ruas do Centro Novo desde meados dos anos 1940, e se misturam às atividades culturais transitando nas imediações das escolas, é o que nos conta Rudá, companheiro de viagem desde os anos 1940:

> Alguns locais são marcantes neste ir e vir dos jovens por aqui, o entorno da Faculdade de Filosofia, na rua Maria Antônia, o Cine Coral na rua 7 de Abril, o bar Costa do Sol, em frente ao edifício dos Diários Associados, que traz exposições e exibições de filmes, e várias atividades no Masp e no MAM. Há o barzinho do MAM, mas nem todos vão para lá, alguns vão um pouco mais longe, na esquina com a rua Dom José, num bar de esquina, de balcão, onde tem uma coxinha maravilhosa. (Rudá de Andrade, depoimento)

Mas na cultura, como na política, as influências são diversas, a música ensaia outros ritmos e a noite paulista vai ganhando outras cores no leque das já existentes, seguindo os passos do *rock*. Os jovens não são apenas os engajados na política nacional e no movimento estudantil. Alguns, da elite paulistana, tomam conta de determinados espaços; com comportamentos marcados pela crescente influência americana, vão se distanciando do centro e, na região dos Jardins, vai surgindo uma nova e jovem noite. O que está aparecendo este ano é o *twist*, que democratiza a maneira de dançar o *rock*, firma o jeito de dançar solto. As festas acontecem em casas particulares, mas os irmãos Fauze, William e José fundaram na rua Augusta, entre a Estados Unidos e a Oscar Freire, a boate Lancaster. Onde os grupos The Jet Black's, The Jordans e o cantor George Freedman, de que fala Aguillar, agitam as madrugadas. É um sobrado, a boate fica na parte superior, com uma frente de vidro. Seus frequentadores são jovens que transformam a rua no local da paquera motorizada. *Playboys*, com seus carrões, promovem os "rachas", vestem-se no estilo James Dean, usam topete e blusão de couro. Os agitos começam nas lanchonetes Frevinho e Hot-Dog's e terminam na Lancaster. Mas há ainda a Golden Ball e a Raposa Vermelha, é a juventude transviada. Bem perto dali, o empresário Abelardo Figueiredo compra um boliche falido, na rua Bela Cintra, e cria mais um espaço da noite, O Beco, que vem recebendo muita gente da música brasileira. O público, por vezes, é o mesmo; os jovens que se ligam à bossa nova, que acaba de desembarcar em São Paulo, frequentam os locais onde se dança e ouve o *twist* e o iê-iê-iê (Borelli, 2005) (Mello, 2003).

Nossa amiga Adelaide, que vem explorando a noite paulistana, se casou. Agora vai ao Remo, na rua Joaquim Antunes, entre a Rebouças e a Gabriel, no primeiro andar, em frente à rua Sampaio Vidal:

> [...] não tem música ao vivo, só de vitrola, os casais dançam, é escurinho, tem umas mesas, com luz indireta, tomamos drinques do tipo gim *fizz, cuba libre, hi-fi*... No centro, há o Fasano e, no início da rua Bela Cintra, a Churrascaria Taquaral. Comecei a namorar meu marido nesta fase do iê-iê-iê, e vamos ao Zum Zum, na Nestor Pestana, ao Mao Mao perto do cemitério (da Consolação) e ao Lancaster, na parte baixa da rua Augusta, onde ouvimos grandes intérpretes e pianistas, como Ernani. Na boate Dindi, na rua Mathias Aires, vamos muito com o Murilo, ali se apresentam Jongo Trio, Zimbo Trio, pessoal da bossa nova, o local é muito gostoso. (Maria Adelaide Amaral, depoimento)

Na cena cultural e das linguagens artísticas, não há apenas a contraposição entre o erudito e o popular, bossa nova e samba-canção, velha guarda e jovem guarda, academicismo e vanguarda, mas a incipiente incorporação dos elementos da cultura popular e nacional aos poucos vai assumindo um viés bastante político. Sem nunca deixar de ter uma preocupação estética, assume um engajamento total.

"Educar para libertar", assim prega o Movimento de Cultura Popular (MCP) criado em Pernambuco, com um programa que vai de novos métodos de alfabetização até o teatro participante. Engajamento que abarca músicos, poetas, escritores, jornalistas e políticos, enaltecendo o grande herói: o homem do povo oprimido. Estão lançadas as sementes do Centro Popular de Cultura (CPC). Em 1961, a UNE, muito politizada, participa das campanhas de alfabetização e de combate a doenças endêmicas. Arte participante, engajada política e socialmente, é o grande tom. Mudar a sociedade, valorizar as manifestações vindas do povo é o mote aqui, na Europa, nos Estados Unidos. Tratar da miséria passa a ser condição, ou etapa para a sua superação, o povo oprimido, o operariado, é visto como agente da construção de uma nova época.

> o morro não tem vez, e o que ele fez já foi demais,
> quando derem voz ao morro toda
> a cidade vai cantar.

Esta ala, profundamente engajada nas transformações sociais e comportamentais pela via da cultura e da arte transformadora e por vezes redentora, junta elementos do existencialismo francês, da intensa mobilização juvenil ocidental e da esquerda, que, desde o pós-guerra, anseia por mudanças.

> Carcará, pega mata e come,
> carcará mais valente que um homem.

Novo estilo que vem sendo criado, nos diz Zuza, com adesão de parcela das artes plásticas, arquitetura, imprensa e música. As doces canções do início da bossa nova, "o amor, o sorriso e a flor", vão se alterando. O grupo que se reúne em torno de Carlinhos Lyra se aproxima dos sambistas, Nelson Cavaquinho e Cartola; nessa fusão, a força da postura social estimula a ideia de fundar um centro cultural e, em dezembro deste ano, criam o Centro Popular de Cultura, o CPC do Rio de Janeiro. Na efervescência da atuação juvenil, Carlos Lyra e Geraldo Vandré vêm a São Paulo para trabalhar com Augusto Boal e Chico de Assis, com o grupo do Arena. Na mesma trilha vem Edu Lobo, fazer parceria com Gianfrancesco Guarnieri. Nas imediações do Teatro de Arena e da rua Maria Antônia, acontecem os *shows* dos estudantes da Universidade Mackenzie, que passam a ser denominados Festival da Balança, e contam como mola propulsora, na forma de subsídios do Partido Comunista, do qual é membro o seu organizador, também diretor do Centro Acadêmico João Mendes Jr., o futuro empresário Manoel Poladian (Mello, 2003).

ALGUMAS PEDRAS DA CIDADE

Estamos apenas no início desta nossa viagem pela cidade de São Paulo. Apoiados nos depoimentos de nossos companheiros, vamos palmilhando os lugares onde cresceram, suas brincadeiras de rua, as escolas, os amigos de bairro e a lenta conquista do espaço urbano.

"As lembranças se apoiam nas pedras da cidade. Se o espaço, para Merleau-Ponty, é capaz de exprimir a condição do ser no mundo, a memória escolhe lugares privilegiados", escreve a grande mestra Ecléa Bosi (2004).

Para os que não nasceram aqui, e são muitos, o impacto da chegada, as primeiras sensações, seus anseios, medos e expectativas se desenham imediatamente. Essas fortes memórias são mediadas pelas razões da vinda e a ansiedade de alcançar os objetivos. Os grupos vão se misturando no território da cidade, a princípio focados no Centro Novo e na Vila Buarque, área de trânsito dos estudantes universitários, jornalistas, escritores, atores, músicos, radialistas, comunicadores, profissionais da propaganda, das artes plásticas e visuais.

Através do discurso desses companheiros de viagem, e por vezes caminhando com eles pelas ruas, vamos visualizando os locais de encontro, onde se ouve música, onde se assistem às peças, onde os estudantes, jornalistas, atores, atrizes, músicos, se encontram, convivem, trocam ideias e se alimentam dessa rica troca de experiências e pensamentos.

Em apenas dois anos já é possível perceber as intensas mudanças que estão a ocorrer, a cidade não cresceu tanto, mas os sons que emite são diversos, de banquinho e violão da nova bossa, dos programas das rádios com a " velha guarda" e o samba-canção, e vamos percebendo os espaços de uma parcela dos jovens que adere aos movimentos dançantes do *rock and roll*, os programas televisivos que vão surgindo e os grupos a eles associados; outros sons mais elaborados, ousados, que vêm juntando uma sonoridade orquestral mais clássica com a experimentação contemporânea no Movimento Música Nova; sons jovens universitários, que vêm casando o samba popular com a conscientização e o engajamento político. A televisão e parte das casas noturnas vão incorporando esses sons, dando visibilidade às orquestras e novas sonoridades. Mas ainda são os bares, pianos-bares e boates os espaços primordiais desses músicos e seu público.

O teatro também vem passando por alterações e solidificando as reviravoltas do final da década de 1950. O teatrão do TBC ganha dois novos diretores italianos — Gianni Ratto e Alberto D'Aversa — e vê sua linguagem transformada, o Arena vem se solidificando, o Oficina conquista um espaço físico, surge o grupo Pequeno Teatro de Comédia de Antunes Filho, todos com intensa produção. Uma conquista interessantíssima é a fusão entre a música e o teatro que vai marcar a produção do grupo do Arena, e entre a dança e o teatro, experiência que marca o trabalho de Ademar Guerra e Marika Gidali. Todos esses acontecimentos estão acolhidos no Centro Novo, com alguns espaços novos na praça Roosevelt, região baixa da rua Augusta e poucos deslizes juvenis para a avenida Paulista e a Augusta no lado dos Jardins, onde vão se localizar espaços de dança do *rock and roll*.

CULTURA POPULAR

A movimentação cultural é só uma faceta das transformações que vêm ocorrendo por aqui, e quem nos dá o tom dessa sinfonia são Darcy Ribeiro e Paulo Emílio Sales Gomes. Novamente nos deparamos com a cinzenta máquina de dar notícias, irradiando em alto e bom som:

Presidente João Goulart opõe-se à invasão americana a Cuba, sindicatos rurais são legalizados, Plano Trienal de Celso Furtado de combate à inflação é aprovado, mantendo ritmo de desenvolvimento e conquistas sociais. Nas principais cidades — após a criação da CGT com 1.400 delegados sindicais — há greve geral de 24 horas em apoio ao presidente e exigindo plebiscito. Cisão no Partido Comunista, com João Amazonas, Maurício Grabois e Pedro Pomar, surge o Partido Comunista do Brasil. É criada a Superintendência da Reforma Agrária (Supra). Jovens católicos criam a Ação Popular (AP).

Pela terra da garoa, um jovem compositor começa a mostrar sua face, calouro da Arquitetura, figura presente no meio estudantil, canta "Pedro pedreiro". Engajada nas reivindicações dos mais pobres, a Igreja, na ordem dos dominicanos, lança o semanário *Brasil Urgente*, para lutar pela justiça social e as reformas de base. A arte cinematográfica ganha um estímulo com a criação da Sociedade Amigos da Cinemateca por Dante Ancona Lopes e Lorentino Lorente. A Cinemateca que era dirigida por Paulo Emílio Sales Gomes, um de seus fundadores.

O veloz andamento das notas culturais e a intensa fusão entre estudantes, artistas, jovens, militantes, faz da arte um instrumento poderosíssimo de luta. Sob a influência dos Movimentos de Cultura Popular do Recife (MCPs) — fundado por Ariano Suassuna, Hermilo Borba Filho, Paulo Freire e Francisco Brennand —, surge o grupo teatral Arena, a semente dos CPCs. Insatisfeitos com o teatro da e para a burguesia, fazem seminários e produção para a conscientização dos operários e protestam contra a exploração que estes sofriam. Arena monta a peça *A mais-valia vai acabar, seu Edgar,* de Oduvaldo Vianna

Filho e Chico de Assis. Apesar de ter brotado em terras paulistanas, tem maior atuação no Rio de Janeiro e em Recife.

Atuam em música, cinema, literatura e artes plásticas, defendendo o caráter coletivo da produção, com engajamento político. O anteprojeto é redigido em março de 1962, seu primeiro diretor é o sociólogo Carlos Estevam Martins. No núcleo formador estão Oduvaldo Vianna Filho e o cineasta Leon Hirszman. Organizam curso de filosofia de José Américo Pessanha. Cultura e política se fundem nas ações estudantis na UNE, e se desdobram pelo país, nas feiras de livros acompanhadas de *shows* de música com os sambistas do morro, então desconhecidos do público, como Zé Kéti, Nelson Cavaquinho e Cartola. Produzem a peça *Eles não usam black-tie*, de Guarnieri, e o filme *Cinco vezes favela*, com cinco episódios, de Joaquim Pedro de Andrade, Marcos Faria, Cacá Diegues, Miguel Borges e Leon Hirszman. Publicam *Cadernos do Povo*, a série *Violão na Rua*. Cantam pelo Brasil inteiro "Subdesenvolvimento", cantiga de Carlos Lyra e Francisco de Assis. (Ribeiro, 1985)

Vindo da outra década, atuante em várias frentes, nosso conhecido advogado, militante e escritor teatral, Idibal, que vem participando ativamente da vida estudantil, nos dá um pouco a nota de como anda a ação dos CPCs pela Pauliceia.

Vivencio o Centro Popular de Cultura, porque estou como presidente da União Nacional dos Estudantes. Aqui o CPC não tem muita força, em Pernambuco tem mais, e no Rio de Janeiro acontece através do Oduvaldo Vianna e o pessoal que organiza o teatro nascido na UNE, com o objetivo de discutir os problemas do dia a dia. Pode-se falar abertamente, em cima de notícias de jornal, fatos do dia, fazem pequenos esquetes e levam a locais em que possam ser assistidos por um grande público. Especialmente de trabalhadores, tipo Central do Brasil, região Norte do Rio de Janeiro, Leopoldina, escolas de samba. A qualidade artística é razoável, o pessoal é muito bom, só que não tem sequência, não são dez espetáculos, são no máximo dois dias, com três espetáculos, vão para Ramos, fazem de manhã, de tarde e de noite. Voltam para o largo do Machado, fazem de manhã, de tarde e de noite, mudam de peça. Na chegada do Foster Dulles no Brasil, que é o secretário de Estado americano, todo o movimento estudantil se levantou contra e queriam sabotar, era uma das teses nas apresentações. Os CPCs são muito importantes, levam o teatro para quem nunca viu, algo de nível, com colocações de mensagens e discussão, e desses centros estão nascendo outros. (Idibal Pivetta, depoimento)

Fico curiosa para saber como andam as ações do movimento estudantil por aqui, e quais os espaços em que transitam. Marco um encontro com Roberto Freire, grande figura, psicanalista, autor teatral, jornalista... enfim, participante de quase todos os acontecimentos atuais e que nos dá alguns lances da política e dos estudantes no momento.

> A Juventude Católica de esquerda começa a se organizar na AP, conquista a UNE e faz três presidentes sucessivos — Aldo Arantes, Vinícius Caldeira Brandt e José Serra. Movimento estudantil na vanguarda da luta pelas reformas de base. Já conhecia alguns militantes da Ação Popular, organização socialista subversiva, mas não marxista. Ela tem origem na Juventude Universitária Católica (JUC), criada pelo padre Henrique de Lima Vaz, e procura se desvincular do catolicismo tradicional. Tornei-me amigo de Herbert de Souza, o Betinho, e de Vinícius Caldeira Brandt, dois importantes dirigentes da Ação Popular. Procurei-os em Belo Horizonte e me inscrevi imediatamente em suas ações: cursos, debates, publicações de documentos (apostilas) e treinamento de novos militantes. (Freire, 2002)

O clima de agitação política e estudantil no país inteiro vem crescendo, deixando marcas na cidade. No campo da música, apesar de todas as experimentações, inovações e novidades rítmicas, na maior parte dos espaços na região central, o que ainda se ouve são os sons do samba-canção, da nova bossa e do samba. Vou caminhando aonde sei que encontrarei o grande informante da vida musical. Visitando o Stardust, na praça Roosevelt, encontro o notável notívago Zuza. Este local, nos diz, é comandado pela dupla Alan e Hugo (piano e bateria), e frequentado pelos *socialites*. Aqui pode-se encontrar o conjunto do Robledo e, mais tarde, Jair Rodrigues, com seu gingado de samba e, ao órgão, um Hermeto Paschoal de cabelos curtos, apelidado de Coalhada, embalando os romances de muitos casais. Na Consolação, abaixo da Nestor Pestana, fica a maior rival, a Cave, menos preocupada com a dança do que com a música para ser ouvida; o pianista Johnny Alf toca há muito tempo e Aracy de Almeida canta. Apresenta ainda George Green, Baden Powel e Leny Andrade. A uma curta distância da praça, na avenida 9 de Julho, está o Claridge, onde atuam Dick Farney e o músico pernambucano Walter Wanderley, balançando com seu piano. Este ano foi rebatizado de Cambridge, e abriga o trio de Pedrinho Mattar. Do outro lado da mesma avenida há o Sirocco, frequentado pelas donzelas da noite, jornalistas e boêmios, onde o samba é tema constante em torno de um bom copo, principalmente quando aparecem por lá compositores de raiz como Geraldo Filme.

No percurso em torno da Roosevelt, há um botequim ao lado da Baiuca, que chamamos de Baiuquinha ou Sujinho, do Mané português. Decorado com o painel de azulejos do Atelier Artístico e Mural, serve café até o último freguês, um músico com certeza; há um grande repertório de histórias e lances sobre a música contados nas rodas que se formam noite adentro. Nesse clima surgem espetáculos semiprofissionais, sob o comando dos jornalistas da *Última Hora*, o paulista Moracy do Val e o paranaense Franco Paulino. São as *jam sessions* no Teatro de Arena, logo denominadas Tardes de Bossa. Solano Ribeiro, frequentando essas tardes musicais, cria com o amigo Luís Vergueiro as Noites de Bossa, no mesmo local, nas segundas-feiras à meia-noite, projetando o violonista Théo de Barros e o pianista César Mariano; o público é tão grande que passam a ser necessárias duas sessões com os músicos e cantores que não cantam só bossa nova (Mello, 2003).

A mistura do teatro com a música consegue até mesmo uma programação especial no mesmo Teatro de Arena; abre espaço para novos artistas, cativa o público jovem e marca uma posição no engajamento político. Deixo um pouco a conversa com Zuza e vou ler matéria de publicação local, que dá notícias sobre a novidade que vem acontecendo nas imediações da Vila Buarque. Esse fato parece um lembrete de que esta cidade comporta inúmeros grupos, tendências e estéticas no campo da música, das artes plásticas e da literatura.

> João Sebastião Bar, recém-inaugurado, chama a atenção pelo volume de estudantes universitários que agrega. Montado por Paulo Cotrim e Relu Jardim Vieira, é diferente em tudo; segundo Ricardo Amaral, que tem uma coluna imperdível no jornal *Última Hora* de São Paulo, sua frequência é de gente da "sociedade, menininhas conhecidas, artistas, intelectuais, transviados, desajustadinhas com cabelo taradinha, desajustadas, comunistas e afeminados". No segundo mês de funcionamento já havia fila e briga na entrada, controlada por três porteiros e às vezes pelos garçons, que também se envolvem nos rolos, todos chefiados pelo indivíduo que de fato decide quem entra e quem fica de fora, o Divino. Todo mundo quer ser amigo íntimo do Divino, que, como sua própria função indica, de divino não tem nada. [...] Tudo isso só para dançar a dança da moda, o *twist*? Parece que sim, mas na verdade é na música ambiente que está o grande segredo do local: salada de sons imprevisíveis onde, seu maior *hit*, nem mesmo é o *twist*, e sim o clássico "Jesus alegria dos homens", do inspirador do bar, Johann Sebastian Bach. Vale tudo nas fitas: trechos de locução de futebol, da vitória na Copa de 62, ruídos de pratos quebrando, poesia e clássicos da música popular. Até quarteto de cordas de música

erudita toca ao vivo, à luz de velas. É enfim, uma zorra total, onde tudo se mistura, som e clientela. A balbúrdia do João anda irritando a vizinhança. (*Nosso Século*, 1980)

Nesta busca descubro que, além de referência para estudantes mais abonados, o João, na rua Major Sertório, 772, apresenta muitas novidades. Ali encontramos certa vanguarda poética, musical e das artes plásticas, como Wesley Duke Lee, Clodovil e Jorge Mautner, em *happenings*, ou noite de autógrafos. Claudette Soares andou cantando por aqui acompanhada do trio de Pedrinho Mattar e o conjunto de Walter Wanderley. Nesses dias, Claudette fez uma fotografia que vai ficar para a história: cantando descalça sobre a tampa do piano de cauda, emoldurada por candelabros.

Contam à boca pequena que, por iniciativa de Wesley Duke Lee, realiza-se o primeiro *happening* brasileiro — um filme em 16 mm passado no João que trata de um passeio em que o personagem sai da praça Buenos Aires, área residencial, e vai até o centro comercial da cidade: praça do Patriarca, rua São Bento, largo do Café, travessa do Comércio e rua 15 de Novembro. É uma provocação, pelo anacronismo da roupa em pleno horário de trabalho. O filme termina em uma correria na rua 15, onde o povo tenta arrancar a roupa do personagem. Wesley (de óculos escuros), Otto Stupakoff (fotógrafo) e Maria Cecília (de chapéu) foram os artistas promotores do inusitado espetáculo, que teve sua grande noite no João Sebastião Bar. Após ter sido exibido, com a duração de trinta minutos, o personagem furou a tela e fez um *striptease*.

Dizem ainda que o bar é a meca do moderno requintado, *cave* no estilo francês que vem revolucionar a noite paulista. Casa de dois andares onde se janta à luz de velas e ouve-se música ao vivo (tanto clássica como *jazz* e samba), interpretada pelos melhores nomes da bossa nova: Walter Wanderley, Claudette Soares, Geraldo Vandré, Leny Andrade e Marcos Valle. Intelectuais, mocinhos ricos, jornalistas, artistas, publicitários e esnobes, todos frequentam. Lá se pode entrar sem gravata e as moças não precisam de companhia. Jorge Mautner conta que o lançamento de seu primeiro livro, *Deus da chuva e da morte*, foi feito lá, num *show* em que tocou bandolim e cantou músicas suas. O João é tão revolucionário que até sua pornografia de banheiro é inteligente.

Na música e na literatura, Mautner tem se destacado por aqui. Alguns jovens escritores paulistas, nos diz Roberto Piva, propõem novo sincretismo literário: surrealismo, antiautoritarismo, hedonismo, existencialismo e revolução. O primeiro a se lançar é Jorge Mautner, em seu primeiro livro, caleidoscópio estilhaçado das modernas ideologias, todas incorporadas e ao mesmo tempo rejeitadas em nome do grande Kaos: o sentimento vertiginoso da existência na moderna Babilônia. Em Mautner, desde cedo a colagem sincrética que funde a alma negra das favelas com o fascínio das vanguardas internacionais se transformará em música popular, semente de uma nova sensibilidade. [...] O dilema do artista da época do populismo — arte popular engajada *versus* esteticismo de vanguarda — se resolve em Mautner pela introdução da vanguarda na música popular. "Eu, Claudio Willer, Rodrigo de Haro, Roberto Bicelli, Raul Fiker, Jorge Mautner, sempre acreditamos no desregramento de comportamentos. É por isso que sempre tivemos choques com a esquerda e com a direita [...] Dizem que somos loucos, depravados, anarquistas". (Nosso Século, 1980)

Herdeiros diretos dos adoradores da deusa Minerva, da praça Dom José Gaspar, os poetas malditos, ou pioneiros *beatniks* da Pauliceia, como ficará conhecido esse grupo de vanguarda, que se reúne no botequim Leco ao lado do Paribar, transita pela Vila Buarque e pelo Centro Novo contribuindo com outra fusão, da literatura e da música. Esse bar, espaço de convivência, se torna também local de experimentação de várias linguagens: música, poesia e artes plásticas.

Toda essa produção diversificada tem uma correspondente ebulição urbana. Na região central está acontecendo um processo de verticalização e a região sudoeste vem se consolidando como polo privilegiado de centralidade, concentrando os bairros residenciais de alta renda — algumas *garden cities* (cidades-jardins) — e os principais centros de comércio e serviços (Rolnik, 2001). Essas cidades-jardins abraçam a rua Augusta e a avenida Brasil, derramam-se pelo vale do rio Pacaembu, desenham a encosta do Sumaré, ousam para os lados da estrada da Boiada, Alto de Pinheiros e Alto da Lapa, e vão desenhando uma cidade inacessível ao cidadão comum. Quase um circuito exclusivo para o trânsito dos locais.

Desde 1961, a administração do engenheiro Prestes Maia vem colocando em prática alguns dos elementos presentes em seus *Os melhoramentos de São Paulo* e *Plano de avenidas*, estudos que previam a criação de grandes avenidas de fundos de vale, causando profunda mudança da área central. Aqui há uma junção das questões viárias e o plano urbanístico, um dos poucos executados na cidade (Barbara, 2018). Os bairros continuam se expandindo horizontalmente, vencendo as várzeas dos seus inúmeros córregos e mudando a aparência de um mercado essencial, as padarias, que aos poucos vão se tornando locais de encontro. Flora, jovem moradora da região Sul da cidade, numa região absolutamente residencial, ainda muito distante do centro, aparecerá vez por outra em nossa viagem, fazendo breves relatos muito pessoais.

É madrugada, e antes que despertem os jovens esportistas, os deliciosos pãezinhos e o leite chegam à porta das casas, marcando o horário dos rapazes desregrados que invadem a noite em busca de diversão. Os pequenos caminhões-baús depositam, em nossa porta, primeiro os vasilhames de vidro com tampas metálicas, de onde delicadamente retiramos a nata, depois as caixinhas piramidais do nosso leite matinal. Algumas horas depois, em outro veículo, chegam os pãezinhos salgados e doces, sonhos, bolinhos ingleses, queijadinhas e uma infinidade de guloseimas que atraem as crianças, que, já na rua, interrompem as brincadeiras e gritam pelas mães, para marcar na caderneta do seu Manoel (Gama, manuscrito, 1992).

> Subindo a rua Augusta em direção ao planalto e à região sudoeste, antes mesmo de chegar às cidades-jardins, podemos perceber o que vem se desenhando como um novo território a ser explorado. Já é possível ver um grande número de jovens simpatizantes do iê-iê-iê no Lancaster, atraídos pelos The Jordans e pelo cantor George Freedman, novo foco da garotada. Em um encontro com aquele repórter fotográfico e animado programador de televisão, Aguillar conta que vem fazendo o programa *Festival da Juventude*, na TV Excelsior, com Demetrius, Ronnie Cord, George Freedman, Tony Campello, Celly Campello, Wanderléa e Roberto Carlos. A moçada da guitarra faz sucesso, não só na TV. "Os Jordans são originários do Tatuapé, nos bairros há sempre bailinhos que nos contratam para fazer, dinheiro quase nenhum, só mais para brincadeira. E os clubes daqui e das cidades do interior começam a nos procurar, a turma gosta de dançar primeiro o *rock*, depois o *hully gully* e agora o *twist*. Derrubamos a audiência, imbatível, da Record, com a *Grande Gincana Kibon*, e o Paulo Machado de Carvalho acaba de me fazer o convite para ir para lá e desbancar a Excelsior. (Antônio Aguillar, depoimento)

Os estilos vão se diversificando, samba, "velha guarda" com o samba-canção, a nova bossa instrumental, a experimentação contemporânea da nova música... Mas dois caminhos diferentes sobressaem, dois sons que se estranham, começam a polarizar a juventude e convivem na mesma cidade, uns falando a língua da "modernidade", outros a da "rebelião", uma turma da "guitarra", outra do "banquinho". Os programas de auditório da televisão abrem as portas às guitarras, à fusão e às versões dos sucessos americanos, e, muito lentamente, vão absorvendo a turma do "banquinho". Canções que marcam espaço na defesa das ideias, reivindicam, explicitam contradições e mazelas populares. Enquanto uma turma canta "Subdesenvolvido" e "Pedro pedreiro", a outra, com George Freedman, Celly Campello e The Clevers, canta "Sapatinhos cor de rosa" e "Biquíni de bolinha amarelinha tão pequenininho".

Bem próximo da Biblioteca Municipal, ponto de encontro dos anos 1950, berço dos poetas *beats* paulistanos, dos adoradores da "Minerva", dos malditos, e na elegantérrima avenida São Luís, o grande marco da "modernidade" acaba de ser inaugurado: é a Galeria Metrópole. Com lojas distribuídas em cinco pisos, dos quais pelo menos dois agregam grande número de bares e acolhem músicos de vários grupos. Nessa área central, nos últimos tempos, podemos perceber a construção de apartamentos tipo quitinete em edifícios de até trinta pavimentos; o pavimento térreo destina-se ao comércio e serviços, mas ainda alguns, como no caso do conjunto da Galeria Metrópole, agregam comércio, restaurantes, escritórios, e incorporam galerias comerciais em ruas internas e quarteirões. Essa linguagem da arquitetura modernista está presente no Copan, na Galeria Califórnia na rua Barão de Itapetininga, edifícios da praça Roosevelt, prédios São Vito e Mercúrio perto do mercado central; edifício Paris-Roma-Rio na Bela Vista, edifício Radar no Brás, edifício da Seguradora Brasileira na Liberdade (Feldman, 2004).

> Lendo os jornais me deparo com uma descrição incrível sobre a galeria, em matéria de Adones de Oliveira:
>
> O atraente Sand-Churra, bar-restaurante, com cadeiras de fora, no subsolo, logo à esquerda de quem desce a escada rolante. Às 10h da noite vão chegando os jornalistas, alguns da edição fechada do *Jornal da Tarde*. Bem mais tarde chegam os artistas que participam de programas no teatro da TV Record, na rua da Consolação. Ciro Monteiro, Agostinho dos Santos, Bituca, apelido de Milton Nascimento, Telma Soares, doce cantora baiana, Vinicius e Baden. (Oliveira, ano I, n. 4, 1996)

A galeria recém-inaugurada inunda de música esse pedaço da cidade, satisfazendo gostos variados e servindo de antessala e preparação para entrar nos palcos dos programas musicais televisivos. Conta ainda com o Le Club, onde Jongo Trio e Johnny Alf tocam. Estudantes e intelectuais se distribuem entre o Pepe's Bar, o Chá Mon e o Ponto de Encontro, café-concerto badalado pelos papos cabeça (Borelli, 2006).

↳ Fachada do Edifício Metrópole.

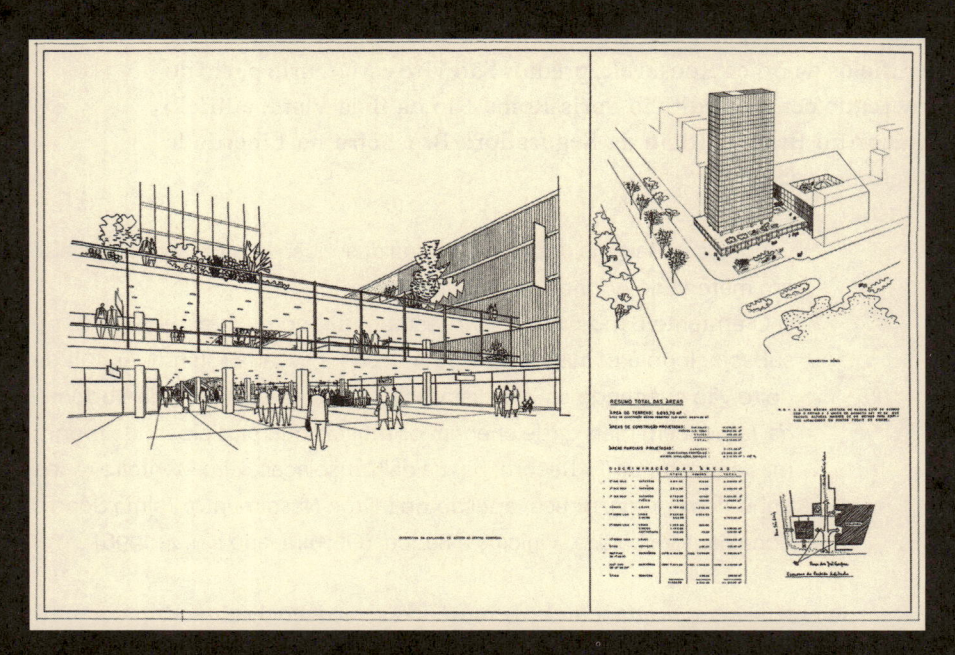

↳ Perspectiva artística do Edifício Metrópole.

A cinzenta máquina de notícias retorna:

> Agitação política não para, acaba o plebiscito em que o regime parlamentarista é revogado, o poder é devolvido ao presidente. Entra em vigor o Estatuto do Trabalhador Rural, a "CLT" do trabalhador do campo. Greves políticas são desencadeadas na aviação civil, nas ferrovias e nos bancos, onde os banqueiros reagem com o *lockout*. As esquerdas radicalizam-se rapidamente. Brizola lança a Frente de Mobilização Popular, procurando aglutinar o CGT, a UNE, a FNP, as Ligas Camponesas e o Comando dos Sargentos e Marinheiros, para dar começo à luta revolucionária pela libertação nacional. Oposição militar: IV Exército reprime em Recife camponeses que se manifestavam pela reforma agrária. TFP derrama milhares de jovens em comício de Brizola em Belo Horizonte, criando confusão. São Paulo se rebela contra Adhemar de Barros, que entra de sola na conspiração para derrubar Jango. (Ribeiro, 1985)

As linguagens diversas surgem em todas as áreas da vida cultural e intelectual; aos poucos, mas bem aos poucos, o velho formalismo do teatro burguês vai sendo quebrado por alguns insistentes e dedicados atores e autores que vêm chegando à cidade, tentando se integrar. À tarde marquei um encontro com Roberto, nosso conhecido diretor teatral, militante e psiquiatra, para sentir como andam essas relações políticas e artísticas por aqui. Esteve fora por um breve período e agora volta bastante envolvido com política. O trabalho vem se restringindo aos estudantes da Universidade Católica de São Paulo, na qual a AP cria um forte contingente revolucionário, com o apoio de muitos professores.

> Existe no Brasil uma meia dúzia de organizações políticas socialistas clandestinas como a nossa, como PCB (Partido Comunista Brasileiro), PCdoB (Partido Comunista do Brasil), VPR (Vanguarda Popular Revolucionária), de Carlos Lamarca, a ALN (Aliança Libertadora Nacional), de Carlos Marighella, e o MR-8 (Movimento Revolucionário 8 de Outubro), dos maoístas. Seus documentos políticos se assemelham e suas ações também. Os amigos que trabalham no teatro são quase todos marxistas e passamos dias e noites discutindo coisas ligadas às teorias socialistas. Muitos me tomam por católico, devido às ligações que tenho com os padres dominicanos, sobretudo agora que realizo para eles, com Josimar Moreira, o jornal tabloide e mensal, de conteúdo socialista e cristão, o *Brasil Urgente*. (Freire, 2002)

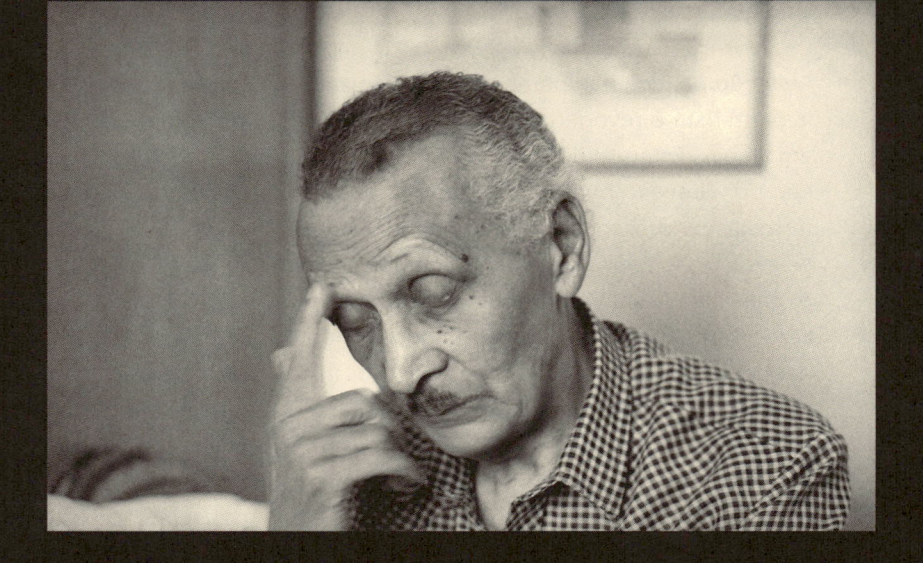

↳ Correia Leite, militante do movimento negro desde o começo do século XX, 1988.

↳ *Big band*: Ismael Campiglia, Carlos Konder, Rubinho Barsotti, Luiz Chaves, Izidoro Longano, Heraldo Dumontim, Pato Preto, Luiz Melo, Héctor Costita. Auditório da *Folha*, início dos anos 1960.

A televisão, no ar desde o início dos anos 1950, vem se descolando dos modelos de representação e dramaturgia teatrais. Os teleteatros absorvem os escritores e atores e importam elementos do drama radiofônico. A cultura francesa, das belas letras e da formação filosófica, que subsidiara a criação da Universidade de São Paulo (USP) e a maior parte das faculdades, vai deixando de ser o único modelo, e aos poucos, vai se misturando com o pragmatismo quantitativo americano, mais voltado para o mercado, como já anunciavam os debates em torno da Escola de Sociologia e Política. Na Faculdade de Filosofia da USP, no curso de Sociologia, o vínculo dos professores com a imprensa e com as artes é grande, muitos colaboram na imprensa local como críticos, função que vem desde os anos 1940 e atravessa os 1950. No começo da década passada, Roger Bastide assumira o encargo de dirigir uma pesquisa sobre as relações raciais em São Paulo, mas com a condição de que Florestan Fernandes a codirigisse. Segundo o professor Antonio Candido, essa pesquisa leva Florestan a rumos diferentes no campo da pesquisa. Condizente com o momento histórico e com seu perfil intelectual, parte para trabalhos com um marcante posicionamento político. Começa ali sua atuação, que irá combinar rigor científico e visão política, tornando a sociologia um instrumento de compreensão da realidade e uma contribuição à sua transformação (Souza, 2001).

Um dos militantes do movimento negro demonstra essa contribuição, contando um pouco o diálogo que estabeleceram com Florestan no período. Tudo teria partido, ou seria desdobramento, de um artigo do Paulo Duarte no jornal *O Estado de S. Paulo*, que foi sentido como racista e acabou causando polêmica e resposta da Associação dos Negros Brasileiros no jornal *Alvorada*. Pouco depois surge essa pesquisa da Unesco e da revista *Anhembi*, de propriedade de Paulo Duarte, sob a direção de Roger Bastide e Florestan Fernandes, pesquisa volumosa, diz Correia Leite, que resultou na constatação da existência da discriminação racial, e que levou o autor a continuar seus trabalhos de pesquisa no tema. Foi a primeira pesquisa que trouxe esse resultado à tona, e seus autores debateram com os movimentos os resultados (DPH-1988).

A classe média vem crescendo nos últimos anos, inserida nas frentes de trabalho urbano que têm início com o desenvolvimentismo de JK, o eixo econômico se consolida na região Sudeste, e a vida cultural e urbana de São Paulo reflete essas alterações. O ingresso da camada média no forte sistema de ensino público do país aumenta o gargalo no momento de ingressar na universidade e cria um intenso debate pedindo reforma do ensino. O ensino privado está muito distante das possibilidades da maior parte da população.

Do segmento crescente da população jovem urbana e de classe média vem o fã-clube do iê-iê-iê, *hully gully* e música de guitarra, e Aguillar mostra como estão se movimentando por aqui. O Teatro Record é na rua da Consolação.

> Todos os grupos que lancei já estão com o nome feito, como The Clevers: Mingo, Manito, Netinho, Neno e Risonho. A Rita Pavone veio fazer um *show* na cidade e aceitou participar do programa à noite, arrumamos uma guitarra para dar de presente a ela. Pedi ao conjunto que, quando ela entrasse no palco, começassem a tocar "Datemi un martello", e ela cantou. Ficou amiga e acabamos levando os Clevers para a Itália. Criei o "romance" entre ela e o Netinho, para reforçar a audiência. É noiva do seu empresário Ted Reno, mas ele aceitou a brincadeira, e até hoje as pessoas pensam que era verdade. (Antônio Aguillar, depoimento)

A música e o teatro tomam a frente das manifestações culturais da cidade, mas outras linguagens vão surgindo na cena. Um pouco mais tímidos e reservados estão os profissionais e jovens que atuam na área do cinema, ligados à Cinemateca e que percorrem a cidade atrás de boas películas. Há tipos diferentes de público e estilos diversos de filmes. É Inimá que nos conta que na Vila Buarque também "se produz muito, como na Boca do Cinema". A Cinedistri tem sua consagração definitiva agora, quando a dupla Massaini-Anselmo Duarte realiza *O pagador de promessas*, Palma de Ouro no Festival de Cannes em 1962. Os jornais publicam diariamente novos projetos da empresa e as opiniões de Oswaldo Massaini, transformado em líder da classe. Cada lançamento de filme é um acontecimento social: bandas uniformizadas à porta dos cinemas, presença de autoridades, o traje de gala etc. Sem falar dos *réveillons* promovidos na residência dos Massaini, que provocam verdadeiro *frisson* nas colunas sociais, tantos os nomes famosos que participam. A um gesto de desencanto do tradicional produtor, que ameaça abandonar produção e distribuição de filmes brasileiros para dedicar-se exclusivamente ao comércio do produto estrangeiro, todos se sensibilizam, a ponto de Paulo Emílio Sales Gomes redigir um artigo, "Herói Massaini vítima", na publicação *Brasil Urgente*. (Simões, 1989)

Novo personagem na vida urbana e intelectual, o número de mulheres começa a aumentar pelas ruas, não são mais só as moçoilas finas, frequentadoras do chá do Mappin, que caminham pelas calçadas, ou as trabalhadoras das classes mais pobres, com seus tabuleiros, vendendo quitutes pelo centro. O aumento de cursos universitários e a ampliação das carreiras têm trazido mais estudantes para os bancos das universidades e mais mulheres. Tudo acontece nessa região do centro, nos diz Walnice, estudante da Filosofia. Fervilham programas, estabelecimentos, instituições, vida social e cultural. Coisas que se faz a pé, de um lugar para o outro. Poucas pessoas têm carro, a indústria automobilística está começando. A metrópole é igual ao centro, tudo é lá; para começo de conversa, há o centro universitário.

> Fiz secundário no Mackenzie e faculdade faço na Filosofia, na Maria Antônia. Finquei o pé neste lugar, minha vida se passa aqui. É a parte mais importante, é daqui que olho para os bares, livrarias, museus, teatros e cinemas. Posso sair da aula e ir andando, com amigos, colegas, para ver um filme, ir a um museu, exposição, bar, ou qualquer outra coisa, tudo feito a pé. (Walnice Nogueira Galvão, depoimento)

O aumento da circulação urbana da população feminina nem sempre é visto com bons olhos, e Adelaide, nossa amiga portuguesa, vai detalhando as dificuldades dessa inserção.

> Toda a vida que tenho na cidade, com amigos, namorados, é absolutamente exceção entre as mulheres, principalmente se forem aquilo que se pode chamar de "moça de família". Elas não circulam pelas ruas, as pessoas ficam muito escandalizadas comigo, porque saio de carro com namorado, mas acho um absurdo ter um namorado com carro e ele deixar o carro estacionado e a gente sair a pé de mãozinha dada. Marcamos encontro em outros lugares, pois, se marcarmos na minha rua, as pessoas vão falar com a minha mãe. É claro que é um comportamento excepcional, mas acho que não tem nada de mais. As cabeças estão mudando, as moças começam a fazer coisas que não faziam. (Maria Adelaide Amaral, depoimento)

Chico Buarque aparece, de passagem no Jogral, do Luiz Carlos Paraná, logo adiante. Encontra-se com o *habitué* Paulo Vanzolini, ponteando com Paraná e Adauto Santos. Uma vez Chico chegou ao Sand-Churra e tinha esquecido o violão no táxi, foi a deixa: Jorge Costa, que canta no Esquilo's, compôs um samba que Jair Rodrigues canta. "Triste madrugada" ("Triste madrugada foi aquela/ Que eu perdi meu violão..."). Nestes bares há moças de todo tipo, que passam pelo bar do Maiá, ao lado, o Chão de Estrelas, do lado de cá, Aquela Rosa Amarela. Namora-se no Sand-Churra, passa-se o tempo, salva-se o mundo. (Oliveira, ano I, n. 4, 1996)

Deixando um pouco de lado as moçoilas, vou ver o que anda acontecendo nos arredores das faculdades e, andando pelas imediações da rua Maranhão, na Vila Buarque, encontro um rapaz carioca, Vallandro, recém-chegado à cidade para estudar. Deixo que ele fale a que veio.

Cheguei para o vestibular da Faculdade de Arquitetura e Urbanismo da USP. Comparado com o Rio, aqui é muito calmo. Saio da Vila Mariana, pego a avenida Paulista, desço a Consolação para ir à FAU. É uma cidade com nevoeiro, com a famosa garoa. Começo a conhecê-la a partir da faculdade, da Maria Antônia e arredores. Já vivi aqui, mas era uma vida de garoto. Agora começo a conhecer com outros olhos, outras companhias. Caí num lugar interessante, cheio de agitação, apresentações musicais, reuniões no porão da faculdade. A cidade permite que se ande a pé, mas é muito confusa, orientar-se é difícil. Quando passo de ônibus pela Paulista, de vez em quando ainda me pego olhando para umas ruas transversais para ver se enxergo o mar. Na Paulista ando muitas vezes depois da meia-noite, quando acabam os ônibus; faço o percurso da Consolação até a Vila Mariana a pé; a uma hora da manhã, está totalmente vazia, é uma avenida estreita, arborizada, segura e divertida.

A convivência está moldando minha maneira de avaliar a cidade. Vim porque a faculdade aqui é melhor, a FAU me interessa, cativa, e começa a me mostrar aspectos da cidade que não suspeitava. Estou conhecendo os arredores, Cerqueira César, Santa Cecília, andando a pé com o Chico Buarque, primeiro companheiro carioca que encontrei na FAU. Uma identidade muito forte, fazemos o percurso todo, da rua Maranhão até o centro, na avenida São Luís e na praça da República. Outro trajeto que fazemos é subir até a avenida Angélica e ir até o Pacaembu, na casa dele. Estou no primeiro ano, começando a tatear a cidade. Na Maria Antônia, inauguramos a boêmia do bar do Zé, terminando as aulas, com o Chico e o Mané (Barão), saímos para beber uma cerveja; ali é vazio e escuro às seis, sete horas da noite. O impacto que senti quando entrei no saguão para fazer o vestibular, e vi uma exposição dos alunos que estavam concluindo o curso, foi imenso. Produção de projetos e maquetes de desenho industrial, fiquei muito impressionado, só tinha visto isso em revistas estrangeiras. Fiquei animado. Poxa, estou entrando num lugar que realmente me interessa, lugar em que se pensa, se discute, as coisas rolam. Este ano estava bem interessante, mas começa a haver uma radicalização. Nos anos 1950, tive a vivência do que é a questão partidária; meu tio era arquiteto e do Partido Comunista no Rio, muito atuante. Assisti a diversos comícios em que ele falava em praça pública, na General Osório em Ipanema, à noite. Desde garoto, a casa da minha avó era lugar de reunião política, não só partidária, porque meu tio fazia reuniões e atraía gente de todo lado. Fui acostumado à discussão, formado no debate, às vezes muito acalorado. Essa diversidade sempre foi presente na família. Meu pai é paulista revolucionário de 1932 e detesta Getulio Vargas, e minha mãe é getulista, o pai dela foi próximo do Getúlio, então isso gera discussões. Agora, esse clima de sectarismo na faculdade para mim é estranho, não dou a mínima bola. Há a briga entre AP e o Partidão, coisa muito forte, chega quase às vias de fato. (Vallandro Keating, depoimento)

A vida estudantil e a política estão intrinsecamente misturadas, e o calor do momento, com uma conjuntura muito delicada, não permite que se fique de fora. O sectarismo avança, na mesma proporção que a pressão sobre o governo de Jango. Os estudantes sabem bem que têm um papel importante nesse jogo de forças. A convivência nas imediações das faculdades faz das ruas o lugar da música, do teatro e das artes engajadas. Enquanto conversávamos, quem chega por perto e se interessa pelo assunto é Roberto, que está entrando em outra seara, a música.

Estou tendo outra atividade, muito ligada à opinião pública e à criatividade. Refiro-me aos festivais televisionados de música popular brasileira.

Me integrei a esse movimento nacionalista e poético, sobretudo neorromântico. Fui procurado por um amigo de meu irmão, Caetano Zama, que toca bem violão, e ele me deu letras para compor canções em bossa nova. Mas o que, de fato, amo, é ouvir o samba de morro e o de Carnaval. Convido alguns amigos músicos a ir à noite à minha casa, na rua Cândido Espinheira, para noitadas musicais. Uma nova amiga, de nome Heloísa, e que nós chamamos de Bubu, é a organizadora dessas noitadas e quem convida os músicos. Nas noitadas, minha mulher participa ativamente e com enorme prazer. Nelas conhecemos e convivemos, através da música popular brasileira, com Geraldo Vandré, Paulinho Nogueira e Caetano Zama. Com este acabei por compor alguns sambas, que ele apresenta, cantando e tocando violão nessas ocasiões. Ninguém que frequenta essas reuniões é famoso, e por lá passam, como estes, inúmeros cantores e compositores que demonstram real talento. Logo peguei o jeito de compor letras, e eu e o Caetano criamos inúmeras canções que o grupo aprecia e estimula.

A Bubu nos disse que tem um irmão de 16 anos, o Carioca, que tem vontade de convidar para as nossas reuniões, pois ele quer ser músico, está aprendendo a tocar violão e já faz algumas composições.

> Ele apareceu numa noite, com o seu violão. Carioca é um rapaz magro, cabeçudo, com dois olhos verdes e um sorriso de dentes grandes. Fala pouco e parece muito tímido. Depois de ouvir muita música, solicitado pela irmã, cantou algumas canções suas e outras de Sérgio Ricardo, imitando João Gilberto, com um violão que ele conhece ainda mal, inclusive com um indefectível cigarro aceso entre os dedos que tocam as cordas. Numa noite, ele reapareceu e nos cantou uma composição sua que nos espantou e encantou: "Pedro pedreiro". Ainda o ouvimos cantar "Olé, olá", numa de nossas últimas reuniões. Estou espantado e muito entusiasmado com o talento do rapaz, que logo descobri ser contemporâneo de meus dois filhos maiores no Colégio Santa Cruz, onde começou a se apresentar em festas. Cheguei a ouvir, numa dessas festas, o Chico Buarque ser chamado a cantar como o Carioca, do jeito que gosta de ser conhecido. (Freire, 2002)

Companheiro de viagem desde os anos 1940, Rudá já nos contou bastante sobre a vida cultural da cidade, por onde caminha desde menino, nos grupos da Biblioteca Infantojuvenil e na formação da Cinemateca Brasileira. Agora anda firmemente engajado na vida política. Sento com ele no Costa do Sol e tento satisfazer minha curiosidade sobre um dos edifícios mais antigos da cidade. Conta que há no Martinelli uma sede municipal, Comitê Municipal do Partido Comunista.

> Não sei desde quando, mas estive lá, é uma sala grande onde se fazem conferências. Há outras atividades grupais e festas, mas, este ano, estou na Vila Mariana, faço um trabalho, tenho a minha base no sindicato da construção civil. Na ação no CPC, nós do sindicato também estamos envolvidos, com alguns companheiros, como Maurício Capovilla, Rogê Karman. Temos um grupo que organiza festas, piqueniques em Santos, bailes no sindicato, quermesse. Atividade do sindicato, em que estamos, de uma certa forma, infiltrados, porque nunca fui operário da construção civil. Mas participamos ativíssimamente nos piquetes de greve; lembro de um em que, junto com Maurício, paramos a Brigadeiro Luís Antônio inteira, todos os prédios. Subimos, fazemos discursos pra turma e o pessoal cruza os braços... (Rudá de Andrade, depoimento)

"A cidade não pode parar", lema do progresso paulista, mas de fato o que vem acontecendo é que para cá afluem muitos migrantes internos, do estado e de outros estados, à procura de trabalho e de formação universitária. Nossa viagem vai seguindo e se deparando com novos moradores que, junto com suas lembranças e seu impacto com a cidade grande, trazem seus sonhos e atualizam as esperanças de um destino melhor.

Depois de algum tempo, caminhando pelo bairro bastante residencial de Pinheiros, resolvo explorar o crescimento da cidade para a região oeste e conheço por aqui um jovem bastante interiorano, Mouzar, com um sotaque mineiríssimo, que vai nos acompanhar nesta longa e agitada jornada. Veio de Minas e acaba de chegar de trem.

Cheguei à noite e fui direto para a pensão onde dois irmãos meus moram, na rua Lisboa, 1.530. A maior cidade que conheci é Guaxupé, com 12 mil habitantes. Da estação da Luz peguei um táxi até Pinheiros, passei por um túnel, que nunca tinha passado, uma coisa maravilhosa. Meu pai é barbeiro, e todo mundo que vem para cá, quando volta, a primeira coisa que faz é ir à barbearia contar suas aventuras. Ouvi tanto falar daqui que achava que sabia tudo, mas, na hora, foi uma surpresa.

É realmente um Eldorado, cheguei numa segunda-feira à noite. Na terça, fui conhecer a cidade e tive a grande surpresa da minha vida, fui com um amigo que já mora aqui pagar uma prestação na loja Exposição, na praça do Patriarca, esquina da rua Direita, nunca tinha visto tanta gente junta, achei que era algum dia especial, fiquei muito impressionado. Passei a terça-feira passeando, quarta fui procurar emprego, e na quinta comecei a trabalhar. Isso é para todo mundo, é uma cidade do trabalho e tem emprego para quem quiser, existe até um moralismo nisso, quando tem *blitz* policial, a primeira coisa que fazem é pedir carteira de trabalho, quem não tiver carteira assinada vai em cana como vagabundo.

Morando na pensão, trabalho no escritório de um supermercado, sou menor de idade, tenho que trabalhar muito para pagar a pensão. Estou no Colégio Castro Alves, na rua Teodoro Sampaio, no curso técnico de contabilidade. Nossa diversão é tomar cachaça, de vez em quando uma caipirinha, mas tudo na pensão mesmo. Dois conterrâneos vieram também, um deles toca violão muito bem, e o outro declama poesia, é assim que passamos o domingo, tem até umas mocinhas que vêm ver o amigo declamar. Estou conhecendo o bairro onde moro. O único bar que tem chope é o restaurante Cordeirinho, aonde vamos à noite, na rua Pinheiros; o resto é boteco de esquina. O famoso Cu do Padre, Bar das Batidas maravilhosas. A lanchonete é a Pasv, na Teodoro Sampaio, entre a Henrique Schaumann, rua estreita

↳ Pelão e Idibal Pivetta no Movimento Popular de Março. Auditório de *A Gazeta*, em 1960.

onde passa o bonde, e a Francisco Leitão, primeiro lugar que tem *hot dog*, hambúrguer, fica cheio da moçada. A rua Arthur de Azevedo é de terra, sem calçamento; no cruzamento com a Henrique Schaumann tem uma escada, porque há um desnível. Entre a Morato Coelho e a Simão Álvares, há um córrego que passa no meio. Outra diversão é ir ao cinema, acabou agora o Cine Brasil, na Teodoro Sampaio, que era o mais popular, passava dois filmes. Mas restou o popular Cine Goiés, na rua Butantã. O Fiammeta é menor, na rua Fradique Coutinho, e existe o Jardins, que é grandão, logo ao lado, na mesma calçada. Pegamos sessão dupla no domingo, depois comemos um quibe, ou pastel e um refrigerante. (Mouzar Benedito, depoimento)

Enquanto conversávamos, outro morador do bairro, o Luiz da Orquestra, que conheci há pouco tempo, chega e vai contando que, nas caminhadas que faz, sai de Pinheiros, na Fradique Coutinho, onde nasceu, pega o bonde e vai a um bar na Peixoto Gomide, Sambalanço. Começou chamando Caco Velho, venderam para o Higino Carlos e mudou de nome. Lá acontece muita coisa.

Tenho 16 anos, toco violão, com a Dora Lopes e célebres cantores, o Trio Irakitan e o Trio Maraiá. Um dia dei uma canja, e estava lá o Carlos Paraná. Tem vários bares de que ouço falar, mas não posso entrar, sou menor. Nestes vou porque conheço o dono, é amigo do meu irmão mais velho, que toca em todos os bares. (Luiz da Orquestra, depoimento)

A cidade expande para oeste, para Pinheiros e Butantã; para o sul, entre o antigo município de Santo Amaro e a igreja de São Gabriel, avenida 9 de Julho, se intensifica a ocupação do Brooklin Velho e do Brooklin Novo, Cidade Monções, cortados pela antiga estrada de Santo Amaro, que ganha o nome de avenida. Permeada de córregos, a região vai aos poucos transpondo suas águas, não sem sofrer com as fortes chuvas do verão. Ao norte, muito lentamente a ocupação vai se dando em direção às freguesias antigas do Ó, Nossa Senhora da Penha e Santana.

Mouzar se vai, fico conversando com Luiz da Orquestra, mas logo chega seu amigo Alberto, aquele rapaz da zona Sul, que nos conta que neste ano descobriu através de um cara do bairro que existe um cinema de arte, o Bijou.

Mudei de vida, antes só ficava no Brooklin, era um caipira. Agora, perto do Bijou, tem dois bares: o Sujinho, na praça Roosevelt, da *beat generation*, e o Redondo, do pessoal de teatro, intelectuais, não conheço ninguém, mas vou tomar minha cerveja. Começo a procurar livros no centro, na Livraria Brasiliense, vou às galerias de arte, na avenida São Luís. Encontro grandes figuras nas *vernissages*. Vou com os amigos mais velhos às boates da Boca do Lixo; na Major Sertório tem a boate do Arã, mas não gosto muito daquilo. Tenho 18 anos. Frequento muito o João Sebastião Bar, refinadíssimo, com altas mulheres, na rua Major Sertório, e o Ela Cravo e Canela, onde o Toquinho começa a aparecer, a música é ao vivo e vão os melhores músicos da cidade. Ali tem Claudette Soares, César Camargo Mariano, Gata Mansa, a Telma Soares, que bebe, fica louca e sobe em cima da mesa, canta muito bem. (Alberto Lira, depoimento)

As descobertas de Alberto não dizem respeito só à cultura e à noite, conta que sempre foi comuna.

Na zona Sul não tem comunista, só tem um da minha idade que é gaúcho, soube que tem um, miticamente, em Santo Amaro, mas aquela zona é muito reacionária, irritante. Meu pai não é católico e tem uma biblioteca comunista. Até os 11 anos fui católico fanático, e ele não interferiu. Mas era tão não religioso que não dava para permanecer católico. Na política, tive que me preparar, ler muito para discutir, porque tinha pau, eram reacionários da pior categoria, a maioria era e ainda é reacionária, comecei a virar um polemista. Este ano, o Eder Sader, um amigo, foi me buscar lá no Brooklin, com a revista *Novos Estudos*, entrei na Polop, temos reuniões num hotel do lado do Minhocão. É uma chatice, porque sou boêmio, e a esquerda é puritana. O Reinaldo, que é editorialista do *Estadão*, fala que quem frequenta o Redondo é burguês, penso o que dirá do João Sebastião Bar, que é finérrimo e que frequento. Leio Proust embaixo do colchão, e quando vem filme do Godard tem que esquecer. Entrei na Polop, graças a Deus, nem sabia que era trotskista, se é tudo bem, descobri porque fui ler Trótski e achei razoável. (Alberto Lira, depoimento)

Pela fala de Alberto, Mouzar e Luiz da Orquestra, podemos ver a cidade se expandindo em direção à periferia; são os bairros novos, habitados pela classe média; vão ganhando estradas, ruas de terra, parcas atividades comerciais, escolas estaduais e grupos escolares, mas já estão atraindo ações de alguns grupos políticos. Boa parte dos moradores dessas regiões ainda tem o centro como referência, e é para lá que se dirigem para trabalhar, estudar ou participar da vida cultural.

Da zona Norte, quem nos dá notícias é aquele rapaz que mora em Santana, Ugo. Trabalha, mesmo ainda estudando, como editor de revista.

> Comecei, registrado, na Gessy Lever, no Departamento de Pessoal, como selecionador de pessoal, uma posição absurda, alucinante e, num certo sentido, gratificante, porque você admite, e não demite pessoas, mas não sou bom. O Gilberto Gil está lá, na agência de propaganda da Gessy Lever. Chegou da Bahia e botaram ele para trabalhar lá, de noite vai cantar e, no dia seguinte, não aparece para trabalhar, é um caos. (Ugo Giorgetti, depoimento)

Enquanto fico por ali na região do Paribar lendo algumas notícias, vai se achegando João Carlos, Pelão, rapaz que morou fora e voltou, já foi *playboy*, agora está se engajando na política e na produção musical. A cidade cresceu muito.

> Recentemente, em 1962, 1963, me candidatei a vereador, tive 14 votos na Vila das Belezas. Depois das eleições fui lá com o Idibal para agradecer os votos. Comentei da força que ele tem ali, ele confessou que quem tem força é o pai. Minha candidatura foi pelo Partido Libertador, parlamentarista, com o Idibal, o Pedro Meio, pessoal bom, não deixamos ninguém alugar legenda. Não fiz campanha, viajei para Recife, Paraíba, nas Ligas Camponesas, quando voltei, a Vila Mariana estava toda pichada, no muro da casa do avô do Julinho tava lá: "Para vereador vote em João Pelão, amigo do Julio Aragão". O avô quase mata o Julinho. No muro da Walita está: "Para vereador Pelão apoiado pelo JCB"; todo mundo achava que era o Partido Comunista Brasileiro, mas era João Carlos Botezelli, meu nome, foi este o argumento que usei. Em alguns lugares escreviam: "Falta arroz, falta feijão, vote no Pelão", "Não tem condição, vota em Pelão", "Ladrão por ladrão, vota no Pelão", eles riam muito, mas ninguém falava quem tinha sido, tinha cada puta sacada.

Enquanto conversávamos chega Idibal e senta-se conosco. Mas João Carlos, Pelão, prossegue.

> Fiquei fora um tempo e agora estou trabalhando na Tupi, no programa *O Mundo é dos Jovens*, e em outro, *Edu Bem Acompanhado*, com o Edu Lobo, quem faz é o Goulart, mas carrego o piano. Fico responsável pela orquestra, toca-se MPB e, de vez em quando, aparece uma Gigliola Cinquetti. Quando o grande Ray Charles veio, o Walter Foster me chamou e disse: "É a oportunidade da sua vida, é pra você dirigir".

Aconteceu no Cine Monark, na avenida Brigadeiro Luís Antônio, depois do Hotel Danúbio e antes do Hospital Pérola Byington, que a Tupi alugou, mas no fim o Ray foi quem decidiu tudo. Quando foi para o ar, o técnico dele chegou na mesa e capou toda a orquestra, tirou o som. Era para aparecer só o Ray Charles. (João Carlos Botezelli, Pelão, depoimento)

Idibal, o amigo militante, e já nosso conhecido, advogado, também da Vila Mariana, puxa o fio da meada.

Escrevi como contratado no *Hora*, jornal sensacionalista, e no *Correio Paulistano*, que é importantíssimo e semelhante ao *Estadão* e à *Gazeta Esportiva*, como repórter esportivo, entrevistando dezenas de jogadores de futebol para fazer reportagens. Agora abri escritório e optei por escrever para teatro e entrei na Escola de Artes Dramáticas de São Paulo, que funciona ali na estação da Luz. (Idibal Pivetta, depoimento)

Depois de alguns dias, retorno ao centro e caminho em direção ao restaurante Gigetto, onde encontro Ignácio, o repórter da área cultural, que conta de suas caminhadas noturnas.

Às vezes passamos aqui, mas já está fechando e vamos a pé pela rua Avanhandava, até a 9 de Julho. Mas aqui é o grande ponto de encontro, o meio artístico é pequeno e está em frente ao Canal 9, TV Excelsior, Teatro Cultura Artística, na Nestor Pestana. Tem os botecos, puteiros e o Gigetto, aonde vamos todas as noites. Reúnem-se para jantar a classe teatral, jornalistas, diretores e se realizam negócios. Outro dia estava na mesa quando Anselmo Duarte comprou *O pagador de promessas*. Tem diretor que vem procurar ator, escritor vem vender texto, atores são contratados, vêm para ser vistos e para jantar, a comida é muito barata, é meio um sindicato. Só não aparecemos aos sábados e domingos, que é quando a classe média, burguesia, vem ver os artistas. Quem não quer ficar na vitrine não vem. Durante a semana, a gente vem bater ponto, sabemos o nosso "grau", *status*, conforme a mesa que conseguimos; se for na frente, é média, a porta abre direto para as três mesas, o segundo salão é o mais importante, dali se vê todo mundo que entra, conforme vai sendo levado mais para o fundo, o *status* vai piorando, se for levado para o último salão, aí é o fim da picada, melhor se matar! Mas muita gente prefere ir direto para o fundo, para não ser incomodado. O ponto de honra dos garçons é jamais anotar, não tem comanda, garçom vai para a cozinha faz o prato e põe na sua frente, com o que foi pedido. Quando vai chegando o fim do mês, as pessoas ficando sem dinheiro, chegam para o Giovanni Bruno e dizem: "Me vê uma mesa, que estou sem dinheiro". Ele te coloca numa mesa grande, as pessoas pagam em dinheiro, ele pega esse dinheiro, entrega para a pessoa e ela assina uma nota, depois vai pagar a nota. Isso existe há anos, é uma espécie de banco, e os donos do Gigetto sabem. Tem conta assinada por Tarcísio, Jô, Glória, Walmor, Elizabeth Henreid, Rubens de Falco, todo mundo tem nota assinada. Tem aura, charme, *glamour*, e nem é bonito, é esquisito, feio, mas são as pessoas, a noite sem ir ao Gigetto é chata. (Ignácio de Loyola, depoimento)

Deixo Ignácio com seus amigos e caminho até a praça Roosevelt, onde encontro Izaías, aquele estudante, militante mineiro, recém-chegado. Nasceu em Minas, veio de Belo Horizonte para cá no dia do aniversário da cidade, 25 de janeiro de 1963, com 21 anos.

Não conheço ninguém, com exceção do amigo mineiro Mauro Continentino, que veio estudar. Ainda bem que ele me recebeu, porque é uma cidade completamente estranha para mim, viajei muito pouco, só conheço o Rio de Janeiro e o interior de Minas. Está sendo um misto de uma coisa muito boa, por estar saindo de casa, levando uma vida independente, tendo que trabalhar, cheguei com emprego garantido, no Banco do Estado de Minas Gerais, mas, por outro lado, estou espantado com o tamanho da cidade. Moro numa pensão na rua Piauí, 314, de um casal romeno, com forte sotaque, próximo ao Mackenzie. Fico num quartinho do fundo, é mais barato. Já encontrei o Rodrigo Santiago, outro amigo, que está fazendo o curso da Escola de Artes Dramáticas, um bom ator, através dele acabei indo para a EAD, os exames foram no início de março.

A televisão, Tupi e Excelsior, tem importância, mas coabita com o teatro e o cinema; os atores e técnicos circulam pelos três meios, sem um sacrificar o outro. Há o Grande Teatro Tupi, algumas peças, que são feitas para a televisão, criadas ou adaptadas, gente do rádio que vem para o teatro e faz por sua vez televisão, existe essa convivência. Atores como o Dionísio de Azevedo, a Glória Geni, o David José, o Lima Duarte. Mesmo os grupos Arena e Oficina contribuem com alguns autores; Benedito Ruy Barbosa faz parte do seminário de dramaturgia do Arena; Roberto Freire e Chico de Assis escrevem novelas. Essa convivência é profícua para todos os lados, não há discriminação, as pessoas sabem o que é para fazer num lugar e noutro. Regina Duarte está surgindo na Excelsior, na grande novela patrocinada pela Kolynos. O pessoal da música toca no João Sebastião Bar, Ela Cravo e Canela, Jogral, na Galeria Metrópole, onde cantam os grandes nomes da bossa nova. Tem o Paribar, frequentado por intelectuais, universitários, escritores, críticos, na praça Dom José Gaspar, e o bar do Museu, na rua 7 de Abril, com o mesmo tipo de público. Estou tendo uma participação artística, me profissionalizando, e há um sentimento nacionalista aflorando, em grande parte confundido, cooptado, pelas ideias socialistas. Há um afluxo de intelectuais, artistas, pensadores que vão para essa vertente de esquerda, confrontando-se com uma sociedade ainda agrária, conservadora, com uma burguesia urbana dando os primeiros passos. A área artística está se profissionalizando, as primeiras companhias de teatro, o cinema com os recursos técnicos mais à mão. A publicidade começa a absorver mão de obra. (Izaías Almada, depoimento)

Final de 1963, o clima de tensão é alto... quase não se consegue entrar em uma conversa sem que esta deslize para o debate político. Militantes ou não, esses jovens que transitam pelo centro, envolvidos com a vida cultural, profissionalmente ou como público, não ficam alheios ao assunto e o panorama não é nada suave. No meio teatral, esse envolvimento parece ainda mais forte. Um desses autores, que já encontramos pelo centro, Plínio, nos conta que

Os artistas mais importantes vêm para a Escola de Artes Dramáticas, eu não posso porque sou analfabeto. Fiquei camelô. Vendi álbum de figurinha e uma canetinha de mulher nua que você vira assim, a mulher tá de calção, vira assim ela tá nua. Teve um teste na companhia da Cacilda Becker, passei, é um bom papel, não tem importância ser gago, porque não fala. Nessa leva fiquei trabalhando um ano na companhia da Cacilda, fiz algumas peças, até tentando falar, foi bom, mas continuei na rua vendendo coisa. Até que apareceu Fauzi Arap. Descobriu que eu tinha *Barrela*. Me convidou pra dirigir a peça, com um grupo de estudantes de Santos. É forte, mas o público gosta. A pobreza intelectual é muito grande, então, se você ganha um espaço e sabe explorar, você vai em frente. (*Caros Amigos*, ano 1, n. 6, 1997)

Enquanto proseava ali com Plínio, chega o seu amigo Roberto Freire contando suas últimas andanças pela política e arte.

Paulo de Tarso Santos foi nomeado ministro da Educação e Cultura por Jango, e me nomeou para o Serviço Nacional do Teatro. Meu projeto no serviço público foi amparar financeiramente o teatro popular, sobretudo revolucionário, como o amador nas universidades, nos sindicatos, nas favelas. Elaborei um Plano Nacional de Popularização do Teatro, para o qual destinei grande parte das verbas do Serviço

Nacional do Teatro. Indo frequentemente a Brasília para conversas com o ministro, conheci o pedagogo Paulo Freire, que se prepara, numa função igual à minha no ministério, para realizar a sua Campanha Nacional de Alfabetização de Adultos em quarenta horas, pelo método que ele próprio desenvolveu. Planejamos usar o teatro popular como instrumento de conscientização da realidade social e política do trabalhador.

Influenciado por essas conversas e experiências de Paulo Freire, conhecendo as pregações revolucionárias dos padres dominicanos daqui, de quem me tornei amigo, no início de 1963, começamos a sonhar com a realização de um jornal de conteúdo socialista e revolucionário para os cristãos de esquerda, como Paulo de Tarso e o próprio Freire. Assim é que surgiu *Brasil Urgente*, que ataca fortemente a direita sem, no entanto, apoiar a esquerda oportunista e reformista. Deve ser um jornal popular, contendo as informações corretas sobre a realidade brasileira e mundial, desmentindo as veiculadas por todos os jornais brasileiros. No dia da minha demissão do SNT, conversei muito com Paulo Freire antes de voltar para o Rio. Contei-lhe da minha demissão, por estar impossibilitado de realizar meus planos de teatro popular. Ele, então, me convidou a trabalhar no Plano de Alfabetização de Adultos. Aceitei e, dias depois, apareceu a minha nomeação no *Diário Oficial*. Paulo Freire não havia ainda pressentido, mas, poucos dias depois, ele foi também impedido de realizar o seu projeto. Voltei para São Paulo com a estranha sensação de que algo de muito grave estava para acontecer no país. (Freire, 2002)

EM BUSCA
DO BRASIL

A força dos acontecimentos políticos é tão intensa que por vezes perdemos o chão. Os jovens que vão chegando em busca de estudo e trabalho vão dando o colorido da cidade, espanto, deslumbre, medo, desconfiança, mas ao mesmo tempo sua territorialidade e concretude. Descrevem seu chão, seu trajeto, lugares que percorrem em busca de trabalho, amigos e novas identificações.

A importância da política nacional se estampa em acontecimentos da área cultural, que até então pareciam não se descolar do eixo Rio-São Paulo. É de Recife que vem o grito, dos Movimentos de Cultura Popular (MCPs), a necessidade de olhar para o povo e a cultura nacional, mesclar quase antropofagicamente, como sugeria Oswald de Andrade, o de fora com o de cá. Chega aqui por outras mãos, preenche de sons o teatro de cá, e cobra um compromisso com a consciência.

O Brasil que o Brazil não conhece, e que vinha à tona em parcela de nossa literatura, começa pontualmente a emergir nas temáticas, nas ações teatrais e musicais que vão ao encontro das manifestações populares. Essa sensibilidade dos artistas de outros estratos sociais, presente em alguns indivíduos, se estampa na recepção à obra de Carolina de Jesus e de Plínio Marcos pelo público mais amplo.

Espaço sagrado já conquistado nos anos 1940 é o território dos estudantes da Faculdade de Filosofia na rua Maria Antônia, de Economia na Doutor Vila Nova e de Arquitetura na Maranhão, faculdades Mackenzie também na Maria Antônia, e Sociologia e Política na General Jardim. Inúmeras atividades acontecem nas imediações e transbordam para os bares e teatros das redondezas.

Aquela sociabilidade nos espaços públicos, que vinha se dando de forma tão compacta nas ruas centrais, começa a acentuar suas diferenças. São diferenças de linguagens, de sonoridades, de estética, de engajamento político e de estratos econômicos. Há uma proliferação de locais por onde podem circular os estudantes e grande quantidade de grupos musicais se formando. A abertura da Galeria Metrópole devolve ao Centro Novo movimento e adiciona lenha na fogueira.

O olhar das emissoras de televisão para a música, seja ela qual for, causa uma agitação produtiva entre os jovens, tanto artistas compositores e cantores, como público. Abraçando a velha e a jovem guarda, a nova bossa e criando os festivais, abre espaços para exibição de músicos, antes muito restritos, mas... acaba por ditar regras desse mercado.

120 POR HORA

Na telinha cinza, nosso repórter anuncia, atenção:

Jango aprova o Plano Nacional de Alfabetização a ser executado por Paulo Freire. Câmara dos Deputados se converte numa campanha diária de denúncias de suposto golpismo e de advertência contra o projeto de Jango, que quer "rasgar" a Constituição para levar o país ao comunismo. San Tiago Dantas tenta articular uma frente única que identifique esquerdistas e progressistas para enfrentar a direita e efetivar reformas de base. Carlos Lacerda, no governo do Rio, escandaliza com Sandra Cavalcanti, secretária de Assistência Social, criando nova forma de se livrar dos mendigos e favelados, afogando-os no rio da Guarda, e expulsa a fogo os favelados do Pasmado e de onze favelas mais. Depois se encontra com Adhemar de Barros e firmam pacto de apoio às Forças Armadas.

Em março, inspiradas na mineira Marcha da Família com Deus pela Liberdade, famílias paulistas vão às ruas comandadas pela neta de Rui Barbosa, pelo deputado Cunha Bueno e pelo publicitário José Carlos Pereira de Souza, num cortejo fúnebre que vai da praça da República à escadaria da catedral da Sé. Goulart tomba por um golpe militar de inspiração e execução estrangeira quando maior é seu prestígio entre as classes trabalhadoras. As primeiras prisões foram de líderes da CGT, que tentaram resistir ao golpe. Em abril, Goulart refugia-se no Uruguai, decretado o Ato Institucional n. 1 (AI-1), a polícia invade a UnB, sai lista dos cidadãos privados dos direitos políticos. Outubro, Lei Suplicy extingue UNE, UEEs, centros e diretórios acadêmicos. Apesar de representar apenas 0,2% da população, os jovens universitários ocupam importante papel na vida política nacional. (Nosso Século, 1980)

Cultura: a Editora Civilização Brasileira lança a coleção Cadernos do Povo, com grande tiragem. Emília Viotti publica *Da senzala à colônia*; Maria Sylvia de Carvalho Franco, *Homens livres na ordem escravocrata*; Orlando Valverde, *Geografia agrária no Brasil*; Antonio Candido,

Os parceiros do rio Bonito; Dalton Trevisan, *Cemitério de elefantes*; José Cândido de Carvalho, *O coronel e o lobisomem*. Millôr Fernandes lança a revista humorística *Pif-Paf*, com a colaboração de Hirsch, Claudius, Fortuna e Jaguar. O primogênito da "imprensa nanica" dura oito edições e finda morto pela censura, quando propôs Castelo Branco para Miss Brasil. Sua legenda é: "Todo homem tem o sagrado direito de torcer pelo Vasco na arquibancada do Flamengo". (Ribeiro, 1985)

Caminhando quase pisando em ovos nesse terreno minado, encontro Roberto Freire, que vem desde o começo de nossa viagem mudando de atividades e formas de luta, sempre animado, agora um pouco mais tenso, pois a luta social esquenta. A tensão sobe. Surgem conflitos armados entre fazendeiros e posseiros nas áreas de grandes latifúndios de Minas Gerais e do Rio de Janeiro. Militantes das Ligas Camponesas, liderados por Francisco Julião, se deslocam para Goiás, procurando locais para a guerrilha, com orientação do governo cubano.

Em São Paulo de volta, pela ausência de verba no Plano de Popularização, ainda tive tempo de trabalhar na composição do último número do *Brasil Urgente*. A matéria de capa, que ajudei a produzir, tinha o título "Fascistas tramam golpe contra Jango". Dias depois, os militares deram o golpe, nosso jornal foi empastelado.

Deviam ser duas horas da madrugada quando acordamos com um enorme ruído dentro de casa. Nossos filhos, assustados, entraram em nosso quarto. Em seguida, ele foi invadido de modo violento por alguns policiais, que me deram ordem de prisão e me arrancaram da cama. Não respondiam a nenhuma de nossas perguntas e foram me arrastando escada abaixo. Enfiaram-me num camburão, vi meu filho mais velho correndo atrás do carro e logo desistindo. Um vizinho de pijama o agarrou.

Pessoas que nunca foram presas têm dessa experiência um certo pavor, como eu sentia naquele momento, chacoalhado dentro do camburão. Esse pavor é fruto de um desconhecimento de nosso destino a partir do momento da prisão. Medo da solidão, das companhias forçadas de outros presos, dos interrogatórios violentos, de espancamentos e de torturas. Mas, certamente, o que fez o medo transformar-se em pavor, para mim, foi a perda de autonomia, do comando do próprio corpo e dos seus impulsos e desejos. De sujeitos passamos a ser objetos: "[...] além do medo da dor há ainda o pior e incontrolável: o medo da morte. A prisão, não importa o que a causou, justa ou injusta, é a sensação mais próxima da morte, se a gente pudesse sentir e saber o que sente enquanto se está morrendo". (Freire, 2002, pp. 162, 137, 198)

K PIFPAF Nº 3

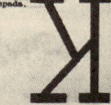

RIO — 22 DE JUNHO DE 1964

ZIRALDO Esta é a nossa capa. Aliás, capa e espada.

K PIFPAF

Apesar da grande agitação política em virtude do golpe, das inúmeras prisões e incertezas sobre o futuro, os fatos não tiveram o mesmo impacto para todos. Para alguns, a vida continua como se nada houvesse acontecido (pelo menos por um tempo). No meio televisivo, há uma proliferação de novos nomes e formatos de programas. A cisão na área musical continua e, ao lado dos grupos do CPC e outros, que ganharam espaço com a música de protesto e a arte engajada, outro grupo de compositores embalava os jovens ao som do iê-iê-iê. Na rua Augusta se ouve e se dança o *rock* e o *jazz*, nas boates Lancaster, Golden Ball e Raposa Vermelha, onde Alcione alterna sua voz ao pistão ao lado de Tânia Maria (Borelli, 2005, p. 25).

Parceiro de Luís Gonzaga, o maestro Hervé Cordovil empresta ao seu filho Ronnie Cord a música que será um dos *hits* do momento, traduzindo os anseios dos *playboys*, em marcar um espaço na cidade mais abonada.

Rua Augusta[1]

Entrei na Rua Augusta a 120 por hora
botei a turma toda do passeio pra fora
Fiz curva em duas rodas sem usar a buzina
parei a quatro dedos da vitrine

Hay hay Johnny, hay hay Alfredo
Quem é da nossa gangue não tem medo

Meu carro não tem breque, não tem luz, não tem buzina
tem três carburadores, todos os três envenenados
Só para na subida quando acaba a gasolina
Só passa se tiver sinal fechado

Toquei a 130 com destino à cidade
No Anhangabaú eu botei velocidade
Com três pneus carecas derrapando na raia
Subi a Galeria Prestes Maia
Tremendão

Hay hay Johnny, hay hay Alfredo
Quem é da nossa gangue não tem medo

---
1 "Rua Augusta", Hervé Cordovil, 1964.

A rua virou símbolo da nova gangue e virou até nome de local de encontro. No *Rock* Augusta, diz Alberto,

> É no primeiro piso de baixo que os caras dançam, são os estilistas do *rock*. A rua vira zueira a partir de 1956, com o filme *Ao balanço das horas*, quando os *playboys* botaram fogo no cinema, derramaram álcool no trilho do bonde e botaram fogo, foi uma farra dos mais velhos. Agora o encontro é na Hi Fi na parte alta e, lá embaixo, a Lancaster, boate de *rock* conhecidíssima. Cotrim montou aqui O Saloon, em frente ao Hi Fi, na galeria. Danço muito o *hully gully*, todos dançam, Odete Lara, Norma Benguell, é o *top* da cidade que frequenta o bar. O Saloon é uma coisa artificial, nós brincamos, chamando de Forte Apache, fica entre avenida Paulista e Jardim. No Hi Fi não é música ao vivo, é muito pequeno, mas na Lancaster é a turma mais velha, exatamente os caras que começaram a ouvir o *rock* aqui, pegaram a gravadora Young, em 1959, a Celly Campello. O bar começou na época do *rock*, mas só conheci agora. (Alberto Lira, depoimento)

O loteamento chique dos Jardins é um dos primeiros da Companhia City, e desenha as ruas, como a Augusta e paralelas, que descem do planalto da avenida Paulista rumo à estrada de Santo Amaro. Um dos vértices da ocupação urbana, esse loteamento da City desce o planalto e tem como um de seus limites a confluência com a estrada de Santo Amaro, entrada da região Sul, onde já começam a se esboçar alguns esparsos aglomerados de residências entremeados por águas barrentas, dos córregos Uberabinha, Traição, Invernada, Água Espraiada, Cordeiro e outros, além do pouco saneamento, água encanada e parco transporte público. O bonde tem que suprir todas as necessidades locais, e as residências são mescladas com indústrias alimentícias, como Q Suco, Lacta, Kibon, e têxteis, como a Tecelagem Indiana e a fábrica de linhas Seta e outras.

Alguns estudantes de colégios do estado não têm essa identidade com o iê-iê-iê. Koji, que encontro numa caminhada pela zona Sul da cidade, vai me contando:

> Entrei, neste ano de 1964, no Ginásio Vocacional do estado. Fui por opção de família, moro no bairro. É uma escola especial, única pública, ou uma das raras, que é em período integral. Entramos às 7 da manhã e saímos às 5 da tarde. Em vez do aprendizado convencional, teremos oportunidade de acesso a nova forma de aprender, adquirir conhecimento sobre o que é o mundo, o que é a sociedade, como são as pessoas, o que acontece, e isso envolve espírito

solidário, todo aprendizado é coletivo, os trabalhos são em grupo, não há nada individual, a cobrança é como o grupo fez o trabalho, e isso é desafiador. Venho de uma escolinha com aprendizado tradicional e vou para uma com um aprendizado totalmente diferente. Converso com amigos que estudam em escolas convencionais e percebo claramente a diferença. Isso está despertando o gosto pelo estudo, pelo conhecimento. O maior prazer que tenho é de vir para a escola. Porque, além de ser um espaço de convivência, das relações entre amigos, é um espaço onde estamos nos desenvolvendo e sentimos isso. Acaba de ocorrer o golpe. Nos primeiros dias de aula, víamos na avenida Santo Amaro os tanques passando, o Exército nas ruas, como é que você vai ignorar? (Koji Okabayashi, depoimento)

Dagomir, seu amigo que está por perto, acrescenta:

Tenho um avô materno muito politizado, o Gabriel, e conversamos muito, getulista com tendência bem de esquerda. Este ano entrei no Vocacional, e na terceira semana de aula teve o golpe militar, já estava me sentindo profeta daquilo, mas só tenho 12 anos. Fiz uma redação anti-imperialista, quando leram, disseram: quem que é esse cara, do que está falando? Essa história da militância está começando muito cedo, é isso que quero. O Vocacional é um colégio completamente especial, diferenciado, temos uma vida totalmente diferente, viajaremos com a escola, me considero um grande privilegiado de estar estudando lá. (Dagomir Marquezi, depoimento)

Na região Sul, nas recentes ocupações, bairros que começam a se urbanizar, cresce Flora, que já andou por aqui e vai nos acompanhar pela viagem, fazendo algumas afirmações muito pessoais. Aprende no grupo escolar e brinca na rua, de queimada, pular corda, pegador, esconde-esconde, casinha e outras coisinhas. Donas da rua, nas tardes de verão ou de inverno, muitas crianças, todas se conhecem e algumas se protegem, mas ninguém passa imune ao homem do saco. Ele chega de quando em quando, atormentando as crianças da redondeza, nos dias cinzentos, sem sol, aparece na esquina e todos desaparecem. Escondem-se embaixo das camas, das mesas da sala e por entre as pernas dos adultos. Há também a casa mal-assombrada, térrea, amarela de janelas azuis, onde mora a bruxa. Descendo mais um pouco, em direção ao córrego da Traição, a rua de terra vai se transformando em imenso lamaçal, com sapos, uma imensa diversidade de insetos e alguns seres rastejantes, nem sempre venenosos.

Com uma extensa rede fluvial, a região sofre com uma sequência de alagamentos de seus inúmeros córregos durante os meses de verão. Assim crescem as meninas, a quem é dado o direito de ser criança. No bairro novo, de classe média, onde as ruas de terra batida ostentam belas calçadas e uma fileira de sobradinhos estilo normando que fazem divisa nos fundos com outra face da quadra ainda mais requintada, com calçamento de paralelepípedos. Crianças de todas as idades, credos e origens. Católicos, presbiterianos, judeus, espíritas, e "Deus me livre", ateus como ela.

> Breves passeios na Romi-Isetta amarela, de teto solar, do seu Rubens, diálogos acalorados dos descendentes de italianos, gargalhadas coletivas da ironia ferina, crítica dos adultos e a solidariedade dos vizinhos amigos; é curta a vida inteligente e democrática nestas bandas. Logo chegam as denúncias, os inspetores de quarteirão, revitalizados da época de Getúlio, o medo dos militares e seus coturnos. Quase nada vimos ou ouvimos, mas de tudo que por estes ouvidos passaram, nada sabemos. (Gama, manuscrito, 1992)

Alguns dias depois desse passeio por esta parte da zona Sul, me dirijo a uma outra, mais próxima ao Planalto Paulista e vou à procura das personagens que começam a aumentar seu trânsito pela cidade: as mulheres. Caminhando pela região da av. Paulista, encontro algumas estudantes, que mostram a face mais jovem das "meninas", que vão ganhando as ruas e as atividades antes exclusivas dos meninos. Olgária, primeira que encontro, conta:

> Estou estudando no bairro, no Liceu Pasteur, escola particular, tem o perfil de escola pública francesa, ninguém fica sem bolsa para estudar, se precisar, filhos de trabalhadores da escola, de funcionários, da faxineira, todos estudam ali. A única coisa que precisa para ter bolsa é bom desempenho escolar, então você tem um estímulo ao mérito. Mas mérito não é só nota alta, tem que mostrar no que é melhor, tem prêmio de assiduidade, para quem não falta o ano inteiro, prêmio do primeiro da classe, prêmio de bom comportamento. Então cada um mostra, no que ele pode realizar, sua excelência. Vivo neste bairro da Vila Mariana. (Olgária Matos, depoimento)

Depois desse breve diálogo, continuando a caminhada, encontro Rita, outra jovem estudante do mesmo liceu, que descreve um pouco a região onde mora, os locais por onde circula na cidade e o que gosta de fazer.

> A estação de bonde fica no fim da rua Vergueiro com a Domingos de Moraes. Na esquina em frente, lado a lado, a panificadora ABC e a doceira Kopenhagen. Depois de assistirmos aos bondes descarrilharem e serem conduzidos por jabutis gigantes para pernoite, nossos narizes trocam o cheiro acre das ferragens pelo hipnótico perfume doce que exala das duas lojas de guloseimas do outro lado da rua. Uma bomba de creme da ABC ou um saquinho de açúcar Candy da Kopenhagem.
>
> Perto do casarão há quatro cinemas que o harém costuma frequentar. O pulguento mas charmoso Cine Phenix fica na esquina de nossa rua com a Domingos de Moraes. [...] O Cine Cruzeiro, menos pulguento, fica a três quarteirões de casa, na esquina da praça Ana Rosa, cuja programação é de faroestes da Atlântida. Na rua Vergueiro, a duas estações de bonde sentido centro, fica o Cine Leblon, bem mais limpinho, onde aos sábados acontecem os festivais *Tom e Jerry*. Duas estações de bonde do lado oposto da mesma rua Vergueiro fica o Cine Liberdade, com programação só de adultos. (Lee, 2016)

Deixo Rita e sigo a pé em direção à avenida Brigadeiro Luís Antônio, onde encontro Mara e Regina, puxo conversa, e as duas, muito falantes, vão me contando que moram em Americana:

> Começamos a fazer teatro com o Celso Favaretto e com o João Adolfo e, junto com isso, a ter uma referência de São Paulo, em Campinas. Lá frequentamos um grupo de teatro.
>
> Teatro Estudantil de Campinas e o Estudantil de Americana, da Neusa Zanaga, que fez filosofia no Sedes Sapientae. O TEC de Campinas é da Terezinha Aguiar, virou Rotunda, onde estão Ariclê Peres, Regina Duarte, fazemos movimento e teatro estudantil. Em Campinas e Americana, o TEC tem essa ligação, e o Celso Favaretto faz parte do grupo de professores e nós, do de alunas. Começamos a curtir a música popular brasileira e a fazer política estudantil, no grêmio da escola, na União Estudantil. Temos um pedaço do *Jornal da Cidade* para escrever artigos, toda semana escrevemos algo no *Liberal* de Americana. (Mara Rasmussen e Regina Muller, depoimentos)

Andei lendo publicação muito atraente, escrita por vários representantes desta geração, que descrevem a si com um texto muito engajado:

> Arraes e Simone de Beauvoir, Julião e Erich Fromm, Brizola e Jean-Paul Sartre eram alguns dos ídolos da juventude nada transviada do início dos anos 1960. Todo mundo andava em grupo: nos bares de São Paulo, nas praias de Ipanema, nas festinhas e nos comícios. Mocinhas de

olhos muito pintados, saia de tergal e blusa de ban-lon, discutiam a validade do "amor livre", mas quase todas se mantinham imaculadamente virgens. Entre um chope e outro, rapazes de camisa esporte promoviam debates acalorados acerca da importância da experiência cubana, iluminados pelo mito de Fidel. Alguns estavam organizados em partidos políticos, outros atuavam apenas em entidades estudantis. Brilhava na festa quem falava mais bonito, e ganhava o "papo" na mesa quem tinha lido mais livros. Ler, aliás, era fundamental para o jovem engajado que andava sempre com Cadernos do Povo Brasileiro debaixo do braço. Nas festas, regadas a caipirinha, dançava-se pouco: o samba servia apenas de fundo para as discussões altamente intelectualizadas. Esporte era uma coisa igualmente reprimida, pois havia uma crença generalizada de que "atleta é burro"; além disso, quase todo mundo aceitava tacitamente que as atividades ligadas ao corpo tinham algo de "reacionário", sendo próprias do jovem de direita ou do apolítico. O sentimento predominante em todos os momentos da vida dessa geração era da solidariedade na construção de uma nova ordem social, na qual o personagem principal seria o trabalhador, operário ou camponês — o "povão". Para alcançar esse objetivo, era preciso antes combater o imperialismo norte-americano, considerado o arqui-inimigo comum do povo e dos empresários nacionais — o que implicava uma política de aliança com a "burguesia nacional" (tese do PCB). Reforçando essa tendência estavam as promessas de reforma do presidente Goulart, o aparente apoio dos empresários "avançados", como José Ermírio de Morais, e a incrível sucessão de greves que marcaram o período. O clima era de permanente "festa" para os jovens de esquerda, que iam do comício ao bar (para alegres "bate-papos"), do bar ao teatro e do teatro novamente ao bar. Igualmente festivas eram as solenidades em torno do PCB, como aconteceu em 1962, quando milhares de pessoas lotaram o estádio do Pacaembu (São Paulo), no 40º aniversário do PCB. Luís Carlos Prestes não compareceu, mas sua mãe, dona Leocádia, comandou o espetáculo, que teve a participação de grupos de teatro popular e vários artistas, como Ricardo Bandeira. (*Nosso Século*, 1980)

Volto ao centro da cidade, pois combinei de conversar com Walnice, uma de nossas companheiras de viagem. Cheguei cedo, passo pela Galeria Metrópole para ver como andam as coisas, andei lendo que ali existe:

O Jogral, de Luiz Carlos Paraná, um barzinho onde se ouve a bossa nova; Aquela Rosa Amarela, de propriedade do locutor esportivo

Silvio Luiz. O João, de propriedade de Paulo Cotrim, é um lugar espremidinho, ponto dos grandes da bossa: Johnny Alf, César Camargo Mariano, Marisa, Elis Regina, Zimbo. Mas há também alguns personagens; uma é a Teca, nos primeiros acordes sobe em uma plataforma, que existe em cima de um pequeno palco, e se põe a dançar como em uma coreografia do Lennie Dale ou da Betty Faria. O segundo andar, com visão um pouco prejudicada para o palco, é dedicado aos que, além de ouvir música, querem curtir um bate-papo. Na Vila Buarque, lá para os lados da Major Sertório, além do João Sebastião Bar, há o Ela Cravo e Canela, que recebeu Claudette Soares, Théo de Barros, Vera Brasil, Hermeto Pascoal, Taiguara e outros. E La Licorne, conhecida por suas lindas e charmosas mulheres, de vida mais ou menos difícil, capitaneadas pela famosa Laura. (Hohagen, 2009)

Depois dessa pequena parada, encontro Walnice no Paribar. Está bem falante e conta que, por aqui, os cinemas são grandes salas de 3 mil lugares, luxuosíssimas: o República na praça da República, o Art Palácio e Metro na São João, o Marabá na avenida Ipiranga e o Marrocos na rua Conselheiro Crispiniano. Ali a vida acontece.

Passamos pelas livrarias Pioneira, Parthenon, Jaraguá, Francesa, Brasiliense, na rua Barão de Itapetininga, e mais umas vinte ou trinta, contando com as do outro lado do viaduto do Chá, para ver as novidades. Há inúmeros teatros: Municipal; Arena, na rua Teodoro Baima, fundado em 1957; Leopoldo Fróes, na Biblioteca Infantil, na rua General Jardim; e o Aliança Francesa, um centro importantíssimo de aulas, conferências e cursos.

Os bares, onde se passa grande parte da vida, são aqui, atrás da Biblioteca. Ela mesma é foco de sociabilidade, onde se lê e estuda quase todos os dias; é formidável, tem até a turma da estátua, que se reúne todos os dias, no fim da tarde e à noitinha, no pé da estátua de Minerva que fica do lado de fora. Todo mundo já sabe quem é, conhece as pessoas. Aqui fica o Paribar; na São Luís, nesta mesma calçada, tem o Arpège, que é muito frequentado. O ano passado construiu-se a Galeria Metrópole e dentro fica o Jogral, bar muito importante, com ótima música popular, no mesmo estilo do João Sebastião Bar.

Frequento o Museu de Arte Moderna, na rua 7 de Abril, porque inclusive há espetáculos pequenos de teatro lá dentro. Assisti a um no saguão com a Eva Wilma, *Uma mulher e três palhaços*. O José Renato, antes de empreender o Teatro de Arena, fazia espetáculos lá dentro. O Museu tem também uma filmoteca, que está se transformando na Cinemateca, passa filmes duas vezes por semana, coisas de arte selecionadíssimas. Frequento religiosamente e tem um ótimo bar. O bar do Museu é daqueles que você tem que ir todos os dias, todos os intelectuais e artistas vão, só no fim da tarde e à noite. Parente do bar do Museu é o Clubinho dos Amigos da Arte que fica na rua Bento Freitas, dentro do Instituto de Arquitetos do Brasil. É ótimo, realmente fantástico. Mas, em matéria de cinema, há o Cineclube na Faculdade de Filosofia. Ali estou fazendo a minha formação de cinéfila, no cineclube no Grêmio, embaixo, e na filmoteca do Museu de Arte Moderna da 7 de Abril. (Walnice Nogueira Galvão, depoimento)

Nós nos despedimos e vou até a praça Roosevelt, onde tinha marcado com Ignácio, jornalista que chegou no final dos anos 1950 e circula muito pelo centro. Ele nos revela que alguns lugares são mais característicos desses jovens boêmios, ligados à música e estudantes. Diz-me que o local mais atual é a efervescência da Baiuca e um sujinho, chamado Comunidade, onde vamos tomar café. Passamos, encontramos os amigos e dali partimos para a noite. Saímos do Teatro de Arena e vamos para os bares ou as cantinas do Bixiga.

A Baiuca é de luxo, chique, caríssima, meu sonho é ir lá e comer o estrogonofe, feito de filé com vodca russa. Um centro musical onde toca o Walter Wanderley, casado com a Isaura Garcia, a Claudette Soares, o Azeitona, a Marisa Gata Mansa, boa parte da bossa nova paulista.

É ponto da "alta sociedade"; fiz várias entrevistas ali, te oferecem para assistir ao *show*, às vezes um uísque, só não aceito o jantar, por pudor, morto de vontade de comer. Ponto do Baby Pignatari, grande *playboy*, riquíssimo, milionário, usa sapato mocassim sem meia. O Baby comanda grandes mesas na Baiuca ou na Cave, um pouco abaixo na Consolação, boate de luxo, onde Maísa canta com o Almir Ribeiro. O Jordão de Magalhães, dono da Cave, tem um caso com uma cantora chamada Madalena de Paula. Ali dentro, Anselmo Duarte filmou várias cenas do *Absolutamente certo*, é ponto de cineastas, Fernando de Barros, Abílio Pereira de Almeida, Anselmo Duarte e Aurélio Teixeira.

Do lado de lá da praça, há a boate Vogue e a Stardust, as duas são grã-finas. Na Stardust, o Denner quase toda noite comanda grandes mesas. Está no começo da carreira, mas é um marqueteiro, espertíssimo, inteligentíssimo, engraçado e sempre com mesas cheias de mulheres, as modelos vão todas atrás dele. Toda noite está lá, é uma coisa que vejo e invejo, porque moro na praça Roosevelt, do lado de cá. Um dia ainda vou escrever um livro de contos chamado *Depois do sol*, contando as histórias dessa vivência na praça Roosevelt e Boca de Luxo.

Vamos muito ao Teatro de Arena, às vezes vemos a mesma peça duas, três vezes, todo mundo é apaixonado por Joana Fomm, Dina Sfat, Vera Gertel, mulher do Vianinha, e o Boal. Arena e Oficina são dois polos, e o TBC, que desprezamos porque é o teatrão, mas é importante, fundamental. No Cultura Artística, o Abílio Pereira de Almeida lança as peças, em geral satíricas, sobre a sociedade paulistana, tipo *Em moeda corrente no país*; ele criou um tipo de teatro fundamental, onde a facada, bisturi, vai fundo. Tem um grande público, lançou Mazzaropi no cinema, foi diretor artístico e roteirista na Vera Cruz. *Sai da frente* é produto dele, o caipirão que o Mazzaropi depois desenvolveu e moldou, foi a partir dele. Saímos do Arena e nos encontramos na padaria Cil Pão, ninguém sabe o nome, para todo mundo é o Redondo, é ponto de jovens intelectuais, que leem Sartre, Camus, Brecht e querem fazer a revolução.

O cinema brasileiro, a que estou mais ligado, é marcado pela fase cangaço. O sucesso de *O cangaceiro* provocou uns vinte ou trinta filmes sobre o tema, feitos por Carlos Coimbra, Aurélio Teixeira, Aurora Duarte, atriz muito bonita que veio do Norte. Essa fase conquistou público, entra o cinema novo junto e vai misturando, não tem um grande público, mas é *cult*, as estreias têm superpopulação, houve estreia memorável de *Deus e o diabo na terra do sol*, no Cine Windsor, na Ipiranga. Foi a cidade inteira, juventude intelectual, USP, Maria Antônia, Cinemateca, e os parasitas puseram antes um jornal do Primo Carbonari, sobre as comemorações do 9 de Julho. Quando começou, houve uma vaia que não parava mais, tiveram que tirar; quando acabou, o Primo queria bater nos críticos que estavam presentes, dizendo: "Vocês é que fazem essa mentalidade, é que viram o povo contra os meus jornais!". Um pouco é verdade, mas o povo vive de saco cheio do Primo Carbonari. Outro que nós criticamos é o Khouri [Walter Hugo]. Há uma turma do cinema novo, engajado, contra ele, alegando que o que faz é "cinema sueco", alienado. Mas, de fato, o que está sobrevivendo são algumas coisas do Joaquim Pedro, do Glauber; do Sganzerla não se pode dizer que seja cinema novo, mas é o mais revolucionário. *O Bandido da Luz Vermelha*, quando estreou, uns diziam: o que é isso? O que esse cara quer? E outros diziam "chega de linguagem quadrada". Adorei o filme, também porque sou apaixonado pela Helena Ignez, madrinha loira da minha coluna de cinema, a morena era a Joana Fomm, com quem até eu namorei. (Ignácio de Loyola, depoimento)

Por esses caminhos encontro novamente com Héctor Costita, que dá notícias dos músicos jazzísticos. Estiveram participando de um festival no auditório do jornal *Folha de S.Paulo* e de um programa musical criado na Televisão Excelsior, de uma hora de duração,

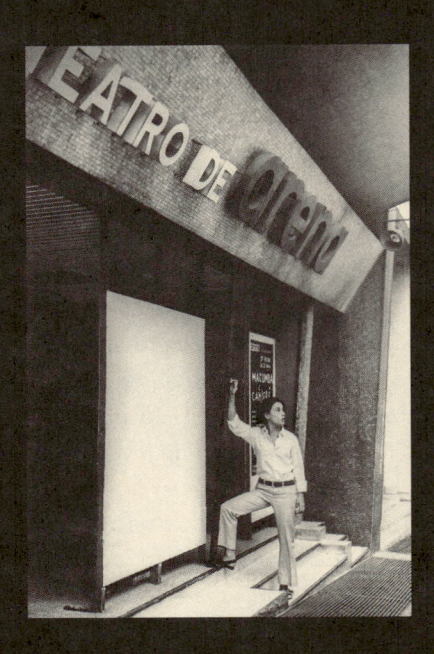

↳ Dina Sfat na porta do Teatro de Arena, fevereiro de 1967.

↳ Músicos Luiz Melo, Chu Viana, Kunts, Rezala, Héctor Costita e Jair Rodrigues em frente à boate Djalma, 1964-65.

onde a Orquestra do Enrico Simonetti toca todas as sextas-feiras. Trabalho não falta, participa ainda do quinteto Som Bossa 5, que acompanha Elis Regina na Boate Djalma, que fica na mesma calçada da Baiuca, primeiro lugar em que ela trabalha na cidade; foi contratada por um mês e fez muito sucesso. O proprietário resolveu estender por mais um mês e quis oferecer algo diferente para realçar o *show*, chamou Jair Rodrigues para que fizessem juntos o segundo mês. Assim surgiu a dupla.

> Andei lendo por aqui que nas telas o cinema novo se afirma: *Vidas secas*, de Nélson Pereira dos Santos, e *Deus e o diabo na terra do sol*, de Glauber Rocha, são premiados em Cannes. Mas surgem ainda *Maioria absoluta*, de Leon Hirszman, o *Ganga Zumba*, de Carlos Diegues, *Os fuzis*, de Rui Guerra, e *Garrincha, alegria do povo*, de Joaquim Pedro de Andrade. Após um período de grande produção cinematográfica, com uma média de trinta filmes por ano, com o apoio do Grupo Executivo da Indústria Cinematográfica (Geicine) e do Instituto Nacional do Cinema e Educação (Ince), o cenário começa a escurecer. (Nosso Século, 1980)

> A oposição, impedida de se manifestar, se concentra nos teatros e reage ao golpe com *show*s de contestação. O CPC, que teve na sua direção Carlos Estevam Martins, Carlos Diegues e Ferreira Gullar, é fechado. No final do ano acontece o *show Opinião*, de Oduvaldo Vianna Filho, Armando Costa e Paulo Pontes, reunindo Zé Keti, João do Vale, Nara Leão e Maria Bethânia. Antunes Filho encena *Vereda da salvação*, de Jorge de Andrade, no TBC, montagem super-realista causa polêmica; neste ano, tem seu primeiro contato com Nélson Rodrigues encenando *A falecida*, na Escola de Artes Dramáticas (EAD), e cria o Teatro da Esquina, com ele encena *A megera domada*, de Shakespeare. (Ribeiro, 1985)

Volto uns dias depois ao centro e paro no Redondo, onde encontro rapidamente Izaías, o mineiro secundarista e militante, que conta:

> Foi no ano passado que saí do movimento secundarista e vim para cá. Vou para a Escola de Artes Dramáticas, e me desligo do Partido Comunista. Estou sem militância, mas ligado a algumas pessoas de esquerda que venho conhecendo aos poucos. Este ano foi atípico por conta do golpe, que interrompeu parte do curso; começou a haver muita discussão, a política acabou entrando na Escola de Artes

Dramáticas, que até então era dirigida pelo Alfredo Mesquita, da família Mesquita do *Estado de S. Paulo*, uma pessoa muito digna, correta, liberal. Com isso, acabei me envolvendo em discussões e radicalizou um pouco. Acabo de sair da escola, por uma série de desavenças com os colegas. Ali conheci o professor Augusto Boal e estou fazendo assistência do *show Opinião*, no Rio de Janeiro, me entrosando ao grupo que é todo apoiado pelo Partido Comunista. O *show* vem sendo um sucesso enorme no Brasil inteiro. Acabo de me ligar ao grupo do Teatro de Arena e trabalho como ator e diretor de peças do Núcleo Dois. (Izaías Almada, depoimento)

Enquanto conversávamos, quem chega é Ugo, rapaz da zona Norte, muito ligado aos acontecimentos culturais daqui e que acrescenta muitas informações ao leque de cinemas que Walnice e Izaías nos deram. Senta-se comigo e conta que está cursando a Maria Antônia, fazendo Filosofia, mas está meio chato.

Neste bar aqui, é só chegar que aparece alguém, geralmente o Willer, para dizer que tem um filme japonês no bairro da Liberdade. Ele descobre filmes japoneses estranhos, no Cine Joia. Nós vamos e aproveitamos para ir a um restaurante, tem muito pouco restaurante de comida japonesa na Liberdade, mas são baratíssimos. Ficamos andando por aqui, anda-se muito, percorremos todo o centro, é uma coisa infatigável, ninguém tem carro, tomamos o ônibus e paramos por aqui. Neste quadrilátero acontece tudo, os cinemas estão todos, vamos ao Coral, onde começam a aparecer os filmes da *nouvelle vague* e os italianos. Não me interesso muito por cinema, vou a matinês de bairro. O forte é a literatura, isso é uma coisa séria.

Na 7 de Abril tem uma marquise com uns corais, na esquina da rua Gabus Mendes, que liga com a Basílio da Gama, do Almanara, a saída do Coral é na frente do Almanara. O cinema é de um cara do Rio de Janeiro, que tinha uma grande cadeia de cinemas, aqui tem o Coral e mais alguns. Mas o cinema ia muito mal, quase fechando quand, um cara chamado Dante Ancona Lopes, uma das figuras mais interessantes que conheci, propôs: "Você me deixa programar e, se não der certo, você fecha". O Dante é um homem de exibição, conhece os caminhos para trazer os filmes, trouxe os italianos, franceses. O Coral começou a lotar, é uma coisa muito habilidosa, põem um Alain Resnais, as pessoas estranham, na outra semana entra com o Monicelli, *Os eternos desconhecidos*, um sucesso popular absurdo, muito bom, alto nível. *La dolce vita* fez um sucesso absurdo. Há uma diversidade grande de filmes americanos, italianos; cinemas em que passam só filmes japoneses tem uns três, Joia,

Nippon, Niterói na Liberdade, a colônia é grande e no Japão se fazem muitos filmes. Os teatros são o Teatro de Arena e o TBC (ao TBC não vou muito); uma peça me chamou muito a atenção, foi o *Calígula*, com Sérgio Cardoso, muito interessante. Há também as livrarias, que são um périplo constante. Frequentamos muito a Livraria Francesa, é um ponto de encontro. Fica bem na esquina do teatro da Aliança Francesa, acho que é deles, como se fosse um anexo do teatro. A Larousse é pequena, na rua General Jardim. Mais recente, a grande é a Francesa da rua Barão de Itapetininga. Não há muitas traduções. De Kafka, por exemplo, foi traduzida *A metamorfose* e tchau; ou você lê francês ou não lê nada, todo mundo lê francês. Fazemos parte da última geração que teve uma grande influência da França. O francês que aprendemos na escola pública é muito bom. Outras livrarias são a Mestre Jou, na Martins Fontes, que tem muito livro espanhol, a Brasiliense, do Caio Prado, nacional, mas não edita muitas novidades de fora. Temos que procurar em francês, espanhol, Loja do Livro Italiano, que é muito interessante. Uma livraria fantástica é a Parthenon, na Barão, vou muito, é muito boa, eclética, tem livros em francês, espanhol, italiano e português. Ali é o ponto, e rouba-se muito livro. Nossa Senhora! Ninguém tem muito dinheiro para comprar, principalmente livro estrangeiro. Na Livraria Francesa, tenho a impressão de que no estoque eles deviam separar uma parte e falar: "Esta parte os caras vão roubar mesmo". Uma vez vi o Willer correndo pelo viaduto do Chá, com vários livros debaixo do braço, e atrás dele dois funcionários de alguma livraria, passou que nem um raio, fugindo. Roubava-se muito e depois trocava-se. Muita gente fez a biblioteca só de livros roubados. Passei o maior sufoco uma vez na Mestre Jou. Tinha acabado de botar um livro no bolso, tinha um jaleco de couro, com um bolso falso, muito interessante, cabia livros enormes, e quando vi, eles tinham colocado espelhos naquela semana e eu não sabia, fiquei uma hora indeciso, entre tirar o livro e alguém me ver tirando ou ir embora. No fim, fui embora e eles não tinham visto, mas nunca mais roubei. (Ugo Giorgetti, depoimento)

Willer passa e carrega Ugo para o cinema. Enquanto eu tomava o último café chega Roncari, um rapaz que está de passagem pela cidade, mas muito interessado, porque em breve deve se mudar para cá. Começamos a conversar e me conta:

Minha geração se formou no ensino básico, posteriores à Segunda Guerra, anos em que os jovens são muito direitinhos, os modelos foram dados pelos filmes americanos, vida familiar da classe média americana, que aqui todos os pais e mães da classe média procuram imitar: trabalho, honestidade, integridade. Os meninos com 10, 11 anos, todo sábado e domingo vestiam terno e gravata, e cotidianamente cortavam o cabelo bem aparadinho, engomavam assentadinho, sapato engraxado, unha cortada, iam para a escola impecáveis. De repente, começa a aparecer o *rock*, descabelado, com outro tipo de roupa, desconjuntado. Vêm os Beatles, tudo aquilo que tinham te ensinado estava errado, temos que reaprender tudo pelo contrário, é desconcertante. Os anos 1960 até agora têm sido muito políticos. Antes do golpe militar de 1964, fazia o colégio em Campinas e a União dos Estudantes Secundaristas era muito forte. Cedo me iniciei na política e me conscientizei de que há no Brasil muita coisa errada, muita injustiça. São anos de vida política intensa, depois do golpe tudo que era político passa a ser suspeito e reprimido. Vinha sendo formado num espírito, um modo, depois vem outro que você não aceita, muitas idas e vindas, muito percalços. Temos que estar sempre preparados para mudar e ser questionados.

Felizmente nesta fase da minha juventude não existia televisão; até existia, mas não era acessível, nossos sonhos eram outros. Anos duros, estávamos mais expostos à experiência, éramos mais disponíveis, podíamos errar mais. Chegou um tempo que parei de estudar durante uns três anos, decidi fazer outra coisa, preferia ficar em casa lendo ou saindo com meus amigos lá em Campinas. Ali existia uma vida cultural intensa até o regime militar, depois começou a fechar. A tragédia brasileira foi 1964. Parei de estudar e agora retomei os estudos, havia mais margem para aventura, mais disponibilidade para experiência. Ano que vem devo vir para São Paulo fazer vestibular.
(Luiz Roncari, depoimento)

Mais um ano se inicia e os jornais noticiam que: Apesar dos milicos, a oposição vence em cinco estados na eleição para governador. Enfurecido, Castelo promulga o Ato Institucional n. 2, que lhe dá plenos poderes e extingue os partidos, e o de n. 3, que cria Arena e MDB, até autoriza o governo a legislar por meio de decretos-leis. Não há mais deputado de oposição, todos serão cassados. Salários reais são reduzidos por lei que fixa o mínimo e controla aumentos. Isso somado à repressão policial e à intervenção nos sindicatos, os trabalhadores estão submetidos ao capital. Entra em campo o cruzeiro novo, levando três zeros consigo; Castelo Branco toma medidas que levam a Panair do Brasil à falência; na briga de foice pelo controle aéreo, vence a Varig. A ditadura entrega a policiais pelegos 814 sindicatos operários, 43 federações e quatro confederações.

Na música: o I Festival de Música Popular da TV Excelsior de São Paulo consagra "Arrastão", de Edu Lobo e Vinicius de Moraes, cantado por Elis Regina. O Brasil adere ao iê-iê-iê, graças à jovem guarda da dupla Roberto e Erasmo Carlos, junto com a musa Wanderléa. Num cinema de São Paulo, 15 mil pessoas aplaudem gritando: "ei, ei, ei, Roberto é nosso rei" ou "asa, asa, asa, Roberto é uma brasa", num *show* transmitido ao vivo pela TV Record. *Show Opinião* comove o Brasil. Zé Kéti entra com o texto-título, de combate à política de erradicação das favelas: "Podem me prender./ Podem me bater./ Mas eu não mudo de opinião./ Aqui do morro eu não saio, não./ Aqui eu não pago aluguel./ Se eu morrer amanhã, seu doutor,/ estou pertinho do céu". Destaque para o canto "Carcará", de João do Vale, na voz de Nara e depois Bethânia. Plínio Marcos, ex-palhaço de circo, cria obras de grande intensidade e atualidade, coloca em cena a realidade brutal do lumpemproletariado das favelas e das docas do porto de Santos. Duas de suas principais obras, *Barrela* (1963) e *Dois perdidos numa noite suja* (1965), estão na mira da censura. (Ribeiro, 1985)

Com todas essas notícias, volto a caminhar pelas ruas da cidade para saber o que nosso companheiro de viagem Zuza tem para nos contar das novidades da noite.

A música popular brasileira, para desgosto de uns mais nacionalistas e para o deleite de outros "internacionalistas", vem sofrendo influência marcante da música americana, do *jazz* ao *pop*. Fenômeno que marca os festivais das TVs Excelsior e Record, em São Paulo. Eles servem para estimular a competição existente entre os adeptos de dois famosos programas: *O Fino da Bossa*, de Elis Regina, e *Jovem Guarda*, de Roberto Carlos. Neste ano, "Arrastão", de Edu Lobo e Vinicius de Moraes, cantada por Elis, vence o I Festival da Música Popular Brasileira. Com a ajuda do videoteipe, a televisão amplia a sua audiência, diversifica e melhora a qualidade de sua produção nestes anos 1960. Dos teleteatros às primeiras telenovelas, a grande atração foram os *shows*. Além dos enlatados que começam a surgir — *Dr. Kildare*, *Bat Masterson* —, *O Mundo das Mulheres*, comandado por Hebe Camargo, faz grande sucesso. (Mello, 2003)

Aguillar nos contava há alguns dias que Roberto Carlos começa a fazer *Jovem Guarda*, já tem nas mãos todo mundo e no auge, mas está mais fácil porque agora existe o videoteipe.

O pessoal que canta a música popular brasileira é contra o *rock and roll*; acham que essa turminha não conhece música, não sabe tocar e desafina. É uma verdade, mas não significa que não podem

↳ Propaganda do CAVE — DISCOTHEQUE RESTAURANT, final dos anos 1970.

aprender com o tempo, até chegar ao profissionalismo. Alguns boêmios jornalistas vão à Cave, boate na praça Roosevelt, esquina com a Consolação, e lá frequentam Roberto e Erasmo Carlos, e o Luiz Lopes Corrêa. Tem o restaurante Parreirinha, perto da avenida Amaral Gurgel, onde vamos encontrar Paulo Rogério, Osmar Santos e outros, até a madrugada. As emissoras de rádio, como a Excelsior, transmitem de lá, é uma festa. Cheguei a transmitir, com o Paulo Rogério, alguns programas de dentro do Parreirinha. (Antônio Aguillar, depoimento)

Destaques nas artes plásticas: Carlos Vergara, Antônio Dias e Rubens Gerchman. Nas publicações e estudos: *Revista da Civilização Brasileira*, mensário cultural e político da oposição de esquerda, alcança uma tiragem de quarenta mil exemplares. Vamireh Chacon publica *História das ideias socialistas no Brasil*. Hélio Silva começa, com *Sangue na areia de Copacabana*, sua série de reconstituição histórica, sob o título geral de *O ciclo de Vargas*. Darcy Ribeiro escreve *Estudos de antropologia da civilização*. Best-seller do ano: *Festival de besteiras que assola o país*, de Stanislaw Ponte Preta. Na literatura, Otto Maria Carpeaux publica *Brasil, espelho do mundo*, e Thiago de Mello publica *Faz escuro mas eu canto* e *Canção do amor armado*. O teatro se reanima com *Liberdade, liberdade*, de Flávio Rangel e Millôr Fernandes, que escapa da censura, que proíbe *O berço do herói*, de Dias Gomes, e *Brasil pede passagem*, de Sérgio Porto. Apesar de tudo, Boal e Guarnieri encenam *Arena conta Zumbi*, reconstituindo a luta do Quilombo dos Palmares. O Brasil todo ouve e canta com Elis Regina a composição principal de Edu Lobo, "Upa, neguinho". No cinema, Roberto Santos lança o filme *A hora e vez de Augusto Matraga*, baseado na novela de Guimarães Rosa, com "Cantiga brava", de Geraldo Vandré: "O terreiro lá de casa/ não se varre com vassoura/ varre com ponta de sabre/ bala de metralhadora". (Ribeiro, 1985)

Nesse contexto político, musical e teatral se contou e cantou Zumbi e Tiradentes. Quando estreou *Zumbi*, estava em cartaz — e com grande sucesso — *Opinião*, no Teatro Ruth Escobar. O Teatro de Arena apresenta *Esse mundo é meu*, musical de Sérgio Ricardo. Além de *Arena canta Bahia*, com Maria Bethânia, Gilberto Gil, Caetano Veloso, Macalé, no TBC encantava a estreante Maria da Graça, fenômeno musical, em setembro. Outubro, o Arena monta, no Teatro Oficina, *Tempo de guerra*, um musical/colagem, com textos de Brecht, tendo ainda como intérprete Maria Bethânia (Campos, 1988).

Por falar em teatro e em Arena, Izaías vinha me contando há alguns dias que faz parte do Núcleo Dois do Teatro de Arena, trabalhando como ator e diretor de peças.

Ali discutimos muito se fazemos ou não um teatro maniqueísta, onde o mundo se divide entre o bem e o mal, o capitalista e o socialista, o pecado e a virtude, acho que isso até existe, mas o momento exige. As pessoas estão tentando se definir politicamente, ideologicamente, o país nasce depois da guerra e depois da ditadura de Dutra.

Outro assunto que ainda vai dar muito o que falar, e que Izaías apenas introduz, é sobre o papel que as mulheres vêm assumindo na vida pública. O país tem uma sociedade patriarcal, onde o machismo é de raiz, muito arraigado. A educação e a cultura brasileiras sempre fizeram prevalecer os valores do macho, mas começa a haver na prática, e não na teoria, a participação da mulher, que não é contestada. Convivo muito com mulheres no movimento estudantil, na política partidária, no teatro, no jornal nem tanto, mas no teatro, na faculdade, no movimento estudantil e no movimento partidário, organizações de esquerda, as mulheres participam sem que isso signifique uma revolução por parte delas e nenhuma contestação por parte dos homens. Às vezes tenho tarefas políticas a desempenhar, sempre com uma companheira, nunca passa pela cabeça dela ou pela minha que haja diferenças. Mas sentimos ranços, principalmente entre comunistas de carteirinha, os velhos do Partido Comunista estigmatizam o homossexualismo, por exemplo, e têm um comportamento... as mulheres são um pouco para fazer o cafezinho da reunião. Isso às vezes não é discutido. Mas, agora, as novas organizações de esquerda começam a contestar o próprio Partidão e, portanto, há um avanço, uma quebra com o bloco stalinista, um centralismo onde não se discute o que vem de cima. As mulheres começam a participar mais, sem que isso signifique uma bandeira de luta. Uma vez conversei com a mulher do Vianinha, a Vera Gertel, pioneira, uma das que começaram com o Arena, e ela disse que sempre foi aceita lá dentro como uma integrante do grupo, sem nenhuma discriminação. Mas há uma quantidade menor de mulheres participando da vida pública, muitas não podem trabalhar, não porque o mercado não as aceite, mas porque a própria família impede, não fica bem uma mulher ir trabalhar à noite, é perigoso, pode ser malvista. Isso começa a ser quebrado na prática, no dia a dia, não há a consciência de que se está fazendo uma revolução. Começa a se estabelecer o companheirismo, ou seja, o fato de mulheres viverem com homens fora do casamento, sem precisar casar, já é uma revolução, a prática política permite isso, às vezes é um companheiro de militância, de faculdade, e passam a conviver, morar junto, namorar, quebra-se um pouco o tabu do casamento.
(Izaías Almada, depoimento)

Os jornais denunciam: Intelectuais de prestígio — Antonio Callado, Carlos Heitor Cony, Jaime de Azevedo Rodrigues, Flávio Rangel, Glauber Rocha, Márcio Moreira Alves, Joaquim Pedro de Andrade e Mário Carneiro — são presos por se manifestarem contra a ditadura abrindo faixa "Queremos liberdade" em frente ao Hotel Glória do Rio de Janeiro, onde se realiza o Congresso da OEA. Outra faixa dizia em espanhol: "Bienvenidos a nuestra dictadura". Grave crise na Universidade de Brasília, após repressão a 17 professores, tidos como subversivos, que recebem a solidariedade de todos os demais. Pedem demissão os 210 mestres que levavam à frente a primeira experiência autônoma de renovação universitária, criatividade cultural e científica.

USP e UFRJ e outras instituições culturais veem surgir dentro delas, espumantes de ódio, intelectuais repressores que aderem à ditadura e passam a apontar seus colegas mais competentes como subversivos. Reitor da USP, Gama e Silva se credencia para ministro da Justiça, nomeando comissão que compõe uma lista de cinquenta professores e estudantes dos mais brilhantes, e remete aos órgãos de segurança para serem punidos e demitidos. É promulgada a Lei Suplicy, que legaliza perseguição, expulsão e demissão de estudantes e professores e a intervenção nas universidades. Entra em ação o acordo MEC-Usaid para implantar a reforma universitária, que corresponde ao espírito da ditadura, privatizando universidades públicas e dissolvendo as organizações estudantis. Para isso, o general Meira Matos junta milicos e deseducadores brasileiros com intelectuais norte-americanos contratados pelo órgão em Washington que patrocinou o treinamento dos torturadores. (Ribeiro, 1985)

Paro aqui na Maria Antônia para conversar com Vallandro, carioca, companheiro de viagem que acaba de entrar na faculdade. Ele nos conta que existe uma efervescência grande nesta região, não são manifestações de rua, mas reuniões, na Filosofia, na FAU, no Mackenzie; a agitação de encontros e discussões é muito intensa. Estão ligados com a aspiração de mudar o país, é um estímulo a todas as atividades, principalmente nas discussões de trabalho dentro da faculdade, incentivado pelo grupo de professores.

Conheço muita gente da Filosofia, da Maria Antônia, da Arquitetura do Mackenzie e mesmo da PUC. Na FAU, nos reunimos sempre no grêmio, no porão. A primeira vez que desci no grêmio, estava no primeiro ano, era uma coisa muito arrumada, com uns banquinhos, quadros na parede, Renina Katz, diversas especialidades, mas logo em seguida virou um local de música, com Chico e o violão. O porão agrega muita gente, que vem de todas as faculdades assistir ao Sambafu. É um ponto de reunião importante, não só de música, mas de boêmia, como no largo de São Francisco, mas só que ali junta a fome com a vontade de comer; é a época certa de fazer isso, estão surgindo o Chico, o Caetano, o João do Valle, Gilberto Gil, Maria Bethânia, todos estão passando por lá. Deixou de ser aquela boêmia mais descompromissada de estudantes de 18, 20 anos, e virou uma coisa cultural muito forte, juntou com a questão política, das discussões com crítica à universidade. Realmente, estes anos têm sido de muita participação, efervescência, muito estimulantes. Os trabalhos que aparecem na faculdade são abrangentes, captam esse clima e essas ideias. Os projetos, além de atender a um mercado de habitação, pretendem repensar a questão da arquitetura como projeto para atender a um novo programa social para o país.

Na verdade, me dedico muito à música, ao desenho, à pintura, que é o que me interessa. A FAU permite e estimula isso, tem aceitação e abertura. Fiz agora um livro, com texto do Chico Buarque, que aborda o Rui Barbosa. É um poemazinho curto que conta a história de um marinheiro que é embarcado, gostava da Conceição que morava no morro, precisava escrever uma carta para ela e não sabia escrever, pede ao capitão para escrever, e manda. Mas ela não sabe ler e tem que pedir para alguém traduzir. No início do livro, o Chico faz uma anotação que diz assim: "Este livro é dos tempos em que eu e o Vallandro nos dedicávamos a não estudar arquitetura". O curso de Arquitetura está truncado, Artigas saiu, e há uma falta de..., não diria comando, mas de projeto que leve à frente a reforma de 1962. Sou muito crítico em relação à faculdade. Com a saída do Artigas, paralisou, congelou naquele modelinho. Estou te contando o clima como é, fico fechado neste espaço da FAU e região. (Vallandro Keating, depoimento)

Certo tempo se passou desde que encontramos o psiquiatra, escritor, e autor teatral Roberto Freire, e ele nos conta como tem sido sua vida desde a prisão.

Para esconder-me por algum tempo e para colocar minhas emoções em ordem, fui sozinho para minha casa em São Sebastião, diante do mar. Ali, em lugar de cuidar da saúde e tentar refazer-me das violências da prisão, fui tomado por uma espécie de febre delirante e escrevi, dia e noite, usando o uísque como reforço e estímulo. Voltei para cá trazendo comigo quase quatrocentas páginas do romance e um alcoolismo ainda em semente.

> Estou tendo que mudar radicalmente minha vida de militante. Primeiro procurei a TV Record e fui sincero com o Paulinho Machado de Carvalho, que a dirigia. Aceitou um projeto meu para realizar um seriado de televisão, chamado *Gente como a gente*, a história da vida cotidiana de uma família de classe média baixa. Os atores principais eram Lélia Abramo, Felipe Carone, Silnei Siqueira, João José Pompeo, Armando Bógus e Irina Grecco. O seriado foi dirigido por Ademar Guerra.
>
> Sobra-me muito tempo livre, não posso utilizar na ação política, pois muitas vezes percebo a presença de homens estranhos vigiando minha casa e outros me seguindo de carro. Encontrei secretamente com um contato da AP que me relatou sua prisão, na qual os policiais haviam perguntado muito sobre mim. Me pediu que tomasse muito cuidado e mantivesse minha casa "limpa". Essa palavra passa a ser usada no sentido da ausência de documentos, cartas, livros e pessoas, em nossa vida e convivência privada, que possam nos comprometer. Fiz a "limpeza" em minha casa e só convivo com os artistas que trabalham comigo na TV Record, onde estou fazendo grandes amigos na equipe de jornalismo, militantes políticos como eu, socialistas, e com eles discutimos muito a ação política possível naqueles momentos. Eram eles, principalmente, Narciso Kalili e o Reali Junior, conhecido como Canarinho. (Freire, 2002)

Ficamos de nos encontrar em breve, pois ele disse ter novidades boas para contar.

Um carioca muito empolgado com o mundo da música conta que, muito de mansinho, duas cariocas da bossa nova trocam o Rio por São Paulo: Alaíde Costa e Claudette Soares. Alaíde é respeitadíssima por músicos e cantores. Descoberta por João Gilberto, só conseguiu gravar um LP pela RCA. Ex-aluna do maestro Moacir Santos (também negro), este ano chega ao Theatro Municipal pelas mãos do maestro Diogo Pacheco, embalada por Stravinski, Villa-Lobos e modinhas medievais, no espetáculo *Alaíde, alaúde*. Mas seu maior sucesso foi no ano passado, ao silenciar o Teatro Paramount com sua interpretação de "Onde está você". A vinda das duas é prenúncio do que vem acontecendo, o antigo "túmulo do samba" se convertendo no seu palco.

Em 26 de outubro de 1964, no *show O remédio é bossa*, no Teatro Paramount, os apresentadores anunciam em conjunto o nome de Antônio Carlos Jobim e este aparece em cena, 2 mil botões de rosas choveram das frisas, camarotes e galerias sobre o palco. Tom se apresenta pela primeira vez em São Paulo. Foi para o piano e cantou — também em estreia mundial — "Só tinha de ser com você", sua e de Aloísio de Oliveira.

Em outro momento do espetáculo, a luz escorria ouro sobre o cabelo e o violão de Marcos Valle e se refletia na sua camisa azul-turquesa, enquanto ele cantava "Terra de ninguém". De repente, nos versos cruciais da letra, um refletor acendeu-se sobre um praticável em forma de queijo e uma baixinha, Elis Regina (num vestido branco, bem curto, que a deixava menor ainda), inundou o teatro com sua voz, cantando "Mas um dia há de chegar/ E o mundo vai saber/ Não se vive sem se dar/ Quem trabalha é quem tem/ Direito de viver/ Pois a terra é de ninguém", enquanto o encapetado Dom Um, à bateria, dava tudo nos couros. Não se sabe como as 2 mil pessoas ali presentes não saíram direto do Paramount para fazer a reforma agrária.

O remédio é bossa não foi o único nem o último de uma longa série de *shows* no Teatro Paramount em 1964, os quais davam a impressão de que a bossa nova tinha novo endereço: São Paulo. Em maio, os estudantes do Centro Acadêmico XI de Agosto, da Faculdade de Direito, haviam realizado o primeiro que se chamou *O fino da bossa* — marca criada pelo presidente do centro, Horácio Berlinck, que viu nela um futuro e resolveu até registrá-la. O objetivo era o mais inocente possível: amealhar fundos para a festa de formatura no fim do ano. O resultado é que, pelos tempos seguintes, a ponte aérea seria o remédio que o médico havia receitado para a bossa nova.

Segundo semestre de 1964 — *Samba novo* na Filosofia da USP; *Mens sana in corpore samba*, na Medicina; a *Primeira dentisamba*, na Odontologia, todos produzidos por Valter Silva. Estreias: na Medicina, Toquinho, Taiguara, Tuca e Chico Buarque de Hollanda, além de Sylvinha Telles, Oscar Castro Neves e o conjunto de Roberto Menescal. Na Odontologia: Alaíde, Geraldo Vandré, Pery Ribeiro e Elis Regina. (Castro, 1990)

Novos locais e novas sonoridades na cidade, aquele grupo tímido, do início da bossa nova, que ganhara a Vila Buarque no final dos anos 1950 e se apresentava em algumas casas noturnas naquela região e no Centro Novo, agora ganha os palcos de teatros maiores, como o Municipal e o Paramount, mas cativa também o público estudantil, que começa a produzir sua própria programação musical. Essa proximidade vai ganhar força ainda maior com os festivais que estão surgindo. Todos esses músicos e grupos vão conviver com outros que já estavam instalados na noite paulistana. São nossos viajantes boêmios, da noite, ligados à música, que nos dão o tom do que vem rolando por aqui. O primeiro que encontro na Galeria Metrópole é Alberto. Muito falante, vai dizendo:

Agora não frequento mais o João Sebastião Bar, vou à churrascaria Eduardo's, que acaba de surgir e é um grande ponto de encontro de músicos, intelectuais, boêmios, todo mundo frequenta. Esta galeria puxou todo mundo, tem bares de mulheres, boates, tem o Luiz Carlos Paraná que cantava no Sambalanço, na rua Peixoto Gomide, saiu e montou aqui o Jogral, onde vêm Chico Buarque, Caetano, Gil. Tem deputados de esquerda, intelectuais, são dois *boxes* da galeria, lugar grande, mesas com gente tocando em cima e embaixo, muitos músicos, os melhores. O Sand-Churra é de um espanhol, não tem nada especial, é um botequim. Em cima tem o bar Bossa, ou Bossinha, em que canta o Geraldo Cunha, e bons cantores; embaixo tem uma boate de muita categoria, mas de mulher. Do lado do Sand-Churra está o Jogral. O Paraná agora faz mais sucesso ainda. Silvano Drink's é uma boate que tem bons sambistas, é de um crioulo sambista, há um pessoal muito bom que canta: Trio Mocotó.

Quem rompeu com a tradição do centro foi o *rock*. Sempre foi dos Jardins e algumas casas na zona Sul. O samba permanece no centro. Há casas de samba fora do centro: boate Bambu, no Aeroporto, que tem atrações de música brasileira, e, em Pinheiros, uma daquele conjunto que canta o "Uirapuru". O que tem de sofisticado é música popular brasileira, a boate do Hotel Cambridge é cultuada, nós vamos lá. Gente refinadíssima que frequenta, gosto muito daquela mulata de voz rouca que canta ali: Alaíde Costa, todo mundo vai lá para ver a deusa. (Alberto Lira, depoimento)

Enquanto conversávamos, chegam Luiz da Orquestra e João Carlos, Pelão, e entram no papo:

Outro dia, andando por aqui, encontrei o Paraná, que me deu o cartão do bar que está abrindo, o maior acontecimento, junto com o Teatro de Arena, uma coisa está ligada à outra. Gilberto Gil, Caetano Veloso, César Roldão Vieira, e, no subsolo, um *background* da cidade. Cariocas e baianos chamam aquilo de praias malditas, uma coisa fantástica. Descemos as escadas rolantes e tem esse jardim grandão, no meio das escadas. De um lado, os bares compridos, onde o cara pegou dois ou três *boxes*, derrubou as paredes, fez um bar grande que é o Sand-Churra, final de noite dos jornalistas, boêmios e estudantes. A primeira vez que entrei aqui, meu coração veio na boca, eram duas horas da manhã, estava explodindo de gente e o Carioca, Chico Buarque, estava aqui. Em outro bar, o César Roldão Vieira cantava baixo "hoje eu quero ser feliz para ver, minha escola agora vai passar", e no andar de cima o meu amigo Zé da Química tocando samba com outro pessoal, é música mesmo. Na rua, é uma galeria fechada, mas tem samba na rua também, o Jorge Costa canta nos bares, depois sai e fica com a timba dele cantando na rua, faz um *show* para todo mundo.

Ainda estes dias entrei e estava o Chico com o Toquinho sentados numa mesa e cantando, compunham uma música: "Olê, olá", mas ainda não estava pronta. O Toquinho falava: "Canta de novo aquilo", e o Chico cantava, a música é muito bonita. Aqui junta tudo, político, boêmia, bar onde tem cocaína e os bandidos, duas danceterias onde há prostituição brava, danceteria de bandida. É maravilhoso para nós que temos 20, 21 anos, dá para ficar três dias aqui dentro. Subindo as escadas rolantes, toquei em um desses, bar de puta mesmo, é muito legal para tocar. Toco no Jogral, que é o último do lado direito, mas tem Gilberto Gil, Jorge Ben, Théo de Barros, vindo do Teatro de Arena, Taiguara, esses caras todos que compõem e tocam maravilhosamente bem. Aqui embaixo há o Sand-Churra, grandão, e tem ainda o Bar do Maia, que é um travesti — nesse nunca entrei.

Uma coisa que faço bem é tirar repentes. Levo todo mundo no desafio. Estou me especializando no repente, inventei um tipo diferente, não é o nordestino, que é aquela levada de oitava de padrão, sabia essas coisas também, mas preferi fazer uma coisa de *performance*. A Nicete Bruno está começando a namorar o Paulo Goulart. Fazemos uma jogada, eles sentam no bar e falam um tema para eu fazer uma música, vale ser plágio, porque tô fazendo de improviso. Os caras falam: a prostituta, o jornalista, e começo a compor. Às vezes estou tocando no Jogral e, quando saio, tem um cara com uma sanfona, quinhentas pessoas em volta, abrem a roda, parece um tiroteio, um duelo. (Luiz da Orquestra, depoimento)

João Carlos, Pelão, que estava quieto, só observando o ambiente, entra no papo:

Estive trabalhando com o Simonetti, maestro, dono da melhor orquestra de São Paulo. Moro na Vila Mariana e frequento muito a pizzaria do Martins, na Domingos de Moraes, esquina com a Joaquim Távora. Aprendi muito sobre música popular brasileira com ele, que é um cara fantástico. Existem também as orquestras de Sílvio Mazzuca, Osmar Milani, o Zezinho da TV, Luís Arruda Paes. Mas me apaixonei pelo Simonetti no primeiro baile que ele fez, só de cordas, no Aeroporto, um salão de bailes no primeiro andar. Conheci os músicos e tenho um relacionamento fantástico com todos. Simonetti me apresentou o Campari, aqui no Paribar, vamos para a noite todo dia. Trabalho na TV Tupi, eles atrasam o pagamento, mas é a maior escola de televisão no Brasil, seguramente. Aprendo muito, sempre frequentando bares e conversando com os mais velhos. Perto da Tupi tem a padaria e, do outro lado, na avenida Doutor Arnaldo, o Elias, onde fico conversando com o Erlon Chaves. Sou do departamento musical na Tupi, alguns programas faço diretamente, em outros dou assessoria. Estritamente musicais tem vários e os festivais universitários.

Na Vila Mariana, no final da rua Humberto Primo, onde tem a Walita, tem o bar Baruk. Ali estou entrando no movimento sindical, com os metalúrgicos da Walita; tem uma turma boa: o Julinho, o Aragão, pessoal fantástico que topava tudo. No centro tem alguns bares de que gosto: bar do Zé da rua Maria Antônia, aqui na galeria, na Galeria Nova Barão, onde fui até prefeito, tem o Recados Bar, tenho a minha caixinha lá, se alguém quiser deixar recado, passa lá e deixa, como uma caixa de correio. Aqui o incrível é o Rosa Amarela, uma imitação do João Sebastião Bar, no primeiro andar. O Jogral é um barzinho que vende minifeijoada, uma maravilha; é mais barato, além de encontrarmos músicos e pessoas maravilhosas. Assim fui indo empurrado pela vida. Também vou ao João Sebastião Bar, na Major Sertório; o Paulo Cotrim é um deus da noite, um grande paulista para as artes.

O povo do samba se encontra na praça General Osório e no ponto dos músicos, na avenida São João com Ipiranga, em frente ao Brahma; é um bar mais popular, lugar que frequento muito, geralmente o músico que está ali não tem grana. Mas também vamos às gafieiras Paulistano da Glória, São Paulo Chic, na Barra Funda, com o pessoal do Camisa Verde e Branco, que tem uns locais para tirar samba e o pessoal vai dançar. Acabo de entrar para a Mocidade Alegre, que é do terceiro grupo, na Casa Verde, Bairro do Limão, com meu querido Juarez. A escola Vai-Vai sempre está em crise; morei na avenida Brigadeiro Luís Antônio e lá conheci o Pé Rachado e o Pato n'Água, que era o maior malandro do Bixiga. Ali tem um bar ou outro, em torno da escola de samba. Na praça Roosevelt, tem um pé-sujo, ao lado da Baiuca, a Baiuquinha, todos os grandes músicos sem grana passam por ali. Toda grande casa, todo lugar de samba, chique ou não, tem a seu lado um lugar onde se reúnem os caras bons, que não têm dinheiro para entrar no vizinho. Tem a turma dos jornalistas que apoia e briga pelo samba: Arley Pereira; Audálio Dantas, menino que veio lá das Alagoas; Antônio Torres, escritor baiano que trabalha na *Última Hora*; Chico de Assis, teatrólogo, fantástico multitudo. (João Carlos Botezelli, Pelão, depoimento)

Volto a encontrar Roberto Freire. Agora mais calmo e com muitas ideias na cabeça, nos conta algumas coisas dos bastidores do teatro no momento.

Franco Zampari não queria nem podia mais se envolver com o Teatro Brasileiro de Comédia que ele fundara e dirigira por muitos anos. De toda a classe teatral, escolheu o meu nome para substituí-lo, com o apoio de todos, inclusive e especialmente de meus amigos comunistas: o ator e autor Gianfrancesco Guarnieri e o diretor Flávio Rangel.

Fizemos um plano, o TBC seria propriedade da Comissão Estadual de Teatro, mas administrado pela classe, com utilização em rodízio pelas companhias. Esse teatro possui uma oficina cenográfica muito bem montada e um ateliê completo para as costureiras produzirem figurinos, bem como um guarda-roupa completo, com todo tipo de vestuário teatral. Enfim, o plano propunha o TBC em autogestão, servindo a todas as companhias. Anarquismo puro, perfeitamente realizável, com equipamento completo à disposição das companhias. Marquei a assembleia para discussão e aprovação do Plano Nagib Elchmer no próprio TBC. A classe compareceu e o plano foi rejeitado.

Recentemente alguns professores e alunos da Universidade Católica de São Paulo decidiram enriquecer a atividade dos estudantes na vida universitária, ampliando-a para além dos campos estritamente curriculares. Procuraram-me, propondo a criação de um teatro que seria feito por estudantes e dirigido por profissionais identificados com a realidade e a problemática conjuntural.

Montei equipe profissional, com o diretor de teatro Silnei Siqueira e o cenógrafo José Armando Ferrara. Agora, seis meses depois da fundação, no dia 11 de setembro, conseguimos estrear nosso primeiro espetáculo, *Morte e vida severina*, de João Cabral de Melo Neto, com músicas de Chico Buarque de Hollanda. Inauguramos o auditório para atividades artísticas. A peça foi montada em autogestão, direção grupal, dentro de uma das experiências libertárias mais bonitas e completas, tanto na solidariedade de sua feitura como na descoberta de uma nova estética teatral que as ideias básicas do Plano Nagib sugeriam. (Freire, 2002)

DESEDUCAÇÃO

O ano de 1964 começa ainda com um horizonte de trabalho do governo Jango, ações de democratização do ensino superior tentando ser realizadas pela equipe de ponta da Universidade Nacional de Brasília, com professores vindos das melhores universidades para compor seu corpo docente. Na educação básica, tão necessária neste país de dimensões continentais, acaba de ser aprovado o Plano Nacional de Alfabetização de autoria de Paulo Freire, que, através da linguagem simples e acoplada à vida cotidiana, visava acabar com o analfabetismo no país, dando condições de emancipação à parcela da população de baixa renda, grande parte residente em área rural. Na área artística, saia do forno um Plano Nacional de Popularização do Teatro, que absorve as verbas do Serviço Nacional de Teatro e deve amparar financeiramente o teatro questionador, popular, amador, de universidades, sindicatos e favelas.

Mas... os militares, que articulavam nas casernas e se colocavam como porta-vozes das forças mais reacionárias do país, que não admitiam a adoção de medidas com cunho social, e incensados pelo amor a Deus e à família declarado nas ruas pelas "famílias mineiras e paulistas", deram um golpe de Estado a 31 de março e rapidamente começaram o desmonte do que estava sendo construído pelas grandes mentes do país, com respaldo de vários segmentos populares. As primeiras ações foram de prisão de vários envolvidos nos planos de trabalho que vinham sendo elaborados e implementados.

Perplexos, mas não calados, um grupo de intelectuais se manifesta pedindo liberdade e é preso. A Universidade de Brasília tem professores presos e reprimidos, o que provoca a demissão em massa de 210 mestres. USP e UFRJ veem seus campos sorrateiramente minados pelas forças da ditadura e pela prática do dedo-durismo.

Os jovens universitários e artistas próximos que abraçaram um trabalho de conscientização e democratização da cultura através dos CPCs em Recife, Belo Horizonte e Rio de Janeiro, tiveram suas ações desmontadas. Mas deixam herdeiros diretos, no grupo

Opinião, que faz *shows* musicais no Rio e em São Paulo, no grupo do Arena, com uma fusão do teatro com a música, e várias experiências de teatro universitário e popular.

Depois de praticamente uma década de experimentação e aprimoramento de tecnologia de veiculação das imagens, a televisão começa esta década com a conquista do videoteipe. Altera a sua programação, preocupada com a audiência juvenil, bola programas de música para essa faixa e abre suas portas para a música.

Polêmica das mais bairristas em praticamente toda a sua existência, a disputa pelo lugar de "capital da cultura" se acirra entre Rio e São Paulo. O Rio, que fora até bem pouco tempo capital da federação, perde seu título para a recém-inaugurada cidade planejada no meio do cerrado goiano: Brasília. São Paulo vem passando, desde o final dos anos 1940, por um processo em que a burguesia industrial local incentiva as atividades culturais. Durante os anos 1950, a "briga" se acirra com o deslocamento de parte do parque industrial do Sudeste para o estado. Já no final daquela década, é visível a migração dos artistas de todas as linguagens para cá, atrás do mercado mais promissor. A década de 1960 será um marco nesse sentido. Aqui ocorrem os grandes *shows* de música e se estruturam fortes grupos teatrais.

No pequeno trajeto da região central da cidade já podemos perceber que há aumento do número de artistas de vários locais do país que se dirigem para cá. Até há pouco o foco era a vida carioca, mas agora, incrementadas pelo dinheiro e investimentos no setor, a cidade e as casas noturnas vão se iluminar com vários sotaques e ritmos brasileiros.

É também por aqui que a influência americana no campo da música vai eclodir. *Rock and roll*, *hully gully*, iê-iê-iê e *twist* vão abrindo espaço nas casas noturnas dos jovens das camadas mais ricas, e a televisão saberá abraçar tal tendência. Mas eles também se disseminam nos porões e garagens de vários bairros de classe média baixa, recém-abertos e alguns recantos do centro.

Esse caldo cultural e intensa convivência entre os músicos de diversas origens ganha um espaço ainda maior na cidade, próximo aos palcos das TVs que começam a realizar os festivais de música brasileira, e a Galeria Metrópole vai vendo seu público aumentar ainda mais.

Sutilmente, vamos vendo o surgimento de algumas referências aos grupos de artistas que fogem dos padrões da elite. Eles vêm via literatura, teatro e samba. Lentamente, as escolas de samba e as gafieiras passam a fazer parte da frequência de alguns desses estudantes.

↳ Parque do Ibirapuera em 1963.

A PARTE QUE TE CABE DESTE LATIFÚNDIO

Na tela cinza da TV, os jornais noticiam:

> Castelo Branco paga a última prestação do golpe e entrega à Hanna Corporation a Companhia do Vale do Paraopeba, detentora de enormes jazidas minerais, e a estrada de ferro que liga Minas ao Rio para a exportação do ferro de uma das maiores reservas de minério do mundo, que Jango conseguira reaver. Delfim Netto, feito ministro da Fazenda, forja o Programa Estratégico de Desenvolvimento (PED) para levar à frente a política econômica da revolução ditada pelos banqueiros e gerentes de multinacionais. É constituída a Embratel, destinada a estruturar o sistema de telecomunicações. A Superintendência para o Desenvolvimento da Amazônia (Sudam) sucede a Spevea para promover o progresso da Amazônia, contando com fundos astronômicos provenientes de subsídios fiscais. É reestruturada a Zona Franca de Manaus, dando facilidades à importação e venda livre de mercadorias. O milionário Daniel K. Ludwig compra, com a ajuda de Golbery, 60 mil km² no Amapá e no Pará. Seca total esfomeia 2 milhões de pessoas, em seiscentos municípios nordestinos. (Ribeiro, 1985)

O fluxo de estudantes na cidade é muito grande e o teatro universitário adquire outro patamar de qualidade. Nossa amiga Adelaide anda com outras preocupações, mas tece seus comentários sobre o teatro estudantil.

> Casei faz pouco tempo e parei de trabalhar um pouquinho porque o banco não aceita mulher casada. Me demitiram e comecei a fazer uma série de cursos. A ditadura começou, há muita resistência intelectual, reuniões, muitos cursos e grupos de teatro, o Tusp (USP) e o Tuca (PUC) estão começando, fazem espetáculos maravilhosos como *Morte e vida severina*. Roberto Freire, diretor do Tuca, pediu ao Chico Buarque que musicasse a obra, que recebe premiação no Festival

Universitário de Nancy. Estou assistindo a palestras com o Alberto D'Aversa no Tusp, cursos no Instituto de Artes e Decoração (Iadê), que é de vanguarda, altos *designers*, curso de história da arte, história do teatro, história da arquitetura, leio muito, discuto muito, comecei também Ciências Sociais, mas entrei e engravidei, só fiz o comecinho. (Maria Adelaide Amaral, depoimento)

Andei lendo por aqui que, seguindo a orientação do XVI Congresso da UNE de 1953, é criado o Teatro da Universidade de São Paulo, em 1955, sob a direção de Rui Afonso Machado, membro do TBC. Depois de passar alguns anos inativo, o Tusp está reaparecendo por iniciativa de um grupo das faculdades de Filosofia e de Arquitetura. No ano de 1966, conta com a estreia de *A exceção e a regra*, de Bertolt Brecht, dirigida por Paulo José. A partir de 1967, Flávio Império assume a direção artística e, com André Gouveia, trabalha na estética do grupo e na montagem de *Os fuzis da senhora Carrar*, de Brecht, que excursiona por vários estados brasileiros. Além das peças, o Tusp edita a revista *A parte* e organiza ciclo de conferências com Augusto Boal, Anatol Rosenfeld e Décio de Almeida Prado.

Nosso companheiro de viagem Vallandro, carioca e estudante da arquitetura, conta que o Tuca está deixando marcas.

Dentro da FAU há um grupo de teatro que apareceu com o Flávio Império, homem de teatro, que traz essa experiência para dentro da faculdade, não só como cenografia, mas traz uma reflexão a respeito do que é a criação de um espaço. É realmente fantástica a experiência com ele, porque está muito envolvido com o teatro do Brecht, traz isso para dentro da sala de aula. Embora seja professor de comunicação visual, junto com a Renina, as discussões vão muito além de um trabalho específico de criar alguma peça gráfica interessante. É o mentor do Tusp, que vem surgindo junto com o Tuca. O Tusp é muito sofisticado em termos de propostas, há muitas discussões para se criarem atividades que possibilitassem a preparação e o treinamento de gente de teatro, não só como ator, como diretor, mas principalmente de formação de escritores para teatro, textos e peças. Tudo ligado à questão política, da consciência de que país é este, que projeto desejamos que se concretize. Todo mundo é muito mobilizado, sério, consequente, mas um tanto anárquico, falta direção que dê um pouco mais de consequência. O Tusp tem muitas reuniões, discussões, mas fazer teatro mesmo... é pouco. O Tuca é mais objetivo, escolheu uma peça, juntou as pessoas e saiu fazendo. No Tusp tem gente de diversas escolas, de outras faculdades. Flávio Império traz gente do teatro que ele conhece, a Myriam Muniz, Fauzi Arap, as reuniões são feitas no escritório dele, do Sérgio Ferro e do Rodrigo Lefèvre, que é na Haddock Lobo, próximo da alameda Santos, um casarão onde cabe todo mundo, um centro de atração de gente de todas as faculdades. (Vallandro Keating, depoimento)

Neste ano, mês de abril, grande acontecimento teatral, *Morte e vida severina*, premiada no Festival Universitário de Nancy, na França, é bem recebida pelo público e pela crítica. Encenada pelo Teatro da Universidade Católica (Tuca), sob a superintendência de Henrique Suster, com música de Chico Buarque de Hollanda e poema de João Cabral de Melo Neto, é lançada em *long play* (LP) pela gravadora Philips e distribuída pela Companhia Brasileira de Discos.

No poema de João Cabral de Melo Neto transformado em peça, o retirante nordestino explica ao leitor quem é e a que vem:

> *O meu nome é Severino,*
> *Não tenho outro de pia.*
> *Como há muitos Severinos,*
> *Que é santo em romaria,*
> *Deram então de me chamar*
> *Severino de Maria;*
> *Como há muitos Severinos*
> *Com mães chamadas Maria,*
> *fiquei sendo o da Maria*
> *do finado Zacarias*[2]

À saída das apresentações, todos entoam a canção que Chico Buarque fez com os versos da peça.

> *Esta cova em que estás, com palmos medida*
> *É a conta menor que tiraste em vida*
> *É de bom tamanho, nem largo, nem fundo*
> *É a parte que te cabe deste latifúndio*
> *Não é cova grande, é cova medida*
> *É a terra que querias ver dividida*
> *É uma cova grande pra teu pouco defunto*
> *Mas estarás mais ancho que estavas no mundo*
> *É uma cova grande pra teu defunto parco*

---

2 O retirante explica ao leitor quem é e a que vai, *in:* João Cabral de Melo Neto, *Morte e vida severina*, Rio de Janeiro: Alfaguara, 2007. © by herdeiros de João Cabral de Melo Neto.

> *Porém mais que no mundo, te sentirás largo*
> *É uma cova grande pra tua carne pouca*
> *Mas à terra dada não se abre a boca*
> *É a conta menor que tiraste em vida*
> *É a parte que te cabe deste latifúndio*
> *(É a terra que querias ver dividida)*
> *Estarás mais ancho que estavas no mundo*
> *Mas à terra dada não se abre a boca*[3]

Nesse clima tenso, o teatro é um grande catalisador de energia e algumas peças causam grande comoção. Mas a noite da cidade não é habitada somente por estudantes. Ainda que eles estejam tomando vários espaços culturais, há os profissionais dos meios de comunicação e uma parcela da elite que dá o tom em alguns locais. Depois do encontro com Adelaide e Vallandro, entro no Gigetto e, num cantinho, esperando uma boa conversa e companhia para jantar, está Ignácio, que dispara a contar das suas andanças, dos jornalistas da área de cultura e dos locais mais "suspeitos".

Todos os acontecimentos da "noite" estão no limite, entre o Bixiga e a Vila Buarque. Na rua Major Sertório há uma boate supergrã-fina, Michel, *point* dos Mesquita, Carlão Mesquita com a Marjorie, e do dono da Max Factor no Brasil, o Grand Weibil, com a Pat. O proprietário é um sujeito chamado Jimmy Cristh, teve uma boate na Espanha, e abriu esta, sucesso enorme, ponto de Baby Pignatari, Dirceu Fontoura, Olavo Fontoura, Auro Moura Andrade, Carlinhos Stefano, Carlucho Fonseca, é uma geração de *playboys* muito ricos e uma mulherada muito bonita e cheirosa. Este ano, Sammy Davis Jr. esteve aqui, fui encarregado da cobertura. Cantou no Teatro Record. Na Major Sertório há o Clube de Paris, um inferninho, com *striptease*, não de nu total, porque não pode. O Hollyday, do Sinésio, e, em direção à Bento Freitas e Amaral Gurgel, o Lugar Vermelho e Dakar, bem frequentados. Continuando na mesma rua há o João Sebastião Bar, criado pelo Cotrim, uma das primeiras construções de concreto aparente, muito bem bolado, com três planos: uma parte que sobe e outra que desce, e o piso intermediário. Em um dos pisos fica o piano, onde já vi Claudette Soares cantando, até escrevi um romance, da bossa nova na cidade, que se chama *Carola sobre o piano*; não ficou bom, vou jogar fora. Foi só uma tentativa de

---

[3] Assiste ao enterro de um trabalhador de eito e ouve o que dizem do morto os amigos que o levaram ao cemitério, *in:* João Cabral de Melo Neto, *Morte e vida severina*, Rio de Janeiro: Alfaguara, 2007. © by herdeiros de João Cabral de Melo Neto.

↳ Capa do compacto duplo com canções da peça *Morte e vida severina*, 1967.

↳ Interior do restaurante Gigetto, rua Nestor Pestana, São Paulo. Na mesa: Arley Pereira, Ary Toledo, Adonis Filho, Ignácio de Loyola Brandão, Giovanni Bruno, Jairo Arco Flecha, 1965.

resgatar essa noite paulistana e a Claudette. No João vai o pessoal da bossa nova; Vinicius, Zuza Homem de Mello, Pelão, Valter Santos, Roberto Freire. Outro dia estava ouvindo as primeiras fitas que eles produziram, um samba, depois um *jazz*, de repente, alguém rezando um terço! As pessoas ficam paradas olhando, e dançam com o terço, a Igreja resolveu intervir. Um desrespeito à religião! Uma vez estava sentado lá, veio uma pessoa e deu uma empurrada, deixa sentar aqui também, era o único lugar que tinha, e era a Leila Diniz, sentada comigo bunda a bunda! Noite deslumbrante, mas sou tímido, nem conversei.

Para baixo do João há uma variação, o Ela Cravo e Canela, do casal Roberto e Alva Petri, muito bonito, simpático. Momento fundamental está sendo do La Licorne, na praça Roosevelt, inferninho de luxo da cidade, mulheres incríveis. É uma noite movimentada, sem violência, droga, cocaína, corre muita maconha, mas é tranquilo, ingênuo, romântico, puro, achamos o máximo, é gostoso. Tem várias boates, mulheres lindíssimas, uma, que é o mito da noite paulistana, é a Mônica, tipo Jacqueline Kennedy, o cara entra e já vai direto, ela tem carnê. Para marcar encontro com ela, tem que chegar cedíssimo; às vezes, a agenda já está cheia, os próximos dez dias marcados. Outra com quem saí muito, do Giba Um, é a Jovanca, linda, usa esse nome porque tem um homem que a sustenta que é iugoslavo, e Jovanca é o nome da mulher do general Tito, presidente da Iugoslávia, e a acha isso bonito! (Ignácio de Loyola Brandão, depoimento)

Na cidade, os boêmios se encontram e, num papo infindável, detalham as nuances da vida noturna paulistana. Nesses encontros, ficamos sabendo que, na boate Clube de Paris, o intérprete Roberto Luna canta seu sucesso "Molambo". Antes de chegar à praça da República é possível ver e ouvir Paulinho Nogueira no bar Michel. Pelas imediações, Sílvio Caldas recebe, na sua boate Chicote, gente da noite para ouvir o talento da chilena Madalena de Paula. De fato, a mistura sonora e de estilos por aqui corre à solta. Na avenida Ipiranga, as boates estão no interior dos hotéis Marabá e Excelsior, inauguradas por Moacir Peixoto. Ali ouve-se *jazz* e *blues*, e, lá perto, o restaurante Parreirinha, onde podemos encontrar Adoniran Barbosa. Os concorrentes, na região e na frequência, são Spadone, Palhaço, Tabu, Papai e Simpatia.

Ao que tudo indica, é aqui no Centro Novo e na Vila Buarque que continuam se concentrando os locais de *shows* de boa música, e as boates. Depois da longa conversa com Ignácio, são João Carlos, Pelão, e Luiz da Orquestra que chegam. Pelão conta sobre seus locais preferidos:

João Sebastião Bar e o Jogral. Mas há os locais dançantes, São Paulo Chic, onde o Casé toca, considerado o melhor sax do mundo, o Avenida Dancing, na avenida Ipiranga, com grandes orquestras, que gosto de ouvir. A primeira vez que fui tinha um mulherão me dando bola, um corpão, dançamos e convidei: "Vamos sair daqui". Mas ela só podia sair as três e meia da manhã, pôs a mão no meu terno, pegou o cartão e picotou. Achei que tinha anotado alguma coisa; na porta, quando o guarda pegou, pedi para me devolver, achando que era o telefone dela, só então me dei conta de que era para pagar o tempo que dancei.

Luiz da Orquestra, que praticamente mora na Galeria Metrópole, conta que lá viu e ouviu a música "Porta-estandarte", que Geraldo Vandré e Théo de Barros inscreveram no I Festival de Música Popular Brasileira, e que teve a interpretação de Tuca.

A TV Excelsior, que é muito boa e é aqui perto, lançou os festivais de música brasileira. O Brasil inteiro está vindo para São Paulo. É maravilhoso, saio de casa na quinta-feira, venho para a galeria e volto na segunda-feira para casa. Guardo meu violão no Sand-Churra e mais tarde vou pegar, se alguém não tiver. Conheci Vinicius de Moraes, Tom Jobim, todo mundo, lá dentro. Ali tomei contato com a homossexualidade, com mulher, com lesbianismo, e assim na maior boa, porque você está totalmente solto, é uma bolha, iluminada dia e noite. Outro dia saiu uma reportagem dizendo: a Galeria Metrópole consome mais energia elétrica do que a cidade de Cotia. É maravilhoso, você desce do bonde antes da 7 de Abril, na esquina da Ipiranga com a Consolação, atravessa aquele jardim e já começou. Desce a escada rolante, e o coração já dispara, é muito legal. Encontra todo mundo que pode imaginar. (João Carlos Botezelli, Pelão, e Luiz da Orquestra, depoimentos)

A conversa foi longe. Depois de alguns dias, volto à região do centro tentando entender o que há de especial no João, que atrai a todos, e me deparo com uma matéria saborosamente escrita.

Estou participando do espetáculo mais inusitado da minha vida: um *happening*. Manifestação artística que tem como base a música aleatória e poesia concreta, reunindo artistas de diversos segmentos em uma *performance* criada na hora, sem roteiros nem *scripts*. Assisti a alguns nas ruas de Nova Iorque e propus ao amigo Blota Neto para dar um *up* no João e ele topou.

> Falei com meu irmão, o maestro Sandino Hohagen, que gostou da ideia. Junto com os colegas Rogério Duprat e Damiano Cozzella e o poeta Décio Pignatari, comandaram a maior loucura que lá se viu. Vários alunos de música do Rogério e do Cozzella foram convidados e se integraram ao quarteto.
>
> Décio lê suas poesias concretas, uma vitrola toca hinos patrióticos, Sandino rege a *Nona sinfonia* de Beethoven apenas lendo a partitura, sem música.
>
> O público rapidamente começa se entusiasmar e a interagir. De repente, vai ao palco um rapaz fazendo um discurso inflamado em alemão, Rogério Duprat, com um penico na mão, faz coleta de doações e depois joga as moedas para o público. A imprensa, que deu ampla cobertura ao evento, também aderiu e no dia seguinte, 10/5/1966, o *Jornal da Tarde*, a *Folha de S.Paulo*, *Última Hora* e *Notícias Populares* publicam com destaque a "explosão criativa". Na parede de fundo do palco, um imenso *outdoor* da propaganda do famoso xarope São João, com a célebre frase do sujeito ameaçado de mordaça: "Largue-me. Deixe-me gritar". (Hohagen, 2009)

No meio de toda essa agitação da noite e dos festivais que enchem a cidade de música, há espaços mais intimistas, onde um de nossos músicos da noite pode tocar e aprender. Quem falou sobre esses locais outro dia foi Luiz da Orquestra:

> Um cara da FAU me ensinou a música "A banda", que Chico Buarque vai tocar no Festival. Cantei no Jogral e parou o bar, me fizeram cantar dez vezes, é uma coisa absolutamente inusitada, genial, uma coisa simples. Vivemos uma repressão danada. (Luiz da Orquestra, depoimento)

Outra matéria jornalística nos dá novas informações e tenta dividir os gostos e estilos musicais pela cidade. Conta que o Jogral vai mudar para a rua Avanhandava, na esquina com a Martins Fontes, perto do *Estadão*.

> O Paraná anda fazendo mais sucesso do que sempre fez. Por aqui há ainda o Silvano Drink's, boate que tem bons sambistas, o dono é um crioulo sambista, ali tem um pessoal cantando que é muito bom, o Trio Mocotó. Quem saiu do centro foi o *rock*, o samba permanece. Uma das únicas casas de samba que está fora do centro é a boate Bambu, no Aeroporto. Fundada em 1950, em uma colina que conecta o Centro Velho ao aeroporto de Congonhas. A estrada estreitinha ostenta ainda duas casas noturnas, Moulin Rouge e Colonial. Em Pinheiros há outra

> casa de samba, do conjunto Uirapuru. O samba está mais na região do centro. O *rock* sempre foi dos Jardins e algumas casas na zona Sul. (Lancelotti, 2009)

Andei lendo que a vida cultural por aqui tem algumas publicações novas. Segundo Darcy Ribeiro (1985), a Editora Abril lança *Realidade* e Mino Carta cria o *Jornal da Tarde*; e, na música, o II Festival no Teatro Record divide o primeiro lugar entre "Disparada" (de Geraldo Vandré e Théo de Barros), cantada por Jair Rodrigues, e "A banda" (de Chico Buarque), defendida por Chico e Nara Leão.

Será mesmo possível localizar espacialmente as tendências musicais? Alguns indícios nos dizem que há novos locais, mas há uma concentração de teatros, auditórios das rádios, TVs e universidades no Centro Novo e na Vila Buarque, que ainda agregam vários grupos. O caldeirão musical continua fervendo por aqui, são ritmos e acontecimentos diversos, *happenings*, música concreta em espaços mais restritos, samba-canção e bossa nova, em auditórios das universidades e dos festivais, *rock*, *jazz* e *blues* em algumas boates dançantes, e o iê-iê-iê, que anda balançando corações dos fãs nos auditórios das televisões. Assim relata uma revista local:

> Cai uma flor no palco. O cantor se curva, apanha-a, olha para a plateia e leva a flor aos lábios. É o delírio. O cantor diz duas frases cheias de gírias, curva-se até a altura dos joelhos, estica o braço e anuncia: "O meu amigo Erasmo Carlos". Está no ar mais um programa *Jovem Guarda*, do líder da juventude iê-iê-iê nacional, Roberto Carlos. Falando da angústia e das alegrias do jovem de classe média na sociedade de massas, o novo ídolo coloca em xeque velhos valores da MPB, que se volta para o regional, o sofrimento e a pobreza das gentes do interior. Segundo Augusto de Campos, "como excelentes tradutores que são do estilo internacional de música popular, Roberto e Erasmo Carlos sabem degluti-lo ao contribuir com algo mais: lograram conciliar a *mass appeal* com o uso funcional e moderno da voz. Chegam, assim, nesse momento, a ser os veiculadores da 'informação nova' em matéria de música popular, apanhando a bossa nova desprevenida, numa fase de aparente ecletismo". Programa da TV Record, Canal 7, vai para Rio, Belo Horizonte, Porto Alegre e Recife, através do videoteipe. Só em São Paulo alcança quase 3 milhões de espectadores. (Nosso Século, 1980)

Os festivais são um espaço de divulgação e difusão da produção musical entre os jovens e a classe média e o que está se consolidando é a importância dos programas televisivos nesse campo musical. Nas tendências da música popular brasileira, o samba-canção, que até há pouco disputava com a bossa nova, vai perdendo espaço, e ao lado deles vem surgindo o iê-iê-iê. Mas vamos devagar com as exaltações, essas tendências abraçam apenas uma parcela do público jovem urbano. E o que parece uma conquista definitiva, se sobrepondo às demais, em breve pode perder terreno. A velocidade das mudanças vai aumentando, aguardemos.

Vinha caminhando por aqui pensando naquele tal de *rock and roll*, porque ele não pode se confundir com este tal de iê-iê-iê; apesar do parentesco e da influência americana, há muitas sonoridades juvenis que já encontram espaços na cidade, de apresentação, de dança e dentro dos auditórios televisivos. Pensava nisso e caminhava pelas imediações do tradicional Liceu Pasteur, quando encontro a jovem muito conversadeira, Rita, que tem uma relação estreita com a música. Puxo assunto porque quero saber o que outros meninos e meninas têm a dizer sobre os espaços musicais e em que pedaço da cidade transitam.

> A única loja de discos atualizada é a Hi-Fi, na rua Augusta. Ali esperei horas na fila para comprar o primeiro LP dos Rolling Stones. O Planetário do Ibirapuera é o *must* semanal, e, depois da sessão, uma *banana split* na lanchonete ao lado. Conheço a cidade de ponta a ponta, do Museu do Ipiranga à Galeria Metrópole, da Augusta a Interlagos, do Bixiga à praça da Sé. Vi a construção do Conjunto Nacional, adoro as escadarias elegantes do Cine Metro, e os lampiões do Theatro Municipal, [...] Nessas andações, descobri a Casa dos Artistas na "suspeita" Major Sertório, um brechó de circo e teatro, a butique perfeita para a minha banda.
>
> Nossa banda está começando, e veio um convite da TV Record, por parte do príncipe, Ronnie Von. Rapaz lindão. Educado, cabelos lisos até o ombro, inteligente, fã dos Beatles, piloto de avião, fluente em inglês. [...] Fomos falar com ele e, papo vai, papo vem, o Ronnie levanta a sugestão de um nome mais contundente para o trio. Mostrou um livro que estava lendo, *O império dos mutantes*, explicando que eram seres de outro planeta que se transformavam em infinitas formas de vida a título de conquistar a Terra. *Plim!* Bênção, painho. Assim nos anunciou: "Eles vieram de outro planeta e estão entre nós para tocar *A marcha turca*, de Mozart. Com vocês, Os Mutantes". Sérgio na guitarra, Arnaldo no baixo e Rita na base. Rolou tão bem que passamos a fazer parte da turma do príncipe todos os sábados. (Lee, 2016)

Essa conversa me fez lembrar de outra moça, bem jovem, recém-chegada à cidade, vinda do Rio de Janeiro, que começa a se familiarizar com os encantos e desencantos da cidade e que é chegada num *rock and roll*: Sônia. Não está tão vinculada ao mundo da música, mas transita por espaços semelhantes e mostra um olhar feminino sobre a cidade.

Morava em Niterói, mas ia ao Rio para ter aula de balé, fazer compras, ver os amigos, ir à praia, lanchar na Colombo, enfim, passear. Em 1964 saltamos da barca e fomos para a região da Candelária, mas atrás da igreja tinha um monte de tanques. Fiquei sem fala, atordoada, nunca tinha visto tanques na rua. A pessoa que estava comigo contou que os militares tinham tomado o poder e, para manter a ordem, em alguns lugares as tropas vieram para as ruas. Tive uma sensação horrível, nunca tinha pensado em Exército, violência, poder. Uma coisa tão agressiva, aqueles tanques na rua, parados com aquele monte de soldados com capacetes e armados. De pronto cheguei à conclusão de que não gostava do Exército e esse negócio da revolução de 1964 não devia ser boa coisa. Meu pai veio trabalhar aqui, larguei o Centro Educacional, no centro de Niterói, onde concluí admissão e vim morar na rua Peixoto Gomide. Em Niterói, morava numa rua sem saída, onde brincava de carrinho de rolemã com os meninos da favela, ia e voltava a pé da praia, éramos amigos do sorveteiro, do salva-vidas, tinha os primos, as primas. Quer dizer, uma pequena cidade brasileira, com esta "democracia" que existe no Rio de Janeiro. Havia certa promiscuidade entre classes e cores, por causa da praia.

A escola correspondia ao que é a Escola Vocacional daqui, com atividades, passeios, teatro, música popular e muita liberdade. Saí desse Olimpo e vim para um lugar que só conheço de passagem, para morar a três quadras da avenida Paulista e fazer o ginasial no Dante Alighieri, escola extremamente repressiva, meninas à tarde e meninos de manhã, para mim está sendo muito ruim. Fiz um cursinho para a seleção, fiquei num hotel na avenida Ipiranga, na frente da praça da República, e ali pela manhã tinha aulas particulares e à tarde ficava com os meus livros na praça estudando. A praça da República é muito bonita, há laguinhos com patinhos e flores.

Morando aqui, continuei saindo de *shorts*, bermuda, para passear no parque Trianon ou na avenida Paulista. Na escola uso saia curta e abaixo a meia três quartos e todo mundo olha pra mim. Devagar percebi que as pessoas estranhavam porque sou menos formal e rapidamente codificaram que é porque sou carioca. Isso até poderia ser um elogio, se não estivesse numa escola de pessoas burguesas e caretas. Para os meninos, carioca é sinônimo de vaca, tenho que ficar fazendo um trabalho comigo mesma, de que ser carioca é uma coisa positiva.

> Já estou fazendo amigas no Dante, os meninos só vemos furtivamente, na entrada e na saída, e combinamos um cinema ou passear na rua Augusta aos sábados, temos muita relação com o bairro. Começo a gostar do parque Trianon, com sua mata atlântica, cipó, esquilo, macaquinho, uma miniatura condensada do Jardim Botânico. Gosto da avenida Paulista porque tem os palacetes, casas com coluna *art nouveau*, outra com janela picotada, outra onde o piso da varanda é de ladrilho hidráulico, branco, caramelo e azul-turquesa, outra tem pomar nos fundos, lembram as casas da São Clemente no Rio, detalhes das casas antigas no Rio e em Niterói e de vegetação, estou me apaixonando pela avenida Paulista.
>
> Escuto Beatles o dia inteiro, sou romântica, gosto de cipó, macaco, coluna *art nouveau*, pomar, na verdade quero me conectar com a minha infância, estou sempre buscando isso. Está demorando muito para gostar dos paulistanos e da cidade, não por preconceito, mas por ter sido arrancada do paraíso. (Sônia Lorenz, depoimento)

Caminhando pela região Oeste é possível perceber que há uma expansão da cidade nesse sentido. Áreas consolidadas como a Lapa e a Vila Romana aos poucos vão tendo um acréscimo populacional e vendo seu traçado ser modificado. É dessa região o mais jovem dos nossos companheiros de viagem, Carlinhos. Paulistano, com pouca idade e sem muita autonomia para circular, tem uma vida de bairro bem diversa desta de Jardins e região da Paulista. Conta:

> Nasci aqui, embora minha mãe seja da região de Catanduva, meu pai de Taubaté; nasci em Perdizes, zona Oeste, no final dos anos 1950. Moro na rua Doutor Emílio Ribas, onde é a Faculdade Santa Marcelina. Estou fazendo o primário na Escola Assis Pacheco, de classe média alta, meus pais conseguiram bolsa, é considerada da elite paulistana, bastante reacionária, as diretoras ligadas à Igreja, conservadoras. Estamos na ditadura militar, que as diretoras apoiam, falam para a gente tomar cuidado com os terroristas. Aqui estuda neto do Laudo Natel. Sodré é o governador repressor, estudo com o sobrinho dele, e conheço ele, inclusive. Aqui, na mesma rua onde moro, tem chinês, japonês, alemão, italiano, negro, judeu, muçulmano e gente de outros lugares do país. Isso me fascina, estamos numa cidade de todos os povos. Minha casa é pequena, toda a minha vida é na rua, que é de paralelepípedo, jogamos bola, é muito tranquilo. Fazemos jogo de taco, futebol, campeonato de futebol, jogamos o dia todo, as irmãs do Colégio Santa Marcelina às vezes pedem para a gente ajudá-las a carregar algumas coisas e depois dão para a gente suco de melancia. Na escola, temos

professor de música e tem uma banda. Faz algum tempo, ele pediu: "Alguém aqui quer tocar o instrumento que é o coração da banda?" Rapidamente respondi: "Eu quero". Era o bumbo. Que faz a marcação do coração, é fundamental, determina a música. Peguei o bumbo, instrumento enorme, três vezes meu tamanho, e toquei. Ele ficou impressionado com a minha maneira de tocar, ligou para a minha mãe e para o meu pai, perguntou se tinha família de músicos, se tinha maestro na família, disse que eu precisava estudar música. Assim comecei a estudar violão com sete anos de idade, tenho uma professora na mesma rua. Está acontecendo o movimento da jovem guarda. Outra coisa legal é que nos fundos do quintal de casa tem umas garrafas que ficam cheias com a água da chuva. Comecei a batucar e percebi que, quando muda o volume da água, mudam as notas musicais. Comecei a tocar várias músicas a partir do som obtido pela percussão das garrafas; com a variação do líquido, estou descobrindo as notas. Faço uma oitava inteira com os cromáticos junto.

Agora que estou estudando violão, formamos grupos que imitam a bossa nova. Não tenho violão e guitarra, mas o vizinho tem guitarra e empresta. Quando vou para o interior, em Ribeirão Preto, tenho um tio com poder aquisitivo melhor, os filhos têm guitarra e toco. Uma música marcante é o tema do *Doutor Jivago*, linda. Gosto de tirar todas as músicas da jovem guarda no violão, peço para a professora me ensinar. Um amigo, José Mário Gomes Pinto, toca pandeiro e canta e eu toco guitarra e canto; montamos uma dupla. Fazemos *shows* na escola. O sucesso agora é "Coisinha estúpida": "Existe um amor dentro de mim que eu não posso nem mais controlar." Às vezes saímos da escola e vamos fazer *shows*. É pesado levar a guitarra, amplificador, é um sufoco, pandeiro e as duas vozes, abrimos as vozes; para nós, é uma responsabilidade fazer *show*, tocar, é um sucesso na escola. (Carlinhos Antunes, depoimento)

Política: Conflitos entre facções provocam a deposição de Adhemar de Barros, governador de São Paulo. Editado o Ato Institucional n. 3, tomando do povo o direito de reeleger os governadores de estado. Costa e Silva vira marechal, se impõe como candidato único à sucessão de Castelo, que entrega raivoso o poder. Carlos Lacerda cria a Frente Ampla contra a ditadura em aliança com seus antigos adversários JK e Jango; em 1967 lançam programa em que pedem o retorno do poder aos civis, preservação da soberania nacional e realização de reformas econômicas. Nova Constituição vem dar legalidade à ditadura. É promulgada a Lei de Segurança Nacional submetendo os civis a cortes marciais por atos que o governo militar considera criminosos.

Inclusive artigos de jornais e discursos na Câmara de Deputados. O Conselho de Segurança Nacional se reestrutura e amplia para incorporar mais ministros civis. Costa e Silva opta pelo endurecimento e, através de uma portaria de Gama e Silva, ministro da Justiça, extingue a Frente Ampla. (Ribeiro, 1985)

Mais uma vez encontro a jovem do Liceu Pasteur que outro dia estava na Vila Mariana. Hoje, nas imediações da praça Roosevelt, nos mostra o olhar feminino em relação à conquista da cidade pelos jovens universitários. Aqui a história é outra, ainda que o clima político esteja pesado, há uma conquista do espaço adulto e cultural, e é por aí que caminham e se relacionam. No olho do furacão, a jovem estudante do ensino médio, Olgária, que acaba de entrar na faculdade, conta como a vida mudou. Sempre morou na Vila Clementino. Agora está com 17 anos:

> Entrei na Faculdade de Filosofia, comecei a circular pelo centro. A Maria Antônia é um lugar estratégico, perto do Theatro Municipal, do Cine Bijou, das livrarias, do Salada Paulista, do Ponto Chic, enfim, todo um *glamour* na cidade, é uma região altamente cultural, sobretudo porque tem a universidade, o Mackenzie, a Faculdade de Arquitetura da USP (FAU) e os equipamentos culturais. É quase uma vocação natural dos estudantes, os hábitos dos espetáculos e do divertimento. Quando terminamos as aulas da tarde, nos perguntamos, o que vamos fazer agora? Às vezes esperamos por um espetáculo no Municipal, ou vamos às livrarias na Barão de Itapetininga: Brasiliense, Triângulo, Livraria Francesa, Martins Fontes, e outras na região da rua 24 de Maio, ou vamos para o Cine Bijou, onde passam todos os filmes do Godard (Jean-Luc). Temos hábitos intelectuais, e o lugar da universidade é importantíssimo. Quando assistimos a uma aula e o professor fala sobre algum assunto que a gente não conhece, temos tudo por perto. A primeira aula da Marilena Chaui a que assisti foi sobre a história da razão, em que começou citando o *Prometeu acorrentado* do Ésquilo, que nós não tínhamos lido. Fomos imediatamente para a Livraria Francesa comprar para ler, pois não há tradução para o português. O hábito do autodidatismo faz parte da formação universitária, se espera que o estudante tenha relação com o mundo da cultura. Estou conquistando a cidade, entrar na universidade é mudar de vida, mudar o imaginário, começar a voltar tarde para casa, mudar os horários, não tem mais refeições com a família. Adquirir o hábito de ir a teatro, enfim, é um ritual de iniciação. Entrar no mundo adulto, até porque, entrando na universidade, todo mundo vai trabalhar, não há

estudantes ricos ou pobres. Faz parte da vida adulta, não ter a tutela, há uma ideia de emancipação, essa convivência mediada pelos interesses culturais e de estudo é da geração.

Aqui por perto tem o bar do Zé, na esquina, o bar Quitanda, onde o Chico Buarque às vezes toca. O Paribar, um café francês, em frente à Biblioteca, lindíssimo, frequentado por uma geração mais velha, como o Sérgio Milliet, diretor da Biblioteca. Nós frequentamos a Biblioteca Municipal e também vamos ao Paribar. Mas nossos pontos de encontro são o bar do Zé e o Cientista, na mesma rua, não temos um "Café Santa Helena" que a gente frequente, é uma coisa mais popular, estudantil, meio boêmia, mas ligada ao meio intelectual. Todos os estudantes da rua Maria Antônia são muito ligados, temos contato e muita conversa com o pessoal do Mackenzie, onde a arquitetura e uma parte da engenharia têm os mesmos ideais que nós. Tem ainda o pessoal da FAU, da Filosofia, Ciências Sociais, Letras, um pouco da Psicologia, e ali ainda funcionam algumas disciplinas da Física e da Matemática, há troca cultural e de formação, da engenharia, da física, da literatura, da filosofia.

A relação que temos com a música é a seguinte: antes de ser gravada, nós já conhecemos. O Chico e o Maranhão, outro músico da FAU, não tão conhecido como o Chico, por causa do festival de 1966, tocam muito ali. Tanto nas festinhas do Liceu quanto nas festas com os colegas da faculdade, sempre tem um violão. Há sempre alguém que toca músicas novas, muito chorinho, Noel Rosa, alguns colegas tocam todo o repertório da bossa nova, dos festivais, e os clássicos brasileiros. As rádios não ficam só em um tipo, não é só a brasileira, tem francesa, inglesa, Beatles, Rolling Stones, norte-americana, *rock*, argentina, aprendemos espanhol ouvindo Lucho Gatica. Não é unidimensional, ouvimos todo tipo de música no rádio. De todas as nacionalidades com as quais temos mais afinidade imediata. (Olgária Matos, depoimento)

Enquanto conversávamos, Walnice, colega da Filosofia, se aproxima comentando que é muito legal isso de estar no bar e ver a música sendo composta e executada.

Vamos ao bar para ver Chico Buarque tocando e cantando, Luiz Carlos Paraná, Paulo Vanzolini. *Showzinho* de bolso há em vários bares, como no João Sebastião Bar. O Vandré e o Chico frequentam o Bar Sem Nome, na Doutor Vila Nova, esquina da Maria Antônia, e tocam violão. No João já vi Maísa, Claudette Soares, Dolores Duran, Alaíde Costa, que é gente finíssima. Acabo de ver no Rio de Janeiro o *show Opinião*, com Nara Leão e Maria Bethânia; vi duas vezes, grande *show*, uma coisa extraordinária. (Walnice Nogueira Galvão, depoimento)

Walnice logo se retira. Olgária continua:

> Na Galeria Metrópole há um bar no segundo andar que frequentamos. De vez em quando, vamos aos inferninhos; não são ligados à criminalidade, é uma espécie de transgressão e tem um clima de romance. Na Major Sertório há um, é divertimento dos estudantes se misturarem à vida boêmia. Faz pouco tempo, estive em um em que o Dick Farney canta, noutro é o Pery Ribeiro, a gente vê os casais se formando. É o limite da prostituição, meninas de programa, mas não tem travestis, ou talvez não saiba reconhecer. É um ambiente de fazer romance, convidam para um drinque, senta-se em mesas, dança, não é uma coisa brutalista, tem um cerimonial da conquista, porque temos uma espécie de fantasia amorosa na prostituição.
>
> A homossexualidade não é muito visível, o que se tem é o efeminado, que calca no feminino, fica *over*, é uma espécie de caricatura do feminino, tem isso na avenida São João, os rapazes que passam bem agressivamente, num certo exibicionismo. Nossos colegas homossexuais são muito discretos. Tenho dois colegas, é um casal, um deles é nascido em Portugal, muito elegante, anda sempre com um paletó de linho, um corte maravilhoso, faz poesia, é muito refinado. Tenho uns colegas, do Mackenzie, da arquitetura, que são homossexuais, como nós somos hétero.
>
> Não é uma bandeira, não é nem uma identidade, é uma maneira de ser, não é nada de ter direitos específicos para isso, pelo menos no nosso meio não existe discriminação aberta. Mas tem uma história engraçada, de um colega que não é homossexual e foi passar o Carnaval na Bahia, voltou com colares de dente, andávamos na Consolação, perto da Rego Freitas, de dentro do ônibus gritaram para ele: "Bicha!". Ele respondeu: "Você também pode". Há discriminação, mas não é agressiva, notaram o trejeito e chamaram de bicha, mas não agridem querendo eliminar. Não é homofobia. É no limite da brincadeira, por causa do feminino, do trejeito feminino em quem não é mulher. Uma coisa mais no impacto do extravagante, não preconceito, no sentido do racismo, quer dizer, de um ódio ligado a isso. Esse sentimento de ódio não presencio. (Olgária Matos, depoimento)

A cidade vem passando por intensas mudanças viárias, com Faria Lima prefeito, que já atuara como engenheiro na gestão de Prestes Maia fazendo parte das discussões e da implementação do Plano de

> Avenidas. São transformações importantes, com abertura do traçado das marginais Tietê e Pinheiros, das avenidas de fundos de vales do Itororó; avenidas 23 de Maio e Rubem Berta, e alargamento de vias extensas como avenidas Rebouças, Sumaré, Pacaembu, Cruzeiro do Sul e Rio Branco. (Barbara, 2018)

A abertura dessas avenidas mostra a expansão para oeste e para sul. São novos bairros que vão se desenhando em torno de outros já habitados, como Pacaembu, Sumaré, Jardins, Vila Mariana e Paraíso. Na área de Centro Novo e Vila Buarque, as alterações urbanas vão solidificando as transformações dos anos 1940 e 1950, com aberturas de ruas e praças. Aqui nossos companheiros frequentadores da noite e dos bares têm uma incrível predileção por um local que está de mudança, mas deixemos que eles nos contem. O público jovem, das mais diversas tendências, diz Helvio, vai atrás da boa música. Paulo Cotrim, depois de dez anos de sucesso, em 1965 vende o João Sebastião Bar para José Blota Neto, filho de dois grandes nomes do rádio e da televisão: Blota Junior e Sônia Ribeiro (Borelli, 2005).

João não é apenas um bar, com ele há toda uma história e uma experiência de vida na cidade. Encontro Ignácio a fim de ouvir o que mais ele tem para contar sobre o assunto.

> O mito do João é tão forte que ninguém sabe por que o Cotrim está vendendo. Ele tem algum dinheiro de família e mantém uma pensão na rua Sabará, chamada Sabará 400, mítica. Ele é *gay*, e todos os meninos bonitinhos moram lá, há grandes festas com todo tipo de gente, uma coisa supergostosa. A artista plástica Lúcia Dutra mora no porão da Sabará e vive da arte, o Cotrim ajuda-a muito, arruma galerias para as exposições, todos acham que ela é "a grande existencialista", o existencialismo já passou faz vinte anos, mas achamos que é existencialista ou *beatnik*. Começamos agora a ler o *Caderno B*, do *Jornal do Brasil*, que, através do Nelson Coelho, divulga a literatura do Allen Ginsberg, do Gregory Corso, do Ferlinghetti, do Kerouac, que chega para nós através da Argentina. Lemos *On The Road* na tradução argentina, *En el camiño*. É difícil, mas é o que temos. O *Jornal do Brasil* tem grande penetração aqui, chega todo sábado. Quem primeiro descobriu isso foi o Zé Celso — moramos no mesmo quarto de pensão —, ele me introduziu na literatura da Carson McCullers, que admiro, acho maravilhosa. O primeiro livro dela que li e me espantou, trazido pelo Zé, foi *Balada de um café triste*, depois *A sócia do casamento* e *O coração é um caçador solitário*, que trata do homossexualismo no Exército americano.

Na área da música, cubro sempre os eventos internacionais; Sammy Davis Jr., Frankie Lane, Billy Eckstine, Marlene Dietrich, Rita Pavone, que lotam a Record. Na música brasileira, adoro ir ver a Isaura Garcia, que canta no Capitain's Bar, hotel na avenida Duque de Caxias, perto da Barão de Limeira; fazemos grupos para ir assistir. Maísa canta muito na Cave, a Claudette no João ou na Baiuca. A Marisa Gata Mansa acho lindíssima, e tem também o César Camargo Mariano.

Mas também cubro a moda, que está sendo muito importante neste momento, uma conquista. O Denner é grande costureiro, estilista, e o Clodovil; no Rio, o Guilherme Guimarães, mas é só, não tem alta--costura. Começa a chegar a *prêt-à-porter*, a Fenit, revistas de moda, como a recém-lançada *Claudia*, *Joia*, *Desfile*. A indústria têxtil e do calçado está se democratizando, entrando o *jeans*, que iguala todo mundo. O cara de *jeans* e camiseta pode ser pobre, rico, médio, o que for, está igual.

Convivo no meio dos escritores e eles são meio megalomaníacos e isolados, a União Brasileira de Escritores (UBE) não vai para a frente. Quem se associa são os poetinhas, meninos que querem ter uma carteirinha de escritor. Devia ser um sindicato, um órgão de defesa, mas nunca conseguiu ser, porque os grandes escritores, de peso, não aderem à UBE. Aderiram um período, depois abandonaram. É uma classe desprotegida, por culpa dela mesma, um individualismo terrível. Somos amigos, mas é cada um por si e Deus por todos. Só os da minha geração, Antônio Torres, João Antônio, João Ubaldo, Márcio de Souza, eventualmente se protegem, no sentido de que um cita muito o outro, é generoso, mas cada um faz uma literatura diferente da do outro, nunca teve essa coisa de organização e de união, mesmo para se proteger de editores e lutar por direitos junto a livreiros. (Ignácio de Loyola Brandão, depoimento)

Faço algumas leituras sobre a situação política antes de voltar para as ruas:

Regime se fortalecendo fecha o cerco aos guerrilheiros na Serra de Caparaó, comandados por Bayard Boiteux e Amadeu Rocha, presos em Minas Gerais antes de entrarem em ação. O endurecimento provoca cisões no campo da esquerda com a vertente tradicional do PCB, que propõe reformas graduais. No movimento estudantil, a repressão leva a um declínio da liderança católica e dos marxistas tradicionais. Fortalecem-se dissidências dirigidas por Carlos Marighella e Mário Alves no Partido Comunista Brasileiro. Na Política Operária, na Ação Popular e no chamado PCdoB, luta interna leva à criação de inúmeras organizações: Vanguarda Popular Revolucionária, VAR-Palmares, MR-8, Partido Operário Comunista, Partido Comunista Brasileiro Revolucionário, e fragmenta-se o Partido Operário Revolucionário de tendência trotskista. (Ribeiro, 1985)

Por aqui, alguns de nossos companheiros de viagem nos informam sobre o clima que perpassa a cidade. Se, para alguns, o ambiente é de festa, conquistas profissionais e amorosas, para outros, o que marca é a crise política e a linha dura do regime. A crise impõe situações constrangedoras e perigosas, pois caminha-se num limite muito estreito entre o prazer do encontro dos amigos e a tensão de estar sob vigilância.

Idibal, companheiro de muitas caminhadas, já formado em Direito, conta das dificuldades do encontro ameno.

> A ditadura interfere diretamente nas nossas vidas, por conta do clima de medo que impõe. Jornais com censor dentro das redações, televisão com censura praticamente dentro dela, mas é muito difícil; se fizer ao vivo, será preso na hora. Nos jornais dá até para escrever, publicar e escapar. As reuniões que existem de centro acadêmicos, sindicatos, se dão também nos bailes sociais e no futebol. Onde é que a pessoa vai se reunir, se pode ser presa? Todo mundo tem um parente ou amigo fugido, preso, assassinado, o clima de terror paira. Logicamente há os clubes que funcionam. Arakham, popular, Lord Club, mas sempre com o estigma do medo. Diria que o país vive há dois anos uma noite de agonia, e isso não é dirigido, mas o resultado do terror tem sido apagar o florescer de ideias, de obras de arte. Período de resistência, mas muito negativo, porque não se cria, cria-se muito pouco perto do que poderia ser criado. A época está muito terrível: o medo de conversar. (Idibal Pivetta, depoimento)

Nesta mesma semana, encontro o mineiro Izaías, que estava sentado numa padaria na região do Arena, que reforça as dificuldades impostas pela política.

> Fiquei um tempo no Rio, trabalhando no grupo do Boal, no show *Opinião*, mas ligado ao Arena, como ator e diretor de peças do Núcleo Dois, de 1964 até hoje. Tenho uma militância, me vinculei à Política Operária (Polop), agora as dissidências com o Partido Comunista estão se materializando, e a Polop está atomizando, mas com os átomos se juntando às outras organizações; uma delas, a Vanguarda Popular Revolucionária (VPR), malfalada. Divido o tempo entre a

militância e o trabalho artístico. Está sendo possível, trabalho como jornalista na *Folha*, cobrindo o setor artístico junto com o Adones de Oliveira, o Orlando Fassoni, sob o comando do Cláudio Abramo.

Estou numa fase da vida de definições políticas, profissionais, ideológicas, afetivas. Acabo de casar, nesta perspectiva romântica, idealista, querendo transformar a sociedade brasileira. Com rigor ideológico, convicção, temos pressa. As organizações não fazem um trabalho verticalizado, trabalhamos numa perspectiva horizontalizada. A repressão começa a atuar com mais virulência, a esfacelar tudo, não era esperada, não estamos preparados, à exceção dos antigos militantes do Partido Comunista, que têm experiência e prática, tiram isso de letra, mesmo a repressão mais violenta. Orlando Frate, antigo militante do Partido Comunista, apanhou, foi torturado, mas ficou firme na sua convicção, não disse nada à polícia que interessasse a eles. Chama atenção perceber que os militantes mais antigos, de 50 para 55 anos, têm firmeza para enfrentar a situação. Nós temos dedicação para fazer, mas não estamos preparados suficientemente para enfrentar. Se há tentativa de se fazer luta armada de alguma maneira, é porque o momento permite que isso aconteça. O que a gente não pode esquecer é que, com toda a repressão, a partir de 1964, você não tem mais canais para expressar seu ponto de vista político. (Izaías Almada, depoimento)

As manchetes dos jornais noticiam:

Conferência regional dos comunistas em Campinas marca mais um racha. Marighella declara que teses do Comitê Central correspondem "à linha política de um partido de moderação". O jornalista Flávio Camargo, com o codinome de Dr. Falcão, coordena a guerrilha brizolista em Goiás, ajudado no Rio pela fina flor da intelectualidade: Antonio Callado, Thiago de Mello e Otto Maria Carpeaux. Cabo Anselmo, agente da CIA, representa o Brasil, junto com Marighella, na primeira reunião da Organização Latino-Americana de Solidariedade (Olas), que pretende ser o órgão de direção da revolução social no continente. Onda repressiva alcança a maioria dos artistas e intelectuais mais dignos e brilhantes, perseguidos, expulsos e compelidos a exilar-se do país. Mais numerosos ainda são os que, sem condições de sair, sofrem o exílio interno, vivendo sob a ameaça constante de repressão: preteridos, humilhados e oprimidos. O sindicalismo autêntico se ativa para criar um Movimento Intersindical Antiarrocho (MIA), integrado principalmente por metalúrgicos que coordenam nacionalmente as greves de Contagem, Osasco e São Paulo. (Ribeiro, 1985)

↳ Grupo Escolar Pereira Barreto, bairro da Lapa, São Paulo, 1965.

Lendo uma revista local pode-se ter a dimensão da movimentação cultural e de como se articulam algumas manifestações que parecem tão díspares. Há uma profunda relação entre o endurecimento do regime político, a cisão e o gradual desmantelamento dos grupos de esquerda e a radicalização da linguagem em várias áreas das artes e da cultura.

> Surge o tropicalismo, convertendo a arte politicamente participante em gestos de repulsa que provocam escândalos e perplexidade. É o caso da peça de teatro O rei da vela, de Oswald de Andrade, montada por José Celso Martinez Corrêa, e do musical Roda viva, de Chico Buarque de Hollanda, encenado em São Paulo: bando terrorista invade o teatro, espanca os artistas e destrói o cenário. O fenômeno do tropicalismo também é representado por Terra em transe, de Glauber Rocha. Na música, floresce com "Alegria, alegria", de Caetano Veloso, cantada por Gilberto Gil. Escândalo no Festival de Música em que vence "Ponteio", de Edu Lobo e Capinam. Sérgio Ricardo, danado com a conduta irreverente do público, arrebenta o violão num banco. Festival Internacional da Canção revela Milton Nascimento com "Travessia", mas quem leva o prêmio é uma viçosa "Margarida". [...] Nesta maré tropicalista, levantam-se o artista plástico Hélio Oiticica, os compositores Gil e Caetano, o cineasta Glauber Rocha e o teatrólogo José Celso Martinez Corrêa, gritando novas palavras de ordem e conclamando à guerrilha cultural: "Abaixo o preconceito", "Por uma nova estética", "Por uma nova moral", "Abaixo a cultura de elite", "A imaginação ao poder". O ator Renato Borghi resume: "A arte deveria assumir um aspecto devorador, faminto!". (Nosso Século, 1980)

Nessas leituras de final de tarde, fico sabendo que aquela padaria que já apareceu nas histórias da região da Vila Buarque e Consolação; Cil Pão, que todos insistem em chamar de Redondo, marca o limite do território, o ponto artístico, estudantil, intelectual, por onde passam as palavras de ordem cunhadas por um pensamento de esquerda, provenientes dos corredores da Maria Antônia. Ouvi de um dos personagens marcantes da cidade já nos anos 1940, Décio de Almeida Prado, que a praça Roosevelt é na verdade um enorme pátio vazio que serve de estacionamento, mas nada racional, selvagem. É escura e tem, pelo meio, lembranças de antigos canteiros, umas gradinhas quebradas, excelentes para derrubar os menos avisados. Aos domingos arma-se ali uma feira livre, com as habituais frutas e hortaliças, mais o indefectível pasteleiro. Quem vai à feira encontra muita gente conhecida de perto e conhecida de longe, que apenas começa a substituir roupas mais sisudas por calças de brim e camisas coloridas — os habitantes da Consolação. A paisagem vista da praça, a paisagem da

Consolação, carece de horizontes: prédios maiores e menores, muitos sendo demolidos para alargamento da via.

Ali perto fica a rua Maria Antônia, com o labiríntico edifício da Faculdade de Filosofia da USP entestando o Mackenzie e, atrás da Filosofia, a casa-sede do Diretório Central dos Estudantes da USP (DCE-USP) e da União Estadual de Estudantes, a UEE. Bem perto, na rua Doutor Vila Nova, está a Faculdade de Economia da USP e, mais além, na General Jardim, a Escola de Sociologia e Política. Ainda por ali, mais para dentro do bairro de Higienópolis, há a Faculdade de Arquitetura e Urbanismo da USP. Do outro lado da Consolação, na rua Caio Prado, são vizinhos o elegantíssimo Colégio Des Oiseaux e a Faculdade de Filosofia Sedes Sapientiae. Por toda a região, até o bairro de Santa Cecília, os edifícios de apartamentos e os casarões velhos abrigam repúblicas de estudantes e pensionatos. Nessa área de contrastes, o Grêmio da Filosofia (sabidamente de esquerda) mantém seu cursinho para vestibulares na rua Albuquerque Lins, próximo à sede da conservadoríssima Tradição, Família e Propriedade (TFP). De um lado e outro da Consolação, várias livrarias e muitos bares, desde os "botecos de português", onde se pode tomar a média com pão e manteiga, até estabelecimentos bem mais sofisticados, passando por casa de batidas, como o "Sem Nome", chamado "Quitanda". (Campos, 1988)

O Arena, logo ali em frente, é um teatro pequeniníssimo, sala tão pequena só do vizinho Cine Bijou. É nesse espaço que se cantou Tiradentes. A revelação teatral do momento é Plínio Marcos; Flávio Rangel nos traz um magnífico *Édipo rei*; faz sucesso *Black-out*, com direção de Antunes Filho; o Teatro Oficina, com *O rei da vela*, atrai elogios e grande público no espetáculo do ano; *Marat-Sade*, de Peter Weiss, é encenada pelo Teatro da Esquina, com direção de Ademar Guerra.

A novidade é que Ademar Guerra volta a trabalhar com Antunes, Armando Bógus e Irina Grecco, que agora se associam no Teatro da Esquina. O reconhecimento surge com *Oh, que delícia de guerra*, texto de Charles Chilton e Joan Littlewood, recebe o prêmio Saci, da Associação Paulista de Críticos Teatrais (APTC) e o Molière. Acabam de montar *Marat-Sade*, de Peter Weiss, ambientado na Revolução Francesa. Ademar aprimora-se na preparação e na movimentação de elenco numeroso e leva o prêmio Governador do Estado e o da APCT.

Nossa companheira de caminhada Marika conta que chegou ao grupo quando Cláudio Petraglia a chamou para fazer teatro.

> Já tinha feito coreografias para Abelardo Figueiredo, tinha certa experiência, comecei a fazer montagens e me convidaram para participar da peça *Oh!, que delícia de guerra*; quando percebi, já estava fazendo

a coreografia. Participo ativamente nesses espetáculos de teatro do Ademar Guerra. Acabamos de montar essa peça e já estamos ensaiando *Marat-Sade*, sempre com o grupo e no Teatro Bela Vista. É um momento muito importante, ditadura, censura, experiências terríveis, mas estou fazendo um trabalho praticamente de ator, creio que é a primeira vez que se faz o ator cantar, dançar e representar, contribuo para isso, é a minha mão, de coreógrafa, isso é superlegal.

Dedico-me a isso de corpo e alma. É uma experiência fantástica, do ponto de vista intelectual. Fazemos até criação de texto, não há divisões, faço coreografia, assistência de direção, e Ademar Guerra faz coreografia e dirige. Ninguém sabe onde começa e onde acaba o trabalho de cada um. Uma convivência compacta, aprendo muito.

Nossas conversas todas têm como conteúdo o teatro, o Ademar é uma pessoa muito especial na área e faço parte dessa diferença. Trabalhamos com as várias linguagens: música, teatro e dança. Acabo trazendo a dança para o teatro e levei o teatro para a dança, sempre que monto alguma peça na dança, analiso como se fosse uma peça teatral, é uma técnica que criei, aprendi e desenvolvi.

Sabe que fico olhando o que vem acontecendo no mundo da dança, não só no Brasil, mas no mundo, e penso que já fazemos o mesmo por aqui. Sob a direção do Ademar, estamos fazendo um balé chamado *Marat-Sade*, coreografado por mim, declamado por Aracy Balabanian, está superbrechtiano, com distanciamento, emoção, razão, tudo junto, então nós mexemos com isso, é uma época de glória. (Marika Gidali, depoimento)

Na educação, a notícia é de que as eminentes educadoras paulistas Maria José Werebe, Therezinha Fram e Maria Nilde Mascellani, criadoras do Colégio Vocacional, são perseguidas e denunciadas. O movimento estudantil entra em turbulência pela ampliação das vagas nas universidades, aos gritos: "Mais escolas, gorilas na gaiola".

Enfrentando violenta repressão policial, estudantes reúnem-se clandestinamente para o XXVIII Congresso Anual da UNE, 1966, no porão da igreja de Belo Horizonte, protestam contra a Lei Suplicy e a ditadura. Os eixos do movimento para o próximo congresso são a questão dos excedentes, que mostra crise do sistema educacional e a denúncia do acordo MEC-Usaid. Estudantes acampam em frente ao Palácio do Governo, fazem greve de fome e gritam em passeatas lideradas pela UNE e por outras entidades postas na ilegalidade em 1964. Ocupam a Faculdade de Arquitetura e a Filosofia da USP. O ministro da Educação Tarso Dutra declara que a situação em São Paulo é

↳ "A escola do futuro já existe". Revista *Realidade*, n. 11, fevereiro de 1967.

↳ Maria Nilde, diretora da rede Colégio Vocacional, em São Paulo, meados da década de 1960.

incontrolável. Até na conservadora Universidade Mackenzie há greve que dura meses, contra aumento da mensalidade. O anúncio do XXIX Congresso desencadeia verdadeira blitz com prisões, mas acontece num convento beneditino em Vinhedo e Luís Travassos é eleito presidente. (Ribeiro, 1985; *Nosso Século*, 1980)

Quando o assunto é esse, impossível não perceber que a quantidade de estudantes está aumentando consideravelmente na cidade, enquanto o número de vagas permanece o mesmo. Somam-se a isso as restrições à participação política, o que coloca o grupo em luta pela preservação e a ampliação de seus direitos. Não são apenas os universitários que se movimentam, os secundaristas estão ganhando as ruas. Caminhando pelo Brooklin, encontro alguns alunos do Colégio Vocacional do estado, que tem em sua direção Maria Nilde Mascellani. Eles relatam o que anda acontecendo por lá.

> Estamos vivendo um período de muita efervescência. Nós, representantes dos alunos, participamos do que acontece na cidade, há discussões sobre a educação, que envolve a militância do movimento secundarista. Somos os mais velhos da escola, temos 15, 16 anos, e participamos. A proposta da escola é o aprendizado em todas as dimensões, não só o saber, o conhecimento formal de matérias como português, ciências, mas da vida. Conhecer como funciona uma empresa, uma fábrica, um banco, uma casa, um lar. Artes culinárias, artes industriais, música, tudo isso faz parte da formação. Formamos agora a primeira diretoria do Governo Estudantil, um aprendizado na prática de como funciona um governo; há eleições, as pessoas se organizam, fazem propostas de chapas, há debate político. A preocupação é não esconder dos alunos o mundo externo. A política faz parte do aprendizado do que é, na prática, a história, como funciona, não só através da leitura e da pesquisa. (Koji Okabayashi, depoimento)

Dagomir conta:

> No colégio houve uma evolução do movimento estudantil. Passei a ter uma visão radicalmente crítica em relação a ele. Ao mesmo tempo que sou fanático. Participo intensamente, vou a todas as passeatas, grito as palavras de ordem, faço tudo direitinho. No Vocacional, temos a grande chance de ter como professor o Jorge Andrade, dramaturgo muito famoso, é um dos nomes principais da dramaturgia no Brasil.
> Nos demos bem. Como prova final do colegial, a área de teatro pediu pra criarmos uma peça baseada num conto da Clarice Lispector.

↳ Banco gerido por alunos do Colégio Vocacional Brooklin, São Paulo, anos 1960.

↳ Aula de dança no Colégio Vocacional do Brooklin, São Paulo, em meados da década de 1960.

Conto absolutamente existencial, sobre uma menina, que transformei numa coisa superpolítica, dei o nome de: "Conscientização *on the rocks*". Inventei um aluno chamado Plínio Correia de Oliveira Junior (fazendo referência ao Plínio da Tradição, Família e Propriedade) que brigava com o professor que tentava fazer que ele fosse de esquerda. Mas nunca seria de esquerda. No final, os alunos se enchiam desse cara de direita, davam um porre nele e mandavam falar palavras de ordem: Abaixo a ditadura! Nessa peça já aparecem os dois lados, já existe a crítica dos dois lados, o próprio título é uma brincadeira com isso. (Dagomir Marquezi, depoimento)

Índios: Incêndio suspeito destrói os arquivos com documentação e os registros de terra de índios e a filmoteca do velho SPI, então sob a guarda da Funai em Brasília. Trabalhadores: Criado o Fundo de Garantia por Tempo de Serviço (FGTS). Salários reduzidos, anulado o direito à greve, sindicatos invadidos são entregues a interventores patronais. (Ribeiro, 1985)

Sentada na praça Dom José Gaspar, pensando nas questões das mudanças de comportamento de que falava Olgária outro dia, encontro outra estudante, que está se preparando para o vestibular, Raquel.

Terminei o colegial em 1964 e fui trabalhar, só neste ano resolvi começar a estudar, me capacitar para fazer exame. Venho à Biblioteca Municipal para estudar, mas fui de calça comprida, e não pude entrar. Mulher não entra de calça comprida, precisa estar fantasiada de mulher. Mas nessas questões das mulheres estão acontecendo mudanças muito marcantes. Começamos a ir aos botecos, no fervilhar da discussão nos bares, apesar de todo clima de desconfiança e medo que há.... Medo, medo também é uma coisa que... ousadia e medo são duas coisas que se mesclam muito neste momento do país. (Raquel Moreno, depoimento)

Enquanto falávamos, as duas estudantes Mara e Regina do interior, que já encontramos pelas ruas, aproximam-se e dão conta de um cenário parecido em relação à condição das mulheres. É Mara quem conta que estão na cidade faz pouco tempo, vieram fazer cursinho.

Nosso objetivo era estudar aqui. Entrei na Ciências Sociais, e mais politizada; a Mara e a Meire no grego e latim. Somos crias do João Adolfo, mas somos ainda mais metidas. Viemos morar aqui em um pensionato na rua Joaquim Eugênio de Lima, na Opus Dei, e não podíamos sair à noite. Ótima casa, comidinha boa. Mas não durou muito, foram três meses, era um verdadeiro horror, tinha que chegar às 9 da noite. Entramos na faculdade, conseguimos mudar para a Liga das Senhoras Católicas, aqui na pracinha, na Jaceguai. Podemos entrar às 10 da noite, mas já não tem freira para encher o saco. Já comecei a fumar, aqui fumei meu primeiro cigarro. Faz pouco tempo também participei, como cantora de bossa nova, no programa *O Fino da Bossa*. (Mara Rasmussen e Regina Muller, depoimento)

Pensando nessas conversas sobre as mudanças de comportamento, que começam a dar mais poder às mulheres, encontro Rita, a jovem do Liceu Pasteur que, junto com sua banda mutante, começa a entrar no mundo da música. Vem cheia de novidades.

O maestro Chiquinho de Moraes nos convidou para um *backing vocal* na gravação da Nana Caymmi da música "Bom dia" de Gilberto Gil. [...] Na hora, estávamos no Estúdio Eldorado como acertado. [...] levamos os instrumentos. Eu já conhecia Gil do *Fino da Bossa*, mas os manos nem sabiam quem era. Num daqueles *breaks* para trocar a fita rolo, Gil entra no estúdio dando de cara com a guitarra, o baixo e as pedaleiras caseiras. Impressionado com o *high tech* mutantesco, arrisca a pergunta:

"Tenho outra música inscrita no festival e vocês podiam fazer comigo ao vivo, topam?"

"Mas não é festival de música brasileira?"

"É, mas vocês não são brasileiros?"

"Mas a gente não sabe tocar música brasileira, a gente só faz *rock*".

"Então vamos fazer *rock* brasileiro, oras".

"Mas pode tocar guitarra em festival de música brasileira?"

"Até agora não podia, mas passa a poder. A música chama 'Domingo no parque', e estou pensando aqui num arranjo..".

Só no ensaio geral, já no Teatro Record, é que finalmente aconteceu a fusão do violão/voz de Gil + vocais e eletronicidade dos Mutantes + um baterista profissa chamado Dirceu + o arranjo de orquestra do maestro Rogério Duprat. Passamos a "Domingo no parque" apenas duas vezes e já deu para perceber algumas sobrancelhas indignadas. A seguir rola o ensaio de Caetano com o grupo de *rock* argentino Los Beat Boys.

Para chegarmos todos juntos ao teatro na noite da apresentação, nosso ponto de encontro foi o Hotel Danúbio, na Brigadeiro Luís Antônio, onde se hospedavam. Clima tenso e festivo.

Que vai rolar vaia vai, então deixa a vaia rolar que a gente segura. (Lee, 2016)

Pois é, diz Caetano Veloso ao final:

> A apresentação de Gil foi deslumbrante. Os Mutantes pareciam uma aparição vinda do futuro. A fricção entre o tema afro-baiano e o som deles é instigante — Beatles + berimbau ou Beatles x berimbau — e a belíssima orquestração de Rogério Duprat dá a tudo aquilo um ar imponente e respeitável que trouxe a plateia para anos-luz de distância do momento em que, apenas um dia antes, esboçou vaiar "Alegria, alegria" (Veloso, 1997).

As mudanças no campo da cultura e, no caso da música, com a introdução de novos elementos instrumentais e rítmicos, causam uma tremenda reviravolta no público "coeso" dos festivais musicais. O que parecia ser homogêneo nas doces melodias da MPB vai incorporando os acordes dissonantes e elétricos de uma nova tendência da música popular, já não tão "francesa" ou "literalmente revolucionária", jazzística, ou seguindo as tradições do samba-canção, mas mixando Beatles e berimbau, com uma banda de jovens vestidos como magos do futuro, astronautas libertários.

Mixagens exóticas e incorporações roqueiras passam a fazer parte da vida de uma parcela da juventude desta cidade e, junto com essas transformações, a marcante presença feminina em universos até então reservados aos homens. O universo das comunicações, ainda não totalmente afetado pelas duras regras do governo militar, tolera a convivência de grupos de "esquerda" entre seus profissionais.

> As notícias culturais nos contam que nas publicações o poeta Ferreira Gullar lança coletânea de ensaios jornalísticos: *Vanguarda do subdesenvolvimento*. *As Poesias completas* (1940-1965), de João Cabral de Melo Neto, revelam ao grande público o maior poeta do Brasil. Nos ensaios, Caio Prado Júnior publica *A revolução brasileira;* Octavio Ianni, *O colapso do populismo no Brasil;* na ficção; Antonio Callado publica *Quarup;* Autran Dourado, *Ópera dos mortos;* Dalton Trevisan, *Vampiro de Curitiba*. Na imprensa, Carmen Silva lança *Claudia*, revista inteligente que põe o mulherio a discutir virgindade, aborto, pílula, transa e tudo o mais que é proibido falar. Resiste bravamente o *Correio da Manhã* com Carlos Heitor Cony, Otto Maria Carpeaux, Márcio Moreira Alves e Hermano Alves. (Ribeiro, 1985) (*Nosso Século*, 1980)

Depois de algumas semanas, caminhando por perto da Biblioteca Municipal, encontro Ugo, que circula muito por aqui. Nossa cidade é pequena, com um centro, não precisa se programar para ir às atividades culturais a não ser esporadicamente, sair de casa para ver um filme.

> Na maior parte das vezes, saímos de casa para ir ao centro, e lá encontramos as pessoas. Claudio Willer descreve isso muito bem. É um percurso assim: 7 de Abril, praça da Biblioteca, avenida São Luís, um pouquinho da avenida Ipiranga até a praça Roosevelt, não passa disso, ali está tudo, museu, Cinemateca, todos os bares, inclusive o Paribar, Arpège, Barbazul, a Galeria Metrópole, é uma festa perpétua, começa às seis, sete horas da tarde, e vai até sete horas da manhã do dia seguinte. Vamos muito ao Redondo, me ligo muito numa turma de intelectuais e poetas. Às segundas-feiras, no Teatro de Arena há uma noite de poesia, com uma turma muito interessante. Roberto Piva, Claudio Willer, Rodrigo de Aro, Lindolf Bell leem os poemas, um grupo grande, não só de poetas, alguns não praticam nenhuma atividade artística, mas têm interesse intelectual e acabaram ficando amigos, assim fiquei amigo da maioria deles. Tudo através de um cara, este sim é um grande amigo, e através dele conheci o resto: Roberto Ruggero. Saiu de Santana, parou de estudar no colégio que estudávamos, os pais puseram no Dante, que ele odiou, mas lá conheceu o Mautner, que foi expulso. Através do Mautner chegou ao Piva, ao Willer e, como somos muito amigos, acabei entrando nessa turma. Além desses poetas tem Antônio Fernando de Franceschi, que ficou bem amigo, fomos juntos para a Maria Antônia. (Ugo Giorgetti, depoimento)

Em uma dessas andanças e conversas sobre o que estão significando as mudanças nos meios de comunicação, é nosso já conhecido companheiro de viagem, Roberto Freire, quem nos dá o tom:

> Na Record fiz grandes amigos na equipe de jornalismo, militantes políticos como eu, socialistas, e com eles discutimos muito a ação política possível neste momento. São eles, principalmente, Narciso Kalili e o Reali Júnior, conhecido como Canarinho. O Narciso, é meu companheiro e grande amigo na revista *Realidade*. Reali, não suportando a ditadura no Brasil, mudou-se com a família para Paris, tendo conseguido o cargo de correspondente do jornal *O Estado de S. Paulo*. (Freire, 2002)

Voltemos aos lugares de encontro na cidade. Depois de alguns dias, sigo para a região do Centro Novo, tentando entender quantos percursos há por aqui. Quanta vida pulsa neste pequeno trecho. Desde a década de 1940, muita coisa mudou, mas algumas atividades se concentraram ainda mais. Outra diferença fundamental é o pulsar da política. Nesta caminhada encontro com Alberto, que fala da sua vivência por aqui.

> Depois de 1964 surgiu o Ferro's, o Redondo e o Sujinho da praça Roosevelt, são os três bares da esquerda, *beatniks* e *outsiders*. O Sujinho, o Plínio Marcos continua frequentando, e o Ferro's virou bar de homossexuais femininas. O Eduardo's é na rua do Teatro Cultura Artística, grande ponto de encontro; junto com o Riviera, são os bares dos intelectuais. A Paulista começa a ter outros bares, que frequento e que atraem a turma do *rock*. Tem o Hi-Fi, que é um grande bar. Desde 1963 tenho uma atividade política, entrei na Polop, mas fiquei com muito medo. Fui a um ponto no Jabaquara, procurei errar o endereço, queria sair vivo. Voltei e a Polop, não sei por que, virou *Pop* e foi para a clandestinidade, me afastei.
> Sou sócio da Cinemateca, que a intelectualidade toda frequenta. Seu auditório comporta quarenta pessoas, mas não chega a lotar. Fica na rua 7 de Abril, perto da praça Dom José Gaspar, nas imediações do Costa do Sol. A Cinemateca, o Masp e galerias de arte, uma na praça do Theatro Municipal, outra na São Luís, toda a vida cultural está aqui. Inclusive o Flávio de Carvalho está por perto. Na mesma rua tem o Museu, a Cinemateca e os Diários Associados. O Chateaubriand é diabólico, ele contrata 80% da esquerda, do Partido, são jornalistas, agitadores.
> Na música, o Cambridge Bar Hotel, na praça das Bandeiras, tem o Jongo Trio, excelentes profissionais, que tocam bossa nova, numa batida jazzística. Há os lugares do samba tradicional, na Galeria Metrópole, o Silvano's e a boate do Paraná. O Sambalanço é uma boate na Peixoto Gomide, perto da Augusta, todo mundo que canta aparece por lá. O Paulo Cotrim montou agora outro tipo de bar na rua Augusta, o Luiz da Orquestra toca ali e canto junto, algumas vezes recebemos contribuições. (Alberto Lira, depoimento)

Os lugares de encontro dos músicos da noite, profissionais dos meios de comunicação, atores, cineastas e escritores, são um pouco diferentes dos locais frequentados pelos estudantes universitários. A condição econômica, idade e participação política fazem um corte no tipo de local procurado por esse público. Há ainda um componente "rebelde", de alargar fronteiras urbanas e desafiar as "boas normas" de conduta esperada dessa juventude.

Depois de algum tempo, combino aqui na Leiteria Americana, com o estudante mineiro Mouzar, que acaba de entrar na Faculdade de Geografia da USP e tem muitas novidades para contar.

> Naquela pensão de Pinheiros morei seis meses. Com um grupo de sete mineiros, viemos para uma república na Joaquim Antunes, chamada Consulado Mineiro, bem divertida. Acabo de mudar para um apartamento na avenida 9 de Julho e estou trabalhando no centro. Entrei na faculdade e tenho um empreguinho melhor, dá para ir em boteco. O nosso ponto de encontro é o Pingão, onde fico até de madrugada, tem caipirinha, cerveja e linguiça, no largo do Arouche. Gosto de vir ao centro, andamos a pé, sem medo de nada, e volto passeando.

As transformações de comportamento atingem também os salões de dança, os jovens frequentam não mais os *taxi dancings*, mas as gafieiras e os salões com música de orquestra ou conjuntos locais. Mouzar continua:

> Somos assíduos frequentadores das gafieiras, Atlântico na Ipiranga, perto da avenida Rio Branco, no subsolo, onde as mulheres são semiprofissionais. Ricardinho descobriu outra no Brás, O Imperador, frequentada só por empregadas domésticas, prostitutas e malandros. De vez em quando vamos, levamos as meninas da Geografia, das Ciências Sociais, da História, ficamos até 4 horas da manhã. A mais frequentada é o Garitão, na Barra Funda, mas não gostamos muito. Ali as mulheres mostram "certa" independência. Em geral elas são muito fechadas, a virgindade é um tabu, uma mãe solteira é uma desgraça na vida de todo mundo, mas agora está surgindo a pílula anticoncepcional e, com ela, certa liberação sexual, comportamento mais independente, algumas mulheres vão sozinhas às gafieiras e aos bares. Descobrimos ainda a Flor da Mocidade Paulista, no final da Ipiranga, perto da avenida Cásper Líbero, só que ali tem muita polícia frequentando. O Som de Cristal é na Rego Freitas, e a Badaró, só da elite da malandragem, fica no quarto andar de um prédio da rua 24 de Maio, salão belíssimo, com mesas, garçons, todos dançam muito cortesmente, educadamente. Agora apareceu o Sambão da Casa do Politécnico, na avenida Tiradentes, ao lado da Poli, um salão do Grêmio Politécnico, aonde vai toda a meninada.

O ingresso na universidade amplia o território de exploração da cidade e transforma as relações, não apenas para as mulheres, mas para os jovens que vêm para cá à procura de estudo. Há um lugar diferente, que valoriza o acesso ao saber e cria uma identidade ao redor das faculdades.
Mouzar continua:

> Meus contatos mudaram a partir da minha entrada na Geografia da USP este ano. É uma grande revolução, mudança de relacionamento com a cidade e com as pessoas. Com estas tenho diálogo! Nem parece que

estou em São Paulo, fizemos vestibular na própria faculdade, no dia em que fui ver o resultado, vi que tinha passado e já vieram os veteranos comemorar. Estava indo pegar um ônibus para casa, na 9 de Julho, fui conversando com o Beto, que mora no mesmo lado, chegando lá me convidou para conhecer a família, às 10 horas da noite. Mudei sozinho para a avenida 9 de Julho. Mas logo apareceu Ricardinho, cearense que mora na Cidade Ademar, estuda Geografia na USP e dá aula em Itaquera; a vida dele é uma correria danada de ônibus, então ofereci para quando estivesse no sufoco que poderia dormir lá, dei uma chave, tem um sofazinho pequenininho, de dois lugares, que cabe direitinho. Mas foram aparecendo outros colegas, umas meninas, Baltazar está sem lugar para morar, foi morar lá e levou a irmã, que levou uma amiga, que levou uma outra. Tem uma moça que mora há três meses e nunca vi a cara dela. Um dia destes dormiram 28 pessoas. O apartamento é comprido, só tem a porta de entrada e a do banheiro, o resto é todo aberto, o único regulamento que temos é que quem quiser levar namorada tem que ser em horário que não tem ninguém. Em frente ao nosso apartamento, há uma república de homossexuais, e a gente, só de gozação, colou fotos 3x4 de todos que moram no apartamento do lado da fora da porta, e no dia seguinte tinha um recadinho: "Olha, quero ficar com este aqui". Na avenida 9 de Julho, em frente ao Ferro's Bar, tem uns botequinhos. Mas de madrugada, quando chego, paro e tomo um caldo verde ou uma canja no Jeca, na Ipiranga com São João, tradicional, que funciona a noite inteira. (Mouzar Benedito, depoimento)

As mudanças comportamentais são inúmeras e no mundo dos estudantes aparecem de diversas maneiras, se traduzem em propostas estéticas, artísticas, de vestimentas, cabelos, na forma de morar. O aluno da FAU, Vallandro, que já encontramos diversas vezes, nos conta como acontece por lá.

No começo da década, tínhamos cabelinho cortado, penteado. No ano passado houve um congresso de estudantes de arquitetura na Suécia, a FAU organizou a ida de vários estudantes. Nesse grupo estavam meus dois amigos: o Barão, Carlos Jaguaribe, e o irmão, Domingos. Eram os boêmios da nossa turma, tinham família lá, o pessoal voltou e eles ficaram um ano. Agora chegaram, com o cabelo comprido, no pescoço, é um escândalo na faculdade, chocou todo mundo. Saíram para a rua e fiquei olhando a multidão, com o pessoal do Mackenzie, e eles, muito caras de pau, desfilando. Isso já apareceu no cinema, mas, quando vimos em carne e osso, dois homens de cabelo comprido, é um escândalo. Quase como a saia do Flávio de Carvalho! Éramos muito comportadinhos, há muita repressão, calça comprida, não há roupas amarelas, vermelhas, os carros são brancos, pretos, amarelos, um vermelhinho de vez em quando, tudo é muito certinho, direitinho. Outro dia vi um carro pintado de forma psicodélica! É muito diferente ver um carro desses na cidade. Tenho foto da minha turma no primeiro ano da FAU, no grupo de topografia, é impressionante, todo mundo certinho. Eu era um pouco mais relaxado, porque tinha a questão do Rio de Janeiro, andava com a camisa para fora da calça, aqui não existia isso. Antes de chegar a pílula era de um jeito, depois que chegou... não mudou de imediato, só uma meia dúzia, ninguém assume uma relação concreta, é muito difícil. As meninas têm muito medo, são muito criticadas, tachadas de galinha, aquela que dá, que transa. Isso vem até agora. (Vallandro Keating, depoimento)

As artes plásticas, atividade cultural que já lotou galerias e ateliês nos anos 1930 e 1940, andam meio escondidas atualmente. O que surgiu agora foi o grupo expressivo Rex, formado por Wesley Duke Lee, Nelson Leirner e Geraldo de Barros, que está inaugurando a Rex Gallery. "É um movimento coletivo", diz Wesley. "Montamos um local para acontecimentos. Onde já estamos funcionando, praticamente sem nenhuma divulgação em jornais, revistas etc., e o que temos nessa área é nosso jornalzinho. Mas as dificuldades do Rex são insuperáveis. Montamos uma exposição em que os quadros e algumas esculturas estão presos, chumbados na parede, mas a Rex fornece a serra para a pessoa rompê-lo. A galeria foi depredada e os quadros vendidos na porta por quem conseguiu arrancá-los. (Ribeiro, 1985)

No MAM, abre a exposição Nova Objetividade Brasileira, artistas cariocas e paulistas que preferem objetos a quadros e aspiram a uma arte participativa, engajada, corporal e espantosa. O Museu de Arte de São Paulo (Masp) vai ganhar o ano que vem, de Assis Chateaubriand, a sua própria casa no belo edifício desenhado por Lina Bo Bardi. Ricardo Cravo Albin promove a criação no Museu da Imagem e do Som, dos prêmios Golfinho de Ouro e Estácio de Sá, concedidos inicialmente a figuras eminentes como Oscar Niemeyer e Niomar Moniz Sodré. (Nosso Século, 1980)

Ainda é Vallandro, o mais engajado na área das artes plásticas, quem prossegue falando.

Há uma mudança ruim, porque veio de fora. Apareceram os americanos, Rauschenberg... Na verdade há uma mudança de eixo, nossas referências saem da Europa e estão indo para os Estados Unidos. A *pop art* é

> interessantíssima, superestimulante, mas não gerou aqui um movimento com postura crítica. A grande maioria dos artistas assumiu como um modismo. O que é bem diferente de uma época como a do concretismo, a do neoconcretismo, em que havia uma posição teórica bem clara, firme. A *pop art*, apesar da tentativa de alguns, como o Sérgio Ferro, de teorizar a respeito, está sendo engolida como uma novidade, criando uma confusão. Quero desenvolver uma atividade de artes plásticas, onde tem o Wesley Duke Lee, por exemplo, e a turma dele; sou amigo deles, converso muito, troco ideias e, embora nunca tenha me envolvido em termos de trabalho, acho uma proposta interessante, assim como os trabalhos do Baravelli, do Rezende. Essa ebulição não está resultando em uma criação, não é muito fértil. O lugar das artes plásticas não é como era na época do Portinari, quando estavam à frente de todas as artes, vivi isso. A música é mais importante, está aparecendo gente como Chico, Caetano, Gil, transformando a poesia em coisa viva. Todo mundo se sente participante, enquanto as artes plásticas está uma coisa para iniciados, com meia dúzia de caras interessados. (Vallandro Keating, depoimento)

Neste final de ano tivemos notícias sobre a Rex Gallery, fundada no ano passado por Wesley Duke Lee, Geraldo de Barros e Nelson Leirner, instalada na loja Hobjeto, na avenida Faria Lima, perto do recém--inaugurado *Shopping* Iguatemi. Em forma de cooperativa, expôs, entre outros, Luiz Paulo Baravelli, Frederico Resende, Carlos Fajardo e Flávio Império, e exibiu um altar *pop* de Nelson Leirner cultuando o ídolo Roberto Carlos. O espaço promoveu também palestras do físico e crítico de arte Mário Schenberg sobre a arte de vanguarda no Brasil, e do artista e agitador cultural modernista Flávio de Carvalho a respeito da dialética da moda, além da exibição de filmes experimentais produzidos por Thomaz Farkas (Comodo, 2004).

Enquanto conversávamos por ali, Ricardo, o aluno do clássico, aparece e reforça a importância da música. As apresentações musicais por aqui não se limitam aos auditórios de TVs, festivais ou pianos-bares. Os estudantes têm acesso a vários formatos de apresentação.

> Estou fazendo o clássico, e uma das coisas que mais gosto de fazer pela cidade é ir aos *shows* de MPB, organizados pelos centros acadêmicos das faculdades da USP. Já fui algumas vezes às gravações de O *Fino da Bossa*, realizadas às segundas-feiras à noite no Teatro Record, na rua da Consolação. Sou fã do Teatro de Arena, que tem Gianfrancesco Guarnieri e Augusto Boal à frente. Só ao espetáculo *Arena conta Zumbi* assisti umas cinco vezes. Além disso, leio de cabo a rabo a *Realidade*, que acaba de surgir. (Azevedo, 2010)

A música está entrando em todos os locais e se funde com o teatro, em importantes espetáculos — *Arena conta Zumbi*, *Arena conta Tiradentes*, *Arena conta a Bahia*, *Morte e vida severina* —, chegando ainda, como já nos contou Marika, a uma fusão entre teatro e dança. Falando nessa mistura de áreas e linguagens, encontro no Redondo com um estudante de segundo grau, Celso, que é muito ativo em outra "modalidade" de ação teatral, a fusão da interpretação à militância política.

Minha vida ativa na cultura da cidade começa agora, como estudante, de colégio do estado, na periferia, o que é uma honra, uma maravilha. Tenho muito orgulho disso. Colégio particular é para quem não consegue passar de ano, então a mãe dá um jeito de "fajutar", pra você ir para um colégio mais fácil. Tenho 14 anos, estudo na Vila Anastácio, onde começou há pouco tempo, com muita garra, o movimento do qual participo, que é estudantil e de teatro juntos. Ação política e teatro. Fui algumas vezes ao Teatro de Arena, assistir ao *Zumbi* e a outras coisas, com a carteirinha falsificada, porque ainda não tenho idade. Conseguimos com os diretores, produtores, elencos do Oficina, do Arena, do Paulo Autran, ingressos um pouco mais baratos e vendemos para um grupo na escola, e, a partir do espetáculo, promovemos debates e discussões. Começa a militância para envolver uma parte das pessoas na atividade política da escola. A ideia é que o teatro seja uma forma de juntar as pessoas para conversar sobre a realidade, contamos com o interesse e a disponibilidade dos elencos para fazer esse trabalho. Conversamos com os atores, diretores, autores, há uma ebulição muito grande, uma organicidade mesmo, entre o movimento político e o movimento teatral. Um alimenta o outro.

Fazemos essa ação com o Arena, o Oficina e com o Nagib Elchmer, que é da Comissão Estadual de Teatro; foi ele quem começou e nos deu a ideia. Faz a produção do Paulo Autran do *Édipo rei*, vai às escolas e faz um trabalho de formação de público muito bom. Começo a aprender com esse cara (que, segundo Roberto Freire, é um anarquista visceral e foi o formulador de um plano para salvar o TBC). Assistimos aos espetáculos, depois há concurso de monografia, de artes plásticas, tendo o espetáculo como tema, funciona bem, é tudo muito orgânico. Os contatos fortes são esses, mas conseguimos com o Plínio Marcos, que não é diretamente ligado a nenhum grupo, e de peças que interessam e que geram debate. *Liberdade, liberdade*, *Esperando Godot*, espetáculo do Flávio Rangel, com Walmor e a Cacilda, fui com esse grupo, organizando, levando para conversar, isso é muito gostoso e eficiente, acabamos tendo uma ação política,

a partir desses espetáculos, de forma bastante contundente. (Celso
Frateschi, depoimento)

Depois dessa conversa sobre o que anda rolando nos bastidores teatrais e nos palcos da cidade, marco um encontro na Leiteria Itamarati com Idibal, nosso antigo companheiro da viagem que vem desde o final dos anos 1950, para ver o que anda fazendo.

> Estou escrevendo para jornais, a *Gazeta Esportiva*, *A Hora*, o *Correio Paulistano*, jornal importantíssimo, e escrevi livros e novelas, mas desde 1964 optei por escrever para teatro. Entrei na Escola de Artes Dramáticas de São Paulo, que funciona na estação da Luz. No ano passado, com alguns outros amigos, fundamos o grupo de teatro na Faculdade de Direito, Teatro do XI, embora já estivesse formado. Assim que fundamos, montaram uma peça minha: *O Evangelho segundo Zebedeu*, que conta a história da vida, paixão e morte do Antônio Conselheiro, baseado na vida, paixão e morte de Jesus Cristo que os circos contam. Direção do Silnei Siqueira, o espetáculo acaba de ganhar todos os prêmios de teatro, de melhor texto, figurino, música e direção, viajou para a França e lá foi considerado o melhor espetáculo de um festival de Nancy.
>
> Neste ano do Teatro do XI, nasce o Teatro Popular União e Olho Vivo, uma união com o Teatro Casarão, que existe perto do largo de São Francisco e está montando uma peça minha: *Corinthians, meu amor*. Vieram se apresentar no circo do XI de Agosto, estabelecemos relações culturais, de amizade, e resolvemos fundar um grupo que se dedicasse à troca de experiências culturais com o público carente dos bairros populares. Assim nasce o grupo de Teatro Popular União e Olho Vivo. (Idibal Pivetta, depoimento)

Depois de algumas semanas, volto a caminhar por esses locais onde se reúne o pessoal do teatro, vou ao Gigetto e encontro Plínio, que, depois de passar alguns anos pelos circos no interior, voltou para cá.

> Primeiro fiquei na rua, fui para o Cacilda Becker, fiz uma peça substituindo o Ary Toledo, no Arena, voltei a fazer uma viagem com eles pelo interior, levando *Zumbi dos Palmares*. Chegando aqui, começamos a ensaiar a minha peça *Dois perdidos numa noite suja*. O ator Ademir Rocha insistiu que tínhamos que trazer o Roberto Freire para assistir a nós dois ensaiando, o D'Aversa não pode, mas tinha dado umas dicas boas. Estreamos na livraria da Galeria Metrópole, a Ponto de Encontro. Deu tudo certo, porque tem um eletricista da TV Tupi que ajudou a gente a roubar os refletores de lá. Não guio, arrumei um

cara pra roubar o caminhão da Tupi, botamos os praticáveis, os refletores, e levamos tudo para a livraria. No dia seguinte fomos estrear, só a mulher do Ademir, Cidinha, a minha mulher, Valderez, e um bêbado que não queria sair de jeito nenhum. Quando chegou o Roberto Freire, o Ademir falou: "Vamos fazer de qualquer jeito". Tinha também um diretor jovem, irmão da R Murtinho, Carlos Murtinho. Com os cinco espectadores consideramos sucesso. Todo mundo repetia: "O Roberto gostou! O Roberto gostou!". Ele fez um estardalhaço na cidade. O D'Aversa foi no dia seguinte, e me falou: "Vou escrever dez artigos, mas não vai encher o balão, hem! Vou escrever dez artigos porque ganho por artigo". E foi o Roberto falando de um lado e o D'Aversa de outro, ninguém teve o atrevimento de ir contra.

Roberto, que já tinha chegado e estava só na escuta, nos dá um importante panorama do estreito vínculo entre as concepções políticas e a produção artística e como os estudantes transitam nesse meio; mas há outro movimento acontecendo, a entrada de novos profissionais na cena teatral e o caminho árduo que, por vezes, têm que percorrer. O episódio que relata a seguir é exemplar.

Recebi em casa a visita do amigo Ademir Rocha, para quem criei papéis em meus programas teatrais na Televisão Record. Insistia para que fosse assistir ao espetáculo teatral realizado na livraria Ponto de Encontro, na Galeria Metrópole, na avenida São Luís, onde atuava ao lado de Plínio Marcos, autor da peça. Me explicou: "Plínio é zelador do Teatro de Arena, mas já trabalhou em circo, em Santos, sua cidade natal". Não podia esperar muito de uma obra de teatro escrita por um jovem zelador, mas foi tal a insistência do Ademir que acabei indo assistir à peça, *Dois perdidos numa noite suja*. Plínio havia conseguido que o ator Benjamin Catan a dirigisse e eles conseguiram emprestado da Rede Tupi de Televisão alguns refletores. Arrumaram o cenário, duas camas de solteiro com lençóis e travesseiros. Reproduzindo um quarto de pensão em zona portuária, montado na livraria. [...] Fui atingido, de imediato, pela forte e verdadeira linguagem dos dois marginais em violento e terno conflito. Fui sendo envolvido pela peça e, sobretudo, pela forma e pelo conteúdo, especialmente por sua linguagem. No final, estava convencido de haver presenciado o nascimento de um autor brasileiro excepcional, mais importante e melhor que todos os outros já existentes. Saí da livraria e fui procurar meu amigo e diretor de teatro, o italiano Alberto D'Aversa, e lhe contei o ocorrido. No dia seguinte, representaram para ele a peça e, juntos, fomos procurar um teatro livre, de modo a poderem apresentar a peça para a classe teatral e para a crítica.

Na hora da estreia, o Teatro de Arena estava superlotado e lá se encontrava quase toda a classe teatral de São Paulo e mais seus críticos principais. A luz se apaga para os atores entrarem em cena, mas logo um facho de luz cai sobre Plínio Marcos, sentado numa das camas. Ao final estupendos e entusiásticos aplausos que pareciam não acabar nunca. A partir do dia seguinte, as críticas estampadas nos jornais foram entusiásticas, saudando o surgimento de novo, original e importante autor brasileiro. (Freire, 2002)

O caminho até que não foi tão lento: do cais do porto, passando pelos circos do interior como "palhaço gago", até a consagração pela classe teatral, foram poucos anos. Mas há ainda uma longa resistência à sua linguagem direta e repleta de palavrões. Passados alguns dias dessas conversas com Roberto, armo um encontro com Plínio. Ele me fala da importância do que vem vivendo, com essas duas pessoas maravilhosas e mancomunadas querendo jogá-lo para cima: Roberto Freire e Alberto D'Aversa.

> Tenho vocação plena. Todo mundo que olha prá mim diz: "Você nasceu para ser escritor e ator". Sou analfabeto e gago. Fiz uma peça sobre um cara da minha rua, chama *Barrela*. Fiquei com essa peça e todo mundo acha um absurdo porque entra palavrão. Depois escrevi *Dois perdidos numa noite suja*. A Cacilda Becker leu e falou assim: "Meu Deus, você é um caso espantoso, conhece dez palavras e vinte palavrões e escreveu uma peça ótima". Ando com a peça no bolso. Me xingam na rua: "Analfabeto!", parece que sou o único analfabeto. "Gaguinho analfabeto", muita sacanagem. Assim estou começando. Há boicote de todo tipo no teatro. Até por concorrência. Até o Roberto Freire, o pessoal mais à esquerda boicota, porque não é do PC. O D'Aversa é pelo gênio dele, porque tira sarro pra caraco. É um puta sarrista. [...] Com essas coisas vou me dividindo, não me formei junto com as pessoas. Prefiro ser anarquista como a Patrícia Galvão, o Roberto Freire e o D'Aversa, do que me filiar aos grupos políticos, tenho essa dificuldade. [...] O boicote vem da direita e da esquerda. A direita não te dá dinheiro, o que já é um puta boicote, e a esquerda fica fazendo pressão.
>
> [...] Depois foi fogo para conseguir um teatro, fomos pro Arena, pagamos 70% do aluguel. Nem com essa onda toda foram assistir. Um dia chego em casa, ligo a televisão, tava lá aquela deputada Conceição da Costa Neves... "nós queremos noite limpa. Não gosto de noite suja".

Quando ela viu, eu tava dentro do palco da TV. Era ao vivo, falei: "Escuta aqui, ó vagabunda, por que tu não vai assistir antes de falar?" "Quem é você?" "Sou o autor da peça que você tá descascando". Foi aquele tumulto! Aí acalmaram e marcamos uma mesa-redonda, que ela queria que levasse o Zé Celso e a Ruth Escobar. Eu falei: "Nem pensar. Cada um escolhe o seu time. Vocês escolhem o seu e vou escolher o meu".

Escolhi o Boal, que é um hábil debatedor, e o Fernando Torres, um homem digno, tem fama de direita, mas é digno. Foi o suficiente pra não acusarem que era o Partido Comunista em marcha... Uma hora ela falou assim: "A Wanda Kosmo falou que as suas peças são muito ruins e são pornográficas". Aí a Wanda entrou e disse: "É mentira!", e deu um pau danado. Nisso deu a luz no Fernando Torres, que falou: "Dona Conceição, a senhora tem que compreender que tudo muda neste mundo. Hoje está vindo esse teatro com palavrão, que a senhora não tolera. Mas é a mudança, o modernismo, a senhora veja, a senhora era Conceição Santa Maria, mudou para Conceição da Costa Neves. E assim foi na Renascença". Ela pasma, e a gente aplaudindo. Foi um delírio. Deu 90% de audiência. E logo o teatro lotou, o *Dois perdidos* virou uma peça de sucesso. (*Caros amigos*, ano I, n. 6, 1997)

Enquanto conversávamos no Gigetto, chega Roberto e conta a sua versão do mesmo fato.

Depois dessa longa conversa sobre a estreia de Plínio no Arena, Roberto conta que esse restaurante, o Gigetto, é um dos preferidos de Ignácio e que a amizade entre eles

Foi marcada por dois acontecimentos. O primeiro foi eu conseguir um título para o seu livro de contos, que aprovou feliz e pôde entregá-lo à Editora Brasiliense, começando, assim, sua carreira de escritor. Sugeri o título *Depois do sol*. Como retribuição, me ajudou a cortar a metade de *Cléo e Daniel* em sua primeira versão. Depois de uma última revisão, aprovando as sugestões de cortes de meu amigo, entreguei-o ao também editor do Loyola, o Caio Graco, da Brasiliense. Esse romance é precursor de assuntos tabus, como o sexo livre e explícito, o uso das drogas pela juventude sem o ranço da condenação preconceituosa, a crítica radical e violenta à família burguesa, o respeito pelos homossexuais, a vivência plena e escandalosa de todas as possibilidades do amor humano.

O grupo do Tuca continua suas apresentações e iniciou a Campanha de Popularização do Teatro, apresentando-se em palcos de bairros, de cidades do interior e em outras capitais. A segunda montagem do grupo é *O & A*, de minha autoria, com músicas de Chico Buarque de Hollanda. A ideia nasce acidentalmente, fomos obrigados a improvisar

↳ Fachada do restaurante Gigetto, na rua Nestor Pestana, 1965. No centro, Arley Pereira (meio de costas), Ignácio de Loyola Brandão e Ary Toledo.

um espetáculo sobre o tema imposto pelo Festival de Nancy. O regulamento sugeria como tema o conflito de gerações.

O & A é uma peça que elimina a linguagem verbal, resumindo a comunicação aos fonemas a e o, é um estimulante desafio à pesquisa em múltiplos setores. Pesquisa e estudo de conceitos, de transformações não verbais, da expressão corporal (dirigida por Yolanda Amadei), da mímica, do canto, da dança e dos métodos modernos de comunicação audiovisual.

No momento em que milhares de homens tombam no Vietnã vítimas dos efetivos norte-americanos que somam mais de 500 mil soldados; no momento em que a América Latina opta pela ação violenta das guerrilhas para romper as ditaduras militares que lhe roubam o direito de autodeterminação; no momento em que a África é retalhada geográfica e socialmente para atender a interesses econômicos estranhos aos seus; no momento em que se instala no Oriente Médio, em última instância por interesses estrangeiros, uma configuração político-social que culmina com a crise entre árabes e judeus; no momento em que a segregação racial nos Estados Unidos e na África do Sul atinge o clímax e obriga os negros a lutarem tenazmente pelo direito de participação integral na sociedade; no momento em que a Europa observa, com expectativa, a situação da Alemanha dividida; a arte é uma das manifestações culturais em que a abolição desse mundo em crise é deflagrada dramaticamente e atinge expressões que desafiam a consciência humana. É diante desse desafio cultural que se encontra o Tuca quando desenvolve e encena a peça O & A, ela é a interpretação que dei a esse tema. (Freire, 2002)

Tomando certa distância em relação ao que vem ocorrendo no teatro universitário, lembro de uma conversa que tive outro dia com Idibal, sobre as duas maiores influências atuais:

> Os CPCs têm uma atuação muito importante, levam o teatro a quem nunca tinha visto, de nível bom, com colocações de mensagens e discussão. O grupo União e Olho Vivo bebe muito no Arena e no CPC, e procura, dentro das suas possibilidades, fazer de forma mais direta e espraiando a experiência, creio que tentamos fazer o que um foi impedido de fazer e que o outro não fez porque não era a sua proposta artística. (Idibal Pivetta, depoimento)

Essa mescla do teatro com a política vem marcando a vida dos jovens atores e a dinâmica de alguns grupos. Eles se foram e vou me lembrando de uma conversa que tive com Izaías, que já nos contou várias passagens do seu percurso desde que chegou de Minas e descreve outra face desse envolvimento.

Penso que existe uma confusão entre arte participativa politicamente engajada, partidária, feita com propósito de politizar determinado grupo social, e a arte de raiz brasileira, portanto com características de arte universal. O CPC, a UNE e alguns outros grupos fazem arte dirigida. O Arena não faz arte panfletária, partidária, embora no grupo existam pessoas ligadas ao Partido Comunista. Assumem uma estética marxista num outro nível: Brecht, o nacionalismo como expressão de uma arte brasileira. Criaram um seminário de dramaturgia, em 1958, com esse propósito. Estudam Brecht, Stanislavski, como interpretação, e procuram, a partir desses ensinamentos, trazer o Brasil para a cena. Ali existem pessoas que não são comunistas, algumas até são anticomunistas, e vão participar dos seminários.

Há uma arte de intervenção social partidária, feita com propósito de mobilização popular, de conscientização, e há uma arte nacionalista, para puxar das nossas raízes algo nosso e que possa se transformar em universal. No teatro há Guarnieri, Vianinha, Dias Gomes, Jorge Andrade; na literatura, o Callado, Veríssimo, Ferreira Gullar. Esse pessoal tem vínculos com o país, com as raízes brasileiras. *Eles não usam black-tie* ficou conhecido no mundo inteiro.

Cheguei a ver o CPC em Belo Horizonte, antes de vir para cá, conheci o Chico de Assis, e de fato eles faziam coisas panfletárias, "Canção do subdesenvolvido", o *Auto dos 99%*, anti-imperialismo. O pessoal gritava, cantava, mas era um trabalho político direcionado para levantar o pessoal e criar consciência política. O Arena e o Oficina trabalham com uma outra dimensão, vão além do panfletário. Boal conta uma história, em que eles foram fazer uma peça para os camponeses no Recife, pouco antes do golpe, em 1963, para o pessoal do Julião. Tinham levado *Os fuzis da sra. Carrar*, do Brecht, e a peça mostrava o entusiasmo do pessoal com a revolução. Quando acabou, um dos chefes dos camponeses veio chamar o pessoal do teatro para ir com eles invadir uma fazenda. O Boal falou: "Não, isso aqui é só uma peça, os fuzis são de mentira". E eles: "Nós temos, nós emprestamos para vocês". Foi uma luta para convencer que era teatro. O nacionalismo não é uma ferramenta usada para proselitismo político, parte significativa é trabalho de criação nas raízes da cultura brasileira, avaliando o que tinha sido feito antes, desde o nosso período colonial. Uma das peças do Arena é *Tiradentes*, a maneira de mostrar aquela falsa tentativa de conspiração de 1789, onde só um pagou o pato, o próprio Tiradentes. Raízes autenticamente brasileiras buscadas no arcadismo, movimento dos intelectuais e comerciantes mineiros, raízes brasileiras. Agora é claro que usa isso para mostrar por que o Brasil está deste jeito. Mostra as dicotomias, as mentiras do governo militar, insere a peça no contexto que está vivendo. Toda manifestação artística é política por natureza, mesmo para os que não queiram que ela seja; ela é, será, contra ou a favor de alguma coisa, ou a alma, o coração.

A televisão está assumindo um papel muito importante, mas quem fornece os quadros para ela é o pessoal que fazia rádio, pois era "o" meio de comunicação. E continua sendo, pois, em um país com esta dimensão territorial, há lugares em que a televisão chega mal e porcamente, e o rádio ainda é o principal meio de comunicação. Ele e o teatro são os principais fornecedores de mão de obra para a televisão, técnicos, atores, autores, cenógrafos, locutores e apresentadores têm um mercado de trabalho razoavelmente grande. Tem muita gente fazendo teatro, cinema, a grande força do cinema novo, a música com a bossa nova e o samba de morro, tradicional, têm uma força muito grande, o Teatro de Arena, o Oficina, o Opinião no Rio de Janeiro, grupo Decisão, outros pequenos grupos em Recife e Porto Alegre, mandam muita gente para São Paulo e Rio que também acabaram se incorporando à televisão. (Izaías Almada, depoimento)

Os jornais noticiam que, nos palcos, Plínio Marcos espanta a todos com a violência e o vigor de *Navalha na carne*. *Liberdade, liberdade*, de Millôr Fernandes e Flávio Rangel, faz grande sucesso. Incêndio destrói Teatro Oficina, que, reconstruído, reabre com *O rei da vela*, direção de José Celso, escrita por Oswald de Andrade. No cinema explode a estranha cinematografia de José Mojica Marins, o Zé do Caixão, com *Esta noite encarnarei no teu cadáver*; é lançado *Garota de Ipanema*, de Leon Hirszman; *O caso dos irmãos Naves*, de Luiz Sérgio Person; *O Bandido da Luz Vermelha*, de Rogério Sganzerla, e *Matou a família e foi ao cinema*, de Júlio Bressane. Glauber conquista prêmio no Festival de Cannes com o filme *Terra em transe* e filma *O dragão da maldade contra o santo guerreiro*. O Instituto Nacional de Cinema (INC) torna obrigatória a exibição de filmes nacionais durante 28 dias por ano, em todos os cinemas do país. Na TV, *Beto Rockfeller* moderniza a telenovela com um anti-herói que dá um ano inteiro de comédia de boa qualidade, demonstrando que a telenovela pode não ser tão ruim. (Ribeiro, 1985) (*Nosso Século*, 1980)

Caminhando pelo Centro Novo, vou descobrindo, através dos nossos amigos músicos, Luiz da Orquestra e Alberto, alguns cantos não tão conhecidos e frequentados por outros grupos.

Não há muitos negros nas casas noturnas, só nas comunidades; na Galeria Metrópole às vezes tocam. Tem um pessoal da São Francisco, que estuda Direito comigo no Mackenzie, o Airtinho e o Léo. Na minha cabeça acho que o preconceito racial é financeiro, nunca vi ninguém segregar o Airtinho e o Léo, porque eles têm grana, usam terno, estudam direito, estão se formando. O Jorge Costa, quem é que vai segregar? É o dono da Galeria, que inventa tudo, faz até chover lá. Quando comecei a tocar na noite, ouvi falar do Ferro's Bar, onde frequenta o Chocolate, um crioulo humorista da televisão que tem o número "Chocolate e seus Bombons", dez crioulas que cantam com ele no *show* e depois vão para o Ferro's, é maravilhoso, um bar comum.

Começaram a entrar as lésbicas, mas ainda conseguimos tocar. Às vezes, a gente saca que monta uma mesa, e quando começa a cantar, elas ficam meio bravas. A Galeria Metrópole é muito grande, mistura tudo, o bar do Maia, no meio, é dos homossexuais e lésbicas, mas eles saem e se misturam. Não tem esse negócio de conquista, sair na noite para arranjar mulher, nós que tocamos saímos para tentar mostrar nossa arte, tentar se engajar numa brincadeira qualquer. Namoro com uma menina do Brooklin e continuo com ela. Vou à galeria para ver se consigo ouvir o filho do Dorival Caymmi, o Gilberto Gil cantar, isso é uma maravilha. (Luiz da Orquestra, depoimento)

Mouzar já tinha me contado o histórico desses bares:

Antes de 1964 os dois bares que eram o ponto de encontro dos comunistas eram o Ferro's Bar, na Martinho Prado, e o Riviera, na Consolação esquina com a Paulista, mas em 31 de março de 1964 os dois viraram ponto de perseguição e os comunistas mudaram de local. O Ferro's virou ponto das lésbicas, tem uma comida boa, saborosa e barata, fecha às quatro e meia, cinco horas da manhã, é um lugar bom para ir comer de madrugada, é em frente de sinagoga.

FERRO'S BAR

> Na Barão de Itapetininga há a Confeitaria Vienense, com música ao vivo; bandoneon, piano e violino, três velhinhos que tocam muito bem, atendendo aos nossos pedidos. Nela fazemos reunião política, não sou ligado a nenhuma organização, tenho amizade com pessoas de todas as tendências, dos anarquistas (de que gosto mais) até do PCdoB. Outro dia fiz panfletagem com o PCdoB; o pai de um amigo tem casa de material de construção e cedeu a Kombi; fomos em uns oito ou dez estudantes, paramos nos bairros operários e vamos colocando panfletos por baixo das portas, às vezes temos que correr muito. No começo, usamos mimeógrafo de uma firma onde trabalha um dos estudantes.
>
> Por aqui há ainda o Bosque de Viena, na rua Aurora, quase esquina com a Rio Branco, no meio da zona. Apesar do nome, a comida é espanhola, *paella* e tortilha, e a música da América Latina, tocada por exilados paraguaios que vivem como músicos. É interessante, na pindaíba danada que a gente vive, pelo menos uma vez por mês vamos comer *paella* e tomar vinho, é a melhor e mais barata da cidade. O garçom, dom Antônio, é um simpático espanhol. Sou conhecido dos músicos, sabem que gosto da "Alma llanera", espécie de segundo hino venezuelano, chegou a ser proibida na ditadura da Venezuela; meio libertária, um hino à liberdade. Por vezes saímos da faculdade em bando e vamos pra lá comer *paella* com vinho. (Mouzar Benedito, depoimento)

Encontro com os amigos Luiz da Orquestra e Alberto no Paribar. Eles me contam que há bons botecos também. Quitanda é do Agostinho, no finalzinho da Doutor Vila Nova, onde o pessoal da FAU e o do Mackenzie descem para jogar futebol, passam lá e compram limão para fazer caipirinha depois do futebol.

> Um dia chegamos para comprar o limão, e o dono falou: "Já fiz a caipirinha, uma de limão e uma de goiaba". Na semana seguinte fez mais uma. Ganhou a gente, começamos a ficar lá. De vez em quando, vai um cara da FAU, o Chico Buarque, que está começando a pintar como cantor. O

lugar é ótimo, tem a Faculdade de Filosofia, o Mackenzie, a FAU, tudo perto. Sábado não se consegue entrar: pede e fica do lado de fora esperando. Os donos são o sr. Agostinho e dona Fernanda, uma portuguesinha. Estudo no Mackenzie de manhã, pego todas as meninas da minha sala e vamos lá acordar a dona Fernanda às 9 horas, depois voltamos para assistir à aula. O dono quer mudar o nome para Bar Sem Nome, brigo tanto para ele não mudar, Quitanda é o maior nome do mundo.

Sou completamente *gauche*, estudo no Mackenzie, sou de esquerda, toco neste bar, venho estudando nesta região desde o ginásio. Quando entrei na faculdade, mudei para a noite, pois é o horário dos caras que trabalham, não ficam fazendo política, querendo bater. Ando com vários grupos: uma turma da Faculdade Mauá, a turma da Sarjeta, até do Sambafô na FAU participo.

O bar do Zé, não frequento muito, é um lugar mais do meu amigo Alberto; vou quando quero encontrá-lo. Legal é estar num bar e poder tocar. Esta época dos festivais é maravilhosa, só se fala nisso na cidade. Antes de começar, já conhecemos todas as músicas que vão entrar; todo mundo acaba passando pelo Jogral e canta a música, sabemos mais ou menos quem vai ganhar, pela levada dali, e acabamos sendo convidados para ir à festa. Na casa do Chico Buarque, no bar com o Edu Lobo. O que está explodindo é o Quarteto Novo, o Edu Lobo, Chico Buarque, Caetano e Gilberto Gil. Mas Théo de Barros, Airto Moreira, Heraldo do Monte e o Hermeto Pascoal são referência para qualquer compositor, é muita música, são tão bons que tem carta do John Lennon para o Théo de Barros dizendo: "Quando a gente para as discussões e relaxa, a gente fica ouvindo vocês". Isso é uma coisa maravilhosa.

Dos festivais sabemos quem vai se classificar, além de assistir a todos. A TV Record dá acesso a todo mundo. Manoel Carlos, Newton Travesso saem da Record e vão para a Galeria. Este ano teve empate de "A banda" com "Disparada", uma coisa democrática. "A banda" ia ganhar. Desde o primeiro dia que toquei a música no Jogral, tive a certeza de que ganharia. Só ouvi a "Disparada" no dia do programa, o Hilton Acioli me contou que o Théo de Barros fez como melodia, não era: "Na boiada já fui boi", tinha outro andamento, era tocada. Então o Hilton Acioli falou para o Théo: "É um festival! Tem que tentar amarrar os caras!". Chamaram o Manini, amigo do Chico Buarque, que toca queixada e frequenta o Quitanda, e puseram para tocar junto, ficou uma coisa bonita pra burro. (Luiz da Orquestra, depoimento)

Alguns lugares começam a surgir fora do centro e com um público diferente. Na Consolação há um bar do músico Théo de Barros, que atrai os profissionais da área. É Alberto quem conta:

> A primeira vez que saí na noite fui a um bar que se chama Totem, no Brooklin. Entrei e fiquei completamente siderado, era só *jazz*, muito bonito, lá estavam tocando o Théo e o Raulzinho [de Souza] do trombone. Depois que inauguraram o Teatro Gazeta, fizeram um festival de novos valores, ganhou o grupo da Rita Lee, tocando nova bossa, chamava "Bossa cor-de-rosa", e ganhei como intérprete masculino. No final, disse ao Théo que queria aprender a tocar baixo. Ele disse que poderia me ensinar e ganhar uma grana, mas que seria muito melhor se fosse ao Municipal, onde há um curso de baixo, *cello*, é melhor aprender o erudito do que te ensinar a brincadeira. (Alberto Lira, depoimento)

Outros locais que o boêmio da cidade remanescente dos anos 1940 nos conta que vem frequentando são as casas de batidas, que estão proliferando, em Pinheiros.

> Atrás da igreja existe O Cu do Padre, onde o pessoal vai fazer excursão. Há outra na saída da Cidade Universitária; é um ponto de encontro fantástico. Acabo de entrar na USP pra lecionar, em 1967, e frequentamos muito ali, conversamos muito com os alunos, é uma espécie de confraternização dos professores com os alunos, não há bebida alcoólica no *campus*. (Rudá de Andrade, depoimento)

Depois de uma semana, volto à tarde para a Galeria Metrópole. Estamos no meio da década e a população de estudantes universitários não para de crescer, proveniente das cidades do interior e dos outros estados. O número de jovens que vêm estudar ou tentar se engajar no mercado de trabalho é grande. Com esse perfil, encontramos Luiz Roncari, que até o ano passado morava em Campinas e vinha para cá, basicamente, para ir ao cinema e ao teatro.

> Os filmes e peças de teatro demoram para chegar lá, principalmente depois que demoliram o Theatro Municipal. São interventores militares e construíram um estacionamento no lugar. Vinha fazer programas culturais no centro, que é um lugar muito agradável, frequentado e transitável. Tem tudo: Boca do Luxo, Boca do Lixo e áreas de vida elegante, avenida São Luís, largo do Arouche, praça Roosevelt, muito simpática. Tem os bondes, os bares, restaurantes, cinemas, e os teatros no Bixiga. Os cinemas são muito grandes, mega, tem que trazer gravata, não pode entrar sem. Vamos muito à região da praça da República, largo do Arouche, da praça Roosevelt, e atravessamos o viaduto para ir ao Bixiga. Há uma vida muito movimentada na região da Maria Antônia, por causa da universidade, e vai para a região da Ipiranga. A praça

Roosevelt é muito arborizada, simpática, com bancos, os bondes param ali, onde fica o Cine Bijou, A Baiuca, que é inacessível, muito grã-fina! Sylvinha Telles canta com o Araquém Peixoto na Baiuca.

Cheguei este ano para estudar e moro na rua Major Quedinho. Frequento a Galeria Metrópole, a Biblioteca, a avenida São Luís, que é muito agradável, podemos andar com toda a segurança até altas horas de madrugada. O mesmo acontece com o vale do Anhangabaú, muito bonito, avenida 9 de Julho, parque Dom Pedro todo arborizado. A Galeria Metrópole é moderna, tem vida artística e cultural muito intensa, com casa de chá, boates, bares, livrarias, o bar Ponto de Encontro frequentado por músicos, como Chico Buarque, a boate Barroquinho, uma casa de chá no primeiro andar, muito elegante. Na avenida São Luís, toda arborizada, com prédios de apartamentos finos, há o Barbazul, bem interessante, a Biblioteca Municipal, o jornal *Estadão* e outros bares, atrás da Biblioteca, ponto de encontro de intelectuais e jornalistas. Na Barão de Itapetininga há o comércio fino, livrarias, a Brasiliense, lugar muito bem frequentado, agradável. Vou estudar na Biblioteca, fico até fechar às 11 horas da noite. (Luiz Roncari, depoimento)

Enquanto conversava com Roncari nessa região, encontro outro jovem, que está se preparando para entrar na faculdade e dá um retrato de como andam surgindo e se instalando as mais novas instituições educacionais, os cursos preparatórios para o vestibular. Ricardo almeja entrar na universidade e, meio indeciso sobre o que quer fazer, toma contato com as leituras de Caio Prado, Celso Furtado, Nélson Werneck Sodré, Josué de Castro, além de devorar a revista *Realidade*. Agora, no final do ano, resolveu fazer o cursinho preparatório do Grêmio da Faculdade de Filosofia da USP, na rua Albuquerque Lins, em Higienópolis.

O cursinho está sendo um momento importante de minha formação. Primeiramente porque os professores são todos de esquerda, em geral alunos da Faculdade de Filosofia, e muito bons. As aulas de História Geral, do professor Raimundo Campos, são excelentes. Também são as de História do Brasil, dadas por um professor negro, baixinho, que se apresenta como Pedro Ivo. Mas que na verdade é o historiador Joel Rufino dos Santos, que usa o codinome porque corre processo contra ele na Justiça Militar.

Logo que entrei, cheguei um dia pela manhã e encontre o maior tumulto. Estou descobrindo que a direção do cursinho é ligada à Polop, Organização Marxista Política Operária, assim como a maioria dos professores. Mas a nova diretoria do Grêmio da Filosofia é ligada à Dissidência Universitária do PCB, Partido Comunista Brasileiro, que acaba de surgir e que resolveu tomar o cursinho. (Azevedo, 2010)

↳ Fachada do bar e restaurante Baiuca. Héctor Costita, Chu Viana, Pedrinho Mattar. Início dos anos 1960.

Tivemos notícia da complexa situação do cursinho preparatório do Grêmio da Faculdade de Filosofia através de uma publicação com a fala de um de seus fundadores: Diante do risco que essa situação representa para os alunos devido à proximidade com o vestibular, uma parcela dos professores toma uma das sedes do cursinho, na rua Martim Francisco. Mas o volume de alunos é grande e tiveram que se desdobrar em outros espaços, parte do Colégio Renascença no Bom Retiro, outra parte em algumas salas na galeria nos fundos da Biblioteca Municipal. A intenção é chegar até o vestibular de 1968 e desmanchar o curso, mas há suspeitas de que continuará. Acabam de fazer uma parceria com o jornal *Última Hora* para analisar e comentar os exames vestibulares. (Fevorini, 2019)

Quem entra na conversa rapidamente é Nair, paulistana que acabamos de conhecer. Ela também teve forte relação com esse curso, e se empolga.

Fiz o cursinho do Grêmio, onde tive o privilégio de ter Emir Sader como professor de sociologia, Iara Iavelberg, mulher do Lamarca, como professora de psicologia. Naquele momento, queria fazer Psicologia. Uma parte do cursinho é na Martinico Prado, tem muita gente boa, os professores entusiasmados querem que o aluno entenda, as discussões são em todas as áreas, é tudo muito *caliente*. Não passei no vestibular para Psicologia. Estão começando as faculdades de comunicações, o exame da USP perdi, mas há o exame da Faap. Entrei lá e tive uma sorte enorme, porque tem bons professores, como Vilém Flusser, um tcheco, que é o bambambã da discussão sobre a imagem, autor da *Filosofia da caixa preta*. O João [Alexandre] Barbosa, aquela coisa maravilhosa, que é de literatura. Mas os colegas... além da Suzana Amaral e do José Possi Neto, o resto é um povinho de "úrtima", ricos e arrogantes, vira e mexe tem pega para capar entre esse pessoal, da área de humanas, e o da engenharia.

A cidade é efervescente, tem esses cursinhos onde estão as pessoas e há um diálogo muito fácil entre todos. Período maravilhoso, comecei a fotografar, tinha percebido que não ia dar para fazer vídeo, comecei a fazer audiovisual, o meio caminho entre o vídeo e a fotografia. Entrei na ECA[4] e já montei uma empresa com a Suzana Amaral e fazemos vídeo para grandes empresas, Olivetti, Sardi, sempre vendemos bem, um trabalho grande em que temos que contar uma história, com texto e fotos. (Nair Benedicto, depoimento)

---

4   ECA: Escola de Comunicações e Artes da Universidade de São Paulo.

HAPPENING

A dinâmica de nossa viagem traz sempre alguns novos e jovens personagens, que se somam aos que por aqui já transitavam. Assim, vamos compondo um universo de participação e inserção nas atividades que acontecem na cidade, tanto nas ações no campo cultural como nos locais de sociabilidade urbana. Em alguns momentos estaremos em companhia de pessoas que nos acompanham desde a década passada, comprometidas com as ações políticas e inseridas totalmente nas artes, em outros traremos novos e jovens companheiros que muitas vezes transitam por locais diversos, mas que demonstram os vetores de expansão urbana.

A preocupação constante é mostrar essa colcha de retalhos da vida urbana, com pessoas de diferentes faixas etárias, diversas formas de inserção na vida social, mas todas com um denominador comum: a vida cultural e política. A princípio focada no Centro Novo na Vila Buarque, mas que aos poucos, como iremos pontuar, vai se deslocando espacialmente e assumindo formas diversas de participação.

Por enquanto, ainda que um duro golpe tenha sido desferido contra a nossa jovem democracia, há uma intensa vida cultural, carregada de um forte conteúdo de contestação. Algumas vozes foram caladas e outras surgem forçando a abertura de espaços de participação.

Assim, vão se apresentando os grupos teatrais universitários Tuca e Tusp, e assumindo um papel importantíssimo. O Teatro de Arena vai abrindo seu espaço para apresentações musicais, noite de poesia, e recontando nossa história com *Zumbi*, *Tiradentes* e *Bahia*. Importante observar que a união do teatro com a música e a dança vai ganhando força e expressão.

Os bares e boates do Centro Novo ganham nova vida com a Galeria Metrópole, por onde passam os jovens que se apresentam nos festivais da TV Record, seus inúmeros *boxes* vibram ao som das canções. Alguns locais surgem, mas poucos causam tanto *frisson* como o João Sebastião Bar, de Paulo Cotrim. Espaço moderno, acolhe apresentações muito pouco usuais, como a de Wesley Duke

Lee, e o *happening* com Rogério Duprat, Cozzella, Sandino Hohagen e Décio Pignatari.

A Vila Buarque já vem se firmando há mais de uma década por conta da presença das faculdades e de um número grande de estudantes, porém as atividades vêm se diversificando e a música passa a ser o tom de vários encontros, até mesmo nos centros acadêmicos. Ao caldeirão sonoro já bem fervilhante, vamos ver surgir uma nova tendência artística e musical: o tropicalismo. Abraçando a guitarra, o *rock and roll*, os poetas malditos e maestros "ousados".

Novidade no cenário dos jovens estudantes e que vem ganhando adeptos e adeptas são as gafieiras e os bares de samba. Opa! Adeptas! Sim! Essas moças que entram na universidade começam a participar mais da vida pública, do mundo do trabalho e da frequência a locais antes reservados aos homens.

ENTRE MOLOTOV E AMOR, HUMOR

A telinha cinzenta anuncia:

Discurso do deputado Márcio Moreira Alves propõe o boicote à parada de 7 de setembro e aconselha as moçoilas casadoiras a não dançar com os cadetes nos bailes da Independência, chama os quartéis de covis de torturadores, provocando ódio furioso dos militares, que exigem sua cassação. É decretado o AI-5, impondo poderes totais à repressão, intervenção nos estados e municípios, cassação, suspensão dos direitos, prisão preventiva de civis e militares, demissão, reforma e até confisco, tudo submetido aos imperativos da segurança nacional. É fechado o Congresso, são cassados os mandatos de 163 vereadores e dois prefeitos e dos quatro ministros do Supremo Tribunal Federal. São presas milhares de pessoas. Entre elas, Juscelino Kubitschek, Carlos Lacerda e o marechal Lott. A linha dura assume o poder, reestrutura o Conselho de Segurança Nacional, toma o comando das polícias militares dos estados. O comando dos serviços públicos é entregue aos militares da ativa e da reserva. O governo fecha a Frente Ampla articulada por Lacerda nacionalmente, com o apoio de Juscelino e Jango, e manda apreender livros e periódicos subversivos. Declara que sessenta municípios são importantes para a segurança nacional para que neles não se realizem eleições, cassando, assim, os direitos políticos dos cidadãos das principais cidades brasileiras. Delfim apregoa eufórico os êxitos de sua política econômica, expressa no crescimento econômico, inflação reduzida e dívida externa de 6 bilhões de dólares; os assalariados é que iam mal. A Igreja católica se divide politicamente para apoiar a ditadura, com elogios da TFP, ou para combatê-la, através da militância dos padres progressistas. Dom Hélder Câmara lança o seu movimento Ação, Justiça e Paz para lutar contra as estruturas arcaicas que infelicitam o Nordeste. Greves em Contagem, Minas Gerais, e Osasco, lideradas por José Ibraim, 20 anos, presidente do sindicato dos metalúrgicos, dura três dias (de 16 a 18 de julho), paralisa 6 das 11 principais fábricas e atinge um terço dos 15 mil trabalhadores da indústria, que pedem aumento de 35%, contrato coletivo e reajuste trimestral. Nada obtêm, a não ser a intervenção do sindicato e a prisão de mais de quatrocentas pessoas. Luta armada: Surgem os primeiros grupos foquistas, com operações armadas de contestação, principalmente assaltos a bancos. Mário Alves, Jover Teles e Apolônio de Carvalho, velhos comunistas expulsos da direção do Partidão, fundam o Partido Comunista Brasileiro Revolucionário (PCBR), devotado à luta armada. (Ribeiro, 1985; Nosso Século, 1980)

O clima da política está cada vez mais acirrado, difícil não ser atropelado pelos acontecimentos, entretanto ainda há vida inteligente, cultura, muita música, cinema, teatro, arte e rebeldia, muita rebeldia pela cidade. Alguns locais de encontro diferentes vão surgindo entre a Vila Buarque, Higienópolis e Jardins. É Helvio quem conta de suas conversas e andanças pela noite paulistana, convivendo com os tradicionais recantos boêmios do centro, mas marcando o deslocamento em direção ao Planalto Paulista. Com boa música, na região da avenida Angélica surgem o Sanduba, na rua Sergipe, 90, e o UP's, com apresentações de Johnny Alf, Roberto Luna, Toquinho, Paulinho da Viola, Claudette Soares, Luís Carlos Vinhas e Dave Gordon. Os que frequentam não deixam de passar pelos dois, que se completam. A ampliação do território boêmio em direção à avenida Paulista não é apenas um deslocamento, é uma alteração de tipo de público. Quem sobe a rua Augusta são os jovens abastados, que fazem da rua local das paqueras, e ouvem *rock* e *jazz* misturados nas boates Lancaster, Golden Ball e Raposa Vermelha.

No Centro Novo e na Vila Buarque, os *dancings* tão frequentados contam agora com o charme das orquestras e dos grandes maestros: Sílvio Mazzuca, Clóvis Ely, Poli e Arruda Paes brilham no Avenida, no Galo Vermelho, no Asteca, no OK e no Clubadança. Elas também são o toque especial nos bares e boates dos hotéis, como conta o pianista Pedrinho Mattar:

> Toquei com a orquestra do Hotel Lord acompanhando Edith Piaf e Jean Sablon, e no Jaraguá e na Excelsior, na avenida Ipiranga. Depois fui para o Claridge, na avenida 9 de Julho, onde fiz temporada com Claudette Soares, ao lado de Paulinho Nogueira, Geraldo Cunha, Walter Wanderley, Maricene Costa, Alaíde Costa e seu grupo. Uma maravilha. No mesmo Claridge/Cambridge, Sebastião de Oliveira da Paz, o Sabá, conseguiu emprego, quando a primeira Baiuca fechou. Deixa o duo com Johnny Alf e vai tocar no conjunto do argentino Robledo. Ficaram

tão famosos que foram convidados para tocar num programa semanal da TV Rio, apresentado por Tônia Carrero e Tom Jobim. (Borelli, 2005)

Largando um pouco de lado os bares e locais da boa música, vamos ver o que anda acontecendo no campo cinematográfico. Encontro no Costa do Sol, nas imediações da Biblioteca Municipal, o rapaz Inimá Simões, muito ligado em todas as ações que envolvem a atividade artística, que relata:

> O cinema é compartimentado. Na rua do Triunfo fica o comércio, a distribuição, na rua 7 de Abril, em frente ao edifício dos Diários Associados, que abriga a Sociedade Amigos da Cinemateca (SAC) e o Museu de Arte de São Paulo, fica este bar Costa do Sol, onde se sentam críticos, diretores, enfim, a "nata" do cinema. A divisão rigorosa começa a ser abolida agora, momento em que chegam diretores e produtores para cuidar da venda de seus filmes e terminam por se instalar ali mesmo na Boca. Este é o caso de Luiz Sérgio Person, diretor de *São Paulo Sociedade Anônima*, que circulou pela rua do Triunfo e abre o escritório de sua produtora e distribuidora. Ali produz *O caso dos irmãos Naves*. Ozualdo Candeias, depois de fazer na base da amizade e poucos recursos o seu filme *A margem*, também passa a circular pelo Soberano e imediações. E Mojica (o Zé do Caixão), que ora monta sua escolinha de atores na Casa Verde, ora na Mooca ou na Lapa, é figura constante no local.
>
> A mudança da SAC e do Museu de Arte de São Paulo para outro ponto da cidade está marcando o final de uma época e o início de outra, em que a Boca vem assumindo papel central no cinema paulista. Entre 1967, 1968, o Soberano começa a receber estudantes de cinema, aficionados, fotógrafos e jornalistas que estão constituindo o núcleo do chamado "Cinema da Boca do Lixo" (ou cinema udigrúdi, ou ainda cinema marginal). Jairo Ferreira, que durante anos exerceu a crítica na *Folha de S.Paulo*, participa desse grupo junto a Antonio Lima, então no *Jornal da Tarde*, Carlos Reichenbach Filho, João Callegaro, Carlos Ebert, José Agripino, João Silvério Trevisan e outros. É um pessoal jovem, não identificado com as ideias dos medalhões que viam na Boca o lugar do comércio e por isso mesmo indigno de recebê-los. Para os moços, dispostos a viabilizar suas ideias, o que importa é que ali se faz cinema. Em meio às discussões no Soberano chegam a postular uma estética da Boca do Lixo e a redigir o *Manifesto do cinema cafajeste*, documento que não chega a ter maior expressão, mas que contém ideias que serão aperfeiçoadas e transformadas nas imagens de *O Bandido da Luz Vermelha*, dirigido por Rogério Sganzerla, clássico do movimento Boca do Lixo. (Simões, 1989)

Andei lendo outro dia que acaba de ser inaugurado, com a exibição do filme italiano *Os subversivos*, dos irmãos Paolo e Vittorio Taviani, um novo espaço de cinema, para onde se desloca a Cinemateca, o Cine Belas Artes, na rua da Consolação, em frente ao Riviera. A um quarteirão dali, na esquina da Angélica, a lanchonete que fica embaixo do prédio que abriga o Instituto de Artes e Decoração (Iadê), ao lado da Livraria Kairós, que aglutina a inquietação de *hippies*, jovens estudantes e professores. Bem mais abaixo, na avenida Angélica, o Chic Chá manteve-se como ponto de encontro de filósofos, a exemplo de Bento Prado Jr., e de artistas plásticos, como Maurício Nogueira Lima. (Comodo, 2004)

Na saída da conversa, avisto o antigo companheiro de viagem, de décadas passadas, Rudá de Andrade, que está bem preocupado com os acontecimentos e com sua responsabilidade como diretor da Cinemateca Brasileira. Ele conta sobre os bastidores dessas mudanças na região.

Coordenando a Cinemateca, que funcionava aqui na rua 7 de Abril, mandei destruir todas as fichas dos sócios, porque ali tinha endereço da residência, com fotografia. Era só pegar e dizer: "Pode prender todo esse pessoal", que pegariam 80% dos partidos de esquerda da cidade. Em 1954, quando comecei a trabalhar aqui, fazíamos sessões de cinema no Museu e tinha muita frequência de estudantes, mas não era tão aparente a presença universitária como agora, não sei se só do ponto de vista quantitativo e demográfico, mas do ponto de vista de maior liberdade dos alunos, mais personalidade, menos submissão. Quer dizer: a coisa está terminando agora, com toda a rebeldia e rebeliões. (Rudá de Andrade, depoimento)

Apesar das rebeliões, ainda há muita vida dos estudantes nessa região do Centro Novo. Quem encontro esta semana próximo à Biblioteca e me conta da vida cultural e de toda a agitação é Olgária, nossa companheira de viagem da Filosofia.

As salas de cinema que frequentamos são Majestic, Coral, Belas Artes, Bijou, Marabá, Art Palácio. Está começando agora o cineclube no Masp, na Barão de Itapetininga. O Dante Ancona Lopes empresta alguns filmes, sou da comissão de cinema, do núcleo cultural, do movimento estudantil, o pessoal olha para nós e fala: lá vão os alienados. A cultura na esquerda sempre foi considerada supérflua. Faço o cineclube, junto com o Jorge Coli, pegamos os filmes no Masp e passamos na Maria Antônia. Assim pudemos assistir a filmes do Rosselini, do Godard, *O pequeno soldado*, do Eisenstein, *A greve* e *Ivan, o terrível*. Estamos ligados à Cinemateca, e não sei por quanto tempo aguentaremos. Em relação ao teatro, temos grande relação com o Arena, é muito perto, frequentamos bastante. Vimos *Morte e vida severina*, onde alguns colegas das Ciências Sociais são atores. Assisti a *Mãe coragem*, no Tusp, na FAU, na rua Maranhão. Por conta dessa atividade cineclubista, acabei conhecendo o Carlão (Carlos Reichenbach) e o Inácio Araújo, comecei a ir ver como se faz mixagem, assisti a alguns filmes do Carlão, tem um que eu adoro que é *Filme demência*, o mito do Fausto na cidade de São Paulo, é um benjaminiano total o Carlão, ama cada pedra do centro da cidade, e sabe tudo. (Olgária Matos, depoimento)

As atividades culturais e a movimentação política se fundem cada vez mais.

Os jornais me ajudam a entender o que está acontecendo, no âmbito da cultura. Costa e Silva libera para pesquisa os arquivos históricos anteriores a 1900, exceto os relativos à Guerra do Paraguai. Simultaneamente são abertos nos EUA os arquivos referentes à conspiração que o pôs no poder. Nas publicações, Florestan Fernandes volta às vertentes marxistas com *Sociedade de classes e subdesenvolvimento*, colocando teses teóricas novas que dão inteligência à marxologia nativa. Marcos Rey lança *Memórias de um gigolô*, que revela a vida do pequeno marginal urbano no submundo de São Paulo. A Editora Abril lança a revista semanal *Veja*, para formar a opinião pública segundo parâmetros que os donos ditam. No teatro e na música, a censura veta 44 peças de teatro, e os artistas fazem demonstrações de protesto contra a estupidez do ministro Gama e Silva. Em julho, a peça *Roda viva* é encenada no Teatro Galpão, de Ruth Escobar, provocando reações do Comando de Caça aos Comunistas (CCC), cenários são destruídos e atores espancados. Enquanto isso, Chico e Tom concorrem com "Sabiá" no III Festival Internacional da Canção. Nesse mesmo festival, Geraldo Vandré é ovacionado com "Pra não dizer que não falei das flores", mas não leva o prêmio e tem sua prisão decretada. A canção se converte num novo hino nacional da mocidade brasileira:

Vem, vamos embora que esperar não é saber
Quem sabe faz a hora, não espera acontecer
[...]

Nos quartéis lhes ensinam uma antiga lição
De morrer pela pátria e viver sem razão[5]

Manifestações de massa promovidas pelos estudantes, greves operárias contra o confisco salarial e pregações indignadas de sacerdotes católicos contra a opressão e o esfomeamento do povo. É assassinado por um PM o estudante paraense Edson Luís, de 18 anos, que participava de uma manifestação pela abertura do restaurante estudantil Calabouço, no Rio. O fato desencadeia manifestação com 50 mil pessoas durante o velório e o sepultamento, Edson é enrolado na bandeira do Brasil. Greve nacional de estudantes e, na missa de sétimo dia, na Candelária, a repressão baixa o pau nos estudantes, espanca e prende mais de seiscentos. Realiza-se a Passeata dos 100 Mil, encabeçada por estudantes, intelectuais e artistas, expressando a esperança na abertura política, com canções e palavras de ordem como "Nesse luto começa nossa luta", "O povo unido jamais será vencido", "Não fique aí parado, você é explorado".

Em São Paulo, o comício de 1º de maio na praça da Sé vira baderna; grupo radical toma e destrói o palanque, vaia o governador e o fere com uma pedrada; termina com passeata e quebra-quebra nas ruas. O movimento se espalha pelas universidades e conquista os secundaristas, a repressão cresce, prendendo e matando estudantes no Rio e em Goiás, e ferindo dezenas Brasil afora. "A UNE somos nós, a UNE é nossa voz". Estudantes de esquerda da USP (com coquetéis molotov, pedras e paus) e da direita do Mackenzie, liderados pelo CCC (com metralhadoras e bombas de gás lacrimogêneo), entram em guerra na Maria Antônia. A direita pratica dois atentados; a esquerda mata Charles Chandler, agente da CIA, e pratica vários assaltos e atentados. O *campus* da UnB é invadido e ocupado pela sétima vez pelo Exército, que lá acampa por três meses. O XXX Congresso da UNE se realiza clandestinamente em Ibiúna, é invadido pela polícia, que prende setenta rapazes e moças. As ruas se animam, invadidas por jovens cabeludos e barbudos e moças de minissaia, às vezes agredidos com violência bestial. (Ribeiro, 1985)

A Faculdade de Filosofia da USP, sede da União Estadual dos Estudantes, é o maior centro estudantil da esquerda. No Mackenzie, há muitos alunos conservadores e um núcleo radical de ultradireitistas filiado ao Comando de Caça aos Comunistas (CCC), à Frente Anticomunista (FAC) e ao Movimento Anticomunista (MAC). Na

---
5 "Pra não dizer que não falei das flores", Geraldo Vandré, 1968.

batalha entre os dois, com o prédio da Filosofia em chamas e já bastante danificado, alunos chamam o Corpo de Bombeiros. Em meio à nuvem de fumaça, um rapaz jaz morto no chão: é José Guimarães, secundarista, do colégio estadual Marina Cintra. Alunos abandonam o prédio e saem em passeata pelo centro, liderados por José Dirceu, presidente da UEE-SP, que carrega a camisa de José Guimarães. Em 23 de junho, jovens uspianos ocupam prédios das faculdades de Filosofia (rua Maria Antônia), Economia (rua Doutor Vila Nova) e Direito (largo de São Francisco). Alguns professores se solidarizam e ministram cursos livres de férias. Representantes sindicais ligados ao movimento operário de Osasco participam das assembleias estudantis e os estudantes coletam fundos para a greve.

Com esse cenário na cabeça, volto à região da Faculdade de Filosofia para ver de perto a movimentação. Encontro Ricardo, calouro da Ciências Sociais, muito falante e com muita vontade de contar o que está vivendo. Ele faz praticamente um diário.

Começo a ouvir e a entender o significado de diversas siglas que existem na esquerda brasileira: AP, Polop, Dissidência, Ala Vermelha, PCdoB, IV Internacional, PCB. Resultado em grande parte da dispersão da esquerda depois do golpe de 1964. Me vinculei à Ação Popular, criada em 1961 a partir da radicalização de setores da Juventude Universitária Católica (JUC). Em 1966-7, ela aderiu ao marxismo, rompendo com suas origens cristãs. Depois de rápido período de influência cubana, a AP tornou-se uma organização maoísta. O essencial da minha opção, como aliás de quase todos os militantes, não são as razões de ordem teórico-conceituais, mas basicamente razões subjetivas, de engajamento, de afetividade.

Em abril, fiz a minha primeira pichação noturna, convocando para o 1º de maio na praça da Sé. Percorremos área que vai da praça Marechal Deodoro até o largo do Arouche, pichando. No 1º de maio havia milhares de pessoas na praça, a maioria operários. De repente, quando o Abreu Sodré começou a falar, o som foi cortado e começaram a voar paus e pedras de todos os lados, até que uma pedra o atingiu na cabeça e ele saiu correndo escadarias acima e entrou na catedral da Sé, protegido por uns pelegos.

Em 12 de junho, na ocupação do prédio da rua Maria Antônia, tivemos segurança própria, controlando quem entrava, inclusive os professores. Instalamos cursos livres e sequência interminável de debates. Todo dia, às seis horas da manhã, somos acordados ao som da "Internacional", tocada em alto volume nos alto-falantes da faculdade. Um dia desses, durante a noite, houve um ataque, tiros disparados de

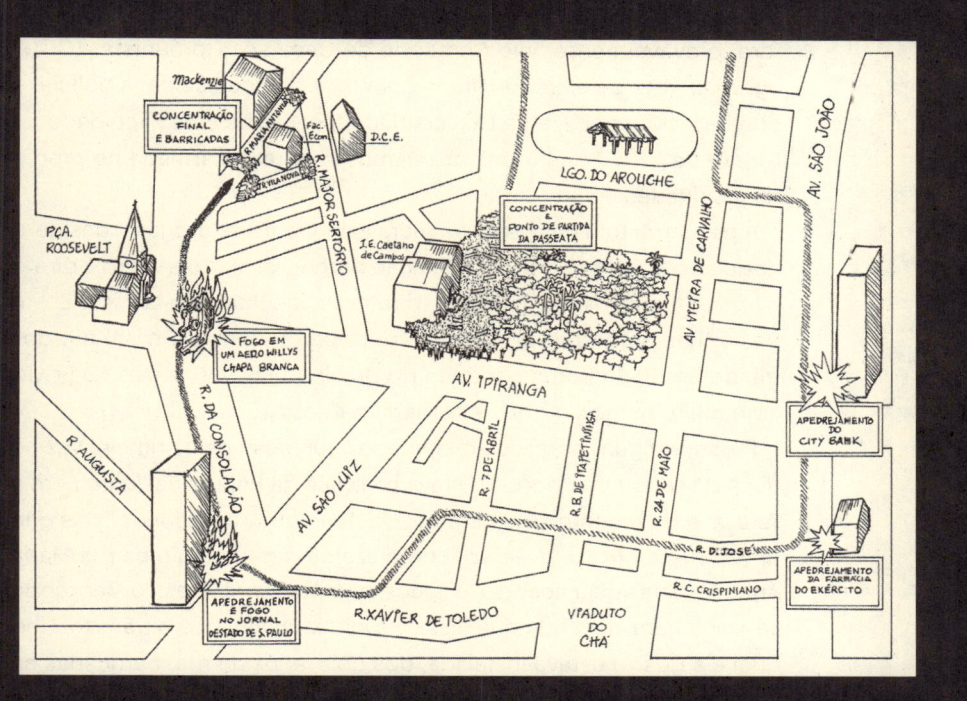

↳ Mapa do percurso das passeatas em 1968. Extraído de *68: a paixão de uma utopia*, de Daniel Aarão Reis Filho e Pedro de Moraes (Editora Espaço & Tempo, RJ, 1988).

fora, provavelmente pelo Comando de Caça aos Comunistas (CCC), agrupamento de extrema direita com fortes vínculos com a polícia, e que tem alguma base na Universidade Mackenzie e na Faculdade de Direito da USP. A partir daí, instalamos segurança armada no prédio da faculdade.

A esquerda tem uma postura moralista quanto às drogas, consideradas como fazendo parte da alienação burguesa. Mas o sexo rola direto, o tempo inteiro. Numa manhã, o diretor da faculdade, professor Erwin Rosenthal, ao entrar na sua sala, se deparou com um casal nu, dormindo enrolado numa bandeira do Brasil que havia na sala. O Erwin, com muito humor, gritou: "Acordem, patriotas!".

Fizemos alguns comícios-relâmpagos, fui preso pela primeira vez no dia 3 de setembro de 1968. Estava na praça da República, junto com a Teresa, e de repente chegou a polícia. Em outubro, secundaristas que tinham feito uma reunião aqui organizaram um pedágio na rua Maria Antônia, para voltar aos seus estados, quando estudantes do Mackenzie se revoltaram alegando que eles estavam atrapalhando o trânsito. Cheguei e a guerra estava instalada, dos dois lados da rua, barricadas na porta da faculdade, a polícia observando de longe. No segundo dia de batalha, dia 3 de outubro, houve tiros vindos do Mackenzie que mataram o estudante secundarista José Guimarães, aluno de um colégio estadual próximo, o Marina Cintra, que provavelmente estava ali por curiosidade. Imediatamente, José Dirceu subiu num poste com a camisa ensanguentada do garoto e puxou uma passeata. (Azevedo, 2010)

A intenção primeira de nossa caminhada pela cidade é delimitar os percursos que eram feitos por esses jovens, na ação política, na vida cultural e na sociabilidade presente nas duas. A intensidade da ação política desse ano faz com que muitas vezes ela se sobreponha às demais atividades, mas vamos manter nosso objetivo capturando as manifestações artísticas e culturais e os espaços de sociabilidade. Mesmo quando os jovens estão falando da política, as mudanças de comportamento vão sendo explicitadas, questões como as drogas, a liberdade sexual e o papel das mulheres na vida pública passam a fazer parte de quase todos os diálogos.

Continuo por ali, entro no saguão da Faculdade de Filosofia na Maria Antônia e encontro Olgária, que vai dando a versão feminina dos acontecimentos e mostrando que o momento político e a vida estão muito intensos:

Estamos sem aula, os professores dão cursos alternativos, não as matérias previstas. Li Marx, Giannotti deu um curso, "Fetiche da mercadoria", Marilena dá aula sobre Diderot, o Victor Knoll dá aula de estética. Os cursos são organizados como atividades de greve. Há uma grande intensidade de leitura, são temas que na rotina você não leria. No saguão há um painel e todo mundo chega e põe lá o que quer, o que leu. Logo que entrei, ouvi falar de assuntos e comecei a ler coisas que nem sabia que existiam. Rosa Luxemburgo, por exemplo. O poema "Tabacaria", do Fernando Pessoa, tem o Antonio Machado, tem *Minha vida*, de Trótski. Aprendo muita coisa aqui no saguão e acabamos conversando sobre isso. Há intensa vida cultural, organizamos seminários para os estudantes se reunirem através das leituras, lemos *Uma nova história da música*, do Otto Maria Carpeaux, cada estudante lê um capítulo por sábado e expõe para os outros. Compramos um disco ali na loja de discos Brenno Rossi, de canto orfeônico e gregoriano, por exemplo, para ir seguindo a história da música, há várias iniciativas muito ligadas ao estudo.

Vamos às passeatas e depois discutimos as questões que as motivaram. Há ainda os estudos de Maquiavel, Marx, política e história. Começamos a ler *História da riqueza do homem*, certo marxismo incipiente, mas sempre ligado ao estudo, para compreender melhor o mundo. Ser de esquerda e ser intelectual é uma coisa só, é uma idade de ouro. As divergências políticas não interferem, porque quem está organizado, está no Partido Comunista, na dissidência do partido, na AP, na CVPR, MR-8, VAR-Palmares. O movimento não é homogêneo, você tem as organizações dentro dele, não há uma que dirija o movimento estudantil como um todo. Não temos a menor ideia de quem pertence às organizações. Isso só aparece quando há um racha nas eleições pra UEE e uma parte está com o Dirceu, outra parte com a Catarina Meloni. Mas frequentamos assembleias dos dois, e às vezes eles dirigem juntos. Agora, no final do ano, a partir do AI-5, as cisões aumentaram, a resistência precisa se diferenciar. Na luta pela sobrevivência das organizações, estas se fecham em seu ideário próprio. Já não conversam com a outra tendência; enquanto era movimento de massa, as divisões não interferiam na dinâmica. O AI-5 foi agora em dezembro, mas, em outubro, houve a primeira repressão mais violenta. Até outubro, tinha passeata a toda hora e não havia violência. Quando assassinaram o José Guimarães, ocupamos a faculdade e a repressão acirrou.

Aquela alegria que existia, da festa, de conhecer as pessoas, pegar na mão delas para correr, essa coisa erótica de descoberta do mundo, de aumentar o âmbito dos seus contatos, amizade não era só com os seus colegas, mas com desconhecidos que conhecíamos nas passeatas, esse clima de alegria acabou. Começa a ficar bem pesado, a repressão responde com violência. A primeira manifestação em que vieram investigadores, soldados enormes, um deles pegou uma colega pelo braço para jogar no furgão e levar presa, olhou para ela e falou: "Vai pra casa, menina!". É uma criançada, estamos ali no clima de efervescência, de descoberta do mundo, das coisas interessantes, percebendo melhor os problemas do país, tentando compreendê-los, não é apenas recitar chavões, mas estudar o que é o bovarismo brasileiro. Li Sérgio Buarque na faculdade, na Filosofia não se lia história, eram proibidos Sérgio Buarque e Faoro, considerados conservadores; lemos porque o pessoal das Ciências Sociais e da História lê. É uma contaminação ótima! Vamos ver arte sacra, o Museu de Arte Sacra está fechado, muito deteriorado, mas a gente consegue, há alguns amigos que são do convento dos beneditinos, ou dos dominicanos, conseguimos ir ver as coisas, há um apelo cultural grande.

Quanto às mudanças e "revoluções" no comportamento, o que se discute, por exemplo, em relação às drogas, é que são uma coisa pequeno-burguesa, alienante, provocam entorpecimento da potência das massas, a postura é: se o estudante é um militante, não tem por que se converter a uma moda burguesa, não só burguesa como o ópio do povo. Mas, para os que não são organizados, há uma ideia da experimentação, uma coisa intelectual, nós estamos lendo *As portas da percepção*, lemos *Sidarta*, essa literatura onde entra a questão das drogas; lemos Baudelaire, os malditos, a droga entra na vida de alguns como curiosidade intelectual. O que é intelectual? É tentar fazer as portas da percepção, a possibilidade de ampliação da consciência, é uma coisa intelectualizada, para as sensações, intensificar a visão, a audição, o tato, muito ligada à curiosidade artística e criativa; não há massificação, é uma vez por ano, numa festa. Os meninos fumam escondido, nem dizem para as meninas que vão fumar. É uma relação ligada à distensão de si ou ao autoconhecimento.

Só nas drogas há uma diferença clara de comportamento com as meninas, porque nem os próprios meninos sabem o que pode acontecer, se sentem responsáveis, vai que te dá dependência! Os meninos têm muito esse comportamento de responsabilidade, de proteção com as meninas. Existe uma igualdade, as meninas são militantes, descoladas, fumam, trabalham, têm uma maior permissividade na sexualidade. Mas é consciente, tudo discutido, não vai namorar e ter relação com seu namorado sem conversar muito sobre as implicações disso, o que vai te trazer de bom. Transar ou não, não é só uma decisão intelectual. É o que pode vir com isso, se ficar grávida vai ter aborto, pode fazer aborto, tudo isso é discutido no movimento estudantil; discutimos a questão do aborto com os dominicanos, que são a favor. Isso tudo agora, em 1968, o aborto, a liberação sexual, não é coisa de massa, mas é muito discutido, e é um namoro, não é coisa de uma aventura de um dia. (Olgária Matos, depoimento)

Novamente é Walnice quem se aproxima e complementa as informações de Olgária.

As mulheres estão pondo as manguinhas de fora. Estão em todos os lugares, bares, Cinemateca, Museu, Clubinho dos Artistas, livrarias, faculdades, sempre há mulheres com os amigos, mulheres sozinhas, não são programa só dos homens. Na Faculdade de Filosofia, o número de mulheres varia com o curso. Embora ainda haja muita desigualdade na participação política dos estudantes, os cargos altos, como presidente do Grêmio, são sempre dos homens. As mulheres estão em tudo, mas com essas nuances, não pegam os cargos mais altos, não conseguem ser "professora emérita". Desde a década de 1950, já circulam mais pela cidade, a Gilda de Mello e Souza circulava com o grupo da revista *Clima*. Pode haver um cerceamento por parte da família, mas não por parte dos da mesma geração. Os colegas e amigos homens da mesma geração não têm esse tipo de restrição.

A ruptura que há é a seguinte: no final deste ano, a Maria Antônia foi bombardeada e incendiada pela repressão da ditadura, a vida aqui no centro está mudando de uma hora para a outra, acabou, não é só a Filosofia e o Mackenzie que tem ali, tem a FAU a dois quarteirões de distância, a Sociologia e Política a dois quarteirões, a Economia no mesmo quarteirão. A Farmácia e Odontologia fica na rua Três Rios, no Bom Retiro, assim como a Poli e o Direito no largo de São Francisco. Vai acabar a freguesia que sai das faculdades e vai direto para o Teatro de Arena, assiste a todas as peças, vai todas as noites, faz a massa de manobra do Teatro de Arena. Nós estamos sendo levados à força, esperneando, para a Cidade Universitária, e sabemos que isso é de propósito, porque estamos perturbando no centro da cidade, o movimento estudantil está perturbando, a Filosofia é o foco do movimento estudantil, que está fazendo miséria. Começo a dar aula neste ano. Ainda sou muito ligada aos estudantes, me sinto mais aliada deles do que dos professores. Com a mudança para a Cidade Universitária, tudo vai mudar de figura, de uma hora para a outra. O centro vai entrar em decadência imediatamente, não por nossa causa, mas porque a vida fervilhante do centro vai esmorecer, os faróis vão se apagar um por um e muito rápido. (Walnice Nogueira Galvão, depoimento)

Alguns estudantes estão sofrendo com as alterações do seu cotidiano e com a repressão, outros acabam de chegar à cidade e estão carregados de informações da política estudantil. Apesar dos ânimos exaltados dos jovens, as notícias não são muito animadoras. Estes dias encontrei com Ugo, que me contou sua desistência do curso:

> Cursei a Maria Antônia, Faculdade de Filosofia, por três anos, mas estava muito chato, não tinha aula, professores sumiam, iam para o Chile. Como já estou trabalhando, pensei: saio e depois volto, mas não tranquei. Agora que foi para a Cidade Universitária, realmente não vou mais. Completei várias cadeiras, do Giannotti, do Porchat, que dá filosofia antiga, do Rui Fausto; Bento Prado Jr. é um pensador muito bacana. Mas abandonei. (Ugo Giorgetti, depoimento)

A cidade fervilha, a convivência dos jovens no centro vai aos poucos sofrendo as consequências da repressão armada e o campo da luta política vai saindo das batalhas estudantis e passando para as organizações. As cisões são inúmeras, e as nuances de propostas e táticas de atuação política muitas vezes chegam a confundir o cidadão mais descuidado. Até porque há muito pouco espaço e território para explicações. Querendo entender um pouco as inúmeras frentes de luta e facções que vêm surgindo, me debruço sobre a leitura de como andam os acontecimentos no mundo, onde eclodem inúmeros movimentos juvenis.

> No Brasil, nos Estados Unidos e em muitos países da Europa há ebulição de movimentos juvenis, contra as guerras, contra as normas rígidas da educação e dos costumes, a favor da liberdade e da democratização das decisões em todos os níveis da vida social. Os jovens ocupam os espaços públicos e partem para as ruas em constantes protestos. Aqui, os "cabeludos" malvistos sofrem até agressões físicas. Nossos líderes estudantis usam roupas tímidas e os padrões de arte vêm se alterando passo a passo. Os mais radicais caminham para a guerrilha de moldes cubanos. (*Nosso Século*, 1980)

> Nos Estados Unidos, os jovens se levantam contra a Guerra do Vietnã; mulheres, pela emancipação feminina; negros e chicanos, por direitos civis e políticos; *gays*, pelo direito de exercer livremente sua sexualidade. Na América Latina estão ocorrendo conflitos no México, na Argentina e no Brasil, com processos de guerrilhas urbanas e rurais inspirados pelo mito Che Guevara e na Revolução Cubana. Tendo ainda como referência a guerra revolucionária vietnamita, a Revolução

Chinesa e a guerra da Argélia. Na Europa destacam-se os movimentos de estudantes e trabalhadores na França, na República Federal da Alemanha, na Itália; movimentos sociais na Polônia; Tchecoslováquia e até a recente revolução cultural proletária, na China. (Reis, 2018)

As informações por aqui andam circulando mais rapidamente, por conta da televisão, mas cada vez mais são informações truncadas, censuradas, deturpadas ou suprimidas. Os reflexos das manifestações juvenis mundiais não ocorrem de forma imediata, e as particularidades da nossa vida política exigem outro tipo de posicionamento, mas fiquemos alertas, alguns traços vão aparecendo e aos poucos as reivindicações sendo incorporadas nas lutas de cá. Às vezes, as lutas são mudas, mas eclodem vagarosamente. Caminho aqui pelo Centro Novo, pensando e procurando pelos jovens companheiros de viagem que transitam entre a política, o teatro e o movimento estudantil. Esse grupo parece que vem crescendo e radicalizando. Encontro com Celso e ele mostra uma outra face do teatro/política que anda vivendo.

> Entrei agora no Arena com 16 para 17 anos, foi um salto, me inscrevi, fui escolhido e fiz o curso, com a Cecília e a Heleni Guariba. A Cecília ensina a parte prática, de interpretação, mais Stanislavski (como ela diz), e a Heleni, a parte teórica, direção, mais Brecht. Isso é um movimento bastante rico, mas já muito dividido com uma ação política. Apesar da pouca idade, estou no movimento secundarista. Tenho 16 anos e acabo de ser preso pela primeira vez, 1968 para 69. Na Operação Bandeirantes (Oban), ficamos sequestrados em quartéis, os cativeiros são em quartéis clandestinos, depois disso, acabei me definindo a ter como ação principal o teatro.
>
> Foi uma prisão do grupo do qual faço parte: a Ala Vermelha, sou uma pessoa mais orgânica, dentro de um grupo que propõe resistência um pouco mais violenta à violência da ditadura. Um grupo clandestino, apesar de a minha ação principal, dentro da organização, ser no movimento secundarista. Não executo nenhuma ação armada, mas tenho treinamentos, minha função não é essa. Trabalho no movimento estudantil e sou estimulado pela própria organização a estar dentro do teatro. Essa prisão foi a grande queda da Ala, caíram trinta pessoas, todo mundo. Saí da prisão e continuei na área de teatro, militando politicamente, mas focado na militância teatral, não tive um momento amador. (Celso Frateschi, depoimento)

Celso está começando sua carreira, com todas as dificuldades do momento. O teatro está realizando uma ação cultural de resistência importantíssima. Paro no Gigetto e encontro Plínio, que dá algumas nuances do grupo mais velho e profissional, e relata inclusive que, entre os atores mais engajados com o meio televisivo, a repressão corre solta. O Teatro de Arena, sob a direção de Augusto Boal, cria a Primeira Feira Paulista de Opinião, com a intenção de apresentar pequenos textos, reunidos em um único espetáculo, retratando a realidade brasileira. Escreve uma pequena peça para esse evento, *Verde que te quero verde*, uma anedota em que se vinga da truculência da censura que o persegue. Pequena obra-prima, no seu melhor estilo: frases curtas, situação dramática atomizada, diálogos teatralmente eficientes. Em poucas falas, levanta e condensa uma situação. Dispara o verbo, contando o que está ocorrendo:

> Atiraram uma pedra na cabeça do Sodré, que é governador, no 1º de maio. Saiu na coluna do Ibrahim Sued que eu tinha acertado a pedra na cabeça do Sodré. Fui preso por causa disso. Mas eles me chamaram por causa da peça *Verde que te quero verde*, que escrevi e eles ficaram putos da vida, não sei por quê. Depois montamos a peça, decretamos desobediência civil, foi uma algazarra do caralho. Pusemos o Renato Consorte fantasiado de macacão, cheio de medalhas, e eu dizia assim: "General, o senhor hoje tá bonito, parece uma lata de azeite português". O general ficava todo contente, dava um pulo.
> No outro dia telefonam para a minha casa de madrugada: "Nós vamos te matar, filho da puta, tira essa peça". Então tem que matar, fico no Gigetto, que é onde todo mundo vai, e me vê. Veio o AI-5, deram um tempo, aquela pressão, pressão, pressão, para ver se eu me mando, eu não me mando. Aí me prenderam e fui interrogado. Fui levado para o DOI-Codi, na rua Tutoia. Fiquei lá uma semana, e a Tupi fez muita força pra eu sair, porque está no auge da novela *Beto Rockfeller*, onde faço um sucesso terrível. Faço um mecânico chamado Vitório, só gravo um capítulo por dia, se não for, não tem gravação. Eles propuseram: "Você vai lá, grava e volta". Eu disse: "Não. Se for, eu fujo". (*Caros Amigos*, ano I, n. 6, 1997)

Enquanto conversávamos, quem entra é Roberto e, sentando-se à nossa mesa, conta um pouco da história da amizade entre os dois. Ela foi se desenvolvendo no companheirismo das ações políticas, inicialmente junto à classe teatral.

> Para um dos números de *Realidade*, me foi encomendada uma matéria (um perfil) de Plínio Marcos, já com outra peça montada, *Abajur lilás*.
> Fiz as primeiras entrevistas no bar Redondo, ao lado do Teatro de Arena, depois da meia-noite, bebendo e papeando, sem que ele se

preocupasse com o fato de que o nosso papo fosse transformado em reportagem. Contou-me de sua vida de moleque em bairros proletários da Baixada Santista, nos quais se divertia muito convivendo com marginais de todo tipo, acabando por se tornar um pivete e tendo praticado alguns delitos com eles. Nesse ambiente, conheceu e se envolveu com a vida e a arte de circos. Algumas emocionantes e divertidas histórias desse tempo são contadas na entrevista, inclusive a sua amizade com Pagu, famosa intelectual santista e que viveu com Oswald de Andrade. A reportagem aborda a vinda para São Paulo, o encontro com Walderez, seu namoro repleto de incidentes engraçadíssimos, a busca de emprego no Teatro de Arena e na televisão Tupi, até o sucesso alcançado com *Dois perdidos numa noite suja*. Com sua autorização, dei à matéria o título "O analfabeto de maior sucesso no país". (Freire, 2002)

Difícil fugir do assunto dentro deste restaurante tão frequentado pela classe teatral. Aqui fico sabendo que o diretor Ademar Guerra, após a montagem de *O burguês fidalgo*, com Paulo Autran, começa a atrair grandes elogios e vem se configurando como um representante do poder jovem. Este ano começa a dirigir a Escola de Artes Dramáticas (EAD), encenando *America Hurrah!*, tendo no elenco: Ney Latorraca, Esther Góes e Carlos Alberto Riccelli. Neste mesmo ano, dirige *Hair*, complexa montagem de trinta atores, músicos e bailarinos em cena. Com direção musical de Cláudio Petraglia e cenografia de Marika Gidali.

É Marika que encontro por aqui. Muito agitada, conta que as coisas andam mudando no mundo da dança. Até agora era feita por profissionais, mas de forma amadora, porque não há nenhum apoio:

> Eu, Marilena Ansaldi, Peter Hayden, Victor Aukstin nos juntamos e fazemos espetáculos, e temos que vender os convites. Estamos desbravando os caminhos para a dança, mas é paralelo ao teatro, o Ademar Guerra ajuda. A fórmula teatral ajuda a dança, estou aprendendo muito, e também está sendo muito importante, intelectualmente.
>
> Esta linguagem da dança com o teatro está aparecendo agora. Comecei a trabalhar com o trio Cláudio Petraglia, Ademar Guerra e Paulo Herculano, estou aprendendo. É uma loucura, porque quem dança só dança, não faz mais nada. Tem tempo integral para afinação do corpo, montagem de espetáculo, a venda; a produção é que é muito complicada. Junto com isso faço teatro, saímos do ensaio à meia-noite, e aqui ficamos conversando até as 4 horas sobre o que aconteceu. É um momento importante, de muita descoberta como pessoa, estou

aprendendo, é a minha faculdade. Ao mesmo tempo, começo a coreografar para a televisão, trabalhando com o Abelardo Figueiredo, faço coreografias de espetáculos para programas importantes, além de *shows* para boates e trabalhos para o cinema. O convívio com o pessoal de teatro é o tempo todo, e no local de trabalho continua, com Armando Bógus, Irina Grecco, Stênio Garcia, Fúlvio Stefanini, Sonia Braga, Aracy Balabanian, trabalho com todos e aprendo. Espacialmente, o Teatro Bela Vista é o ponto central disso tudo, trabalhamos sempre lá dentro.

Ensaio e dou aula na minha escola, que era na avenida Duque de Caxias e já faz algum tempo que está na rua Sarandi. Ali vem se tornando um local de resistência, porque dou aula para atores e se discute muito política. Ruth Escobar, Beatriz Segall, Dina Sfat, o pessoal que está na ativa, faz aula comigo, e as conversas logicamente vão para a conjuntura. Os professores e alunos da faculdade, ficamos sabendo de tudo, que de repente some um professor, outro professor, é terrível. Acabei de fazer a coreografia do musical *Hair*, onde temos o primeiro nu artístico no teatro, de grande beleza e bom gosto! Mas... aí vieram os censores... Tivemos que fazer ensaio para a censura, que acabaram sendo cinco ou seis, porque todo mundo queria ver o nu artístico. É muito bonito, mas esse processo é muito tenso. É preciso muito jogo de cintura, para nada ser censurado. (Marika Gidali, depoimento)

Impossível não parar para uma leitura rápida dos jornais. A movimentação é muito intensa e todo dia as ações repressivas aumentam, na cidade e no país. A maior intensidade dos acontecimentos faz com que o cenário se esmoreça, as ruas deixam de ter nomes, os encontros e reuniões adquirem um caráter fechado, por vezes clandestinos, mas restam os cinemas, teatros, praças que fazem a vida continuar, mesmo sob tanto impacto da repressão. Volto às ruas depois de alguns dias e vou para os lados da Vila Buarque, encontrar estudantes e ver como anda o clima.

As duas jovens que vieram de Campinas ainda estão eufóricas com a vida por aqui. Mara me conta que, antes, quando ainda morava no interior e vinha para cá, ficava completamente em êxtase.

Cheguei de Americana de ônibus no domingo e fui direto para o Teatro Oficina, ver o Plínio Marcos, *Dois perdidos numa noite suja*, a meia quadra da Liga das Senhoras Católicas. Entrei na Faculdade de Filosofia, Letras e Ciências Humanas, nas Ciências Sociais, na Maria Antônia", diz Regina. "Logo que entramos, teve a maior confusão. Chegamos e fomos morar no pensionato da Liga das Senhoras Católicas, à noite ficávamos quietinhas na 'pensão', e nos finais de semana íamos para Americana, levar a roupa para lavar, [risos] [diz Mara]. Ainda temos uma ligação forte com a nossa cidade, tenho meu namorado lá. Entrei e a universidade foi tomada em julho pelos estudantes, [diz Regina]. Ficamos acampados, no mês de julho teve cursos de férias organizados pelos alunos, mas o movimento foi ficando mais forte.

Entrei na Faculdade de Filosofia, em Letras, e as pessoas tentam me levar para os grupos políticos, [diz Mara]. É muita gente falando: "Olha, é o seguinte, tem uma reunião, você não quer..". Cada um puxando para um lado, e a briga do CCC do Mackenzie com a Maria Antônia. Nós não ficamos o dia inteiro. Num dos dias, o Akira salvou a minha vida. Não sabia que tinha uma saída do prédio pela rua Doutor Vila Nova, e, no meio da confusão, ele puxou os mais novos e a gente escapou pela Doutor Vila Nova. Na mesma linha do Akira, os mais velhos são o José Miguel Wisnick e o Alagoinha, que faz Chinês.

Logo que entramos, [diz Regina], teve um Festival Universitário de música da Tupi que o José Miguel ganhou, com "Outra canção", Alaíde Costa cantou e nós fomos assistir. Fizemos cartazes: "José Miguel, você é o maior!". Depois fomos comemorar na boate Sandália de Prata. Somos muito ligadas às atividades culturais. Um lugar de que gosto é o Jogral, próximo da Major Quedinho, tem um público intelectual, toca música popular e *jazz*, e na Galeria Metrópole há outro de *jazz*.

Este ano fomos lá para a Cidade Universitária e moramos na avenida Angélica. Estou fazendo o Tuca [diz Mara], já estou no circuito teatral. A peça chama-se *Comala*. Fomos para a Colômbia, no festival universitário. Depois apresentamos em Manaus e Belém, fizemos um passeio de barco para o encontro do rio Negro com o rio Solimões. No barco estavam Rogério Sganzerla e a Helena Ignez, lindos, lindos, um absurdo! Cheguei neles e falei: "Adoro vocês, vocês são lindos!". Enfim, momentos... ditadura total e completa. Num dos dias estávamos fazendo relaxamento antes de começar a peça, com a cortina fechada, tocou o Hino Nacional brasileiro e a gente não se levantou. Pronto, saiu no jornalzinho que estávamos desrespeitando. Estamos sempre morrendo de medo. Quem dirige é o Mário Piacentini, Marinho. (Regina Muller e Mara Rasmussen, depoimentos).

Depois de conversar com elas, encontro o calouro da Filosofia de 1968, Ricardo, que praticamente mudou para o Crusp.

É uma república, digamos assim, um lugar de encontros amorosos. Além da política, vivemos uma revolução dos costumes, a revolução sexual, a revolução comportamental. Amor livre é consensual para todos nós, e acontece em todos os lugares. Acontece na Faculdade de Filosofia durante a ocupação, onde é extremamente comum os casais se espalharem pelas salas para transar. E no Crusp também.

Acabam de ocorrer eleições para diretoria do Ceupes e Grêmio da Filosofia e para escolha de delegados da UEE e da UNE. Contra PCdoB + AP forma-se a frentona (Ala Vermelha, Dissidência e o POC). Luiza Baugarten Diane vence para o Ceupes e José Eli Savoia da Veiga vence para o Grêmio da Filosofia; delegados para UNE: José Álvaro Moisés e Ângela Maria Mendes de Almeida do POC. [...] O congresso em Ibiúna foi descoberto pela repressão, e houve a prisão, no dia 12 de outubro, de toda a liderança estudantil nacional, cerca de mil pessoas. [...] 13 de dezembro foi editado o Ato Institucional n. 5, 17 de dezembro invasão do Crusp, cerca de 1.200 estudantes presos levados para o Presídio Tiradentes. (Azevedo, 2010)

Vamos ouvir o que dizem os jornais, pois os acontecimentos políticos vão se tornando cada vez mais pesados, os militares da linha dura estão tomando a dianteira.

A ditadura edita o Ato Institucional n. 7, suspendendo as eleições programadas. Ato Complementar n. 75 proíbe professores depostos de exercer qualquer atividade em escolas federais, estaduais e municipais, ou em entidades privadas mantidas ou subvencionadas pelo poder público. Com isso pegavam a Fundação Getulio Vargas, o Centro Brasileiro de Pesquisas Físicas e as universidades católicas. Estas últimas, entretanto, não deram bola. Afastamento de Costa e Silva, vitimado por uma trombose, e o veto à posse do vice Pedro Aleixo, abrem conflito sucessório. Prevalece o general Garrastazu Médici, comandante do III Exército como a peça mais forte militarmente e mais confiável ao SNI. O Congresso Nacional é convocado com 93 deputados a menos, cassados durante os dez meses de recesso para ratificar a escolha de Médici. (Ribeiro, 1985)

Com toda a crise política e a repressão aos estudantes acontecendo no país, a cidade continua recebendo estudantes e profissionais do país inteiro. Lembremos que foi só em 1961 que a capital do país saiu do Rio de Janeiro e foi para o Planalto Central. A região Sudeste do país vem se consolidando como capital econômica e para onde converge grande parte dos investimentos na indústria nacional. Até bem pouco tempo, a "capital cultural" era a cidade do Rio de Janeiro, mas, depois do investimento da burguesia paulista nesse setor, paulatinamente São Paulo vai se firmando como polo de cultura e atraindo ainda mais investimentos.

As rádios, emissoras de televisão, novos grupos e escolas teatrais, além do investimento na indústria e distribuição cinematográfica são fatores decisivos para essa mudança. Nesta década, até 1965, as TVs eram paulistanas, há experimentação nos programas televisivos e a grande novidade são os festivais de música popular. Festivais que falam diretamente aos estudantes em geral, aos jovens músicos que buscam espaço para se apresentar, e contribuem para que a migração interna seja contínua e crescente. Tentar a sorte por aqui é algo que traz gente de todas as classes sociais, desde os migrantes mais pobres, que trabalham nos canteiros de obras, até músicos, jornalistas, poetas e técnicos nas áreas de cultura e comunicação.

A repressão e o chumbo não barram esses indivíduos que procuram por estudo e inserção no mercado de trabalho. Assim, continuam chegando jovens de todos os lugares. Caminhando na Cidade Universitária, paro na Escola de Comunicações e Artes e encontro com um desses, chamado Luís, que já parece bem entrosado.

> Sou de Poços de Caldas, estudei em São João e vim prestar o vestibular. Passei este ano, mas está um período meio complicado, por conta do AI-5. A agitação estudantil refluiu e estamos partindo para um novo tipo de movimentação cultural, meio chata, o ceticismo em relação à política e à arte está levando a um vanguardismo meio insosso, música concreta, poesia concreta, Godard, essas coisas que dão uma mão de obra danada. Moro na Vila Maria, tenho um colega de escola e amigo que mora no Ipiranga, pegamos ônibus para vir ao Cine Belas Artes. Outro dia viemos assistir ao Godard. Quando saímos, olhei para o João e falei: "E aí, João?". Ele disse: "Ah! É um saco". Quando estamos sem dinheiro, vamos à Liga das Senhoras Católicas e ficamos na fila esperando para poder entrar de graça, para ouvir piano com música concreta, uma das coisas mais insuportáveis que já vi. Faço faculdade de Comunicações na ECA-USP, tem um pessoal interessante na parte de cinema e, de música, Olivier Toni. Já comecei a trabalhar e a frequentar ambiente de boteco. De vez em quando dou uma fugida até a Maria Antônia, mas nunca cheguei a ter intimidade com o Bar Sem Nome, fui a alguns bares ali para tocar, mas é um pessoal mais velho que frequenta. (Luis Nassif, depoimento)

Assim que ele se vai, encontro uma jovem que já nos contou sobre o cursinho da Filosofia e que caminha por aqui. As mulheres adentram o mundo do trabalho, o ambiente estudantil e as organizações políticas, e executam um papel muito importante, além de construírem uma nova forma do viver social. Nesses inúmeros encontros e diálogos pela cidade, paro e converso com Nair, bastante discreta, mas muito engajada.

Sou da ALN, meu companheiro é francês, totalmente politizado, veio para o Brasil e se apaixonou. Ficou mais brasileiro que eu. Vivemos um período em que não há como não se engajar, tanta loucura, tanto despropósito, que você está ou numa coisa ou noutra. Tenho três filhos pequenos, faço o que chamam de apoio. Agora, quando aconteceu o Congresso de Ibiúna, nós passamos três, quatro dias, indo tirar gente de lá, e levando para esconder. Mas as coisas estão ficando cada vez mais pesadas, a atuação vai tendo que ser modificada, não faço ação armada, sempre fico no apoio. É impressionante a quantidade de mulheres que estão no apoio da ALN. As lideranças estudantis são o José Dirceu, que é muito lindo e fala muito bem, Paulo de Tarso, Travassos, e tantos outros, eles têm um *pedigree* que mobiliza. Falam bem, estão em todas as assembleias. A gente quer mudar o mundo, nada menos que isso, quer só mudar o mundo.

O movimento estudantil é forte, ativo, ali acontece muita coisa, andar pela cidade é fácil. A Maria Antônia, até há pouco, era o foco de tudo. Queria fazer vídeo, mas fiz uma pesquisa para ver o que há como equipamentos e descobri que os portáteis são muito ruins e os bons são aqueles trambolhos, que precisa ter um carro para transportar. Não tenho condições de ter um negócio desses. Quando nos envolvemos com o movimento, ficamos muito mais críticos com relação às pautas das revistas; de um lado é o burburinho, a efervescência, todo mundo discutindo Filosofia, discutindo tudo e, de outro, a pasmaceira das reportagens, falando o óbvio, o que é moda e o que não é.

Quando estava no segundo ano da Faap, prestei exame para a USP, passei e vim fazer o curso de Rádio e TV na segunda turma da ECA, faculdade de Comunicações. É delicioso, os professores estão muito envolvidos com os alunos e nós estamos descobrindo muita coisa. Circulamos muito pela avenida Paulista, a Consolação, o Riviera. No restaurante Gigetto, você não precisa marcar nada com ninguém, chega à noite, vai lá e encontra todo mundo que quiser para conversar, discutir, todo mundo é muito atuante.

Montei uma empresa com a Suzana Amaral, fotógrafo para os filmes e vídeos, mas sempre faço meu trabalho pessoal. Começo a montar um acervo de fotografias paralelo ao trabalho com os vídeos. Os vídeos são institucionais, por exemplo, a Sardi, empresa italiana de linhas elétricas; fazemos uma parte de oba-oba para a empresa, mas é muito discreto, é para a empresa se apresentar numa feira, promocional. Vende bem, faço um vídeo a cada dois meses, e é bem pago, tem trabalho, porque não se faz do dia para a noite, e com isso estou montando meu arquivo fotográfico, juntando fotos e separando um acervo. São poucas as mulheres que trabalham nessa área de documentação fotográfica, quase não tem. Meu caminho foi diferente, nunca fui aos órgãos de imprensa pedir emprego, não é o que quero. (Nair Benedicto, depoimento)

Há uma transformação na vida urbana e no comportamento dos jovens que é marcante e só vem se acentuando. Essa mudança diz respeito à entrada das mulheres no mercado de trabalho. Desde os anos 1950, e com o crescimento da classe média escolarizada, o número das que passam a disputar postos de trabalho só aumenta. Elas estão no setor comercial, em bancos, serviços públicos, magistério, jornalismo e nas artes.

Depois de uns dias, volto a caminhar pela região da praça Roosevelt, quando encontro nossa companheira de viagem Adelaide, que, além de cinéfila, já trabalhou em banco e foi para o ensino superior. Mostra um pouco da mentalidade vigente em relação ao lugar da mulher na sociedade.

Neste ano engravidei e comecei a fazer *freelancer* para a Abril Cultural. Estou nesta condição faz algum tempo, tudo indica que vão me contratar. No centro, frequento um cinema no largo do Paissandu, no Olido e do lado oposto ao Cine Paissandu, aonde fui, com o Décio Ear e o Carlos Felipe Moisés, ver um dos primeiros filmes do Nélson Pereira dos Santos, bom à beça, *Fome de amor*. Posterior ao *Vidas secas*, que vi no Cine Bijou, na praça Roosevelt, um dos únicos cinemas de arte de que dispomos. Há o Coral também, na rua 7 de Abril, onde vi toda a *nouvelle vague*, muito filme italiano, *O ferroviário*, *La ragazza con la valigia* e *Senilità*, com a Cláudia Cardinale, *Vagas estrelas da Ursa Maior*. Atualmente, temos ou esse tipo de filme ou uma produção de muito má qualidade de Hollywood, Doris Day e *Rock* Hudson, que odeio, detesto. Muito recentemente, os americanos voltaram a fazer bom cinema, *Butch Cassidy*, *Mash*, *The Swimmer*, com o Burt Lancaster, uma produção maravilhosa, *Perdidos na noite* (*Midnight Cowboy*), bons filmes de ação, até há pouco tempo era um cinema muito moralista, careta. Ao mesmo tempo, agora o italiano começa a decair.

Está havendo uma mudança de comportamento muito grande. Aquelas moças que falavam mal de mim porque saía de carro com os rapazes, usava biquíni, bebia e saía pela noite, agora todas começam a fazer a mesma coisa, mudou muito. Em 1963, quando comecei a namorar o meu marido, ele fazia parte de uma turma do Paulistano, do

Harmonia, moças que conheceu em Poços de Caldas, no Quisisana, onde passava férias. Moças finas, estudaram no Colégio Des Oiseaux; para mim era um outro mundo. Começamos a namorar e elas queriam me conhecer e convidaram para comer uma feijoada domingo na casa da Maristela. Quando cheguei, as moças bonitas, simpáticas, bem-vestidas, educadas, perguntaram muito curiosas: o que você faz? Falei: trabalho e estudo. Ah! Você trabalha! Onde você trabalha? Falei: trabalho num banco. Ah! Seu pai tem um banco?! Na cabeça delas, não cabia trabalhar em nenhum outro lugar que não fosse com o pai. Mas expliquei: não, meu pai não tem banco, e elas ficaram me olhando muito espantadas, porque trabalhava e estudava. Agora, em 1967, uma dessas moças finas já está no Banco da América, está todo mundo trabalhando, foram procurar uma carreira. Uma que estava noiva, de anel de brilhante e aliança, rompeu o noivado e desbundou total, foi fazer sexo grupal. Virei careta, entendeu? Era superavançada, virei supercareta, droga, e esse tipo de comportamento, nunca tive, meu negócio é a bebidinha, um copo de vinho e fumo muito, cigarro sem filtro, Hollywood e Luiz XV. (Maria Adelaide Amaral, depoimento)

A ditadura monta a censura prévia e a entrega à polícia, que não se preocupa em proibir ou censurar, simplesmente engaveta. Garrastazu proíbe a publicação de notícias sobre índios, movimento negro, preconceito racial ou esquadrão da morte. Com base no AI-5, 42 intelectuais da administração federal são aposentados compulsoriamente; entre eles entram, por engano, três professores da USP. No decreto de correção desse erro se demitem mais vinte professores. Cem físicos da SBF dirigem um protesto ao CNPq contra as cassações brancas de cientistas, impedidos de obter o grau de mestre ou de doutor, ou de serem contratados como pesquisadores e professores, em razão de informes policiais de árbitros reitorais. Cresce a contestação armada, lançando os jovens a assaltos a bancos e a sequestros de diplomatas para trocá-los por prisioneiros políticos submetidos à tortura e condenados a centenas de anos de prisão. Dos partidos comunistas brotam dissidências como o MR-8 do Rio e a ALN de São Paulo. A Polop e o MNR geram o POC, a VPR, a VAR etc. etc. Em conjunto, essas micro-organizações mobilizam cerca de mil combatentes.

É criado em São Paulo o Centro Brasileiro de Análise e Planejamento (Cebrap), reunindo equipe de cientistas sociais expulsos da universidade para realizar estudos independentes sobre temas socialmente relevantes, graças ao amparo de instituições internacionais, principalmente da Fundação Ford. Vilanova Artigas dá à USP seu melhor edifício, a Faculdade de Arquitetura e Urbanismo. No teatro, *O cemitério de automóveis*, do espanhol Francisco Arrabal, dirigido por Victor García, surrealista e anárquico, faz a psicanálise da repressão, mostrando um Cristo da contracultura tocando saxofone.

Publicações: Tarso de Castro, com os melhores humoristas — Jaguar, Millôr, Fortuna, Ziraldo, Henfil e Claudius — e os jornalistas Luís Carlos Maciel, Chico Buarque (de Roma), Caetano (de Londres), Vinicius (sempre em viagem) e Sérgio Cabral criam no Rio de Janeiro *O Pasquim*, semanário moleque, de oposição política pluralista através de cartuns, dicas, poemas e grandes entrevistas gravadas em linguagem sacana e coloquial. Chega a superar 200 mil exemplares, influindo poderosamente na juventude, inventando uma linguagem altamente expressiva. Consegue isso apesar da repressão e produzindo o triplo de matérias para compensar as que a censura cortava. A entrevista de Leila Diniz ao *Pasquim* encanta e escandaliza, como o retrato de uma mulher nova em folha, emancipada, que exibe orgulhosa, na praia de Ipanema, sua barrigona, prenha de Janaína. Leila diz toda contente: "Sou uma mulher meiga, adoro amar. Quero mesmo é fazer amor sem parar". (Ribeiro, 1985; *Nosso Século*, 1980)

Caminhamos para a zona Sul e é Flora quem, mais uma vez, conduz nosso trajeto. Vamos ver que cidade é esta. Estamos numa das partes da cidade horizontal, os sobrados, por vezes com comércio na frente, ou garagens, e ainda aqueles mais simples que estão colados à rua, abrigo dos primeiros imigrantes europeus, judeus, japoneses que aqui chegaram, depois abrigam a classe média que se expande. São muito raras as ruas com calçamento, paralelepípedos, asfaltadas, então, só as grandes avenidas que se dirigem ao centro.

Extensas regiões precariamente providas de serviços públicos, grandes vazios urbanos seguidos de pequenos agrupamentos, basicamente residenciais. Muitas crianças nas ruas, muita brincadeira na terra e aventuras pelas bordas despovoadas. Inúmeros campinhos de futebol num mesmo bairro, e, nos finais de tarde, os adolescentes e crianças lá se reúnem. Meninos em campo e meninas na torcida. Não como aquelas dos filmes americanos, com pompons, faixas, coreografias e roupinhas especiais, mas todos muito suados e cheios de poeira e terra. A turma da rua de baixo contra a de cima, os mais velhos com times que têm até nomes e camisetas. As escolas estaduais, onde estuda a grande maioria dos jovens, com belas edificações, bibliotecas e quadras de esportes, também abrigam jogos nos fins de semana.

Na região sul da cidade, indo da avenida 9 de Julho para o largo 13 de Maio, em Santo Amaro, passamos pelos córregos Uberabinha, Traição e Água Espraiada. Depois de muito barro, chegamos ao bairro dos alemães, do lado esquerdo da estrada de Santo Amaro, e, ao lado direito, belas casas espaçadas e árvores frondosas. Nesse trajeto de alguns poucos quilômetros, passamos por pelo menos cinco escolas estaduais, de primeiro e segundo grau, agregando inúmeros jovens.

Além dos centros esportivos municipais, que estão surgindo, há vários clubes recreativos e esportivos que entremeiam as residências: Banespa, Açaí, Ipê, Harmonia, Hípica Paulista, Clube Hípico de Santo Amaro, atendendo ao lazer e ao esporte da classe média-alta que está crescendo. Outros mais para a beira do rio Pinheiros, represas Guarapiranga e Billings, que agregam as camadas mais abastadas: Clube dos Engenheiros, Clube de Campo São Paulo, Clube Indiano, São Paulo Golf Club, Guarapiranga Golf Club.

Na caminhada pela região, é grande a quantidade de jovens secundaristas que transitam, pouco mais jovens que os calouros das universidades, mas têm vivência diferente da cidade e do movimento estudantil. Tudo tem sabor intenso de transgressão num cenário tão repressivo, mas eles se lançam. Na militância e na experimentação da cidade, estão presentes. Alguns de nossos companheiros de viagem, engajados no movimento secundarista, nos dão notícias do que anda acontecendo nesse grupo.

Koji nos diz:

> No Ginásio Vocacional o golpe é discutido, é um tema presente, um grupo de quatrocentos jovens estudando num país que está numa confusão danada, com as pessoas contra a ditadura, é claro que há algo errado. Os jovens, pela idade, inexperiência, pouco conhecimento, não compreendem, mas sentem que alguma coisa não está bem. Há empolgação juvenil, exagero, com um envolvimento radical nas coisas, mas é muito pela política. A morte do Edson Luís no Calabouço, no Rio de Janeiro, foi um choque! Pegou na vida das pessoas, na emoção, pra quem é jovem, garoto como nós, é um conflito ético, que provoca radicalização. Em maio de 1968, houve um grande comício, em que o governador, Roberto de Abreu Sodré, levou uma pedrada, a escola inteira estava lá, só não foram os pequenininhos porque os mais velhos decidiram que a molecada não devia ir. Só os mais adolescentes. Isso mostra a reação muito forte ao que está acontecendo.
>
> Por conta da militância de alguns alunos, a escola mandou representantes para o último congresso grande da UNE. Fizemos algumas assembleias para decidir quem iria e o que seria levado para o congresso, em dezembro de 1968. Fomos escolhidos eu e o William Waack. Chegamos a Salvador e, no primeiro dia, antes do início do congresso, foi editado o Ato Institucional n. 5. Muitos de nós não entendem muito

↳ Pátio do Ginásio Vocacional do Brooklin, no início dos anos 1960.

bem a dimensão do ato, a comunicação não é muito fácil, rádio ou jornais, tudo muito censurado, a quantidade e a qualidade da informação são muito precárias.

Um bando de jovens, em Salvador, onde tudo se faz a pé, cidade de difícil circulação, vindos de vários locais do país, tentando discutir se dava prosseguimento ou não ao congresso, no meio daquela confusão, mostrou um pouco de desconhecimento e de irresponsabilidade. Para o governo militar, esse bando de garotos lá não é importante, tanto que não houve nenhuma repressão. Acabou o congresso, já desbaratado, porque alguns militantes, com mais idade, tiveram noção do que está acontecendo. Voltamos para casa depois de dez dias. Pessoalmente, foi a maior aventura, tenho 16 anos, imagina isso, eu e o William, quarenta horas dentro do ônibus, é a primeira grande viagem que faço sozinho.

O governo acaba de editar o Decreto 477, tentativa militar de controlar o movimento estudantil, fechando os centros acadêmicos nas universidades e nas escolas do estado. Dentre os secundaristas há os mais envolvidos, que fazem contato com outras escolas da região, existe certo grau de mobilização. Aqui em Santo Amaro, há o Alberto Comte, Costa Manso e Ennio Voss. Há umas 10 ou 12 escolas em toda a cidade que têm envolvimento maior, e fazemos contatos e reuniões com seus representantes. A organização para ir às passeatas é feita nessas reuniões. Somos meio irresponsáveis, mas não tanto a ponto de ir sem nenhum esquema organizado, sabendo o que fazer se der problema, controlar quem está lá, conferir as pessoas, marcar lugar de encontro depois da confusão, que a gente sabe que vai ter.

Temos que ter esquema mínimo de controle, o que levar, o que não levar, as prisões estão acontecendo, um monte de garotos jovens no meio da rua não pode ir preso com panfleto, é complicado. Tivemos duas grandes passeatas este ano e pequenas manifestações, comícios-relâmpagos. Por conta disso, tivemos contato com o pessoal da Universidade de São Paulo. Alguns alunos têm irmãos na USP e, na grande briga da rua Maria Antônia, acompanhamos a confusão. Esse fato criou um ambiente horrível, em que o diretor da escola achava a todo momento que o pessoal do CCC ia invadir o Vocacional. Acabamos de fazer um movimento de vigília, dormimos na escola para protegê-la, um episódio que gerou vários conflitos familiares, os pais ficaram preocupados: o que é que esta molecada está fazendo lá! É um medo real, movimentos de tiroteio, gente jogando bomba de gás lacrimogêneo, cavalos atropelando pessoas, repressão violenta.

Tudo que fazemos gira em torno da escola, algumas atividades são por conta do que temos no currículo, contato com o cinema, teatro e música. As atividades culturais são importantes, e fazemos tudo de ônibus. Nos organizamos para ir em conjunto, os espetáculos nos teatros terminam às 11 e pouco da noite e são no centro da cidade. A turma mora nos bairros, o ônibus para de circular à meia-noite. Vamos de ônibus e voltamos a pé, em grupo de sete a oito pessoas. Vamos a teatros na Brigadeiro Luís Antônio, lá embaixo, subimos até a Paulista, depois até a avenida Indianópolis, chegamos em casa às três da madrugada, andamos muito, não tem nenhum problema de ser abordado por ninguém, nem polícia nem ladrão. É sempre o mesmo grupo, moramos próximo, no Brooklin, Moema, Vila Mariana.

Faço parte da última turma que estudou no antigo ginásio e pegou o ciclo inteiro do modelo Vocacional. O ano de 1968 foi o primeiro de existência do colegial, para dar continuidade à turma. Somos um grupo de noventa a cem alunos, no primeiro semestre. O primeiro ano quase que inteiro se desenvolveu ainda com uma relativa normalidade, ambiente de pressão, mas com os professores trabalhando. Agora, em 1969, houve a intervenção militar na escola, com tropas da Polícia do Exército (PE) fazendo corredor polonês. Caiu a direção, os professores foram presos, saíram. Depois da intervenção, muitos alunos decidiram sair e ir para outra escola. Minha opção foi ficar. Sabemos que não ficaremos em bons termos, não vão manter a mesma filosofia de trabalho, mesma relação entre alunos e entre alunos e professores, sabemos que vai mudar muito. Há um desânimo por conta da repressão, que está sendo muito forte. (Koji Okabayashi, depoimento)

Seu colega Dagomir prossegue:

O Vocacional está sendo muito rico. Não é um ensino perfeito, mas experimentalmente é interessante. Muito importante é a obrigação de trabalhar, se não o aluno não se matricula. Virei assessor de assessor de imprensa da Secretaria da Fazenda. Experiência incrível, maravilhosa, tenho que ir a uma cabine, passar as notícias, pego o noticiário diário, tipo "o IPI de determinado produto aumentou 412%", ligar pra cada emissora e jornal, falar com a editoria de economia e ditar os índices, é esta a "tecnologia". Passo meus dias ali, descobri que tem um telex e fiquei estarrecido com a "tecnologia de ponta"! Cheguei para o meu chefe, um cara maravilhoso, que adoro, Rimonato, e contei a novidade: "Não vou precisar ficar nessa cabine, posso passar pelo telex e não tem esforço nenhum". Passo a notícia no telex, que é uma fita perfurada, e por ela passo pra cada jornal, entendeu? Fui podado. Geograficamente, o Vocacional é meio isolado, mas um lugar a que vou muito é o Cine Bijou, na praça Roosevelt. Por alguma razão, o porteiro dá moleza pra menor de idade, não pede documento, vou toda semana ver os filmes de 18 anos, filmes proibidos. (Dagomir Marquezi, depoimento)

Mas essa vivência dos colégios estaduais, do movimento secundarista, de explorar a cidade e seus atrativos, percorrer suas ruas de madrugada, em grupo, para ter acesso às atividades culturais, está muito distante da experiência dos jovens dos colégios particulares e da elite paulistana. Do outro lado da cidade, mas nem tão distante, na região da avenida Paulista, alguns jovens têm outra relação com a cidade. É a carioca Sônia, que veio para estudar no Dante Alighieri, quem nos conta da vida por lá.

Frequento a rua Augusta com minhas amigas e amigos do Dante, aos sábados, domingos e alguns finais de tarde. Há muitos boyzinhos, com carrões, todo mundo vai fazer *footing*, as pessoas vão comprar roupa. Mas não sou dessa turma, vou a uma loja de discos, muito famosa, a Hi-Fi. Juntamos a grana que sobra do lanche da cantina na escola durante a semana com a semanada e todo sábado de manhã vamos para a rua Augusta comprar um ou dois discos. Meu negócio é ir à Hi-Fi, descer a rua por uma calçada e subir pela outra, comprar alguma coisa. Vou muito ao Cine Astor, onde vi o filme dos Beatles algumas vezes. Tenho um programa mais "fino" com os pais e outro com os amigos. Com meus pais vou ao Fasano almoçar, virado à paulista, no centro do Conjunto Nacional. Vamos ao Posillipo, cantina italiana, maravilhosa, onde tem um ótimo bife à parmegiana e macarrão; almoçamos lá todo domingo. São famílias italianas, todo mundo fala alto, acho isso maravilhoso. Vamos muito ao Gigetto, à noite, comer pizza, passeamos na avenida São Luís, nos cafés.

Começo a conhecer outros lugares da cidade, indo à casa dos amigos. Tem um que mora no Jardim Europa; outros dois irmãos gêmeos e mais uma irmã que moram num prédio da Paulista, do lado do Cine Gazeta; a esses vou e volto a pé. Essa coisa dos italianos foi me trazendo para a cidade. Os melhores amigos na escola são de famílias italianas, a cultura, o jeito de ser das pessoas, a comida, a casa e os restaurantes, foram uma forma de me apaziguar com a cidade, fui gostando daqui a partir disso. Eventualmente, vamos à rua José Paulino comprar um casaco para o inverno; acho muito longe, é uma viagem. O colégio em si tem uma arquitetura muito dura, pouco acolhedora, o que mais gosto é que tem um pátio interno e as pessoas saem correndo da aula e vão para lá tomar oxigênio. Sempre tenho problemas de disciplina, porque não concordo com os professores e falo, eles me põem pra fora da sala, vou para a diretoria, ligam para minha casa e minha mãe vai lá. Mas é interessante que estou conhecendo pessoas legais lá, alguns amigos italianos. (Sônia Lorenz, depoimento)

Os jornais noticiam: a situação está se acirrando, o capitão Lamarca larga o Exército acompanhado de um sargento, um cabo e um soldado, levando para a guerrilha três bazucas, dez metralhadoras, 69 fuzis e muita munição. Logo depois, numa ação espetacular, desapropriam, no Rio, o cofre em que a amante de Adhemar de Barros guardava sua caixinha de cerca de 2 e meio milhões de dólares. Carlos Marighella, dirigente comunista, adere à luta armada. Vive, em dez meses, uma série de façanhas da guerrilha urbana que o celebrizam, é morto pela polícia numa cilada. Seu *Minimanual do guerrilheiro urbano* foi difundido em muitas línguas. Na tumba de Marighella, desenhada por Oscar Niemeyer na lápide, com sua silhueta cravejada de balas, Jorge Amado escreveu: "Não teve tempo de ter medo". (Ribeiro, 1985)

Depois dessas notícias tão pesadas da conjuntura política nacional, voltamos a encontrar os jovens universitários para sentir como anda a região das faculdades. Já sabemos que o clima vai ficando cada vez mais tenso, afetando os cursos e atraindo os jovens para as organizações. Na Faculdade de Arquitetura (FAU), a mobilização e a atuação política ficaram mais sérias nos últimos dois anos, nos conta Vallandro, mas este ano explodiu.

Nas passeatas, somos a oficina de confecção de cartazes, inclusive durante as aulas; o Zé Dirceu é frequentador assíduo. O fim deste período foi a briga entre a Filosofia e o Mackenzie. Este ano inclusive a FAU foi para a Cidade Universitária. Mudança que desmobilizou, diluiu as turmas e as distâncias são maiores, dificultou o deslocamento e a união das pessoas. A escala da FAU na Vila Buarque é muito melhor, mais acolhedora e fica dentro da cidade. A Cidade Universitária é quase um retiro.

Ali só tem três ou quatro pessoas de direita, e todo mundo sabe quem são. Os outros são ou do Partidão ou da AP, fortemente ligados aos partidos políticos. Há uma influência de cima para baixo, isso não é saudável para a conscientização política, exige "disciplina ideológica", o que entra em conflito com as propostas da faculdade, de criar seres conscientes, críticos, abertos. A militância política exige ginástica intelectual, sou um ser um pouco diferenciado nisso, porque venho do Rio, e tive uma experiência, de Colégio Naval, por certo romantismo. A questão da discussão política é marcada por isso: as pessoas abdicam da possibilidade de pensar por elas mesmas, de ter uma discussão mais aberta, de não mergulhar na famosa e incentivada Guerra Fria: ou contra ou a favor. Isso leva a uma ausência de liberdade de pensar, falta de consciência do que está acontecendo. Em geral, as pessoas têm informação a respeito da política internacional, Guerra Fria, mas não têm a mínima consciência do que é a faculdade. Da questão do ensino, do conhecimento, e isso me aflige, porque estou muito interessado no que é a arquitetura, o ensino da arquitetura e da criação. Com a saída de Artigas, Paulo Mendes da Rocha, Jon Maitrejean, houve um impacto muito grande na faculdade, as pessoas começaram a desprezar a atividade da escola e a privilegiar a atividade política. É uma pena, porque desorganizou bastante. (Vallandro Keating, depoimento)

Mesmo com todas essas mudanças, ainda há uma vivência dos universitários aqui no Centro Novo e na Vila Buarque. É Olgária quem nos conta:

Vamos ver peças no Theatro Municipal, bater papo no Salada Paulista, frequentamos e fazemos *tour* pelos sebos para comprar livros, no Anhangabaú, perto da Faculdade de Direito; ali encontramos raridades, a cultura tem uma aura, temos respeito e amor ao professor, ao intelectual. Adorno fala que na cultura está a capacidade de amar. Amar é conferir valor, o conhecimento exige amor.

Às vezes, quando acabava a aula na Maria Antônia às onze e meia, meia-noite, voltava a pé para a Vila Clementino, andava toda a avenida Paulista, a rua Vergueiro, a Domingos de Morais e chegava em casa, não era perigoso, não tinha medo. Como a ditadura ficou mais violenta, passamos a ter medo, porque, se andar na rua, você é comunista. O que uma moça está fazendo sozinha na rua a esta hora? Evitamos por medo da repressão, não pelo medo da criminalidade, isso é uma coisa muito rara.

O dia mais triste da minha vida foi quando cheguei à Filosofia e ela estava em chamas. Ela era uma espécie de prolongamento da minha casa, no sentido de um *oikos* público, se é que posso falar isso, é um oximoro, porque a nossa vida ativa, vida inteligente, sentimental, adulta, era lá, não era só um lugar, era uma época, uma data. Ver aquilo em chamas, vítima da brutalidade! Desde Platão, a universidade, a escola, é o lugar onde não entra a violência, é o lugar da utopia, onde a palavra é uma barreira contra a violência! Chegar lá e ver uma muralha de militares, com metralhadora na mão na entrada! Foi uma cena absolutamente chocante, que os europeus viveram no fascismo, na ocupação nazista, é uma coisa indescritível, o sentimento de perda e de exílio. O que dizer, se a última resistência à brutalidade e à força nua se perde?! Porque a universidade é este espaço, onde não entra a polícia e não tem violência, foi muito triste. (Olgária Matos, depoimento)

Enquanto conversávamos pelas imediações da praça Dom José Gaspar se aproxima Raquel, jovem que acaba de entrar na Faculdade de Psicologia, e entra na conversa.

> Por aqui há protesto no teatro, com a criação da Feira Paulista de Opinião e ao mesmo tempo a invasão do Ruth Escobar pelo CCC, onde estava sendo encenada *Roda viva*. Está tudo muito radicalizado, o cinema novo está no auge. As artes têm muita relação com o momento político. Na música, por exemplo, a típica do tempo de Getulio Vargas era o samba, Dalva de Oliveira, a coisa grandiosa, do Brasil querendo crescer. Entrou o Juscelino, veio a bossa nova, maneirinho, água com açúcar. Quando começou a ditadura, veio música de protesto: Chico Buarque, Sérgio Ricardo, Vandré... é uma tentativa de resistência.
>
> Há torcida organizada nos festivais. E há o iê-iê-iê *versus* a música popular brasileira. Sinto que o pessoal da MPB está mais próximo em termos da esquerda, mas, em relação à faixa etária, ficamos um pouco divididas entre o iê-iê-iê e a MPB. Temos uma proximidade maior com o pessoal da música popular, a minha primeira faixa de passeata foi pintada na casa do Chico Buarque de Hollanda, antes de a gente sair. Ele está na FAU, o pessoal da Psico e o da FAU são mais próximos, mesmo nas apresentações de teatro, estamos mais próximos. (Raquel Moreno, depoimento)

A mudança está sendo dolorosa, vou até essa tal de Cidade Universitária amanhã para ver o que acontece por lá, sei que o percurso é longo e a locomoção trabalhosa, tem que andar muito, as escolas são muito isoladas umas das outras, os jovens ficam muito dispersos. Tentarei ir ao Conjunto Residencial da USP, o Crusp, para encontrar informações, ver como estão se adaptando por lá.

É Mouzar quem encontro e vai logo falando que fazem reuniões até de madrugada:

> Estou na direção do Centro de Estudos Geográficos e da executiva do Grêmio da Faculdade de Filosofia. Mudei para o Crusp, estou em todos os focos possíveis. Quase toda madrugada tem reunião, depois vamos a pé até o Ceasa, tomar sopa de cebola. Tem alguns botecos na entrada da Cidade Universitária, mas nós gostamos mesmo é do Pingão e Redondo, na esquina da Consolação com a Ipiranga, em

frente ao Teatro de Arena, onde há muitos artistas e estudantes e o bar do Zé, na Maria Antônia.

Este ano entrou uma turma grande de boêmios na Geografia, frequentamos alguns botecos na entrada da Cidade Universitária. No restaurante Frajola, na Vital Brasil, vamos quando estamos enjoados da comida do Crusp. A paineira que fica depois da ponte é o ponto de referência. Aos poucos vamos sentindo a mudança dos bares da região com a nossa chegada. O Rei das Batidas, na avenida Waldemar Ferreira, era supervazio, agora lotou. O dono, seu Mané, ficou tão agradecido que mantém uma mesa do lado de dentro do balcão só para nós. No Tropeirinho, o dono colocou dois cavaletes, três tábuas e algumas cadeiras, e monta quando chegamos; ficamos até amanhecer. Achamos o bar do João, dos carroceiros e mecânicos. Uma mulher sacou que o ponto tem futuro, comprou o bar e mudou o nome para Tia Rosa. Virou um ponto onde fazemos grandes festas, tomando conta da cozinha dela.

Começamos a ter atividades culturais por aqui. Chico Buarque e Sérgio Ricardo vêm fazer *show* no Crusp, assim como alguns grupos de teatro. O festival de música que teve no final "A banda" e "Disparada" foi como uma final de campeonato Corinthians e Palmeiras, com duas torcidas radicais. No dia seguinte, quando fui trabalhar, no centro da cidade, nas casas de discos, antes de abrir, já tinha uma fila enorme para comprar o compacto, "A banda" de um lado e "Disparada" do outro. (Mouzar Benedito, depoimento)

Embaixador dos Estados Unidos é sequestrado numa ação conjunta da ALN com o MR-8 e trocado por quinze presos políticos. A ditadura furiosa emite o AI-14, que declara banidos os presos libertados e promulga a pena de morte e de prisão perpétua para sequestros e outros atos de rebeldia política. Um comando de paraquedistas tenta impedir o embarque dos banidos para o México. Não consegue, mas lê um manifesto na Rádio Nacional, protestando. A repressão também se desdobra, saindo da órbita civil dos Deops para a de grupos especializados das três Forças Armadas, sob a coordenação do Centro de Informação do Exército (Ciex), ao lado do qual surgem, nos anos seguintes, a BAN, os DOIs e os Codis do Exército, o Cenimar da Marinha e o Cisa da Aeronáutica. Todos eles de tristíssima memória. (Ribeiro, 1985)

Nem tudo é diversão, a repressão se aproxima a passos largos. Mouzar continua:

Na noite de 13 de dezembro de 1968 — do AI-5 —, passou um grupo do CCC metralhando os prédios do Crusp, armamos um esquema de defesa, pusemos uns blocos de pedra, que não dá para ninguém passar em alta velocidade, é em ziguezague, e teriam que passar bem devagarzinho. Se viessem atirar na gente, teríamos uma turma com pedra, coquetel molotov, esperando, de plantão. Mas, na madrugada do 17 de dezembro, apareceram três quilômetros de policiais militares e uma multidão de soldados que estavam desde antes do AI-5 confinados em quartel, sem acesso a ninguém e ouvindo que iam para a guerra. Acreditaram que iriam combater, morrer, e nós ali com meia dúzia de coquetéis molotov e um monte de estilingues. Tínhamos um sistema de alarme para o caso da chegada da polícia, mas não funcionou. O pessoal que estava de prontidão fugiu, escapou, e o resto foi todo mundo preso. Cercados por bateria antiaérea, virada para cima, porque sabiam que nosso sistema de defesa era atirar garrafa e pedra de cima do prédio. Tinham tentado uma vez, com dois ou três brucutus da PM, expulsar-nos do prédio, e acabaram apanhando, os carros tinham pneus comuns e subiram na grama, mas nós jogamos muita água lá de cima, ficaram patinando e nós jogando pedra e garrafa. Dessa vez foram prevenidos, bateria antiaérea pra cima, não tinha a mínima condição. Fomos levados para o presídio Tiradentes; às 5 horas da manhã eles chegaram e por volta das 10 levaram a gente.

Antes disso, foram acumulando livros na frente do Crusp, nós ali presos, pensando no filme *Fahrenheit 451*, poriam fogo em tudo. Foram pegando os livros subversivos, na minha cabeceira tinha *A origem da família, da propriedade privada e do Estado*, do Engels, mas, para eles, o subversivo é o Marx. O Engels não é nada, e o nome do livro parecia até simpático. Eram 1.200 que levaram presos; ficamos horas sem comer, e começaram a libertar à meia-noite. Sobraram uns setenta e poucos, no final do quarto dia fui levado, junto com mais vinte, para o Tiradentes, e só uns cinco foram fazer fichas no Dops. Tive sorte, peguei um delegado cansado, dr. Rui de Ulhôa Campos, que deixou a gente na sala e foi embora, nós não esperamos e fomos embora. (Mouzar Benedito, depoimento)

Continuo a minha caminhada pela Cidade Universitária e encontro Luiz Roncari, o estudante da História que chegou há pouco.

Quando cheguei, em 1967, tínhamos vida universitária, e, o que é mais interessante, a mistura com a vida cultural da Vila Buarque. Saíamos do prédio, estávamos perto dos teatros, bares, cinemas. A cidade, a vida urbana do centro e a vida da universidade se casam muito. Vida urbana é de rua, não é viver trancado dentro de casa, é sair, encontrar as pessoas na rua, frequentar, ir aos lugares e ter possibilidade de conversa, de troca de ideias, de interlocução, daí surgem as novas ideias, a vida se torna inteligente. Vida inteligente é estar com outras pessoas, a vida isolada e reclusa é inumana e não é urbana. A saída dos cursos da Maria Antônia está provocando isolamento, quem passou por aquele prédio viveu os anos mais gloriosos de São Paulo e da USP.

No ano passado, 1968, tudo mudou muito. Vim morar na Cidade Universitária. Tínhamos atividades culturais mais internas, mas é outro sabor. Ao centro ia eventualmente a restaurante, teatro, cinema. A vida no Crusp, conjunto residencial estudantil, era culturalmente muito rica, tínhamos cinema, grupo de teatro, um grupo de *shows*, muitos intelectuais e artistas frequentavam, o pessoal de teatro trazia sempre espetáculo, tínhamos Cinemateca, vida política intensa. Há muitas associações universitárias, UNE, UEE, uma vida muito rica, cultural, intelectual, fazíamos seminários, discussões, debates, morando aqui quase não saía. Mesmo quando íamos para cinema, teatro, tínhamos o circular da universidade que nos levava para os cinemas da Consolação, ao Cine Picolino, ao Bijou.

Durante o ano de 1968 morei no Crusp até dezembro. Com o Ato Institucional n. 5, o Exército ocupou o conjunto residencial estudantil e o fechou. Então vim morar em Pinheiros, na praça Benedito Calixto, na esquina com a rua Cardeal Arcoverde, que chamamos de Cruspinho. Agora, com dois amigos, montamos uma república na rua Alvarenga, na entrada da Cidade Universitária, alugamos um casarão com cinco quartos, uma casa enorme, e montamos a primeira república mista, homens e mulheres. É um escândalo, imagina a esbórnia que é! Essa é a imagem que fazem. Mas não é nada disso, é uma república comunitária, estamos formando comunidades.

Na política, com o AI-5, foram dissolvidos os partidos; só há o Partido Comunista na clandestinidade, com posições muito reformistas, e vem sendo muito criticado desde a dissidência do Marighella. Na vida universitária na USP, o Partido Comunista é muito rejeitado entre os estudantes, há uma minoria de militantes. As duas tendências mais fortes são: 1) a AP, Ação Popular, que vem da JUC, Juventude Universitária Católica, e 2) a dissidência comunista, do Marighella, que vem gerando a ALN. Orgânica ou simpaticamente, as pessoas se aproximam de uma delas. Além dos grupos trotskistas, como o da IV Internacional, mas é minoria. Essas duas tendências são as mais fortes. (Luiz Roncari, depoimento)

A saída da Faculdade de Filosofia e dos demais núcleos da USP da região da rua Maria Antônia ainda é muito recente, e, apesar de terem sido fundamentais na consolidação e no fortalecimento da vida noturna e cultural no Centro Novo e na Vila Buarque, outras instituições, como as redações dos jornais, sedes das rádios e televisões com seus auditórios, agências de propaganda, galerias de arte, teatros, cinemas, biblioteca e livrarias, continuam por aqui. Os estudantes e professores tiveram papel fundamental na sociabilidade nessa área, mas as faculdades particulares continuam ali e as mudanças não ocorrem automaticamente. Nossos companheiros de viagem, boêmios e trabalhadores das comunicações, continuam transitando por ali e vão contando como andam os pontos de encontro.

Encontro na Galeria Metrópole o estudante do Mackenzie e músico da noite Luiz da Orquestra, que gosta de contar casos e diz que aqui dentro tudo é muito democrático, a repressão danada fica lá fora, mas...

Uma vez estávamos no Jogral, um pessoal da Engenharia Mauá que tem uma banda de *dixie* estava tocando, quando entrou a polícia, dentro da boate. Entram de vez em quando, uma coisa horrorosa, com cachorro e tudo, iluminam a cara das pessoas com lanterna, aquela coisa estúpida. Estávamos sentados com o pessoal da Mauá, o Paraná falou baixinho para os caras da banda: "Vocês sabem tocar 'Gloria, glória, aleluia'?". "Sabemos". "Então toca bem baixinho". Começaram a tocar, e o pessoal do bar sacou, começou a cantar bem baixinho, a polícia foi ficando apavorada, iluminavam a cara das pessoas, mas todo mundo cantava, foram embora correndo. Exorcizamos o demônio. Paraná é muito inteligente, autodidata fantástico. Tão bacana que morou com o João Gilberto numa pensão na rua das Palmeiras, veio da roça no Paraná, onde capinava, e o máximo que fazia era guarânia [canta], mora com o João e mostra as músicas para ele. O João, que já é famoso, adora ele. Assisti algumas vezes a um táxi parar, motorista descer, e vir chamá-lo porque o João queria falar. Carlos Paraná fica duas horas dentro do táxi conversando, depois volta.

Perto da Galeria, há um bar dos negros, maravilhoso, comprido, tem samba lá no fundo, passei e entrei, estava toda a comunidade negra paulista fazendo samba, uma coisa bacana para burro. À noite todos os gatos são pardos, negro ou branco, dá na mesma. Toco na noite e depois vou dormir na casa do Valtinho. A comunidade negra mora no Brás, na Baixada do Glicério, nós vamos pra lá, dormimos, acordamos e já tem uma baita festa acontecendo. Mas existe um bocado de preconceito, nunca vi o Adauto Santos sair namorando com nenhuma frequentadora do Jogral.

Descobri estes dias outro bar na rua Santo Antônio, boca brava, o grande bandido Boca de Traíra mora nos fundos, é um cortiço. Ficamos amigos inclusive do filho do Boca de Traíra. Um dia ele quis invocar com o Azis, baterista nosso, e o Alberto falou: "Espera um pouquinho". Foi lá e tirou dois revólveres do moleque de 14 anos e disse: "Agora vamos ver se você é macho mesmo, se não, te dou um tapão na orelha". E o moleque não fez mais nada.

Estava indo tocar e chegamos a esse bar, descobrimos que tem uns dias que não vai ninguém, fica às moscas, chama Cortiço Negro. O dono é o Peter, um húngaro, modelo — tem pouquíssimos modelos, ele e a namorada desfilam, abriram um bar para modelos. Propus o seguinte: "Arrendo a casa, os dois dias piores —; você põe a mercadoria, bebidas, e ponho uma pessoa no caixa, junto com o teu". Explodimos o bar, segunda e quinta lota. Os amigos pediram para mudar e passamos para quinta e sexta. Mas comecei a trabalhar em publicidade e não dá para ficar na noite toda semana. Estamos indo tocar também no Jogral, que virou um bar fantástico, no final da Consolação, a rua Martins Fontes com a Avanhandava. Há ainda o Chez Regine, lugar onde o Dick Farney toca, e, na rua Martinho Prado, descendo a escada que vai sair na 9 de Julho, tem um bar chamado Carinhoso. Cheguei a fazer música para o Teatro de Arena. Um dia destes, estava na Galeria Metrópole quando o meu amigo Márcio Moreira, um dos jovens diretores do Arena, que todo mundo achava que seria um grande diretor, mas que precisava sobreviver, me falou que estava trabalhando em publicidade. Fui trabalhar com ele. (Luiz da Orquestra, depoimento)

Enquanto conversávamos, Alberto, seu amigo, que se lança nas cantorias da noite, estava por ali. Senta-se e dá o tom.

Comecei a cantar nos bares da noite, no Xaréu na Angélica com Dulce, Carlinhos Vergueiro, Tião Motorista. Mas cantava tudo no gogó, só agora começo a usar microfone. Aqui no Sand-Churra, cantei uma música ou outra, cantar mesmo só agora na boate Cortiço Negro, na rua Marques Leão. O Cortiço é de húngaros, cantamos eu, Clarisse Santana e Luiz da Orquestra. Com o Odilon e o Geraldo Cunha canto em um restaurante no Zarvos, o Paddock, na São Luís com a Consolação, em cima da Rádio América. Somos todos amadores, é só farra, ninguém recebe nada por isso, só não pagamos a bebida. Tem também o Sanduíche, na rua Santo Antônio, mas esse já tem "novo rico", não suporto *nouveau riche*. Com o Luiz cantamos em casas da alta burguesia, do Constantino Cury, dono da Janda, embaixador da Síria. Ali cantei com Odilon, Menino Jesus e o Morel, é uma mansão no Jardim Europa, já tinha ido a uma festa árabe, no clube da Alepo, na avenida Paulista, só aqueles árabes grã-finérrimos.

Quando comecei a frequentar a Galeria, já estávamos na ditadura, mas este ano a PM botou todo o aparato militar, estão acabando com o nosso centro, aqui tem mil coisas para fazer, a Herbert, grande livraria alemã, fica no primeiro piso, tem duas boates muito boas em cima. Mas vão com caminhão e levam a gente como suspeitos. Suspeitos de tudo, é o arbítrio. Vi gente conhecida, estudante, sendo presa, levada no caminhão. Estamos num tempo horroroso, de andar olhando para trás, sabe o que é viver olhando para trás? Perturba muito, castra, não permite que se viva. (Alberto Lira, depoimento)

As percepções são diversas: para alguns, o clima está muito pesado; para outros, são momentos de repressão e depois tudo volta ao normal. Mas, de fato, o clima de tensão vem crescendo, a batalha entre a Filosofia e o Mackenzie, a repressão policial, a ida das faculdades para o *campus* do outro lado do rio Pinheiros, vão criando um clima de muita hostilidade. Depois de falar com os dois músicos da noite, encontro com Ugo, que trabalha na área de publicidade e tem outra sensação. Diz que em dezembro, no dia do AI-5, estava na Galeria Metrópole e foi um alvoroço.

Ela é um ponto incrível, nunca vi coisa tão festiva na vida, chegamos à avenida São Luís, vindos da 7 de Abril, entrando na praça Dom José Gaspar, e ela pulsa de luz, parece um navio, tem uns quarenta bares dentro, é uma coisa extraordinária. Embaixo há um monte de inferninhos. Um lugar a que vou muito é o Jogral, do Carlos Paraná. Estou trabalhando na Alcântara Machado e com a turma de rádio e TV. Saímos de noite e vamos para lá. Ali conheci Paulo Vanzolini, que encontro sempre. Maranhão, Chico, Caetano e Gil, que moram na São Luís, vão ali visitar o Luiz Carlos Paraná, compositor, uma figura, pessoa muito interessante. Guardo uma imagem forte dele, todo mundo enchendo a cara no bar dele e ele com um copo de leite. Agora está mudando para a rua Martins Fontes com a Avanhandava.

Tem o Adauto Santos, grande violonista, Mauricy Moura canta, tem outros tipos de música nos inferninhos, e está aparecendo a jovem guarda, o iê-iê-iê, mas não curto muito. Rosa Amarela é um bar com música brasileira, já Dixieland Jazz, do Tito Martino, tem umas *jam sessions* e uma livraria que abriga músicos de *jazz*. Meu irmão é músico, foi introduzido para a música em casa, meu pai é um cara que gosta muito de música erudita, ouvimos o programa da Rádio Gazeta, *Música dos Mestres*. Vou com o meu irmão, cinco anos mais moço, à Discoteca Municipal, fundada por Mário de Andrade, na Brigadeiro Luís Antônio quase com a Maria Paula. Num dos andares, a gente entra e te dão o catálogo. Você pede Beethoven, *Quinta sinfonia*, entra na cabine, fica um cara na tua frente com um monte de "bolachas", discos de vinil de 78 rotações, e coloca-o para você ouvir, tudo absolutamente grátis. Na música popular, estão começando a surgir Gil, Chico, Caetano, Vandré. Aos festivais, nunca fui pessoalmente, vejo pela televisão. (Ugo Giorgetti, depoimento)

O aumento da repressão acirra na contestação a ousadia na experimentação de linguagens artísticas, da liberdade sexual e de comportamento. Neste ano, o público do Theatro São Pedro, na Barra Funda, assiste a *performances* contraculturais promovidas pelo escritor e cineasta José Agripino de Paula e sua mulher, a bailarina Maria Esther Stockler. O casal cria o Grupo Sondas, encenando *Rito do amor selvagem*, baseado na peça *Nações unidas*, de Agripino, e inovadores espetáculos de teatro-dança, como *Tarzan do Terceiro Mundo*. Trazido para cá pelas mãos da empresária Ruth Escobar, o diretor argentino Victor García realiza uma espetacular montagem de *O balcão*, de Jean Genet, com cenário e plateia verticais de Wladimir Pereira Cardoso (Comodo, 2004).

O que está dando para perceber é que a repressão não está só coibindo a ação dos estudantes, eles não estão mais concentrados aqui, e a presença da polícia é marcante. Aos poucos vamos vendo que vários dos nossos companheiros nesta viagem têm alguma história para contar sobre essa presença e cada vez mais as ações culturais estão misturadas às ações políticas.

Nas imediações da Itamarati, tradicional local dos advogados, encontro o ex-militante estudantil e hoje advogado, diretor teatral e escritor Idibal, que sempre tem muito a acrescentar sobre a convivência simbiótica entre política e cultura. Chega com seu amigo João Carlos, Pelão, e nos conta que, em linhas gerais, desde 1964, trabalha como advogado de presos políticos.

Advoguei praticamente para todo o congresso de Ibiúna, da União Nacional dos Estudantes, em que foram presos mil estudantes. Meu escritório ficou com aproximadamente novecentos desses mil. Mesclo a advocacia de presos políticos com o autor teatral com nome de

César Vieira. Mando os textos para a censura ler, aprovar ou proibi-los, e depois passar por uma outra censura, para assistir ao espetáculo, proibir ou não. Quando mandava o texto, como sou advogado de sindicalistas e de presos políticos, eles nem liam e já proibiam. Mudei o nome, mandei em nome de César Vieira e passaram, só depois de dois anos descobriram que César Vieira era o Idibal Pivetta, aí proibiram tudo de novo. Em linhas gerais, é a minha carreira.

Dos lugares que ainda podemos frequentar e são interessantes, há o Sopão do Ceasa, para onde vamos no fim de noite, pois não fecha, vamos tomar sopa de cebola. Mais perto é o bar do Zé na Maria Antônia, aonde vai o pessoal da Filosofia, nos seus conflitos com o pessoal do Mackenzie. O bar do outro Zé, no largo de São Francisco, aqui a Confeitaria Itamarati, em frente ao largo de São Francisco. Esses são os nossos pontos de reunião da boemia, e se tornaram ponto de encontro dos que participam da luta armada, da clandestinidade, são perseguidos. Com os sindicatos e centros acadêmico fechados, são impossíveis reuniões para se discutir, e esses bares se transformaram em locais de encontro das pessoas que queriam discutir soluções, estando na clandestinidade. No Riviera, Franciscano, até dava certa facilidade para a polícia, mas nunca aconteceu de coincidir, de a polícia saber disso e prendê-los lá. Outro ponto de revolucionários, de pessoas que estão na clandestinidade, além do Ceasa, é na esquina da rua do Paraíso com a rua Apeninos, em frente à fábrica da Brahma. Ali tem uns barzinhos muito humildes e o pessoal se encontra para discutir os problemas, soluções e como encaminhar a luta contra a ditadura. A esquina da Consolação com a Coronel José Eusébio, do lado do cemitério, também é um dos pontos.

Na Rodoviária, no guichê de venda de ingressos da Cometa, me colocaram para encontrar uma pessoa que não conhecia, e que estaria com a *Gazeta Esportiva* na mão, ou lendo a *Gazeta Esportiva*. Fui e tinha quatro caras lendo a *Gazeta*, ou com ela na mão. Fiquei olhando os caras, e eles achando que eu era homossexual, mas tinha que encarar, não tinha solução. No fim, o encontro não se concretizou. Outro local é o restaurante Os Castelões, na Voluntários da Pátria, e uma casa de massas na rua da Mooca, perto do presídio do Hipódromo. Restaurantes em que, como advogado, vou conversar com clientes que estão na clandestinidade. Esses locais e algumas livrarias; que seriam de lazer se transformam em pontos de encontro das pessoas que fazem oposição ao regime, participando da luta armada, ou só perseguidos que não podem voltar para as suas casas, seus empregos, ali se encontram com seus advogados e discutem seus problemas. Outro local é o Conjunto Nacional, onde existem livrarias, nos encontramos como se fôssemos namorados, você passa e o pessoal não tem muito tempo para ficar elocubrando grandes pontos; o largo de Moema e a choperia do Joan Sehn são pontos de encontros não só da boemia, mas para conversar com clientes, participantes da luta armada, ou de outra forma de resistência, que estão clandestinos.

Além de escrever peças teatrais, tenho participação ativa na atuação teatral. O grupo de teatro do Centro Acadêmico XI de Agosto nasce para fazer um teatro político direto, a peça é *O Evangelho segundo Zebedeu*, libertária, a vida do Conselheiro enfrentando o Exército da república. O grupo Casarão surge com a peça *Corinthians, meu amor*, que conta não a história do clube, mas a história das desventuras de torcedores do Corinthians, e, com a atração que o nome tem, vamos para os bairros e aparecem cinquenta pessoas com bandeira e camiseta do time. Nas cenas de macumba que tem na peça, de candomblé, os atores e parte do público ficam tomados, um negócio maluco, e vimos que esse é um caminho. Em 1966, com o *Zebedeu*, partindo de discussões dos dois grupos, que fazem trabalho importante, achamos que temos que atingir outro público. Da fusão dos dois grupos, que têm como objetivo se apresentar na periferia, surge o União e Olho Vivo em 1968. (Idibal Pivetta, depoimento)

João Carlos, Pelão, que estava só ouvindo, conta suas atividades um pouco diferentes, ligadas à cultura, mas bem inserido no universo radiofônico e televisivo.

Este ano está acontecendo a novela *Beto Rockfeller*; nela trabalha uma amiga, e os atores também frequentam o Eduardo's. Outro dia estávamos lá, chegou um cara e falou "Vocês não vão na festa do PC!". Falamos: "Pô, estranho! Não pode falar isso!". Alguns foram e, quando chegaram ao morro dos Ingleses, a polícia prendeu todo mundo, até explicar que era a casa do Paulo César. Essa amiga minha era muito visada, e estava na novela de maior sucesso.

A Rádio Record participou muito da revolução de 1932, era católica; depois o Paulo Machado de Carvalho comprou as ações e fez a emissora dele. Como televisão, vai bem; principalmente na parte de musicais, é soberana, como a Tupi em novela. Ninguém encostou, só a Excelsior um ano ou dois, mas quebrou. Teve um pessoal da Excelsior que a Globo levou, foi o Manga junto. O pessoal chamou de Ali Babá e os 40 ladrões, porque de repente acabou a Excelsior. A Tupi marcou espaço por causa da rede, foi a primeira a fazer transmissão São Paulo-Rio. Chateaubriand é muito ousado, profissional fantástico, fala: "Te dou carteirinha, se vira, não me vem pedir aumento, não".

Trabalhei em gravadoras e gravei muita coisa do folclore do estado de São Paulo, Adoniran e algumas coisas com o Carlinhos Vergueiro, que é fantástico. Quando estive na Globo, sempre punha gente de São Paulo para trabalhar. Trabalho na Tupi e fui um dia à Mocidade Alegre, com o Arley Pereira, onde conheci o Juarez, presidente, que me convidou para entrar na escola, e eu falei: "É uma honra". Daí pra frente ganhamos todos os carnavais, passamos para o segundo grupo, depois para o primeiro, depois especial. Fui eleito presidente da Federação das Escolas de Samba e Cordões Carnavalescos do Estado de São Paulo, assumi e fechei. Era lá no Martinelli, onde a noite é perigosíssima, mas tinha tanta maracutaia que falei: "Vamos encerrar, não vale a pena, agradeço a todos". Estava tendo a votação e o Carlão da Peruche abriu a porta e falou: "Voto no Antônio Pelão para presidente, não posso ficar mais tempo". Bateu a porta e saiu, daqui a pouco chegou a polícia atrás dele. (João Carlos Botezelli, Pelão, depoimento)

Apesar da tensão, muita coisa está acontecendo por aqui. Marco encontro no Gigetto, para a semana, com Ignácio, nosso repórter da cultura, para saber o que há de novo neste centro. Ele nos dá uma sinopse dos cinemas da redondeza:

Há o Paissandu, o Marrocos — que é chiquérrimo, tem um bar dentro, entrada suntuosa — e o Broadway, que só passa tranqueira. Está surgindo o Cinerama na São João, o Comodoro e o Rio Branco, que chamamos de *Road Shows*, onde passam filmes destinados a ficar cinco ou seis meses em cartaz. O Jussara, do lado da Galeria Olido, na Dom José, e o Normandie, na avenida Rio Branco, só passam filmes franceses; no Áurea, na rua Aurora, só filme italiano; o República é cinemascope; o Coral é onde está a Cinemateca em cima. Vou muito a teatro de revista, que continua acontecendo, junto com Arena e Oficina. Cada um no seu canto, segmentado. O público de revista não frequenta os mesmos locais dos outros. Vão aos restaurantes Papai, Moraes, Parreirinha, os outros estão mais para Redondo, Gigetto, cantinas da Bela Vista, não se misturam. Há grandes comediantes no teatro de revista, tipo Colé, Violeta Ferraz, Zeloni, que já começa a fazer carreira fora, na TV, com *Família Trapo*, e no cinema com *São Paulo Sociedade Anônima*, filme do Person. O teatro de revista sofre certo preconceito, é o teatro das putinhas, das mulheres... e nem é. (Ignácio de Loyola Brandão, depoimento)

Enquanto conversávamos, chega Izaías, o mineiro ator e diretor teatral, que gostou do assunto e entra no papo.

O que atrai grande público são os cinemas: Cine Bijou na praça

Roosevelt, Coral na 7 de Abril, que fazem mostras de cine europeu, russo. Havia um percurso que agora está um pouco alterado pela saída de algumas faculdades. Antes, o percurso da rua Maranhão até o largo do Paissandu começava na Faculdade de Arquitetura, passando por Mackenzie, Faculdade de Filosofia na Maria Antônia, de Economia na Vila Nova; descendo a Consolação, estavam o Teatro de Arena, o Redondo, o Bijou; a seguir, o Cine Coral, o Paribar, o Museu de Arte Moderna, na 7 de Abril, até o Cine Marrocos e os bares do largo do Paissandu, todo o percurso frequentado por intelectuais e artistas. A Baiuca na praça Roosevelt, entre o Bijou e o Arena, mais para baixo o Teatro Timol, na pracinha da Biblioteca Monteiro Lobato, a Sociologia e Política. Todo esse percurso, essa faixa da cidade, desde os anos 1950 agrega artistas, intelectuais, boêmios, estudantes, e é uma grande festa. Dentro das suas limitações, a vida cultural política está ali, para o bem e para o mal, tanto para a direita como para a esquerda.

Com o AI-5 endurecendo de vez, censura à imprensa, os sindicatos, entidades estudantis fechadas, prisões, resta para alguns, pelo menos imaginamos assim, a oportunidade de fazer enfrentamento pela força, pela violência, respondendo com violência à própria violência do golpe de Estado e de toda a repressão que vem se estabelecendo. Não é uma atitude vanguardista, maluca, é uma maneira de fazer oposição. Partiu-se para os assaltos a bancos, expropriações, pessoas morrendo. Isso marca profundamente esse grupo de brasileiros cuja idade varia entre vinte e trinta anos, no máximo. A exceção são alguns mais velhos, como Marighella, Mário Alves, turma que já vem de anos e anos de luta dentro do Partido Comunista. Mas em geral é uma turma muito jovem, de origem de classe média, pequena burguesia, que teve acesso à escola, à universidade, à informação.

Cheguei a fazer o curso de Ciências Sociais, mas não concluí, fui preso antes. Fiz dois anos e meio, aqui na Maria Antônia, onde tive oportunidade de ler e discutir. Essas coisas, no terreno da ideologia, se espalham, da discussão tenta-se passar para a prática. Isso favorece a participação de boa faixa de jovens, muitos ligados às atividades artísticas, é o mesmo tipo de jovem que está no teatro, na música popular, no cinema, na literatura, na poesia, nas artes plásticas, é natural que uma parte da resistência ao golpe de Estado venha dessas pessoas. O que tentamos fazer é um trabalho junto aos operários, no ABC e em Osasco. Surtiu um efeito interessante, há vários líderes operários novos, com vinte e poucos anos, o Ibraim, o Roque, turma que começa a exercer liderança operária, que propicia ampliar a base do movimento. Muitos artistas que vêm do CPC, da UNE, de atividades estudantis, do Teatro de Arena, do cinema novo, são jovens que, com o golpe, ficam sem poder se expressar, por conta da censura no teatro, na música, no jornal, no cinema. Alguns partiram para um tipo de enfrentamento mais direto.

A individualidade existe em qualquer setor de atividade, as pessoas querem se destacar, ser o melhor ator, bom funcionário, bom professor, bom médico, só que esta geração que chegou até a universidade, do final da guerra até o golpe, tem um sentido de vida que inclui a si e ao outro, e não é algo que se resolve assumir, isso está introjetado no nosso pensamento. Nunca fiz nada na área política pensando que minha ação me traria algum benefício do ponto de vista da vaidade. É geracional, vamos para os cinemas, teatros, assembleias estudantis, operárias, para as manifestações de rua, é uma empolgação, queremos participar, fazer. Brigamos para abaixar o preço do bandejão no Rio de Janeiro, onde morre o estudante Edson, provocando a Passeata dos 100 Mil, provocamos a ira da direita. Invadem teatros, como invadiram aqui o *Roda viva*. Há uma vontade, desta geração nos grandes centros, de participação, são milhares de pessoas e formadoras de opinião, com penetração na mídia. (Izaías Almada, depoimento)

As mudanças no volume de jovens que transitam pelo espaço do Centro Novo e o da Vila Buarque já se fazem notar, os circuitos feitos a pé, principalmente pelos estudantes, vão se alterando, com a ida de várias unidades da USP para a Cidade Universitária. Mas a repressão dentro do *campus*, depois do AI-5 e da invasão pela polícia, volta a desalojar os estudantes, que buscam novos locais de encontro que estejam fora da mira da polícia.

Depois que eles partem, quem chega por aqui é o Roberto, psiquiatra, diretor teatral, júri de festival e, na sua última versão, jornalista. Chega muito tenso e nos conta que a "a repressão está cada vez mais violenta. A função do SNI é espionar e perseguir quem for contra o golpe. Estão prendendo diversos professores. A casa de Mário Schenberg, professor de física nuclear e grande conhecedor de artes plásticas, é invadida por um delegado de polícia que depreda sua biblioteca, seus objetos de arte e o leva para a cadeia de pijama. A cassação de seus direitos políticos se segue à expulsão do país de eminentes cientistas, respeitados no mundo inteiro, como Leite Lopes, Roberto Salmeron, Luís Hildebrando Pereira da Silva, e cientistas sociais como Josué de Castro, Celso Furtado, Fernando Henrique Cardoso e Paulo Freire, entre outros. Dispersam-se, assim, equipes científicas insubstituíveis, interrompendo-se uma tradição de estudos e pesquisa de décadas de trabalho intenso e fecundo".

Apesar da tensão do momento, o seu querido amigo e padrinho

Carlito Maia fez com que chegasse a Robert, filho de Victor Civita, que está montando a equipe da revista *Realidade*. Estava com plano de fundar uma revista de classe e do melhor jornalismo possível. Recebeu a indicação de Paulo Patarra para ajudá-lo na tarefa. Quando Roberto chega à redação, é bem recebido pelo jornalista Narciso Kalili, que já conhecia do tempo em que trabalhavam juntos na Televisão Record, onde fez textos de teledramaturgia. Contratado pela revista, está fazendo muitas matérias, com imenso prazer e verdadeira paixão, com apoio e colaboração de colegas. Os temas são Pelé, Roberto Carlos, Garrincha, João Cabral de Melo Neto, menores de rua do Recife, o matador nordestino Zé Crispim, a mãe de santo Olga do Alaketo e mestre Pastinha, o maior e mais importante capoeirista do Brasil. "Em uma delas, chamada 'Meninos do Recife', ganhei o Prêmio Esso de Reportagem, em 1968. Aliás, o único prêmio recebido em toda a minha vida" (Freire, 2002).

O clima de tensão está aumentando entre os estudantes também. Mouzar nos contava outro dia que seus colegas do centro acadêmico da Geografia estão se mandando, parte para o Chile, outra para a Argentina. Sobrou só um, que pediu a ele que reassumisse. "A polícia está fechando todos os centrinhos, arrebentando, prendem com carabina e os caras não têm coragem de reabrir. Só este ano entraram dez vezes, arrebentando, arrumamos um tabuleiro de xadrez, vitrolinha com uns discos vagabundos que podiam ser quebrados, limpamos e pusemos para funcionar. Em uma das vezes prenderam oito caras que estavam jogando pingue-pongue, cercamos a polícia, e tomamos os presos, eles estavam sem armas. Passaram uns quinze dias, voltaram com polícia marítima, barra-pesadíssima, estavam com trinta nomes, da Geografia e da História, para prender. Entraram na sala de aula, fazíamos prova final, no mês de junho, um frio lascado, e prenderam o Sinclair da Polop, presidente do centrinho, Adalberto e o Nelson Paquito, mas puseram todo mundo no pátio, tivemos que passar pela porta de vidro e mostrar documentos, sob a mira das armas. Mas não prenderam mais ninguém".

Essa tensão se reflete na convivência urbana, e vem mudando muito a imagem que tinha daqui de quando chegou.

> Era uma cidade muito dinâmica, o "Eldorado"; quem chegasse não ficaria dois dias desempregado. Havia uma oferta muito grande, as empresas procuravam através de anúncio nos jornais, dizendo: "Precisa-se de escriturários, nossa empresa dá três aumentos por ano". Mas tudo isso está mudando com a ditadura, Roberto Campos, uma política recessiva que nunca imaginamos que viria. De repente,

> a fusão de bancos, que não é fusão, é incorporação, grandes engolindo os pequenos, mudança rápida, e cada vez que acontece isso vamos para a rua, mas não há mais tanta disponibilidade de emprego. Começamos a ver desempregados nas ruas do centro vendendo o anel da mulher, qualquer coisa. Do viaduto do Chá, todo dia alguém se joga, por falta de trabalho, essa é a grande alteração de comportamento, São Paulo mais amarga. Vejo a cidade ficar triste, é desagradável, é uma cidade muito moralista. (Mouzar Benedito, depoimento)

Leio algumas notícias que me levam de volta ao mundo da cultura e das movimentações fora do país. Para além da barra-pesada da repressão, há acontecimentos culturais novos.

> Jorge Ben faz grande sucesso com Patropi, seu fusca e o violão, Caetano, Gil e Chico partem para o exílio na Europa. Chico deixa a proibida "Apesar de você". Na América do Norte, podíamos ver. numa fazenda, perto de Nova York, 500 mil pessoas deitando e rolando na Nação Woodstock, para nunca mais esquecer Janis Joplin e Jimi Hendrix. (Dias, 2003)

> Percebo que tem outros cantos sendo entoados por aqui e já estão marcando o comportamento desses jovens; é o canto contracultural se colocando contra o fundamento do autoritarismo: a racionalização da vida social. Questionam várias dimensões da vida cotidiana, dão ênfase à subjetividade, se aproximam da loucura e da marginalidade, construindo comunidades alternativas. É o ânimo anti-intelectualista. A palavra de ordem é *drop out*, cair fora do sistema, a transformação que se pretende é interior e da conduta cotidiana, quem sabe construindo uma Nova Era. Como dizia o americano Jerry Rubin, a revolução é o que você faz no dia a dia. (Risério, 2006)

Esse caminho híbrido, mesclado, em meio à realidade repressiva, surgiu outro dia em conversa com Mouzar e faz parte da vida de muitos jovens. Viajam de carona para o Nordeste. O destino, quase sempre, é Salvador. Mesmo que a viagem seja para a Bolívia, de trem até Santa Cruz de la Sierra, depois de ônibus para La Paz, sabe onde acaba? Salvador! "Chegamos à Bolívia, não tínhamos tirado passaporte, fomos presos e mandados de volta para Corumbá, de lá fomos para Cuiabá, tentando pegar carona numa barca de boi, de lá para Goiana, de lá... acabamos em Salvador, é uma delícia". Ano passado, foi com Ricardinho para o Ceará, foram a Belo Horizonte e pegaram o vapor do rio São Francisco. Conheceram dois estudantes baianos, um deles, Fontes, filho de um ex-comandante do vapor.

O barco parecia uma comunidade só, 1.371 km de parte navegável, todo mundo amigo. Fomos sem camarote, baratinho, dormimos no chão. Chegamos a Juazeiro, atravessamos para Petrolina, já sem dinheiro. Fomos de carona, em alguns lugares estendíamos a rede, em outros dormíamos no chão de posto de gasolina. Está muito forte o movimento *hippie*.

Sinto que estou no meio da história, que estou mudando o mundo, acreditamos que podemos mudar, pode até estar errado, mas é muito bom sentir isso. Somos felizes. No Crusp, morando lá, nunca pensei que ia ter uma vida tão boa. No meio da liberação sexual, entramos na adolescência na fase da repressão sexual e, agora que estamos saindo da adolescência, veio essa liberdade, para a gente se esbaldar...

Temos uma referência, a dos movimentos na Europa e o dos *hippies* dos Estados Unidos, mas nosso movimento estudantil é contra a ditadura, lá as conquistas são outras. A morte do estudante Edson Luís, no Rio de Janeiro, foi em março, e lá começou em maio, o nosso foi até antes. Não é um movimento de Primeiro Mundo. Caetano Veloso, influenciado por maio de 1968, saiu com a música "É proibido proibir" e levou a maior vaia, fez um discurso que ninguém ouviu. Estava no Tuca no dia, foi a maior zorra. O comportamento está mudando, inclusive na política. O mito do Guevara é forte, há revolução cultural na China, os Beatles, os *hippies* nos Estados Unidos contra a Guerra do Vietnã, a pílula, a maconha chegando à universidade, antes era coisa só de marginal. Tem Chico Buarque, Vandré, a bossa nova, Elis Regina, tropicalismo, Sérgio Ricardo, tem muita música legal. Este ano teve o II Festival Universitário, em que ganhou Abílio Manoel, com "Pena verde", você precisa ver a torcida! Em 1967, teve os manifestos contra a guitarra na música popular brasileira assinado por um monte de gente. No centro acadêmico da Geografia temos uma relação muito forte com a música, atividades regulares de cultura, todo ano tem Geobossa, de bossa nova, e na Geologia tem o Geosamba. (Mouzar Benedito, depoimento)

NA BARCA DO SÃO FRANCISCO

Neste final de década, a cidade sofre reflexos fortes da situação política nacional. A saída dos cursos de Filosofia, Ciências Sociais, Economia e Arquitetura da área central, planejada para ocorrer a longo prazo, é apressada pelas contingências e pelo anseio em isolar os jovens estudantes rebeldes, o que implicou uma diminuição da convivência diária nas ruas, praças e instituições públicas da região.

Mas as mudanças de uso nos espaços urbanos não provocam reflexos imediatos, até porque grande parte dos artistas, jornalistas, atores, publicitários, músicos e trabalhadores das comunicações não deixou de circular por ali, e ainda há muitos estudantes em outras faculdades na região. Estes são e continuam a ser os usuários e frequentadores dos bares, boates, restaurantes, casa de *shows* da região. Aqueles estudantes que daqui foram retirados acabam se deslocando mais pela cidade, tanto para usufruir quanto buscando novos espaços de convivência.

A intensidade dos acontecimentos no mundo nos anos de 1968 e 1969 é grande e já rendeu uma série de pesquisas acadêmicas, levantamentos historiográficos, políticos, e mesmo de construção de memórias coletivas, como o *Nós que amávamos tanto a revolução*, de Daniel Cohn-Bendit. É possível traçar alguns paralelos entre o movimento de jovens em outros países e o que aconteceu por aqui, mas, ainda que a tentação seja imensa, deixo que os próprios protagonistas daquele momento teçam suas tramas e busquem suas origens e filiações.

Uma coisa é certa: se no campo das ideias e do anseio de liberdade há uma aproximação entre os jovens de várias partes do mundo, aqui temos uma situação econômica, social e de conjuntura política bastante peculiar. Peculiaridade esta que, por um lado, aponta para uma radicalização, com os grupos armados de guerrilha urbana e rural; por outro, para o encantamento e o deslumbramento com a liberdade sexual, a experimentação de novos visuais, das drogas e de formas novas de sociabilidade; e por outro ainda, de um caminhar na corda bamba entre a repressão política e a ação social, procurando um espaço de ação e engajamento num país tão carente.

Elemento importante neste período, que vem crescendo e ganha muita força entre os jovens e estudantes, é a participação feminina na vida pública, política, no mercado de trabalho e na circulação pela cidade. Mas o que tem interferido na sociabilidade no centro e nos ambientes onde há troca intelectual, artística e inteligente, é a repressão política. A convivência entre os companheiros de viagem ligados às faculdades na região da Vila Buarque vem demarcando desde os anos 1950 um percurso no espaço que se estende do Centro Novo à Vila Buarque. Nesse local, homens e mulheres transitam em grupo pela Biblioteca, pela moradia de alguns, pela faculdade, por livrarias, museus e bares. Ali trocam experiências, conversam sobre os acontecimentos, "filosofam" a respeito de tudo.

A tradição intelectual francesa e europeia associa o saber às artes, à crítica e reformulação dos costumes, vinculando as ciências humanas às inúmeras atividades artísticas. Por um longo período, os professores e alunos desses cursos atuaram nos meios de comunicação, revistas e jornais, como cronistas e críticos de arte, para aos poucos irem formando seus próprios meios de extroversão do pensamento.

Nas ciências sociais, intelectualmente se dedicam à compreensão da sociedade em que vivemos. Aproveitando estímulos à pesquisa, passam a estudar, tendo como expoente o professor Florestan Fernandes, o folclore, a população negra, os trabalhadores e a formação urbana. De uma ação voltada ao trabalho acadêmico passam para os índios, a história, o folclore, as imigrações fundamentais para a cidade, é tudo junto e misturado. "Somos de um tempo", diz Antonio Candido, "em que não se vivia em gavetas. Nossa faculdade era de Filosofia, Ciências, Letras e de Antropologia".

Nesse final de década, não há somente uma quebra espacial do frutífero casamento entre a cidade e o pensamento dos jovens estudantes, dos cientistas sociais e filósofos que, estando inseridos no coração da cidade, a ela devotavam parte de sua reflexão. A cisão é simbólica, mas é profundamente concreta. Não carregam para o outro lado do rio Pinheiros as acomodações. Alunos e professores carregam um imenso vazio, professores presos, agentes do policiamento constantemente presentes e ausência de sentido. Uma quebra profunda no pensamento humanista, de esquerda, e de constante reflexão sobre o vivido.

AS GAVETAS E O BALANÇO DA DÉCADA

Do ponto de vista da cidade e dos locais de encontro desses jovens, dos artistas, jornalistas, comunicadores em geral, há uma alteração substancial. São Paulo é descrita por muitos cronistas, desde o final do século XIX, como a cidade dos estudantes, pelo grande número de escolas em sua área central. Em meados dos anos 1930, o surgimento da Universidade de São Paulo vem reforçar essa imagem com a instalação progressiva dos cursos de Engenharias, Odontologia, Filosofia, Economia e Arquitetura no centro e arredores. Essa convivência alimentou o saber com reflexões sobre a vida urbana, as redações de periódicos com a produção acadêmica e uma sociabilidade intensa nas imediações desses cursos.

No final dos anos 1950, o Centro Novo era o grande ponto de encontro de jovens universitários, profissionais liberais e dos meios de comunicação. No entorno da Biblioteca Municipal, vários bares, cafés, leiterias, livrarias, bares e cinemas abrigavam esse público sedento por conversa e atividades culturais. Já se esboçava na administração do Departamento de Cultura Municipal a criação de núcleos pelos bairros da cidade, com teatros distritais e bibliotecas infantojuvenis e de adultos que, associados a um equipamento educacional, atenderiam a demanda da população juvenil e com menor poder aquisitivo. Os cinemas de rua também tiveram um aumento do número de salas, ampliando, assim, o atendimento à crescente demanda da classe média.

As conquistas democráticas da década anterior estavam engatinhando. Junto com essa estrutura de equipamentos culturais e o aumento da rede de ensino público havia o otimismo desenvolvimentista do governo Juscelino, com um volume maior de bens manufaturados no mercado.

Nesse governo das grandes obras surge também uma camada de altos funcionários de empresas estrangeiras que, dominando o mercado local, têm prestígio econômico e representam a "modernidade". Na vida noturna, essa camada com maior poder aquisitivo favorece o aparecimento de boates, pianos-bares, locais de *shows* quase reservados. Os inúmeros locais que aparecem no começo dos anos 1960 são espaços dos profissionais de comunicações e de uma parcela da elite vinculada às atividades culturais e que irão favorecer a grande sonoridade de então. Não eram espaços frequentados pela maioria dos jovens estudantes, mas faziam parte dos trajetos por onde circulavam.

Esse ambiente cultural e noturno, que vem sendo construído desde os anos 1940 como um objetivo explícito da elite paulista de transferir os investimentos industriais para a cidade de São Paulo, se fortalece com a mudança da capital federal para Brasília em 1961. O golpe de 1964 não interfere imediatamente na convivência urbana e na produção cultural que por aí circula. Muito pelo contrário, há um florescimento de espaços musicais, e um aumento de espaços destinados aos estudantes e profissionais liberais que circulam pela noite.

No final dos anos 1950 havia o começo de uma radicalização entre o pensamento conservador e o pensamento de esquerda e "liberal", entre o posicionamento de uma Igreja católica conservadora, que tenta interferir nas artes e nos costumes, e o posicionamento de jovens estudantes e artistas. No início dos anos 1960, podemos ver o aparecimento de uma facção de jovens estudantes vinculados ao pensamento católico, grupo este que vai passando por uma profunda transformação no transcorrer da década, quando se afasta da Igreja. Mas, ao mesmo tempo, há uma transformação no seio da própria Igreja católica, fazendo emergir uma ala progressista, vinculada à população mais carente.

É marcante a quantidade de grupos políticos que surgem neste último período, com o pensamento mais à esquerda assumindo inúmeras feições, desde as mais tradicionais, ligadas ao Partido Comunista, até as correntes ligadas à luta armada, que propõem um rompimento radical com a ordem instituída. Os grupos à direita também se ampliam e põem sua face em ações radicais, armam-se de bombas e armas de fogo contra os artistas e estudantes, acirrando a violência de Estado.

Marcante nesta década é a luta anti-imperialista. No meio cultural e artístico, ela leva à defesa de ideias radicais, como a dos CPCs, abominando manifestações não estritamente nacionais e fazendo da arte um instrumento de conscientização do povo. Mas esse ideário floresce em poucas cidades do Brasil, tem alguma representatividade no Rio de Janeiro, mas até mesmo no Recife, onde foram plantadas suas sementes, teve um viés mais moderado. Por lá se pretende valorizar e reformular as artes brasileiras com pesquisas e busca das tradições populares. Em São Paulo há a valorização da arte nacional e o surgimento de movimentos que, antropofagicamente, usam as técnicas vindas de fora para dar nova roupagem à nossa criação. Juntaram a guitarra ao baião, o violino ao samba, a rabeca ao clássico.

O sonho de modernização que estava presente no nacional-desenvolvimentismo e que contagiou os jovens que ansiavam pela possibilidade de interferir no futuro do país vai, no decorrer da década, perdendo seu prestígio, concentrando o poder decisório nas mãos dos tecnocratas, mostrando um caráter menos edificante e assumindo uma face arrasadora em relação à cidade, destruindo parcela significativa de nosso patrimônio, rasgando o tecido urbano com grandes avenidas para os automóveis, adensando a periferia e excluindo do convívio central a maior parte da população urbana. Tendência que só vai se acirrar com o passar dos anos. Em relação aos meios de comunicação, à ferrenha censura e pactuação de alguns veículos vem se somar a emergência da Rede Globo de Televisão, que começa a mostrar suas garras atendendo às demandas do regime autoritário, na descaracterização dos festivais da canção.

EM BUSCA DO CORPO

Economia: O presidente Garrastazu Médici declara que "a economia pode ir bem, mas a maioria do povo vai mal". Apresenta seu plano de metas e bases para construir um Brasil potência e nele inclui a construção de uma nova rodovia: a Transamazônica.

Avança o loteamento da Amazônia. Além dos 6 milhões de hectares do bilionário Daniel Ludwig, são doados 678 mil à Suiá-Missu, seiscentos mil à Codeara e outros tantos à Georgia-Pacific, à Bruynzeel, à Volkswagen e à Robin Mac. Também entram na negociata a Anderson Clayton, a Swift Armour, a Goodyear, a Nestlé, a Mitsubishi, a Bordon, o Mappin, além das empresas nativas — Camargo Corrêa, Bradesco *et caterva*.

Acelera-se a destruição da floresta com drogas desfolhantes, napalm e correntes arrastadas por enormes tratores de esteira. O programa é transformar a selva em pastagem. Simultaneamente, promulga-se uma lei que põe sob proteção especial as tocas das feras e os ninhos de passarinhos. É criado o Incra — Instituto Nacional de Colonização e Reforma Agrária —, mas o que de fato se institui é a antirreforma agrária, com a entrega de glebas quilométricas às grandes empresas, que ainda poderiam deduzir todos os seus gastos, até a metade do imposto de renda que deveriam pagar.

Polícia: A Polícia assume descaradamente o chamado Esquadrão da Morte, que assassina, muitas vezes à metralhadora, centenas de "marginais", expandindo a velha prática do justiçamento de supostos criminosos por policiais. O esquadrão passa a trucidar milhares de cidadãos, pessoas em situação de rua e ladrões, até políticos de esquerda ou simples inimigos policiais. (Adaptado de Ribeiro, 1985)

A luta armada pratica três sequestros sensacionais que comovem o país. Os embaixadores do Japão, da Alemanha e da Suíça são trocados por centenas de presos políticos que haviam sido submetidos à tortura e condenados a séculos de prisão. O capitão Lamarca implanta, com nove companheiros, uma guerrilha no vale do Ribeira, no litoral paulista, prontamente erradicada pelas Forças Armadas, que para isso mobilizara 5 mil homens.

A repressão recrudesce brutalmente. São assassinados os dirigentes comunistas Joaquim Câmara Ferreira e Mário Alves — este, empalado. Com eles, morrem vinte outros presos políticos. Muitos deles sucumbiram à tortura. Aluísio Palhano, líder bancário transformado em guerrilheiro da VPR, preso pelo Centro de Informações da Marinha (Cenimar), no Rio, muito torturado, é entregue ainda vivo ao DOI-Codi de São Paulo, que o assassina. Também preso e torturado foi o padre Viccini, que queria denunciar a morte, após tortura, de um operário em Mauá. A prisão de Mário Pedrosa pela ditadura provoca protestos eloquentes, inclusive um abaixo-assinado com mais de cem personalidades mundiais, tais como Picasso, Calder, Moore e Max Bill, responsabilizando a ditadura pela integridade física de Pedrosa.

Cultura: O Decreto-Lei 1.077 e a Instrução 175-B de Garrastazu instituem censura prévia dos jornais, revistas e livros e autorizam a apreensão de filmes, para impedir a difusão de "material atentatório à moral e aos bons costumes". Povo repele as eleições convocadas pelo governo, por meio do voto nulo e de abstenções, que atingem 60% do eleitorado. No cinema, como reação contra a intolerância política e a opressão cultural, surgem o cinema marginal e depois o "Novíssimo", que, não dando conta do recado, abrem as portas para a pornochanchada. Algumas delas, como *Os paqueras*, de Reginaldo Faria, alcançam grande êxito.

Mesmo com a intensa repressão, a produção no campo da cultura é constante. Enfrentando a censura e o vandalismo dos militares, os artistas que por aqui permanecem estão ativos. Paremos novamente e voltemos às notícias na área da Cultura:

Implementado em todo o sistema escolar do país o ensino da Educação Moral e Cívica como matéria obrigatória, o que ameaça acabar com o patriotismo da juventude. A censura alcança extremos, proíbe a gravação de setenta letras musicais, a montagem de mais de cem peças de teatro e a exibição de cerca de trinta filmes de longa metragem. A militância política e o protesto, proscritos, se manifestam nos cartuns, consagrando artistas como Millôr, Ziraldo, Henfil, Jaguar e outros, que também passam a ser perseguidos pela repressão. No cinema, *Como era gostoso meu francês*, sátira de Nelson Pereira dos Santos inspirada nas desventuras de Hans Staden, arcabuzeiro alemão que os índios não quiseram comer porque era muito frouxo. Nas publicações, surgem periódicos procurando espaço para uma oposição, seja risonha — *Bom Dia, Pif Paf* —, seja mais séria — *Em Tempo*,

Politika. Antonio Candido escreve o ensaio "Dialética da malandragem". Henfil põe o Brasil a rir e a se coçar, incomodando com o cangaceiro Zeferino, o intelectual Bode Orelana e, sobretudo, com Graúna, a menina prafrentex. (Ribeiro, 1985)

Essa oposição risonha, na pessoa de Henrique de Souza Filho, o Henfil, acaba de lançar a revista *Os Fradinhos*, com desenho crítico e satírico e personagens tipicamente brasileiros. Cumprido e Baixim são os dois fradinhos, que contracenam com Graúna e convivem com o bode Orelana e o cangaceiro Zeferino.

As mudanças nessa área não são poucas. Encontro-me com um cartunista que vem tentando participar de algumas publicações. Ele conta que é da Casa Verde, bairro que já teve a honra de ser homenageado pelo Adoniran Barbosa com a música "No morro da Casa Verde".

Meu pai, funileiro; minha mãe, dona de casa; família de classe média, média para baixa, quase despencando. Sou cercado por italianos, por parte de mãe, napolitanos e sicilianos, por parte de pai toscano, de Lucca. Quer dizer, tenho italianos barulhentos e os italianos mais quietos, da parte alta.

Meu nome é Arnaldo Angeli. Minha família por parte de pai, todos desenham, desde pequeno acompanho e desenho. Não lembro do dia em que não desenhei. O desenho foi o que me salvou, porque fugi muito cedo da escola, fiz até o começo do ginásio, aí queimei o primeiro baseado, deixei o cabelo crescer, época da ditadura, colégio do Estado, começou a ter um choque de comportamento ali e logo abandonei a escola, ou melhor, me jubilaram. Fiz quatro vezes a 1ª série ginasial e repeti todas por faltas, porque tinha uma várzea perto de casa e eu ficava brincando de Ted Boy Marino com os amigos, luta livre. Quando senti que já não ia dar em nada, não ia conseguir tirar leite nenhum daquela pedra, já tinha publicado o primeiro desenho, na revista *Senhor*, em 1970, com 14 anos. Comecei influenciado por um cara que é o Juarez Machado, mas logo olhei pro Millôr e pro Ziraldo e percebi que era a minha praia, fui muito influenciado por eles. (*Caros Amigos*, V, ano 5, n. 50, maio 2001)

No campo da literatura, os grandes êxitos editoriais da época são duas traduções: *Cem anos de solidão*, de Gabriel García Márquez, e *O jogo da amarelinha*, de Julio Cortázar. Em 1971, Antonio Callado publica *Bar Don Juan*, retratando a esquerda combativa e festiva. Erico Verissimo nos dá seu melhor enredo: *Incidente em Antares*, romance mágico, fantástico, muito bom de ler debaixo da ditadura. (Ribeiro, 1985)

Essas leituras me fizeram lembrar o encontro com Ugo, dia desses. Ele tem toda uma interpretação da importância da literatura latino-americana.

> Devemos o surgimento da América Latina, no panorama mundial e cultural, ao Fidel Castro e à Revolução Cubana, que chamaram a atenção para todos os outros países latinos. Antes não éramos nada. Tudo se deu a partir da explosão da Revolução Cubana, com as visitas de Debray, Sartre... todo mundo acreditou que teríamos várias revoluções cubanas por aqui. O *boom* da literatura latino-americana, Gabriel García Márquez e todos os outros, foi por causa do Fidel! Foi ele que botou todo mundo no mapa. Borges, quando apareceu na Europa, era um homem de 50 anos, relativamente bem conhecido na Argentina. Ouvi falar do Borges pela primeira vez em 60, 62, alguém apareceu dizendo tem um cara... mas ele já tinha 63 anos. O *boom* internacional, do realismo fantástico, se deve a Cuba; o cinema novo deve toda a sua existência internacional a Cuba. Em Cannes, todo mundo papariçou muito aqueles filmes porque todo mundo acalentava a ideia de que por trás deles houvesse uma grande revolução que ia vir no continente inteiro. A cabeça dos franceses começa a pirar, mas foi Cuba. O nosso declínio se inicia com o declínio de Cuba, foi muito forte a revolução, o desafio que eles lançaram para os Estados Unidos, tudo aquilo que estava um pouco na mente das pessoas, ele realizou na prática, claro que ele foi cair nos braços daquela outra imbecilidade que era a União Soviética, mas não sei se ele teria outro jeito. (Ugo Giorgetti, depoimento)

***

> Na peça *Corpo a corpo*, de Oduvaldo Vianna Filho, com direção de Antunes Filho, que dirige ainda *Peer Gynt*, de Ibsen, influenciado pelo Living Theatre. *O balcão*, do francês Jean Genet dirigida por Victor García, em São Paulo. (Ribeiro, 1985)

Na área do teatro, nosso instigante companheiro de viagem, Roberto Freire — um pouco diretor teatral, um pouco escritor, algo psicanalista, algo jornalista, meio jurado de festival da canção e profundamente engajado em todos os momentos — acaba de chegar de Paris. O que ele relata sobre o impacto que a viagem lhe causou, em breve sentiríamos no teatro e nos consultórios de psicólogos e analistas. Eram ventos profícuos para os que tinham as antenas ligadas, sinais fortes de que algo estava se transformando e deixaria marcas.

Em Paris fomos assistir, no Palais des Sports, a um espetáculo teatral que faz muito sucesso, do grupo norte-americano Living Theatre, chamado *Paradise Now*. Sob efeito do encantador e absolutamente original espetáculo teatral, fui procurar o diretor nos camarins. Julian Beck me recebeu de modo simpático, especialmente por ser brasileiro e anarquista.

O que mais o inquiri foi sobre a técnica de interpretação teatral aplicada no espetáculo, para mim produzindo diverso e fantástico resultado cênico e de integração com a plateia. Ele me respondeu assim: "A técnica de interpretação do ator no teatro convencional é a de Constantin Stanislavski, baseada, de certo modo, nas concepções psicológicas de Freud. Nós abandonamos Stanislavski porque não acreditamos na visão burguesa e reacionária de Freud e passamos a pesquisar uma técnica interpretativa baseada na obra de Wilhelm Reich, discípulo de Freud, que o contestou e foi expulso da sociedade de psicanálise".

Espantei-me, porque nunca ouvira esse nome. Saí decidido a retornar à Psicologia, como discípulo de Reich, pois, pelo que me dissera Beck, ele provava cientificamente a minha própria contestação à psicanálise, bem como me apontava os caminhos abertos por Reich para uma psicologia mais contemporânea e, sobretudo, de um conteúdo político explícito. Voltei para o Brasil, depois de adquirir as obras mais importantes de Reich. Na viagem de avião para o Brasil, li apaixonadamente *A revolução sexual*.

[...]

Ponto fundamental na obra de Reich foi o que levou à criação da bioenergética. Ele descobriu para o Ocidente, nas décadas de 20 e de 30 do século XX, o que no Oriente já era conhecido havia pelo menos cinco séculos, sobretudo na Índia e na China: a energia vital como sendo a sua distribuição harmônica e equitativa em todo o corpo, o que mantém e regula a saúde. Através das ameaças autoritárias e violentas na vida social, a energia vital fica retida em partes do corpo por um mecanismo de defesa, mas, se essas ameaças permanecerem constantes, a retenção energética se modifica, criando nas pessoas o que ele chamou de couraça bioenergética, que as torna mais e permanentemente protegidas, porém sem energia suficiente para uma vida sadia e, por isso, vivendo a sensação da incompetência e da impotência vital, sobretudo para amar, criar e reproduzir. Assim se formam os neuróticos. (Freire, 2002)

Para entender esse diálogo que se expressa através da arte e do fazer artístico, mas que tem como pano de fundo uma profunda discussão sobre o papel da Psicologia e seus desdobramentos nos questionamentos humanos, vou atrás de alguns esclarecimentos históricos e teóricos sobre ele. Julian Beck expressa algo que não é apenas sua posição pessoal: traduz também a denominação que algumas linhas da Psiquiatria e diversas correntes da Psicologia nos Estados Unidos recebiam no período: os "encolhedores de mentes". A denominação é fruto do papel que eles têm desempenhado: de rotular, reprimir, controlar, policiar e reduzir a condição humana a seu mínimo funcional. Agir no sentido de adaptar os homens às exigências da produção, disciplinando-os e punindo os resistentes com a rotulação da loucura.

O apelido "carinhoso" às correntes da Psicologia e às da Psiquiatria surge nesse momento em que os Estados Unidos passam pelo questionamento do movimento *hippie* e da contracultura, atravessando transformações decorrentes da liberação dos costumes, das drogas, da aceitação da homossexualidade e dos movimentos feministas. Questionamentos que colocam em xeque a racionalidade da sociedade capitalista e, por consequência, as teorias e práticas da Psicologia e da Psiquiatria defensoras da "formatação" de indivíduos para torná-los aptos a colaborar com a eficiência do sistema.

Enquanto algumas correntes atuam nesse sentido, outras, oriundas da psicanálise, principalmente depois de Reich, passam a desempenhar papel inverso. A vida em sociedade restringe a possibilidade de felicidade, pois mutila o que o homem tem de mais vital, sua "dimensão erótica", dizia Freud. Seguindo esse caminho, Reich dirá que o controle da sexualidade é uma estratégia castradora do homem total e inibidora do ser ativo e político. Ele trabalhou com a análise do corpo, da couraça muscular, o toque corporal, a respiração e alguns poucos movimentos, procurando um método cada vez mais direto. Analisando também a situação social do entorno, seus seguidores ampliaram os movimentos e incorporaram novas posições corporais. Esse desenvolvimento da técnica de Reich foi chamado de "bioenergética" (adaptado de Mantega, s/d).

> Essas descobertas de que nos fala Roberto Freire vêm ao encontro de algumas coisas que ando lendo por aqui a respeito dos jovens rebeldes da geração de 1960, que está findando. Certa publicação, citando Jerry Rubin, liderança do movimento contracultural nos Estados Unidos, caracteriza esses jovens como crianças destinadas a uma existência louca, e completa: a nova esquerda nasceu da pélvis ondulante de Elvis Presley. Nossa socióloga Marialice Foracchi, que sempre traz reflexões sobre o tema, vai além: "Os moços são incapazes de dizer o que querem, mas sabem claramente o que não querem. Não querem essencialmente a rotinização da existência, seja ela de sentido capitalista ou comunista".

> Analisam ainda que, desde o começo dos anos 1960, os jovens passam de eterna ameaça romântica a destruidores radicais de tudo o que estava estabelecido e consagrado: valores e instituições, ideias e tabus. "Em todos os grupos, o máximo denominador comum: o *não*, que poderia ter a aparência de cabelos compridos para ambos os sexos, *jeans* desbotados, pés descalços, anéis em todos os dedos, colar de índio, chapéu de *cowboy*. (Abril Cultural, 1980)

Mistura explosiva do radicalismo da juventude do pós-guerra com o inconformismo radical dos que militam no engajamento existencial, que pregam a quebra dos parâmetros da sociedade burguesa tradicional, da rigidez do sistema educacional, do racionalismo que embasa o belicismo vigente na sociedade americana do norte, estigmatizando negros e latinos, aprofundando a cisão entre capitalismo e comunismo expressa na falácia conservadora da Guerra Fria, vêm brotando em vários cantos do mundo os frutos do movimento juvenil de 1968. Por aqui e por toda a América Latina, apesar das ferrenhas ditaduras militares, nos porões da repressão vêm se delineando novas formas de ler o comportamento humano e interpretar seus caminhos e... descaminhos.

Na Sociologia, alimentada pelos filósofos da Escola de Frankfurt e por seus propagadores, Marcuse, Althusser, Habermas e Benjamin, surgem novas interpretações e sugestões de ação. No campo da Psicologia, aprofundam-se as experiências mais exóticas, vindas da *beat generation*. Esses exercícios se alimentam de experiências alucinógenas e de uma parceria profunda com os laboratórios teatrais, que lançam novos desafios de atuação e de compreensão do comportamento humano. A fala de Roberto nos mostra esses campos se alimentando reciprocamente.

> De Wilhelm Reich, ampliei as pesquisas, com apoio das descobertas recentes no campo da Antropologia, da Gestalt e da Antipsiquiatria. Estou voltando a treinar-me no atendimento clínico, num consultório em minha própria casa, na rua Guarará, no Jardim Paulista. (Freire, 2002)

A movimentação cultural profunda da década de 1960, desde seu início, teve na criação do CPC (Centro Popular de Cultura) um de seus estandartes. A cultura nacional, a preocupação com o popular, com o resgate das tradições brasileiras, e a intenção de levar as apresentações aonde o povo está, vêm se somar ao longo da década ao rompimento com estéticas tradicionais em praticamente todas as linguagens artísticas. Na música, o samba-canção foi invadido pela bossa nova, pelo ie-ie-iê, o *rock*, tropicalismo, pela música de vanguarda, e isso continua rendendo frutos diversos pelo país afora. O que por aqui acontece ainda não reflete o que vem de outros Brasis. Durante a década, porém, lentamente essas influências aparecerão.

Nesse momento, na catedral de São Pedro dos Clérigos, em Recife, acontece o evento chamado "Três séculos de música nordestina: do barroco ao armorial", com concerto e exposição de artes. Um dos mentores do evento e perseguidor de alguns ideais do CPC, Ariano Suassuna, luta contra a possível vulgarização e descaracterização da arte brasileira, propondo o Movimento Armorial, no qual a arte popular deve servir de chão para a construção de uma nova arte brasileira, fincando os pés nas raízes barrocas e populares, com instrumentos como a rabeca, o pífano e a viola sertaneja. O Quinteto Armorial é o primeiro representante musical do movimento, que se expressa através da cerâmica, pintura, tapeçaria, gravura, teatro, escultura, romance e poesia.

> Na música, Paulinho da Viola ganha a boca e o coração do povo com seu hino da Portela *Foi um Rio que passou em minha vida*: "Se um dia meu coração for consultado para saber se estou errado...". No carnaval, Dalva de Oliveira tem seu derradeiro triunfo com "Bandeira branca", de Max Nunes: "Bandeira Branca, amor/Não posso mais/ pela saudade que me invade/ eu peço paz". O sucesso musical do ano é "Pra Frente Brasil", de Miguel Gustavo. O serviço de propaganda da ditadura enche as ruas e os carros de proclamações bombásticas: "Eu te amo, meu Brasil"; "Ninguém segura este país"; "Ame-o ou deixe-o". Fittipaldi conquista a Fórmula 1 e o Brasil, a Copa do Mundo, com transmissão ao vivo pela TV, trazendo a taça Jules Rimet. O ano é de Martinho da Vila — o sargento Martinho José Ferreira; o sambista de Vila Isabel começa a vender mais de 1 milhão de cópias e seus sambas são cantados por todo o país: "Dinheiro pra que dinheiro, se ela não me dá bola, em casa de batuqueiro quem fala alto é viola". No carnaval, o Bloco da Solidão, de Jair Amorim e Evaldo Gouveia, é o ganhador. (Ribeiro, 1985)

Andei lendo que a radicalização formal por que passa o teatro teve seu correspondente no campo da música. Houve um espetáculo inspirado no *happening*[6], o *Plug*, que

---

6 Para mais informações sobre o *happening*, ver: <https://tinyurl.com/Eram01>. Acesso em: 9 maio 2022.

> [...] contou com a participação de Damiano Cozzella, Júlio Medaglia e Solano Ribeiro. Esse evento estreou no Teatro Galpão, em 1970, e foi mais um dos investimentos de Rogério Duprat no inusitado. Tratava-se de um espetáculo multimídia, que contava com a participação de grupos de teatro, bandas de *rock*, exposições de fotos e exposição de filmes de curta e longa-metragem. Seu período em cartaz foi muito curto devido ao fracasso de bilheteria. (Gaúna, 2001)

O clima rebelde juvenil atinge várias formas de comportamento e perpassa os músicos que já nos acompanham, expressando-se através do "culto rebelde à bandidagem". Ao grande desafio da cidade, do convívio nos bares e no centro, surge a admiração pelos "valentes". Encontro um deles, Luiz, no bar Redondo. Ele nos conta suas origens, reforçando a valentia:

> Com 15 anos, estudava no Alves Cruz, em Pinheiros. Íamos à noite para as festas, molecada adolescente, de 16, 17 anos. Saíamos bebendo por todos os bares da Teodoro Sampaio, pinga, gim... chegávamos completamente loucos à praça da República. Um dia começamos a andar por aquelas quebradas, escutamos um tiroteio e em vez de fugir, fomos ver o tiroteio, corremos em direção a ele, mas fomos para o lado errado. Do lado de lá estava a polícia e, do lado de cá, os bandidos. Nós paramos para olhar. Um dos nossos reconheceu o Quinzinho, o maior bandido da cidade, que olhou para nós e falou, "seus filhos da puta, sumam daqui senão vou matar todo mundo, tão pensando o quê? Vocês vão morrer, os caras vão atirar e vai pegar em vocês". Nós fomos embora correndo. Veja que bandido bacana: falou para a polícia parar de atirar, porque ia pegar tiro na molecada. Pediu uma trégua, "deixem eles irem embora", "agora continua". Nós fomos embora ouvindo o tiroteio ainda. Uma maravilha. Aqui no centro transitamos no Jeca, bar de músico, no Filé do Moraes, no Paribar, onde fazem rã grelhada, em O Gato que Ri, maravilhoso, que fez tanto sucesso que abriu um do outro lado da rua, vai todo mundo. O Denner se senta tanto com os milionários como com todas as vagabundas do pedaço, que por lá circulam, todos tratados iguais. É maravilhoso. (Luiz da Orquestra, depoimento)

Pouco distante dali, mas como se participasse de nossa conversa, Plínio Marcos acrescenta:

> [...] hoje até a polícia mudou. Antigamente tinha bares aqui, quem foi boêmio conhecia, você parava no Parreirinha de noite e tinha tudo. Você ia naquela sauna da porra na Barra Funda, estava lá polícia,

bandido, estavam lá os Quinzinhos, estava todo mundo conversando, se respeitava, entendeu? Acho que havia certa alegria de viver em todos. A última vez que encontrei o Quinzinho, ele me falou assim: "Mudou tudo, porra, mudou tudo, antigamente era uma alegria, a gente vivia, os pixotes respeitavam a gente e o caramba". E é verdade. (*Caros Amigos*, ano 1, n. 6, 1997)

Li há algum tempo, no *Notícias Populares*, que Quinzinho há muitos anos vem dividindo o título de Rei da boca com Hiroito de Moraes Joanides. Desde a década de 1950 ele vem governando a agitada Boca do Lixo, ou quadrilátero do pecado, entre as avenidas Duque de Caxias e São João e as ruas dos Timbiras e dos Protestantes, ali onde se concentra a nata da marginália paulista e reduto da prostituição. Mesma região que tem seu lado poético, onde se produz o cinema marginal paulista e por onde circulam Rogério Sganzerla, Ozualdo Candeias e Carlos Reichenbach, entre outros.

O "culto rebelde à bandidagem" é o clima do cinema paulista no momento em que muitas mudanças ocorrem. São estes árduos anos de fechamento do regime. O cinema novo, cinema contestação, vai esmorecendo, e uma nova linguagem vai surgindo. Linguagem pobre e nascida na zona das produtoras e distribuidoras paulistas, ganha o nome do local em que vários filmes paulistas vão nascer. É o "cinema da boca".

O depoimento inspirador de um viajante desse espaço-tempo, Inimá Simões, dá conta dos bastidores desse cinema nascente e de suas produções.

Alfredo Palácios e Antonio Polo Galante se juntam em 1968 para formar a Servicine, produtora e distribuidora. Por seu lado, Manuel Augusto Sobrado Pereira, produtor de Zé do Caixão, realiza *Meu nome é Tonho*, sob direção de Ozualdo Candeias. Para promover esse lançamento, Candeias bola um coquetel no bar Soberano e conta como foi a organização: "Na verdade, o coquetel é só um pretexto para um bom papo. Não existe razão premeditada. Todo pessoal está aqui noite e dia. Bolei essa reunião para o pessoal conhecido. Haverá cachaça, sim. Trouxe dez litros de São Carlos. A Aurora Duarte me telefonou, perguntando se não haverá uns salgadinhos para comer. Disse que não, porque estou duro e isso já é ultrapassado. Mas ela se prontificou a trazer alguma coisa por sua conta. Quem vai pagar o aluguel do salão é a Bibi Vogel, que é a atriz principal da fita. Não fora isso, não haveria nada". O que é decisivo para o incremento da produção é a criação, em 1966, do INC (Instituto Nacional do Cinema), e o surgimento da Lei de Obrigatoriedade, reservando uma parcela do calendário ao filme brasileiro no circuito comercial. A confluência na Boca, de pessoas de origem distinta e manifestando pontos de vista divergentes, criou um ambiente estimulante e efervescente que está durando [c. 1972]. É possível cruzar, nas calçadas da rua do Triunfo, com Roberto Santos, Luiz Sérgio Person, João Batista de Andrade, Oswaldo Mendes, Francisco Ramalho, produtores e distribuidores, gente desempregada e, é claro, o pessoal do "cinema da Boca do Lixo" ou cinema marginal. (Simões, 1989)

Mas não só da Boca se faz o centro! Por aqui, apesar da diminuição do movimento de estudantes, há os profissionais das comunicações, que continuam transitando. Muitos jornalistas fazem do Centro Novo da cidade sua morada, e o Paribar, na praça Dom José Gaspar, é um ponto de encontro dos intelectuais, jornalistas, músicos e gente de turismo que deixa as lojas da São Luís para a cerveja e o uísque das 6. Único bar com mesas na calçada, sua clientela é exigente. Nesse entorno da praça, próximo à Biblioteca, local frequentado desde a década de 1940, ainda podemos encontrá-los e ouvir a quantidade de casos interessantes que têm para contar. Como todos os bares com frequentadores assíduos, há sempre uma história a ser contada, como relata o jornalista Lombardi.

O Centro Novo tem uma vida tranquila. Na praça onde fica o Paribar, os *office boys* se reúnem para jogar futebol todos os dias na hora do almoço. Chegaram a montar um campeonato com juiz da federação e a final teve até transmissão de rádio de um locutor jovem e que faz muito sucesso: Osmar Santos.

A praça é interessante. De um lado, a Biblioteca Municipal, com seus livros raros e sem grades. Do outro, o ponto dos garçons e cozinheiros. É comum ver dezenas de homens reunidos em grupos, à espera de oferta de trabalho em bares, restaurantes, docerias e *buffets*.

Os funcionários do Paribar tinham quase todos os dias problemas com um mendigo que não saía da praça. Terno sujo, sempre carregando livros e jornais, teimava em sentar nas mesas do bar e, quando levantava o braço para fazer o pedido, era convidado a se retirar. Antes de ir embora, fazia discurso.

Dizia ser de família milionária do Rio Grande do Sul, que deixara o luxo e a boa vida desiludido com um grande amor e que um dia essas mesmas pessoas que o expulsaram iriam se render a seus pedidos e agradecer a gorda gorjeta. Todos da praça zombavam do mendigo. Dos engraxates aos *office boys*, dos garçons aos motoristas de táxi. Ninguém acreditava nas palavras daquele homem de barba imensa e cabelos longos e sujos. Ele chegou a ser preso algumas vezes. O mendigo tinha uma rotina. Pela manhã tomava café, por obra e graça de um jornalista do *Diário da Noite*, num bar em frente ao prédio dos *Diários Associados*, na Sete de Abril. Almoçava uma quentinha doada pelo dono do Massadoro também, na Sete de Abril, e pedia sempre *fusilli* com bolinhos de carne e arroz com feijão branco e linguiça. No final da tarde, seu maior desejo era o *happy hour* no Paribar.

Ficava acompanhando a chegada dos homens com suas pastas e paletós dobrados nos braços e, quando sentavam nas mesas da calçada da praça e começavam a comer e a beber, o mendigo não se controlava e queria ser servido também.

Educadamente era convidado a se retirar pelos garçons e não reagia. Apenas repetia, no pequeno discurso, que um dia voltaria e iriam agradecer pela gorda gorjeta.

Numa manhã de chuva, o mendigo desapareceu. Os velhos frequentadores da praça queriam saber dele. Os garçons do Paribar sentiram falta daquele homem que insistia em sentar na primeira mesa da calçada. O jornalista quase todos os dias perguntava para o balconista do bar se o mendigo aparecera para o café da manhã. E o dono do Massadoro repassou a quentinha para um outro mendigo.

Quase um ano depois, no final de uma tarde de verão, Paribar cheio, um homem de terno bem cortado, cabelos pretos, lisos e bem penteados entrou, e ao ser consultado por um garçom onde queria mesa, apontou para a primeira mesa da calçada. Estava ocupada. Ele disse que iria esperar. E esperou por quase uma hora.

Sentou, pediu um uísque, salgadinhos, sanduíches de rosbife e aliche com salsinhas. Ficou até escurecer. Chamou um garçom, o mesmo que tirava o mendigo da mesa todos os dias, e pediu a conta. A gorjeta foi gorda. Bem gorda. E o agradecimento efusivo não poderia ser diferente. O homem ao ir embora bateu nas costas do garçom e disse: "Eu falei que um dia me atenderiam e iriam me agradecer". Não voltou nunca mais.

Os funcionários do Paribar se questionaram sobre aquele freguês. Seria o mendigo? Ficaram sem saber. (Lombardi, 1997)

Mesmo com a saída da Faculdade de Filosofia da rua Maria Antônia, ainda há um convívio noturno por aqui. Uma de nossas companheiras da Faculdade, Walnice Nogueira Galvão, conta que, apesar disso, este ano tem ido a mais *show*s nos teatros.

Não é tão bom quanto o *show* em barzinho. Gosto de música popular, e muito de *jazz*, frequento bar de *jazz* em qualquer lugar do mundo, tem que ser pequeno, íntimo, ter parede e teto preto, ter fumaça de cigarro azul no ar, e o intérprete tem que estar a um palmo do seu nariz, assim que é bom, se não for assim, você destrói o clima, vira outra coisa. (Walnice Nogueira Galvão, depoimento)

O centro da cidade vem sofrendo algumas transformações. Depois da saída das faculdades de Filosofia, Arquitetura e Economia, que foram trasferidas para a Cidade Universitária, o trânsito de jovens por aqui mudou muito, surgem novos pontos de encontro, como que ampliando o Centro Novo em direção à Bela Vista e ao Bixiga, e expandindo o território da Vila Buarque para os lados da avenida Angélica. Existem vários locais por onde transitam músicos, jornalistas e artistas.

Aqui nas imediações da hoje comportada Galeria Metrópole, encontro Luiz da Orquestra, o músico da noite, que me fala de novos locais.

> Toquei no bar Crioula, que é muito legal, na rua Pinheiros, perto da Francisco Leitão, fantástico, comida brasileira, arroz, feijão, couve, e que depois mudou para perto da Faria Lima, numa casa muito grande, e passou a se chamar Sandália de Prata, uma gafieira. Agora acabo de abrir um bar.
> Tenho um casal de amigos que abriu o restaurante Largo do Boticário, na avenida Angélica, quase esquina com a praça Buenos Aires, e não deu certo. Passei um dia para visitar, estavam desconsolados. Contaram que tinham comprado o bar de um homossexual, que só era frequentado por eles, mas não tinha público suficiente para lotar a casa. É uma casa de três andares, com um porão alto. Falei: "Vamos fazer uma coisa: tenho um amigo que dá aula de pintura na Panamericana e pedimos para ele pintar, fazer uns desenhos nas paredes, a gente põe umas mesinhas e faz um bar". Começou o barzinho, Charéu, e explodiu.
> [...]
> Tenho uma turma muito grande na Ilhabela. Com o Pedrinho do Pandeiro, o bar virou quase uma continuação de lá: quando não dá para ir para a ilha, vamos para o Charéu, é baratinho, um bar para a gente. A Lucila Santos que escreve no jornal *Bondinho*, do Pão de Açúcar, foi um dia, gostou da música, e fez uma matéria. Começou a explodir de gente. Toco num espaço, o Odilonzinho em outro, o Zé da Química em outro, virou uma festa. Não é como boate, onde se vai para ouvir música. As pessoas vão tocar, todo mundo toca tamborim, mas tem que levar. Às vezes o Albertinho Lira entra e faz um *show*.
> Tocando ali acabei ficando amigo de um cara que trabalha na Janda Veículos, vende carros importados da Dodge. Um dia ele disse que o

Constantino Curi, dono da Janda, queria fazer uma festa em casa, e perguntou se eu não podia montar um grupo — tá na moda essa coisa de universitário que toca. Montei um grupo de seis, cobramos bem caro, em dinheiro, na chegada. Se o clima estivesse legal, a gente ficava até as seis da manhã. Uísque de graça. Levamos as namoradas e fazemos um super*show*. Às vezes não posso ir e o Albertinho Lira entra no meu lugar. Outro dia fizemos na casa gigantesca do dono da Ibirapuera Veículos, o Alencar. Lira não pôde ir, Odilonzinho fez a parte dele, colocar as pessoas na roda, fazer dançar, puxou umas dez grã-finas. todo mundo junto, foi na cozinha e trouxe cozinheira, camareira, cozinheiro, e saiu um puta de um samba. (Luiz da Orquestra, depoimento)

Luiz se foi e continuo por aqui. Encontro Adelaide, nossa companheira de viagem, portuguesa, que nos acompanha desde o começo da década de 1960 e adora explorar a cidade, abrindo ainda mais o leque da expansão deste centro, inclusive para a zona sul da cidade. Ela conta que a vida mudou muito e que acaba de ser contratada pela Abril Cultural.

Começa uma história bem diferente na minha vida. Alguns lugares aqui do centro resistem até onde é possível. La Cocaine fica em baixo do minhocão, na Amaral Gurgel; o Marcel, na Epitácio Pessoa. O La Casserole frequento desde os anos 1960, tenho uma ligação afetiva com o lugar, muito mais do que com a comida. Vivi coisas muito importantes lá, é um lugar muito ligado à minha história. O pessoal de teatro frequenta o Gigetto, mas não sou da classe, embora deseje. As pessoas começam a se dividir: tem o Giovanni Bruno, na Martinho Prado, rua da sinagoga; o Planeta's, na esquina; o Piolin, na Augusta. O legal é o Jogral, primeiro aqui na Galeria Metrópole, e que depois foi para a esquina da Augusta com a Avanhandava, depois mudou para a Maceió, travessa da Consolação. Tem também a Medieval, primeira boate verdadeiramente *gay* onde todas as pessoas podem ir.

O Piolim, na rua Augusta, tenho colegas que frequentam e adoram, só vou de vez em quando. Os espaços do pessoal do teatro são Piolim, Gigetto, Giovanni Bruno e Planeta's. Tem o Parreirinha e, quando saio com meu marido, que é diretor financeiro de uma multinacional, vamos ao Padoque, do centro, na São Luís com a Consolação, edifício Zarvos, e na Faria Lima, onde tem música excelente que adoro, é a coisa mais com cara de Nova York que tem em São Paulo. Ao lado do Padoque do centro há o Bistrô, mas, assim como o Terraço Itália, não frequento. Embora tenha uma vista sensacional. Chope bom tem no Joan Sehn, na avenida Ibirapuera, que está na moda. O Windhuck que é pequenininho... adoro a comida alemã, vou muito. Moro no Itaim, na Vila Olímpia, na rua Santa Justina. Ali só há predinhos de três andares. Agora está subindo o primeiro prédio grande, do Takaoka, esquina da João Cachoeira com a Tabapuã. (Maria Adelaide Amaral, depoimento)

*

Garrastazu extingue o SAM e cria a Funabem[7] prometendo que a revolução faria outro "milagre", transformando aquelas sucursais do inferno em centros educacionais. É criado o Movimento Brasileiro de Alfabetização — Mobral, destinado a pôr em prática um imenso programa de alfabetização imbecilizadora, aplicando o contrário do método do Paulo Freire. (Ribeiro, 1985)

Para os jovens estudantes da zona Sul, do Colégio Vocacional, este ano está muito diferente. Depois da intervenção militar do ano passado, o clima é sempre tenso, mas aqueles que nos acompanham nesta viagem estão em momentos diversos do curso e têm preocupações diferentes.

Para os que acabam de entrar na faculdade, a vida não tá muito fácil este ano. Encontro com dois deles no Ponto 4, na Consolação. Koji nos diz que foi arrastado...

não temos mais ânimo para estudar. Os professores estão numa situação em que é difícil dar conta, a pressão sobre eles é muito maior do que sobre os estudantes, não conseguem ajudar a garotada a lidar com tudo isso. Alguns têm habilidade para lidar, mas, em geral, a coisa está degringolando. A opção é ir para a universidade. Dentro do meu grupo de alunos, tem gente envolvida com política, outros partiram para fazer o cursinho. Há uma preocupação de não conseguir entrar na faculdade, todo o modelo trabalhado no Vocacional não lida com o vestibular, com a competição pela vaga. Há convicção de que os alunos serão capazes de lidar com isso sem grandes dificuldades, mas ficamos na dúvida. No final de 1969, começamos a ver as provas. Pensamos: "Pô! Nunca estudamos isso!" Bateu insegurança em muita gente.

Houve uma alteração do modelo de vestibular. Adotaram a separação entre ciências físicas e biológicas, engenharias e humanas. Cecem para Medicina, Mapofei para Engenharia e Cescea para as humanas. Fizemos o vestibular neste ano, a prova foi de múltipla

---

[7] Serviço de Assistência ao Menor e Fundação Nacional do Bem-Estar do Menor, respectivamente.

escolha. Junto comigo, para as Ciências Sociais, veio o Dagomir; para a História, foi a Ida de Kara; o Moa, para a Economia. A turma se espalhou, mas é um grupo que, pela identidade, permanece em contato, dos cem que entraram, 99 vieram para a USP, e fomos todos presos, numa leva só.

O movimento secundarista é influenciado pela AP [Ação Popular] e pelo PCdoB, algumas escolas pelo Partidão, o PCB. O grupo da Ala Vermelha partiu para a política, outro grupo se volta para a guerrilha urbana. O pessoal do PCdoB e da AP parte para a luta armada, imaginando ser esse o caminho, a guerrilha rural, inspirada na China, no Partido Comunista Chinês. São as influências das organizações partidárias que conheço, agora é que estamos tendo contato com as organizações. Na universidade há mais grupos, o universo de tendências e correntes é bem maior. Os contatos que temos com o movimento sindicalista se dão através da AP, que está em fase de junção com o PCdoB, na organização partidária. Alguns de nós têm contato mais forte com o PCdoB, e o pessoal das Ciências Sociais, da História, da Geografia, várias escolas participam com mais empolgação. (Koji Okabayashi, depoimento)

O escritor e roteirista Dagomir Marquezi, outro colega, diz que a experiência no Colégio Vocacional foi muito importante.

Estávamos desesperados por trabalho e existe censura ao cinema. O filme é censurado em Brasília, conseguimos um trabalho voluntário junto à censura estadual, ou seja, éramos uns vinte, assistíamos aos filmes que vêm de Brasília, censurados, e podíamos dar um palpite. Nunca podemos baixar o limite de idade, mas podemos aumentar. Estava lá com meus amigos do Vocacional, ultrarradicais, vêm aqueles filminhos de surfe, romancesinhos, e alguém dizia: "Isso é arma do imperialismo, vamos botar 18 anos pra ninguém assistir a esse absurdo". A censura acontece em cada estado do Brasil. (Dagomir Marquezi, depoimento)

Com todas as alterações que existiram na escola no ano passado, esses secundaristas ainda têm uma educação diferenciada e, como resultado, um engajamento na vida cultural, política e urbana diverso. Na rua Flórida, próximo à entrada lateral do colégio, encontro João, colega um pouco mais novo, que começa a aparecer em nossas andanças. Ele tem uma experiência um pouco diferente.

Faço ginásio vocacional e jogo futebol — estou determinado a seguir carreira de jogador. Jogo no Clube Pinheiros, disputo campeonato dente de leite, que é transmitido pela TV Tupi, saímos em álbum de figurinha. Da escola tem ainda o Marcos Frota, que joga no time. O apelido é Caneco. Este ano, em julho, fiz uma viagem para os Estados Unidos e trouxe alguns discos na bagagem, entre eles um Joe Cocker. Um amigo do colégio, o Sérgio Malimpensa, me disse que estão montando um grupo de teatro e que, se eu emprestasse o disco para ele gravar, me chamaria para entrar no grupo. Topei. Estão chamando um professor da EAD, da USP, para dirigir. Já tivemos aulas com o Luiz Carlos Arutim, Jorge Andrade, mas agora, em 1970, já não tem mais, acabaram com o nosso sistema de educação. Mesmo assim, chamaram o Luiz Jeannot, baita diretor e ator, para dirigir o grupo. Na primeira reunião, ele trouxe o clássico *Auto da barca do inferno*, do Gil Vicente. Todo o grupo está fazendo. Na distribuição de papéis, me foi dado o de bobo da corte. Quando li a primeira frase, deu uma luz na minha cabeça, falei: "É isto que quero fazer na vida". Estes dias, meu pai me levou para ver a peça *O balcão*, do Jean Genet, produção da Ruth Escobar, com Sérgio Mamberti, Raul Cortez, que está causando muita polêmica. Ele sempre me leva, mas só tenho 14 anos, não me deixaram entrar. Ao lado está um espetáculo do Gianfrancesco Guarnieri, *Castro Alves pede passagem*, e fomos ver. Uma coisa impressionante de belo, dois atores, Zanoni Ferrite e Antônio Fagundes. Zanoni faz o Castro Alves e Fagundes faz o irmão, é uma coisa indescritível a força que eles têm em cena. Aquilo foi me arrebatando, até que em uma cena Fagundes tem um ataque epilético, foi a coisa mais impressionante que vi no palco. Continuo no grupo de teatro, mas ainda jogo bola. Quando começarem os ensaios, terei que optar... com muita dor no coração, abandonarei o futebol, sairei do time. (João Signorelli, depoimento)

Convivendo com as experiências teatrais de infinitos laboratórios, com a miscigenação entre técnicas de interpretação e de desbloqueio das energias vitais e criativa, embalados pela teoria reicheana e "mixados" pelo grupo norte-americano Living Theatre, persistem grupos engajadíssimos, como o do Teatro de Arena, que faz da arte da representação uma arte militante. Alguns de nossos companheiros de jornada fazem um pequeno histórico dessas diferenças, e do espaço que eles ocupam na cidade.

Sentamos no Redondo com o Celso, que já está na estrada faz algum tempo, fez o curso de ator e entrou logo para o elenco do Arena.

Este ano propus e realizamos o "Teatro Jornal", que inventamos como modelo de ação política. É um formato que funciona pela denúncia, pelo espetáculo em si, com os temas que colocamos no palco, e também pela forma, que acaba promovendo a formação de outros grupos. Nesta estrutura, todo mundo pode fazer teatro. Formou-se uma rede de grupos de Teatro Jornal, que espalhamos, principalmente pela Universidade de São Paulo. Há outras faculdades em alguns bairros, mas o forte é na USP.

É um formato diferente do CPC, que deixou de existir em 1964, Boal nunca foi do CPC, o Vianinha sim, é um quadro dentro disso. Dos 14 para os 16 anos, saio da infância e entro na adolescência, não tinha nem consciência nem vivi diretamente aquelas brigas, ouvia falar como um eco, um mito, não como um modelo, nunca estudamos isso. O nosso modelo sempre foi o Arena, que teve suas diferenças com o CPC, mais ligado à UNE, ao Partidão. Boal tem uma visão crítica do Partidão, está ligado a outros grupos, à dissidência. Agora, no Carnaval de 71, o Boal foi preso, estava tentando fazer a gente ir para a França.

Há uma tentativa de reestruturação dos movimentos de resistência a partir dos estudantes, onde o Teatro Jornal cumpre um papel de varinha de vodu, que junta os espíritos perdidos, para poder conversar, agregar, e é muito forte. Permanecemos no Arena depois que o Boal foi preso e resolveu se exilar. Estivemos com ele na França e voltamos para dar continuidade. A direção é do Antônio Pedro, mas não estamos conseguindo tocar o projeto, a dívida é muito grande, estamos cerceados, o regime está muito fechado. Fazemos leilões, conseguimos obras de artistas plásticos mais engajados, conectados, e pagamos dívidas com obras de Mira Schendel e outros que nos ajudam, há *shows* de música, Toquinho, Vinicius, Chico, todo mundo colaborando, solidários para segurar o teatro. Os eventos acontecem em vários lugares. Um *show* foi no Teatro Aquarius, outro no Tuca. Os leilões, fazemos no Arena ou nas casas de leilões mesmo, porque os leiloeiros têm grande interesse, são obras significativas, as que conseguimos: Ademir Martins, Mira Schendel, Manabu Mabe, Tomie Ohtake, todos colaboram bastante. (Celso Frateschi, depoimento)

O leque vai se abrindo e vai se montando uma história das tradições teatrais, como nos dizia outro dia Idibal Pivetta, outro militante da área teatral.

Com larga experiência em teatro estudantil, os centros populares de cultura funcionaram no Rio de Janeiro com uma qualidade estética razoável e um conteúdo muito importante. Muitos grupos nascem disso. É importante nunca deixar de mencionar o Arena e os centros populares de cultura. O Oficina, posteriormente, já com outra visão, mais intelectualizada que a do Arena, o Teatro Brasileiro de Comédia, trazendo autores e diretores estrangeiros, mas os paradigmas foram Arena e os CPCs. (Idibal Pivetta, depoimento)

Enquanto algumas tradições se firmavam, outras surgiam. Marika, militante da área teatral e da dança que encontrei perto da rua dos Ingleses, acaba de me contar que no Teatro Ruth Escobar estão acontecendo coisas importantes, como o Galpão da Dança, o Festival de Dança, que está sendo iniciado no Teatro Galpão (atual Ruth Escobar).

Não existia verba para dança, foi uma luta muito grande que tivemos para chegar nisso. Começamos a brigar também no nível federal para obter apoio para a dança, porque era só o teatro que recebia.

Este ano fui convidada a dar um curso em Curitiba e o Décio também foi. Já nos conhecíamos do Rio de Janeiro. Acabou o curso, voltei e fui convidada pelo Claudio Petraglia para trabalhar na TV Cultura. Eu e Décio nos unimos para fazer uma série de programas didáticos para a TV sobre as diversas vertentes da dança, juntando as experiências de dança e teatro. Fizemos uma programação interessante, didática, com todos os bailarinos que estavam aqui.

Agora, no final de outubro, eu, Geralda Araújo e Décio Otero fundamos a companhia, ficamos sentados horas na rua Sarandi conversando e pensando sobre como trabalhar. Nem sei como juntamos nove pessoas e começamos o Ballet Stagium. Dentro da ditadura, sem dinheiro. Minha mãe tem o Balé do Centro, fábrica de malhas e sapatilhas, e veste todos os nossos balés. Está sendo um movimento fortíssimo, única companhia de dança que se diz profissional. Não existe público para isso, nosso projeto é sair por aí viajando, para cima e para baixo, para descobrir o Brasil. É um projeto de longo prazo. (Marika Gidali, depoimento)

*

Surge o Pró-Terra, tentativa fracassada de levar trabalhadores nordestinos para viver em agrovilas na Amazônia. Nenhum tecnocrata se interessa por projetos sociais. Governo cria a Finep — Financiadora de Estudos e Projetos — como empresa pública destinada a subsidiar a pesquisa científica e tecnológica.

Repressão atinge níveis impensáveis. Oficiais da Aeronáutica assassinam, na Base do Galeão, o industrial e deputado federal, dos mais prestigiosos do país, Rubens Paiva. A polícia política mata, no sertão da Bahia, o capitão Lamarca, último importante líder guerrilheiro. Sua namorada, Iara, é morta em Salvador. Frei Tito, dominicano, acusado de ligações com os terroristas, é banido do Brasil depois de barbaramente torturado por Fleury, em presença do assessor clerical da repressão. Nunca mais recupera o equilíbrio. Anos depois suicida-se em Paris. Teve missa e enterro em cemitério dominicano. A marinha implanta na ilha das Flores da baía da Guanabara uma escola de tortura, com assistência técnica norte-americana. Espantoso é que encontra nos seus quadros gente para se dedicar profissionalmente à experimentação das formas mais hediondas de tortura, com objetivos puramente pedagógicos. O que é que dói mais, choque elétrico na boca, na genitália ou no ânus? Que rende mais, arrancar nervos de dente a frio ou as unhas dos pés e das mãos? [...] Dói pensar que, em dezenas de quartéis e esconderijos brasileiros, degradaram assim o gênero humano. Nunca fomos o povo cordial de que se fala — basta lembrar as bestialidades da escravidão —, mas nunca descemos tanto como nos longos anos desta ditadura sinistra. Os órgãos de repressão policial e os terroristas a eles associados para acabar com o terrorismo matam 51 cidadãos brasileiros, na pancada, na tortura e a tiros. O empresário industrial Boilesen, diretor da Ultragaz, metido a *cowboy* e financiador de grupos paramilitares de tortura, é morto em São Paulo por grupos contestatórios.

O oitavo recenseamento geral do Brasil revela uma população de 93.139.037 habitantes que começa a ser predominantemente urbana: 52 milhões vivem na cidade e 41 milhões, no campo. Do conjunto, 17,9 milhões são analfabetos maiores de 10 anos. Metade da população ativa de 26.079.171, ou seja, daquela que trabalha, ganha menos de um salário mínimo. Na última década, os ricaços enriqueceram e o povo empobreceu. Senão, vejamos: os 5% de brasileiros mais ricos, que absorviam 27,3% da renda nacional em 1960, passam a abocanhar 36,3% em 1970. No mesmo período, os 50% mais pobres veem reduzida sua participação na renda, de 27,8% para 13,1%. É o milagre econômico. (Ribeiro, 1985)

Parte dessa população urbana, e de classe média, está pleiteando as vagas nas universidades públicas, com todas as alterações que foram feitas nestes últimos anos da década de 1960 sob o sistema de ingresso. As faculdades particulares são em pequeno número, Pontifícia Universidade Católica, Mackenzie e Sociologia e Política, e só acolhem uma pequena parcela que pode pagar pelos estudos. São esses jovens de classe média que conseguem ter acesso à Universidade de São Paulo e que vão se defrontar com a dura repressão política que toma as ruas da cidade. Ainda é possível encontrar por aqui alguns deles, que, muito ligados ao entorno da Maria Antônia, não andam mais tão tranquilamente pelas ruas da Vila Buarque e do Centro Novo.

Foi por aqui, na Biblioteca Mário de Andrade, que encontrei algumas das estudantes que nos acompanham neste trajeto, mas temo que isso vá se tornar cada vez mais difícil. "Depois de 68", nos diz a Olgária, "a repressão aumentou, há um clima de medo, aterrorizador".

"Sob o domínio do medo", somos sequestrados na rua e não sabemos o que vai acontecer, pode acontecer tudo, e para muitos acontece. Todos os telefones sob escuta, clima de desconfiança! Isso deteriora muito a sociedade, não se sabe quem é infiltrado e quem é teu colega. Vivemos anos de chumbo, pesadíssimos, tudo muito escondido, atrofia do pensamento. Não tive coragem de queimar nem rasgar os livros de Trótski, minha mãe tem um quintal em casa, e sem contar para ninguém, enterrei os livros, é uma coisa horrorosa. A saída da Maria Antônia foi muito dispersiva, ficamos um tempo no prédio da História, outro nos barracões da Psicologia na Cidade Universitária, um pouco nômades. O clima é muito ruim, quem sabe que estamos numa ditadura? Os estudantes e alguns familiares, quer dizer, não é uma coisa nacional. Quando fui presa, meus pais não tinham muita ideia, sabiam que existe a ditadura, mas o que essa ditadura faz? Só perceberam quando aconteceu comigo. Não é uma coisa muito presente na sociedade brasileira.

Fui sequestrada na rua em 1971 e presa. Terrível. O apartamento de um colega que "caiu" era considerado um "aparelho". [Ele] estava fora do país e ali pegaram uma carta que tinha meu nome. A repressão não sabe quem é quem. Nesse dia vi muita gente chegar presa que não tinha a menor noção do que estava acontecendo. Vi um casal do Rio Grande do Sul que estava em lua de mel aqui, foram presos provavelmente porque estavam passando na praça da Sé, ou em algum lugar que era "ponto". Não entenderam nada. Na hora que trouxeram a marmita, perguntaram se tinha garfo e faca, não tinham a menor ideia de que estavam na Operação Bandeirante, Oban, aqui na rua Tutoia. Vivemos anos tristes. Um dos diretores da Filosofia é o França, considerado um liberal. São importantes as pessoas que conseguem fazer o diálogo das partes. Ele se colocou na frente dos policiais para não deixar tirar estudante da sala de aula. Por mais que seja só liberal, a universidade não é lugar de violência, de tratar brutalmente das pessoas. Mas já não tem mais lugar para leis, elas estão suspensas por conta da ditadura. Salinas é um dos grandes professores da Filosofia, dos maiores especialistas em Rousseau, que foi a tese de livre-docência dele. Estava dando um curso sobre a *República*, do Platão, dentro desse espírito de resistência contra a tirania, falando do círculo dialético, do Trasímaco, que não suporta o diálogo filosófico. Quando os socráticos interrompem a discussão para retomar a definição, Platão descreve o Trasímaco investido como um louco, parecia que ia devorar os dialéticos, a brutalidade policial, a brutalidade do sofista, do tirano, que não suporta a palavra filosófica. Salinas estava dando essa aula quando foi preso na sala de aula. No momento, estamos nos barracões. A palavra é uma barreira contra a violência, o tirano quer tudo, menos a palavra, que retarda a ação da violência. Aconteceu esse fato com o Salinas, e tivemos vários professores cassados, o Bento, o Salinas, o Porchat, o Giannotti, quase que o curso acaba. Marilena voltou, defendeu o doutorado rapidissimamente: Maria Silvia veio do curso de Ciências Sociais para presidir o curso de Filosofia, tudo para não haver intervenção dos militares, luta de resistência. No Departamento de Filosofia, sou representante dos estudantes de pós-graduação e chegamos a discutir a possibilidade de todos os professores pedirem demissão em protesto, para dissolver o departamento, mas se decidiu que deveríamos resistir e lutar pela volta dos colegas que foram afastados. Poderia ter acabado o curso de Filosofia, que é a glória, a *cellula mater*, da USP. (Olgária Matos, depoimento)

Outra das frequentadoras da Maria Antônia, antes estudante, agora professora da filosofia, Walnice, nos conta um pouco do que está se perdendo por esses lados da cidade.

O Jogral foi para a rua Avanhandava. É um ótimo bar. Ainda é no centro, mas muito mais longe. O esvaziamento começou no fim dos anos 1960, mas está se consolidando. Agora temos o Belas Artes, na Paulista, e o Riviera, o bar em frente. As coisas começaram a se transferir para os Jardins, avenida Paulista e seus arredores. Os bares do centro começam a fechar, as livrarias fecham ou são transferidas mais para os Jardins, o museu saiu de lá, todos estão mudando e o centro, decaindo. Todos os urbanistas do resto do mundo dizem que, para um bairro ser vivo, tem que ter todas as gerações. Se, por exemplo, você retira as crianças do centro, como estão fazendo, ele morre. É uma pena, porque é tão bonito o centro, a arquitetura é uma beleza. O final da avenida 9 de julho tem coisas tão lindas! No final de 1968 há essa ruptura e começa a decadência do centro, a destruição da Maria Antônia acabou com a minha vida. Nunca mais foi a mesma coisa boa que era, com tudo isso à mão, uma distância que você podia andar a pé. São Paulo está virando metrópole, onde tudo é difícil. Trabalho na Cidade Universitária, tive que comprar um carro, tudo fica a léguas de

distância, para ir ao cinema, ao bar à noite, tudo ficou muito difícil.
(Walnice Nogueira Galvão, depoimento)

O que é possível sentir por essas conversas e por algumas leituras de periódicos é que não são apenas questões de ordem estritamente política que entram na mira das reivindicações, e que tampouco estas são exclusivas daqueles jovens. As questões comportamentais rompem as barreiras geográficas. Estão na pauta de "todos que amam a revolução", de todos os grupos que afrontaram o sistema, nos grandes centros urbanos, com tons locais e pautas específicas, mas com um anseio de liberdade comum.

> Explode a moda psicodélica, que traz as cores gritantes para as roupas e decorações jovens e torna *best-sellers* livros como *As portas da percepção*, relato das experiências com drogas feitas pelo inglês Aldous Huxley em 1954. [...] Sexo, drogas e *rock and roll* era a bandeira de ídolos como Janis Joplin e Jimi Hendrix, que morreram jovens, ele em setembro e ela em outubro de 1970, justamente devido a doses excessivas de heroína. No campo artístico proliferam os grupos de teatro de rua, com peças curtas que exigem a participação do espectador e/ou transeunte, como o caso do Living Theatre, que leva a praças públicas do mundo inteiro sua obra mais polêmica, *Paradise Now* (Paraíso agora). Na música, firma-se a influência dos Beatles e dos Rolling Stones, formam-se centenas de conjuntos de *rock*.
> [...]
> Em meados dos anos 60, principalmente nos Estados Unidos, na Itália, na França e na Alemanha, a rebelião "pessoal" acaba se tornando política. Mudar o mundo, sim — diziam os jovens radicais americanos e os europeus. Mas isso implica mudar o cotidiano, o próprio mundo de cada um. O não passivo dos *hippies* evoluiu para o não ativo dos *yippies*, influenciado pelo anarquismo e pelo pacifismo na linha de Mahatma Gandhi. Jerry Rubin, ativista norte-americano que seria o principal teórico do movimento yipp, diria: "*Yippie* é um cruzamento híbrido de esquerdistas e *hippies*, diferente de um e de outro. É o *super-angry*, alucinado, incômodo e cabeludo, cheio de pelos por todo lado. Sua vida é um teatro permanente; a cada dia ele cria uma nova civilização sobre as ruínas da antiga, que ele se prepara para demolir". (*Nosso Século*, 1980)

Em meio a todas essas informações sobre as mudanças de comportamento e a repressão por aqui, encontro no Redondo duas jovens, Mara e Regina, que chegaram à capital há pouco tempo, vindas de

Campinas. Morando na mesma pensão e amigas de longa data falam uma pela outra e por vezes mergulham na própria vivência. Regina começa.

> No final dos anos 60, morávamos as três, Mara, Meire e eu. Perdemos a virgindade juntas. Mara estava viajando e eu na avenida Angélica. Nos anos 60, vivemos a tal da liberação sexual. Mara foi para o teatro e eu quero trabalhar com educação. Entrei no Grupo Escolar Experimental da Lapa, educação de adultos, método Paulo Freire. Estava trabalhando com uma organização protestante, Conselho Mundial de Igrejas, bem politizado. Treinamos jovens voluntários para aplicar o método Paulo Freire com os camponeses. Foi a primeira vez que vi uma aldeia indígena. Mas o grupo se desfez, porque algumas pessoas estão presas. O trabalho no Experimental da Lapa tem sintonia com os colégios vocacionais, com educação, com Paulo Freire. Estou supermal, Mara no teatro, Meire nos Estados Unidos, fazendo intercâmbio. Fiquei meio na solidão, barra-pesada. Não sei muito o que vou fazer da vida, estou terminando Ciências Sociais.
> [...]
> Acabo de ir para o Rio Grande do Sul e começo a fazer umas optativas de etnologia, por conta das aldeias guaranis que vi por lá, em Tenente Portela, quase divisa com a Argentina. Houve uma missão luterana que abrigou o encontro, junto de uma reserva indígena. Foi meu primeiro contato com uma aldeia. Fiquei me perguntando: "Será que é índio que vou estudar?". Tem a disciplina de Antropologia e a professora Lux Vidal, que é bem legal. Tem a Ruth Cardoso, a Eunice Durham, que são do estruturalismo e do funcionalismo, são as *chics* da Antropologia. E essa professora, a Lux, que tem um aspecto complicado, incerto, diferente. Mas elas põem a mão na massa! Estou fazendo essa disciplina para ver se acho um caminho, alguma coisa por que possa me apaixonar. A gente é sempre movida a paixão, fazer tese, índio, essas coisas, as pernas picadas... Conheci agora a Aracy, colega que está pesquisando os xavantes, e acabei ficando na área, mas ainda estou deprimida. Estou morando com Mara e Linda Ferreira da Rosa. Tenho um namoradinho que quero muito, mas nada acontece, então não estou feliz no amor, não sei o que quero fazer da vida, e sinto opressão nesta cidade. Estou me formando e decidi ir para Campinas fazer Antropologia.

A amiga Mara emenda:

> Comecei a namorar um menino aos 14 anos e namorei até os 19. Nunca transei com ele; pedia, fui à farmácia para comprar pílula. Vim para

São Paulo e ele ficou em Americana, porque entrou na faculdade em Campinas. Escrevi uma carta para ele, e a mãe interceptou, deu o maior buchicho, porque assinei a carta assim: da sua ainda virgem [risadas]. Me entregou. Tive a maior dificuldade de decidir se queria ficar com ele ou com o Glauco, com quem acabei casando. Não sei se foi a Regina ou a Penha, uma delas falou: "Você tem tanta dúvida! Faz assim, quem transar primeiro você fica [risadas]". Nós com 19 anos, na onda dos anos 60. Entramos de cabeça. Há uma mentalidade de que os homens podem aproveitar o quanto quiserem das mulheres, mas enfiei na minha cabeça que vou me aproveitar deles da mesma maneira. Nenhum pudor a respeito de absolutamente nada, acho que essa coisa de sexo, quando se conversa sobre isso na mesa de bar, sempre tem um sorrisinho, uma coisa meio safada, e que não é. O tratamento que se dá é o tratamento de uma coisa extra, quando na realidade faz parte da gente. (Regina Muller e Mara Rasmussen, depoimento)

Não faz muitos dias, encontrei o carioca Vallandro, estudante de Arquitetura, que me falava sob outro aspecto da mudança de costumes, que é visível na cidade.

Agora nos jogos da Copa do Mundo [de 1970], estava na Paulista, jogo Brasil x Inglaterra. Duríssimo, cheio de gente concentrada em frente ao edifício da Gazeta, estudantes... De repente, toda aquela molecada começa a gritar em uníssono. Fiquei escandalizado, chocado: "Inha, Inha, Inha, pau no cu da rainha". O palavrão ganhou a rua, está liberado, todo mundo fala "filho da puta" para qualquer coisa. Isso não existia. Tem liberação sexual, sexo grupal, droga, ácido, no grupo com que convivo tem um comportamento de experimentar tudo. Há um relaxamento do comportamento social, e ao mesmo tempo, uma despolitização. Começa a ter muita gente nas ruas, nas faculdades, o marco em termos de cidade são a superpopulação e os serviços precários. A questão da homossexualidade sempre existiu, mas só era visível em ambientes restritos, agora está ganhando a rua, ficando pública. Uma turma que se formou no Mackenzie este ano assumiu claramente que são homossexuais, homens e mulheres. A droga, embora continue criminalizada, está mais aberta, se fuma em público, nos anos 60 era tudo dentro dos apartamentos, ninguém comentava muito. A pílula, que surgiu em 60, explodiu, ganhou outro contorno. (Vallandro Keating, depoimento)

Encontro uma publicação que amplia espacialmente o que estamos vendo com essas conversas: "Além das mudanças comportamentais, estão aumentando as publicações *underground* e vinculadas à contracultura, como *Flor do mal*, *Presença*, *Rolling Stone* (edição brasileira), e acontecimentos como as feiras de arte *hippies*, eventos como o Festival de Arembepe, realizado na Bahia, em 1971. Acontecimentos que passam a sofrer repressão policial-militar, ao contrário do doce *slogan* de "fazer amor e não a guerra", emprestado dos americanos". A matéria da revista *Veja*, "*Hippies* em paz", de 4 de março de 1970, diz

> O amor esconde o proxenetismo, a paz é um *slogan* da sublevação e a flor tem o aroma dos entorpecentes. Ao decifrar dessa forma os símbolos *hippies*, a Polícia Federal ordenou a todos os estados uma campanha rigorosa contra os jovens de colar no pescoço e cabelos compridos. Na semana passada, perto de duzentos deles foram presos na feira de arte de Ipanema, no Rio, e doze foram expulsos de sua minifeira, na praça da Alfândega, em Porto Alegre, onde vendiam pinturas. Cento e vinte estão presos em Salvador e mais alguns foram para a cadeia no Recife, onde serão investigados um a um. (Coelho, 2006)

Com toda essa conversa de mudança de comportamento, fui até a entrada da Cidade Universitária, no Rei das Batidas, atrás do Mouzar, estudante da Geografia que mora em república e sempre tem muitas histórias do seu grupo para contar. Ele fica bem animado com o tema.

> Tem uma meia dúzia de meninas que vai com a gente a todos os lugares: Vera, Aurora, Olga, Beth Louca, Maria, até nas viagens de carona de caminhão para o Nordeste elas nos acompanham e ficam na frente para atrair os caminhoneiros. Gostam de mostrar que estão se liberando, mas há uns lugares em que é arriscado. Há uma onda de ir tomar cerveja na boca da prostituição em Santos. O conceito de frequentador de zona é que mulher que está lá é puta, então corremos o risco de arrumar briga. A gafieira O Imperador do Brás é quase uma zona, e as amigas vão com a gente. Todas as gafieiras têm música ao vivo. No Imperador do Brás, ouvi o Roberto Luna cantando. Agora apareceu a cordão Paulistano da Glória e há uma pequena gafieira em Pinheiros, no largo da Batata, que chama Canto do Galo, frequentada por empregadas domésticas e o pessoal da USP. É muito engraçado, um conjuntinho, o baterista tem cara de caipira, sempre de camisa vermelha, gravata borboleta preta, óculos Ray-Ban, parece muito um roceiro da minha terra, chamado Chico da Ritinha, e dança também. Ali há um aviso na porta, dizendo: "É proibido dançar de sandália Havaiana". Só isso que é proibido. Começamos a frequentar

as quadras das escolas de samba, Camisa Verde, Nenê da Vila Matilde, Unidos do Peruche. Na Casa Verde, a prefeitura colocou um ônibus no pátio da Geografia e História para levar os estudantes para os ensaios, toda sexta-feira, depois das 11 da noite, porque é muito longe. A Nenê da Vila Matilde tem até uma ala de estudantes.

Em férias e finais de semana, acampamos, vamos de ônibus até Bertioga, e ali pegamos carona com os caminhões que vão buscar areia em Boraceia. Tem uma pensão lá. Andamos uns 30 km com eles e o resto vamos a pé, com mochila e barraca nas costas. Lugar virgem, não tem nada, praia da Baleia só tem um pescador. Iporanga, na ilha do Guarujá, é muito gostosa, não tem estrada, tem que fazer 1 quilômetro e meio a pé. (Mouzar Benedito, depoimento)

Em dezembro deste ano de tantas reviravoltas, olhando estas bancas de jornal aqui do centro, chama a atenção a capa da revista *Bondinho*, que começou a circular faz pouco tempo, patrocinada pelo grupo Pão de Açúcar. Foto de um corpo nu, traz a manchete "Movimento de libertação *gay* — A revolta dos homossexuais nos EUA" e, um pouco abaixo, "Negros — grupo que acaba de nascer em São Paulo promete muita luta". A revista é publicada quinzenalmente pela editora Arte & Comunicação, que também edita a revista *Grilo*, de quadrinhos.

Fiquei sabendo que a redação da revista chegou a ser frequentada por cerca de oitenta profissionais de esquerda que haviam sido afastados das grandes redações. Chegou a ter uma tiragem de 400 mil exemplares e acaba de receber o Prêmio Esso de contribuição à imprensa. Em suas páginas, pode-se ler o desabafo de Chico Buarque de Hollanda contra a censura, de Walmor Chagas contra a desvalorização do trabalho de ator, ou ler Gilberto Gil falando da primeira vez que ouviu João Gilberto. Reina no universo alternativo da imprensa *underground*, junto com o *Pasquim*. Pesquisando um pouco sobre quem faz a revista, eu me deparo com o grupo de jornalistas e fotógrafos desligados da revista *Realidade* e com nosso companheiro de viagem, Roberto, o "homem de mil talentos" que dedica ainda tempo para a atividade jornalística. Ele relata aqui a sua saída da revista *Realidade*, da Editora Três, e os investimentos que vem fazendo.

Eu e Woile [Guimarães] recebemos nossa indenização da revista *Realidade* e a repartimos de modo equitativo entre todos os membros da equipe, para sobrevivermos financeiramente enquanto elaborávamos um plano de criação de uma pequena editora, através da qual publicaríamos revistas nossas. Alugamos uma sala no antigo

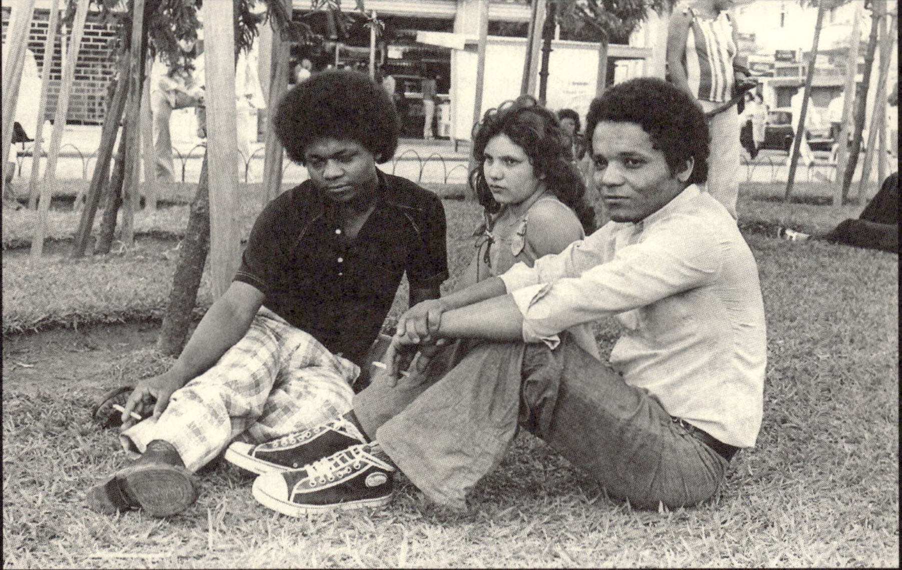

prédio onde funcionava a editora Abril, na rua João Adolfo. A primeira revista lançada foi a *Bondinho*, inicialmente com o apoio financeiro da empresa Pão de Açúcar, e que depois tornou-se independente e fez enorme sucesso com a juventude brasileira. É considerada por eles uma revista *hippie*, com certa razão, devido à sua direção de arte nitidamente psicodélica e ao conteúdo liberto e jovem de suas matérias contestatórias, quase todas escritas por jovens jornalistas que nós apenas orientamos. Decidimos produzir a revista, mas ela é executada, tanto na arte quanto nas reportagens, sobretudo por jovens que iniciam sua carreira do jornalismo. Assim, Eduardo Barreto supervisiona o setor de arte, mas a criação é feita por Polé, jovem "pestapeiro" da *Realidade*. Narciso, Azevedo, José Hamilton, Hamiltinho, eu e outros orientamos os nossos repórteres. Sérgio de Souza e Milton Severiano editam os textos, procurando revelar os seus novos e próprios estilos.

Na editora Arte & Comunicação ainda publicamos uma inteligente e linda *Revista de Fotografia*, sob a responsabilidade do fotógrafo norte-americano Jorge Love, nosso antigo companheiro em *Realidade*. Outra publicação que nos orgulhamos muito por editar é a *Grilo*, revista de história em quadrinhos com os melhores cartunistas do mundo, que a Editora Abril rejeita por sua predileção (ou por contrato) pelas publicações de Walt Disney. Eu viajei para a França, a Inglaterra e a Itália e consegui autorização de utilização de material já publicado na Europa, gratuitamente, por ano, do Zé do Boné, de Reg Smythe, Mr. Natural, de Crumb, Paulette, de Wolinski e Pichard, Valentina, de Guido Crepax, por exemplo. O mesmo conseguiu Hamilton de Almeida nos Estados Unidos, nos trazendo autorização de publicação gratuita de Tumbleweeds, de Tom K. Ryan, entre outros.

A equipe que veio da *Realidade* e continuou na Arte & Comunicação é composta pelos seguintes jornalistas, que conduzem nosso jornalismo paixão: Paulo Patarra, Sérgio de Souza, Narciso Kalili, José Hamilton Ribeiro, Hamilton de Almeida, Carlos Azevedo, José Carlos Marão, Woile Guimarães, Eurico Andrade e eu, os diretores de arte Eduardo Barreto e Paulo Polé, os fotógrafos Luigi Mamprim, Geraldo Mori, Jorge Love, Maureen Bisilliat, Cláudia Andujar e David Zing. Outros se associaram por curtos períodos de tempo. (Freire, 2002)

*

Na imprensa, descobrimos que este é o ano do milagre.

Crescimento de 11% do PIB parecia confirmar a tese de que a desnacionalização e a privatização da economia produziriam um enriquecimento continuado e que no futuro permitiriam a política de redistribuição da renda. Deu com os burros n'água: metade era manipulação estatística, outra metade eram ganhos milionários que as empresas multinacionais embolsaram e exportaram. São Paulo começa a ser vista como a grande bomba de sucção que nos sangra para carrear lucros para o estrangeiro. Com efeito, o intercâmbio entre São Paulo e o resto do Brasil passa a ser tão desigual que alguns estados planejam criar reservas de mercado de suas próprias indústrias, a fim de evitar o colonialismo interno praticado pelos gerentes paulistas das multinacionais. (Ribeiro, 1985)

Caminhando pela região do Redondo, encontro o estudante de história Luiz Roncari, aluno da USP, que anda preocupado com o impacto das transformações da cidade.

Os lugares onde encontro os amigos estão na região da Consolação e dos Jardins. O espírito da época está muito marcado pelo Ato Institucional n. 5, passamos a ser cidadãos sem nenhuma garantia constitucional, sujeitos ao arbítrio, a prisões, ainda mais sendo universitário; como professor, estou sujeito sempre a perseguições, vivemos um tempo de muito medo e proibições. Está proibido qualquer tipo de vida política, qualquer vida mais associativa.

A vida urbana está marcada pelas demolições e a transformação do papel do centro da cidade, que vem perdendo cada vez mais os atrativos: restaurantes, comércio. Outra marca desta época é a destruição dos rios e ocupação das várzeas. O rio Tietê e a sua várzea eram áreas de lazer da população mais pobre, onde havia muitos campos de futebol. Em 68, quando morei no Crusp, tínhamos um time de futebol que ia jogar na várzea. Eu acompanhava o clube e era onde a juventude mais pobre tinha um lugar de lazer. Muitos times e um campeonato forte da várzea. Quando não havia jogos oficiais, ali era o local de lazer. (Luiz Roncari, depoimento)

Essas alterações urbanas foram tema de uma curta conversa que tive com Carlinhos, jovem estudante da zona Oeste.

Acabei de me mudar para perto de um córrego, que em breve será canalizado para se tornar a avenida Sumaré. Fui para a rua Minerva, em Perdizes, outro espaço, outras turmas. Estou indo estudar, para a minha sorte, no colégio estadual Zuleika de Barros Martins Ferreira, na esquina da Venâncio Aires com a Pompeia. Ali, as pessoas têm tudo a ver comigo, sou de uma família simples; na outra escola mentia que meu pai tinha carro, tinha um sítio. No colégio estadual estou à vontade, sou igual aos outros, tem até gente com poder aquisitivo muito menor, moram em lugares mais simples. (Carlinhos Antunes, depoimento)

Vários dos nossos companheiros de viagem nos falam das perdas urbanas. Quando Luiz está indo, é Ugo quem chega. Percebendo o assunto, dá prosseguimento à prosa.

> O centro, com o comércio de rua, começa a desmoronar, porque está surgindo, por exemplo, o *Shopping* Iguatemi. As atividades se deslocam, surgem os cinemas fora do circuito, o próprio Dante Ancona Lopez abriu o Belas Artes. Há os cinemas da Augusta: o Picolino, o cine Astor, no Conjunto Nacional, e uma série de coisas que vão criando nova dinâmica. O que me chamou muito a atenção foi a mudança da Alcântara Machado Publicidade para a avenida Paulista este ano. Isso é um marco, todas as agências de publicidade estão se deslocando para essa região. É preciso ficar de olho na publicidade, porque ela está muito antenada com as tendências que vêm de fora e com o movimento urbano.
>
> [...]
>
> A cidade mudou muito, mas, apesar de tudo, ainda há uma ligação com o centro, muitas livrarias, alguns cinemas. Está havendo um declínio dos cinemas, mas começa a aumentar o teatro. Assisti *Calígula*, do Camus, em 1960. A partir do golpe militar, quem realmente leva a faixa é o teatro, não tem conversa. Nós fomos à Feira Paulista de Opinião, fomos ver o José Celso, fui assistir no Taib (Teatro de Arte Israelita Brasileiro), no Bom Retiro, a *Bella Ciao*, do Guarnieri, que é muito boa. No final de 60 já existia um teatro de altíssimo nível, Flávio Rangel, Antônio Abujamra, Ademar Guerra, o Antunes Filho, turma muito séria, montagens espetaculares. Há teatro de terça-feira a domingo, com matinê na quarta. Algumas peças vão muito bem de público, têm público para todas as sessões.
>
> [...]
>
> Até há pouco não existia a concorrência da televisão. Fator que vem mudando, a copa do mundo de 1970 muda tudo em matéria de televisão, e a presença do Boni. A TV-2 Cultura traduz um pouco o que o Antonio Candido chama dos "feitos da burguesia": como o TBC, a Vera Cruz, a Bienal, ela faz parte dessa tradição. Foi feita por obra da elite branca. Mas é muito bem estruturada, aproveita valores. A noção de cultura dessa gente é elitista, o diabo a quatro, mas tem um alto padrão cultural, que você pode contestar ou não. Não é muito diferente do Mário de Andrade, no fim é tudo a grande burguesia paulista, dota a televisão de uma representação, de uma cultura de elite, de alta

cultura, alto entretenimento. É o que estão fazendo, passei filmes lá, tenho contatos interessantes.

No Teatro Cultura, *Vestido de noiva*, do Antunes Filho, é um marco. Feito no prédio antigo da FAU, na rua Maranhão. O Abujamra fez vários, ele é um cara muito bom, fez teleteatros importantíssimos. Outra coisa são os programas do Fernando Faro sobre música popular brasileira, que é uma coisa muito interessante. O jornalismo da TV Cultura abrigou o documentário, de alguma forma, e de alto nível. O *Sítio do Picapau Amarelo* acontece lá. É um canal que você pode ligar e dizer "isso é TV Cultura", tem uma cara, uma personalidade, é diferenciada. Não é elitista a ponto de você ligar e não entender o que os caras tão falando. Transmite futebol, tem jogos, programas de futebol. É um marco junto com o TBC, Bienal, Masp, USP, um dos grandes feitos da burguesia paulista. (Ugo Giorgetti, depoimento)

O assunto "televisão" é quente por aqui. A profissionalização está carregando atores do teatro para dentro dos estúdios e, ao lado dos programas de qualidade de TV-2 Cultura, há uma produção muito comercial, nem sempre tão boa. Depois de encontrar com Ugo, encontro Izaías, que também está inserido no campo da publicidade e tem outra visão do assunto.

Uma parcela dos artistas de teatro está se transferindo para a televisão, sendo cooptada pelo sistema, talvez porque a vaidade esteja se transformando num ponto de referência. O teatro e o rádio não dão o que a exposição pela televisão passou a dar, principalmente agora, com o começo das grandes novelas. Algumas pessoas querem se projetar. Desde o início tinham uma grande vontade de fazer carreira do outro lado, só que a televisão está destruindo parte do teatro brasileiro. Ela leva a mão de obra, é menos exigente, absorve, coopta e praticamente não devolve ao teatro.

[...]

Já a publicidade, a Mark and Harrison, onde trabalho, tem um lema importado da matriz norte-americana que diz: "A verdade deve ser bem dita", ou seja, há a ilusão de que se pode fazer publicidade dizendo a verdade. Se tenho que falar que o carro da General Motors é bom, devo falar com a convicção de que é bom. A propaganda está absorvendo a mão de obra do rádio e da literatura, porque os dois principais sustentáculos da publicidade são o som, o texto e a imagem. Para as duas atividades, você precisa de pessoas ligadas à literatura, à música e também ao desenho. Tenho um amigo que diz que a publicidade é um depositório de artistas frustrados, que não tiveram destaque nas suas atividades e foram para lá. A convivência entre teatro, televisão, propaganda, literatura e rádio é pacífica, mas está mudando a partir do golpe e da criação da Rede Globo de Televisão. (Izaías Almada, depoimento)

*

As cidades crescem aceleradamente. A previsão para a década é de que os supermercados se tornem mecas do consumo da classe média. A esse *boom* do consumo, deve corresponder uma ampliação da produção fabril. Surgirão bairros e cidades operárias, como o ABC, em São Paulo, que abrigarão os metalúrgicos da indústria automobilística. Embora os salários do setor operário não tenham aumentado como os das classes médias, a facilidade de emprego permitiu a melhora do nível de renda dos setores proletários, pois toda a família trabalha. Surge uma nova geração de operários, com níveis razoáveis de escolaridade. (*Nosso Século*, 1980)

As conversas nos mostram que há uma alteração do centro da cidade e uma migração de algumas atividades para a região da Augusta, da Paulista e da Consolação. Primeiro alguns bares e boates juvenis, depois agências de propaganda. Alguns cinemas dos quais nem sequer ouvíamos falar começam a ficar conhecidos. Alguns bairros também passam a fazer parte do trajeto desses jovens, que agora transitam pela Cidade Universitária. Alguns cursos colegiais surgem na região da Consolação e da Paulista... vejamos.

No Riviera encontro aquela jovem estudante carioca do Dante Alighieri, Sônia. Mesmo morando nos Jardins, ela sofreu por ter perdido suas praias e seus amigos de Niterói, mas agora está mais adaptada à cidade.

Saí do Dante e vim para o Iadê (Instituto de Arte e Decoração), e aqui me encontrei com a cidade. Comecei a viver a vida como indivíduo em sua plenitude, as coisas que falo as pessoas ouvem, as coisas que faço têm sentido para mim. Aquela coisa de ter interlocutor, professores especiais, alunos que, como eu, são trânsfugas, tentando sair do ensino de clássico, científico, dos colégios burgueses tradicionais. Cheguei aqui e relaxei, aprendi a fotografar, comecei a ler história da arte de forma sistemática, aprendi a fazer desenho técnico, tenho aula de composição. Tem um bar no Iadê que parece local de ficção, chega um polvo, um com antena, uma madame, um guerrilheiro... Quer dizer, começo a não ser o diferencial, me sinto em casa, vejo que não estou sozinha na cidade e isso é muito acalentador. Parei de ir todos os fins de semana para Niterói e Rio, começo a sacar que sou cidadã de São Paulo, apesar de ser carioca. Começo a ler muito, não só romances, mas teoria, estou aprendendo muita coisa. Estão acontecendo coisas muito contundentes por aqui. Pelo fato de estar no Iadê, a sensação é de que comemos pelas bordas, não somos os personagens principais, porque estes são os professores, representados por alguns que são dos movimentos de artes plásticas, da guerrilha urbana, do cinema.

[...]

Tenho professores diferenciados. O Carlos Henrique Heck, que dá composição, um dia desses desapareceu e ficamos sabendo que entrou na clandestinidade, porque é ligado à guerrilha urbana. O Marcello Nitsche, o Fausto, que ensina fotografia, o Jorge, do desenho técnico, enfim... estou em contato com pessoas que fazem coisas que me interessam, do ponto de vista da política, da fotografia, das artes. Tenho uma relação muito forte com elas, sou boa aluna, eles lançam desafios que agarro e vou à luta, vou saber mesmo, fazer mesmo. O que é um *happening*, o que é guerrilha urbana, o cinema brasileiro? Todas essas coisas que são lançadas como desafio pelos professores, e que eles estão vivendo, vivo através deles e vou estudar, ver como é. Tem um produto, uma prática, às vezes fazemos um *happening*, parando a avenida Angélica. Começo a desenhar muito, a fotografar o jardim da Luz e a documentar fotograficamente. Meus amigos não são mais só as pessoas da burguesia paulistana, filhos dos imigrantes italianos ou dos quatrocentões. Tem um polonês, um judeu, pessoas da classe média, da burguesia, estou entrando em contato com um mosaico de assuntos e de seres humanos, de classes e procedência diversas, nesse colegial. É uma revolução interna, como se tivesse entrado um bisturi dentro de mim e fosse fazendo novas sinapses. Estou me transformando, há um monte de coisa latente a que a escola me dá possibilidade de dar vazão.

[...]

Minha relação com a cidade está mudando, saí da rua Augusta e do Conjunto Nacional e fui para o jardim da Luz e o largo de Pinheiros fotografar. Passo milhares de horas no Riviera discutindo: Maio de 68, o golpe de 64, a luta armada, o Glauber Rocha, a Bienal de Veneza, os imigrantes nordestinos. Está ficando para trás aquele negócio de jardim Botânico, praia da Boa Viagem, Confeitaria Colombo, parece que estou virando cidadã nesta escola, pelo que está acontecendo no mundo e pelo contato com os professores. Começo a conhecer a cidade, saber que o Brás é um bairro de imigrantes italianos, ver que antes dos palacetes da avenida Paulista existiram os palacetes do Bom Retiro e da Barra Funda, me dou conta do que é o largo de Pinheiros, de quantos milhões de habitantes tem a cidade, de que há uma periferia, onde moram todos os operários que estão construindo os prédios na Paulista e todas as empregadas domésticas que trabalham na minha casa e na casa dos meus colegas. Parece que abriu uma fenda no miolo, encheu de lugares, de pessoas e de assuntos. Muitas vezes deito na cama e meu miolo fica virando, está sendo fundamental. Estou querendo ir para a FAU, não tenho muito clara a vontade de ser arquiteta, fazer projeto, construir casa, trabalhar com urbanismo e com a cidade, mas quero continuar trabalhando em laboratório fotográfico, estudando história da arte e tendo contato com coisas experimentais de artes plásticas e de urbanismo. (Sônia Lorenz, depoimento)

Andando pelas imediações das livrarias, me deparo com um texto de uma jovem estudante da Psicologia, Maria Rita, sobre a década que acabou de encerrar, que ajuda a pensar este momento, com um ar de ressaca, de um tempo movido pela paixão, pela música, pelo teatro e pelo afã de transformação.

*

O Ato institucional n. 5, AI-5, encerrou precocemente nossa promissora década de 1960. [...] Não eram esperanças propriamente revolucionárias, mas as reformas sociais e estéticas que se tentava implantar traziam ares de revolução para um país que se modernizava tão tardiamente como o nosso. [...] Os anos 1960 chegaram para mim, estudante de classe média em um colégio de freiras progressistas — mas nem tanto — como um eco longínquo. O mais próximo disso eram a Teologia da Libertação e o método de alfabetização de adultos criado por Paulo Freire, que utilizamos, encantadas, no trabalho social em uma favela próxima. O resto vem por notícias de jornal. Greves e passeatas por pão e liberdade; o movimento estudantil a mil: "A UNE somos nós, a UNE é nossa voz". Depois do golpe militar, toda a produção cultural que conta é de esquerda. A música de protesto e a Tropicália fizeram a elegante bossa nova e a ingênua jovem guarda parecerem brincadeira de salão; os festivais musicais da TV Record lançavam a cada ano novos talentos e novas palavras de ordem. O teatro de José Celso Martinez Corrêa, com *Roda viva*, de Gianfrancesco Guarnieri, com *Arena conta Zumbi*, e do pessoal do teatro da Universidade Católica, Tuca, encenando *Morte e vida severina*. [...] Glauber Rocha e Caetano Veloso, Chico Buarque e Hélio Oiticica, Geraldo Vandré e Carlos Marighella. (Khel, 2006)

Apesar de as pessoas não falarem muito sobre o assunto, o clima aqui está muito tenso, a repressão dura continua e tem transformado a vida das pessoas e da cidade. No Ponto 4 encontro novamente Luiz Roncari, estudante de história, que nos falava sobre o centro da cidade e aos poucos vai contando sobre a situação dos estudantes.

> Virei o contador do bar do Crusp, que está nas mãos da dissidência comunista; me aproximei e vi que é marxista ortodoxa e, ao mesmo tempo radical, em defesa da luta armada. Depois do AI-5, no fim de 1968, começou a repressão violenta, fomos obrigados a nos vincular a organizações, a ir para a clandestinidade ou a nos afastar, ficando como simpatizantes. Mas recorrem a nós sempre que precisam de apoio, para arrecadar dinheiro, esconder gente, tirar gente do país, levantar fundos, enfim... Ou como simples defesa de opinião, de militância na universidade, lutando por novos adeptos, mas isso tudo é muito confuso, principalmente porque começaram a matar, a matar e a prender.
>
> [...]
>
> Na nossa república, o Jeová foi o primeiro a ser preso e depois o resto, passamos uma noite na Oban, que é um inferno, ouvimos o que pode acontecer com a gente. Fui preso em 1969, quando invadiram o Crusp, passei alguns dias na Tiradentes, que é outro inferno, não há presos políticos ainda, são presos comuns, há só uma ou duas celas preparadas para presos políticos. Mas há o Esquadrão da Morte, à noite acordam todo mundo, vêm tirar presos da cela para levar para matar, são coisas assim que assistimos. Preso sendo arrastado, espancado, para levarem e no outro dia aparecer como presunto, jogado por aí. Uma época aterrorizante, podem te matar, sumir com você e não acontece nada. Estão completamente acima da lei; a única voz que se levanta, que fala e insiste em defesa dos presos políticos, e do preso comum, é o Hélio Bicudo. Fleury comanda o Esquadrão da Morte e faz tudo que quer.
>
> [...]
>
> Compensamos o clima aterrorizante com festas doidas, bebemos, dançamos, a sexualidade está muito solta, há uma cultura falando da liberdade sexual, da definição do sujeito, a respeito de sua relação familiar ou não. É o que baliza a vida do estudante universitário, de classe média, meio perdida. A vida do pobre é muito mais dura. (Luiz Roncari, depoimento)

Novamente, é a dupla da Geografia e da História que traz as notícias sobre a situação política. Enquanto falava com Luiz, o Mouzar chegou contando sua situação.

Estou acabando o curso de Geografia, mas há muitas prisões na USP. Estou com a corda no pescoço, vejo todo mundo cair ao meu lado, um preso aqui, outro morto não sei onde, boa parte já se mandou para o Chile, Argentina, outros para a Europa. A última prova do Queiroz, só deu tempo de falar para ele que não daria para fazer, porque estava sendo perseguido pela polícia, com medo de ser preso. Ele disse: pode ir e volta só quando você se sentir seguro. A barra pesou, estou sendo seguido pela polícia o tempo todo. Companheiros sendo presos, faço uma ginástica danada, parei de falar com os amigos, para não comprometer ninguém. Quero ir para o exterior, mas não sou de organização nenhuma. Tenho vínculo com os anarquistas, faço algumas coisas com trotskistas e até com o pessoal do partidão, do PCdoB. Fiz panfletagem em periferia, mas não sou ligado formalmente a nenhum grupo, não tenho estrutura fora do país para isso, não tenho parentes. (Mouzar Benedito, depoimento)

A BOCA

A convivência entre os diferentes personagens da vida noturna existe faz muito tempo. Alguns administradores, como Adhemar de Barros e Jânio Quadros, tentaram isolar a prostituição, a malandragem, e "higienizar" a cidade, mas não tiveram muito êxito. No uso do espaço urbano, a vida da cidade é pouco afeita a essas determinações. Por vezes muitos se acomodam, camuflados por algum tempo, mas a vida pulsa e se liberta das amarras.

É curioso que neste início de década, em que há uma forte repressão política e o afastamento de parte do público frequentador do centro, começa a surgir entre os que por aqui convivem esta nova denominação... a Boca!

Surge ainda algo que não estava presente até agora na fala de nossos personagens, o culto à malandragem e à bandidagem. Entram em cena os reis da Boca, as brigas de rua, enfrentamentos com a polícia. Não estamos ainda no cenário do aumento da violência urbana, que só chegará mais para a frente, mas há uma exaltação da malandragem. Há um diálogo com esses personagens da noite, que passam a fazer parte das façanhas dos jovens pela cidade. A mesma "boca" geográfica será palco do cinema "marginal", "udigrúdi," que, assim como algumas publicações, enfrenta a censura e o endurecimento do regime, com outro tipo de linguagem, por vezes indireta, satírica, cifrada; em outras ocasiões, consistindo de um mero enfrentamento moral.

Isso faz pensar em algo que Nicolau Sevcenko aponta como um dos pilares do situacionismo da década de 1950, que é a "*psicogeografia*, o resgate da memória afetiva dos recantos mais inexpressivos, relegados, remidos ou detestados de uma cidade, tentando inverter a lógica de um urbanismo projetado como espaço espetacular e como a cartografia da razão planejadora, do poder da riqueza e do privilégio" (Sevcenko, 2006).

Até este momento, poucas vezes aparece na fala de nossos personagens a presença do samba e dos negros, e a convivência harmoniosa nas gafieiras e quadras de escolas de samba. Serão esses movimentos que ocorrem pela cidade simultâneos a uma maior ocupação desses espaços pela classe média e a um abandono por parte da elite, a qual começa a ter seus espaços de convivência deslocados em direção aos Jardins?

À radicalização da repressão, ao maior cerceamento à liberdade de transitar e se expressar artisticamente, bem como de conviver socialmente pelas ruas do centro, corresponde um movimento quase que inverso de exaltação da liberdade e de quebra com as formalidades. É o que ocorre, por exemplo, nos *happenings*, no rompimento das "couraças" impostas aos indivíduos pelas sociedades totalitárias, amarras que impedem que a energia criativa circule. Trata-se de um inconformismo radical, uma quebra de referências da sociedade burguesa tradicional e da rigidez do sistema educacional. E isso é só o começo.

INDÍGENAS E POSSEIROS

A comemoração do Sesquicentenário da Independência é conduzida pelo governo como uma palhaçada de congraçamento com a antiga potência colonial. Presidente de Portugal preside solenidade de ressepultamento dos ossos de D. Pedro I, que são entronizados no Monumento do Ipiranga, em São Paulo. Só o *Pasquim* reclama, com uma caricatura do Jaguar, que mostra D. Pedro I berrando: "Eu quero é mocotó!" É inaugurado em Brasília um prodigioso edifício duplo para a Escola Nacional de Informação do SNI — três andares no subsolo e três na superfície. Seu propósito é criar, pedagogicamente, os sucessores da geração militar surgida historicamente para defender a velha ordem social desigualitária. É assassinado no DOI-Codi do Rio o operário Getúlio de Oliveira Cabral. O poeta guerrilheiro Alex Polarei de Alverga sofre, no Cenimar, bárbaras torturas.

Bispo Dom Pedro Casaldáliga é preso para depor na polícia sobre as ligações com os posseiros de sua prelazia. São milhares de lavradores, principalmente nordestinos, assentados no sul do Pará, em glebas que vêm sendo griladas por grandes empresas que os estão massacrando. A CNBB lança documento de denúncia das invasões de terras pertencentes aos índios, com a conivência de funcionários da Funai. O Conselho de Defesa dos Direitos da Pessoa Humana, criado pelo governo federal, se desmoraliza ao negar-se a apurar o assassinato do estudante Edgar Stuart Angel pelos órgãos de repressão. Hanna e Antunes inauguram, na baía de Sepetiba, no Rio de Janeiro, um porto próprio destinado a transportar para os EUA o minério de ferro de Minas Gerais. Através de *dumping* e outras falcatruas, as empresas estrangeiras aumentam de 20 a 70% a sua participação no fabrico de televisores, levando à falência várias empresas nacionais. Garrastazu, em ataque de moralismo, manda prender todas as putas, mas, como os presídios estavam cheios de marginais e criminosos, a polícia as espanca.

Fernando Gasparian lança no Rio o semanário *Opinião*, que, apesar de submetido à censura prévia, consegue dar voz a uma oposição de esquerda que critica a política econômica e a repressão cultural. Transcreve artigos do *Le Monde*, do *Le Nouvel Observateur*, mantendo nossos intelectuais informados sobre o que se passa no mundo afora. Alfredo Bosi publica balanço da nossa criatividade intelectual: *História concisa da literatura brasileira*, comemorando o cinquentenário da Semana de Arte Moderna. Jorge Amado publica *Tereza Batista cansada de guerra*, puta heroica que comanda a greve dos puteiros da Bahia. Mequinho conquista o título de Grande Mestre Internacional de xadrez. Era mestre em 66, quando tinha 14 anos. Moraes Moreira lança o pau elétrico, um violão sem caixa, eletrificado, para tocar ao ar livre. (Ribeiro, 1985)

Sigamos com nossa viagem. Roberto, nosso companheiro de trajeto que é meio psicanalista, meio escritor, também um pouco jornalista, vem tendo importante papel nos festivais. Foi jurado de quase todos os festivais de música popular brasileira, desde o primeiro, na TV Excelsior, até os da TV Record e alguns da Rede Globo.

Quase sempre, quem me indicava era o produtor, Solano Ribeiro. Em outras ocasiões, pelo que me dizia Solano, meu nome era lembrado pelos próprios concorrentes. Os festivais mudaram nestes últimos anos; o clima de euforia, protestos e inovação na música, que polemizava com o público e criava torcidas organizadas, vem desaparecendo. Deixaram a TV Record, em São Paulo, e foram totalmente modificados nesse percurso para a TV Globo, no Rio de Janeiro. Os grandes vilões do processo foram a censura e a repressão. (Freire, 2002)

Sobre o tema, Zuza Homem de Mello nos contava outro dia:

O Exército, que já exercia um completo domínio sobre o Dops e o SNI, queria também ter um controle total sobre o Festival. E a razão não tinha nada a ver com o interesse pelas músicas ou pela carreira dos artistas. [...] Pouco antes do VI Festival Internacional da Canção, a vontade de controle do Exército chegou às raias do absurdo. Não apenas se exigiu que os compositores participantes tivessem a carteira de identidade registrada na censura, como até os intérpretes e acompanhantes teriam de ser fichados. (Mello, 2003)

Nesse clima horrível, os grandes músicos do país fizeram várias tentativas para desmascarar os festivais e a conivência da Rede Globo. Em 1971, foram inúmeras tentativas de driblar a censura e escancarar as pressões do governo, e este ano novos acontecimentos marcam o festival. Roberto nos conta que em 1972 ele, João Carlos Martins, Décio Pignatari, Rogério Duprat e Sérgio Cabral estavam no júri do Festival Internacional da Canção (FIC) dirigido por Nara Leão.

> A direção da Globo suspeitou que tínhamos a intenção de premiar a música originalíssima, porém muito agressiva, "Cabeça", de Walter Franco, e decidiu destituir o júri nacional, substituindo-o pelo júri composto por estrangeiros que trabalhavam na parte internacional do festival.
> Fizemos uma reunião no Hotel Copacabana Palace e decidimos redigir um manifesto de protesto e de denúncia contra a Globo, pela sua decisão de nos substituir e por submeter a música brasileira a um julgamento de estrangeiros, atestando, assim, nossa incompetência. E ficou decidido também que um de nós invadiria o palco do Maracanãzinho durante a transmissão ao vivo do festival e leria o manifesto ao microfone. Não sei por quais argumentos, ficou decidido que eu é que ia ler o manifesto.
> Munido de credencial, entrei nos camarins do Maracanãzinho e consegui o apoio do grupo O Terço, que se prontificou a me levar escondido entre eles na hora que entrássemos no palco. E assim foi. Cheguei ao microfone e, diante do espanto geral, comecei a ler o manifesto. Mas fui logo agarrado por homens da segurança da Globo, que me arrastaram para trás das cortinas. Ali, fui jogado nas mãos de uns dez policiais, que começaram a me aplicar uma tremenda surra, no exato momento em que o fotógrafo do jornal *O Estado de S. Paulo* conseguia fazer uma foto. Bateram o quanto quiseram, fraturaram-me um braço e quatro costelas, fazendo do meu rosto uma couve-flor sangrenta. E me trancaram num camarim, preso. (Freire, 2002)

A diversificação e profissionalização dos trabalhadores da área da cultura e das comunicações contribuiu para o surgimento de quatro canais de televisão por aqui. Quando, em 1965, a TV Excelsior lança o I Festival de Música Popular Brasileira, ela cria um fluxo de músicos para a cidade, que transitam por seus bares, boates, casas de *shows*, numa efervescência que só perderá a intensidade com a transferência desses festivais para a TV Globo no Rio de Janeiro. Colada ao governo autoritário, essa emissora vai desbancando vagarosamente as concorrentes.

Vamos sair um pouco do clima político nacional e dos bastidores dos festivais da canção e voltar à cidade. Vejamos o que andam fazendo e por onde caminham os estudantes mais jovens. Entramos na década de 1970 com algumas mudanças no tipo de convivência a que se assiste na área do Centro Novo, e com uma abertura para a região da Boca. Outro caminho já apontado é a expansão das atividades em direção ao Bixiga, também subindo a rua Augusta em direção à avenida Paulista, com alguma frequência naquela região e nos Jardins. Vamos ver o que nossos companheiros de viagem têm para contar.

Nas imediações do Paribar, encontro Sônia, que estava no Iadê e agora está no cursinho Universitário, no Bixiga.

> Vou aos cafés, botecos, restaurantes, estou descobrindo o bairro. Gosto muito, vou muito ao cinema com os amigos do cursinho. Toda semana vamos ao Cine Bijou, vemos todos os filmes que passam. Estamos tendo contato bem forte com a ditadura. Outro dia, estava indo para a escola e explodiu o consulado norte-americano no Conjunto Nacional; noutro dia fecharam a Consolação, teve um assalto a banco ligado à guerrilha urbana. Tenho um professor que desapareceu, ficamos sabendo meio subterraneamente que entrou para a clandestinidade, porque faz parte da guerrilha. Está muito pesado, a ditadura prendendo e matando as pessoas. Me dou conta de que os objetivos são desmontar o sistema público de educação e aumentar a concentração de renda através do milagre econômico. Se morrerem vinte operários de uma obra, isso não importa em absoluto, como não importa que as pessoas com quem tenho contato — no cinema, no Riviera, numa festa — desapareçam por entrar na clandestinidade. É um contato forte, fico muito frustrada, porque no momento em que começo a ganhar a cidade, a circular pelos lugares, conhecer muita gente, se instala esse terror. Descobrimos que a polícia escuta a nossa conversa, que alguém tinha sido preso, outro morto, outro torturado, e que, se você convive com essas pessoas, pode sobrar. Os livros que está lendo podem te trazer problemas, uma pessoa com quem você foi a uma festa pode te trazer problemas. Não se pode andar na cidade nesta folga toda, com câmera fotográfica pendurada, porque está perto da esquerda, convive com pessoas da esquerda, e estamos num estado de exceção em que pessoas estão sendo mortas, presas. Começo a andar na cidade com medo.
>
> Vou àqueles teatros próximos ao Oficina e aqui no Paribar, onde ficamos horas discutindo os destinos do mundo, de tudo: como vai acabar a ditadura? O que está acontecendo em Cuba? Como está andando a Guerra Fria? O que se passa no Vietnã? Como organizar os operários? Como fazer a revolução? Qual a ligação das artes com o proletariado? Como fazer a arquitetura para o povo, e não para os bancos e indústrias? Gosto muito de ir à Confeitaria Holandesa, à rua

> Sete de Abril, ao jardim da Luz, à praça da República. Circulamos de ônibus ou a pé. (Sônia Lorenz, depoimento)

O peso da repressão está aumentando. Mesmo os mais jovens já estão sentindo a interferência desse cerceamento. Alguns, mais engajados, vivem entre a clandestinidade e a iminência da prisão. Até entre amigos bem próximos, com a mesma formação, podemos ver a diferença de postura e posicionamento. Enquanto, para alguns, a situação implica um esfacelamento do cotidiano, para outros é um capítulo a ser vencido. Caminhando pelas imediações, na Xavier de Toledo, na Leiteria Americana, encontro dois jovens do Colégio Vocacional, Koji e Dagomir, que acabam de entrar na faculdade. Koji começa:

> A repressão não é diretamente contra o movimento estudantil, mas há repressão, porque entendem que o movimento estudantil é uma manifestação das organizações subversivas. Não estão errados, realmente o movimento está vinculado a elas. O grupo do colégio é grande, uns trinta, parte ainda está no colegial, as prisões estão ocorrendo agora. O pessoal que está entrando na universidade, com algum vínculo com partidos, entra para participar da vida universitária e da briga pelo ensino público. A forma de trabalhar é participando dos centros acadêmicos, a UNE está praticamente selada. Ocupamos os centros acadêmicos, queremos fazer parte das diretorias. A repressão existe na universidade, mas o objetivo do regime é desmantelar o que está por trás, que são as organizações partidárias. Primeiro atacaram os grupos armados, ALN, VPR, Var-Palmares, que participam de ações como assalto a banco e sequestro. Agora estão partindo para o pessoal do PCdoB, por conta da guerrilha do Araguaia. O receio que os militares têm é que isso escape ao controle. Estão percebendo que há uma organização um pouquinho maior do que imaginavam, mas estão superdimensionando. Pegando o lado mais visível dessas organizações, que é o movimento estudantil. Começam a prender as pessoas ligadas à UNE, que são militantes da AP [Ação Popular], do PCdoB, que está na diretoria da UNE faz tempo, e a partir disso estão prendendo pessoas no Rio de Janeiro, no Rio Grande do Sul, no Ceará, e chegaram ao pessoal do PCdoB, e à ala jovem e infantil do PCdoB. [...]
> Os que estão sendo presos têm 16, 17 anos, alguns são secundaristas. A Mônica Teixeira, a Lúcia, são menores, ainda estão no colegial. Dos 35 de uma turma da universidade, vinte são do Colégio Vocacional. As prisões estão ocorrendo neste primeiro semestre de 72. Tomamos a decisão de que algumas pessoas se recolherão, não dá para

ficar militando na clandestinidade, ninguém é militante profissional. Para alguns, foi colocada esta decisão, ou vai no bolo ou... Optei por sair fora, para não ser preso. Saí de casa, a sobrevivência é por minha conta, amigos e família. O partido não tem como ajudar, estão preocupados com o Pará, com o Araguaia.

[...]

Têm lá suas razões, não está fácil para ninguém. Fiquei três meses fora de casa, morando no centro, trocando de pensão a cada quinze dias e circulando pela cidade, fazendo contato com gente da universidade. O pessoal que foi preso está sendo liberado, mas a maioria não tem contato com a estrutura de partido, só vínculo com a universidade, assembleias e jornaizinhos. Quem tem vínculo mais forte com o partido sou eu, e agora estão oferecendo três alternativas: voltar para casa e ser preso, sem saber o que pode acontecer; sair do país de carro; ir para o Araguaia. Tenho 20 anos, a solução foi voltar para casa e tentar dar o fora do Brasil. Os partidos não existem, não é só o PCdoB, só existem no meio estudantil universitário e secundarista, que se envolve de corpo e alma. Não podemos conhecer nem a estrutura nem as áreas de atuação do partido, é muito perigoso, se você for preso, sob tortura pode mencionar o nome das pessoas. Levamos isso a sério, não perguntamos nada. Eles não conseguem se organizar em nenhuma outra frente para dar conta das pessoas que passam para a clandestinidade. Não tenho nenhum tio general, nenhum parente empresário, como é que vou sair? Na condição de procurado, conseguir passaporte é muito difícil. Ir para o campo, para a guerrilha, está fora de cogitação, se não há condições de dar conta na cidade, como é que vai fazer isso lá? Voltei para casa, assumi a vida normal, trabalhar, ir para a escola. Me programei: cortar todos os vínculos, deixar passar um mês para que as pessoas que conheço cuidem das suas vidas e que não haja nenhuma forma de a gente se cruzar, nem de entregar ninguém. Mas os militares perceberam que estou de volta, os agentes que estão na universidade. Montaram um esquema e foram ao meu trabalho, no Museu de Arte Contemporânea, no MAC, no Ibirapuera, com o Walter Zanini, e me prenderam lá.

[...]

Parece que há uma divisão de trabalho. O Dops acompanha o movimento sindical, a Oban (Operação Bandeirantes) vigia algumas organizações e a Igreja, e o DOI-Codi se especializou nos grupos armados, a guerrilha. Minha ida para o Dops foi para confirmar ou não o depoimento. Depois, eles não sabiam o que fazer comigo, mandaram para o Tiradentes, que estava sendo desativado, depois da greve de fome meio brava. Fiquei uns dois meses. Quando saí, o processo foi instalado, pedindo a condenação de um monte de gente. Fiquei um período de quatro meses, como toda a turma, e depois um pouco mais de tempo. Me soltaram, mas estou com a sensação de que alguma coisa vai dar errado. As prisões se transformaram em processo, todos são do PCdoB, dois da UNE, um estava preso, o outro, foragido. Juntaram uma turma de quarenta pessoas no mesmo processo. Por que tenho uma sensação ruim? Fiz CPOR em Santana, no Campo de Marte. Sou aspirante a oficial da reserva, 1971, de repente sou preso porque tenho vínculo com o pessoal do PCdoB, que está na guerrilha e eles já sabem. No segundo dia em que estava lá, aparece o cara que era capitão no CPOR, eu sendo interrogado, pensei, "esse negócio não vai dar certo". Foram uns quarenta dias, na Oban e depois Dops, de chá de cadeira, ali já é o segundo escalão, para fazer a burocracia. Quando aconteceu o julgamento, entrei na sala, eram quatro juízes, um civil e três militares, e um deles era o major comandante da turma onde fiz o CPOR. Quando olhei, falei, "não vai dar certo!" Não é pelo conteúdo, pelas ações, mas simplesmente porque sou militar, existe o orgulho da corporação, com os oficiais da reserva, que é a elite. Há os oficiais formados pelas academias militares, e logo abaixo da reserva, consideram que é a elite, os que estudaram. Não deu outra, condenado a quatro anos, de lá para o Dops, e Presídio do Hipódromo, cadeia comum. (Koji Okabayashi, depoimento)

Dagomir tem questões um pouco mais existenciais:

Vivemos uma situação em que estamos isolados do mundo, no campus cercado, ali é nosso universo. Ao mesmo tempo, todos querem resolver o problema do Brasil, todos têm a solução. Você é maoísta, ou trotskista, foquista, partidão, ali a gente vive num clima or de a revolução vai começar, é esse o objetivo. A revolução brasileira vai começar na USP e nos barracos das Ciências Sociais. Acabo de entrar na faculdade. Depois do Ato Institucional n. 5, os grupos de esquerda estão partindo pra um trabalho clandestino, e alguns para a opção armada, é realmente um clima pesado. Aconteceu o golpe no Chile, muito marcante, do general Pinochet. A época é dura, mas se faz muita política no Brasil. Respiramos e pensamos isso o dia inteiro.

[...]

Vamos aos bares falar mal dos militares, enchemos a cara e falamos alto! O dia inteiro, só falamos de política. Na USP, tenho meus amigos do Vocacional, com quem já tinha uma relação de muita amizade do ginásio e colegial, e uma atuação política, mas acho que não sou levado muito a sério, o que pode me salvar. Esses amigos começaram a ser presos, um por um, não entendo muito o porquê. Período difícil, de muito pavor, ficamos apavorados. As histórias que correm com relação ao DOI-Codi são fortes. Depois que meus amigos foram soltos, descobri que realmente são militantes do PCdoB, enquanto sou apenas um simpatizante. Não fui preso, não estava na lista dos militantes. Quando foram presos, pensei: "Agora é minha vez, preciso substituir os companheiros". Arranjei um contato com um militante do PCdoB, encontrei um cara desconhecido, num lugar desconhecido, fiquei andando com ele, como se fosse amigo, disfarçando, olhando pro lado pra ver se estava tudo bem. Falei que minha atuação era na vida cultural, gostaria de atuar em nome do partido na vida cultural. Ele então me disse que achava ótimo! Poderia organizar um grupo de sambão! Acabou imediatamente. Deixei de ser militante do PCdoB! Sambão, não!

[...]

Na Cidade Universitária é muito fechado, mal saímos de lá, vamos de uma faculdade a outra, temos assembleia em uma, reunião em outra, grupo de teatro... vamos ficando. A música, às vezes, chega lá. O ponto de encontro que temos, na saída da USP, é o Rei das Batidas. Passamos ali no final da noite, uma coisa meio obrigatória. Vamos à casa de um, de outro, nos deslocamos dentro do campus. No tempo do Vocacional, frequentávamos muito o Teatro de Arena, por causa do Jorge Andrade. Houve uma peça do grupo de teatro da Geologia, os mais radicais, passada na Politécnica. Fiquei espantado de ver os rapazes de classe média vestidos de estopa com enxada na mão "Nóis tem que cultivar a terra", pessoal com relógio Cartier falando "A luta pela terra jamais cederá aos exploradores". Acabei escrevendo um livro, *O Ocidente é vermelho*, inspirado nessa peça e em *Irmãos Coragem*, novela da televisão.

[...]

Penso nisso, nesses caras urbanos, de classe média alta, fingindo que são do campesinato. No fundo acho divertido, engraçado, meninas do Jardim Paulista falando "Ah, a vida tá dura, nóis temo que se arrevortá". Meu grande amigo Pablito, nas Ciências Sociais, é um cômico, um cara engraçadíssimo, bom ator, sempre gozava muito disso. Temos um grupo de teatro das Ciências Sociais e montamos uma peça do Dias Gomes, *Dr. Getúlio, sua vida e sua glória*. Fizemos em algumas cidades do interior e no circuito interno da USP; Matemática, Geografia... a gente mal sai de lá. (Dagomir Marquezi, depoimento)

Flora, companheira de viagem que traz sempre uma prosa intimista, antes uma crônica que um depoimento, aparece de vez em quando, por vezes carregada de emoção. Hoje está envolta num clima de euforia e medo, mas deixemos que ela fale e que a cidade apareça atrás das letras.

> Depois de um ano percorrendo diariamente o caminho em direção ao centro, nos ônibus velhos, vazios, no contrafluxo, ruas desertas com cheiro de amanhecer, um gosto de independência, autonomia, um aprendizado de solidão. Aos poucos ousando encontrar os amigos à noite, no centro, ouvi-los, muita emoção... medo. Sim, lançar-se dá medo, e por aqui, na verdade, tudo dá medo.
> [...]
> Parada para um café na Leiteria Americana, um frio na espinha. Ver quem não podemos ver, conhecemos sem conhecer, a dor de não poder saber. Vivo estás!!! Uma alegria contagiante, querer falar, contar, perguntar, NÃO! Dor. Engolir, observar, sem poder ser observada. Você pode estar sendo seguido, e nós, observados. Não sei quem és, sabendo. Não sei aonde vais, nem de onde vens. Medo, alegria cortada com faca amolada. Você encontra Bia... um amigo, e vai.
> [...]
> O percurso já guardava suspenses, mas tudo aumenta com a chegada ao Theatro Municipal, chove cá fora, frio na barriga, imponente prédio que nos faz pequenos, mas nos engrandece neste *Milagre dos peixes*. Do alto de nosso poleiro, a música nos envolve e a voz poderosa de Milton Nascimento nos torna um só. Choro, emoção infinita. Pablo, teu cabelo é vermelho, pó de nuvens nos sapatos, incêndio nos cabelos.
> Muita música, poucas e contidas palavras, o que não pode ser dito, e teima em existir, atravessa as ruas, rompe as guias e nos devolve maiores para casa. A lua morena, a dança do ventre, o sol da manhã, morena quem temperou, cigana quem temperou o cheiro do cravo. Caminho de volta, coração aquecido, amigos queridos, jamais esquecidos. Muito texto subentendido, muita realidade calada, muita dor naquele canto negro, forte e chorado de um pai sofrido. De um ídolo acolhido. (Gama, manuscrito, 2019)

O leque está aberto. Apesar de toda a repressão, estes jovens se separam em grupos, nem sempre grandes, mas que assumem coloração política diversa dentro do espectro da esquerda. Situar os gomos desse leque, mostrando suas divisões, é importante para entendermos como elas vão atuar na cidade. Por vezes como clandestinos, outras, disfarçados nas atividades culturais, fazendo publicações. Pelo centro, nos cineclubes, nos espaços culturais alternativos que vão surgindo, em alguns bares e poucos teatros, pelas imediações das faculdades ou distante delas. Convivem e se misturam no espaço do que deveríamos chamar de universidade. Celso Marcondes, outro estudante, adiciona mais algumas cores ao leque.

Os corredores da USP são assépticos, parecem hospital. Protestos, só nas portas dos banheiros, misturados com aqueles versinhos legais dos tempos do ginásio, cheios de rimas, falando dos órgãos genitais. [...] O *campus* é bonito. Mas os prédios das faculdades são longe uns dos outros, "para evitar o contato". Para as poucas dezenas de rapazes e moças que entraram na faculdade agora, e que querem algo além do diploma, os canais que sobram são os centros acadêmicos, que ainda permitem eleições diretas todos os anos. Promovem filmes "polêmicos", *shows* do Gonzaguinha, editam cadernos de debates com textos de Celso Furtado, Fernando Gasparian, Maria da Conceição Tavares, de um certo Fernando Henrique Cardoso, publicam jornaizinhos tamanho ofício (em preto e branco, claro, batidos à máquina, com títulos em letraset), rodados nos raros mimeógrafos à tinta que sobrevivem em alguns centrinhos. O contato entre os gatos pingados se dá em reuniões semiclandestinas, que têm por objetivo estratégico a reconstrução do diretório central dos estudantes, proibidíssimo.
[...]
Somos tão poucos que não dá para falar de uma "geração", muito menos "espontânea". Espalhados pelas diversas faculdades, militantes da Ação Popular (AP), da Ação Libertadora Nacional (ALN), do PCdoB, do PAC, entre outros, são os impulsionadores de todas as atividades "extracurriculares". Todos os grupos são muito pequenos. Os trotskistas? Bom, nós também cabemos num fusca...
[...]
Todos nós, que teimamos em militar clandestinamente nesta época brava de ditadura, de medo, prisões e tortura. As reuniões são sempre entre poucos, dentro de um carro que vaga pelas avenidas marginais até a discussão — ou a gasolina — acabar. Ou nos bancos do Ibirapuera, simulando um piquenique. Até idas para Santos em pleno inverno, para reunir na praia três ou quatro pessoas, devidamente vestidas dos pés à cabeça. Nada suspeito, mas... há alternativas?
[...]
De nossa parte, a obsessão revolucionária cresce sem parar, apesar dos obstáculos. E isso dá muita coragem, nos incentiva a encarar como secundários um monte de "vícios pequeno-burgueses", como namorar, ir a um estádio ou assistir a filmes de aventuras. Em

compensação, a vida cheia de riscos e de medo, de codinomes, de pontos secretos, de atividades clandestinas, de panfletagens proibidas, vai formando o núcleo central das tendências que estão nascendo. (Marcondes, 2006)

Continuam existindo e circulando nos espaços do centro os atores, músicos, jornalistas, publicitários, críticos e todos os personagens que por aqui já transitavam, além dos estudantes artistas. A força da repressão muda a intensidade das atividades no campo da cultura, pela grande censura e pela violência utilizada em algumas ações da direita, que entra destruindo cenários e incendiando teatros. Mas, pelo menos por enquanto, não há um silenciamento automático. Podemos perceber isso nas notícias e nos relatos de nossos companheiros de viagem. Às notícias, pois:

> No teatro, Antunes Filho dirige *Corpo a corpo*, de Oduvaldo Vianna Filho, com Juca de Oliveira no papel, e, em 1972, *Nossa vida em família*, do mesmo autor, com elenco encabeçado por Paulo Autran. Sandro Polloni o contrata para dirigir a volta de Maria Della Costa em *Bodas de sangue*, de Lorca. *A viagem* é o bem-sucedido e grandioso espetáculo de Celso Nunes, produzido por Ruth Escobar, em que Carlos Queiroz Telles adapta o poema épico *Os lusíadas*, de Luís de Camões. A cenografia inspiradora de Hélio Eichbauer contribui para a grandeza da obra, que reúne cinquenta pessoas em cena. Celso Nunes é premiado como melhor autor com o Molière, pela Associação Paulista de Críticos de Artes — APCA, com o prêmio Independência, do Conselho Estadual de Cultura do Estado de São Paulo. (Ribeiro, 1985)

Passando pelo Redondo, encontro João, que está entrando na área do teatro.

> Tenho 16 anos. Comecei a fazer teatro profissional este ano, numa peça aqui no Teatro Aquarius, na esquina da rua Conselheiro Ramalho com a Rui Barbosa, no Bixiga. Peça infantil, chamada *Turma da Mônica contra o Capitão Feio*. Nesse mesmo teatro, entrei no elenco adulto, para *O homem de La Mancha*. Os atores são Paulo Autran e Bibi Ferreira. Há alguns espetáculos aqui, como *A gaiola das loucas* — de Paulo Goulart, fazendo muito sucesso, e *Lição de anatomia*. Frequento um barzinho que também fica na esquina da Conselheiro Ramalho com a Rui Barbosa. Vou passar um tempo no Rio. Estou fazendo colegial e volto o ano que vem, para a peça *O homem de La Mancha*. Vou fazer uma novela na Globo, *Supermanoela*. (João Signorelli, depoimento)

Apesar de vários dos nossos companheiros de viagem terem passado pelos bancos das escolas públicas, as experiências posteriores são bem diversas. Como vimos, o Celso, nosso companheiro de caminhada, começou sua carreira muito cedo, no Teatro de Arena. Ele conta como está a situação por lá.

> Descobrimos, nesse ano que passou, que o buraco financeiro do grupo Arena é maior do que imaginávamos. A saída está sendo irmos para o Theatro São Pedro, junto com o Maurício Segall, que vem estruturando o Museu Lasar Segall, mas tem também o Theatro São Pedro. A Beatriz Segall, esposa dele, é atriz. Ele é um grande produtor. Está tentando juntar os que sobraram do Arena e os que sobraram do Oficina e formando o núcleo São Pedro. O que não é muito fácil, porque percebemos que estamos completamente na contramão. O público, classe média, estudantes, que antes gostava dos nossos espetáculos, estão presos, grande parte das lideranças. O interesse mudou a cabeça do brasileiro de classe média, é a cabeça do Brasil grande, vendido pelo "milagre brasileiro", pela ditadura, e é completamente aceito, somos um peixe muito fora d'água.
> [...]
> O Maurício manteve enquanto foi possível o nosso grupo. De oito a dez pessoas. Ficamos quase um ano sem conseguir apresentar, porque as nossas peças foram censuradas, não tinha como sustentar o grupo todo. O próprio Maurício, depois de várias tentativas, percebeu. Neste ano, 1973, fizemos ingresso de graça, e nada aconteceu, porque não tem interesse social, não é só a imprensa que está sob censura. Fui preso de novo com a Bastilha, junto com a Denise [Del Vecchio], e desta vez foi no palco, invadiram o palco do São Pedro. O Maurício também logo em seguida cumpriu pena, tinha sido preso, estava esperando julgamento, foi julgado e condenado. (Celso Frateschi, depoimento)

No momento, o cinema paulista tem uma presença marcante no centro da cidade e um novo tipo de produção começa a surgir, saindo do cânone do cinema novo, retomando algumas pitadas de humor das chanchadas e acrescentando uma pitada de erotismo, algo que dificilmente poderia ser chamado de pornografia, não fosse o período pra lá de obscurantista que vivemos. Não é apenas um novo padrão mais "popularesco": o formato resgata algumas estruturas comerciais e de distribuição da produção local. Quem nos fala sobre isso é o jovem Inimá, que está muito engajado nesse ambiente:

Na verdade, a "Boca de Cinema" pode ser identificada com a rua do Triunfo, onde funciona o centro das atividades. Um edifício de dez andares completamente tomado por escritórios, e cujos elevadores transportam gente e latas de filmes. Produtoras, empresas de distribuição, os sindicatos dos produtores, exibidores e, mais recentemente, uma sala do Sindicato dos Atores e Técnicos (que timidamente procura agir na Boca), a sede da Apaci (Associação Paulista dos Cineastas), a Federação dos Cineclubes e outras entidades. Em volta do prédio e nas ruas próximas se espalham mais escritórios, lojas de equipamentos para as salas de cinemas, oficinas de manutenção e reparos e pequenos estúdios "de fundo de quintal", onde se fabricam e constroem equipamentos. Na esquina da rua do Triunfo com a Vitória está a filial da Embrafilme.

Os bares merecem um parágrafo à parte. É neles que, durante uma refeição à base de PF (prato feito), um maquinista ou um eletricista podem arrumar trabalho para as semanas seguintes (sem garantia de continuidade, o que significa, na prática, longos períodos de inatividade), e então garantir ao balconista o pagamento das contas penduradas. Atores, mocinhas acreditando no estrelato cinematográfico, figurantes "profissionais", produtores, jornalistas, fotógrafos, todos se encontram ali. Pode ser o Soberano ou o Bar do Ferreira. O primeiro é mais tradicional e testemunhou praticamente todos os momentos de euforia e depressão ocorridos na Boca. Ao final da tarde, os bares ficam cheios de gente e chega o momento da troca de informações. Desde "dicas" sobre uma nova produção que pode dar emprego a alguns, até projetos secretos ou fofocas sobre alguma ocorrência nas filmagens. (Simões, 1989)

Uma nova lógica está afetando o centro da cidade e seus espaços de convivência. A mudança das faculdades e a intensa repressão política vai compartimentando o espaço urbano e acirrando a tendência à segmentação dos usos. Ao redor da Boca do cinema paulista, alguns bares serão quase que exclusivos desse público. Na Bela Vista e no Bixiga, reduto de inúmeros teatros, vão se configurando espaços ligados aos autores e atores teatrais. É nosso conhecido jornalista boêmio e crítico de arte Ignácio quem nos conta um pouco sobre essa segmentação.

Frequento pouquíssimo o Riviera. É chato, fui umas duas vezes. Vou muito ao Ferro's, primeiro grande reduto GLS. Pra quem tem coragem de assumir, é interessante. No Bixiga, há os restaurantes Giovanni Bruno, o Posilipo, para cima do teatro Maria Della Costa, onde tem um cabrito maravilhoso, o Roperto, o Mexilhão, e um na Major Diogo que não tem nem nome: uma portinha, você desce a escada, só um prato.

O dono é um homem bravíssimo, você senta e eles põem o prato, e é maravilhoso.

[...]

Na Augusta há a boate Lancaster, o templo para dançar *twist*, próximo à esquina da rua Estados Unidos, vou muito lá. Os Incríveis, The Cleavers tocam ali. Fechou o João Sebastião, Cotrim fez o Saloon, é uma coisa falsa, artificial. Brincamos, chamando de forte apache; é um *saloon*, na Augusta, entre Paulista e Jardins. (Ignácio de Loyola Brandão, depoimento)

1973: ANO DO JURUNA

Mário Juruna, cacique xavante da aldeia de Namucurá, unifica o seu povo para a guerra contra os fazendeiros que invadem suas terras. Prende cinquenta deles, começa a enforcá-los e solta, exigindo do governo a sua expulsão e a demarcação das terras do território tribal. Diante da contingência de enfrentar os índios de Juruna, mandando o Exército massacrá-los, o governo decide, afinal, demarcar um território de 380 mil hectares para o povo xavante, que lhes havia sido surrupiado com a conivência da Funai. Cláudio e Orlando Villas-Bôas completam a pacificação dos vários gentios caiapós. Em 1953 haviam atraído os índios txukarramães e, em 1964, os txicões. Agora, atraem às desventuras do contágio com a civilização os crenacarores.

Desencadeia-se o milagre econômico: condições extraordinariamente favoráveis do mercado internacional permitem a expansão da economia brasileira a uma taxa de 8,8% em 1970, que salta a 14% em 1973. Achando que o milagre ia permanecer, as assessorias de relações públicas atordoam o povo faminto com a publicidade "Pra frente Brasil" em todas as rádios e televisões. Os países produtores de petróleo se unem na Opep e decidem elevar os preços que os condutores da economia mundial não permitiam que subissem desde 1912. Desencadeia-se uma crise mundial, que os países pobres acabam por pagar. (Ribeiro, 1985)

Lendo um artigo do professor Lúcio Kowarick, da Faculdade de Ciências Sociais da Universidade de São Paulo, me deparo com dados muito claros.

Estamos no auge da repressão, do arbítrio e da violência. De 1968 até agora, são 5 mil pessoas condenadas pelas auditorias militares. 4.877 pessoas tiveram seus direitos políticos casados, 10 mil foram exiladas e centenas de peças de teatro e de músicas foram proibidas. Estamos diante do maior amordaçamento da sociedade civil, de medo, de retraimento, momento em que ocorre a derrota da luta armada contra o regime. (Kowarick, 2006)

Com essas informações fervilhando na cabeça, me dirijo ao outro lado do rio Pinheiros, na Cidade Universitária, onde a situação não está fácil. Estudantes e professores andam fazendo o possível para segurar a dignidade de sua educação. Andando por ali, encontro com Olgária, que conta:

> Estamos aqui nos barracões e fizemos um curso de filosofia, de férias, em julho. Havia mais de quinhentas pessoas na sala, estava lotada. Dei uma aula de Marx e Merleau-Ponty. Tinha muitos policiais assistindo, é meio temerário, não sei se a gente calcula o perigo. Quem está na luta armada está desaparecendo, mas consideramos uma espécie de resistência ética que temos que fazer em apoio a quem está desaparecendo, marcando presença da universidade, como uma autonomia do pensamento. Então organizamos os cursos, corremos riscos porque ficamos marcados. Uma das coisas mais terríveis é você estar em sala de aula e ver estudante sendo retirado dali para ser preso. Não sei nem descrever o sentimento que tenho. Estamos numa época horrível, mas ainda tem um pouco de discussão, a gente acompanha o que está acontecendo no Chile. Temos colegas que se exilaram lá, fazemos as análises aqui, quando passou a lei do controle de armas no Chile, falamos "vai ser o golpe". Mas os conhecidos, que estão lá, acham que não vai ter golpe. (Olgária Matos, depoimento)

Apesar do clima repressivo, alguns cursos têm uma luta grande para manter sua qualidade. Estudantes aguerridos tomam as rédeas em algumas situações. Aproveito que estou por aqui e vou até a mais nova faculdade, a de Comunicações e Artes, tentar encontrar Nair, uma de nossas companheiras de viagem que há algum tempo não vemos. Chego e logo a encontro pelo saguão.

> Aqui temos uma parte das aulas. A do Flávio Império é na Arquitetura, outra na Psicologia, é uma coisa mais ampla. Mais próximo de uma universidade, mesmo. Fazemos altos movimentos: passei um ano de Faap, onde o Flusser incentivou e nos levou a uma série de questionamentos. A USP é muito mais careta, presa aos americanos. No primeiro ano, fizemos um encontro em que convidamos Rossellini, Edgar Morin, misturamos com os irmãos Campos. Um evento de porte, paramos a USP para discutir, chamamos gente de todas as áreas. Durante uma semana, em vez de aula, tivemos discussão, e fomos nós que

organizamos. Dividimos as tarefas, uma fez dois jantares, outra três almoços, levamos esse pessoal para jantar e almoçar nas casas, barateou muito. As passagens conseguimos, mas foi uma coisa feita, montada e produzida pelos alunos.

[...]

Comecei a fazer faculdade já casada, tenho uma filha. Enquanto a maioria das pessoas tem 20, 21, tenho 25 para 26, sou um pouco mais velha. Temos um diretor que não tem absolutamente nada a ver com a proposta de faculdade: no passado, um dos diretores da Comunicações da USP foi um veterinário! Então eu diria que, nestes primeiros anos, quem realmente leva a faculdade são os alunos, porque os professores são... Tem um professor de história muito bom, tem a Lupe Cotrim, que é casada com o Giannotti, que é muito boa, mas tem muita gente ruim, parada no tempo. Discutimos política o tempo inteiro, MEC-Usaid impondo escolas, faculdades, mais técnicas, período de muita discussão dentro do *campus*.

[...]

Uma das pessoas que estuda comigo é a Regina Duarte. Um dia subimos para falar que não queremos a aula imposta pela ditadura de OSPB [Organização Social e Política do Brasil], ela defendeu... não temos nada contra a cultura, mas OSPB não é cultura brasileira. Há briga para definir o que seria o *curriculum* que está sendo implementado. Porque parece que a faculdade foi montada de improviso, sem pessoal capacitado para dar aula, nem um currículo muito pensado.

[...]

A partir do segundo ano vamos para as especializações; o primeiro é básico. Depois se separa quem vai para relações públicas, cinema, teatro e rádio e TV, não tem fotografia. Cada um se dirige para um lado. No cinema há o Jean-Claude Bernardet e o Paulo Emílio Sales Gomes. Então, mesmo não servindo nada para nós, quando podemos corremos para ver a aula do Paulo Emílio. É tudo muito perto e não existe cerceamento. Entramos, sentamos e assistimos à aula do Flávio Império, que é imperdível. É uma universidade livre, apesar dos diretores, funciona assim. Assistimos a muitas aulas em outros lugares. Cada departamento tem pelo menos uma pessoa maravilhosa, a FAU tem aquela maravilha do Flávio Império, o teatro tem o Sábato Magaldi, o cinema tem o Jean-Claude Bernardet e Paulo Emílio Sales Gomes, é para a gente se refestelar, mesmo! É muito bom. (Nair Benedicto, depoimento)

Dia desses, encontrei por aqui texto da estudante de psicologia Maria Rita. O depoimento é muito interessante, porque, com base na vivência da autora, faz um mergulho no significado destes tempos sombrios.

A década de 1970 começou repressiva, sanguinária e careta. O "povo brasileiro" parecia gostar da ditadura. Os poucos heróis que tentavam fazer a guerrilha foram se isolando, sem respaldo, nem dos camponeses, nem do proletariado. O país está triste e ufanista ao mesmo tempo. Este período coincide com a minha entrada na Universidade de São Paulo, USP, num ambiente de medo e mediocridade [...] Os grêmios estudantis estão fechados ou reduzidos à função de organizar festinhas e trotes para os calouros. Aos poucos, fomos sabendo que alguns colegas, lutando contra o governo em organizações clandestinas, eram mortos pelos militares. Iara Iavelberg, a companheira de Carlos Lamarca, tinha sido aluna da Faculdade de Psicologia, onde estudo. Alexandre Vannucchi Leme, que fazia *geologia*, foi morto em 1973. Dom Paulo Evaristo Arns fez celebrar missa em sua memória, na Sé, que serviu como tímida manifestação estudantil contra a brutalidade da ditadura. (Kehl, 2006)

***

Artistas e intelectuais. O pintor mineiro Volpini é preso e condenado por pintar um quadro subversivo. Josué de Castro, o intelectual brasileiro de maior prestígio internacional, cujos livros tiveram tiragens de centenas de milhares de exemplares aqui e no exterior, morre em Paris porque o Itamarati nega autorização para que ele retorne ao Brasil. Na TV, Dias Gomes cria seu melhor personagem, Odorico Paraguaçu, impagável prefeito de Sucupira, lançado na série *O Bem-Amado*. O cinema norte-americano domina as telas de exibição e os programas de televisão. Arnaldo Jabor alcança grande êxito de público e crítica com o filme *Toda nudez será castigada*, baseado na peça de Nelson Rodrigues. O mesmo ocorre com *São Bernardo*, dirigido por Leon Hirszman, sobre argumento de Graciliano Ramos. No teatro, *Um grito parado no ar*, de Gianfrancesco Guarnieri. Censura proíbe a apresentação de *Calabar*, peça de Chico Buarque de Hollanda e Ruy Guerra já ensaiada e montada, e o texto é publicado em livro. Na música, Ney Matogrosso, cantando com a voz e com o corpo, numa expressividade de seus pendores masculinos e femininos. Na imprensa, um bilhete da censura aos jornais diz: "Está proibida a publicação da ocorrência de tiroteio na rua da Mooca, com a morte de três terroristas". (Ribeiro, 1985)

Sobre o Ney Matogrosso e a estreia dos Secos & Molhados em 1972, no palco da Casa de Badalação e Tédio, no Teatro Ruth Escobar, temos um belo depoimento de Lucy Dias:

Foi um choque. A primeira aparição do grupo reuniu a estranha mistura de dois guerrilheiros e um ser completamente enlouquecido, pintado de dourado, com calça de odalisca, enormes bigodões e grinalda na cabeça. A voz de soprano, o corpo ondulante e sensual parecia liberar emoções do inconsciente. É homem ou mulher? Ele provocou sobressaltos na libido de todos, e a androginia de cada um saía do armário. Ney era uma bomba erótica. Foi assim que Ney de Souza Pereira, um *hippie* que vivia entre Rio e São Paulo, fazendo artesanato em couro que vendia na praça da República e em Ipanema, e criou sua *persona* artística, Ney, o andrógino que escandalizou o país no começo da década. (Dias, 2003).

O grupo paulista anda chacoalhando as cabeças por aqui. João Ricardo, Gerson Conrad e Ney Matogrosso acabam de lançar o álbum *Secos & Molhados*. Uma das canções, "Rosa de Hiroshima", com letra de Vinicius de Moraes, é um hino pacifista.

> Mas, oh! Não se esqueçam
> [...]
> Da rosa de Hiroshima
> [...]
> A rosa radioativa
> Estúpida e inválida[8]

***

Implanta-se no Brasil a revolução da pílula e, com ela, a liberação orgástica. Os bordéis onde os rapazes transavam com putas dão lugar aos motéis, onde a moçada namora com a maior desenvoltura. As mães se dividem em duas correntes tristes, as amargadas com a pouca vergonha das filhas e as invejosas, que não se consolam de suas virtudes juvenis. Muita mãe exulta, é a liberação. (Ribeiro, 1985)

Após haver lido essa notícia sobre as mudanças de comportamento que vêm ocorrendo, eu continuo minha peregrinação, levando no pensamento algumas conversas que já tivemos sobre o tema, quando encontro nosso amigo Ricardo e trago à tona o assunto. Militante que esteve clandestino e passou alguns anos fora, Ricardo está de volta e conta que, do ponto de vista comportamental, nota que se abriram novos horizontes.

---

8 "Rosa de Hiroshima", poema de Vinicius de Moraes, 1946; música do Secos & Molhados lançada em 1979.

> Desde 1968, a questão do amor livre, da liberdade sexual, era um valor inculcado em nós. Isso tinha a ver com a nossa experiência concreta, com as influências do Maio francês e a oposição a todos os valores tradicionais da sociedade e da cultura burguesa. [...] Na França, ainda me abri para a questão das drogas. De volta ao Brasil, tomo conhecimento, com alegria, de que um casal da liderança da AP fazia terapia, participando de grupos de casais, comandados pelo psicanalista Roberto Freire — que montava grupos que se reuniam em fins de semana para fazer terapia reichiana. (Azevedo, 2010)

Ricardo comenta que percebeu nesses grupos traços fortes de modernidade, como a incorporação do tratamento das questões psicológicas e psicanalíticas na militância, o que não é comum nas organizações de esquerda, nem no Brasil, nem no exterior. É interessante esse olhar para a alteração comportamental dentro das organizações políticas. O que aparece com mais frequência é a cisão entre a política de esquerda e as quebras com os padrões de comportamento burguês, por mais contraditório que isso pareça. A mistura entre política, vida cultural, mudanças nos costumes e na mentalidade é grande por aqui, e as mulheres parecem ser as porta-estandartes dessas causas. As duas amigas que vieram do interior e estão cursando a faculdade de Filosofia, Letras e Ciências Humanas mostram em suas falas algumas dessas bandeiras.

Encontro com as duas, e Mara, muito tensa e falante, conta que se casou com o Glauco, da mesma geração.

> Somos amigos desde os dez anos. Ele também faz o Tuca. Casamos lá na Igreja de São Domingos. Apresentei a política a ele, que caiu de cabeça, fiquei mais *hippie*. Moramos com o irmão dele na rua Dona Veridiana. Fico escutando Beatles, Rolling Stones, Janis Joplin, enquanto ao lado tem uma reunião política no meu quarto, aquele monte de gente, mas ninguém pode saber que estou lá, uma coisa completamente perigosa. É isso que vivemos, o desbunde e ao mesmo tempo o envolvimento político. Sou representante dos alunos junto à congregação da Faculdade de Filosofia, Letras e Ciências Humanas. Nosso diretor, o Eurípides, foi tirado e puseram o Erwin Rosenthal. Nós, representantes dos alunos, fizemos uma carta de repúdio. Por conta disso, fui chamada a depor no Deops. Cheguei em casa, sexta-feira à tarde, e a faxineira falou: tem uma intimação de polícia aí em cima do som. Tinha que estar na segunda às 8 da manhã no Deops. Entrei em pânico, voei para a USP, para os barracos, para o centro acadêmico. Me arrumaram um advogado na segunda-feira.

Quem me acompanhou foi o Mario Almeida, ficou me esperando do lado de fora, fiz trancinhas, fui de saia pregueada [risos]. Fui com o advogado, mas não deixaram ele entrar. Às 8 da manhã, o Erasmo Dias fazendo um discurso pra mim e para outros dois. Acendi um cigarro Hollywood, que ele mandou apagar, e ficou fazendo um discurso sobre os perigos do comunismo, e nos deixaram na espera o dia todo. Vi o delegado Fleury circulando, batendo um chaveiro de couro na mão, só pra deixar a gente bem tenso.

[...]

Na vida da cidade, os bares que frequentamos são o Longchamp e o Riviera. Um negócio que gosto de fazer é ir à Galeria Metrópole. No subsolo tem um lugar totalmente esfumaçado, que toca *jazz*, o *jazz* de Nova Orleans, Traditional Jazz Band. No dia a dia vamos no Um, Dois, Feijão com Arroz. É fantástico — porque, se tem uma coisa que faz falta, por estar longe da família, é o feijão e a comida caseira. O Gato que Ri é muito legal, e um mais simplesinho, que é o Salada Paulista. Tem também o München, na alameda Santos com a Bela Cintra, onde tomei chope pela primeira vez na vida, e o Parreirinha. (Mara Rasmussen, depoimento)

Regina complementa:

Moro na Consolação, é bem perto desse *jazz*, que é mais intelectual. O que está surgindo também é o grupo Dzi Croquettes, que é outra coisa, mundo *gay*, *bas-fond*. Meu aniversário de 24 anos, comemorei no Ferro's bar, porque a coisa agora é "não sou homem, não sou mulher, sou gente". Tenho uma paixão, obsessão, por um *gay* chamado Gilson. O apelido dele é Abigail, e ele estava presente nesse aniversário. A homossexualidade na cidade tem seu guetos. O Piolin é dos artistas, é liberado, o lugar para onde se vai. Acaba o espetáculo do Dzi, vamos para lá continuar a festa, jantar. É aquela tietagem, mesa grande, os tietes ficam em volta e quem tem dinheiro são eles, vira uma festa. Tem a boate TonTon Macoute, na Nestor Pestana, e um restaurante, aonde vamos com quem tem dinheiro. Nos reunimos na residência do povo com grana, que patrocina todas as orgias, as grandes festas, drogas e álcool, tudo. Saí da fase quieta, mais intelectual, e agora é o mundo *gay*. Nesses lugares, na boate, não há repressão. É a vida dos artistas, obviamente que tem isso de as Dzi Croquettes saírem na rua fantasiadas, uma coisa agressiva. É uma revolução na linguagem teatral, uma vanguarda mais que vanguarda, é contemporânea, essa coisa da *performance*, a relação público/artistas, palco/vida, vida cotidiana, vida teatral, o teatro experimental. Quer dizer...

eles são de outro tipo, é uma linguagem novíssima, fui ver umas duas ou três vezes. De certa forma, coroou uma quebra com todos os protocolos do teatro de palco italiano.

[...]

Mas esse é o lado mais intelectualizado, os Dzi são uma coisa mais radical, do lado da ideologia *gay*, da androginia. Essa quebra de comportamento, moral, de sexualidade, é uma revolução de estética, de teatro. Fui para o Dzi Croquettes, que virou mesmo uma bíblia da liberação sexual, paz e amor, da ideologia *hippie*. O que vem com eles é mais radical ainda, sexo é uma coisa boa, que tem que ser feita. Tem problema, tem que resolver e tem que buscar prazer, a satisfação sexual. Não é só a liberação porque é rebeldia, é também saúde, tem que trepar o quanto você puder, que prazer mais você pode conseguir? Porque isso é bom. (Regina Muller, depoimento)

Mara acrescenta:

Outro dia estava numa mesa no Piolin e me dei conta de que já tinha transado com todas as figuras que estavam ali [risadas]. Regina diz que transamos muito, uma orgia fantástica [risadas]. É a coisa *hippie*, liberação Woodstock, de 1969. Tomamos pílula, sexo seguro, para não engravidar. Engravidei duas vezes. Essa questão dos relacionamentos amorosos, da fidelidade, passamos a questionar tudo. Chama-se sexo livre, sexo grupal, homossexual, é assim, experimentar todas. Sexo, drogas e *rock and roll*! E drogas também. O que tem mais é maconha, cocaína rola, mas é pouco. Para o meio, na verdade o grupo dos gays, dos Dzi, a fórmula, a química do sexo, é Mandrix com vinho. O que tem mais é ácido e Mandrix. O fato é que estou nessa vida e loucura Dzi Croquettes, moro numa casa maravilhosa, dos anos 30, de uma judia, velhinha, toda a família morreu, só ficou ela, na alameda Itu com a Peixoto Gomide, na altura do Trianon. Linda, intacta, com móveis, com tudo. Quintal e árvores. A casa é térrea, mas, como o terreno é em declive, embaixo tem dois andares, e ali onde seria a cozinha do casarão ela transformou num loft, que aluga. Atrás, ela tem outra casinha, e no meio uma parte do Trianon, um jardim tropical, maravilhoso! Não é uma casa, é um palácio! (Mara Rasmussen, depoimento)

Fui atrás de mais informações sobre esse tal de Dzi Croquettes, que está dando o que falar. O grupo é carioca, alinhado à contracultura, baseia-se em criações coletivas e teatro vivencial, e faz da homossexualidade uma bandeira. Neste ano de 1972, o grupo cria o espetáculo *Gente computada igual a você*. Vieram com o espetáculo para São Paulo, onde foi apresentado na casa noturna TonTon e depois transferido para o Teatro 13 de Maio. Os números são cantados, dublados, dançados, entremeados por monólogos que falam da vida dos integrantes, com texto irônico, farsesco e com duplo sentido. A montagem relembra as revistas musicais, os *show*s de cabarés e as tradições dos musicais norte-americanos. Os figurinos são ousados, a maquiagem é pesada e os trajes femininos em corpos masculinos imprimem um tom de deboche. O elenco conta com coreografia de Lennie Dale, autoria de Wagner Ribeiro de Souza e com os bailarinos Cláudio *Gay*a, Cláudio Tovar, Ciro Barcelos, Reginaldo di Poly, Rogério di Poly, Bayard Tonelli, Paulo Bacellar, Benedictus Lacerda, Carlinhos Machado e Eloy Simões. Estão levando os espetáculos para Paris e vão participar do filme *Le Chat et la Souris*, de Claude Lelouch[9]. João Signorelli, outro companheiro de viagem da área de teatro, veio me contar que, em 1973, estreia o espetáculo chamado *Dzi Croquettes*.

> [O espetáculo] mudou nossas cabeças. Nesta época feroz da ditadura, tudo proibido, eles vêm do Rio, com uma liberdade nos costumes, no falar e no andar. Quebrou! Está sendo uma loucura, mudando a cara de São Paulo. Antes disso, Ney Matogrosso, que tinha estourado no emblemático Teatro Ruth Escobar com os Secos & Molhados, dirigiu um espetáculo chamado *Ladys da madrugada,* só com travestis. (João Signorelli, depoimento)

Antes que o turbilhão de acontecimentos nos carregue, é importante prestar atenção ao espaço criado em 1963 pela atriz Ruth Escobar, com ajuda da colônia portuguesa. Ele deu o que falar no final da década de 1960, com montagens ousadas de Victor García, como *Cemitério de automóveis*, depois com *O balcão*, de Jean Genet, que pôs abaixo o palco italiano da casa e estreou nos últimos dias de 1969, com Ruth, Raul Cortez, Paulo César Pereio, Sérgio Mamberti, Célia Helena e Ney Latorraca. Neste início dos anos 1970, o espaço está atraindo muitos acontecimentos musicais e teatrais. Na rua dos Ingleses, entre o Bixiga e a Bela Vista, região em que encontramos muitos teatros e restaurantes, ele vai aos poucos acolhendo grandes montagens teatrais, como *A viagem*, bem-sucedida e premiada adaptação do poema épico *Os lusíadas*, de Luís de Camões, novidades musicais, como Secos & Molhados, e de dança. E ainda vai abrigar muitas atividades marcantes.

---

9   Para mais detalhes, ver <https://enciclopedia.itaucultural.org.br/grupo399377/dzi-croquettes>. Acesso em: 15 maio 2022.

Em meio a essas fortes transformações que deixam de lado a doce bossa nova e sua polaridade com o tropicalismo, outras vozes vão surgindo, radicais no comportamento e na quebra de parâmetros, e vão fazendo coro com a doce roqueira da Vila Mariana, que já encontramos por aqui. Ela nos conta:

> A "governanta-empresária" conseguiu negociar a estreia dos Fruttis no porão/esgoto do teatro Ruth Escobar em troca de mencionar tal gentileza nas entrevistas. Sem problemas. Bivar na direção-geral, cenografia/luz de André Peticov (irmão de Toninho) e os figurinos um por todos e todos por um, desde que de bom gosto.
> [...]
> A única bilheteria do teatro vendia ingressos para duas filas distintas: uma com gente normal pagando para sentar em cadeiras confortáveis e assistir à peça principal anunciada no cartaz do teatro; a outra com gente esquisita pagando merreca para descer num porão malcheiroso, sentar no cimento e assistir a um *show* podreira que nem cartaz tinha.
> [...]
> Os meninos do Frutti herdaram figurinos coloridos e reciclados do meu baú de Mutas[10]. Lúcia usou um vestidinho cor-de-rosa bem curtinho e, com a guitarra na frente, parecia pelada da cintura para baixo. Eu, fantasiada de Bowie do Terceiro Mundo, num macacão brega dourado com as tais botas prateadas de plataforma que roubei da biba. Todos pobres, mas limpinhos, todos crentes que o porão do teatro Ruth Escobar era nosso Cavern Club. (Lee, 2016)

As mudanças atingem não só os mais jovens e ousados músicos, como aqueles que cantam na noite da cidade e que vêm desde o começo da década passada circulando pelas ruas do centro, por seus inúmeros bares e espaços musicais. Andando aqui pela praça Roosevelt, encontro com Alberto e Luiz, amigos que cantam na noite, que nos dão as últimas notícias desses espaços...

> O Silvano saiu da galeria Metrópole, arrendou uma casa na praça Roosevelt e fez uma boate. Ali tem *jam session* das 4 horas até tarde. Depois saio e fico no boteco, fotografo os caras da noite, levo minha Pentax, boto num tripé, corro e saio junto nas fotos, uso um cabelão armado de *hippie*. Tenho algumas fotos com um pugilista que trabalha como segurança do *Estadão* e uns cantores, ritmistas, baixista, saxofonista, gosto deles.

---

10 Referência ao grupo anterior de Rita Lee, Os Mutantes.

[...]

    Outros lugares de bons músicos se espalham pela noite, tem bateras, negros muito bem-vestidos, que andam com as baquetas. De repente sou contratado, e chamo alguém para tocar comigo. Estamos na noite, no largo do Arouche. É uma cidade tranquila.

    A Edi Sebastian é uma boate muito badalada na rua Santo Antônio. O Bixiga está virando um centro. Faz pouco tempo, cantei na Catedral do Samba. Na rua Santo Antônio estão as seis grandes boates desse ritmo, numa esquina, a Igrejinha, depois a Catedral, onde cantei bastante, depois uma pequena, aonde vai a elite paulistana. Há uma música comercial sendo produzida pela ditadura, o Charlie Brown, do Benito Di Paula, e "sambão-joia", cantado por um advogado do Rio, uma coisa ridícula. Quem documentou bem isso foi Torquato Neto, grande poeta do tropicalismo, na coluna que teve no *Última Hora*, do Rio. Mostrando que Gil e Caetano estão entrando no mercado e o tropicalismo surge como uma crítica a determinadas coisas já sedimentadas. Dizia: temos que abalar para poder criar, para que surja alguma coisa nova. Esse gênio brasileiro, lindíssimo, grande e bonito, criou atrito. (Alberto Lira, depoimento)

Nosso amigo Luiz da Orquestra ajuda a traçar um retrato da cena paulistana do samba.

    Todo mundo é meio engajado. Tive azar de estar numa escola horrorosa. Toco na noite, faço a faculdade por fazer, aos trancos, não é a minha, descobri que não quero ser advogado, só quero tocar. Mas é complicadíssimo viver para tocar, ninguém te dá crédito, agora que abri um bar, o Xaréu, ficou legal. É a minha turma de Ilhabela. Claro que tem um movimento político comendo solto, mas é uma coisa muito pesada, triste, estou mais procurando a festa do que esta guerra. Logo que abri o bar, o Pedrinho levou o João Paulo Murad para me conhecer. João abriu o Catedral do Samba e o Teleco Teco na Paróquia, que está tomando conta da cidade. Música, samba... são na rua Santo Antônio, quase um de frente para o outro. Todos que tocavam no Jogral começam a tocar lá, Ana Maria Brandão, os cantores e músicos, pianistas dão canja lá. Toco ali só às sextas e aos sábados, porque comecei a trabalhar em publicidade.

    Meu amigo Carlito Maia me chamou para trabalhar com ele. Todo constrangido, disse que no começo não poderiam pagar muito. "Vamos ver se dá certo, se você se dá bem". O dono da agência, Fernando Barbosa Lima, é um cara muito legal, está empolgado com publicidade, ganhando muito dinheiro. No fim, me propôs coisa de mil cruzeiros. Fiquei em êxtase porque, se tocasse todos os dias, ganharia algo em torno de duzentos cruzeiros. Com esse dinheiro tenho a chave da cidade, é tanta grana que dou metade para os meus pais, onde moro, e a outra metade detono na cidade, faço o que quero e ainda pago para os amigos. Estou aprendendo muito, ele é uma maravilha, explica todos os bastidores, é um avião em tudo que faz. Dentro da publicidade, faz coisas inacreditáveis. Na campanha "Semana das artes", da Ducal, bolou um *outdoor* com *Operários*, da Tarsila do Amaral. Outro dia chegou na agência contando que tinha tirado uma foto de um sorveteiro da Kibon parado em frente ao *outdoor*, olhando para aquelas caras todas, embasbacado.

[...]

Continuo tocando no III Whisky, o Jogral mudou para a rua Maceió, onde tem o Bar das Putas, duas ou três casas para a frente, mas já não é mais o mesmo clima. O Paraná morreu, Paulo Vanzolini não vai mais. Em Moema há uma rua cheia de barzinhos, sem personalidade, todos iguais, todos tocam mal, e as pessoas que frequentam são da burguesia. Toquei na Hípica Paulista por um tempo, mas não deu certo. (Luiz da Orquestra, depoimento)

***

Prossegue feroz a repressão política. Entre os mortos cai [o dirigente do PCdoB] Lincoln Cordeiro Oest, juntamente com 38 outros militantes de esquerda. A polícia política assassina o estudante Alexandre Vannucchi Leme, da ALN. Estoura a guerrilha do Araguaia, meticulosamente planejada e montada pelo PCdoB, de orientação maoísta, para ativar milhares de posseiros que aspiravam a ter uma pequena gleba na Amazônia. Para liquidá-los, as Forças Armadas reúnem os maiores contingentes jamais postos em ação no Brasil, armados com o que havia de mais moderno. Vencem, heroicamente, matando sessenta guerrilheiros e um número desconhecido de posseiros, cujas mãos, mandadas para identificação, não tinham qualquer desenho digital registrado nos arquivos da polícia. (Ribeiro, 1985)

Mesmo neste ambiente da "noite", dos que procuram a festa e não a guerra, como disse Luiz, o clima não está ameno. O pessoal mais engajado do teatro nos traz mais notícias. No Redondo, encontro com João Carlos, o Pelão, que está à espera de um velho conhecido nosso, amigo desde a década de 1960, que agora atua como advogado e continua ligado ao teatro.

A cidade é muito cinzenta, escura, e à noite todos os gatos são pardos, todo mundo fica em dúvida quando chega alguém, param de falar.

Já vi muitas vezes o Idibal [Pivetta] entrando em bar com a pasta e tirando papel em branco, procuração para o cara assinar, para ele defender a pessoa, é muito seguido pela polícia, grande advogado, grande irmão. Juntos, fundamos o Teatro Popular União e Olho Vivo [Tuov], sou um dos cinco que assinou a ata. Com a ideia de fazer teatro do povo para o povo. Dando a eles condições de montar o cenário, os figurinos, discutir o texto. São coisas engraçadíssimas, nas periferias bravas, fazendo espetáculos à base de lampião, de vela. Idibal sempre foi muito corajoso. Também é conhecido como César Vieira. A mistura entre a música e o teatro se dá a partir do grupo do Arena, com o Guarnieri, o Chico de Assis, o Carlão, que vai muito ao Redondo, figura importante do samba paulistano. (João Carlos Botezelli, "Pelão", depoimento)

Idibal chega e entra na conversa, com outras informações.

Música e teatro correm às vezes em paralelo. O Castilho, que é um grande músico de teatro, participou com o Edu Lobo e o Guarnieri, e mais uma série de compositores, das duas coisas. Essa ânsia de liberdade existe, mas não é sincronizada. De vez em quando há assembleia geral de artistas, onde aparecem pintores, artistas plásticos, jornalistas, mas é muito fechado, com muito receio, porque a represália vem a seguir e não cabem rompantes de heroísmo. A música tem um papel preponderante. Chico, Gil, Caetano, cada um com uma forma de resistência diferenciada, mas todas válidas. No teatro, há o Boal, João das Neves, Guarnieri, Oduvaldo, com dezenas de peças.

A história do grupo teatral que acabamos de criar é a seguinte: fundamos na Faculdade de Direito o Teatro do 11 de Agosto, em homenagem ao centro acadêmico. Ali montamos uma peça minha, chamada *O Evangelho segundo Zebedeu*, com direção do Silnei Siqueira, que vem ganhando vários prêmios — de melhor texto, figurino, música, direção. Viajamos para a França, onde a peça é considerada a melhor no festival de Nancy. Para a apresentação da peça, construímos o "Irmãos Tibério", circo que tem uns quinhentos lugares. Nele se reúne, aos sábados e domingos, a nata do movimento revolucionário brasileiro. A piada que corre é que, se a polícia cercar, prende todo mundo. De Marighella a Lamarca, que vão lá de vez em quando assistir à peça. Fica ao lado do Detran, no Ibirapuera, onde há o campo de futebol do 11 de Agosto.

[...]

Este ano nasce o Teatro Popular União e Olho Vivo, uma fusão do grupo do 11 de Agosto com o teatro Casarão, que existe perto do largo de São Francisco e estava montando uma peça minha, chamada *Corinthians, meu amor*. O pessoal do Casarão veio apresentar no circo do 11 de Agosto, no parque do Ibirapuera. Estabelecemos relações culturais de amizade e resolvemos fundar um grupo que se dedicasse à troca de experiências culturais com o público carente dos bairros populares de São Paulo. No circo Irmãos Tibério se apresenta *Corinthians, meu amor*, encenado pelo grupo Casarão. Mas o circo é demolido assim que termina a gestão do centro acadêmico. Circulamos em bairros em que existiam clubes com o nome Corinthians, e nos convidavam: Bom Retiro, Vila Matilde, Mandaqui. A nova gestão engloba os dois grupos teatrais: o Casarão e o do 11, e estreia um novo circo, chamado União e Olho Vivo, com a peça *Rei Momo*. Ela trata de um concurso, no baile no Theatro Municipal, em que várias escolas vão apresentar o seu samba enredo e o público vai votar na preferida. Uma se chama União e Olho Vivo, e conta a história do Dom Pedro I e da marquesa de Santos, na qual Dom Pedro I termina todas as cartas à marquesa dizendo: Meu amor, muita União e Olho Vivo! Pusemos o nome no circo, mas acabou virando do grupo. Fizemos neste ano cerca de quatrocentos espetáculos nos bairros, com o público escrevendo seu voto no Grêmio Recreativo Escola de Samba Olho Vivo, ou no Grêmio Recreativo D. João VI, e colocando o voto na urna. No final, quando estamos fazendo a apuração, entra um figurante fantasiado de Napoleão, rasga os votos, põe a coroa na cabeça e se declara rei momo: negócio mais direto é impossível. A peça reúne trinta pessoas, "atores". Destas, 24 são classe média, e um conjunto musical de 35 caras, o Chic Samba *Show*.

[...]

Agora começamos a ir para os bairros, uma verdadeira itinerância, pensando em cenários pequenos, figurinos práticos, uma estética inteligível. Ninguém nasce sabendo tudo isso, nem nos livros. Estudamos Boal, estudamos tudo, o que ajuda, mas é a prática que mostra o caminho. Com *Rei Momo*, há uma plateia dos bairros, e querem novos espetáculos, o pessoal da Igreja, as comunidades eclesiais de base, todos pedem espetáculos questionadores, críticos politicamente, mas não panfletariamente.

[...]

Além disso, faço a defesa de muita gente. Sebastião Salgado, Zé Dirceu, Augusto Boal, muitos passam pelo nosso escritório, e em função disso fui preso em 3 de maio de 1973. Fiquei quarenta dias no DOI-Codi, na rua Tutoia, depois mais trinta no Deops, e mais cinquenta no Presídio do Hipódromo. Faço vários encontros com as pessoas nos bares e restaurantes do centro. O Ponto Chic, no largo do Paissandu, é local de encontro da boêmia. A cidade é bastante provinciana, há o Salada Paulista e o Salada Record, na Ipiranga, quase esquina com a São João, em que servem uma salada de batata que se come no balcão. Tem muito estudante. De lá já saímos direto para o Brahma e emendamos noitadas homéricas, começam às 9 horas e vão até 5, 6 horas da manhã. As pilhas de bolachas de chope têm 1 metro de altura. Outro lugar legal é a Pizzaria do Moraes, na Brigadeiro Luís Antônio. A classe teatral tem outros locais de encontro, como os restaurantes Piolin e Gigetto. Terminam os espetáculos e vão jantar.

[...]

A prisão do nosso grupo se deu quando saímos de um baile na Vila Santa Catarina. O pessoal do DOI-Codi, que não é o pessoal "culto", que censura a peça, estava atrás do Gabriel, que namora uma menina do elenco. Presumiram que ele iria atrás de nós e foram, no bairro de Santa Catarina. Assistiram ao espetáculo e ficaram muito putos, ligaram para o comandante, major Ustra, falando que o cara não estava lá, mas que havia uns filhos da puta falando mal do governo. A ordem veio, "prendam os cabeças, mas sem alarde". Saímos de lá, deixamos o material na sede do grupo e fomos jantar no Cordeirinho, restaurante na rua Pinheiros. Eles entraram e jantaram na mesa do lado, mas não sabíamos. Saímos, já era 1 hora da manhã, os outros foram embora, prenderam e deram porrada nos três, eu e mais dois.

[...]

Sou advogado de presos políticos, não cabe participar de nenhum partido. O MDB faz uma oposiçãozinha razoável, é o consentido, não deixa de ser um instrumento do sistema. Nunca participo de entidades, porque advogo para cinquenta entidades revolucionárias, ALN, Vanguarda Popular Revolucionária, MR8, os trotskistas, não trotskistas, tenho que manter equidistância, fora que pode valer como denúncia, especialmente quando as pessoas são presas e você sabe que é absolutamente inútil argumentar. Quando chegamos perguntando de determinada pessoa, sabem que lá fora já se sabe, e isso evita muitas mortes. Bem ou mal se conseguem absolvições, penas menores. Ando com a máquina de escrever e papel timbrado no porta-malas, para bater o documento imediatamente e entregar. Sábado e domingo, o pessoal vai me buscar no espetáculo de teatro, já bato um *habeas corpus*, que não tem validade, mas distribuímos. Chegamos na direção do DOI-Codi e do Deops, já sabem se o cara está ali. Comunicamos para o exterior a prisão, para que o pessoal possa fazer o movimento na Anistia Internacional. Quando fui preso, quem mexeu nisso foi um cara chamado Roger Planchon, que é um grande diretor do teatro popular da França. De Lyon, ele organizou um movimento, senão provavelmente teriam me matado, não pela importância, mas porque já estava todo machucado, com a cara inchada.

[...]

Em outro momento, foram à casa de minha tia, que tem mais de 90 anos. Entraram no quarto e começaram a pegar livros, do Marx, Comuna de Paris, *Mein Kampf* do Hitler, peguei dois ou três livros de extrema direita e falei "leva este aqui também". Constou que tenho um monte de livros subversivos, entre eles o *Mein Kampf*. Pegaram um revólver, que ganhei quando era moleque e nunca usei. Na acusação, falaram que estava com revólver na bolsa! Nunca dei tiro. O trabalho nesta área não é fácil, já trabalhei com Luiz Eduardo Greenhalgh, Airton Soares, Paulo Gerab, Miguel Aldrovando Aith. Num país de 300 mil advogados, você encontra dez que trabalham com isso, é antieconômico, muito arriscado. (Idibal Pivetta, depoimento)

Há poucos dias, conversando com outro dos nossos companheiros de viagem da área de teatro, o Izaías, ele me falava dos locais de encontro da classe.

Os jornalistas, pessoal de teatro, de cinema, de literatura, têm seus pontos de encontro. Frequento o Gigetto, na Nestor Pestana, próximo à TV Excelsior, e o Piolin, na rua Augusta, mas também há o Redondo, que é bar de fluxo constante. Tomamos uma cerveja, um café, conversamos um pouco e vamos a outro lugar. No Piolin tem o pessoal do teatro reunido após a apresentação das peças. De terça a domingo aquilo ferve, ficamos até 3, 4, 5 da manhã, o restaurante não fecha. Tem o Bar do Léo surgindo, o Sujinho, outro junto ao Estadão, perto da rua Major Quedinho, e outro na São João, que é de jornalistas. Na São João, fica na praça Alfredo Mesquita, junto aos teatros de revista. O Bar do Léo é dos cineastas, e há muitos barzinhos da Boca do Lixo, na Santa Ifigênia, rua dos Andradas, onde há todo esse comércio, produtoras de cinema de longa-metragem ficam por ali. O Riviera é frequentado por um público de arquitetos, artistas plásticos, músicos, jornalistas, mais misturado. (Izaías Almada, depoimento)

As notícias e a fala de Idibal nos situam sobre a conjuntura política, que tem interferido bastante na vida dos estudantes universitários, prejudicando seu livre trânsito, sua convivência em locais públicos e a fruição da produção artística. Mas os estudantes não se calam facilmente. Muitos deles, já formados, ou quase, ingressam no mercado de trabalho optando por atividades "alternativas" que possam dar voz às suas posições políticas. A militância vai adquirindo outras tonalidades, as tonalidades do possível. Junto com essas alterações, a cidade em que transitam vai ganhando novos contornos. Primeiro a Cidade Universitária atrai para o *campus* a circulação. Depois, com a invasão do Crusp (Conjunto Residencial dos estudantes da USP) pelas forças policiais, os bairros vizinhos começam a ganhar novos moradores. Algumas atividades culturais e a formação de novos pontos de encontro acompanham esse movimento. Mas deixemos que os próprios personagens nos contem os detalhes.

Pelas imediações da praça Benedito Calixto, em Pinheiros, encontro Mouzar, que fala sobre o seu dilema.

> Meu caminho natural seria ir para o exterior. Faço trabalhos para muitas organizações de esquerda, mas nunca fui filiado a nenhuma, não tive estrutura nenhuma para fugir. Apareceu em 1971 um concurso no Sesc e, em vez de ir para o exterior, fui para o interior. Fui orientador social na região de São João da Boa Vista, Casa Branca, São José do Rio Pardo, fundando centros comunitários. Um ano morando em Águas de Lindoia, trabalhando em Itapira, Serra Negra e Amparo. No segundo ano, na região de Pirassununga, Porto Ferreira e Limeira, onde a prioridade era o esporte. No meio do ano, vim para a região de Piracicaba, Itu e Botucatu, onde a prioridade era a de criação de grupos de jovens para atuar na comunidade. Os centros comunitários que fundamos têm recreação infantil, mas têm atividade política, tanto que um padre que trabalhou com a gente em Bragança Paulista foi preso também. Voltei a São Paulo agora, e fui para a área de cultura do Sesc Consolação, trabalhando com lazer na periferia. Mas estou louco para me envolver com política, entrei de novo na faculdade, agora de Letras-Chinês. Toda a nossa geração é muito influenciada pelo *Pasquim*. Quando ainda estava na Geografia, fiz um jornalzinho chamado *OZY*, muito irônico, na linha do *Pasquim*, de humor, e o jornal do centrinho se chamava *Geographic*, só artigos de geografia, de política. Distribuíamos clandestinamente!
>
> [...]
>
> A origem da Vila Madalena, por contraditório que pareça, está ligada ao AI-5. Todos os 1,2 mil estudantes que estavam no Crusp foram presos. Quando saímos da cadeia, não podíamos voltar para lá, tinham desocupado. Pegamos as roupas, os livros, e fomos embora. Tudo que tinha de valor foi roubado, sobrou uma malinha de roupa velha e uma de livro. Num ano, morei em sete lugares, e mudava de ônibus! Uma maravilha! Não precisava nem de táxi, só tinha as duas malinhas, dormia em sofá dos outros. Um dos últimos lugares em que morei foi uma república de operários, muito divertido. A maioria dos

MONTE SERRAT
DENTISTAS
LARGO DE PINHEIROS 45
DENTISTA
ARMA SIL

estudantes queria alugar um lugar barato e perto da Cidade Universitária. A Vila é bairro de portugueses e espanhóis. No mesmo terreno são uma, duas, às vezes até três casinhas de fundo para alugar. Fazem assim para complementar a renda. São baratas, e ali moram operários da construção civil. Para os estudantes é uma maravilha, perto da Cidade Universitária, lugar tranquilo. Começamos a desalojar os coitados dos operários da construção civil.

Já existe uma concentração em Pinheiros. Tem um prédio aqui na esquina da Cardeal Arcoverde com a praça Benedito Calixto, que acabaram de construir, e puseram apartamentos para alugar barato. Praticamente o prédio inteiro foi tomado pelo pessoal do Crusp. Chamam até de "cruspinho": os mesmos hábitos de colocar panfleto debaixo da porta. Mas os pinheirenses têm o maior preconceito, acham que somos todos maconheiros e assaltantes.

A Vila Madalena é um lugar sossegado, gostoso de morar, com muitos estudantes. Três casas para lá mora ciclano, três para cá mora beltrano, é um ambiente festivo, todo dia vamos à casa de um, à casa do outro, sábado tem três, quatro churrascos, três, quatro festas. Vamos ficando, o pessoal vai se formando, mas continua, alguns mudam para a casa da frente, outros para uns apartamentinhos minúsculos, pior que casinha de fundos. Mas já são sociólogos, jornalistas, artistas plásticos, cineastas, físicos, tem até um astrônomo, que é amigo. Está atraindo artistas, cineastas, músicos. O bairro tem origem no começo do século, na construção do Cemitério São Paulo, com os operários que trabalhavam na construção, espanhóis, italianos e portugueses, um lugar de pobre, que se encheu de anarquistas espanhóis. Como os anarquistas não punham nome de gente nas ruas, elas ficaram com o nome de Harmonia, Laboriosa, Girassol, Purpurina, ficou assim até chegarem os estudantes. (Mouzar Benedito, depoimento)

Aqui na região central ainda há uma circulação grande de profissionais do teatro, dos jornais, das agências de publicidade e do cinema da Boca. O centro ainda agrega parcela do setor de serviços, os bem-frequentados sebos, livrarias, lojas de discos, de equipamentos fotográficos e de cinema. É um de nossos companheiros de viagem que trabalha em agência de publicidade que encontramos aqui no Paribar.

"Todas as agências de publicidade são no centro", diz nosso amigo Ugo. A Thompson na rua Boa Vista; McCann-Erickson na Sete de Abril; Alcântara Machado na praça da República; a Standard na praça Roosevelt, só a DPZ fica no Jardim Europa, na rua Colômbia, mas as coisas começam a mudar para lá. O centro vem se esvaziando, há uma geração que acompanhou o auge dele, com Sérgio Milliet, seu embasamento simbólico, e que se foi. A repressão tem um papel fundamental nisso, ali é lugar também das manifestações, se começa a policiar muito, reprimir muito, fechar bares, as coisas tendem a se encaminhar para outro lugar. Na nossa geração, tá todo mundo casando, começam a se deslocar, ninguém mora no centro, só o Piva e o Willer. A cidade começa a se expandir, há uma especulação imobiliária absurda. Na avenida Paulista, até há pouco, havia bonde, casarões dos barões do café ainda habitados, o Matarazzo habitadíssimo, o parque Trianon, que é ótimo para namorar, mas tudo vem sendo devastado, não há resistência, ao contrário, as pessoas se orgulham de destruir coisas: o progresso! Estão abrindo outros cinemas na região, o Cine Saint-Tropez na Augusta, numa galeria, com filmes franceses muito bons. Há muitos filmes bons a que assistimos no Belas Artes, sessão secreta. Sérgio Muniz, documentarista... ele trazia as latas dos filmes numa sacola, e nós, às nove e meia da noite, com uns bloquinhos, andando pela Consolação na frente do Belas Artes, como se fôssemos conspirar para explodir o quartel-general do II Exército. Não sabia e cheguei perguntando e dando tapa na lata. Fui repreendido: "Psiu!" Como se fosse uma bomba. Vimos *Os inconfidentes*, do Joaquim Pedro [de Andrade], que só louva o Tiradentes, e no final tem uma reproduçãozinha de uma comemoração do 21 de abril hoje. Aliás, foi interditado por isso. Joaquim Pedro é um cineasta muito interessante. *Macunaíma*, que é de 1969, é muito legal.

[...]

Trabalho em publicidade. Tenho que ganhar a vida. Casei em 68, tenho que botar dinheiro em casa, começam a aparecer filhos, não dá para fazer com que outras pessoas paguem pelos meus sonhos, não tem cabimento. Fiz alguns documentários, inclusive um no edifício Martinelli. Acho que é o melhor. Outro nos Campos Elíseos, que é um bairro fascinante, já é meio Boca do Lixo, menos aristocrático, mas ainda tem umas coisas legais. Filmando um comercial, uma vez, fui ver uma locação e fomos a uma casa nos Campos Elíseos que ainda tinha senzala embaixo.

[...]

A música do momento é muito boa, fantástica! Toquinho e Vinicius, uma dupla que estourou mesmo. Tem Tom Jobim, Baden, Milton Nascimento, Chico Buarque e os baianos mandando coisas de fora. O Tom Zé, que apareceu, e é impressionante. É tão bom quanto os anos 60 ou melhor. Está havendo uma redescoberta. Na década de 1960, no Rio de Janeiro, vi um *show* do Cartola e do Nelson Cavaquinho no

Teatro Opinião. Nunca tinha ouvido falar do Cartola. Estamos tendo ao mesmo tempo uma reproposição de uma música antiga, de altíssimo nível, Guilherme de Brito, Nelson Cavaquinho, Adoniran, Paulo Vanzolini, que faz coisas ótimas, e uma turma que acaba de chegar. Estamos num período excepcional da música brasileira, Francis Hime, Edu Lobo, só desapareceu o Vandré, foi tragado... Carlos Paraná, João Bosco, Aldir Blanc, Monarco, Zé Keti, e ainda tem a turma da jovem guarda, que não gosto, mas tem coisas interessantes, Erasmo Carlos. Paulinho da Viola, essa maravilha, pra mim é o melhor, com integridade, coerência, uma figura. O Vinicius é uma grande figura, mas tem um lado Tinhorão, fala muita coisa bacana, acerta na mosca, é música para nós, classe média branca. Compram-se muitos discos, LPs, e há duas lojas que frequentamos, uma na 24 de Maio e outra na Barão de Itapetininga. A Bruno Blois, no subsolo, só tem disco importado, começa a aparecer uma música que nunca tinha ouvido antes, que é o barroco. Até 64, 65, não existia Vivaldi na história da música aqui no Brasil, não tocava isso no rádio, Bach muito raramente, uma ou outra coisa.

[...]

A cidade passa por transformações, mudança de centralidade, alterações nos cursos superiores e aumento do volume dos que ingressam nesses cursos. Mesmo com as dificuldades relativas ao mercado de trabalho, com o aumento da repressão, a cidade continua recebendo um grande volume de estudantes diariamente. São jovens à procura de estudo e trabalho.

▼ Caminhando pelas imediações de Vila Buarque e Santa Cecília, conheço um rapaz, Luciano, parece novato. Vamos caminhando e ele me conta que chegou há pouco, vindo do vale do Ribeira, para fazer a faculdade de Comunicação.

Desci na rodoviária num domingo, com uma mala enorme, e perguntei para dois rapazes na calçada como se vai até Santa Cecília. Eles falaram: "Tá vendo ali a estação do trem? Vire à esquerda, depois à esquerda, numa rua chamada José Paulino, e vai em frente, que você chega lá!". Me mandaram exatamente na direção oposta. Tinha que ir a uma pensão na rua Imaculada Conceição, onde ia me hospedar.

Caminhei bastante e, numa banca de jornal onde o sujeito estava pintando, perguntei: "A Santa Cecília está longe?" O cara disse: "As pessoas que te informaram estão com má intenção". Abri a mala tirei um punhal que carregava, ganhei do meu avô, e pus no cinto. O cara falou: "Acho que você está preparado, mas mesmo assim é bom você esperar um pouquinho". Esperei, e de repente passaram os dois caras e mais

↳ Pelão, Aldir Blanc, Dagoberto Marques Filho, João Bosco e outros, em meados dos anos 1970.

↳ Pátio interno e escadaria do Colégio Equipe na rua Caio Prado, antigo Colégio Des Oiseaux, em 1973.

um, que vinham atrás de mim, talvez para me assaltar. Foi essa a minha estreia na cidade. Fui morar nessa pensão, estudar para o vestibular.

[...]

Tive a indicação de um pessoal de esquerda para me juntar a um grupo que fazia estudos de política. Não cheguei a me juntar. Acordei tarde no dia em que deveria me apresentar ao grupo e, quando saí para a rua, o Dops tinha dado uma batida e prendido todo mundo. Dormi demais, cheguei e já tinha caído o aparelho. Tenho formação de esquerda, mas, muito ingênuo, muita influência do meu pai, que sempre foi muito radical, e de um professor de ciências que é do Partido Comunista. Me aproximei de pessoas ligadas ao movimento de luta armada, mas sou um caipira chegando, tenho sonhos, sem a menor ideia de como as coisas funcionam. O destino está se encarregando de tirar da minha frente esse perfil de revolucionário: primeiro dormi demais e perdi o encontro, depois, em algumas ocasiões, fui tendo oportunidade de me engajar. Estou no meu primeiro emprego, uma rádio de música ambiente, toca música nas caixinhas de som, dentro do elevador, bancos e escritórios, as pessoas contratam o serviço. Rádio Telemusic, pertence a uma empresa chamada Antenas Itagiba, é um *mix*, mas não sei se vai durar. Dou muito palpite na programação, quero que toque Chico Buarque e coisas assim, e as emissoras têm o propósito só de acalmar os nervos, com música de orquestra, Ray Conniff e coisas do gênero. (Luciano Martins, depoimento)

Paramos numa banca de jornal. Enquanto Luciano conversa com outra pessoa, pedindo informações, leio algumas notícias.

A cidade se expande em direção às áreas periféricas, as nebulosas crescem, se juntam e aos poucos formam novos desenhos. A população urbana em franco crescimento, ultrapassando a rural, e a lei de zoneamento de 1972 são as bases que interferem diretamente na sua estrutura física e espacial. Obras de infraestrutura executadas sem projeto urbano provocam enorme impacto. São intervenções que têm consequências na vida diária e na mobilidade das pessoas. A área mais afetada de imediato é o centro da cidade. Os espaços públicos acolhedores, que nas décadas passadas agregavam grupos de jovens em praças, edifícios públicos, bares e restaurantes, vão se degradando. Além do caráter desarticulador das intervenções urbanas, que foram reforçados nesse período, há o caráter destruidor da repressão política e sua correspondente ação devastadora em relação à vida pública.

A expansão das periferias ocorre através de loteamentos clandestinos, da autoconstrução e dos conjuntos habitacionais produzidos pelo governo e financiados pelo Banco Nacional de Habitação (BNH) em área sem infraestrutura. Esse processo de crescimento, associado às grandes obras viárias baseadas nas necessidades dos automóveis, desarticula os bairros centrais e isola na precariedade imensas áreas periféricas. (Barbara, 2018; Rolnik, 2001)

Luciano retoma a narrativa:

> Depois dessa pensão na rua Imaculada Conceição, fui morar numa república no Brooklin; depois, numa república mais pobre ainda, na avenida Senador Queirós, um prédio em cima de uma pastelaria, perto do Mercado Municipal. Ali é gostoso, frequentamos o Mercado Municipal de madrugada, fazemos compras, comemos por lá, é um lugar muito bonito e de vez em quando chegam pessoas de *black tie*, vindas de festas. É um ponto de encontro muito legal. Termino de fazer meu café da manhã lá, depois de passar a noite fora: passo, aponto para um abacaxi, o cara faz um sinal de positivo com a mão, pego o abacaxi e levo para comer em casa. É uma camaradagem, as pessoas te reconhecem. Se você frequenta o lugar, mesmo que seja no centro, com 1 milhão de pessoas passando todo dia, se você se familiariza com alguém, em poucos dias, em poucas semanas, você se torna um personagem do lugar. A cidade é receptiva, basta que tenha uma conversa inteligente, bem-humorada, e você pode fazer parte de qualquer tribo. Mas agora estou saindo de lá e alugando um apartamento na Martins Fontes, voltando para a boca da Augusta. (Luciano Martins, depoimento)

Nasce um espaço educacional e cultural. No ano de 1967, conforme Ricardo e Nair nos contaram, houve o racha no cursinho da Faculdade de Filosofia. Instalados precariamente durante o final de 1967 e início e 1968, mas fortalecidos pela parceria com o jornal *Última Hora* e pela grande quantidade de alunos, acabam criando o Equipe Vestibulares, com sede na rua imaculada Conceição, em Santa Cecília. Mas a estada é breve: em 1970, junto com o curso de Madureza que criaram, a escola passa a ocupar o prédio do antigo colégio de freiras Des Oiseaux na rua Caio Prado, próximo à praça Roosevelt. Em tempo de muita agitação e pouco espaço para atividades culturais, em 1971 ocorre a primeira apresentação de MPB no local. Em 1972, o Equipe Vestibulares abre sua primeira turma de ensino colegial e, neste ano de 1973, as atividades culturais se intensificam. O local vem marcando presença como espaço alternativo de apresentações cinematográficas, teatrais e musicais, como as de Gilberto Gil e as do grupo Som Imaginário, contando com a participação dos estudantes e sob a coordenação de Serginho Groisman.

Mais uma vez recorremos a Flora e as suas emoções, quase crônicas. Suas impressões densas e carregadas do clima urbano, descrevendo recantos e alguns flashes amorosos dos caminhos e da escola, espaço que alimenta vários corações e dá dimensão do quanto se anda em busca de um sonho.

Manhã fria, ninguém na rua. Caminhando rapidamente e só. Longo percurso até o ônibus que leva ao centro. Quase atrasada, mas em busca de um desejo. Os veículos são velhos, desconjuntados e barulhentos, mas caminhamos no contrafluxo. Sono. Alguns pontos depois, um ombro amigo, José Dias. Pouca conversa, mas muita identidade. Depois dos bancos da escola pública, o Vocacional, que nos deu a prontidão guerreira, caminhamos juntos para o desejo de uma formação que complemente o que tivemos. Com arte.

[...]

Quase final da avenida 9 de Julho, atravessamos a pista, subimos a escadaria e chegamos à rua Caio Prado. Vencemos aqueles portões majestosos, subimos a escadaria, entramos naquele corredor com pé direito altíssimo, portas de madeiras e vidro, *hall* que dá acesso aos outros andares, inclusive às clausuras, e nos despedimos no corredor. Porta da direção: o doce professor Raimundo Campos conversa com alunos. Quase atrasada, arrumo uma carteira perto da grande janela que dá vista para o pátio, onde vemos as árvores, os pássaros e as bolas quicando na quadra.

[...]

Aula de biologia, lousa lotada, desenhos maravilhosos do Dan, os ciclos da vida, do carbono, da água... o planeta ganhando vida e outra dimensão, o prazer de apreender a informação decifrada. Intervalo rápido, e a troca de mestre. Diretamente da Idade Média, Tota, um ser barbudo com voz de desenho animado, nos conta as agruras de um tal de feudalismo.

[...]

Final da manhã, sol gostoso de inverno aquece a escadaria. Muita agitação repentina, um grupo do diretor teatral Luís Antônio rompe a barreira do teatro e no pátio expande seus laboratórios de criação. Assim como surgem, desaparecem. No subsolo, o bar e o almoço, porque à tarde tem mais. Momentos de muita risada e troca de ideias. Zé Luiz sempre por lá, com sua gramática afiada e seu humor sarcástico. Lena convoca os times femininos. Viagens, defendendo a escola nos jogos da primavera. Times afiados, torcidas organizadas.

[...]

O teatro. Todo pintado de preto, no subsolo próximo à quadra, cheiro inesquecível — e o curso que me trouxe ao outro lado da cidade. Carlos Alberto Soffredini e a formação que extrapola a cena, cria e agrega valores; discutem-se personagens, cantamos, dançamos e dramatizamos nossas angústias, alegrias, tristezas, medos... Momentos difíceis e densos, grupo grande e heterogêneo. Marcas profundas, amigos que ficaram para sempre.

[...]

Ousadia ganhando as ruas em noites de finais de semana, um Bergman no cineminha no Centro Cultural Equipe. Serginho Groisman comandando os eventos, os *shows*. Do lado de fora o Cine Bijou, na hora do almoço, fim de tarde... *Zorba, o grego*, Fellini, Pasolini, sempre Bijou. Ainda mais ousado, *Milagre dos peixes*, no poleiro do Municipal. Pra sempre. *Os lusíadas*, de Camões, timoneiro da *Viagem*, no Ruth Escobar. Impacto definitivo.

[...]

A temperatura cai, o caminho de volta é árduo: trânsito congestionado, ônibus lotado. Difícil se proteger do assédio, cuidar da carteira e conversar com a amiga. Horas depois, mais um quilômetro a pé, até em casa. Jantar em família. Noticiário pesado, difícil ouvir e digerir a comida. Rosto tenso do pai, preocupação com o que virá. (Gama, manuscrito, 2018)

Voltemos à nossa caminhada. Após me despedir de Luciano, continuo a rodar pelo centro, agora nas imediações da Biblioteca Municipal, onde encontro Luiz — o estudante de História que também teve que sair do Crusp e anda um bocado, tocado pelas mudanças da cidade. Ele conta que frequenta o Baiuca, na simpática praça, ao lado da igreja da Consolação.

Praça que foi demolida pela prefeitura para construir um estacionamento embaixo e um supermercado em cima. Fizeram aquele manto de concreto. Já havia um supermercado. Começaram agora a rasgar várias avenidas, como a Consolação, que era uma rua simpática onde o bonde passava. Está havendo muita demolição do centro e indo embora a memória, a história. O que dá à cidade uma vida urbana diferente é o fato de ela cruzar vários tempos, passado, presente e futuro. Com a demolição do centro, a memória está sendo destruída e quem está fazendo isso são árbitros como esses prefeitos nomeados, que demoliram a praça Roosevelt. No vale do Anhangabaú, olhando do lado do Theatro Municipal para o outro lado, há um conjunto de prédios belíssimos, que misturam a

> arquitetura romântica, colonial, barroca, neoclássica. É um complexo de edifícios que você fica deslumbrado. Isso tudo está indo abaixo.
>
> Nesses tempos de governos militares, de interventores, com pressão de *lobbies* de indústria automobilística, construtoras, e com a adesão de boa parte da população, há um espírito de desenvolvimento selvagem, sem noção civilizatória nenhuma. Tem um colunista social na *Folha de S.Paulo* chamado Tavares de Miranda que tem por *slogan* a frase "São Paulo não pode parar", e se orgulha de ser esta a cidade que mais cresce no mundo, quanto se demole e destrói o passado, a memória, e se constroem monumentos novos, descartáveis, que em pouco tempo viram ruína. Com a ditadura militar está mudando muito a vida na cidade, vim para cá há pouco tempo como morador. (Luiz Roncari, depoimento)

As interferências na paisagem das quais nos fala Luiz fazem parte das grandes obras viárias, sem nenhum padrão de qualidade urbana e sem planejamento.

> Na maioria das vezes, têm como única preocupação o deslocamento/mobilidade dos automóveis, sem considerar os impactos que isso trará para a vida na cidade, para o espaço público e para a geografia. Acabam por desconfigurar os bairros centrais, reforçando a expansão precária em direção às periferias. Ressaltemos que, entre 1969 e 1971, o prefeito nomeado da cidade, indicado por Costa e Silva e apoiado por Delfim Netto, é Paulo Salim Maluf. Entre as suas "grandes obras", destacamos o viaduto Antártica, as pontes do Morumbi, da Freguesia do Ó, Pinheiros, Tietê e do Limão. Construiu o elevado Costa e Silva, o chamado "Minhocão", a avenida Faria Lima, Caetano Álvares, Radial Leste, avenida Cupecê, Juntas Provisórias e Ricardo Jafet. (Barbara, 2018)

Nesse ponto, lembro-me de algo que o jovem estudante da zona oeste, Carlinhos, contara a respeito do Minhocão.

> Tive que abandonar a música por um tempo, com 13 para 14 anos, estou trabalhando como bancário. Trabalho de manhã no banco, à tarde tenho outro emprego e estudo à noite. Vim fazer colégio técnico, nunca deixei de tocar violão, mas estagnei. Quando comecei a trabalhar no Banco Novo Mundo, a partir dos anos 70, na rua Cardoso de Almeida com a Francisco Matarazzo, exatamente no início do Minhocão, vi aquele absurdo ser construído pelo Maluf. (Carlinhos Antunes, depoimento)

Luiz se vai e continuo andando pela região da biblioteca, onde encontro o carioca estudante de arquitetura Vallandro, que me conta um pouco sobre sua vida atual e sobre como se alterou sua relação com a cidade.

> Casei em 1971 e logo incorporei os relacionamentos da minha mulher. Os bares que frequentamos são basicamente em Cerqueira César, Moema, que já tem alguns. Afora um ou outro que alguém conhece, como um que fica na Casa Verde, que é bárbaro, mas no dia a dia são esses. Está havendo grandes intervenções na cidade, viadutos, avenidas sendo abertas, ocupação do parque Dom Pedro, que o [arquiteto Gian Carlo] Gasperini fez. Numa escala muito grande, abre-se a Faria Lima, a cidade está mudando de cara, [tem] a avenida Paulista, que virou um rasgo, uma separação! O Trianon ficou confinado ali! Isso é um marco na passagem da década de 1960 para a de 70. A Consolação também se alterou.
>
> Há pouco fui bater à porta do Gasperini, do [Carlos] Bratke e do [Roberto] Aflalo, em um escritório de arquitetura na Cidade Jardim. Fiquei trabalhando com eles um tempo. Por sorte minha, logo apareceu uma oportunidade grande com um empresário na área de colonização agrícola. Faz alguns anos que ele está engendrando um projeto no norte do Mato Grosso, uma área que ele foi comprando até conseguir ter 600 mil hectares. Montei meu escritório em cima desse projeto e deu certo, estou vivendo dele. Embora tenha outros projetos, o forte é esse. Fiz o projeto dos três núcleos de ocupação, viajei para lá, e estou acompanhando a implantação, uma experiência fantástica.
> (Vallandro Keating, depoimento)

Os veículos de comunicação, ainda que sob censura, incorporam e transmitem as mensagens desses jovens artistas que procuram canais para se expressar. São criações, e não apenas literárias e cinematográficas, que dão conta de um outro Brasil, um país que começa a se mostrar como uma nação mais ampla. Um país que tem interior, tem cerrado, sertão, pampas, floresta amazônica, indígenas, negros, batuque, samba de roda e muitas outras coisas. O sertão de Graciliano Ramos, Guimarães Rosa, João Cabral de Melo Neto, Luiz Gonzaga, Lima Barreto e Glauber Rocha vai incorporando e invadindo outras linguagens. Encontro por aqui um texto de uma de nossas companheiras de viagem, filósofa, que mostra outro sertão surgindo...

> Não só nos filmes de Glauber e do cinema novo: há o imaginário do sertão e suas personagens, ou o nordestino como cangaceiro, como

retirante, como beato. Essa temática, aparentada à chamada "estética da fome", embora a ela não se superponha com exatidão, encontrou muitas adesões. Atravessando o cinema, o teatro, a canção, a literatura, as artes plásticas, esse complexo veio a simbolizar a resistência à opressão. Nem o humorismo escapou: das mais fortemente politizadas, fruto do traço de Henfil, foi a popularíssima e duradoura saga de Graúna, do Zeferino e do Bode Orelana, que se passa na caatinga. [...] Trata-se de pinçar o subdesenvolvido do subdesenvolvido. Ou seja, dentre os oprimidos do Terceiro Mundo, há um, e brasileiro, que o era mais que todos: o nordestino. Que ademais não aceita passivamente a tirania e se revoltava, numa insubmissão que assume diversas formas, inclusive a armada. O fato de esse nordestino não ser urbano lhe confere certa representatividade dentro do ideário da esquerda (revoluções chinesa e cubana); assim se idealizam o sertão e seus viventes. (Galvão, 1999)

No ano de 1972, com o AI-5 em vigência e a censura caindo sobre os meios de comunicação, o grande cartunista Henfil lança pela editora Codecri a revista *Fradim*, trazendo os personagens fradinhos Cumprido e Baixim, Graúna, o Bode Orelana, o nordestino Zeferino e Ubaldo, o Paranoico. Ao criar personagens tipicamente brasileiros, ocupando o espaço na imprensa alternativa, Henfil renova o desenho humorístico nacional. Ele não é apenas um grande cartunista e chargista; ele e os desenhistas do *Pasquim* são formadores de muitos jovens que estão entrando no mercado de trabalho. Assim contava outro dia em uma entrevista o jovem Angeli:

> Senti que não ia mais tirar leite daquela pedra, escola, publiquei o primeiro desenho, na revista *Senhor*, com 14 anos. Comecei influenciado por Juarez Machado, mas logo olhei pro Millôr e pro Ziraldo e estou percebendo que é mais a minha praia. Sou muito influenciado pelo *rock 'n' roll*, o que me encanta não é a música, mas o comportamento, o jeito de ser, de se mostrar diante do mundo. Gostar de Bob Dylan ou Neil Young tem um peso. Ser cabeludo tem um peso maior ainda, porque você é chamado de veado na rua, tem uma coisa de afronta.
>
> O único espaço para quadrinhos é o *Grilo*. O próprio *Pasquim* é mais charge. Tive que entrar na charge para entrar no mercado de trabalho, mas é um problema, porque a charge, tirando os grandes chargistas, Millôr, Ziraldo, Fortuna, Jaguar, Claudius, tem um monte de outros, novos, que fazem o mesmo desenho, falando sempre a mesma coisa. É o povo oprimido pela ditadura, o opressor e o oprimido, uma visão muito óbvia e sem profundidade, e também não tem como desenvolver um pensamento, afinal há a censura.

↳ Capa da revista *Fradim*, reedição histórica.

> Quem não está preparado culturalmente, artisticamente, vai por esse lado mais fácil. Fica uma coisa meio tosca, da charge "de combate". Entrei na charge mais para trabalhar, mas quero fazer quadrinhos. Agora surgiu a oportunidade dentro da *Folha de S.Paulo*, propus fazer a tira diária Chiclete com Banana. Fiz o Tudo Blue, um "hippongo" fora de tempo; o Moçamba, um negro que queria voltar para a África, para as raízes; o AI-5, um cara que podava todo mundo. (*Caros amigos*, ano 5, n. 50, maio 2001)

Saio dessa conversa, que situa um pouco a produção do humor gráfico por aqui, e me encaminho para a região da cidade de que Mouzar nos falava outro dia, que seria o novo local de concentração de estudantes. Parece que está deixando de ser só um lugar de moradia e lentamente passa a ter uma vida cultural ligada aos jovens universitários. A praça que abriga o "cruspinho", na esquina da Cardeal Arcoverde, tem outros atrativos, sendo um ponto de encontro com bares e *shows* de *rock*, nos eventos conhecidos como Tenda do Calvário, no porão da igreja de mesmo nome. Aguardemos para saber o que vai acontecer nessa região da cidade. Por enquanto, apenas se nota o aumento da concentração de estudantes.

Uma grande porta foi aberta na área cultural na década de 1960, que se encerrou. É difícil mapear todos os fatores que contribuíram para isso, mas algumas coisas foram fundamentais para ampliar os horizontes territoriais da cultura nacional. A literatura já havia apontado um caminho de ampliação desses horizontes, no final dos anos 1940, como mostra Antonio Candido em *Presença da literatura brasileira*, mas o diálogo com a inclusão de temas nacionais, na música, nas artes plásticas, no teatro, cresce muito na década de 1960.

A movimentação surgida no Recife em torno da discussão da arte nacional fortaleceu os CPCs, e lá mesmo deixou raízes profundas, absorvidas por Suassuna e pela arte armorial. Mas deitou raízes no Rio de Janeiro, em Belo Horizonte e em São Paulo. Foram passos que deixaram marcas, não no engajamento, na arte de protesto, que foi ceifada, mas no olhar para o Brasil maior, o Brasil pobre, famélico e desnutrido, imenso culturalmente, mas escondido, acanhado, invisibilizado.

A tão malfalada "estética da pobreza" desse período, se, por um lado, parecia tirar a "beleza" e a docilidade de nosso povo, por outro estampou a realidade do Brasil profundo, trazendo à tona o homem do sertão, o indígena, os negros, caiçaras, caipiras, pantaneiros, com sua riqueza rítmica e cultural. Vagarosamente, esses sons e temas vão adentrando nosso ambiente "culto", abrindo espaços nas gravadoras, nas rádios, e criando uma simbiose.

O aumento da migração interna e o acelerado crescimento técnico das comunicações em São Paulo trouxeram à cidade uma grande quantidade de artistas de todo o país, em busca de melhores oportunidades. A bagagem chega cheia, e se transforma em letra da canção, em ritmos diversos e até em instrumentos antes ausentes das canções do Sudeste. Nesse sentido, da abertura de espaços para o novo, os festivais da canção tiveram papel fundamental. Os festivais se foram, calados pela repressão e pela censura, mudaram de estado e de rede de comunicação, mas a semente estava plantada, os espaços na cidade, ainda que um pouco acanhados, incorporaram essa diversidade sonora e rítmica.

No campo teatral, tão proeminente no final da década, o estrago causado pela repressão aos grupos instituídos, como Arena e Oficina, é marcante. Mas já se pode perceber que uma saída se esboça: o teatro popular, voltado para os mais necessitados. De outro lado, mas tudo junto e misturado, principalmente na cidade de São Paulo, as marcas deixadas pelo movimento do tropicalismo, em paralelo ao tímido avançar do *rock* local, somam-se a uma "rebeldia" juvenil internacional, que propõe a quebra com os comportamentos tradicionais, racionais, adaptados ao *status quo*, e à comercialização da vida. Os ventos *hippies* e contraculturais entram de sola na emergência de novos grupos, nos quais a estética e a afirmação da androginia são os elementos mais visíveis, a exemplo dos Secos & Molhados, dos Dzi Croquettes e da banda Tutti Frutti.

O espaço da região do Bixiga, originalmente ocupado por moradias populares e cortiços, de população de baixa renda, e que sempre agregou nos mesmos lugares negros e italianos, agora vai deixando de ser estigmatizado como o território das cantinas e teatros de descendentes de imigrantes para evidenciar outra faceta: suas origens negras. A rua Santo Antônio e outras da redondeza vão abrigar casas e escolas de samba.

REALIDADE, TROMBADINHAS, AMAZÔNIA E INDÍGENAS

> O general Geisel é empossado na presidência da República. Assim, reassume o grupo político militar que articulou o golpe de 1964, Golbery [do Couto e Silva], J. B. Figueiredo, Heitor Aquino Ferreira, Otávio Medeiros, Armando Falcão. Realizam-se as primeiras eleições "livres", povo vai à forra derrotando a Arena em diversos Estados, renovando a Câmara com dezesseis senadores: entre eles, Orestes Quércia (SP), Itamar Franco (MG), Marcos Freire (PE), Paulo Brossard (RG) e 170 deputados federais. Teotônio Vilela, empresário nordestino reacionário, depois de uma conversa com Geisel passa a percorrer o Brasil inteiro numa cruzada cívica por anistia, democracia e justiça. Geisel e [o ditador paraguaio Alfredo] Stroessner firmam tratado da criação da Companhia Binacional de Itaipu. A United States Steel exige do governo, para cumprir compromisso com a exploração de Carajás, um empréstimo de favor de 1 milhão de dólares, que pagariam em 10 anos. Crise decorrente dos aumentos sucessivos do Petróleo afeta a economia brasileira. (Ribeiro, 1985)

Lendo algumas notícias sobre o que vem acontecendo na cidade, descubro uma coisa importante, algo inédita, que deve render belos frutos. Por iniciativa de um grupo pequeno e seleto, é fundado o Centro de Estudos Macunaíma, na rua Lopes Chaves, Barra Funda, na antiga casa de Mário de Andrade. O centro tem à frente Myriam Muniz, Sylvio Zilber e o cenógrafo e figurinista Flávio Império. É um centro experimental de formação teatral, com cursos de interpretação e leitura dramática.

Num encontro com Roberto Freire, nosso companheiro de viagem de múltiplas facetas, fico sabendo mais detalhes.

> Myriam Muniz e Sylvio Zilber me falaram de seu trabalho no recém-criado Centro de Estudos Macunaíma, de 1974, e do apoio que recebiam do Flávio Império, o cenógrafo de minha peça *Gente como a gente*, montada no Teatro de Arena em 1959. Em seus cursos, eles procuravam ajudar os candidatos a atores e atrizes de teatro a desenvolver sua criatividade

artística. Logo percebi que baseavam seus exercícios nas teorias de Wilhelm Reich, buscando liberar a energia vital nos corpos de seus alunos. Flávio Império os orientava nesse trabalho, inclusive por conhecer as pesquisas de Reich sobre a energia vital.

Fui convidado a morar e a trabalhar no local, para ajudar a Myriam com o trabalho de separar o que é um bloqueio psicológico natural, de formação, de um bloqueio de natureza psicológica. Envolvido com a questão, estou criando uma terapia corporal baseada na obra de Wilheim Reich. O grupo estuda novas teorias da expressão corporal, do desbloqueio da criatividade como elemento fundamental para a plena expressão do ator, para a descoberta da originalidade de cada um. Assim tudo se completa, e acontece a criação do Soma.

[...]

O Soma vem nascendo nesse ambiente. Pesquisamos juntos (com Flávio Império) os exercícios para o desbloqueio da criatividade para o aprendizado do teatro, e esses mesmos exercícios aprofundo e desenvolvo para a produção do desbloqueio neurótico. Myriam Muniz me mostra como é necessário ter a coragem da sinceridade, mesmo que agressiva, e a do desafio pessoal, para levar as pessoas bloqueadas a abandonar sua segurança neurótica, bem como para assumir os riscos necessários e indispensáveis à liberdade e à autonomia. Aprendo muito com ela.

E Flávio Império é a importante figura de artista participando ativamente do desenvolvimento do Soma, inclusive assistindo à aplicação de meus novos exercícios. Depois de assisti-los, faz críticas precisas e também sugestões. Inclusive, ele, Myriam e Sylvio, em alguns fins de semana na minha casa em Mauá, liam e comentavam capítulos do romance *Coiote*, que estou escrevendo. (Freire, 2002)

Parece que todo o questionamento em relação ao comportamento e às regras sociais rígidas não tem apenas como expressão a juventude daqueles que estão mais próximos da contracultura e dos *hippies*; não são apenas cenas de um novo teatro, de uma nova dança ou *performance*; esse questionamento também está fazendo parte das novas experiências no campo da psicologia e no da formação de atores. Depois de algum tempo, e com isso em mente, volto à Cidade Universitária para ver como anda a vida dos estudantes, agora um pouco apartada da cidade. Encontro uma de nossas moças aguerridas, Raquel, que caminha próximo aos barracões.

Estou cursando psicologia aqui. Os primeiros anos foram de psicologia experimental. Gostamos muito porque, afinal de contas, são os professores mais politizados, aqueles que saíram da universidade de Brasília e foram para a USP. É na sala deles, junto a eles, que podemos discutir política. Depois desses dois anos, entraram matérias de psicologia do aprendizado e de clínica, com crítica teórica ao experimentalismo e ao behaviorismo. A formação ficou a dever, o Reich já morreu há não sei quantos anos e não ouvimos falar dele na universidade. É um espaço fértil de discussão, mas não sinto que tenhamos discutido questões curriculares. Há algumas coisas na psicologia do aprendizado, que discute o carente, o limítrofe... Maria Helena Pato tem uma matéria superinteressante, que apresenta uma série de trabalhos e pesquisas discutindo o tema "o que mede a inteligência?" Se você solta na rua um moleque de periferia e um de classe média, durante um mês, quem é que vai sobreviver? Qual é a escala segundo a qual um moleque da periferia está mais capacitado que o da classe média, que sabe fazer conta na ponta da língua? O que é o carente? Carente cultural, educacional? É uma matéria que chacoalha um pouco e tem outra que chacoalha no conteúdo clínico. Mas não tem muita coisa interessante.

Na vida cultural, tivemos dois momentos marcantes, do Teatro de Arena, do Oficina, dos espetáculos, e outro, do fechamento dos teatros pela repressão. Agora a coisa marcante é a atividade em torno do Celac (Centro Latino-Americano de Cultura) e da Ruth Escobar, com espetáculos, festivais internacionais, a necessidade de submeter tudo à censura, que deixa para a última hora, há mobilização em torno disso, a Ruth trabalha muito bem com isso, há grandes espetáculos, mas às vezes não sabemos se vai ser proibido ou não, e isso provoca comoção. (Raquel Moreno, depoimento)

Raquel mostra que aquela pesquisa sobre novas teorias e correntes da psicologia que vimos há pouco ainda estão fora da universidade. Ressalta também que as atividades do Teatro Ruth Escobar estão crescendo, e que ele está sediando muitas discussões importantes. Continuo minha caminhada por aqui e vou até a ECA. Encontro nossa companheira de viagem fotógrafa, Nair, que conta como estão seu curso e suas andanças pela cidade.

Aqui temos aula aos sábados, e na saída vamos almoçar juntos. Há uma atividade muito grande fora, funcionamos como um grupo, mesmo. Na aula, já nos perguntamos: "Hoje à noite vamos fazer o quê?" Vamos a um filme, ou a um festival, a uma peça maravilhosa, temos uma atividade cultural muito intensa. É sempre o bar ligado a alguma atividade da cultura, o Riviera, em frente ao Belas Artes, a Cinemateca, que esteve na Sete de Abril e agora mudou para uma sala do Belas Artes.

[...]

Na área do teatro, tínhamos o Arena, uma coisa maravilhosa, com o Boal, Gianfrancesco Guarnieri, todo aquele aconchego, pequenininho, e perto tem o bar Redondo, mas foi silenciado. Nossos pontos são o restaurante Gigetto, os bares Riviera e Redondo. O entorno do Teatro Ruth Escobar é importante, fazem montagens fantásticas. Montaram a peça O balcão, de Jean Genet, com direção de Victor García, impressionante, incrível! Mas só há um terreno meio aberto na frente, não tem nenhum bar no entorno, nem restaurante por perto, é mais o barzinho do próprio teatro. Outro local é a praça da Biblioteca Mário de Andrade, a Dom José Gaspar, onde a própria biblioteca é um ponto importante, e tem ali o Paribar. Todo mundo no final da tarde vai pra lá. Usamos muito a biblioteca, e de lá vamos tomar um lanche. As livrarias na rua Sete de Abril, na rua Marconi, no centrão mesmo. Todo mundo estuda muito, as aulas de literatura são excelentes e tudo é muito politizado, nada é solto. Focado em entender Graciliano Ramos, Machado de Assis, tudo muito bem contextualizado, discussões muito interessantes, muito boas.

[...]

A fotografia brasileira começa a se firmar como documental. O país sempre teve bons fotógrafos, mas de repente a documental apareceu como uma coisa forte, de peso. Já fiz vários audiovisuais sobre a Amazônia... grandes projetos. O Hermeto Pascoal, quando viu as fotos e o texto, falou "quero fazer a música, a trilha sonora". É o luxo do luxo ter o Hermeto Pascoal fazendo a trilha sonora para um audiovisual. Se discute muito a Amazônia, está havendo uma descoberta da coisa brasileira, o índio era uma coisa tão distante, de repente começamos a trazer este novo país, essa nova visão do país. Profissionalmente, isso se deu depois que a revista Realidade surgiu, ela abria as fotos, e foi quando chegaram alguns fotógrafos estrangeiros, Claudia Andujar, George Roff, Maureen Bisilliat, o que deu um peso. Era uma revista baseada em fotografia, aberta, bem divulgada. Podemos ver como as coisas são interligadas, os fenômenos não surgem isolados, a Biblioteca, a faculdade, de repente esta vontade de ter um curso decente de cultura brasileira. A juventude não está contemplativa e aceitando tudo, está reivindicativa. Queremos coisa boa, queremos o melhor! A exposição da cultura brasileira tem relação com essa exposição da revista Realidade, essa busca do país inteiro. Estamos num período muito fértil, um marco, não só na fotografia, mas em todas as áreas. Na música, tivemos Orlando Silva, Francisco Alves, Pixinguinha, já vinha um histórico de música boa, mas a fotografia ainda era uma coisa pequena e de repente explodiu.
(Nair Benedicto, depoimento)

***

Ando lendo alguns dados sobre a cidade, que sintetizam mudanças ocorridas no último período e ainda projetam para o futuro.

> Entre os anos 1960 e 1980, o Município de São Paulo e a região Metropolitana têm um crescimento vegetativo bastante alto (na capital, 56,3% na primeira década desse período e 43,35% na segunda). [...] Nos anos seguintes [1970], há um aumento de 2.568.611 habitantes no município e de 4.449.015 na Grande São Paulo.[...] A expansão da periferia já era forte nos anos 1940, mas o processo torna-se drástico entre as décadas de 1960 e 1970, o que altera qualitativamente o descontrolado espraiamento da mancha urbana.
>
> Nas décadas de 1960 e 1970, 84% do incremento da população paulistana ocorreu na periferia da cidade. Entre 1970 e 1980, 86% do aumento registrou-se nos subdistritos mais distantes do centro. (Rolnik, 2001)
>
> Paralelamente à expansão das áreas periféricas, proliferam os cortiços entre os anos 1970 e 1980. Especialmente nos bairros do Brás, Bom Retiro, Pari e Cambuci, observa-se um crescimento populacional sem verticalização nem aumento expressivo de construções habitacionais. (Barbara, 2018)

Na Faculdade de Psicologia, tive acesso a um texto da jovem estudante Maria Rita, da mesma faculdade, em que ela descreve experiências que podem nos ajudar a entender outros jovens e as mudanças comportamentais que estão acontecendo:

> Para mim, a década acaba de começar [1974]. Deixei agora a casa dos meus pais para viver com um grupo de amigas, num pequeno apartamento em Pinheiros. Descobri que existe outra cidade dentro da cidade que eu imaginava conhecer. Uma cidade de jovens morando em comunidades, ocupando em bandos sobradinhos e sobradões no Butantã, em Pinheiros e na Vila Madalena (bairros preferenciais por serem vizinhos da Cidade Universitária e ainda oferecerem aluguéis baratos), e que se reúnem com frequência em grandes festas armadas de uma hora para a outra, de produção baratíssima, para celebrar nada além de nossa liberdade recém-conquistada.
>
> [...]
>
> Somos a última geração que teve que enfrentar um abismo de projetos e referências ideológicas e estéticas em relação aos próprios pais.

Jovens de classe média que dispensam o conforto da casa paterna para viver sem carro, frequentemente sem telefone (comecei trabalhando como jornalista *freelancer*, e tenho um trabalho dobrado para marcar entrevistas do orelhão da esquina), sem televisão — esse é um porto de honra para nós — e muitas vezes (mas nem sempre) sem mesada. Descobri uma rede de comunidade, muito diferente das tradicionais repúblicas estudantis, porque a sua população não se forma apenas por necessidade de dividir um aluguel, mas por afinidades eletivas. Algumas são compostas de gente de esquerda, militantes em tempo integral; outras de grupos de *neo-hippies* (o movimento *hippie* propriamente dito ficou para trás, na década de 1960) que ainda acreditam em viver de artesanato, ioga e maconha. Há comunidades mais liberadas, que propõem sessões de sexo grupal e ausência de vínculos estáveis entre casais.

[...]

Mas a maioria, evidentemente, não tem um perfil assim tão caricato. São grupos de amigos que tentam conciliar a vida pessoal com alguns ideais de vida antiburgueses; esperamos poder revolucionar o mundo. Sabemos que as escolhas da vida privada também são escolhas políticas; há certo heroísmo e certa ingenuidade, mas acreditamos que poderemos virar a vida do avesso, superar todos os nossos hábitos, toda a cultura em que fomos criados. Tentamos inventar um estilo de vida, uma estética e uma moral que sejam totalmente diferentes daquelas das classes médias em ascensão no período do milagre brasileiro. Nós não deixamos a família "para casar", com a benção dos pais e a casa montada com os presentes tradicionais. (Khel, 2006)

Depois de alguns dias, caminhando pela região da avenida Angélica, encontro nossas amigas de Campinas, que já estão superentrosadas na vida paulistana, um pouco *neo-hippies* e com uma perspectiva de "tentar conciliar a vida pessoal com alguns ideais de vida antiburgueses, esperando poder revolucionar o mundo", como dizia há pouco Maria Rita. Mara começa contando que se enturmou com o grupo de teatro do Tuca.

[...] e estou estudando, faço algumas matérias, mas é aquela coisa de teatro, tem ensaio, vou dormir supertarde, saímos para tomar chope. Estou fazendo Letras Clássicas e já comecei a trabalhar em editoras, Mestre Jou, Companhia Editora Nacional, Saraiva, Perspectiva, ali conheci o Mauro Almeida, que me enturmou com a Miriam Chnaiderman. Fui fazendo outro grupo, com Miriam, Regina Chnaiderman, o Boris, as pessoas do trabalho nas editoras e da faculdade, com que sou totalmente envolvida.

[...]
Não existe um dia sem festa. Outro dia ganhei um ácido e fui dividir com a amiga. Cheguei lá, ela me diz que nunca tinha tomado. Fiquei chocada! (Mara Rasmussen, depoimento)

Regina completa:

O primeiro que tomei foi com ela, na casa do Salomão, esse lugar maravilhoso que a gente estava falando. A primeira maconha foi com a Meire, na Angélica. A virgindade e a primeira maconha, em 1969. [Saímos de carro, viemos para a rua Dona Veridiana, diz Mara, para a casa do César, do José Bittar.] Essas coisas de mulheres, fazemos igual aos meninos. Acho que até mais, né, Mara? Porque pensa o Glauco, o Geles, o Palhares, os meninos de Americana, que vieram para cá, não fazem a metade do que nós fazemos. Mandamos ver. (Regina Muller, depoimento)

Mara continua:

Em termos de droga, o que há é muita maconha e ácido. Uma das vezes, tomei e fui para o Bijou assistir a O ano passado em Marienbad, completamente louca. Outra vez foi com o Glauco, na Veridiana: tomamos [ácido] e pintamos nosso apartamento inteiro de branquinho... ficou lindo, deixamos o rádio ligado e lembro que a música que marcou foi "Embaixo dos caracóis dos teus cabelos". No meio da história toda, deu fome, fomos ao supermercado na praça Roosevelt para fazer umas compras noturnas. Outra coisa que gostamos de fazer é sair da USP e ir até a Liberdade comer sushi, sashimi. No Tange, na rua dos Estudantes... é o único que existe, uma coisa completamente diferente, comida japonesa. (Mara Rasmussen, depoimento)

Regina acrescenta:

Sempre moramos em comunidade, primeiro com os Dzi Croquettes, quando eles voltaram da França... estava morando num palacete na Peixoto Gomide, próximo ao Trianon, e eles ficaram hospedados e alugaram essa casinha dos fundos. Comemorei meus 25 anos nessa casa, que tem muitas histórias, muita loucura. Depois fui para a casa na rua Mato Grosso, gostamos de ficar em casa, temos medo de fumar maconha na rua. Moro em comunidade, com o Roberto e a mulher, o Waltinho cineasta, o Renato, que é meu companheiro. É aquela coisa "novos baianos". As festas que fazemos têm várias comunidades, e é esse o espírito do Dzi Croquettes. É o desbunde. Além da liberação sexual e visual, tem essa coisa da purpurina, da homossexualidade, do culto ao corpo, da dança, da fantasia. Se vestir com roupa de brechó, vestir a sua fantasia no cotidiano, uma estética. É interessante porque o *hippie* tem uma coisa ligada ao naturalismo, cabelão, sandália, flor, paz e amor, mas essa outra estética traz um trabalho de corpo, que é o que Lennie Dale perseguiu. Esse corpo que dança, corpo trabalhado, todo diferente do corpo desleixado do *hippie*, de entrega. O *hippie* é paz e amor, é contestador, mas é mais relaxado. Tudo bem! Esse outro, não. Ele diz "nós somos diferentes, temos uma estética, um modo de fazer e enfeitar o nosso próprio corpo e levar para a arte, o teatro, a música". Na ideologia *hippie* tem a liberação sexual, mas essa outra postura é afirmar a diferença mesmo, eu vou ser homossexual. É afirmativa. Viril. É a resposta à repressão. A coisa da paz e amor pega esse povo de surpresa. E a repressão provoca o enfrentamento e faz com que uma postura mais viril surja. (Regina Muller, depoimento)

Não há muita divergência entre as interpretações desses jovens sobre o momento que vivem, e a somatória das narrativas vai criando um colorido especial. Há pouco tempo encontrei no Riviera o Luiz, nosso companheiro da faculdade de História, que me falava sobre esse espírito da época, sobre as alterações da cidade e a conclusão de seu curso.

O que marca este tempo é o fechamento empreendido pelos governos militares, o sentimento de impossibilidade, é você se sentir como uma criança, impotente, irresponsável, porque não elege o prefeito, o governador, o presidente, é censurado na imprensa. É uma criança, e como tal só te resta brincar. Ao lado dessa vida fechada, infantilizada, você tem um mundo de festas, nunca vi tantas. Cantamos, dançamos e quem dá o espírito dessas festas são os baianos, são Gil e Caetano. Espírito Odara, cantar, dançar, bailar e esquecer. Alternamos o trabalho com festas, esperamos os fins de semana e sempre há várias acontecendo. Mas a cidade é muito triste, os únicos lugares que ficam abertos à noite, a que podemos ir para encontrar os amigos, são o Riviera, aqui, e o Ponto 4. Na década de 1960, havia outros lugares de encontro. No largo do Arouche, o Ferro's, o Redondo, a Galeria Metrópole... mas começaram a fechar, a se deteriorar, a degringolar, até que os únicos lugares para encontrar os amigos são esses dois. Todas as noites as pessoas vêm aqui, se encontram e desbundam, é um período de perda do sentido, uma subjetividade intensa, uma explosão. Parece que agora estão abrindo outros bares e mudando um pouco o espírito. Acabei o curso, já trabalho, dou aula.

[...]
A especulação imobiliária começa a ocupar as várzeas e a acabar com os campos de futebol — e, com isso, acaba com as áreas de lazer da população mais pobre, que não tem outra saída. A juventude precisa de espaço, de desafio, de gastar energia. O homem é um bicho, precisa gastar energia senão explode por dentro. A demolição do local de lazer dessa população pobre cria uma massa miserável e violenta. Mesmo depois de sair do Crusp, acompanho a destruição. Ali tínhamos um time de futebol, mas cada vez temos menos espaço e campos para jogar, é uma luta, uma dificuldade. Se isso acontece para nós, que somos classe média e relativamente bem colocados, imagina para o pobre o sufoco que é arrumar um espaço para jogar uma pelada. Esse é outro ponto que vem transformando a cidade, a responsabilidade é das elites políticas, econômicas, os *lobbies*. A cidade é avançada, tem as bienais de vanguarda, mas não tem o mínimo cuidado para conservar a memória, que é o centro da cidade.
[...]
Aluguei um casarão velho na rua Bela Cintra e montei outra república. Dou aula no Equipe, que é ali na rua Caio Prado. A Bela Cintra é uma rua muito simpática, ela e a Augusta ainda se preservam. No quarteirão em que moro, na vilinha de baixo, mora o Ney Matogrosso, que tem o conjunto Secos & Molhados. No prédio de cima moram as Frenéticas... é uma rua muito musical. Namoro uma ceramista que tem um ateliê em frente. Frequento muito a Baiuca. Na Augusta tem muito cinema. Mas este ano, em 1974, fui preso, devassaram a república, ficou impossível continuar morando lá. Aluguei uma casa na rua Aspicuelta, num bairro pobre. Em Pinheiros estão construindo muitos prédios, vai se perdendo a vida de bairro, há muita especulação imobiliária, mas a Vila se preserva como um bairro bem simples. Fui o segundo universitário a ir morar lá, o primeiro foi o José Álvaro Moisés. A Vila começou a ser descoberta como um bairro que não tem prédio, tem vida de vizinhança, e virou um lugar de estudantes, de repúblicas, com um montão de gente, tem festa em tudo quanto é casa, virou uma vida universitária. (Luiz Roncari, depoimento)

***

Jornais noticiam:

Jorge Eugênio Alves, antigo morador da região de Perdizes, nos diz que, em 1960, o traçado da grande avenida que vai cortar o bairro acabava num pântano e tinha um ribeirão. Para cruzá-lo, as pessoas passavam por cima de tábuas de madeira. Ao longo desse traçado havia campinhos de futebol de várzea, onde os moradores se encontravam nos finais de semana para partidas de solteiros contra casados. (Adaptado de Oliveira, 2016)

Violência de Estado: a Polícia de São Paulo tira trezentos menores, meninos e meninas, das prisões, e os larga nus, famintos e espancados — alguns com braços e pernas quebrados — numa estrada deserta de Minas Gerais, em Camanducaia. A repressão recrudesce feroz contra os comunistas. Dez dirigentes são mortos e assassinados, diversas gráficas e aparelhos são destruídos. [...]

Saúde: Brasil sofre de uma epidemia de meningite, secreta, que mata milhares de crianças. Escolas públicas em São Paulo adiam o começo do ano letivo em função da epidemia. [...]

Cidades: Pega fogo no edifício Joelma em São Paulo. (Ribeiro, 1985)

Após os relatos de alguns de nossos companheiros que ainda frequentam o centro, volto a transitar pela região, sempre à procura daqueles que insistem em usufruir das atividades daqui. Encontro no Paribar a portuguesa Adelaide, assídua frequentadora da noite paulista, que nos fala de locais novos, já deslocados em direção aos Jardins, e da dura repressão que interfere nessas vivências.

Estive num lugar legal na rua Pamplona, com boa música, na noite do 25 de abril, da Revolução dos Cravos. Fomos comemorar. É um bar onde um pessoal de *jazz* se apresenta, o Tito Martini, o Ferrando Tancredi do Brazilian Jazz Stompers. Voltei lá algumas vezes. Outro restaurante da moda é Via Veneto, na alameda Santos, muito caro, só vou quando convidada. Gostamos de ir ao Padoque... vamos com dinheiro no bolso e com muito gosto. Adoro.

Fui morar no Sumarezinho, travessa da Heitor Penteado, em uma casa sensacional, com grande sala, onde fazemos grandes festas — tudo é pretexto para isso. Com facilidade, fazemos jantares e festas para cem, 120 pessoas, localizamos as pessoas em duas ou três horas. Não estamos interessados em servir comida quente, o que importa são a bebida, a música e estar junto, o resto são alguns queijos, salames, frios, pães, e o pessoal se vira. Trabalho e estudo, tenho dois filhos pequenos, venho almoçar em casa, levo os meninos para o colégio Hugo Sarmento, para o médico, e ainda, de vez em quando, meu marido liga e diz que tem um grupo de gringos que vai jantar em casa.

Achávamos que a vida política em 1964 estava ruim, mas ruim ficou em 68, com o AI-5! Tive meu filho no dia 13 de outubro de 68, dia seguinte ao Congresso de Ibiúna, em que eles prenderam todo mundo, houve muita censura, coisas que não se podia ver, escrever, e que não podia ler, tinha receita de comida nos jornais. Ainda há muita gente que morre por estar na oposição, vários amigos estão morrendo, sumindo. Muitos foram para o exílio, nunca mais encontrei. Me orgulho de ter dado a minha contribuição para a liberação, o retorno da democracia, na missa pelo Vlado[11] na Sé, fizemos o que é possível, protesto, abaixo-assinado, não adianta nada. Mas acho que alguma coisa adiantou. (Maria Adelaide Amaral, depoimento)

***

Os jornais noticiam:

Antonio Houaiss gere a versão brasileira da *Enciclopédia Britânica Mirador*.

TV: Tupi e em seguida a Globo lançam os primeiros programas de âmbito nacional via Embratel.

Cinema: é lançada produção franco-brasileira do filme *Uirá, um índio à procura de Deus*, de Gustavo Dahl, com argumento de Darcy Ribeiro.

Teatro: Antunes Filho, em 1974, volta ao Nelson Rodrigues, com *Bonitinha, mas ordinária*, onde se destaca a apresentação de Miriam Mehler. Sentindo-se marginal no teatro, volta-se para a televisão. Na TV Cultura, tem liberdade para realizar sua experimentação numa série de teleteatros, dentre eles a adaptação de *Vestido de noiva*, tendo Lilian Lemmertz no papel principal. Em 1975, monta uma cooperativa para encenar *Ricardo III*, de Shakespeare. (Adaptado de Ribeiro, 1985)

Andando pelas imediações da avenida Paulista, encontro um dos nossos companheiros de viagem, Koji, que esteve preso. Muito tenso, ele me conta que os advogados entraram com recurso, pedindo a revisão do processo.

Reduziram a pena e, como já tinha cumprido mais de um ano, saí. Fui

---

11 Vladimir Herzog, jornalista morto em 1975 pela ditadura militar.

procurar trabalho e não consegui, por conta de atestado de antecedentes. Não empregam quem esteve preso. Consegui estágio, alguém escondeu que não entreguei o atestado. O Senai tem segurança interno. São militares em fim de carreira, ou da reserva, que recebem comissionamento para aumentar o salário e viram seguranças internos. Mas a circulação das informações demora, cheguei a trabalhar uns meses, mas depois descobriram.

[...]

Neste ano, 1975, começo a tentar retomar minha vida. O regime já está bem caído, está se desmilinguindo. Ano passado foi o último do Médici, parece que passou a fase sanguinária do regime. A última façanha foi o episódio do PCB, em que mataram todo mundo, na Lapa, no final de 74. A sociedade civil já dá sinais de revolta, esse episódio chocou. Mas, apesar de o regime já não estar com a bola toda, ainda há perseguição. Movimento estudantil está mais forte, a questão da luta pela democracia já aparece. Antes havia a luta armada, que estava na cabeça das pessoas e era o foco do regime acabar com isso. Conseguiram, e agora não há mais nenhum polo organizado para nada. Nisso o regime foi competente — ou a esquerda foi incompetente, por subestimar a capacidade da ditadura. Consegui agora entrar no Sesc, na função de orientador social. Pegam basicamente o pessoal de universidade. Trabalho com o Mouzar, mas ele entrou antes. O papel do orientador é colocar os projetos, programas institucionais, nas comunidades, cidades, e organizar cursos, eventos. O Sesc vem passando por uma fase, desde 1972 até 74, de busca de nova identidade. É uma entidade assistencial, um serviço social, de cuidar dos pobrezinhos dos comerciários. O que fazem não é uma ação para o patronato, tem um lampejo de brilhantismo. Mas perceberam que, se continuassem só com a visão assistencialista, um dia iria acabar, o estado perceberia que é muito dinheiro para pouca função, e que poderia ser destinado de forma mais eficaz por outros caminhos. Com essa avaliação, começaram a buscar novos campos de atuação, novo objetivo, que propiciasse vida permanente para a instituição, um movimento feito intencionalmente, e o Sesc está despontando como um grande agente cultural, por conta de criar um espaço de lazer, vida e convivência para o comerciário. Trouxe um lado iluminado mesmo, criando um espaço não só de fruição, mas de produção cultural. É um projeto de longo prazo.

[...]

Numa perspectiva mais ampla, há o movimento contra a carestia, uma tentativa de ação num terreno em que é difícil as pessoas dizerem que são contra, não existe nenhuma identificação partidária. As igrejas

começam a ter uma atuação muito forte nas áreas periféricas, conseguem agregar muita gente, existem passeatas contra a carestia. Há uma inflação brutal, que torna a vida muito difícil. Esse movimento está ajudando a criar, nesses locais, a base de novas organizações, porque mobiliza bairros inteiros em torno de questões muito concretas, específicas.
[...]
Há, por exemplo, brigas na prefeitura por causa de creches. Todas essas "pequenas" demandas são fundamentais. Como é que a pessoa vai trabalhar se não tem onde deixar a criança? Mora numa favela, vai largar como? É uma demanda enorme, e de necessidade absoluta. As pessoas que estão vinculadas à esquerda estão partindo para os movimentos sociais. Saímos de uma perspectiva político-partidária e nos vinculamos aos movimentos, que colocam a demanda, meio sem rumo, mas alguém surge para dar um rumo, e a vida dos participantes e das lideranças, com isso, está se transformando. (Koji Okabayashi, depoimento)

Num trabalho do professor Lúcio Kowarick, da FFLCH, na Universidade de São Paulo — ele já andou por aqui fazendo um balanço dos movimentos sociais neste árduo período do país —, existem dados sobre os anos de 1973 a 1976 que são fundamentais para compreendermos os trajetos desses jovens estudantes pela cidade.

[...] o que ocorre são inúmeras pequenas reivindicações que se situam, de modo particular, nos bairros populares, nas periferias das cidades, principalmente em São Paulo: aí pipocam muitas manifestações que reivindicam melhoria de moradia, acesso à terra, transporte, creches, saúde etc., em que se reúnem às vezes cem, às vezes duzentas, trezentas, quinhentas, às vezes mais pessoas. A presença da Igreja católica é muito forte nesses movimentos, fundamentalmente por meio das CEBs (Comunidades Eclesiais de Base) e dos militantes de esquerda de várias origens.
[...]
São movimentos que lutam contra a espoliação urbana. Pequenas manifestações que pipocam e que adquirem grande visibilidade política em face da rigidez, da incompreensão, da violência e do arbítrio do regime. Fazer manifestação pedindo melhoria nas creches ou nos transportes é em si mesmo um ato de desobediência civil, que coloca em xeque o arbítrio do poder central. Pouco a pouco nos bairros populares [...] vai se formando uma cultura de resistência, mas também de insubordinação, um processo de aglutinação de pequenas experiências de luta [...] pelas reivindicações urbanas em geral. (Kowarick, 2006)

Depois de perambular pelas imediações, embalada nessa longa conversa sobre a situação dos militantes estudantis que aos poucos conseguem ir se desvencilhando das garras das prisões, encontro Dagomir, outro amigo da faculdade, que não parece tão preocupado, até porque resolveu sua insatisfação pessoal de outra forma.

> Quando acabei o colegial, li o livro *Apocalípticos e integrados*, do Umberto Eco, em que ele procura explicar os fenômenos de cultura *pop*. Fiquei muito impressionado com o que ele escreve sobre o fenômeno do super-homem, sobre o James Bond, e decidi ser sociólogo. Para analisar a cultura *pop* e denunciar as mazelas, entrei nas Ciências Sociais da USP; foram três anos absolutamente inúteis em termos acadêmicos, pura falta de vocação, não tem nada a ver comigo. Passei em uma matéria de política com o Francisco Weffort, única matéria em que alguém me elogiou. Quero ler gibi e escrever a respeito, mas a experiência foi muito rica pra mim, porque vivemos num planeta à parte, isolado da sociedade.
>
> [...]
>
> Estou indo embora, desistindo da faculdade, depois de três anos de escola da vida, sem o menor interesse em sociologia. Eu e o Pablito resolvemos fazer um baile, notamos que o prazer é meio proibido, não podemos fazer nada que não esteja ligado a alguma "causa", mesmo um *show* tem que ser para arrecadar fundos para alguma causa. Então pensamos em fazer um baile e botar *rock*, que é uma coisa proibida, todos têm seus discos de *rock*, não é um negócio posto de lado, mas é visto como manifestação cultural norte-americana.
>
> [...]
>
> Fizemos o baile dentro dos barracos da USP, no galpão, e avisamos, "olha, vai ter *rock*", ficou um zum-zum-zum e tal, "*rock* americano e pô! Não pode... imperialistas!" Bolamos um cartaz, não pode chamar de "baile", tem que dar um caráter sociológico. Virou "Baile da Interação Dialética". Um homem e uma mulher que se encontram num baile e querem ir pra cama! É um baile da interação dialética. Fizemos um cartaz que tem um casal dançando juntinho, e cada um falando uma frase enorme de Sociologia, mas é uma coisa de duplo sentido, frase sociológica, sim, mas fala sobre relacionamento. Foi um grande acontecimento! Maravilhoso! Lotou o galpão de um jeito que ninguém esperava. Durou um ou dois minutos de estranhamento, ninguém sabia se mexer, mas foram enchendo a cara e acabou todo mundo dançando, uma farra, coisa maravilhosa. Quando estava no auge, veio o sambão da Geologia pra interromper, em protesto. Ficou aquela mistura de *rock* com samba, e acabamos convencendo os caras.

[...]
Depois disso, pedi desculpa pros meus pais que estão me sustentando, pois estou perdendo tempo. Moro com eles na Chácara Santo Antônio, na rua Américo Brasiliense. Resolvi fazer jornalismo, foi um choque, não consegui passar na USP. Entrei na Faap, "escola de burguesinho", mas fui dar uma olhadinha, quando vi na escadaria aquelas meninas, as peruas, lindas, bem tratadas com xampu, falei "é aqui mesmo!"
[...]
Este ano de 1975 está sendo a verdadeira interação dialética, porque sou o cara esquerdista, vindo da USP, com essas ideias críticas sobre a mídia, e sou o chato, doutrinador. Aqui tem um menino rico do interior, duas meninas frequentadoras de *shopping*, bem dondocas, e um surfista. Entrei com a minha parte de doutrinação política e eles entraram com "a vida como ela é". O curso tem coisas interessantes, teoria da informação, com uma versão bem nova, e conteúdo teórico muito bom.
[...]
O grupo começa com uma coisa meio tradicional. Fizemos greve no primeiro ano, fico botando fogo pra fazer política estudantil, e eles adoram. Pra uma menina que frequenta o Iguatemi, é uma aventura! Paralisamos as aulas durante uma semana, cada um deu a aula que quis, subiu no palco e falou. Compramos uma mesa de futebol de botão, que virou o centro da atenção. Uma semana depois foi todo mundo levar uma bronca no Dops.
[...]
Romeu Tuma é o delegado, meu pai representou todo mundo, foi incrível! Toda a classe, umas quarenta pessoas no Dops, constrangedor, os caras falando que tinham que dar uma bronca e meu pai garantindo que a gente ia se comportar direito. Uma arte política de que todo mundo se orgulha, todo mundo que está na Faap comenta: "estive no Dops"! Botou um carimbão, foi um ato de rebeldia, subversão, uma coisa muito legal. (Dagomir Marquezi, depoimento)

Venho até a tal da escadaria da Faap para sentir o que diz Dagomir, e vejo que há diferenças de perspectiva, que não são dadas *a priori*, mas fazem parte da vivência anterior de cada um e de sua condição econômica. Encontro por aqui o Luciano, que chegou há pouco de São Luiz do Paraitinga, entrou no jornalismo, mas já estava engajado na profissão.

Arrumei um emprego na Abril Cultural, antes de entrar na faculdade. Estou conhecendo pessoas muito interessantes, começo a frequentar a Lapa de Baixo, onde está a Abril, e o Restaurante do Careca, um dos pontos de encontro, tem uma mesa só do pessoal da editora. Descobri também o Valadares, bar muito bom, travessa da Guacurus, atendimento que nunca vi parecido. Tem carne-seca na brasa, linguiça especial e batidas de todas as espécies. O tal do Valadares, se a mesa está muito seca, muita farofa, traz um caldo de feijão. Se estiver muito molhada, traz uma farinha torradinha na hora, não precisa pedir, é uma coisa muito legal e acessível.

Comecei na área de contabilidade, opero um computador que se chama Burroughs L 2000, um armário para fazer nota fiscal, fatura, com fichas perfuradas. Mas logo consegui transferência para a área de promoções e propaganda. Comecei a fazer carreira nessa área, fiz um *freelance* de um anúncio de um dicionário ilustrado da Abril e consegui me destacar através desse anúncio. Vim para a Abril Cultural fazer fascículos, tive a sorte de ser o pupilo, adotado, o mais jovem entre os redatores. Trabalho com o Eduardo Alves da Costa, escritor, poeta e grande pintor. Com Maria Adelaide Amaral, Ottaviano de Fiore, Beth de Fiore, Casimiro Xavier de Mendonça, grande figura, unanimidade, muito doce e inteligente, Pedro Paulo Poppovic, gente de altíssima qualidade. Brincamos que são os "comunistas do Dr. Victor". Victor Civita pegou pessoas que não são queridas pelo regime e fez um núcleo de inteligência editorial, negócio de uma sabedoria enorme. Grande estadista, quando encontramos no elevador, perguntamos coisas sobre a empresa, ele fala dos resultados, das perspectivas, muito interessante, e aprendemos muito. A noção que tenho do papel da mídia vem dessas conversas, reuniões, palestras, são lições de altíssimo padrão sobre o que é um negócio editorial. O papel de uma elite que sabe ler e escrever, num país como o Brasil, segundo ele, não é um negócio de comunicação, é de educação, é esse o padrão. Lemos coisas que não estão à venda, são proibidas, mas a Abril consegue as publicações que são censuradas, fazemos circular, fazemos traduções, é um núcleo de resistência intelectual, e estou no meio, com 23, 24 anos.

[...]

Há um espírito de equipe. Maria Adelaide Amaral escreveu sua primeira peça e estava muito insegura com o texto, o Eduardo Alves da Costa e umas amigas fizeram uma leitura e acharam um absurdo que ela não escrevesse mais! Armaram um jeito de fazer um jantar na casa dela e fizemos uma leitura dramática. Ouvindo, ela se convenceu, percebeu que era muito bom, ela "nasceu" nesse núcleo. Eduardo publicou um romance chamado *Chongas: jovens, rebeldes e solitários*, sobre os anos 60, agora está empenhado num trabalho de poesia muito bonito. Acompanho, todos são muito generosos, trazem esses textos e põem em cima da mesa, e pedem para que eu diga o que acho! Com a minha total e absoluta ignorância, querendo aprender, leio, levo para casa, compro livros, comparo, e acabo aprendendo a fazer crítica, a entender o que são as metáforas. Aprendo um monte de coisas, procuro sempre ficar ouvindo, é um privilégio enorme.

[...]

Entrei no jornalismo aqui na Faap, um núcleo que abriga bons pensadores, gente de esquerda, como o filósofo Vilém Flusser, pensador desprezado pela universidade em geral, mas que é um pensador de uma genialidade estonteante. Sujeito que não deixa nenhum pensamento se acomodar, do momento que entra na sala até o momento em que sai, a gente explode, nada se acomoda. É a primeira pessoa que ouvi e li, que fala da transnacionalidade, não nacionalidade, fala com familiaridade, a ponto de filosofar sofisticadamente sobre isso. Ele próprio é um exemplo de não nacionalidade, diz que você pode viver em qualquer lugar, existem milhões de pessoas que você amaria, em qualquer lugar que for, qualquer esquina do mundo, vai encontrar no mínimo uma pessoa que amaria para o resto de sua vida, é uma coisa importantíssima para a gente pensar a humanidade.

[...]

São nossos professores o Rodolfo Konder, o George Duque Estrada, o Antonio Sodré Cancela Cardoso, pensador da palavra, que escreveu um livro chamado *O culto idioma*, mostrando o idioma oculto que existe dentro da língua portuguesa, que mostra, segundo ele, o verdadeiro potencial cultural do povo brasileiro. Expressa o que o brasileiro gostaria de ser, oculta a nação que o Brasil poderia ser. Enquanto as universidades públicas ficam em greve, nós temos também movimento estudantil das escolas isoladas, temos uma atividade intensa de pensamento. Temos grupo de teatro, de música. Ali estão meus amigos Hugo Luís Moura Leal, uma das pessoas mais inteligentes que conheci, pura criação, e o Gil Reyes, grande músico, pianista, flautista, professor de flauta, são vários amigos artistas.

[...]

Participo do movimento estudantil, mas mantenho uma posição independente. Procuro ficar na comissão de redação, porque escrever é o meu negócio. Gosto de observar como os grupos políticos manipulam os textos finais, o documento pode sair exatamente ao contrário do que tinha sido concluído no encontro. E tem muito sexo nos encontros de comunicação, congressos, muitas festas, baladas com mensagem, conteúdo, como a gente diz. Tem um circuito alternativo de *shows* na Cidade Universitária, na USP, eventualmente na Faap.

> Frequento o Eduardo's, o bar Redondo, e vamos subindo a Consolação até o fim, no bar do Juvenal, o Riviera. Esse vem se transformando no ponto mais obscuro da cidade, mais deprê, em que as pessoas vão para não se matar, suicidas em câmara lenta, pessoas completamente embrutecidas, é muito triste. Vou eventualmente, quando tem alguém interessante que quer ir, atrás de um rabo de saia ou de uma boa conversa, mas não gosto, é altamente deprimente, pessoas desesperançadas, sempre tristes, prefiro o Redondo. (Luciano Martins, depoimento)

Depois de falar com Luciano, circulo pelo pátio da faculdade de jornalismo e encontro o gaúcho Wagner, que está se formando e caminha por outros locais. Vestidos com o estilo do chamado *undergound*, são inúmeros os que transitam pela cidade e descobrem novos espaços e atividades. Já não são os jovens que enfrentaram a repressão de 1968, mas ainda procuram espaço nesse universo tão repressivo. Sento para dialogar com Wagner, que me conta:

> Frequento bastante os teatros que são "marginais", de alguma forma, alguns no centro da cidade, como o Arena, com coisas não muito importantes. Há muitos *show*s, ouvimos muita música brasileira, que tem importância fundamental em nossas vidas. Tem um teatrinho maravilhoso, numa ruazinha que sai da São João, a alameda Nothmann, sala da Funarte, onde vi a Gal Costa duas vezes, sou apaixonado por ela. Fui com o amigo e fiel escudeiro Osmar Freitas Junior, que é um grande jornalista. Teatro lotado, oitenta pessoas.
> [...]
> Estudo aqui, estou me formando. No ano passado estagiei, e agora estou trabalhando no *Estadão*, onde a maioria dos jornalistas veio da mesma faculdade. Comecei trabalhando no ano passado, no *Diário Popular* e no *Shopping News* ao mesmo tempo, depois continuei lá e fui para o *Estadão*. Trabalho de uma maneira insana, tenho 13 anos, adoro o trabalho, era tudo que sonhava fazer na vida, amo isso.
> [...]
> Muita coisa acontece nos bares, e vários são frequentados por jornalistas, intelectuais, e são redutos, guetos de resistência. A ditadura está pesada, há muita pressão, uma nuvem paira no ar, vivemos sob uma tensão constante, com muito temor. Temos mais medo da polícia e das forças de segurança do país do que dos ladrões, inclusive porque não há muito crime, mas existe uma coisa muito opressiva. Os bares são lugares onde nós podemos nos revelar, embora sempre tenha alguém que a gente sabe ou que é tido como dedo-duro. Por causa desse personagem, somos cuidadosos com os novos que

chegam, pessoas que se agregam àquelas turmas que se formam nos bares, porque não sabemos exatamente de onde vêm, qual é o seu interesse, principalmente pessoas muito isoladas. Nunca ouvi dizer de alguém que tenha sido preso porque foi dedurado em um bar, ali é a nossa vida. Lugar onde compartilhamos das boas coisas, muitas são as nossas paqueras, somos todos solteiros e muito jovens, e não voltamos para casa, trabalhamos o dia inteiro, todos *workaholic*, e de noite vamos para os bares, a hora que for. Deitamos muito tarde e acordamos muito tarde. O trabalho começa mesmo a ficar muito tenso e a se desenvolver bem por volta das 4, 5 da tarde, e vai até a madrugada. (Wagner Carelli, depoimento)

***

A TFP (Tradição, Família e Propriedade), expandida extraordinariamente, se instala em sessenta sedes nas principais cidades do país, todas em casas de alto luxo, servidas de guardas e dispositivos eletrônicos, bem como de matilhas de cães. Conta com quatrocentas filiais em diversas cidades, opera com rede imensa de captação mensal de recursos junto aos mais ricos, que permite manter um exército de 5 mil militantes, que recebem doutrinação fanática e treinamento paramilitar. São jovens menores de 30 anos, celibatários e castos, recrutados principalmente entre as comunidades fracassadas nipo e teuto-brasileiras e nas proximidades das favelas. (Ribeiro, 1985)

Volto ao centro da cidade após alguns dias, atrás do grupo mais velho de jornalistas. Marco encontro no Gigetto com Ignácio, nosso amigo que já nos contou muito sobre os locais de encontro por aqui. Quero que fale sobre um outro tipo de programação, mais popular, sobre o qual já tinha me contado, e que não são todos que frequentam.

Vou muito a teatro de revista, mas é cada um no seu canto, tudo segmentado. O pessoal do teatro de revista não frequenta os mesmos lugares dos outros e vice-versa. Frequentam o Papai, Moraes, Parreirinha... os outros vão mais ao Redondo, ao Gigetto e às cantinas da Bela Vista, não se misturam. Há um certo preconceito, tem grandes comediantes no teatro de revista, tipo Cole, Violeta Ferraz, Otello Zeloni, que acabou fazendo carreira fora, no programa *Família Trapo*, da Record, e em filmes do Sérgio Person. Outros abandonaram a carreira. Mas há certo preconceito, [o teatro de revista] é visto como o teatro das putinhas, das mulheres... e não é. Elas têm a vida delas, trabalham e ganham, às vezes algumas saem de lá e vão dançar, fazer *strip* nos bares da noite, é uma vida louca. Estão aparecendo cinemas junto com esse tipo de *show* nas ruas Vitória, Gusmões, Guaianases, aquela ruazinha em frente ao Cine Windsor. As meninas chegam ao meio-dia, cambaleando de sono, e fazem *striptease*, depois vem um comediante, outro *striptease*. Elas saem dali e vão para outro teatrinho, o Rio Branco, Santana, Los Angeles, Áurea, todos do tipo, *show-zinho* e depois filme, sempre aquela coisa... nem pornô é, é de quinta categoria. São sessões corridas, muito marcadas por isso. É a entrada da pornochanchada, que de pornô não tem quase nada. Aumentaram um pouco de intensidade, alguns filmes nem passam pela censura, várias vezes chegamos ao cinema e está fechado, só reabrem no dia seguinte. São filmes com mulheres feias, homens feios, e de chanchada também não têm nada. É só transar, transar, transar, o *fuck-fuck*, como a gente chama, o bate-estaca. É um público que só quer ver isso, e afasta outro tipo. A pornochanchada afasta do cinema um público que foi conquistado arduamente lá atrás, pela chanchada, depois pelo cangaço e um pouco pelo cinema novo. Escrevi até um conto que chama "Rosa Jane tira a roupa", sobre essas meninas que vão para o teatro ao meio-dia. (Ignácio de Loyola Brandão, depoimento)

Assim que ele sai, chega Ugo, que está na publicidade, mas com um pé no cinema. Convido-o a fazer um balanço do que tem visto e lido.

Agora, em meados da década, tem essa proibição chata de filmes, como *Último tango em Paris*, *Laranja mecânica*. A censura usa umas bolinhas pretas para tampar as partes "proibidas" do corpo, e é aquela imbecilidade de toda ditadura. Os militares são tão burros, tão desastrosos, que conseguiram fazer a reputação de uns idiotas. Desastre total, o país não é projeto de ninguém, não há um projeto de país.

[...]

Em termos de poesia o Brasil é forte, acho que na América Latina não tem nenhum poeta da estatura do Drummond — talvez o Octavio Paz. É impressionante, na literatura brasileira, em poesia temos Jorge de Lima, Murilo Mendes, Drummond, Bandeira, isso para não falar no Mário de Andrade, que é mais recuado. Mário Faustino aparece nos anos 60, é um arraso, muito vigoroso, dos concretos não gosto, mas são importantes. Um marco na nossa literatura é Guimarães Rosa, o surgimento dele é um tiro. O que é aquilo: é poesia ou é prosa? Um negócio muito estranho, esse cara, se fosse inglês, seria maior que Joyce, como pode traduzir Nonada? Não tem jeito. Na prosa tem gente muito boa, hoje temos os ecos do passado. Graciliano Ramos morreu, é um cara importante, nós vamos descobrindo coisas antigas, de repente descobrimos Dyonélio Machado. Temos um Paulo Leminski, Roberto Piva, Dora Ferreira da Silva, outra poeta importante. Na prosa, acho, é um pouco menos; no teatro, Vianinha; o curitibano Dalton Trevisan, Caio Fernando Abreu, mas estamos na ditadura, com censura. Clarice Lispector está em franca atividade e há um grande *boom* da literatura latino-americana, vieram violentamente Gabriel García Márquez, Borges, Cortázar, Sábato, Galeano, tem uma turma importante. (Ugo Giorgetti, depoimento)

***

As notícias dão conta de que as indústrias estão passando por um processo de concentração e o município de São Paulo tem grande peso nacional.

> Desde 1968 há um crescimento do produto interno bruto da ordem de 11% ao ano, da agricultura, de 5%, e a indústria — capitaneada pelos bens duráveis — cresce 13%. Mas o processo de substituição das importações entra em crise em função da baixa qualidade da mão de obra, da falta de padrão tecnológico e competitividade. Destacam-se agora as indústrias de aço, química, material de transporte, e as de calçados, têxteis, papel e celulose e alumínio. O movimento de expansão da indústria, setor secundário, ocorre de forma polarizada territorialmente. O município de São Paulo no ano de 1970 tem 28% da produção industrial nacional e a região metropolitana, 43,5%. (Barbara, 2018)

Nossa representante do mundo da dança, que vinha participando ativamente das experiências de dança/teatro com o diretor Ademar Guerra, funda no começo desta década, em parceria com Décio Otero e Geralda Araújo, a companhia Ballet Stagium. Eles passam a cooperar com a sociedade por meio da arte e a tratar da realidade brasileira como um todo, indo em direção às diferentes regiões do país, saindo da cidade e das grandes metrópoles. O espaço para as artes que não usam a fala e o verbo vem crescendo com a censura: a dança, a mímica de Ricardo Bandeira e a expressão corporal conseguem aos poucos ampliar seus espaços e fugir das regras estritas e das proibições, até mesmo o teatro chega a explorar peças em profundo silêncio como forma de dizer o que não pode ser dito, o que não significa que não sejam perseguidos pela ditadura.

Fiquei sabendo que, paralelamente à sua trajetória nos teleteatros, Ademar Guerra dirige a primeira série de *Vila Sésamo* para as redes de TV Globo e Cultura de São Paulo. Trata-se de um programa pioneiro, implantado no horário da manhã, e que tem como alvo o público infantil. Figuram no programa Aracy Balabanian, Armando Bógus e Sonia Braga. Como retorno à fidelidade coreográfica de Marika Gidali em suas montagens, Ademar dá suporte à amiga, realizando uma série de direções cênicas para espetáculos do Ballet Stagium, com destaque para *Quebradas do mundaréu*, em 1976, cujo argumento é *Navalha na carne*, de Plínio Marcos.

> O Stagium foi para fora dos teatros, se apresenta em lugares abertos. Começamos a fazer formação de público, pois não adianta você entrar no teatro, abrir a bilheteria e não ter ninguém. Percebemos que tínhamos que ir para as praças. Demorou para conseguirmos entrar em hospitais, em escolas, porque não há o costume de abrir o espaço para a dança. Este ano viajamos pelo rio São Francisco e vimos a importância da educação. Os professores precisavam de nós, foi uma coisa muito importante, muito complexa.
> [...]
> Em 1974 chegamos a este espaço da rua Augusta, a companhia Ballet Stagium, como diversão. São pouquíssimos profissionais e muito trabalho. Meu divertimento é trabalhar e conversar. Nos fins de semana, vamos para a casa do Armando Bógus, continuamos conversando, totalmente envolvidos nisso. Começamos a ir para fora do estado. Chegamos, instalamos o som e saímos dançando, em qualquer lugar do estado e do Brasil. Somos desbravadores: aqui é nosso núcleo, mas a maior parte dos espetáculos acontece fora do estado. Para a dança, foi marcante a fundação do Ballet Stagium. A primeira vez que saímos pelo Brasil, em 1972, foram 23 dias de ônibus, até São Luís do Maranhão. Estradas diferentes, mas tudo marcante, cada minuto, cada segundo, e, em 1974, a barca do rio São Francisco.
> [...]
> Há uma preocupação em incorporar a cultura brasileira ao universo da dança, que dificilmente trazia a linguagem nacional. Não é que nós nascemos para fazer dança brasileira, nós saímos de São Paulo e descobrimos o Brasil. E, uma vez que você descobre o Brasil, não tem como tapar, esconder. Buscamos toda a inspiração aqui, na miséria que existe nesses lugares. Com que direito você dança? Descobrimos, no rio São Francisco, que dançar no Brasil é uma coisa complicada. Porque lá o pessoal morre de fome, então com que direito você dança quando as pessoas morrem de fome? Surgiram três perguntas: O que dançar? Como dançar? Para quem dançar? E essas perguntas continuam até hoje. Foi a primeira vez que nós refletimos sobre o que

era ser bailarino no país. Voltando para casa, conversei muito com o Ademar Guerra. Ele tem essa coisa de brasilidade, defende isso. Começamos a discutir e vamos aprofundando, procurando a cultura e o teatro brasileiro. O teatro está calado, pegamos textos, *Quebradas do mundaréu*, do Plínio Marcos, e descobrimos como trabalhar com autores brasileiros, Vandré, todos que estão calados nós montamos. Há um trabalho político dos atores, que veio do grande fervilhar, do *Roda viva*, do trabalho do próprio Ademar. Ser artista nestes tempos é difícil, vivemos conversando com o Plínio, com o Vandré é complicado, todo mundo calado, e nós não estamos calados. Fecharam o Arena, censura total em cima de todo mundo.

[...]

Não há nenhuma entidade que agregue os artistas, o que há são muitas reuniões no teatro da Ruth Escobar, muita coisa acontecendo, estamos todos e a toda hora querendo nos reunir, falar. É muito complicado porque, se há quatro pessoas juntas, já vem a polícia ver o que acontece. É tudo escondidinho. O espaço da Ruth é importante. Houve uma reunião em que estavam presentes a Cacilda Becker, o Ricardo Bandeira, todo mundo querendo sair do buraco, é difícil. Temos um combinado: se alguém for para a delegacia, ou para o Dops, tem que chamar todo mundo para ficar por perto, alerta.

[...]

Tem alguns locais de encontro, como o Giovanni Bruno. Uma pizzaria na frente da sinagoga, Orvietto, e outra na Pamplona. O Gigetto é o restaurante a que todo mundo vai, onde o Plínio vende os livros, mas vende também na porta do Theatro Municipal. Estou descobrindo a música brasileira, Vandré é uma coisa maravilhosa, Carlos Gomes, Villa-Lobos, todo mundo. Música popular, buscamos as coisas brasileiras conhecidas, Gil, Caetano, Gonzaguinha, Gonzagão. Temos um convívio estreito com os músicos, não é só com os atores. O Ailton teve que vir aqui com os músicos, queria fazer *O lago dos cisnes*. Quando viu que era *Navalha na carne*, demorou para virar a cabeça dele e fazer uma partitura de *Navalha na carne*, entrou até trabalho de ruído de esgoto, de privada, entrou tudo, demorou para ele perceber. (Marika Gidali, depoimento)

Grande indignação nacional com o assassinato do jornalista Vladimir Herzog, da TV Cultura, numa dependência do DOI-Codi de São Paulo, que põe a nu a violência repressiva que lavra os quartéis. Geisel manifesta discurso de descontentamento, mas mantém no comando do II Exército um general tísico e histórico, partidário da tortura. (Ribeiro, 1985)

Acabo de me despedir da Marika e encontro Celso, que está de passagem, mas traz em relação à área do teatro algumas preocupações semelhantes às levantada, por ela sobre o mundo da dança.

> Aproximar-se dos movimentos e da cultura popular, como uma forma de atingir um público diverso. Só vim a estudar o CPC e os movimentos populares todos e a usar isso como referência agora, quando fomos para o bairro. Em 1974, 75, fizemos vários seminários, estudos, pegou para valer, não só o CPC, como também o movimento de cultura popular, de educação de base, ligado à Igreja. Esses são nossos objetos de estudo, para poder ir para o bairro. Agora o pessoal já está saindo da cadeia, já cumpriram 2, 3 anos, e o movimento social e político está se reorganizando nos bairros. (Celso Frateschi, depoimento)

Apesar da intensa repressão e das dificuldades impostas aos artistas, o teatro não para, e a busca de novas linguagens é uma constante para driblar a intensa censura. Nesse cenário, os jovens diretores como Mario Masetti, encubados no Teatro de Arena, começam a ousar novas roupagens. Os jovens atores vagarosamente vão construindo novos espaços de atuação. Encontro com João na Cantina Montechiaro, e é ele quem nos ilumina uma parte desses espaços.

> Estive um tempo no Rio de Janeiro fui fazer o Sancho Pança, e o Grande Otelo me levou à TV Globo. Fiz um teste e passei. Fiz a novela *Supermanoela*, mas voltei para cá, porque estou estudando. Vim para a Tupi e paralelamente fui fazer teatro. Agora de fato entro no mundo teatral, pois até agora só tinha feito um infantil. Começo a ensaiar *Porandubas populares*. O Mário Masetti tem uma tradição de política, o Fernando Peixoto, o Carlos Queiroz Telles, nós conversamos, discutimos e lemos muito, e tentamos fazer as coisas, sempre falando por metáfora. Ano passado houve uma eleição significativa, Orestes Quércia, do MDB, venceu o Carvalho Pinto. É uma resposta do voto à situação política da ditadura. Nós trabalhamos muito junto aos estudantes, na campanha agitamos muito. Parece que há um movimento, as coisas começam a acontecer, mas ainda tem que ter cuidado. No teatro, no jornalismo, estão acontecendo coisas legais; no cinema, pouquíssimo. Há o Partidão, pessoal do Partido Comunista, e alguns de esquerda que são mais libertários, querem romper através dos costumes e da fala. Há diferenças.
>
> *Porandubas Populares* é dirigida pelo Mário Masetti, com texto do Carlos Queiroz Telles. Mário também estudou no Colégio Vocacional. A peça tem Zé Amadeu, Vic Militello e um pessoal de circo. Com isso,

comecei a frequentar o Bixiga, o Café do Bixiga, e aqui, a [cantina] Montechiaro, que a moçada da classe teatral frequenta, é mais barata, e tem o Gigetto, onde vai o pessoal mais velho, Plínio Marcos, Raul Cortez, Eva Wilma, John Herbert, Carlos Zara. Todo mundo que está começando, Roberto Lages, José Carlos Machado, Antonio Maschio, Dulce Muniz e, ao mesmo tempo, o Mário, frequenta uma churrascaria na rua José Maria Lisboa chamada Carreta, cujo dono, Luizinho, é muito amigo de uns músicos. Então é um lugar onde se reúne gente do jornalismo, do cinema, e há uma brincadeira de que ali é o escritório do Vinicius e do Toquinho. Do pessoal de cinema, o Guga, irmão do Boni, que é da Blimp Film, e o Maurice Capovilla frequentam direto, além do Othon Bastos, que está aqui fazendo uma peça, a Martha Overbeck, o Bógus, Fagundes... fico meio dividido entre a churrascaria e as cantinas do Bixiga. A Carreta é muito legal, podemos pendurar a conta, paga quando pode. Como estou no *Porandubas*, vou todas as noites lá com o Mário. Mas, no final do ano, vou para a Paraíba fazer um filme com o Othon Bastos. Acaba de morrer o Vladimir Herzog, houve uma *big* manifestação na praça da Sé, dom Paulo Evaristo Arns, todo mundo se movimentando. (João Signorelli, depoimento)

GANHANDO AS RUAS, A PASSOS LENTOS

Os jornais noticiam:

Na economia, Brasil e Alemanha firmam secretamente um tratado de cooperação nuclear para implantação de oito centrais atômicas e usinas de enriquecimento de reprocessamento de urânio. Tivemos notícias das tramoias através da imprensa alemã, que denuncia subornos, indicando o próprio ministro da Fazenda, Mário Henrique Simonsen, como um dos agraciados. A vocação atômica dos governos militares tem, ao menos, uma utilidade: estimula o aumento dos recursos destinados à formação científica e à manutenção de instituições científicas, através do Plano Nacional de Pós-Graduação do CNPq e da Finep [Financiadora de Estudos e Projetos]. Empresas automobilísticas ultrapassam o milhão na venda anual de autos nacionais, produzidos por multinacionais. Ex-ministro Roberto Campos assume a direção e leva à falência o Banco União Comercial. Conseguiu, no entanto, desbloquear seus bens, e foi ser embaixador brasileiro em Londres. Prejuízos são socializados pelo Banco Central. Roberto Campos oferece almoço a trezentos empresários estrangeiros num navio fundeado em Manaus, onde o presidente da República promete dar quaisquer concessões de terras que eles peçam, e ainda devolver 50% do imposto de renda que tivessem que pagar, se prometessem aplicá-los na Amazônia. Cumpre a promessa nos anos seguintes, emprestando mais de 7 bilhões através da Sudam [Superintendência de Desenvolvimento da Amazônia], a juros de 12% e sem correção monetária.

As notícias dão conta de que, no cinema, a fita *O amuleto de Ogum*, de Nelson Pereira dos Santos, focaliza o misticismo e o banditismo nas cidades-dormitórios do Rio de Janeiro. No teatro, Cidinha Campos é proibida de falar do palco a milhares de mulheres sobre a mulheridade na sua peça-confissão-debate *Homem não entra n. 1*. Fernanda Montenegro, que, depois de pagar toda a montagem, foi proibida de levar à cena *Calabar*, de Chico Buarque, sofre o veto de *Um elefante no caos*, de Millôr Fernandes, nas mesmas condições. O êxito teatral é *Gota d'água*, de Chico Buarque e Paulo Pontes. (Adaptado de Ribeiro, 1985)

Passo algumas semanas em retiro para dar conta de tudo que anda acontecendo por aqui, todas as transformações urbanas, os ensaios de liberdade controlada, em uma realidade que destrói produções inteiras e abre portas para outras, disfarçadas de tragédia grega. Depois de ler as notícias nos jornais e me indignar com as falcatruas do ministro e as facilidades para a entrada das multinacionais na Amazônia, volto a marcar um encontro no Paribar com meu amigo Ugo, que já se aventurou na Filosofia, na propaganda, tem um grupo de amigos na literatura "marginal" e ultimamente anda experimentando outras linguagens.

Falando em teatro, lembro do Luiz Sérgio Person, grande cineasta. Temos bom contato, meu irmão foi músico de uma peça dele. Se retirou do cinema porque estava insuportável, muita dificuldade de arrumar dinheiro público, foi fazer teatro, e abriu o Auditório Augusta, na rua Augusta. Faz peças muito interessantes, dirigiu *Entre quatro paredes*, do Sartre. Ultimamente tem feito só teatro. Há uma fuga do cinema. Está muito difícil, com a concorrência da televisão, a censura enchendo a paciência, público muito desarmado, qualquer filme um pouquinho mais empenhado corre o risco de ninguém ir ver.

A televisão vem se fortalecendo, se estruturando para valer agora, com o aparecimento da TV em cores. Outro fenômeno interessante na cidade é o aparecimento da TV Cultura. No início arrebanharam pessoas do teatro, uma dramaturgia muito boa, jornalismo bom, Fernando Pacheco Jordão, Vladimir Herzog, um refúgio de artistas. Para quem estava com as coisas mal paradas no cinema, é um núcleo de vida inteligente importante em termos culturais. A cidade está explodindo de uma maneira que você não consegue acompanhar, não consegue conhecer as ruas.

A publicidade está muito profissionalizada, norte-americana, disciplinada, lançando comerciais. Há um declínio muito rápido da influência europeia e uma sobreposição forte da influência americana. Se olharmos pelo lado puramente cinematográfico, nos anos 60 os Estados Unidos estavam perdidos, havia o grande cinema norte-americano, mas que sofreu a concorrência enorme do cinema italiano, do japonês, com o Kurosawa, do francês... houve um equilíbrio. Agora, nos anos 70, aparece uma nova geração de cineastas norte-americanos realmente da pesada: o Spielberg, Scorsese, Coppola. Em 1972, *O poderoso chefão* fazia filas imensas. Junto com isso, aparece *Tubarão*, em 1975, o efeito especial acaba com o cinema europeu, porque ninguém consegue concorrer com aquilo, carro explodindo! Vivemos uma grande transformação, o cinema americano e a televisão se tornando hegemônicos, a violência e a intensa transformação da cidade pela loucura da especulação imobiliária.

Fiz um documentário sobre o Edifício Martinelli, lugar que me fascina na cidade. As pessoas estão sendo expulsas. A prefeitura este ano resolveu tomar conta do prédio e mandou todo mundo embora. Um negócio de interesse. Na verdade, o Banco da América tem seis andares no prédio e o prefeito é o [Olavo] Setúbal. O resto do prédio é um caos imenso, tem bares, prostitutas, ladrões, escolas de detetive, de relojoeiro, tem tudo. A prefeitura mandou todo mundo embora, valorizou muito o prédio, virou Cohab em cima e embaixo venderam com enorme lucro. Fiz o documentário quando eles estavam saindo. Depois fiz outro, que virou meu primeiro longa, sobre o Éder Jofre, pugilistas... uma figura de que gosto muito. Uma família de onze pugilistas, uma coisa meio *Rocco e seus irmãos*, do Visconti. Família em que todo mundo tem a mesma formação, só que um vira campeão e outro, não. A família do Éder é isso. Ele ganhou o primeiro título em 1963, parou um tempo, depois volta já veterano e ganha de novo em 1973. O Médici foi entregar o título, mas ele não sabia se ia pegar ou não, porque toda a família é de esquerda, dois pugilistas foram eleitos pelo Partido Comunista, o pai é supercomunista: José Aristides Jofre, o argentino. Ele foi lá pegar o prêmio da mão do Médici...

O clima está muito estranho, muita gente fora, Chico mandando músicas da Itália. Por outro lado, vive-se muito intensamente. De repente aparece a Revolução dos Cravos em Portugal, e pensei: "Será que a Europa vai virar socialista?" Tem o Partido Comunista Italiano, que é uma loucura, tem trinta e tantos por cento dos votos, Partido Comunista Francês, com aquela sede do Niemeyer. Tem o Franco caindo. Existem alternativas para o mundo e para cá também. Até quando vai durar isso? O Herzog foi assassinado, um cara muito interessante, ligado a cinema, e a Clarice trabalha numa agência. Conheci os dois através do Fernando Jordão e da Fátima, a quem sou muito ligado. É uma mistura tremenda, transformação brutal, o Jarbas Passarinho fazendo uma loucura na educação. É verdade que a educação que tive só beneficiou a classe média, e classe média baixa, classe média extrema, não chega à escola de jeito nenhum, mas... não precisa acabar com o que tem. (Ugo Giorgetti, depoimento)

Vamos a mais notícias de 1975. Cultura:

> O jornal *O Estado de S. Paulo* livra-se da censura prévia, convencendo o regime de que sua diretoria é mais competente para defender a classe dominante e a ordem vigente do que qualquer capitão censor. *Argumento*, a única revista cultural do Brasil, tem seu número 4 apreendido. Suspensa e submetida a censura prévia pela polícia, deixa de ser publicada. A circulação média mensal de cinco revistas de quadrinhos — *Tio Patinhas*, *Pato Donald*, *Mickey*, *Almanaque Disney* e *Zé Carioca* — supera 6 milhões de exemplares. [...] Odete Lara lança *Eu nua*, autobiografia forte e contida. Florestan Fernandes publica *A revolução burguesa no Brasil*, coletânea de ensaios que representa o maior esforço realizado entre nós para construir, com inteligência, uma interpretação neomarxista da realidade e das perspectivas de uma ruptura revolucionária. Aurélio Buarque de Holanda publica o *Dicionário brasileiro de língua portuguesa*. O Brasil volta a poetar alto com Ferreira Gullar em *Dentro da noite veloz*: "Como dois e dois são quatro/ sei que a vida vale a pena/embora o pão seja caro/ E a liberdade pequena". (Ribeiro, 1985)

Ando saudosa das conversas de bar. Alguns companheiros de jornada e personagens da noite são *experts* neste assunto. Descubro por meio de um deles, o produtor musical João Carlos Botezelli (Pelão), um novo local de encontro da turma envolvida com música, fora do circuito do Centro Novo e da Vila Buarque, e que nos leva a outro canto da cidade e a novas histórias paulistas divertidas. Fui até lá me encontrar com ele e ver *in loco* a descoberta. Sentada por ali, num final de tarde, ouço sua prosa:

> Ia passando na avenida Antártica, quando vi que construíam um prédio novo e inauguravam um barzinho. Parei, não tinha movimento, vi uma maravilha: uma mesa de pessoas tocando choro. Descobri a whiskeria do Alemão, aberta um dia antes. Imediatamente falei com uma amiga, e no dia seguinte estávamos lá. Sentamos no andar de cima e ficamos ouvindo a música, eram pessoas mais velhas, e às nove e meia, dez horas, iam embora. Com o tempo, o Dagô, que tocava pandeiro, comprou o bar do Murilo, um corretor muito nobre no bairro e que toca cavaquinho, e comprou até um pianozinho. De lá pra cá, este bar tem história, até pessoal do interior vem.
>
> [...]
>
> Me divirto com o grupo que toca ali, já levei Adoniran, Cartola, Nelson, o bar foi se estendendo, os jornalistas da *Folha* e os da Abril começaram a parar no final da noite, foi esticando o horário, às vezes nem fecha, é legal. O Luis Nassif chegou de Poços de Caldas, direto

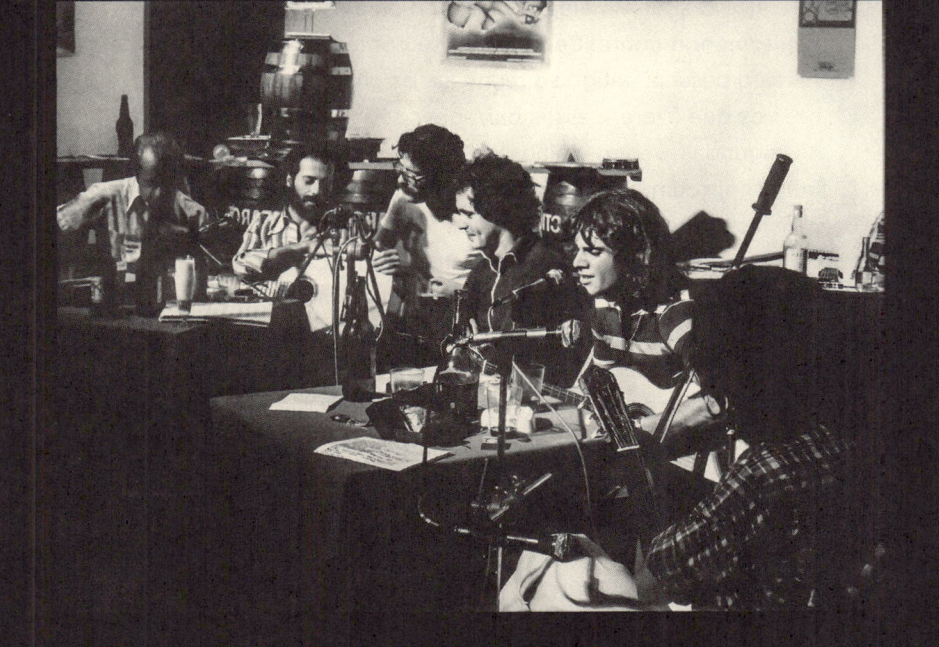

↳ *Show* na Getulio Vargas (GV-SP) em 1974, dirigido por Pelão, imitando o Bar do Alemão. Da esquerda para a direita: Dagoberto Marques, João Bosco, Pelão, José Luis Alves e Carlinhos Vergueiro.

↳ Serginho Leite e grupo no Bar do Alemão, em 1977.

lá, e ali o Cleber Almeida contratou-o para o *Jornal da Tarde*. A gente fica tomando conta. Serginho Leite começou a tocar ali. Às terças-feiras o pessoal antigo se reúne ali, os chamados barrageiros, engenheiros que fizeram essas barragens todas, demarcaram o rio Tietê. Às segundas, vêm o violão do Geraldo e o do Agnaldo. O Alemão é muito importante, estamos numa época muito pesada e ali aparecem Vinicius, Clara Nunes, Paulinho da Viola, Radamés Gnattali, Adoniran Barbosa, Nelson Cavaquinho, Cartola, Paulo César Pinheiro, que está começando. Caso engraçado: uma vez levei lá o Synval Silva, autor de "Adeus, adeus, meu pandeiro do samba/ Tamborim de bamba/ Já é de madrugada" ["Adeus batucada"]. No Rio, ninguém mais olhava para ele, nem reconhecia. Entrei com ele, sentamos na mesa 5, última mesa, e todo mundo gritava, "Oh Synval, Synval!". Ele falou: "Tá vendo como sou conhecido aqui?" Mas, cá entre nós, Synval é o nome do garçom.
[...]
Outro lugar de encontro é a Panificadora Real, perto da Tupi, todo mundo passa por aquele balcão. A última vez que o Lupicínio esteve aqui, nós conversamos lá. Eu ia produzir um disco dele, no aniversário dele, lá pra Porto Alegre. Ele falou: "Pelão, tchê! Vamos tomar um dreherzinho que está muito frio, não estou aguentando". Falei: "Ô, Lupicínio! Tô te estranhando, gaúcho!". Ele foi pra Porto Alegre e morreu, com 60 e poucos anos. Um dia depois do Donga. (João Carlos Botezelli, "Pelão", depoimento)

Enquanto conversávamos ali e eu ia conhecendo o local, o próprio Luis, estudante de jornalismo originário de Poços de Caldas, frequentador assíduo, chega e se envolve na prosa. Ele comenta:

No ano de 1974 conheci este Bar do Alemão, dos jornalistas, choro, samba, fica aqui no viaduto Antártica. Aqui é uma confluência do *Estadão*, que mudou para a marginal, Abril, TV Cultura, que é por aqui, e a *Folha*... tem também a PUC nas imediações. Enfim, uma soma de fatores deu impulso grande ao bar! Criado em 1968 pelo dono de uma imobiliária, o Murilo, fechava às 8 horas, só para ficar a freguesia tocando, então não conseguia ter demanda. Ele vendeu para o Dagô e o Nelsinho Risada, um cavaquinho extraordinário, músico competentíssimo, entrou como sócio minoritário do bar e como caixa. Dagô toca pandeiro, tem bandolim. O pessoal que vinha frequentando, o Gudin e outros, começa a se afastar um pouco, e o pessoal do choro assume. Cheguei este ano, tem o Heraldo, grande violonista que faz parte do grupo, o Murilo, que toca bem bandolim, o Serginho Leite, que é bem novinho, os músicos estão chegando, o pessoal do Rio,

quando vem para cá, todo mundo baixa aqui, desde os mais antigos, Cartola, Nelson Cavaquinho, até o pessoal que vem surgindo, João Nogueira, Beth Carvalho, Paulinho da Viola, João Bosco. Para mim, o bar é o grande centro de jornalistas, músicos, artistas em geral.
[...]
No Centro Novo e na Vila Buarque ainda há alguns locais, como o Gigetto, na Avanhandava, e [a cantina] Piolin [na Augusta], que são famosos. Agora está na fase da churrascaria, a Eduardo's, na Nestor Pestana, ao lado do Teatro Cultura Artística. Fiz até uma matéria de comportamento para a *Veja* falando dessas faunas. Aliás, quem comanda uma delas é uma moça que trabalha na televisão, era chefe de torcida dos festivais, no final dos anos 60, o terror dos festivais, porque o compositor acertava com ela para fazer torcida, então ela batia em todo mundo que não fosse da turma. (Luis Nassif, depoimento)

Luis é tão louco pelo local, onde é mais do que *habitué*, que escreveu um texto, publicado em sua coluna. O texto se chama: "A saga do Bar do Alemão", e transcrevo aqui um trecho.

São Paulo continuava indecifrável. Até aquela noite inesquecível, em fins de 1974, uma quinta-feira em que saímos de um fechamento da *Veja* e o Palhares, da Internacional, sugeriu pararmos no viaduto Antarctica, para um chope no bar do Alemão.

Era uma casa pequena, com a entrada em forma de um chalé. Na parte de baixo, umas oito mesas. No pavimento superior, outras oito. Lembrava o Bachianinha, boteco que frequentava em Poços de Caldas.

Subimos no pavimento superior e, ali, estavam um pandeiro, um cavaquinho e um violão. Eram, respectivamente, o Dagô, dono do bar, o Nelsinho Risada, seu caixa e sócio, e o Heraldo, que trabalhava na imobiliária em frente.

Timidamente perguntei se havia um bandolim. Imediatamente surgiu um bandolim antigo, luzidio, embora com o som meio baço devido às cordas velhas. Perguntaram que música eu gostaria de tocar. Fui atrevido: "Tenebroso", do Ernesto Nazareth, choro enjoado, que exige muita concatenação do bandolim com o violão. Nelsinho olhou para o Dagô, que olhou para o Nelsinho, que olharam para mim. E foi aí que comecei a descobrir a São Paulo que me apaixonou, dos botecos de boêmios, das rodas de choro, das lendas musicais, dos músicos populares e dos jogadores de futebol do passado.

O Bar do Alemão não foi apenas o boteco da minha vida, mas de toda uma geração de jornalistas, boêmios e músicos de São Paulo. O *Estadão* havia se mudado para a marginal Tietê, onde já se encontrava

↳ Adoniran Barbosa e Pelão em lançamento na boate Opus 2004, agosto de 1974.

↳ Bar do Alemão: Tina (cantora), Nelsinho Risada, Murilo de Barros (fundador do Bar), Luis Nassif, Arnaldo e Helton Altman, Tibula (cozinheiro), Tania e Serginho Leite, em meados dos anos 1970.

a Abril. O Alemão era ponto de passagem obrigatório para a cidade. E ninguém passava pelo viaduto Antárctica sem parar no Alemão.

A música corria solta porque a qualquer hora da noite bastava um músico presente para formar a roda, porque o bar oferecia o pandeiro do Dagô e o cavaquinho do Nelsinho Risada. Dagô tinha um estilo único de tocar pandeiro. Em vez de balançar o pandeiro, era ele quem se balançava. Nelsinho, nosso mestre musical maior, era herdeiro de uma tradição única de cavaquinho. Desenvolveu um estilo de "centro" (acompanhamento) que só ouvi, tempos depois, em Joãozinho Torto, um cavaquinho genial aqui de São Paulo. Em vez de o cavaquinho marcar o ritmo e o acompanhamento em tempo integral, ele deixa o ritmo para o pandeiro, o acompanhamento para o violão, e vai preenchendo os vazios com bordados harmônicos, com sequências de acordes em harpejo, dos mais refinados. (Luis Nassif, 2002)

A cidade está passando por algumas transformações físicas, grandes obras que alteram a face do nosso percurso pelo Centro Novo e pela Vila Buarque. Há pouco foi inaugurada a nova praça Roosevelt, que, além de ter forte impacto visual, está interferindo nas vias no entorno. Este ano está prevista a conclusão do primeiro trecho da maior obra de engenharia da cidade, a linha Norte-Sul do metrô, do Jabaquara à Liberdade. A maior estação desse trajeto, a Sé, que fará ligação com a nova linha Leste/Oeste, ainda está prevista para 1978, e a linha, para 1979.

Depois de alguns dias, caminhando aqui pela rua 24 de Maio, cheguei a uma loja de discos, a Brenno Rossi, e fui ver o que andam produzindo os paulistas. Ali me deparo com um exemplar do LP *Adoniran Barbosa*, da Odeon, com direção musical de José Briamonte. Lendo a contracapa, me emociona a acolhida do texto às palavras de João Rubinato, que desde a década de 1950 vem produzindo por aqui. O mestre Antonio Candido, sobre ele, diz:

> Adoniran Barbosa é um grande compositor e poeta popular, expressivo como poucos; mas não é Adoniran nem Barbosa, e sim João Rubinato, que adotou o nome de um amigo do Correio e o sobrenome de um compositor admirado. A ideia foi excelente, porque um artista inventa antes de mais nada a sua própria personalidade; e porque, ao fazer isso, ele exprimiu a realidade tão paulista do italiano recoberto pela terra e do brasileiro das raízes europeias. Adoniran é um paulista de cerne que exprime a sua terra com a força da imaginação alimentada pelas heranças necessárias de fora.

Já tenho lido que ele usa uma língua misturada de italiano e português. Não concordo. De mistura, que é o sal da terra, Adoniran colheu a flor e produziu uma obra radicalmente brasileira, em que as melhores cadências do samba e da canção, alimentadas inclusive pelo terreno fértil das escolas, se alia com naturalidade às deformações normais de português brasileiro, em que Ernesto vira Arnesto, em cuja casa nós fumo e não encontremo ninguém, exatamente como por todo esse país. Em São Paulo, hoje a figura do italiano está na filigrana.

A fidelidade à música e à fala do povo permitiram exprimir a sua cidade de modo completo e perfeito. São Paulo muda muito, e ninguém é capaz de dizer aonde irá. Mas a cidade que nossa geração conheceu (Adoniran é de 1910) foi a que se sobrepôs à velha cidadezinha caipira, entre 1900 e 1950; e que desde então vem cedendo lugar a uma outra, transformada em vasta aglomeração de gente vinda de toda parte. A nossa cidade, que substituiu a São Paulo estudantil e provinciana, foi a dos mestres de obra italianos e portugueses, dos arquitetos de inspiração neoclássica, floral e neocolonial, em camadas sucessivas. São Paulo dos palacetes franco-libaneses do Ipiranga, das vilas uniformes do Brás, das casas meio francesas de Higienópolis, da salada da avenida Paulista. São Paulo da 25 de Março dos sírios. Da Caetano Pinto dos espanhóis, das rapaziadas do Brás, na qual se apurou um novo modo cantante de falar português, como língua geral de convergência dos dialetos peninsulares e de baixo-contínuo vernáculo. Esta cidade que está acabando, que já acabou com a garoa, os bondes, o trem da Cantareira, o Triângulo, as cantinas do Bixiga, Adoniran não deixará acabar, porque graças a ele a cidade ficará misturada vivamente com a nova, mas, como o quarto do poeta, também "intacta boiando no ar".

A sua poesia e a sua música são ao mesmo tempo brasileiras em geral e paulistanas em particular. Sobretudo quando entram (quase que discretamente) as indicações de lugar, para nós, porém, no Alto da Mooca, na Casa Verde, na avenida São João, na 23 de Maio, no Brás genérico, no recente metrô, no antes remoto Jaçanã. Quando não há esta indicação à lembrança de outras composições, a atmosfera lírica cheia de espaço que é a de Adoniran nos faz sentir por onde se perdeu Inês ou onde o desastrado do Papai Noel da chaminé estreita foi comprar a Bela Mistura; nalgum lugar de São Paulo. Sem falar que o único poema em italiano desse disco nos põe no seu âmago, sem necessidade de localização.

Com os seus firmes 65 anos de magro, Adoniran é o homem da São Paulo entre as duas guerras, se prolongando na que surgiu como jiboia fuliginosa dos vales e morros para devorá-la. Lírico e sarcástico, malicioso e logo emocionado, com o encanto insinuante da sua antivoz rouca, o chapeuzinho de aba quebrada sobre a permanência do laço de borboleta dos outros tempos, ele é a voz da cidade. Talvez a borboleta seja mágica; talvez seja a mariposa que senta no prato das lâmpadas e se transforma na carne noturna das mulheres perdidas. Talvez João Rubinato não exista, porque quem existe é o mágico Adoniran Barbosa, vindo dos carregadores de café para inventar no plano da arte a permanência da sua cidade e depois fugir, com ela e conosco, para a terra da poesia, ao apito fantasma do trenzinho perdido da Cantareira. (Antonio Candido, 2002)

Assim que acabo de ler, percebo que na loja também está nosso outro companheiro de jornada, o produtor musical João Carlos (Pelão), com que falamos há poucos dias e que, por sinal, é produtor deste LP. Comento sobre o texto e ele me diz:

O Antonio Candido é o grande exemplo de simplicidade, escreve um artigo de uma lauda, que até o semianalfabeto lê e entende! Tivemos um encontro, na casa dele, em que levei o Adoniran. O Carlinhos Vergueiro, genro dele, foi junto, ele e dona Gilda nos receberam. O Antonio Candido tinha escrito esse texto na contracapa do disco do Adoniran, que leu e chorou muito. Falou: "Como ele sabe tudo isso? Não conheço ele, quero conhecer". Foi um encontro lindo. Até o ano passado, as músicas do Adoniran estavam proibidas pela censura. Fui à Polícia Federal tentar liberar, e levei meu amigo-irmão, Idibal Pivetta. Chegando lá, o delegado que estava de plantão olhou para ele e falou: "Pô, você aqui? Estudamos no Arquidiocesano! Pois é, esta profissão é dura!". O Idibal, meio puto, falou: "É, mas estas músicas do Adoniran..". O cara disse: "Você está falando, então acredito, mas tem um monte de filho da puta... tem um tal de César Vieira". Mal sabia o cara que César Vieira era o Idibal. Dissemos que não conhecíamos esse cara. (João Carlos Botezelli, "Pelão", depoimento)

Música: Caetano Veloso, acossado, batiza as patrulhas ideológicas e lança seu disco-manifesto *Joia*, de sabor existencial-tropicalista. João Roberto Kelly ganha mais um carnaval compondo "Cordão da Bahia", cantada por Emilinha Borba.

Na TV: a telenovela *Gabriela*, baseada no romance de Jorge Amado, é vista por metade dos telespectadores do Brasil, e todos os de Portugal. A censura apreende o romance testemunho *Aracelli, meu amor*, de José Louzeiro, a novela *Zero*, de Ignácio de Loyola Brandão,

↳ Luis Nassif e Nelsinho Risada no cavaco, Vicente Barreto no violão, e Arismar do Espírito Santo na mesa ao lado, no Bar do Alemão.

↳ Pelão e Dagoberto Marques Filho, no Bar do Alemão, em 1978.

e o livro de contos *Feliz ano novo*, de Rubem Fonseca, e proíbe a telenovela da Rede Globo *Roque Santeiro*, de Dias Gomes. (Adaptado de Ribeiro, 1985)

Saindo dali, pego uma carona com João Carlos. Vamos ao Bar Brahma encontrar com Idibal, pois faz algum tempo que não nos vemos e ele deve ter algumas novidades pra contar.

Nossa maior dificuldade atual é o combate à censura, que é violentíssima. Você escreve um texto e manda para uma comissão de censura em Brasília, eles proíbem, aprovam ou aprovam com cortes, são as três possibilidades. Depois que monta o espetáculo, temos que fazer uma apresentação para o censor, onde ele novamente tem as três possibilidades. Quer dizer, neste caminho, seiscentas peças mais ou menos foram jogadas às baratas. Tive umas três ou cuatro, depois dificilmente serão mantidas para o futuro, porque são deste momento. Há o problema da censura direta, da repressão direta, do CCC [Comando de Caça aos Comunistas].

Passamos por apedrejamento na leitura dramática de [*O Evangelho segundo*] *Zebedeu*, no largo de São Francisco, na Escola de Sociologia e Política, no Rio de Janeiro, no Teatro de Arena, com a presença da atriz Glauce Rocha e rajadas de metralhadora. Passamos diretamente por isso, inclusive com prisão. Quando estive preso, chegaram Celso Frateschi e Denise Del Vecchio presos, ficaram alguns dias, e nós, três meses, tivemos tudo quebrado. Fizeram isso mirando o teatro, *Roda viva* teve praticamente os atores destruídos pelo Comando de Caça aos Comunistas. É a censura, a violência policial, ou a violência de esbirros, apaniguados da ditadura, que atacam maciçamente e, lógico, a falta de apoio governamental.

A ditadura interfere diretamente, com esse clima de medo que impõe. Jornais com censor dentro das redações, televisão com censura praticamente nos estúdios, mas que também nunca tenta escapar, porque tecnicamente é muito difícil, só se fizer ao vivo, e seriam presos na hora. Jornal dá até para escrever, sair e até escapar. As reuniões que existiriam de centros acadêmicos, sindicatos, ficaram para bailes sociais, que têm aceitação, e para o futebol. Onde é que as pessoas vão se reunir se podem ser presas? Todo mundo tem um parente ou amigo fugido, ou preso, ou assassinado, o clima de terror paira. Logicamente há os clubes que funcionam, o Arakam, popular, o Lord Club, mas sempre com esse estigma do medo. Diria que o país está vivendo há anos noites de agonia, e isso não é dirigido, mas o resultado do terror tem sido uma impossibilidade de florescimento de ideias, de obras de arte. Estamos num período de resistência, muito negativo, porque não se cria ou se cria muito pouco perto do que se poderia estar criando. Retroagimos. É uma época muito terrível: o medo de conversar. Aquela música do Chico que diz tudo: "Meu povo olhando para o chão". Acho importantíssima como descrição da nossa época. (Idibal Pivetta, depoimento)

***

Mais algumas notícias sobre as mudanças que ocorrem na cidade:

> Entre 1967 e 1974, construíram as marginais do rio Tietê. Em 1971 são abertos o Minhocão, a rodovia dos Imigrantes e o início da BR-101, a Rio-Santos. São Paulo começa a deixar de ser a "terra da garoa" e adota a descontração. Os bichos-grilos e os estudantes da USP frequentam o Café Paris, na entrada da Cidade Universitária, e os bares Riviera e Ponto 4, na rua da Consolação, à espera de que "pinte uma festa qualquer". Às vezes a meninada que se droga além das medidas começa a "dar bandeira" e a polícia faz razia no Ponto 4. Depois das festas ou das sessões malditas do Marachá, na rua Augusta, vão para o restaurante Piolin comer "picadinho à Cocó". Os turistas almoçam no Terraço Itália, contemplando São Paulo das alturas, e à noite vão à boate La Licorne conhecer as "prostitutas finas", algumas delas estudantes universitárias. As famílias convencionais, no entanto, não somente desconhecem a face libertina da maior cidade brasileira, como optam por programas muito diferentes, como almoçar nas cantinas do Bixiga. (Abril Cultural, 1980)

Outro colega, Roberto (Comodo, 2004), nos dá informações semelhantes. Diz ele que durante esta década, na geografia paulistana, o grande ponto de encontro de cinéfilos e da juventude mais antenada é o Cine Marachá. A Sessão Maldita, com exibição de filmes *cult* à meia-noite das sextas-feiras, está na programação. Nas imediações há ainda o restaurante Patachou, na Augusta, que agora está dando lugar ao restaurante Regência, pegado ao Longchamp e defronte ao teatro mantido pelo cineasta Luiz Sérgio Person (o Auditório Augusta).

Volto ao centro depois de uma semana e paro no Redondo, porque vejo Luciano, e me aproximo para conversar. Ele me diz que por aqui fica até as pessoas saírem do Arena ou de outros teatros da região. As conversas se renovam, é sempre algo interessante.

> No caminho, às vezes, os amigos se juntam no Bar das Putas [o Sujinho], aquela casa das costelas na Consolação, ou num bar

na praça Roosevelt, com um salão nos fundos, uma portinha, que parece um depósito, mas é um corredor com caixas de engradados de bebidas. Aí chega ao salão, que é bem disfarçado, onde jantamos e falamos sobre política, fazemos planos, e o jornal clandestino *O Bloco*, que circula na cidade. Fazemos entrevistas, encontramos pessoas que têm vida clandestina. O dono é um português, sabe o que acontece e nos protege. Ainda vou fazer um livro de contos ambientado neste bar, que é um lugar em que ficamos muito e nos sentimos seguros. O português tinha planos de voltar para Portugal depois que o Salazar cair, e está voltando. Nossas conversas são sobre a situação política brasileira, fazemos planos, falamos e pensamos muito sobre arte, literatura. Todos nós temos sonho de escrever a obra que resgate o mundo, ou pintar o quadro que seja a síntese do universo, compor aquela música que contenha todo o *index philosophorum*, uma coisa grandiosa, pensamos e sonhamos muito grande. Lemos coisas que não entendemos absolutamente, *Finnegans Wake*... passamos a noite inteira discutindo, assistimos a filmes no Cine Bijou, eventualmente numa sessão à tarde, e muitas vezes assistimos aos censurados. Conhecemos o projecionista.

A cidade é cheia de personagens interessantes. Por exemplo, o José Ramos Tinhorão: em qualquer restaurante em que esteja, sempre alguém levanta e vai dizer que não concorda com o que ele escreve. Mas ele tem um grande admirador, o jornalista Dirceu Vieira Leme, figura do partidão e entusiasta da cultura russa, frequenta a União Cultural Brasil-URSS e os melhores bares da cidade, mas não bebe uma gota de álcool. Foi alcoólatra e, depois com 30 anos, frequenta os melhores botecos e bares da cidade, conhece todo mundo, entende tudo de música, coleciona miniaturas de trens, tem em casa um salão cheio de trenzinhos. É adepto do celibato, diz que é insuportável a ideia de viver com alguém, mulher ou homem. Vive com a mãe. Muito inteligente, mas pouca gente suporta. Foi ele que me apresentou o filé do Moraes, na praça Alfredo Mesquita, na São João, em frente ao prédio das Casas Pirani que pegou fogo, o edifício Andraus.

Com o pessoal da Faap, frequento um local muito gostoso, Casa de Chá do Luar de Agosto, que é na avenida Angélica, e às vezes, quando não vou trabalhar à tarde, vou ao Yara, na rua Augusta, tomar um chá, bater papo. Lá tem essas sofisticações, biscoitinhos deliciosos. Na outra esquina do Luar de Agosto, na Angélica com a Maranhão, o pessoal da Faap se reúne numa lanchonete que tem uma mesa enorme. Saímos sem pagar, essas coisas de estudante. O movimento musical é muito forte, o teatro tem Gianfrancesco Guarnieri, que é um ícone. Uma coisa que me marcou, momento de modernidade, foi o lançamento do Ney Matogrosso no teatro, dança com coreografia e música diferente, Secos & Molhados. Elis Regina com *Falso brilhante*, coisa fantástica. No Theatro Municipal, Amelita Baltar e o seu parceiro Astor Piazzolla, foi um momento genial, mágico. Espetáculo que teve uma construção belíssima foi a *Missa leiga*. (Luciano Martins, depoimento)

***

Os jornais noticiam:

Implanta-se no papel a fusão dos estados do Rio de Janeiro e Guanabara. Comissão de Inquérito da Câmara dos Deputados é encarregada de pesquisar junto às prefeituras o número de menores abandonados e encontra 13,5 milhões. Os cálculos posteriores foram ainda maiores, mas ninguém fez nada para socorrê-los. Só se transferiu a Funabem para o Ministério da Previdência, onde continuou igual. Movimento negro se ativa em todo o país, principalmente em São Paulo, Rio, Minas e Porto Alegre. Realiza congressos, faz denúncias, publica jornais e elege negros e mulatos assumidos. Lúcio Flávio, carioca de classe média, progride de pintor medíocre a bandido genial, para viver uma carreira de centenas de assaltos espetaculares. Condenado a mais de cem anos de prisão, dezenove vezes é preso e foge, até ser assassinado na prisão. Sua vida inspira um romance e um filme. (Ribeiro, 1985)

Com a ajuda da ONU, institui-se o Ano Internacional da Mulher. Acontecem encontros no Rio e em São Paulo, que dão origem ao Centro da Mulher Brasileira e ao jornal *Brasil Mulher*. (Dias, 2001)

Sigo com Luciano, passando os olhos nas notícias de nosso tempo. Ele já havia me contado que tinha se demitido porque ganhou uma bolsa no Instituto General Motors, em Michigan, Estados Unidos, mas sofreu um acidente no último dia de trabalho. Segue a narrativa.

Então a Abril não considerou a minha demissão, deu uma licença e voltei a trabalhar lá, mas com muitas dívidas. Fui morar numa pensão na rua Augusta em frente à rua Costa. A Augusta é dominada por um bicheiro, que faz tráfico de drogas e explora a prostituição. Ali conheci algumas pessoas, inclusive bandidos. O Naldo, menino que depois foi morto pela polícia, desde pequeno tinha uma mecha branca no cabelo, frequentava as rodinhas com a gente e eventualmente assaltava com os amigos dele um banco, um carro-forte, e ia gastar naquelas boates. É conhecido da polícia e dos *gangsters* locais. Na pensão há pessoas muito simples, um sujeito que veio analfabeto do Pará, com 20 e poucos anos, não sabe ler nem escrever. Comecei a fazer um trabalho de alfabetização, ele se animou e foi para o Mobral, depois madureza ginasial e colegial, entrou na faculdade e virou físico. Era garçom e sempre acompanhava o [restaurante] Giovanni Bruno, acompanhou até o Gigetto. Frequento eventualmente os restaurantes em que ele trabalha e fico sabendo os bastidores da cozinha. Em 1974 usamos escondido o equipamento do Teatro Gazeta. Tem um sujeito, Romeu, que circula pelo ambiente universitário, um negro, meio marginal, meio intelectual, figura estranha, muito inteligente, pobre e bem marginalizado, mas adora o brilho do nosso mundo intelectual, não tem nenhum estudo, mas tem umas tiradas, sacadas ótimas! Participa dos nossos movimentos, ajuda na iluminação do teatro. Às vezes, no Teatro Gazeta, dá um jeito de usarmos os equipamentos, e fazemos folhetos, gravamos fitas cassete com depoimentos de pessoas perseguidas e fazemos circular no ambiente universitário fitas com tarjinha preta. Sou um dos mentores desse negócio, fazemos os textos, esta é minha militância, não tenho nenhuma ligação com partido, sou livre atirador, *freelancer*.

Romeu foi preso no 4º Distrito, na rua Marquês de Paranaguá, não sabia se tinha sido preso com meu material ou não, porque, se tivesse, teria que me esconder. Pensei: "Vou me esconder onde? Se for para o vale do Ribeira, onde nasci, o berço do Lamarca, eles vão atrás de mim, sabem onde meu pai mora, muito rolo, não vou me esconder". Passados uns quatro dias, fui ao 4º Distrito. Falei: "Vim visitar um amigo preso, ele está com uns livros meus, quero saber se vai ficar muito tempo, quero pegar minhas coisas". O chefe dos investigadores foi lá para dentro — tinha um núcleo do Dops dentro do 4º Distrito e nas principais delegacias, onde tinha possibilidade de ter gente de esquerda frequentando —, voltou, me chamaram numa sala, tinha posto uma roupa bem bacana, meus olhos azuis... ele olhou pra mim e falou: "Você é um bom moço né?". Falei: "Sou, bem-educado, falo francês. Por quê?". "Porque é esquisito você vir atrás deste cara, é bandido, marginal! Além de tudo é comunista, pegamos ele com umas coisas". Falei: "Não, o cara é meu amigo, trabalha comigo, faz serviço pra gente em teatro, vamos fazer *shows*, ajuda no som e na iluminação, não tem nada a ver com bandido, é um trabalhador, trabalha feito um louco, quando tem uma montagem fica 24 horas trabalhando. Ele nem bebe". O cara falou: "Você está se metendo numa fria, é um bom menino, de boa família, bom berço, fez uma tremenda escola, caríssima, no Pacaembu". Falou para um outro: "Vê como está o negrão lá!". "Ah! Ele tá fodido, mas não tem mais nada para tirar dele". "Então bota na rua".

Romeu saiu todo arrebentado, não podia andar direito. Acompanhei ele até o ponto de ônibus, mas ele não queria ficar junto comigo. Falou: "Você é branco, eu sou preto, você é classe média e eu sou fodido, este é o verdadeiro abismo do Brasil, não adianta querer enganar que sou de esquerda e você também, você vai para o seu apartamento, vou para o meu mocó. Faz um favor, deixa eu ir embora, tô fodido" — todo queimado, com os pulsos e tornozelos queimados, nem podia andar direito, andava com as pernas abertas, todo arrebentado —, "nem vou te contar o que eles fizeram comigo". Sumiu. Depois de mais de um ano encontrei com ele, já recuperado, jornalista, militando, frequentando o sindicato de jornalistas. Fiquei pensando... "numa destas, eu poderia ter ficado preso, se não fosse bonito, apresentável, com uma cara boa, com uma roupa que mostrasse *pedigree*". Os caras são tão boçais que viam as pessoas pela aparência. Começo a me preparar para sair, viajar para a Europa. (Luciano Martins, depoimento)

Um capítulo à parte na vida desta cidade, que começa a se difundir a partir das revistas *Realidade*, *Pif Paf* e *O Bondinho*, é este novo tipo de imprensa, que atrai grande parte destes jovens jornalistas e militantes, das mais diversas causas. Chamada imprensa alternativa, *underground* ou nanica, tem tiragem irregular. Algumas publicações são vendidas, outras têm circulação restrita, mas todas têm um componente em comum: a reivindicação de direitos e a oposição ao regime. Nessa categoria encontram-se diversas cores, nuances, humores, denúncias e bandeiras de lutas específicas, e muita militância é feita ali. Desde a contracultural *O Bondinho*, passando pela imprensa feminista/feminina, movimento negro, de homossexuais e até ecológicos... Ao longo de nossas conversas, vamos descobrindo um número grande de nomes e temáticas que aglutinam estes jovens, todos em busca de um canal de expressão, informação e engajamento, algo sempre tão castrado e censurado na grande imprensa. Sobre uma dessas publicações, nosso companheiro de viagem Ricardo nos conta:

Bia [Bargieri] participa do jornal *Brasil Mulher*, junto com outras simpatizantes da AP, como Yurie Tatsumiya e a Mirtes Alcântara, companheira de Caio [Boucinhas]. O *Brasil Mulher* foi criado em Londrina, tendo à frente Joana Lopes, em outubro de 1975, e rapidamente algumas militantes de esquerda aderiram ao projeto. A sede do jornal foi transferida para São Paulo. Logo se formou uma sucursal no Rio, onde

↳ Equipe do jornal *Brasil Mulher*, cerca de 1976.

participava Ângela Borba. Há, portanto, uma influência importante de ex-militantes da AP no jornal, bem como de militantes ligadas ao MR-8 e ao PCdo B. (Azevedo, 2010)

Nosso amigo Mouzar também nos dá uma dimensão da importância do jornalismo no momento.

> Larguei o curso de chinês e fui para jornalismo. Regulamentaram a profissão e temos que fazer faculdade para garantir o emprego. Muitos preferiram a Cásper Líbero, porque são três anos. A turma é legal, Monserrate, Marcos Vinícius, Eliane de Grammont. Acabei nesta profissão por causa da imprensa alternativa, queria fazer algum trabalho em que pudesse participar da luta contra a ditadura. Tem os jornais alternativos que me influenciaram a fazer o curso. Entrei no segundo semestre de 1974 na Cásper, que é dominada pela TFP. Arrumamos uma encrenca tão grande com a TFP que sobrou para o diretor escolher: ou expulsar a TFP ou expulsar todos aqueles alunos, e era um grupo de uns vinte alunos. Acabou demitindo nove professores da TFP. Sentimos como uma vitória. (Mouzar Benedito, depoimento)

***

Aquele caldeirão sonoro de alguns anos atrás, que nos punha sempre em estado de alerta para captar as inúmeras manifestações e tendências presentes nos bares e boates da noite, anda um pouco abafado. Não há a mesma sonoridade no ar. Há alguns *show*s, grupos novos, mas tudo muito reticente, ou afrontando valores comportamentais. Na Biblioteca Mário de Andrade, lendo alguns artigos para entender o momento que atravessamos, me deparo com um texto muito interessante de Luiz Tatit, que faz o balanço da música neste meio de década:

> Estamos numa década de poucas revelações na área musical, Djavan, Raul Seixas, Novos Baianos, Secos & Molhados são exceções, em pleno dilúvio repressivo do Médici. Misturam o som elétrico do *rock* com ritmos tipicamente nacionais (frevo, choro, samba) e até com a dicção "brega" que sempre esteve presente na canção romântica latino-americana.
>
> A década primou por consolidar a libertação da canção dos gêneros rítmicos predefinidos. A conduta de assimilação contumaz das dicções, que surgira como prática tropicalista, passou a caracterizar naturalmente o trabalho de criação de boa parte dos cancionistas.

Em vez de produzir um samba, um *blues*, um baião ou um *rock*, o compositor propunha um "modo de dizer" melódico que só mantinha compromisso com a própria letra.

Chico Buarque desenha uma melodia suspensa para encaminhar a pergunta brasileira da década: O que será que será? Gilberto Gil dirige suas melodias para expressar uma dança de contrastes culturais [...] Caetano Veloso melodiza sua própria existência entre o universal e o singular, o fundamental e o prosaico, entregando-se aos mais variados modos de dizer. Jorge Ben usa a força melódica para convencer — e convence — a todos do valor mítico de seus personagens "de gibi". Gonzaguinha chega à melodia ideal para manifestação de sentimentos que explodem corações. Rita Lee, por sua vez, explode melodias que celebram os encontros, muito mais que a batida do *rock*. Milton Nascimento é o próprio modo de dizer à espera do que deve ser dito. É a melodia que faz vingar a letra. João Bosco, prata dos anos 70, já surge como perfil da década: criador de melodias que põem o gênero (samba, partido-alto, bolero...) a serviço de temas que serão desenvolvidos por Aldir Blanc. E assim sucessivamente. (Tatit, 2005)

Apesar de os festivais de música popular brasileira, nos moldes que vinham acontecendo na TV Excelsior e depois na Record, terem desaparecido, e a TV Globo ter optado por um "modelo" internacional ditado pelos censores, os festivais continuam acontecendo, agora no formato universitário. Na verdade, desde 1968 esses festivais já premiaram artistas como Taiguara (1968), Gonzaguinha, Abílio Manoel (1969), Hilton Acioli (1970), Eduardo Gudin e Paulo César Pinheiro (1971) e vêm dando voz a grupos novos. Estes lentamente ganham visibilidade, e até mesmo um lugarzinho na imprensa.

Neste começo de década, na esteira dos festivais e de debates em torno da música popular, outros grupos musicais vêm surgindo, alguns dentro da universidade, como o Rumo, que nasce em 1974, iniciado por Luiz Tatit, o único do grupo que é aluno da ECA-USP. Outros integrantes acabam indo estudar música (Pedro Mourão, Hélio Ziskind, Paulo Tatit, Zé Carlos Ribeiro e Geraldo Leite). Fizeram as primeiras apresentações no auditório da ECA, na Aliança Francesa do Butantã e em outras faculdades da USP, apresentações que eram interrompidas para que os músicos contassem o que estavam fazendo e debatessem o sentido da criação na MPB. Outro grupo que está surgindo, com canções irônicas, é o Língua de Trapo, que acaba de se formar com pessoas oriundas da faculdade Cásper Líbero. (Adaptado de L. F. Oliveira, 2002)

Depois de alguns dias, volto à região da avenida Paulista, onde marquei um encontro para ver o que anda fazendo a nossa companheira de viagem Sônia, carioca que caiu de paraquedas no tradicional e conservador colégio Dante Alighieri.

Prestei vestibular em 1974 e não entrei na FAU. Não tenho paciência para voltar ao cursinho, vou trabalhar. Vi que estão procurando desenhistas no Metrô, fiz milhares de testes para poder entrar e estou trabalhando como estagiária na parte de desenho, no departamento de comunicação visual e arquitetura. Está sendo muito legal, passei a ter contato com profissionais, trabalho com geógrafos, geólogos, arquitetos, engenheiros, designers gráficos, e é num prédio próximo daqui. Dá uma sensação boa, de que você faz parte da vida produtiva na cidade, faz um desenho técnico. Tem os operários que constroem, os arquitetos que projetam, e eu, que desenho tudo. Eles jogam tudo na minha mesa, estou aprendendo muito.

A vida cultural é ir a vernissagens, ver filmes, um grupo de amigos com quem tenho identidade, e o namorado. Quando saio de São Paulo para passear, não vou mais para o Rio ou Niterói, vou para Salvador, Minas, Jequitinhonha, subimos o São Francisco, sempre fazendo documentação fotográfica. Muitas vezes, vendo as fotos, começo a ter uma relação diferente com a cidade, porque trabalho, não dependo mais de meus pais. Começo a ter muito mais desenvoltura, vou aonde quero e começo a sair da cidade para conhecer o Brasil do Rio para cima, e o sul, porque a família do meu pai é do Rio Grande do Sul.

Morava na Peixoto Gomide, meus pais voltaram para o Rio num momento ideal, meu irmão entrou na Poli, estou trabalhando, vou tentar de novo a FAU. Num primeiro momento, fui morar numa pensão na rua Mato Grosso, uma casa em que a dona cuida da pensão e recebe moças do interior do estado que estão fazendo cursinho e prestando vestibular, mas foi desastroso. Me vi novamente numa situação de extraterrestre, as moças faziam escova, punham bobe, e eu sou Beatles, Rolling Stones, luta armada, Guevara, artes plásticas, Caruaru, mercado de São José. Esse termo "geleia geral" é perfeito para o que é minha cabeça, essa coisa do tropicalismo, fazer fusão na música do *rock* com a bossa nova e com os ritmos nordestinos. Vale para minha cabeça em termos de política, movimento cultural, cinema, artes plásticas. Essa pensão durou pouco, fui delicadamente convidada a me retirar, estava em minoria. Sempre é uma coisa elegante, porque tem essa história de que sou loira, alta, de olhos azuis, culta e bem-educada. Como esta pessoa foge aos cânones do bom comportamento? Nunca foi uma expulsão sangrenta, é sempre aquele chega pra lá. Fui morar na casa de uns amigos no Jardim Paulistano, uma família muito legal, a mãe professora de literatura na USP, o pai deputado do MDB, que é oposição total. Os filhos mais velhos saíram às pressas do país, exilados, tem um da minha idade que é filósofo. É uma família diferente, não é tradicional. (Sônia Lorenz, depoimento)

Por falar em política, há certa agitação no ar. A ditadura e a censura continuam intensas, mas, ainda que pequenino, há um espaço para a oposição "consentida", aquela que forçosamente se enquadra no bipartidarismo, dentro do Movimento Democrático Brasileiro. Mas a abertura propagada pelo governo, que pretendia paulatinamente ir devolvendo parte dos direitos aos civis, parece que vem sofrendo um revés. Luciano anda engajado nas movimentações. Combino um encontro para que ele possa me contar mais detalhes. Apesar da convicção de que tem que sair do país, ainda está por aqui, e muito engajado no seu curso de jornalismo. Conta que há um projeto do partidão, feito dentro da faculdade, em que estão tentando traçar um cenário do Brasil, com os quadros mais destacados.

Os professores bolaram uma pesquisa e nós tínhamos que entrevistar um sindicalista, um intelectual, uma autoridade do sistema. Fomos, eu e minha namorada, entrevistar o Paulo Vidal, que é presidente do Sindicato dos Metalúrgicos de São Bernardo. Chegando lá, vimos que estava licenciado, ia se candidatar à Câmara Municipal de São Bernardo, e tivemos que entrevistar o secretário-geral. Foi a primeira entrevista dele, chama-se Luiz Inácio da Silva, o apelido é Lula, um rapaz muito inteligente, completamente impermeável a qualquer influência de qualquer grupo político. Nosso trabalho era de aproximação, porque o partidão queria tutelar o Lula, e ele se manteve firme no pensamento dele. Naquele instante percebi que ali havia um líder sindical que era a última reserva moral. O sonho dele é de melhor qualidade de vida, justiça social, respeito aos direitos do trabalhador, aquilo que está escrito. Nada muito revolucionário. Hoje parece revolucionário, porque o estado de direito, para eles, já é comunismo, o sistema é tão estúpido. Lula é aquilo que está no catecismo da Igreja católica, e fizemos a primeira entrevista com esse sujeito. Outra tarefa foi entrevistar o Chico Buarque na casa do pai dele, no Pacaembu, e o professor da GV, Eduardo Matarazzo Suplicy, que é muito bonito e lúcido, as meninas ficam apaixonadas, tem muito cabelo, e uma coisa raríssima e fascinante: é um economista de esquerda.

Na sequência, coube a mim e mais duas colegas entrevistar o general Ednardo D'Avila Mello. A Júlia, que é muito louca, começou a contestar o general, tudo que ele falava ela cortava. Ele primeiro nos apresentou uns estudantes que frequentavam a 2ª Divisão do Exército, colaboracionistas, estudantes de direita que o Exército preparava para se tornarem líderes da chamada Arena Jovem. Tinha lá um grupo desses estudantes do Mackenzie e de outras escolas, e fomos apresentados. O general falava: "Nestes aqui é que vocês devem se mirar, são bons brasileiros, vocês estão influenciados por professores comunistas". De repente, ele perdeu as estribeiras com uma provocação da Júlia e falou: "Olha, fiquem sabendo que vou prender duas mil pessoas na minha região e seus professores estão na minha lista, este negócio de abertura vai acabar por aqui, sou contra, infelizmente, o nosso presidente, comandante supremo, está errado. Não vai haver abertura coisa nenhuma, vamos prender, acabar com esta festa, os comunistas estão infiltrados na universidade, como vocês acabam de provar, na Igreja... nós não vamos respeitar cruz nem crucifixo, estão infiltrados em todas as instituições e nós vamos limpar, 2 mil pessoas estão na minha lista. Se vocês publicarem alguma coisa sobre isso, serão duas mil e duas pessoas".

Ficamos discutindo o que fazer, escrevi aquilo como uma reportagem e avisamos o professor: "Você tem que levar isso para o partido, esta ação do partido está sendo não só acompanhada como investigada com lupa, e vai ser usada como argumento para derrubar o processo de abertura, vocês estão na lista dos presos". Falei para os meus mestres, e Rodolfo Konder respondeu que as coisas estavam equacionadas, totalmente discutidas e digeridas no âmago do partido, e que aqueles eram os últimos pios dos gaviões do sistema, porque tinham certeza de que a abertura era lenta e gradual, mas era segura. Dois meses depois, ele foi preso junto com outros, e só não morreram porque o Vladimir Herzog morreu durante uma das sessões de tortura e a série de prisões se interrompeu, não conseguiram prender as duas mil pessoas, mas chegaram perto.

As pessoas fazem avaliações da realidade que não sei de onde tiram. É evidente que havia um movimento para derrubar o processo de abertura, e que isso aconteceu. Depois que morreu o Vladimir Herzog, foi uma tentativa de desestabilizar o regime, que já estava aberto demais. Acho que não estou muito seguro, sou um dos poucos que está solto. Em janeiro morreu o Manoel Fiel Filho na prisão, fui à missa para o Herzog na Catedral da Sé, todo mundo foi fotografado, quando morreu o Manoel Fiel Filho, fui ao sindicato. Começo a ficar paranoico, acho que serei preso. Participo do grupo de escolas isoladas para criar um núcleo de movimento estudantil fora da Universidade de São Paulo, tentar puxar a classe média para a compreensão do momento, e, numa das reuniões, em que o Alexandre Vannucchi Leme não voltou mais, escapei. No final de 1975, minha namorada me trocou por outro, e falei: "Taí um bom motivo para ir embora". (Luciano Martins, depoimento)

A situação relatada por Luciano é complicadíssima. Essas prisões não foram apenas uma ameaça: fizeram parte do embate entre o general Ednardo D'Ávila Mello, comandante do II Exército, em São Paulo, e o presidente Geisel. Como forma de conter a "oposição" e seu potencial nas eleições de 1974, várias prisões foram efetuadas. Jornalistas, professores, escritores, intelectuais em geral. No antigo cursinho da filosofia, que se tornou Equipe Vestibulares e recentemente foi transformado em Colégio Equipe, durante muitos meses parte do corpo docente e alguns pais de alunos ficaram encarcerados e foram torturados. Clima de muita tensão e medo. Pedaço especial da cidade neste momento, aquele é apenas um curso colegial e cursinho, ocupando o belíssimo prédio do antigo colégio de freiras Des Oiseaux. Além de inserir em sua grade curricular os cursos de teatro, música, fotografia e comunicação visual, o colégio recém-montado cria um centro cultural — como vimos, comandado por Serginho Groisman —, que apresenta *show*s incríveis e filmes maravilhosos que os cinemas não podem exibir. Neste momento de grande repressão e censura, estar junto com os que falam a mesma língua e comungam vários ideais é importantíssimo e pedagógico. Nossa companheira e cronista Flora traz mais alguns flashes amorosos dessa escola, espaço que alimenta vários corações e dá dimensão do quanto se anda em busca de um sonho.

Já não podemos fazer nada. Presos, sim, presos. Nossos professores de história, geografia, fotografia, pais de alunos, tios, avós, irmãos, muita apreensão. Sussurros no lugar das falas. União acirrada. Única arma que possuímos. Revolução dos Cravos, um "fado tropical", emoção completa, coral de "Grândola, vila Morena" no pátio da História, na USP, convocada pela Anistia Internacional, comandada pela corajosa Therezinha Zerbini. Aqui já não podemos discutir. A palavra está dada pelo mercado, estamos expulsos do prédio. Na despedida, uma grande festa junina, quadrilha, barracas, canto, carroças, noiva, padre, noivo, ópera, grande e querido Mauro Wrona, correio elegante... Como deixar tudo para trás? Mas vamos para o vizinho. Prédio moderno, leve, na Marquês de Paranaguá. Espaço intermediário, com mais cara de escola. E a tristeza de ver o outro vazio. Eleições para o grêmio. Em meio a tantas prisões e denúncias, cresce a anarquia. Aula de física, engenhoca bacana, movimento retilíneo uniforme.

Grande Mingo, pra sempre. Muita alteração e expectativa, de mais uma mudança. Martiniano de Carvalho! Cara completa de escola de padre! Ganhamos as ruas. Padaria, lanche na esquina, cantina lotada, futebol no pátio, bolas pipocando nas janelas, e a "tia" impedindo que entremos atrasados nas aulas. Gritos de guerra? Confusão na rua. Timidamente investigamos. Aqueles homens com estandartes vermelhos e vestidos de marrom, filhos de Maria, da Tradição Família e Propriedade, só nos causam asco. Tentamos replicar os gritos, mas o medo foi maior. Indignados, voltamos. Novas prisões e tempos sombrios. Mas lá dentro o prédio fervilha, estamos mais próximos. Agora sem as aulas de teatro, música, comunicação visual, fotografia... Só resta escrever, e Gilson instiga. O fantasma do vestibular nos cerca. O quê? Pra onde ir com tantas portas fechadas? O teatro, as ciências humanas, educação de qualidade e... vestibular de teste, múltipla escolha. Mais um ano, do outro lado do prédio, aulas de cursinho com um pé em cada canoa. Manifestações tímidas surgem, na Sé, na USP, e ali, só estudo. Devorando os livros dos mestres de todos os tempos, Antonio Candido, Alfredo Bosi, aprendendo inglês e um pouco de física e química. Por fim, a despedida, mas todos já foram e só resta encontrá-los. (Gama, 2018)

Alguns eventos andam ousando, tentando abrir espaços públicos que a rigor estão vetados ao convívio. Algumas experiências acontecem no parque do Ibirapuera, como a apresentação em 1974 do Ballet Stagium, ou o *show* dos Mutantes em frente ao MAM, e algumas bandas de *rock* paulistanas. Milton Nascimento e Gonzaguinha realizam *show*s ao ar livre na USP. O Colégio Equipe, na rua Caio Prado, reúne uma multidão de estudantes em *show*s antológicos, de Gilberto Gil, Tom Zé, grupo Acaru, Som Imaginário, inúmeros filmes e algumas peças teatrais.

Naquele porão escuro, num miniteatro de arena, com palco central, transitou inúmeras vezes o maior de nossos mímicos, Ricardo Bandeira. Em espetáculos solo, sem nenhuma palavra, seu corpo expressa as angústias do momento, e sua poesia vem desde os anos 1960 encantando os palcos da cidade com algumas encenações baseadas na obra de Shakespeare, como *Eu, Maiakovski!*, *Eu, Beethoven!* e *Ricardo III*, e outras como *Que fazer com a minha juventude* e *Coração de vidro*. Discípulo do francês Marcel Marceau, Ricardo ganhou inúmeros prêmios em festivais internacionais.

Vítima da especulação imobiliária que trabalha sem o menor respeito pela história da cidade, o Equipe é obrigado a deixar o prédio da rua Caio Prado. Passa um semestre em prédio emprestado na rua

Marquês de Paranaguá, e no semestre seguinte atravessa o vale em direção à Bela Vista. Carrega para a rua Martiniano de Carvalho a fama criada, a capacidade de agregar pessoas, transformando o espaço educacional em ponto cultural. Nos primeiros meses de casa nova, realizam *show*s de músicos recém-chegados por aqui e de outros já conhecidos: Alceu Valença, Belchior, Fagner, Hermeto Pascoal, Gilberto Gil e Clementina de Jesus. Com todo improviso e informalidade, feitos pelos próprios jovens estudantes, sob a orientação de Serginho Groisman. Algumas vezes, os *show*s romperam as barreiras dos portões, como aconteceu com Alceu Valença; em outras, circula pelas ruas do entorno com Hermeto Pascoal, que se recusa a acabar o *show* no horário estipulado...

↳ *Show* de Jorge Mautner no Colégio Equipe, c. 1976.

VENTOS CONTRACULTURAIS

Mesmo nos bastidores da cúpula do oficialato as divergências imperam. Estes dois anos foram de intensa disputa entre forças contrárias dentro do comando do país. Disputa que levou à prisão e à morte vários militantes nas ruas e instituições do país. Os acontecimentos da vida cultural e o encontro das pessoas em locais públicos não deixaram de ocorrer, mas sua fachada é tímida e acanhada. Mesmo aqueles festivais de canções, tão badalados entre os jovens, perdem o brilho e o destaque. Começam a surgir alguns grupos musicais, em sua maioria muito colados aos estudantes e aos espaços universitários, mais afastados da região central. Mas, aos poucos, outro lugar desponta como importante foco cultural, próximo à Vila Buarque: o Teatro Escola Macunaíma, nas proximidades da praça Roosevelt. O Centro Cultural Equipe vai se firmando como local de encontro, e rapidamente parte para o outro lado do vale, na região da Bela Vista, na rua Martiniano de Carvalho. Ali também se impõem como espaços de ação cultural e política o Teatro Ruth Escobar e o cineclube da Getulio Vargas.

Os ventos *hippies* e contraculturais não estão mais restritos a alguns grupos musicais. Agora permeiam a vida de parte dos estudantes universitários de classe média, que buscam, em "comunidades", formas diferenciadas de convivência com seus iguais. Diferentemente das repúblicas de estudantes que se juntavam pela necessidade financeira de dividir os aluguéis, estes saem bem jovens da casa dos pais, buscando ideais de vida antiburgueses, querendo revolucionar o mundo a partir da experiência cotidiana. Dividindo as tarefas domésticas rigorosamente, discutindo as regras da vida em comum, questionando o casamento, a família, as relações afetivas, a rigidez da escola e das instituições sociais.

O "espírito Odara" que vem da letra da canção tropicalista impregna um cotidiano de muita festa e liberdade de comportamento — dentro de quatro paredes, pois, como lembra uma de nossas "viajantes", não nos sentimos seguros nas ruas. O espectro das cores é grande, o questionamento passa por afrontar a racionalidade capitalista a partir das drogas, da experimentação de novos tipos de relações e sexualidades. Há uma fusão gradual entre os questionamentos da esquerda e as bandeiras contraculturais. Mas isso é só o começo.

A movimentação contracultural marca um segmento desses jovens, na música e na produção artística que circula em alguns espaços pequenos e que atingem um público restrito. São grupos locais que estão surgindo, e alguns de fora que ainda chegam por aqui. Tudo isso seguindo um processo que nem a ditadura conseguiu conter, em grande parte facilitado pelo avanço das comunicações e dos meios de transportes. Começam a chegar ao "sul maravilha" vozes de um outro Brasil: Novos Baianos, Dominguinhos, Alceu Valença, Belchior, Fagner, Amelinha, Elomar, Quinteto Violado e Armorial, que cantam e tocam um país desconhecido para a grande maioria dos paulistanos.

Como já disse Gilberto Gil, o grupo dos baianos, dos tropicalistas, já é um pouco representante do Nordeste, trazendo a aridez da natureza, a "severinidade" do elemento humano, o raquitismo dos meninos, como Torquato Neto. Como intérpretes, Caetano Veloso, Gilberto Gil, Maria Bethânia, Gal Costa e o carioca-mineiro Milton Nascimento fazem um resgate de sambas tradicionais e canções brasileiras. Mas essas novas vozes do Brasil profundo vêm acrescentar mais algumas cores à paleta da música brasileira. Compositor do álbum *Das barrancas do rio Gavião*, Elomar Figueira Mello vem fazendo sua apresentação por aqui:

> Vô cantá no canturi primero
> As coisa lá da minha mudernage
> Qui mi fizero errante e violêro
> Eu falo séro e num é vadiagem[12]

***

Os jornais noticiam: O assassinato de Manoel Fiel Filho pelos mesmos facínoras que haviam matado Herzog, no DOI-Codi de São Paulo, conduz afinal à substituição do general comandante do II Exército e à proibição da tortura e do assassinato dentro dos quartéis. A ditadura uruguaia, forçada pela brasileira, obriga João Goulart a desistir do direito de asilo. Simultaneamente o governo brasileiro declara que, se Jango desembarcar no Rio, será preso e banido. João Goulart morre no exílio, na Argentina, impedido de voltar para o Brasil. Só seu corpo

---

[12] "O violeiro", Elomar Figueira Mello, 1972.

retorna, para ser sepultado em São Borja. Todos começam a conscientizar-se de que seu governo, odiado pela direita e incompreendido pela esquerda, não caiu por seus defeitos, mas por suas qualidades. Jango encarnou a maior ameaça que as multinacionais e o latifúndio tiveram que enfrentar. Juscelino Kubitschek morre [em 22 de agosto de 1976] num desastre na Via Dutra, no qual seu carro é espatifado. Imensa foi a comoção popular em todo o país. Era o mais amado dos presidentes brasileiros e, por isso mesmo, o mais odiado. Sentimos que se perdia com ele o futuro presidente democrático. As circunstâncias do acidente nunca foram esclarecidas. O enterro saiu da sede da *Manchete* e o povo carioca cantava o "Hino da [Proclamação da] República" (então proibido): "Liberdade! Liberdade!/ Abre as asas sobre nós". E carregava o caixão no alto, acima das cabeças da multidão, coberto pela bandeira nacional. Em Brasília foi ainda mais comovente, toda a população acompanhou o cortejo. [Os dirigentes comunistas] Pedro Pomar, Ângelo Arroyo e João Batista Drummond são mortos por agentes do II Exército, os primeiros ao serem presos e o terceiro, na tortura.

As manifestações contra a ditadura se multiplicam em todo o país. O general Geisel fecha a cara e cassa mais um lote de deputados de oposição: Marcelo Gato, Nelson Fabiano, Nadir Rosseti, Amaury Müller e Lysâneas Maciel, culpados de defender os direitos humanos tal como estão expressos na Carta das Nações Unidas. Mancomunado com seu ministro da Justiça, obriga o Brasil a engolir a solução que ele recomenda para não perder a eleição: a Lei Falcão, que limita o acesso de candidatos ao rádio e à televisão. A XXVIII reunião da SBPC [Sociedade Brasileira para o Progresso da Ciência], realizada em Brasília, alcança repercussão nacional pelo tom político de defesa da democracia, em que a comunidade científica fala à nação. Inicia-se timidamente a redemocratização da universidade, com a dissolução dos núcleos de segurança que impunham disciplina e medo aos professores e alunos. Os universitários começam a protestar, denunciando torpezas e brutalidades da ditadura, reclamando liberdade e melhores condições de ensino e pesquisa.

Economia: A Petrobrás quebra o monopólio e firma o primeiro contrato de risco com a British Petroleum. O segundo é firmado com a Exxon. É o Eixo, outra vez: Geisel e Ueki. (Adaptado de Ribeiro, 1985)

Caminhando pela rua Augusta, encontro nossa companheira de viagem Adelaide, que desde o final da década de 1950 vem trazendo casos deliciosos sobre a cidade. Curiosamente, ela reforça algumas informações que os jovens estudantes e recém-formados da universidade, moradores da Vila Madalena e Pinheiros, já nos contaram. São informações referentes a mudanças de comportamento mais amplas, antenadas com os movimentos juvenis de outras partes do mundo, e que almejam uma revolução no campo das vivências pessoais, para, a partir daí, atingir a sociedade como um todo.

> Estamos em outra fase, outra história bem diferente na minha vida. Com filhos pequenos, não saio muito à noite, mas gosto de ir à Hippopotamus, na avenida 9 de julho, ao St. Pool, na alameda Lorena. Vamos dançar *disco music*, que adoro. Tem um lugar novo que se chama Papagaio, na Faria Lima. Moro numa casa que tem uma sala grande, onde fazemos muita festa. Não temos muita grana e comemos muito em casa ou na casa de amigos, mas de vez em quando saímos para dançar. Vamos bastante ao teatro, que é muito censurado, mas vi coisas memoráveis, como *O balcão*. Um dos espetáculos mais lindos que vi foi *À margem da vida*, do Flávio Rangel, com a Ariclê Perez e a Beatriz Segall, no Theatro São Pedro, lá em cima. No Bandeirantes, na Brigadeiro, vi um espetáculo inesquecível, *Labirinto*, do Flávio Império, com Walmor Chagas. Outro grande espetáculo de texto e interpretação foi *A noite dos campeões*, no Teatro Augusta. Coisas marcantes, espetáculos definitivos. Quando vi esse último, pensei: "Adoraria que esse diretor dirigisse as minhas peças". Já escrevi duas peças, mas nenhuma delas foi encenada. O que está acontecendo é que todo mundo desbundou, começou a dar. Todo mundo era virgem, de repente começou a dormir com seus namorados. O movimento tropicalista tem uma influência enorme. Com os Dzi Croquettes, percebi que não é uma questão de os homossexuais se assumirem, mas de ter orgulho de sua condição. Amei o espetáculo que fizeram, *Gente computada igual a você*. Vieram se apresentar na casa noturna Ton-Ton Macoute, mas depois foi transferido para o Theatro Treze de Maio. Ali vi também outras coisas ótimas, *Os filhos de Kennedy* [dir. Sergio Britto], as peças maravilhosas do Fauzi Arap, como *Pano de boca*. A editora Abril é um reduto de presos políticos, é o único lugar em que as pessoas trabalham e o ambiente permite que se soltem, os homossexuais se sentem à vontade para assumir a sua condição. Lá tenho muitos amigos homossexuais, que frequentam a boate Medieval. (Maria Adelaide Amaral, depoimento)

Uma busca nos jornais nos conta que novos trechos da cidade começam a abrigar atividades noturnas, principalmente da classe alta. O movimento segue certa lógica de expansão que já vinha sendo anunciada pelas casas noturnas dos jovens dançarinos do *rock and roll* nas boates da rua Augusta. O bairro dos Jardins, reduto da classe alta paulistana, abriga restaurantes e boates da moda, como a Hippopotamus, na avenida 9 de Julho. Anunciada como "o pedacinho de Nova York em São Paulo", possui uma sala com piano-bar e outra com discoteca. Nas imediações, seguindo pela larga avenida Faria Lima, recém-aberta e já equipada pelo mais novo tipo de comércio, os *shopping centers*, surge a badalada Papagaio. No primeiro andar da galeria Cal Center, em uma pista com filetes coloridos de neon e *spots*, jovens e nem tão jovens dançam os últimos sucessos norte-americanos.

Adelaide tem razão: os Dzi Croquettes, inspirados no conjunto norte-americano The Croquettes e no movimento *gay* atuante no off-Broadway, imprimem uma marca brasileira, falando da nossa realidade repressiva sexual e política. Depois de incrível sucesso, passam algum tempo em Paris e, ao voltar, criam um novo espetáculo: *Romance*, de Cláudio Tovar e Wagner Mello. Traz um elenco feminino, do qual faz parte a nossa viajante Regina, que acaba se agregando ao núcleo fundador. Adelaide continua:

> A mudança de comportamento é impressionante. Tenho uma madrinha de casamento que, em uma reunião na minha casa, começou a cagar regras sobre as moças que usavam biquíni. Não deu dois anos e a filha dela apareceu de biquíni, foi uma coisa impressionante. O *Pasquim* faz muito a nossa cabeça, liberou o uso de palavrão, até há pouco tempo ninguém falava, a não ser Dercy Gonçalves, Jane Boca Suja e eu. De repente, por causa da entrevista com a Leila Diniz, todo mundo começa a falar. As pessoas agora se separam muito, antes raramente isso acontecia, seguravam seus casamentos, às vezes casamentos de merda, mas... Começam a transar muito, transam mesmo, para valer, desbundam, deixam tudo e vão morar na praia, em Ilhabela, Paraty, Bahia. Tenho vários amigos que deixaram tudo e conseguiram romper, foram embora. Vejo casais que transam fora do casamento e contam uns para os outros, se machucam muito por causa disso. São muito loucas, porque não se pode fazer isso, magoar o outro dessa maneira, vários casos, pessoas famosas, desbunde geral. Quando casei de noiva, precisei me justificar para todos os meus amigos, porque estava casando na igreja. Fui fazer jornalismo agora, mas já trabalhava há muito tempo na Abril. Uma coisa de que continuo gostando é ir a boteco de chope. Quando saímos da editora, vamos ao Bar do Alemão. Na Lapa tem um lugar chamado Sujinho, fica no miolo do bairro e serve rabo de jacaré, coisas exóticas, e muito chope e cerveja. A gente vai também ao Ilha e ao Senzala. A cidade já tem outra configuração. O centro não é mais o centro, foi para a avenida Paulista. (Maria Adelaide Amaral, depoimento)

Um dos locais que está substituindo os velhos pontos de encontro no centro da cidade é o já citado Bar do Alemão. Aos poucos, as redações dos jornais e revistas vão abandonando a região central e se fixando nas marginais recém-inauguradas, desfazendo a antiga dobradinha entre boemia, centro e sede dos meios de comunicação. Os encontros são empurados para o meio do caminho, entre o trabalho e a moradia. Com isso, o centro vai perdendo mais um pedacinho do seu convívio, mas outros locais vão surgindo. No Café Paris, perto da USP, topo com nosso companheiro de viagem mineiro, o jornalista e músico Luis, que chegou há pouco para estudar, mas está trabalhando e já fez até uma crônica sobre o Bar do Alemão. Ele vai dando um panorama desses novos locais, nos Jardins, em Pinheiros, no Itaim...

O dono do Bar do Alemão é o Dagoberto Marques. Ali temos personagens fantásticos, o Pelão, o Baiano Gutemberg, que conhece tudo da noite. Há os jovens músicos Gereba, Vicente Barreto, Roberto Riberti e o pessoal da antiga, que conhece profundamente música, o Marquesan, o pessoal da Cesp, que conhece as dos anos 30, 40, e o Nelsinho, que é da música instrumental e conhece tudo. O Hervé Cordovil, aquele pianista mineiro, parceiro do Noel, que fez o "Rua Augusta a 120 por hora" ["Rua Augusta", 1963] e deu para o filho [Ronnie Cord] gravar, e o Sindô, todos frequentam lá. O mundo que se abre para nós é uma coisa inacreditável. Passamos a conhecer a música dos anos 30 e 40, não apenas as mais conhecidas, mas este mundo subterrâneo da música de São Paulo. Figuras como o Almeida, que fez parte do movimento negro dos anos 1960, do samba... esse universo, para nós, é extraordinário. Os aposentados da Cesp chegam lá às 7 da noite, ficam até 11; os jornalistas chegam às 10 e ficam até 11 e meia, meia-noite, quando chegam os músicos profissionais. E eu fico esticando, esticando. Trabalho na *Veja*, posso chegar mais tarde. Do ponto de vista da música, da história da música, aquilo ali é inesquecível.

Sou estudante, mas trabalho, comecei no primeiro ano em que vim pra cá. Atrasei a faculdade por um tempo, mas faço só para ter um diploma. Quando conheci o bar, comecei a ir direto. Ali, todo mundo se conhece, é uma espécie de abrigo dos órfãos do interior. Todo sujeito do interior que está meio perdidão vai para lá, é o bar que frequento cinco dias por semana. Existem outros: na entrada da USP tem o Rei das Batidas, tem este aqui, o Café Paris. No Itaim tem o Mestre das Batidas, com boas batidas. Mas o Alemão me transformou meio em monógamo, vou direto lá.

Vamos muito nas casas das famílias, inclusive para tocar. Uma parte do grupo é de profissionais, eles acertam para tocar em algum lugar,

↳ Dagoberto Marques, dono do Bar do Alemão, no caixa, c. 1980.

↳ Dagoberto Marques e Nelson Cavaquinho no Bar do Alemão, c. 1980.

e os não profissionais vão dar um reforço. Tocamos na Rebouças, em um lugar de convivência para velhinhos, em bailes da terceira idade, e toda semana vamos dar um reforço perto da alameda Santos. É uma graça, um prazer: são viúvos, viúvas, separados, sozinhos, tocamos e eles conversam, é muito compensador. Tocamos nas casas das pessoas em reuniões, aniversários, eles convidam, engraçado é que às vezes vem um bebum tentando dar uma gorjeta. Tem um sujeito, o Stockler, que dá ótimas festas em casa. Ele é daquela caderneta [de poupança] Haspa e patrocina festivais de choro. De repente tem umas rodadas na casa dele, onde encontramos com Abel Ferreira, Moreira Lima.

Tem os puxadores de turma, o Gudin é um deles. São ponto de referência. Na alameda Jaú tem um bar que foi do Baiano. Ele foi dono de umas três casas e junta muita gente, porque circula em vários grupos. Montou uma na Joaquim Eugênio de Lima, que tem um choro de primeira. Tem a turma dos juristas, advogados, desembargadores, que frequenta sempre o mesmo ambiente, o Itamarati, em frente ao largo de São Francisco. Digamos que as pessoas de referência são o Gudin, o Aluizio Falcão, o Baiano, o Almeida, que faz esse meio campo, música de periferia, e o nosso grupo. Na Vila Sônia tem uma casa em que, no fundo, tem um barracão, onde o cara montou um palquinho e tem uma música de primeiríssima. (Luis Nassif, depoimento)

Ele está indo embora quando entra Walnice, nossa amiga filósofa, que senta em outra mesa sozinha. Eu me aproximo com cuidado, pedindo licença, pois percebo que não está muito animada. De fato, a situação estes anos não está das mais animadoras, a repressão está intensa, muitas pessoas estão presas, há assassinados e desaparecidos. Apesar de tudo, ela topa conversar um pouco e completa as informações de Luis, contando de outro ponto de encontro da cidade, além de reforçar a importância dos encontros nas casas das pessoas.

Esta década é a pior do século, é horrível, a sensação da ditadura em cima, as notícias que vêm de que seus amigos estão sendo torturados, mortos, estão se exilando, indo embora do Brasil, é diário, isso é realmente horrível. A sociabilidade é uma coisa meio desesperada, percebemos que as pessoas estão desesperadas, não é mais o alegre descuido, a alegre irresponsabilidade da década de 1960, que foi uma década de euforia no mundo inteiro e culminou no movimento de 68. Esta década é uma coisa horrorosa, amigos meus cometem suicídio, perdi muito o interesse por tudo. Em cinema, teatro, porque é uma coisa sufocante e censurada, o interesse que tenho pela música popular baixou muito. Mas frequento bares. A sociabilidade passou mais para bares e festas nas casas.

Os encontros mudam de região, vão para a avenida Paulista, Riviera, defronte ao Belas Artes, que tem um programa de filmes de arte às segundas-feiras. Sala da Cinemateca Brasileira. Agora, no final de 1975, houve a morte do Vlado [Vladimir Herzog], e, em janeiro de 1976, a do Manoel Fiel Filho — quer dizer, estamos no auge da repressão e da ditadura. Me desinteressei muito, comprei uma casa em Paraty, cuidei da reforma dela e sumi. Pego meu filho e vou embora para Paraty, tenho muitos amigos da esquerda, intelectuais e artistas, que fazem o mesmo. É bom ter esse refúgio. Andar de pé no chão, ver alguém tocar violão, sair de noite para ver a lua cheia, andar de canoa, é muito agradável. Respirar. (Walnice Nogueira Galvão, depoimento)

A participação das mulheres no mercado de trabalho, na vida da cidade e no ensino superior está cada vez mais intensa. Relatório enviado para o México por um grupo de mulheres, do qual faz parte Rose Marie Muraro, dá conta de que em 1969 eram 100 mil mulheres para 200 mil homens nas universidades, em 1975 as mulheres pularam para 500 mil, mesma quantidade que os homens (Dias, 2003). Além de ter conquistado sua inserção no mundo das artes, a mulher passa a ser grande protagonista das batalhas contra a velha moral e a repressão sexual. Em tempos sombrios, essa luta se faz em várias frentes. É o que nos mostra nossa companheira de viagem Marika, do mundo da dança...

Nesta questão da participação das mulheres, tenho como referencial a Ruth Escobar, que é uma lutadora imensa. As mulheres estão começando a trabalhar com muito afinco. A discriminação nem chega perto de mim, porque dou patada. É o meu direito pisar onde estou, sei o que estou fazendo, não discuto. Não deixo isso me tocar. Tenho um conteúdo muito grande, então ninguém questiona. Tenho como referencial a Ruth, como mulher de teatro. Trabalho bastante com ela. Há pouco teve um festival de dança, nacional e internacional, no Theatro Municipal, e participamos. Em geral, isso acontece em julho. É muito grande, todo mundo vai, o teatro tem um espírito muito sério e aquilo lota. Começamos a trabalhar com o Teatro Anchieta, do Sesc, inaugurado em 1967. Eles nos apoiam, pagam a viagem e o cachê, e tem lugar para dançar. Fazemos espetáculo à meia-noite para os atores. Fazemos também no Teatro Cultura Artística, mas é uma coisa mais esporádica. (Marika Gidali, depoimento)

***

> Na literatura, Darcy Ribeiro se inaugura romancista com *Maíra*, em que entra numa pele mairum para sentir o gozo e a dor de ser índio. Na produção acadêmica, Luiz Werneck Vianna publica *Liberalismo e sindicato no Brasil*, falando da revolução burguesa, modernizadora, que operaria através da capitalização do campo. Heleieth Saffioti publica *A mulher na sociedade de classes*. No cinema, Sonia Braga, em *Dona Flor e seus dois maridos*, de Bruno Barreto, encanta o Brasil. Exportada, é vista e admirada lá fora. Outro êxito é *Xica da Silva*, com Zezé Motta, de Cacá Diegues. Na música, o sucesso musical é "Meu caro amigo", carta que Chico Buarque cantou, gravada, para Augusto Boal. Crimes: a mais bela mulher de Minas Gerais, Ângela Diniz, é assassinada por um milionário boboca, Doca Street. (Ribeiro, 1985)

Depois de muitas caminhadas e de ler algumas notícias, reencontro nossas amigas de Campinas que já estão arrasando por aqui faz algum tempo. São daquela turma que está quebrando todas as regras de comportamento. Regina Muller inclusive passa a fazer parte dos Dzi Croquettes, que no fundo têm um grande vínculo com esta sociabilidade possível dos tempos de ditadura. Ela inicia a conversa contando que vai bastante ao Cine Belas Artes, ao Riviera, ao Sujinho, que fica ali na Consolação com a Maceió, "que tem um bifão gostoso, com um monte de cebola". Quase que em jogral, Mara Rasmussen completa: "Coisa que gosto de fazer é ir tomar café no aeroporto, sopa de cebola no Ceasa, ir à praça Júlio Mesquita, onde tem o Filé do Moraes, e na esquina a Churrascaria Mester, onde vamos comer carne".

Há realmente uma mudança de eixo. Os encontros e atividades que aconteciam na área central caminharam em direção à rua Augusta, ao bairro da Bela Vista, do Bixiga, à Consolação, e agora podemos perceber o aparecimento de novos pontos de encontro na região de Pinheiros e na Vila Madalena, onde a população de estudantes só aumenta, com suas moradias conjuntas e algumas atividades culturais.

Essas informações se completam com algo que andei lendo aqui sobre a Vila Madalena: até o começo desta década, não havia por aqui nenhum bar aberto depois das nove da noite. O primeiro que começou a não fechar nas noites de sexta-feira foi o Sujinho. Outro ponto de encontro por aqui é a feira livre que acontece aos sábados, na rua Mourato Coelho. Quando a feira termina, os bares ficam lotados. Por suas ruas encontramos eventos promovidos pelos novos habitantes: conjuntos de música nas praças, filmes projetados em seus muros e grupos de teatro de rua.

> Conjuntos de música se apresentam em praças, artesãos estendem seus trabalhos pelas calçadas, filmes são projetados em grandes muros pelos cineastas e grupos de teatro de rua se formam e intervêm no cotidiano do bairro e da cidade.
>
> Faço parte de um grupo de teatro de rua na Vila Madalena chamado "Abre mais que agora vai," ou "Na minha ninguém põe". Nossa ideia é intervir na cidade. Um dia alugamos um burro para fazer uma *performance* na Vila e o perdemos. Fomos encontrá-lo, depois de muita procura, na coxia onde morava. Tivemos que pegar o animal novamente e levá-lo à frente de nosso grupo. Numa outra vez, na inauguração das estações de Metrô Liberdade e Paraíso, saímos com o objetivo de inaugurar a liberdade e o paraíso... Somos todos remanescentes do curso de teatro da EAD. ("Depoimento de Justino — que se torna funcionário do Lira", Oliveira, 2002)

Afora os bares e a Vila Madalena, há outros locais e grupos que estão virando referência musical da cidade. Aquele jovem estudante da zona oeste, Carlinhos, que está se atirando na carreira musical, conta uma trajetória diferente.

> Entrei na Faculdade de Administração na Faap em 1975. Por sorte minha, tem um rapaz que faz administração também, o Arnaldo Nogueira, que estuda violão clássico. É aluno do Isaías Savio, uruguaio radicado no Brasil, uma referência do violão clássico. Posso dizer que estudo por tabela com o Isaías.
>
> Arnaldo me contou que estuda violão clássico mas gosta muito de música popular, e eu toco violão popular. Ele estuda muito e começamos a nos reunir todos os dias para tocar e compor. Larguei a Faculdade de Administração em 1976 e fui estudar música e história. Estudo violão erudito e dou aula de violão popular. Tenho um duo com o Arnaldo Nogueira, estudamos e já compusemos muitas músicas. Resolvi me profissionalizar, fui estudar na Fundação das Artes em São Caetano, pego um trem todo dia para ir e voltar. (Carlinhos Antunes, depoimento)

Com todas essas transformações urbanas, a concentração dos jovens estudantes na zona Oeste, a partir da proliferação de repúblicas e comunidades, implica a criação de novas formas de sociabilidade. Estas passam pelas atividades cotidianas, como a feira livre, ou mais

↳ Artistas de rua na feira da Vila Madalena, 1978.

criativas, como espetáculos ao ar livre. Os elementos que parecem dar leveza a esse momento camuflam parte da história escondida pela ditadura, que continua em vigor. Alguns estudantes mais velhos, que voltam a circular em "liberdade", lembram que a luta continua, e as limitações são enormes. Koji, companheiro de viagem que foi preso e ficou fora de circulação, conta mais um pouco sobre os bastidores da prisão e de sua recente readaptação por aqui.

Sair da prisão foi um processo de retomada. O PCdoB se desmilinguiu, só há alguns grupos espalhados, mas são pequenos. A vida de prisão tem grandes problemas, mas uma vantagem: é um espaço de convivência compulsório. É uma escola de vida, aprende-se muito. Eu e o Ivan Seixas éramos os mais jovens. Tem mais outro garoto, da Colina ou da ALN, que jogou uma bomba e explodiu a Bic, empresa norte-americana que financia a Oban. Somos os três, a ala jovem. Mas a maioria das pessoas é mais vivida, mais experiente, com formação. O debate político está lá dentro. Fiquei preso com o Genoíno no último período, na mesma cela, seis meses, quando estive no Carandiru. Ali já estava mais distribuído, os presos, mais acomodados. Tem biblioteca com 2 mil volumes, cursos de política, de arte, fazemos uma rotina de atividades mais voltadas para a política e para o estudo. O Joel Rufino dos Santos, professor da USP, do PCB, deu aula de história do Brasil, sobre século XVIII e XIX. Um período muito rico. Quem passou pela prisão aprendeu muita coisa, além da vivência, da repressão, da tortura. A Igreja vem, desde 1975, sendo muito atuante, e os partidos políticos que eram alternativas centristas começam a bater mais forte, deu um novo alento. Temos um pouco mais de liberdade para fazer reuniões, assembleias, coisas que não podíamos. Atualmente não chegam a trezentos os presos em todo o país, poucos continuam [presos], mas pela prisão passaram milhares de pessoas. Alguns dos que estiveram presos estão por aí imobilizados, e começam a encontrar outras formas de participação, associações, movimentos sociais, sindicatos... retomam um pouco.

Saí da prisão e me engajei nisso. Fazemos formação de adultos, e quem está à frente disso é a Igreja. Este ano me juntei a eles. Há uma fusão dos movimentos com a Igreja. Houve um ato no Arquidiocesano e um na praça da Sé, da luta contra a carestia. Quem organizou foi o pessoal da universidade. Por conta das minhas prisões, não me envolvo diretamente nas coisas, só apareço em algumas reuniões. Quem estava presente neste ato era a minha companheira, e o Paulinho, um japonezinho. Uma tentativa do pessoal da universidade de fazer a passagem para os movimentos sociais, junto com a decisão de mudar para os bairros. Nós estávamos morando perto da USP, na Vila Gomes, perto da

Raposo Tavares, e agora decidimos mudar para o bairro da Saúde, por um contato que tivemos com o pessoal da pastoral operária, e fomos morar lá mesmo.

Há uma dimensão da luta pela qualidade de vida que não existia antes. É a defesa dos direitos sociais, que ninguém faz. Para alguns, os grupos mais organizados e radicais, é bobagem. Eles perguntam: "O que você está fazendo?". Dizemos que fomos morar na periferia, por isso estamos envolvidos, mas, na realidade, para fazermos isso, discutimos muito, analisamos as necessidades dos bairros. O partido não existe, então vamos escolher um bairro. Cada um foi para um bairro. Um na Freguesia do Ó, outro na Saúde, outro [no município de] Diadema: nossa turma se espalhou um pouco, não há uma coisa estruturada. Há uma linha de ação, para tentar mobilizar as pessoas, trazer a luta política para o cotidiano, para o dia a dia. Tem certa influência, não dá para exagerar. Todo o movimento social, mesmo organizado, tem certo limite, e o limite é o atendimento daquela demanda. Se aquela demanda não se canaliza para outra, a coisa morre, daí a importância do partido ou de outra organização que transforme isso, que dê permanência e consistência, e não pare numa luta específica. (Koji Okabayashi, depoimento)

Muito lenta e gradualmente, os grupos começam a engatinhar seu retorno. Neste momento, quem está mais organizado são os movimentos nas periferias, frutos de associações de amigos de bairro, clubes de mães, lutas por creche, dos que lutam por moradia, água encanada, esgoto, luz, coleta de lixo, mutirões para construção de moradias... enfim, são lutas amplas, que algumas vezes envolvem as comunidades eclesiais de base, grupos culturais e grupos políticos em reorganização.

Praticamente uma bíblia nas mãos dos estudantes e militantes de agora, o livro editado pela Comissão de Justiça e Paz da Arquidiocese de São Paulo, *São Paulo 1975: crescimento e pobreza*, traz algumas reflexões importantes a respeito das comunidades eclesiais de base, grupo essencial neste momento.

Especialmente entre os trabalhadores, mas também em meio aos jovens e em outros grupos sociais, a presença da pastoral católica tem propiciado não só as novas modalidades de convívio nas "comunidades de base", como uma das poucas possibilidades de expressão dos anseios de justiça.

Politicamente fundamental é a discussão sobre a democratização da sociedade. [...] Por democratização, neste contexto, entende-se a

> capacidade de manifestação, pelas camadas populares, de seus pontos de vista, sem o terror da represália [...] só será possível uma democratização substantiva quando se construírem, na esfera institucional, organizações que viabilizem a expressão do sentimento popular sem que o temor estanque o protesto. Não basta, embora seja condição necessária, um Estado de direito.
>
> Uma perspectiva de democratização substantiva supõe também um sistema fluido de informações, que permita o intercâmbio das experiências e dos desejos populares, e a capacidade de propor alternativas viáveis (processo que requer conscientização e educação popular), em direção a uma ordem social mais igualitária e capaz de assegurar emprego, alimentação e abrigo para todos. (Camargo *et al.*, 1976)

Sem espaço de atuação, com a sociedade civil esgarçada, os direitos esfacelados, os jovens universitários rumam às periferias, na intenção de trabalhar na educação dos mais necessitados, na maioria das vezes em espaços cedidos pelas paróquias. Busca-se uma educação que vá além da formal, e dê instrumentos para que essa população solicite e exija os seus direitos; uma educação para a cidadania. Aos poucos, entre nossos viajantes, alguns vão contando parte desse deslocamento, que é significativo em todas as áreas, na construção de um dos *slogans* maiores da luta do momento: a reconquista do estado de direito. Nair, a fotógrafa estudante da Escola de Comunicação e Artes da USP, opina:

> O movimento estudantil está ativo, mas o que acontece mesmo é na periferia, grupos de mulheres, do custo de vida, isso está vindo agora. Primeiro, o que estourou como movimento politizado, discutindo, com acertos e erros, enfim, foi o movimento estudantil; agora está surgindo o movimento de custo de vida... A Igreja está se engajando para valer, estão ficando conhecidas as torturas, porque até agora era uma coisa meio escondida. De repente ficou tão feio, tão feio, que não dá mais pra dizer que a gente não tem nada a ver com isso. Todo mundo tem a ver com tudo.
>
> Para as pessoas que saem do movimento estudantil e vão se engajar nos movimentos populares, é muito sofrido, não se tem base nenhuma, saem de uma vida classe média e vão para o ó do borogodó. São hipóteses que levantam enquanto estudantes, e depois a realidade é outra, chegam a lugares onde as condições são outras, há uma dificuldade enorme, muita gente não sabe como continuar aquele trabalho, porque aquilo exige que se mude de vida totalmente, que se mude de vocabulário, de roupa, de tudo. (Nair Benedicto, depoimento)

***

Jornais noticiam:

> O coronel Saraiva, adido militar em Paris, manda relatório secretíssimo ao Estado-Maior das Forças Armadas sobre as roubalheiras do embaixador Delfim Netto, e a única vítima é o Saraiva. O bispo de Nova Iguaçu, dom Adriano Hypólito é sequestrado, desnudado, seviciado e pintado de vermelho com mercurocromo por membros da Aliança Anticomunista Brasileira. Ninguém foi preso. Os padres salesianos, depois de anos de convivência com os opressores dos Bororo e de apropriação de suas terras, passam a defendê-los. Em consequência, o padre Rodolfo Lunkenbein e o índio Simão são assassinados por fazendeiros. Terroristas da Aliança Anticomunista e outras seitas lançam bombas na sede da ABI [Associação Brasileira de Imprensa], em loja da editora Civilização Brasileira, no Rio, e no escritório do Cebrade [Centro Brasil Democrático], em São Paulo. A TFP começa o culto a São Marcinho, militante carioca que, levado a uma praia, matou-se enterrando a cabeça na areia, para não ver mais as meninas de biquíni. (Ribeiro, 1985)

Passados alguns dias dessas conversas com os estudantes, vou até o centro e marco com Ugo, que está bem afiado com as notícias sobre o cinema e os locais de encontro que ainda existem nesta região.

> Muito se desfez, mas muitos continuam ativos. Alguns restaurantes nas imediações começam a formar outra rede, não tão ligada ao Centro Novo, com ramificações para Higienópolis.
> Está havendo uma mudança grande no mercado de filmes, uma queda na vinda de filmes japoneses, com exceção do fantástico Kurosawa. Desaparece uma geração de japoneses interessados, e os filmes vêm para a colônia assistir, não vêm para a cidade, vêm para o bairro da Liberdade. De vez em quando vem um Eizo Sugawa com *Morte à fera* e vai todo mundo ver, a trilogia do samurai cego. Os filhos não têm o mesmo interesse linguístico. Vi filmes do cinema japonês sem legenda, coisa de louco, vamos ver porque queremos saber o que está acontecendo. Há o declínio do cinema europeu, temos os grandes cineastas, Godard, Truffaut, Louis Malle, mas começamos a virar norte-americanos. Pouca gente falava inglês, só algumas livrarias vendiam livros em inglês, a Livraria Triângulo, na Galeria Califórnia, uma ou outra no centro tem livros de bolso, como aquela esplêndida, na avenida Ipiranga, em frente à praça da República. Agora a cidade começa a virar uma cidade americana, com publicidade violenta, carros.

No cinema nacional há a pornochanchada. As [pornochanchadas] cariocas ainda têm alguma qualidade, mas as paulistas são ruins. É extremamente rasteiro, tecnicamente malfeito, ideologicamente só transmitem preconceito e bobagem, estupidez. Não vejo nada de bom na Boca do Lixo, mas tem muita gente que endeusa, diz "que é o único cinema do público", mas é do pior público possível. No Rio está surgindo um cinema de qualidade. Cacá Diegues, com o *Xica da Silva*, que faz um enorme sucesso. Estamos na década do sexo, a liberação sexual aparece no cinema como uma contrafação, tem esses absurdos da Boca do Lixo, mas tem o Nelson Rodrigues com *A dama do lotação*, que faz um enorme sucesso. O próprio Jorge Amado, [com] *Dona Flor e seus dois maridos*, dos irmãos Barreto, trata o sexo de uma maneira cinematográfica. Isso está perpassando a década. *Xica da Silva* é um filme bacana. Alguns são mais interessantes, mas, por outro lado, o cinema mais empenhado tem grande força dos militares. É inacreditável, eles não tiveram peito de acabar com a Embrafilme. O cinema empenhado de Leon Hirszman e Joaquim Pedro de Andrade, fora o Glauber, são todos sustentados pela Embrafilme, uns têm bom público, outros ninguém vai ver. Em São Paulo temos o [Walter Hugo] Khouri. Cineasta empenhado, gosto dele, é muito bacana, educado, fino, e é um cara que passou a década filmando, ditadura ou não, podemos concordar ou não, mas fez.

[...]

Frequento bastante o restaurante Roma, na rua Maranhão, em Higienópolis. O cara deve pensar que sou dono de banco, ganho muito dinheiro na publicidade, pagam muito bem. Minha mãe chega a achar que estou fazendo alguma coisa ilícita. As agências não são multinacionais, é Alcântara Machado, brasileira, que tem contas ótimas. Vou pelo menos três ou quatro vezes por semana ao Roma, moro do lado, na avenida Higienópolis com a Angélica. O Jardim de Napoli é um restaurante maravilhoso. La Casserole, no largo do Arouche. O Almanara, nós frequentamos muito... o Panamericano, também no Arouche, com uma feijoada incrível; o Fasano, na Vieira de Carvalho com a praça da República. Gosto de restaurantes típicos, Trattoria Italia, na rua Turiassu. No Bixiga há restaurantes muito bons, que são de italianos mesmo. No Aberico uma vez fui jantar e estava lá o Tom Jobim. Fica na rua Rui Barbosa, perto da rua Fortaleza. O Il Cacciatore, na rua Santo Antônio; a cantina Roperto, na Treze de Maio. Fora de lá há o Bolinha, o Pandoro virou um *point*, no Conjunto Nacional. Tem ainda os franceses: o Marcel, que é perto da Roosevelt; outro na Amaral Gurgel, muito bom, não é um absurdo de caro. Tem uns bares e restaurantes muito deliciosos, como o David, na Oscar Freire. No centro, o Paddock, na Galeria Zarvos.

Bar bom mesmo é o Redondo, que frequento muito. Prefiro restaurante, bar geralmente é um barulhão. Ali na Consolação tem o Riviera, aonde vou de vez em quando. Tem este, o Gigetto, a que todo mundo de teatro vai e é muito legal. O Antunes vai toda noite, o Plínio Marcos, grande figura, tem mesa própria, o ambiente é ótimo. Tem um outro bar que frequentei, mas virou de lésbicas, o Ferro's, no viaduto da rua Martinico Prado, e outro a que vou depois do expediente, o Bar do Russo, numa galeria na Brigadeiro Luís Antônio onde fica a Denison Propaganda, na esquina com a alameda Ribeirão Preto.

[...]

A violência urbana que começamos a sentir, não tenho dúvida de que começa com a violência policial. Nunca ouvi falar em alguém morto em um assalto antes de 1968. Em 67, andávamos pelo centro da cidade às 3 horas da manhã, nunca acontecia nada, nunca fomos ameaçados, não passava pela cabeça da gente nada violento, a coisa começa com um negócio chamado Esquadrão da Morte. Pessoal que retira pessoas da cadeia para exterminar, e extermina também quem não está na cadeia. Alguns que fazem parte do esquadrão são famosos, não acredito que estejam ligados ao aparato militar, mas estão ligados a certa impunidade da polícia, a polícia pode tudo. A polícia começa a exterminar, começa uma reação da mesma forma. Estamos vivendo uma explosão populacional absurda, migração muito grande, uma coisa de louco. A cidade realmente explode, perde-se o controle, este maldito automóvel, tudo submetido a ele.
(Ugo Giorgetti, depoimento)

Enquanto conversávamos, quem chega e entra na conversa é Ignácio, nosso velho conhecido jornalista da área cultural, que puxa uma cadeira.

Viemos de uma grande liberdade na década de 1960 para uma grande repressão nos 70... Médici, a censura, AI-5, tudo provocou uma mudança de comportamento, as pessoas estão medrosas. O que se vê é medo, a arte encolheu, a censura age violentamente em cima, toda a conquista — ou pretensa conquista — sexual, a permissividade e liberdade dos anos 60, sumiu.

A roupa, a moda, está sendo uma grande conquista. O Dener [Pamplona de Abreu] é um grande costureiro, estilista, depois veio o Clodovil. Aparentemente, há uma briga entre eles. No Rio, temos o Guilherme Guimarães, mas não tem alta costura, mesmo depois, com *prêt-à-porter*. Mas veio a Fenit [Feira Nacional da Indústria Têxtil], vieram as revistas de moda, *Claudia*, *Joia*, *Desfile*, a indústria têxtil. De repente há uma democratização da roupa, não são só as madames que podem se vestir, pois chegou o *jeans* e igualou todo mundo. O cara está de *jeans* e camiseta e pode ser pobre, rico, classe média, o que for, está igual. Houve a democratização do calçado também. (Ignácio de Loyola Brandão, depoimento)

Enquanto conversava com os dois, que já estavam de saída, quem se aproxima é nosso companheiro de viagem Idibal. Puxa outra cadeira, a conversa lentamente muda de rumo, passamos a falar de futebol, mas logo retornamos ao incontornável cenário político.

É sempre o futebol permeando a cidade, não é o ópio do povo, é uma coisa incrustada na nossa sociedade, sempre existiu um jogo de futebol no Pacaembu para a cidade. É uma cidade provinciana, calma, em que os fatos noticiados são pequenos, sem contar que, a partir de 1964, a imprensa toda está censurada, a televisão ainda é incipiente; o rádio, censurado; a imprensa escrita, tremendamente censurada, fosse pela autocensura ou pelo censor presente. Autocensura é a pior coisa que existe. Os autores de teatro, como eu, quando pegam a pena para escrever, já falam: "Isto não passa, não vou escrever". Estamos sendo castrados, fazemos coisas boas, mas poderiam ser ótimas. Quando vamos escrever, pensamos: "Não vai passar". Mudamos de tema, falamos de temas e formas mais amenos. Guarnieri e Plínio têm praticamente todas as peças cortadas, está sendo mais violenta a censura ao teatro do que ao cinema e ao jornal. Engraçado é que o público de teatro é mínimo se comparado com cinema, mas é o contato direto, aquele que mais impressiona. Um filme não consegue influenciar metade do que um teatro vai influenciar, um jornal também não. A televisão influencia bastante, mas é um negócio mais de lazer, mais distante.

A música e o teatro correm em paralelo. Por exemplo, o Castilho, que é um grande músico de teatro, participa com o Edu Lobo; Guarnieri, com uma série de compositores, das duas coisas. Esta ânsia de liberdade existe, mas não acredito que seja sincronizada. De vez em quando há assembleia geral de artistas e aparecem pintores, artistas plásticos, jornalistas... Mas é tudo muito fechado, com muito receio, porque a represália vem a seguir e não cabem rompantes de heroísmo. Acho que a música tem um papel preponderante. Os destaques são Chico, Gil, Caetano, cada um com uma forma de resistência diferenciada, mas todas válidas. No teatro, Boal, João das Neves, Guarnieri, Oduvaldo, com dezenas de peças. O João Ribeiro [Chaves Neto], que teve uma peça proibida que falava do Vladimir Herzog, acho que é irmão da Clarice. A peça se chamava *Patética*, uma rebordosa, escreveu com símbolos, mas é a morte do Herzog. O Guarnieri sempre escreveu com símbolos, a época obrigou as pessoas a sempre escreverem com símbolos poéticos, nunca diretamente, como em *Um grito parado no ar*, do Guarnieri. As próprias peças do Plínio adquirem um teor de confronto, contestação, são peças absolutamente lindas e sociais, e adquirem o condão de contestação, falam do povo supermarginalizado. Fizemos uma luta para liberar *Navalha na carne*, entramos com mandado de segurança, entrei com vários, para peças minhas e de outros. (Idibal Pivetta, depoimento)

Este lugar é realmente um ponto de encontro: enquanto falamos se aproxima João, que assumiu sua carreira de ator. Nosso amigo se senta e fala sobre como tudo é complexo no campo das artes no momento. Deixo a conversa fluir.

Voltei da Paraíba e comecei a ensaiar uma peça com o Fauzi Arap, chamada *Pano de boca*, com Nuno Leal Maia, Célia Helena, no Theatro Treze de Maio, que é bem emblemático. Inauguram o Teatro Sérgio Cardoso na Rui Barbosa, que tem um movimento bom. *Rasga coração* [de Oduvaldo Vianna Filho] está sendo encenada ali. O Zé Celso voltou do exílio, o Teatro de Arena está fechado, e as portas estão fechadas para o teatro. Falamos tudo por metáforas. Guarnieri está escrevendo um texto chamado *Murro em ponta de faca*, tem o grupo Ponto de Partida...

Os locais da cidade onde nos encontramos mudaram um pouco. Frequento o Café do Bixiga, que é muito legal, local de jornalistas e pessoal do teatro, onde fazemos contatos e contratos. Há o Mendes, garçom engraçadíssimo que odeia ser chamado de tio. Uma vez quebrou uma cadeira nas costas de um moleque por isso. Tem a cantina Montechiaro, a Piolin, o Gigetto, onde encontramos Antunes, Xuxa Lopes, o Ilo Krugli, que está chegando na cidade, e outros. O Riviera é um bar emblemático na Consolação, aonde vão os poetas, escritores, mas vou pouco. Está mudando o eixo da cidade, o Luizinho fecha a Carreta e alguns garçons de lá abrem um bar no comecinho da avenida Henrique Schaumann, chamado Bora Bora, aonde vou muito. Nossas conversas são sobre política, queremos mudar o mundo. Saímos de lá três, quatro da manhã, completamente embriagados. A turma do Carreta migra toda para o Bora Bora, vou junto com o pessoal de música, Sérgio Ricardo, Fernando Peixoto, que é diretor de teatro superimportante, e levamos alguns artistas que vêm do Rio.

Está tendo uma greve dos dubladores, que nós bancamos. Fazemos várias leituras, espetáculos com renda para os caras, que são superexplorados, e o movimento de regulamentação da classe, da profissão do ator, começa nesta greve dos dubladores. O Vianinha veio e nós fizemos uma leitura de *Rasga coração*. As coisas acontecem, mas muito em espaços fechados. Com a morte do Herzog há uma inquietação maior, fomos para as ruas, tentamos montar alguns espetáculos falando da situação. Acontecem assembleias bem significativas no teatro Ruth Escobar, mas é perigoso, há pouco pegaram um monte de gente, foi um massacre no Alto da Lapa, e a morte do operário Manoel Fiel Filho... temos medo. Quando saiu a regulamentação do ator, eu ia para Brasília levar os documentos com o Plínio Marcos, que é muito atuante. (João Signorelli, depoimento)

***

Os jornais noticiaram:

Em 16 de dezembro, numa verdadeira operação de guerra, os órgãos de segurança invadem uma casa modesta — localizada na rua Pio XI, n. 767, no bairro da Lapa, em São Paulo — e assassinam friamente dois dos mais importantes dirigentes comunistas brasileiros: Pedro Pomar e Ângelo Arroyo. Poucas horas antes, outro dirigente, João Batista Drummond, havia sido morto durante uma sessão de tortura no DOI-Codi paulista. A versão mentirosa da ditadura é a de que Ângelo e Pedro resistiram à prisão e João Batista havia sido atropelado ao tentar fugir da polícia. *O Estado de S. Paulo* publica uma série de reportagens mostrando que as mordomias e a corrupção dos tecnocratas do governo são muito maiores do que imagina a Comissão Parlamentar de Inquérito. Desaparece sorrateiramente o *Diário de Notícias*, que em tempos idos viveu papel ativo. A censura aumenta: 290 músicas vetadas. Mil intelectuais e artistas firmam um manifesto contra a censura e em defesa da liberdade de expressão, que o ministro da Justiça se nega a receber. A TV Globo encontra seu estilo — o padrão Globo — graças a Walter Clark, Boni e sua equipe de alta rotatividade. É a glória da cultura de massa. Surge a revista *IstoÉ*, a primeira fase, na versão de Mino Carta. Mais pobrezinha, porém melhor que na segunda. Heloísa Buarque de Hollanda (que organizou *Vinte e seis poetas hoje*) vira pastora dos poetinhas de mimeógrafo. Carente de editor e de livreiros, eles viram editores mirins, criando seu próprio público, íntimo e conivente. (Ribeiro, 1985)

As notícias não andam animadoras. A repressão a grupos de esquerda continua firme e localizada, o que confirma o panorama que nossos companheiros da área teatral nos deram na última conversa. Mas é possível visualizar o retorno de alguns que foram para o exterior, algumas iniciativas da imprensa na criação de veículos novos, tímidos movimentos reivindicatórios como o dos dubladores, apoiado pela classe teatral, e algumas iniciativas de montagens na cidade. É visível a presença desse grupo na área central e nas cantinas da região do Bixiga e da Bela Vista.

Outra de nossas companheiras da Filosofia, Olgária, que foi passar um tempo fora do país, está voltando e conta o que mais a impactou ao chegar.

> Além das movimentações ainda contidas, há inúmeras tentativas de criar canais de comunicação que fujam aos ditames da ditadura e à censura rígida. Na realidade, não conseguem, mas aumentam as áreas de atrito e criam frentes diversas de expressão de vários grupos — em sua grande maioria, de esquerda. Mas o que chama a atenção de todos são as alterações nos costumes.
>
> Passei um tempo fora do Brasil e vejo que já existem grandes manifestações na catedral da Sé, por conta do assassinato do Herzog, e a ditadura começa a recuar. O que é muito importante agora são os jornais. Não a grande imprensa, mas o *Movimento*, o *Em Tempo*, superjornais... já me encaixei ali, trabalho na parte cultural, junto com o Marco Aurélio Garcia. O diretor é filho do Andrade Gutierrez, é um jornal incrível. Somos muito metidos, internacionalistas, trotskistas, nem sabemos onde é Eritreia, mas temos nosso homem lá, que manda matérias. Já fiz matérias maravilhosas no *Em Tempo*. Uma entrevista com o Jamil Almansur Haddad, em que ele mostra a importância da opção vermelha, da facção asiática que ocidentaliza a Turquia. Como barba começa a ser sinônimo de atraso, de medievalismo. Matéria sobre o circo, sobre cinema... o Inácio Araújo escreveu matéria sobre o melodrama. Nestes tempos de marxismo, falar sobre isso é maravilhoso. Na imprensa alternativa, há o *Movimento*, que consideramos reformista. O *Em Tempo*, que é trotskista, já é uma oposição. Jornal de esquerda. O Almino Afonso vem discutir com a gente, os partidos começam a se reorganizar. O jornal *O Trabalho* é mais ligado à Convergência Socialista, e nós somos ligados à 4ª Internacional, ao Trótski mesmo.
>
> A imprensa nanica é ótima. O *Pasquim* é de uma inteligência, de um bom humor! É por ali que conseguimos saber minimamente o que acontece, ou pela comunicação boca a boca, e às vezes ficamos sabendo o que acontece aqui por intermédio dos exilados que estão

em outros países: alguém vem de lá e conta o que está acontecendo aqui, porque a gente não sabe. Fora a questão de saber da repressão. Os jornais têm uma forma de denunciar que é por meio de receitas culinárias, ou de versos dOs lusíadas... é muito bom ler Os lusíadas no jornal. Para alguma coisa, serve. Tem receita de bolo, é muito bem-humorado, muito inteligente.

[...]

Vamos muito a bares onde tem Dick Farney, esses cantores mais bossa nova, como na Baiuca. Mas vamos mesmo às casas das pessoas. Diminuíram as possibilidades do espaço público por causa da ditadura. Fazemos muita festa nas casas das pessoas, onde conversamos de política, música, tocamos violão, coisas simples, mas muito, muito calorosas. Temos muita afinidade, são amizades de vários anos. Pessoal de cinema, teatro, estudantes, professores, convivemos muito com os professores. Apesar da ditadura, temos sempre contato com a França. A USP sempre teve [esse contato], de lá vieram professores marxistas, que dão aula de marxismo, ou dão Platão marxizado, é uma bibliografia que circula. É aleatório, tanto pode circular como você pode ser preso, mas não é mais aquela ditadura em que não se pode nada.

[...]

Outra coisa fantástica é o programa do Chacrinha. Voltei da França, e a primeira coisa que me falaram foi: veja o programa do Chacrinha! Impressionante, uma revolução estética, moral, que não é vulgar, é a uma coisa de código, fazer o programa como ele faz, inteligentíssimo... se vestir de noiva, se vestir de Superman e não dar uma risada, a buzina do Chacrinha, a carnavalização, trabalhar com aquelas moças que estão no limite da prostituição, e é uma coisa de uma dignidade, de uma alegria, uma coisa impressionante, esse programa. Vivemos um período de grande criatividade. Engraçado: há um fechamento político, mas não há um fechamento de costumes no Brasil.
(Olgária Matos, depoimento)

São tantas menções que acabo indo atrás da história dessa imprensa que está atraindo os jovens. Alternativos, nanicos, *underground*, com inúmeras denominações, estão fazendo sucesso. Constituem fonte fundamental de informação num momento em que há um ambiente de censura severo na grande imprensa. Durante essa década de 1970, os jornais *Bondinho*, *Pasquim*, *Opinião*, *Movimento*, *Versus*, *Em Tempo*, *Coojornal* expressam coloridos diversos dentro da tonalidade rubra, alimentam a sede de participação e possibilitam o acesso aos porões da ditadura. A tentativa de colocá-los em ordem cronológica pode prejudicar a riqueza dos meandros e misturas de grupos e facções.

Mas poderíamos dizer que houve uma linhagem que sai do superalternativo *Bondinho*, passa para um mais sisudo, o *Opinião*, com proposta de construir uma frente, liderado por Raimundo Pereira. Dele, surge o *Movimento*, em julho de 1975. O seu conselho de redação é composto de, entre outros, Aguinaldo Silva, Elifas Andreato, Jean-Claude Bernardet, Maurício Azêdo, Teodomiro Braga, e os editores especiais Raimundo Pereira, Bernardo Kucinski e Marcos Gomes. Kucinski (1991) conta que ativistas saídos da cadeia, antigos militantes que tinham se afastado da luta armada e remanescentes de antigos grupos que foram desmantelados se aproximaram do jornal, movidos pela possibilidade de uma atividade política legal, não clandestina. Várias sucursais foram abertas pelo país. A frente, na realidade, expressava as tendências internas do PCdoB.

A leitura do texto de Bernardo Kucinski nos traz informações interessantíssimas: o *Versus* surge em 1976, pelas mãos do gaúcho Marcos Faerman, que teve como referência a publicação semanal *Marcha*, fundada em 1939 no Uruguai por Juan Carlos Onetti, e a revista argentina *Crisis*, lançada por Eduardo Galeano em 1974. Em sua redação circulam artistas plásticos, escritores, jornalistas e atores. Inova na apresentação visual e é ao mesmo tempo uma alternativa de linguagem, de organização da produção jornalística e de proposta cultural. Vanguardista, a publicação se volta para o debate intelectual e estético, essencialmente pluralista. Mira as ocorrências do continente, com seus acontecimentos e sua produção intelectual. Conta com a colaboração de intelectuais como Caco Barcellos, Toninho Mendes, Moacir Amâncio, Elifas Andreato, Carlos Rangel, João Antônio, Luiz Egypto, Cláudio Bojunga, Joca Pereira, Modesto Carone, Eric Nepomuceno, Fernando Morais, Márcio Souza, José Miguel Wisnik e Maurício Kubrusly. Como cartunistas, participam Chico e Paulo Caruso, Angeli e Luiz Gê. Sua sede, num sobrado em São Paulo, é local de acolhimento de jornalistas e militantes que chegavam de outras cidades ou países, além de abrigar reuniões do MNU (Movimento Negro Unificado) e a redação do jornal feminista *Nós Mulheres*.

Depois dessa leitura, marco no Riviera uma conversa com Wagner, jovem estudante que acaba de entrar no mercado de trabalho. Também gaúcho, ele conta que foi "capturado" pelas ideias do Marcão Faerman:

> Ele é bárbaro, superpersonagem dos bares. Conheci aqui, estava com um canudo na mão... era o Prêmio Esso, o segundo Prêmio Esso, [ele] com 33 anos, e eu com 22. Me apresentaram a ele porque está

começando a montar o *Versus*, e o pessoal do *Estadão*, que gosta do meu texto, disse que ele está atrás de gente que escreve. Naquele momento ele fez o seguinte comentário: "Este prêmio não significa nada, o que significa é o que quero fazer, é o que vamos fazer, que é uma revista bárbara. Você conhece a *Crisis*?". Conheço muito bem a *Crisis*, porque estudei na Espanha em 1975.

Fiz uma pós-graduação em Navarra, na universidade em Pamplona. É uma bolsa que uma entidade católica alemã dá para graduados latino-americanos. A melhor coisa que aconteceu na vida foi estudar lá, passei quase um ano, fiz contato com toda a comunidade latino-americana. Acabou de acontecer a tragédia chilena, está tudo em discussão, recentíssimo, cheio de exilados chilenos na Espanha, com vários encontros. Por isso conheço todas as publicações, e *Crisis* é meu paradigma. A *Crisis* é Argentina, feita pelo Eduardo Galeano, uruguaio, exilado lá e amicíssimo do Marcão. Enfim, o *Versus* é montado nos bares, é lá que encontramos as pessoas com quem vamos trabalhar, que serão seus amigos, com quem vai namorar, casar, se associar, estudar... É impossível imaginar a vida, quando você faz qualquer coisa que tenha a mínima importância, se não vive a vida dos bares.

Estou na turma dos fundadores do *Versus*. Trabalho desde o primeiro número, minha turma é a do Marcos Faerman, grande frequentador das noitadas, com quem travamos muita batalha. Uma vez, aqui dentro, teve uma briga famosa, não sei quem estava do outro lado. Nós estávamos encurralados num canto, e o Marcão, que é um búfalo, um cara fortíssimo, levantou a mesa por uma perna, como se fosse um escudo, enquanto o cara atirava coisa na gente. A discussão foi por conta de uma das batalhas do Oriente Médio, em que os palestinos ficaram cercados, sitiados pelos israelenses. Conhecida como o massacre de Tel al-Zaatar, uma resistência heroica dessa turma que estava lá. O Marcão é judeu, completamente a favor dos palestinos e contra a política do Estado de Israel. Leva tudo muito a sério. Foi uma briga de bar, a coisa mais absurda, todo mundo bêbado, aquela loucura, mas, para ele, era um ato político que estava acontecendo, estávamos sendo atacados. Ele dizia: defendam Tel al-Zaatar, defendam Tel al-Zaatar! Tudo é um ato de resistência, qualquer coisa, a vida é um ato de resistência e fazemos isso com muito gosto. Marcão se autodenomina como repórter, gaúcho, judeu, marxista, gremista, nessa ordem.

Neste momento estou também na *IstoÉ*, onde bati o recorde de permanência no trabalho. Há lugares muito preciosos. Logo que cheguei à redação, tinha uma vivência bastante razoável de bares e me sugeriram que fizesse a matéria sobre o assunto. A revista é uma coisa maravilhosa, você conta uma história, eles adoram e falam "então escreve sobre isso". Não pautam você nem nada, a pauta é o que você contou. Essa pauta foi num momento em que houve uma migração das turmas. São dois bares muito importantes: o Riviera e o Ponto 4.

O Riviera é o nosso bar, e tem o Ponto 4 ao lado, aonde vamos comer e beber. Alguns descem até o Sujinho de madrugada para comer bife. A frequência básica do Riviera e do Ponto 4 é de jornalistas, escritores, poetas, políticos. Tem os *habitués*, figuras, e nós acabamos nos tornando personagens também. Aquilo vira a sua casa. É o lugar onde trocamos informações, onde temos vida amorosa, afetiva, sexual, arrumamos namorada, temos nossos casos, casamos, tudo é resolvido lá. Eventualmente conversamos, temos ligações com o mundo, trocamos informações culturais, sobre músicas, livros, nos reciclamos. Dessa maneira, mantemos o frescor da criatividade, da consciência, do arranjo das ideias. Por mais precário que seja, por menos autoridade que tenha o recinto, ele tem essa qualidade inacreditável, que é você se colocar em contato com as melhores pessoas, as melhores cabeças, das mais variadas categorias profissionais e culturais, os artistas... tem muito artista nos bares, atores, o pessoal do teatro. Falamos muito sobre literatura, cinema, música. É onde nos informamos. Os jornalistas viajam muito, por razões profissionais e pessoais.

Estamos numa época de grande mudança comportamental. Todas as formas de comportamento que foram reprimidas, ou convenientemente mantidas ocultas, se abriram e começam a aparecer. Como a ditadura é muito violenta, repressiva, tudo se esconde. A repressão não é simplesmente política, é moral, social, é difícil reunir pessoas, tudo é complicado, qualquer coisa que não seja aceitação dos ditames soa a rebeldia. Quase fui preso por uma bobagem, estupidez inacreditável, por estacionar em frente ao prédio do II Exército, na São João! Quase fui levado para o DOI-Codi por causa de um episódio medonho desses.

Os bares proporcionam a formação da comunidade dos diferentes, onde podemos nos mostrar como diferentes, contrários àquilo tudo que é repressivo. Mais do que comunidades, são fraternidades de contestação, que proporcionam muito conforto para os que sofrem marginalização, tanto social quanto comportamental e política. O jornalismo é de uma importância impressionante. Tenho sorte de ser jornalista nesta época, e de trabalhar na imprensa alternativa. As revistas e os jornais são os meios de comunicação a serviço dessas fraternidades de diferentes, que tentam se mostrar iguais, que lutam por igualdade, não só de direitos, mas por uma igualdade de vivências, de estar no mundo. As pessoas são absurdamente reprimidas, e o bar é o lugar onde se liberam. O cinema também é fundamental. Temos o Belas Artes, que frequento desde que se chamava Cine Trianon; o Bijou; o Cine Caverna, na São João, uma coisa horrorosa, onde passa Pasolini direto. O Cine Apolo, aonde ia na década de 1950, quando era criança. O Cine Bijou é muito importante! Tem o Teatro de Arena, o Oficina. O José Celso voltou e foi morar na nossa casa. Ali moramos João Signorelli, Luiz Gê, Osmar e eu, na Vila Madalena, na rua Padre João Gonçalves. Mas ele saiu correndo, porque estou metido num grupo de esquerda e estão prendendo todos que estão por perto. Passei um tempo fora de casa, estão caçando a minha turma, grupo de esquerda pesado, ligado ao *Versus*, trotskista. Prenderam um monte de gente e fiquei fora de casa um tempo. Quando voltei para pegar as minhas coisas, estava tudo vazio. Não vi as latas de filme que o Zé Celso fez em Moçambique, e pensei: "Olha a tragédia que fiz para a cultura nacional, vieram aqui e já levaram tudo". Mas não, foi o Zé que tirou tudo e não me disse um "a", não deixou um bilhete. Fiquei furioso.

A [Fundação] Getulio Vargas é um grande formador. Tem um cineclube onde fazem festivais, semana Godard, semana Truffaut, não temos nenhum acesso a nada disso em outros lugares, é superimportante, bárbaro, somos frequentadores. Agora começou a 1ª Mostra Internacional de Cinema. Os festivais do Leon Cakoff, ele escreveu sobre cinema na *IstoÉ*. Ele também é um cara egresso dos bares. Colaborou na revista e depois foi fazer a Mostra Internacional de Cinema. Vai ser um sucesso, frequentado por esse mesmo pessoal.

Em literatura, o que fazemos é buscar livros fora, quando viajamos. Trazemos e trocamos livros. Tenho uma namorada no Chile. Na sexta-feira fecho a revista, vou para o Bora Bora, encho o carão, e vou para o aeroporto. Faço isso pelo menos uma vez por mês. Numa dessas idas, o Marcão me pautou uma matéria: ir ao cemitério em Santiago e fotografar as tumbas. Foi uma das melhores e mais importantes matérias que fiz. A namorada me levou ao cemitério e no fundo há uma sessão com gavetinhas. São milhares, uma parede inteira, se vê que é coisa recente, todas as datas das mortes são entre 11 de setembro e dezembro de 1973, e gente muito jovem. Havia a gaveta do cantor Victor Jara. Fotografei tudo, escrevi e voltei. Foi uma matéria marcante, até o Geraldo Vandré me procurou para falar disso.

Tem alguns grupos musicais latino-americanos muito bons. Tem um brasileiro, com uma menina que não é brasileira, mas cresceu aqui... o Tarancón, que fez um disco que tem encartadas as fotos dessa matéria. O *Versus* é um jornal culturalmente muito importante, o *Movimento* é basicamente político, o *Em Tempo* também, e o *Opinião* traz tanto política quanto cultura. Mas quem traz o ambiente cultural é o *Versus*. E tem também um jornalzinho da Libelu, maravilhoso, chamado *O Beijo*. Eles têm ainda o jornal *O Trabalho*. *O Beijo* é fantástico, uma publicação da editora Boca, bárbaro, o jornal que começou a tratar a cultura de massa de uma maneira apropriada, mas teve pouquíssimos números.

No subsolo do local onde fazemos o *Versus*, funciona o jornal *Nós Mulheres*, e tem uma grande interação, em todos os sentidos, entre as duas redações, é engraçadíssimo. Embora estejamos todos do mesmo lado, pró-direito das mulheres, pró-feminismo, as mulheres têm um grupo diferente, que briga por seus direitos. Nossa vida é da redação para o bar. Nos bares a gente se junta. *Nós Mulheres* é um jornal bacana, bem legal. Esses jornais alternativos juntam gente do país inteiro. As pessoas que chegam aqui se dirigem ou são dirigidas para colaborar nesses jornais, que precisam de colaboradores de graça. Juntamos pessoas da maior qualidade, grandes profissionais de todas as áreas. Os sociólogos, por exemplo, sempre escreveram na imprensa alternativa, que é uma plataforma importante. As coisas do Cebrap são publicadas por nós, pelo *Opinião*, pelo *Movimento*, e o *Nós Mulheres* tem uma participação superativa nisso tudo. Mas, ao mesmo tempo, somos gaúchos, machistas, e temos muito embate. As feministas são radicais e nós adoramos provocá-las, porque no final todo mundo dorme com todo mundo. (Wagner Carelli, depoimento)

As mulheres avançam mais um degrau na ampliação do seu espaço público de participação — agora como protagonistas de uma publicação, o jornal *Nós Mulheres*, que assim se apresenta:

> Nós somos um grupo de mulheres que, de tanto desgostar da maneira como a mulher é tratada nesta sociedade, resolvemos parar com as reclamações individuais e tentar descobrir, juntas, o que nos aproxima e nos separa de outras mulheres. Resolvemos fazer um jornal principalmente para a mulher que trabalha, porque quem atua no mundo tem maiores chances de conhecê-lo e de tentar mudá-lo. É uma mudança difícil, porque deve nascer de uma luta interna e de uma luta externa. A luta é interna por ser um combate, dentro de cada uma, contra uma série de padrões determinantes do comportamento das pessoas do sexo feminino, e que durante anos foram se instalando dentro de *Nós*. É também uma luta externa, na medida em que se encontram resistências à construção desse novo ser ainda incerto, e se busca a solidariedade daqueles que, como *Nós*, não aceitam como naturais imposições que são sociais. (Dias, 2003)

***

A terceira marmelada do ano é revelada pela Fundação Getulio Vargas, ao comunicar oficialmente que em 1973 as estimativas da inflação e os índices de preços foram deturpados através do artifício de tomar, como preços ideais, os tabelados. A sacanagem [foi] feita por ordem de Delfim Netto e [João Paulo dos] Reis Veloso, e se destinava a rebaixar os salários dos trabalhadores. O fato já havia sido divulgado pelo Dieese, que calculou a inflação em 26,7%, em lugar dos 15,5% do Delfim. E o estado de Minas contrata com a Fiat a implantação de uma fábrica de automóveis, dando-lhes 50% das ações ao preço de 20% do capital em dinheiro e 10% em contribuições tecnológicas. A empresa recebe ainda terreno de 2 milhões de metros quadrados, com toda a infraestrutura de água, luz, esgoto, telefone... Grande ocorrência de ouro na Serra Pelada, sul do Pará, atrai dezenas de garimpeiros. Estado de emergência autoriza militares a prender civis, suspende liberdades públicas, intervém nos sindicatos, acaba com imunidades parlamentares. Pacote de abril: frente à derrota eleitoral previsível, Geisel reclama que o país está sob uma "ditadura da minoria" e decreta recesso do Congresso Nacional, assumindo poderes totais. Prorroga mandato do futuro presidente, impõe eleições indiretas para governadores; degrada o Senado, metendo ali dezesseis senadores biônicos; estabelece número de deputados por estado, sem levar em conta o número de habitantes; determina que qualquer mensagem presidencial, decorridos quarenta dias de sua entrega, estaria automaticamente aprovada. Sucessão de Geisel se tumultua com a articulação, por um grupo político, da candidatura do general Sylvio Frota, ministro da Guerra, de linha dura. Demitido por Geisel, com apoio das tropas, Frota declara que o presidente é molenga e publica lista de 95 infiltrados comunistas, inclusive Delfim Netto. O tumulto sucessório prossegue com a tentativa de Hugo de Abreu, chefe da Casa Militar, de impor seu nome para a presidência. Geisel impõe seu próprio candidato, João Baptista Figueiredo, chefe do SNI. Lincoln Gordon, embaixador norte-americano durante o governo Goulart, confirma diante da imprensa e do senado de seu país que as empresas norte-americanas financiaram a eleição de 1962. Geisel cassa mandato de dois vereadores gaúchos que comprovam a violação dos direitos humanos e denunciam tortura de presos políticos. Logo a seguir, cassa o líder da oposição, Alencar Furtado, por pronunciamento feito em cadeia nacional com autorização da justiça eleitoral. Aprovada a lei que divide o Mato Grosso em dois. A TFP publica em jornais de todo o mundo páginas inteiras de matéria paga, condenando o papa por haver denunciado a barbaridade das torturas praticadas pela ditadura brasileira.

Governo proíbe o Encontro Nacional dos Estudantes, que se realizava na USP. Frente à sua realização clandestina na PUC, a polícia invade, com toda a brutalidade, auditórios da universidade, prendendo e espancando estudantes e populares, com bombas de gás lacrimogêneo, queimando gravemente estudantes. O chefe de polícia foi eleito deputado federal em São Paulo. Geisel promete pôr fim às leis de exceção, mas ameaça substituí-las por salvaguardas constitucionais mais eficazes ainda que a repressão. Atendendo a pressões brasileiras, o governo uruguaio expulsa Leonel Brizola depois de treze anos de exílio. Ele surpreende a todos com o pedido de exílio a Carter. (Ribeiro, 1985)

Dia desses, encontrei o Celso, aquele estudante que inseriu mais cores no leque há alguns anos. Entre um chope e outro, ele contou um pouco mais sobre a história daquele pequeno grupo político que cabia num fusca:

> Dois agrupamentos se formam: a FES [Frente Estudantil Socialista], ligada à Organização Comunista 1º de Maio, e a Tendência pela Aliança Operário-Estudantil, animada pelo Grupo Outubro. Unidos, neste momento, dão origem à Liberdade e Luta [Libelu]. As "lideranças", é verdade, encontram-se não só nas reuniões ou nas atividades culturais dos centros acadêmicos. As sessões do Cine Bijou e as do Belas Artes, os *shows* no Colégio Equipe, os bares das imediações do *campus*, o Riviera e a pizzaria Micheluccio, na Consolação, são também pontos de encontro dos militantes.
>
> Neste momento, cabe ao movimento estudantil, o "ME", a honra de ser o primeiro a botar a cara para bater. Literalmente. Primeiro foram as manifestações dentro do *campus*. Contra diretores de faculdades autoritários, contra a política educacional do governo, por melhorias no restaurante universitário ("feijão sem repressão", gritávamos numa animada passeata), elas se multiplicam. Até chegar a reivindicações mais politizadas, como as das passeatas pela libertação dos presos políticos. Uma das grandes polêmicas do momento divide os defensores da luta "pelas liberdades democráticas" contra os que querem a luta "em defesa dos direitos humanos". Ganha quem levar mais gente às assembleias.
>
> Os limites do *campus* se tornam pequenos. Uma primeira grande passeata iria sair da Cidade Universitária, cruzar a ponte sobre o rio

Pinheiros e desafiar os esquemas do secretário da Segurança, Erasmo Dias. A partir dali, a coisa não parou mais. Foram convocadas para o largo do Paissandu, para o parque Dom Pedro, para o meio da multidão, às 6 horas da tarde. Em dias de repressão caprichada, a ordem é fazer "passeatas-relâmpago". Juntamos um punhado de gente e saímos correndo, gritando "abaixo a repressão", até as viaturas da polícia chegarem. (Marcondes, 2006)

Algumas ações isoladas estão acontecendo no âmbito da política e tendem a romper com os muros da ditadura. Já no ano passado, os estudantes da USP retomam sua organização, criando o DCE livre da USP Alexandre Vannucchi Leme, num processo com momentos tensos de repressão. A chapa vencedora foi a Refazendo. Paralelamente, a XXVIII reunião da Sociedade Brasileira para o Progresso da Ciência, em Brasília, se posiciona em defesa da democracia. Nas universidades, são dissolvidos os núcleos de segurança internos, que impunham o terror e o medo. Os universitários começam a se manifestar. Este ano, uma série de reivindicações deveria ser entregue ao Ministério da Educação e Cultura, mas as manifestações foram proibidas, e acontece apenas uma pequena passeata. Esta sai da Cidade Universitária e ruma para o largo de Pinheiros. Foi uma vitória, depois de nove anos. No dia 5 de maio, 15 mil estudantes se deslocaram até o largo de São Francisco, e dali saíram em passeata, pedindo a libertação dos presos políticos. Em junho, organiza-se o segundo dia nacional de luta, com passeatas no centro da cidade, bombas de gás, cavalaria e cachorros. Foi a resposta do governo.

> Hoje consente quem cala. Basta de violências. Não mais aceitamos mortes como as de Vladimir Herzog (jornalista e professor), Manoel Fiel Filho (operário) e Alexandre Vannucchi Leme (estudante). Não aceitamos que as autoridades maltratem os nossos companheiros. Não queremos aleijados heróis como Manoel da Conceição.
>
> Hoje viemos às ruas para exigir a imediata libertação dos nossos companheiros [...] Porque não mais aceitamos as mordaças é que hoje exigimos a imediata libertação de nossos companheiros presos [...]. É por isso que conclamamos todos, neste momento, a aderirem a esta manifestação pública sob as mesmas e únicas bandeiras: o fim às torturas, prisões e perseguições políticas; libertação imediata dos companheiros presos, banidos e exilados políticos; pelas liberdades democráticas.

↳ Equipe do jornal *Nós Mulheres*, em 1977.

↳ *Jornal do Arena*, 1976, *Avesso*, jornal do DCE livre da USP, 1977, e *Jornal do Coro*, 1979.

Aplausos. Uma multidão de quase 10 mil pessoas acaba de fazer a leitura conjunta da "Carta aberta à população", comandada por um estudante, numa praça pública, em frente à Faculdade de Direito, em pleno centro da cidade de São Paulo. Pediam a libertação de operários e estudantes que tinham sido presos em Santo André quando distribuíam panfletos contra o governo, no dia 1º de maio deste ano, sem a proteção das quatro paredes. A multidão, na maioria estudantes, ocupa as ruas em passeata. Chuvas de papel picado caem dos prédios. Três meses depois, em 11 de agosto de 1977, no mesmo local: diante da multidão, o jurista e professor Gofredo da Silva Telles Jr. lê a sua "Carta aos brasileiros". "O estado de direito já": é a conclamação final. Passeata. Agora, uma canção é entoada, mas já sem metáforas: "Vai acabar, vai acabar a ditadura militar".

> A imprensa abre brechas na censura. A Ordem dos advogados do Brasil, com Raymundo Faoro à testa, torna-se um influente divulgador dos ideais da democracia. Os universitários reconstroem suas entidades, livres da tutela oficial, e organizam encontros nacionais de estudantes. O III Encontro Nacional, que deveria ter lugar em Belo Horizonte em 1977, é transferido para São Paulo, e acaba sendo realizado no dia 22 de setembro, na Pontifícia Universidade de São Paulo. Sob o comando do coronel Erasmo Dias, a polícia invade a PUC e dissolve a festa de encerramento do encontro, prendendo mais de mil pessoas e ferindo algumas. (Abril Cultural, 1980)

Depois de minha conversa com o Celso, tomo um ônibus para Perdizes, pois tenho encontro marcado na rua Monte Alegre com o Carlinhos, nosso companheiro de viagem que resolveu ser músico. Ele chega agitado, e tem novidades.

> Este ano fui participar do encontro clandestino da UNE na PUC. Embora não seja estudante nem da Faap nem da Católica, fui preso por conta da invasão. Sou militante do Partido Comunista, sou violonista, estudo com Edelton Gloeden na escola Travessia de Música, no Pacaembu, na Rua Ceará.
> [...]
> Muito importante para a música no momento é o que estamos aprendendo com o Clube da Esquina. Milton Nascimento trouxe para cá muita influência, trouxe grupos do Chile, cantou com Mercedes Sosa, trouxe a música da Violeta Parra, que morreu em 1967, mas ele deu continuidade, foi amigo da Isabel Parra e do próprio Angel [Parra]. Milton foi responsável por isso. Tenho influência de alguns

grupos de música latina, como o Tarancón, que surge em 1973, o Raíces de América e outros que não estão aqui, mas vêm se apresentar, como Quilapayún, Inti-Illimani, Grupo Água. Toco charango no violão. Faz pouco tempo, algumas mães da Plaza de Mayo vieram fazer uma visita, foram no Sedes Sapience, e fizemos uma homenagem. Compus a música "Latina" e a Bete Mendes, atriz, fez um poema superbonito, que recitou. Foi nossa homenagem a elas. Sou muito ligado à música latino-americana, estudo, ouço muita coisa, faço pesquisa. Participo de alguns grupos que não são famosos, mas são justamente para homenagear El Salvador, Nicarágua, estes movimentos que estão ocorrendo. Há muitos grupos de exilados, e nesses grupos fazemos cantorias. Chilenos, argentinos, uruguaios, bolivianos, me reúno muito com eles. Tenho influência bastante grande desse trabalho. (Carlinhos Antunes, depoimento)

Elemento importante neste período na cidade são os latino-americanos — principalmente argentinos, uruguaios, chilenos e paraguaios —, que escapam da ditadura sangrenta de seus países e vêm dividir a nossa com os jovens estudantes. Ainda que alguns tenham caído nas garras da Operação Condor, e que nossa ditadura permaneça totalmente na ativa, já há no ar um clima de distensão. Essa presença marcou a música ouvida no período, a literatura e a aderência a alguns costumes latinos. A língua era um facilitador, boa parte da bibliografia utilizada nos cursos de ciências humanas era de editoras latino-americanas, argentinas ou mexicanas, o que colocava os estudantes daqui na obrigação de entendê-los. Como boa parte dos estudantes universitários mora na região do Butantã, Pinheiros, Vila Madalena e imediações, é nessa região que os imigrantes latino-americanos vêm residir. Era mais ou menos o que nos contava outro dia em um artigo a estudante de Psicologia Maria Rita.

Nossas casa são despojadas, nossos sofás são almofadas espalhadas pelo chão, nossas camas são tatames, não contratamos empregadas — vou passar por cima do quesito limpeza da casa! —, usamos poucos eletrodomésticos, cozinhamos nossa comida e propomos uma divisão solidária do trabalho doméstico: todos ajudam em tudo, espontaneamente ou em turnos. O que, é claro, favorece muito encosto, muita malandragem dos "companheiros menos conscientes", que não têm o menor escrúpulo em deixar que outros façam o trabalho deles.
Não posso deixar de mencionar, pelo menos em São Paulo e talvez no Rio, a forte influência da chegada de muitos exilados argentinos, que vêm para cá fugindo de uma ditadura mais sanguinária que a

nossa. Todo mundo tem um amigo ou um conhecido argentino, que um dia chega de mochila nas costas para dar um tempo e acaba morando conosco, trazendo seus hábitos, seu mate, seu churrasco, suas histórias, suas perdas, seu senso de humor especial, sua cultura, enfim. Além disso, a revolução cubana não está tão longe assim, e apostamos numa unidade latino-americana contra o imperialismo ianque. Lemos Julio Cortázar e García Márquez, ouvimos Tarancón e Mercedes Sosa, ampliando as fronteiras simbólicas de nosso sentimento de nação. Do outro lado, o Nordeste também é uma referência forte. Depois dos baianos, muitos outros músicos e poetas começam a fazer sucesso no "sul maravilha" (a expressão é do Henfil, outro sucesso). Entramos em contato com a poesia e a inteligência de um pedaço do país que até então só era notícia quando a seca fazia muitos flagelados. Fazemos viagens mochileiras, de ônibus, trem ou carona, para praias perdidas do Ceará ou para as alturas de Machu Picchu. No meu caso, não viajei no "Trem da Morte", mas percorri o Nordeste inteiro com meu namorado no verão de 1976, dormindo na casa de pessoas conhecidas, que nos acolhiam e se tornavam logo íntimas quando dizíamos que fazíamos parte do jornal *Movimento*, com o qual muitos jovens nordestinos também se identificavam. (Khel, 2006)

Há uma canção de Carlos Melo, interpretada pela banda Língua de Trapo, que mostra essa convivência com os latino-americanos. Ela ainda será ouvida por aqui. Não é exatamente deste ano, mas traduz perfeitamente e com refinado senso de humor o que se passa e para onde evolui esse cenário. As referências vão desde o nome do bar, que de fato existiu, a partir de 1983, até o clima.

Bartolo Bar[13]

Bartolo Bar à média-luz, una porraloca me seduz
Hasta me enfeitiçar
Bartolo Bar de mi amor, una empanada de couve-flor
E una cerveza pra entornar
Stálin, Trotsky y Mao
Son tratados por igual, sin ninguna distinción
Porque o que vale en Fradique
É ser mismo beatnik, abajo la revolución
Yo creo mismo que no hay um ser humano
Igual ao fulano que habita la Vila

---

13 "Bartolo bar", Carlos Melo, 1982.

> Porque en la noche, elle, que es um farrista
> En la mañana seguinte se tuerna um naturalista
> Por esto mismo és tan difícil defini-lo
> Elle que seguramente tiene um estraño estilo
> Pero se vires alguién de sandália Havaiana
> A fumar marijuana
> Estás delante de um bicho-grilo!

Caminhando pela Cidade Universitária, encontro Olgária, que retornou há pouco ao país, e parece animada com as novas agitações.

> A vida cultural está voltando lentamente. Há o jornal *O Beijo*, de uma editora chamada A Boca, genial. Há uma revista de cinema chamada *Cine Olho*, uma das melhores coisas que já vi publicadas sobre o tema, com ensaios maravilhosos sobre o cinema do Bressane, sobre o *Cahiers du Cinéma*. Maravilhoso, e já saíram uns dois números. *O Beijo* é do Rodrigo Naves, se não me engano, também do Caio Tulio, do Nelson Ascher. Números brilhantes os desses jornais, especialmente do *Cine Olho*. Movimento estudantil volta a aparecer, houve a invasão da PUC pelo Erasmo Dias. Não é um movimento tão cultural como o Maio de 68, nem tão universal, mas teve um internacionalismo. Agora está mais empobrecido, porque o mundo empobreceu de repertório, não é por ser de geração, é de época. Os próprios intelectuais da década de 1960 empobreceram. Não tem nada de geração. No movimento estudantil há as tendências socialistas contra a ditadura, e contra a luta armada, são os trotskistas, da linha do jornal *O Trabalho*. Dizem que não existe movimento de massa clandestino, continuam fazendo o jornal, panfletagem, são presos e torturados porque são de esquerda. Isso não deixou de existir, é duro. Jornais, panfletos circulam entre os estudantes, e às vezes fazemos panfletagem na praça das Bandeiras, nas filas intermináveis de ônibus, é bem arriscado, geralmente temos que sair correndo da polícia. (Olgária Matos, depoimento)

"O movimento estudantil está dando passos tímidos", dizia esta semana o ator e estudante João. Ele continua:

> Tem o pessoal da Libelu, grupo de estudantes da USP que adoro e é um pouco mais solto. Comecei a fazer faculdade em 1975. Participei do movimento estudantil, estava lá na invasão da PUC, com aquela molecada toda. Ao mesmo tempo que estou fazendo teatro, estou fazendo faculdade. Agito um pouco. Comecei a fazer jornalismo na Unip. Tranquei, fiz uma viagem para a Europa e comecei a cursar em 1976.

↳ Sônia Lorenz lendo o jornal *O Trabalho*, em 1978.

Tem muitas assembleias na faculdade, não tem repressão lá dentro, é uma coisa legal. Começamos a fazer teatro lá, Florestan Fernandes Júnior é colega, fazemos umas peças. Teve um racha entre os estudantes. Com o pessoal da Libelu, meu amigo Osmar Freitas Júnior, fazemos muito barulho dentro da Unip. Gosto de viver esta coisa universitária, é bacana o clima. No movimento estudantil, comecei a fazer teatro e abandonei um pouco a faculdade. Tem umas novelas em que viajo, estou terminando a faculdade aos trancos e barrancos. (João Signorelli, depoimento)

Este é um bom momento para resgatar mais uma mensagem enviada por Flora, nossa amiga cronista, que descreve algumas sensações dos últimos tempos:

Mês de junho, muita conversa, muita preparação, uma semana de troca de ideias, todos fazem de conta que não se conhecem, calça *jeans*, tênis. Ruma-se em grupos dispersos, alguns veteranos são referência, caminhamos em direção ao viaduto do Chá, chamando palavras de ordem: abaixo a ditadura, soltem nossos presos! Muito medo no ar. Eles estão chegando! Nossa referência dá voz de comando: sentem-se! O medo é intenso, mas é o que nos resta: à direita, a cavalaria, à esquerda, os cachorros e a tropa de choque! Não há mais palavras, nem ordens, só correria! Encosta, encosta! Rosto de um transeunte sangrando, cachorros latindo, cacetetes batendo nas grades das lojas que fecharam as portas... por aqui! Por aqui! Uma voz amiga a gritar. Não foi possível. O cacetete desceu, uma, duas, na terceira vez abraço a cabeça da irmã. A cabeça, não! E o cacetete continuou batendo. Passaram em direção ao viaduto. Ainda tentamos chegar ao destino, o parque Dom Pedro, mas estávamos física e moralmente destroçados. A ladeira Porto Geral estava vermelha de gás, os transeuntes assustados, policiais gritando. Os poucos estudantes que voltavam davam o recado: dispersa, lá em baixo só há pancadaria. O parque está em chamas! Triste caminho de retorno, dias com o corpo dolorido, perspectivas sombrias. (Gama, manuscrito,1992)

***

Dois editores mergulham no mundo da repressão escrevendo romances sobre a tortura. Os livros são apreendidos, e os autores, presos: Luiz Fernando Emediato, com *Rebelião dos mortos*, e Renato Tapajós, com *Em câmara lenta*. O *Opinião*, desobedecendo à censura, publica matérias sobre a reunião da SBPC em Brasília, reunião em que a comunidade científica protesta energicamente contra o despotismo, o entreguismo e a burrice governamentais. Henfil acerta outra vez, agora com o Fradinho, baixote tarado e nojento que encanta toda a gente. Carlos Guilherme Mota, intelectual do Tietê, publica *Ideologia da cultura brasileira*, tese acadêmica de louvação às grandezas da USP. Inteligência volta à crítica com *Ao vencedor as batatas*, de Roberto Schwarz. País volta a filosofar, com Roberto Gomes, em *Crítica da razão tupiniquim*. Wilson Martins começa a publicar a sua copiosa *História da inteligência brasileira*, burra porque escrita do ponto de vista da direita. (Adaptado de Ribeiro, 1985)

Este ano promete uma ebulição na vida pública. De repente parece que estamos cercados de jornalistas, e que por aqui só existe esta forma de comunicação. Mas a verdade é que todos esses jovens aderem à imprensa alternativa como forma de militância — cultural, política, feminista, estética... E a imprensa também vai indicando os caminhos que os movimentos vão tomando no cenário da cidade e da política nacional. Os jornais e as revistas são um grande laboratório das experiências e de participação. Dentro deles, cabem os mais ousados esteticamente, os mais conservadores, os mais anárquicos, os mais investigativos...

Um deles, Dagomir, que vem nos acompanhando desde quando estava no colégio e agora está na Faap, conta que, geograficamente, sua turma circula entre a faculdade, o Bourbon, que é o bar da esquina, e a casa dos amigos.

> [...] onde fazemos trabalhos e reuniões. Um circuito classe A, por ser uma faculdade paga, e temos uma intensa atividade cultural, de um jeito muito produtivo. Começamos com a história de fazer a revista *Boca*. Eu, o desenhista Flávio Del Carlo — que está querendo ser diretor de cinema, mas ainda é estudante e acaba de sair do Colégio Equipe —, e o professor da Escola IAD, colégio na esquina da Angélica com a Consolação, que chama Renato Vieira, fizemos a *Boca*, uma revista alternativa. Sou o ideólogo da coisa, fico transformando a revista em bandeira de luta, mas deu certo. Funciona de um jeito incrível, reunimos quarenta pessoas num lugar, todos escrevem. Tem um pessoal do IAD, da Faap, dos cursos de comunicação e das artes plásticas, um grupo que se grudou, se adorou. Começou dentro da faculdade, mas foi crescendo e se deslocou pra minha casa. Moro numa casa grande, que virou um escritório da *Boca*, revista em quadrinhos. A casa virou uma espécie de central de produções. Fizemos um filme, eu, Flávio e mais um monte de gente, chamado *Tzubra-Tzuma*, que

ganhou o primeiro lugar de animação em Gramado. Com o Flávio fizemos *Pauliceia* e *O Grotão*, superprodução em super-8 que tem efeito especial. Fazemos com gana. E basicamente somos caçadores de festas, temos festa, festa, festa, sem parar. Tenho um amigo, Rogério Nakashi... nós saímos com uma fitinha cassete de emergência e, quando chegamos à festa, se estiver tocando Gilberto Gil, "Realce, realce..."., tentamos convencer o dono da casa a colocar nossa fita. Nas festas tem muita bebida, muito pó, todo mundo cheirando como se tomasse água, é impressionante. Vivemos nesse universo, só que as melhores festas são em casa, isso todo mundo reconhece, temos a arte de fazer festas. Na faculdade estamos no terceiro ano, mas ninguém mais quer saber, é extremamente fraca, ficamos mais no bar do que nas aulas e passamos de ano.

A partir deste ano estou trabalhando no *Movimento*, jornal alternativo. É onde estou fazendo o que queria fazer nas ciências sociais, ou seja, escrever artigos sobre cultura *pop*, e fazem um certo sucesso, pois sou o único que faz. Primeiro emprego, entrei com a proposta de falar de cultura *pop*. O pessoal faz patrulhagem ideológica, é minha primeira grande experiência. Temos reuniões na rua Virgílio de Carvalho Pinto e há uma coisa meio obscura, ali se confunde jornalismo com atividade política. É uma mistura de redação com centro partidário. Além de ter as matérias censuradas, "passou", "não passou", tiram texto, temos que fazer reunião de pauta sábado à noite. Naquela casa, com cinquenta pessoas, falo: "Quero escrever um artigo sobre o Pato Donald, o que vocês acham?". E assim vai, um por um, temos que aprovar. É quase uma assembleia, onze da noite de sábado, eu querendo me divertir e não pode, porque pega mal. É um jornal-partido, mas está me dando base como jornalista muito antes de me formar, o que é muito legal. Estamos isolados naquela casa, vendo *show* de músicas autênticas de Pernambuco, e a tal da discoteca rolando lá fora. Fui fazer uma grande matéria sobre isso, parecia um marciano olhando aquilo. Mas está sendo a minha base, produzo muito, é legal.

Tem três jornais alternativos. O *Movimento* é meio panfletário, mas é o mais aberto, permitindo que as pessoas entrem. Nesse ponto, é mais democrático. Outro jornal que cobiço é *Opinião*, que é do Rio, escrito com corpo dois, não se enxerga nada, mas é um jornal de conteúdo, ensaios grandes, me interessa muito a parte internacional, gosto muito, respeito, leio todos. E tem a grande meca de todo mundo que é o *Pasquim*, todo mundo quer fazer o *Pasquim*, é a grande sacada, um jornalismo totalmente original, que não vê fronteiras com o humor. Ele inovou nas entrevistas, nos artigos, nas ideias, é o olimpo. Quero entrar lá, mas não tenho como, é muito difícil, uma

> turma meio fechada, do Rio, é a grande atração, que esperamos chegar nas bancas.
>   Há o *Bondinho*, uma revista bancada pelo Pão de Açúcar que tem uma concepção gráfica completamente revolucionária, alternativa. Tem essa onda forte de revistas de quadrinhos, todo mundo tem sua revista alternativa. Temos debates sobre quadrinhos com o Mauricio de Sousa, e falo para ele que faz um trabalho comercial, só pensa em dinheiro. Em quadrinhos está surgindo muita coisa, acho alguns da Coreia do Norte, de Angola, e ponho na revista *Boca* para mostrar o que outros estão fazendo. Temos outras pretensões, mas, dentro do que temos condições, fazemos muita coisa. Fazer desenho animado de dez minutos, em casa! Acetato por acetato, um monte de gente pintando acetato, é realmente incrível, dá um orgulho muito grande. (Dagomir Marquezi, depoimento)

Pela mesma redação na rua Virgílio de Carvalho Pinto, em Pinheiros, passa Luciano, jornalista que esteve na editora Abril.

> Trabalho no *Movimento* e colaboro com o *Pasquim*. Faço alguns trocadilhinhos. O Paulo Francis é um cara de direita, mas é tolerado pelo pessoal do jornal porque é extremamente espirituoso e inteligente, e louco para ser aceito pelo *Pasquim*. Colaboro eventualmente lá, escrevo num jornal do Partido Comunista chamado *O Bloco*, uma tentativa, no momento de abertura, de fazer um jornal popular de esquerda. (Luciano Martins, depoimento)

Ricardo, o militante aguerrido que voltou há pouco do exílio, afirma que a imprensa alternativa tem um papel extremamente importante. O primeiro jornal foi o *Opinião*, uma frente de todos os setores democráticos e de esquerda, sob o comando de Fernando Gasparian. Mas houve um racha, e os setores mais à esquerda constituíram o jornal *Movimento*; e, no racha deste, surge o *Em Tempo*, que agora, em 1977, conta com os jornalistas Marcelo Beraba, Tibério Canuto, Paeco (Antonio Pádua Prado Junior), Sérgio Alli, Maria da Conceição Quinteiro (Quim) e Carlos Savério Ferrante. Há ainda o *Brasil Mulher*, que já passou por alterações desde sua criação e agora se fortalece com Gilseone Westin Cosenza, Iara Areias Prado, Ieda Botura Areias, Vera Soares. (Azevedo, 2010)

Mouzar, nosso companheiro da geografia, andava meio sumido, tinha ido estudar jornalismo. Eis que aparece aqui no Riviera, cheio de história sobre a imprensa nanica e a intensa militância que pratica através do verbo, bem como sobre os novos lugares de encontro.

VOCÊ PODE
FUMAR BASE
COMUNISTAS SE UNEM À
CONTRA A OPOSIÇÃO SIN
MOVIMENT
FLEURY: A MORTE
DE UM HERÓI DO
REGIME MILITAR
FIGUEIREDO BALANÇA:
NEM ABRE, NEM FECHA
(mas faz planos...)
NÓS MULHERES
As mulheres
em busca
da liberdade

REPORTER
Bebê vive com
rato na creche
clandestina
Brasil Mulhe
1º
CONGRESSO
DA MULHER
METALÚRG
Dia
Internacional da Mulhe
rainha do lar
EDIÇÃO EXTRA
EM TEMPO:
A GREVE
CONTINUA

São muitos detalhes de uma história que por vezes parece fragmentária. Participei da fundação do *Versus* e começo a colaborar no *Pasquim*. Peguei gosto pela coisa, participo do *Movimento* e de vários jornais alternativos que estão pipocando pelo Brasil inteiro. No Acre tem o *Varadouro*; no Espírito Santo, o *Posição*; até numa cidadezinha pequena de Minas, chamada São Gotardo, tem um jornalzinho do tamanho do almanaque do Biotônico Fontoura, chamado *Paca tatu cotia não*, dito que faz parte de uma brincadeira de criança que existe em Minas e no interior de São Paulo. Tem um fazendeiro, dono de metade do município de São Gotardo, que é contra a ditadura. Em 1964, o Castelo Branco resolveu fazer a reforma agrária só nas terras dele, tomou a fazenda, e em vez de distribuir entre os poceiros entregou para a Cooperativa de Cotia, que expulsou os colonos das terras e introduziu o sistema de boias-frias. É odiada por todo mundo. Foi assim que surgiu esse jornalzinho. Colaboro em quase todos em Minas; no Rio Grande do Sul tem o *Coorjornal*; em Belo Horizonte tem também o *Jornal dos Bairros*. Este tem um poderio muito grande. É feito na área de Barreiro, um bairro operário, onde um grupo de estudantes se reuniu, resolveu militar na periferia e foi a Barreiro, o maior bairro operário, divisa com Contagem.

Participo da imprensa feminista. O primeiro jornal que surgiu foi *Brasil Mulher*, como jornal de luta pela anistia, fundado pela Therezinha Zerbini. Agora mudou o conceito, virou de um grande grupo, dominado pela AP. Trabalho com todo mundo. Só no *Nós Mulheres* não colaborei ainda, é mais sexista, não tão político no sentido de militância de base da periferia como é o *Brasil Mulher*. E está surgindo o *Mulherio*, com o qual colaboro. Foi fundado na sede do *Versus*. Conheci o pessoal que está fundando o *Versus* quando estava no segundo ano de jornalismo, em agosto de 1975. Fundamos o jornal, e a primeira edição foi paga com uma parte do 13º do Marcos Faerman e uma parte do meu. Ficou um jornal muito bonito, atraente. A esquerda marxista mais clássica, tipo partidão, é muito moralista, odeiam o *Versus* porque é um jornal bonito, acham que [jornal] tem que ter cara de pobre. O jornal tem ligação com a América Latina inteira, temos essa pretensão de ser um jornal latino-americanista. Nem precisamos procurar contato, os caras se oferecem para colaborar: García Márquez, Ariel Dorfman, o Galeano, esse pessoal todo colabora, é uma beleza e gostoso de fazer.

Comecei a colaborar com o *Pasquim* quando vi aqueles caras famosos colaborando com o *Versus*. Resolvi arriscar, mandei as matérias para o *Pasquim*, e eles publicaram uma página minha. Comecei a colaborar. Todo mundo acha que o *Pasquim* deve ser uma zorra, uma festa permanente, e o *Versus*, um ponto de discussão sério, e é o contrário.

Tem muita perseguição política. O *Em Tempo*, ajudei a fundar. Chegaram a queimar sucursal e explodiram outra, em Belo Horizonte, e em Curitiba, com bomba do Exército. No *Versus* todo mundo tem trabalho, é uma coisa que fazemos voluntariamente. Só há dois jornalistas profissionalizados, que dão dedicação integral. Tenho meu emprego no Sesc, mas o jornal fecha à meia-noite. Várias vezes chegamos para trabalhar e [a sede] está cercada de Veraneio C14, carro de polícia, sem marca, sem identificação, todo mundo sabe que é polícia, mas ninguém fala, ficam parados na porta, ostensivamente olhando feio para quem entra, ameaçando. Os caras são folgados demais. Estou no Sesc Vila Nova, que tem um trabalho com o lazer na periferia. Pelo Sesc estive no Acre fazendo pesquisa sobre folclore, e resolvi fazer uma matéria sobre os seringueiros e trabalhadores rurais que estão sendo expulsos de suas terras pelos paulistas que ganharam terras dos militares. A pesquisa foi feita em Goiás, Pará, Acre e Rondônia. Junto com todo esse trabalho, milito em jornais alternativos.

[...]

O lançamento do *Versus* foi na FGV, com *show* e tudo, no dia em que morreu o Vladimir Herzog. O *Em Tempo* veio depois, mas as ameaças e a perseguição política continuam. Nele, faço matérias com presos políticos, sou amigo dos presos tanto em São Paulo como no Rio, mas nunca assino as matérias porque, se assinar, fico proibido de entrar nos presídios. Tenho que entrar como amigo. Em todas as matérias que faço uso pseudônimo, para não me ligarem com essa coisa dos presos políticos, nem me proibirem de frequentar o presídio como amigo dos presos. Faço aqui, no Rio, e cheguei a fazer em Itamaracá, Recife. O *Versus* não teve censura, o *Movimento* e o *Pasquim* tiveram.

No *Movimento*, a primeira matéria que publiquei eu tinha feito para o *Versus*. Conheci uma velha muito maluca de Goiás, fiz uma grande entrevista com ela, ninguém conhecia ela aqui. Fotografei, porque estava fazendo uma pesquisa para o Sesc, entreguei para o *Versus*, mas não quiseram publicar. Levei para o *Movimento*, onde a Maria Rita Khel é a editora de cultura. Ela publicou a primeira entrevista com a Cora Coralina por aqui. Contava como foi a mudança da capital de Goiás para Goiânia, tão bonito. Nós fazemos jornal, vamos a *show*, teatro, trabalhamos nas ruas, viajamos de carona, alguns tentam fazer música, jogar futebol.

[...]

Há ainda algumas redações de jornal no centro. Só a *Folha* é mais longe, e tem os bares frequentados pelos jornalistas, o [restaurante] Montechiaro, na rua Santo Antônio, que fica até de madrugada. Toda redação de jornal tem um bar que funciona a noite inteira. Fora esses tem este aqui, o Riviera, ponto alternativo, inclusive para o pessoal da Editora Abril, que fica mais longe, na Marginal — se bem que eles frequentam muito o Bar do Alemão. Os jornais alternativos têm as redações na região de Pinheiros. O primeiro número do *Versus* nós fizemos na casa do Marcos Faerman, perto do Ibirapuera, mas a primeira sede é numa casa na rua Capote Valente, número 376, e vamos mudar para a Oscar Freire. O *Movimento* fica na Virgílio de Carvalho Pinto, o *Em Tempo*, na Mateus Grou. O *Jornal do Bairro*, que é do Gasparian, é considerado o primeiro jornal alternativo de São Paulo, também funciona na Virgílio de Carvalho Pinto, que antigamente se chamava Borba Gato, onde tem a gráfica PAT, que roda todos esses jornais. O *Ex* é uma exceção, é na Bela Vista, e contemporâneo do *Jornal do Bairro*. Os pontos de encontro um pouco mais distantes são o Café do Bixiga, na entrada da Cidade Universitária temos o Café Paris, o Rei das Batidas, o bar da Tia Rosa e o Bar do Hugo. O Sujinho, da Consolação, é meio ponto de tráfico, e o Bar do Zé tem divisão por horário, a hora dos malandros e a dos outros, que são comuns. (Mouzar Benedito, depoimento)

História divertida e de bastidores nos conta Sérgio, personagem que, quando era aluno, passou pela produção dos *shows* no Centro Cultural Equipe. Ele acaba de se formar no colegial e foi cursar artes gráficas no Senai. Filho de militantes do Partido Comunista, seu pai era ligado à gráfica da editora do partido e chegou a ter uma grande gráfica — vem daí sua paixão pelas artes gráficas. Ainda cursando o Senai, foi trabalhar na gráfica PAT, a mesma de que fala Benedito.

Antes de o *Em Tempo* montar sua gráfica, trabalhávamos na PAT, que é de propriedade da família de Raduan Nassar, que fica na Virgílio de Carvalho Pinto com a Teodoro Sampaio. Agora chefio a pequena gráfica do *Em Tempo*, que faz todos os jornais de esquerda de todas as tendências, às vezes acontece até troca de páginas. Estão lá *O Trabalho*, da Libelu, o *Movimento*, do Raimundo Pereira, o *Em Tempo*, o da Convergência Socialista, todos na mesma gráfica, na rua Arthur de Azevedo. Mas quem trabalha não é a direção de cada tendência, são trabalhadores normais, e que se dão muito bem. Partidão, Convergência Socialista, trotskistas, stalinistas, não importa, são todos amigos. A diagramação é toda na mão, desenhando as páginas, calculando os textos. O trabalhador gráfico é diferenciado no meio sindical, porque é mais ilustrado de fato. Pelo contato com os autores, com os jornalistas, e pelo próprio fazer gráfico que exige um mínimo de leitura, de conhecimento. (Sérgio Papi, depoimento)

Olhando para São Paulo, conseguimos perceber de onde vem o chamamento aos jovens estudantes em direção à população mais pobre e carente. Essas ações estão concentradas principalmente na zona Sul. A cidade se expande horizontalmente na sua periferia, a urbanização é feita com loteamentos irregulares, favelas e alguns conjuntos habitacionais. As condições de circulação e drenagem se agravam, a maioria dos conjuntos habitacionais está em terrenos impróprios do ponto de vista geomorfológico. A vegetação é removida, os solos ficam expostos, levados pelas chuvas. Dessa forma, acabam assoreando rios e córregos. Segundo Raquel Rolnik, nossas enchentes são consequência do projeto urbanístico implantado. O modelo implica uma radical exclusão territorial dos moradores de baixa renda da periferia. "Na zona Sul da cidade, o impacto da implantação desses conjuntos na zona Sul do município foi ainda mais grave: a construção do conjunto Bororé, no Grajaú, em 1976, levou mais de 13 mil moradores para a área recém-definida como de 'proteção aos mananciais'" (Rolnik, 2001). A Lei n. 1.172, de 17 de novembro de 1976, visava evitar a ocupação urbana das bacias tributárias dos reservatórios (Billings, Guarapiranga, Cantareira) que abastecem de água a região metropolitana. Numa esquizofrenia de ações, realiza-se a proteção por meio da imposição de limites à ocupação e se leva um polo industrial para a zona Sul, com a expansão da centralidade a sudoeste. A linha Norte-Sul do Metrô acaba de iniciar suas operações, em 1975, aumentando a demanda habitacional na periferia Sul. (Adaptado de Rolnik, 2001).

Marcamos uma conversa no Redondo com nosso companheiro Luiz, agora professor, que nos faz refletir sobre o papel da sociabilidade e da vida pública. As intensas mudanças da cidade não são apenas espaciais; elas carregam a marca de uma política desestruturante dos espaços públicos, das instituições, transformando as linguagens artísticas e adaptando-as à intensa censura, criando novas formas de sociabilidade e profundos vazios na existência desses jovens.

> A cidade está tristemente perdendo seu centro, perdendo sua vida. Seu comércio está deixando de ser um lugar agradável, onde você procura estar porque é um lugar de encontro, para onde as pessoas convergem, sabem que indo para lá vão encontrar alguém para conversar, para trocar, para se realizar como ser humano inteligente, minimamente com vida social. As pessoas procuram a cidade porque acham que vão ter sociabilidade, então não pode ser pulverizado. Convergindo para o centro, você pode saber que é lá que vai encontrar as pessoas com quem está querendo conversar. Este é o significado.

Cidade significa isso, nela encontramos passado, presente e futuro, tanto o que se anuncia, o que vem, como o que foi, o que é, o que está sendo. Não é parada, está em movimento, passado-presente-futuro. O mais marcante é essa angústia da perda do centro, o lugar para onde vamos, na hora do lazer, encontrar com os outros. Andamos tranquilamente nas ruas, na alta madrugada, você não tem medo do ladrão, tem medo da polícia. Como na música do Chico ["Acorda, amor", 1974]: "Chame o ladrão" para te proteger da polícia, temos medo da polícia política e da polícia mesmo, civil, porque é arbitrária, pode tudo, está acima da lei, tem Esquadrão da Morte, polícia militar violentíssima. Temos medo da polícia, mas assim mesmo andamos com toda tranquilidade a pé, à noite. Quantas vezes já fui de Pinheiros à Consolação, às vezes ficamos no centro, acaba o ônibus e voltamos a pé para casa

A gente vem de uma crítica muito forte ao capitalismo, à alienação. Rejeição e repúdio em todos os termos da vida capitalista, era todo o espírito dos anos 60, guerra do Vietnã, vivia-se um espírito de comunidade muito forte, não só fazendo a crítica, mas procurando uma vida distinta, apoiada em valores diferentes. Que não fosse o valor da propriedade, da posse, do dinheiro, do consumo. Muitos partiram para essa experiência de vida em comunidade, seja no campo, seja na cidade. Nós fundamos uma república na esquina da rua Alvarenga com a Moncorvo Filho, bem na entrada da Cidade Universitária, mas não no velho estilo, que vinha desde a fundação da São Francisco. Uma república comunitária, mista, vivem ali homens e mulheres, todos estudantes, inaugurando um estilo de vida diferente do tradicional, do método burguês. A casa é grande, tem cinco quartos, e nós invertemos, dormem todos na sala imensa e usamos os quartos para diferentes fins. Um é biblioteca, outro, quarto de desenho, alguns fazem artes gráficas, outro é estúdio fotográfico... procuramos mudar todos os papéis definidos. O mundo é uma coisa nova a ser construída, não aceitamos papéis definidos e tudo está aberto para a experiência, de todos os tipos, que fazemos. Chegamos a proibir a existência de casais. Coisa absurda! É uma experiência, e claro que não deu certo! Mas estamos abertos e damos festas. Já começam a proliferar, há outras repúblicas mistas, com outras experiências e vivências. Tem um elemento político, cultural, de desconcerto, de medo, de fuga e de festa, muito alienante, vivemos muito desconcerto, estamos sem rumo. A juventude, os estudantes, todos estão muito perdidos, a contracultura é muito forte, com esse espírito anti--intelectualista. Ao mesmo tempo, somos estudantes de sociologia, filosofia, história, que enfrentam uma corrente de pensamento que nega toda possibilidade de conhecer, da razão, da inteligência, nós nos sentimos vivendo contra o espírito do tempo. Um espírito do tempo que nega tudo que fazemos?! É difícil.

Há, com muita razão, um sociologismo imperativo, muito ortodoxo, às vezes até dogmático, que reconhece a razão, mas não podemos nos entregar a tendências do tempo, a correntes, porque elas também jogam você para o universo das drogas. Até 1969, morei no Crusp, e não se ouvia falar em maconha, embora fosse difundida no Brasil, mas ainda era coisa de marginal, não tinha atingido a classe média. Só agora que a maconha começou a se difundir na classe média, junto com o ácido, o LSD.

[...]

As correntes da contracultura jogam você para o universo da droga. Muita gente se perde, quantos não ficaram no meio do caminho porque acreditaram no apelo contracultural da droga. Temos que resistir, no fundo é um exercício de resistência por todos os lados. Resistir ao imperativo militar da ditadura, a este apelo orgiástico, ao prazer, à festa, à droga, ao anti-intelectualismo forte da contracultura, ao apelo dogmático de um marxismo muito ortodoxo. Vivemos um tempo de resistência. O Antonio Candido escreveu um ensaio em que chama os anos 70 do "tempo de ser do contra", brilhante, é uma síntese, com essa iluminação dele. Só que o ensaio se refere ao ser contra o imperativo oficial do poder, da ditadura militar, mas é de ser do contra a muito mais coisa, somos contra sem saber muito bem contra o quê.

Nos anos 60, minha geração ia se definindo pelo que não queria, mas não sabia bem o que queria, havia uma crítica forte a todas as experiências socialistas existentes, ao stalinismo, e não há nada que te chame para ser a favor de algo, você é contra. É isto que define os anos 70, a vida de espírito hedonista, incorporada e alimentada por músicos como Caetano e Gil: gozar a vida, o amor, o sexo, o corpo, o apelo muito grande ao corpo, ao prazer, Odara, o brilho, o narcisismo. Tudo que Caetano fala é palavra de lei para a juventude. Chico com mais esclarecimento, Caetano mais liricamente, são os grandes intérpretes, expressam o espírito da vida. Prestamos muita atenção à música de Caetano, Chico, Gil, os baianos todos, Raul Seixas, cada um te chama para uma experiência, uma *metamorfose ambulante*, uma coisa maluca, que contraria tudo. A periferia existia, mas não era miserável; quando se fala em favela se pensa no Rio, não se pensa em São Paulo, mas agora o mesmo mecanismo que cria a prosperidade está criando as periferias terríveis, os lugares miseráveis. Tem bairros pobres, como Brasilândia, Mooca, Brás, mas não degradados. É a prosperidade desordenada que está criando isso, é esse tipo de especulação que cria a barbárie e a violência. Estou morando na

Vila Madalena, me plantei ali nesse final da década, já está abrindo a atmosfera política, começa a reorganização partidária, começamos a ter núcleos de formação do MDB, depois PMDB, uma vida mais política, com reuniões, e organização de jornais alternativos. No *Movimento* estou desde o começo, com reuniões para a formação dele. Mas estão existindo rachas, formamos o *Amanhã* e outro grupo formou o *Em Tempo*. Continua a haver festas, mas as energias começam a ser canalizadas para a vida política e universitária. Fazer mestrado, doutorado. (Luiz Roncari, depoimento)

A jovem estudante de psicologia Maria Rita, que tão bem escreve sobre esta década, também inserida nas redações dos jornais alternativos, tem algumas considerações interessantes sobre o momento e os jovens. Seus comentários vão ao encontro das observações do nosso historiador Luiz.

A ditadura nos une, produz certa unanimidade, pelo menos entre a juventude universitária, que dá um sentido maior às nossas vidas. Mas na vida cotidiana, miúda, outras coisas acontecem; nem tudo está previsto no projeto dos militares. Na segunda metade da década de 1970, coisas importantes ocorrem no âmbito do comportamento, dos costumes do modo de vida — pelo menos dos jovens da classe média urbana e universitária. [...] a militância dentro das organizações clandestinas de esquerda ficou quase impossível. A ditadura, acuada, prende e mata sem hesitação. Por efeito do medo e das sucessivas derrotas, a luta armada contra a ditadura esvaziou-se e surgiram outros modos de resistência: táticas de convencimento, luta ideológica, debate público. Nascem os tabloides independentes, jornais sustentados muitas vezes por organizações ou partidos políticos proscritos — como o Partido Comunista e o Partido Comunista do Brasil — que na medida do possível [...] discutem seus projetos e alternativas políticas ao regime militar, criticam o sistema e tentam combater a doce alienação da classe média. Jornais como *Opinião*, *Movimento*, *Versus*, *Bondinho* e, mais tarde, *Em Tempo* (surgido de uma cisão do *Movimento*), as grandes transformações que minha geração tentou fazer no âmbito da vida privada. A geração que deixou a casa dos pais, não para estudar em outra cidade, ou para entrar para a luta armada na clandestinidade, mas simplesmente para viver de um outro modo, recusando qualquer atitude consumista, aderindo a certa estética da pobreza e evitando (pelo menos é o que pretendíamos) trabalhar em qualquer coisa que contribuísse para fortalecer o capitalismo. (Khel, 2006).

↳ Grupo Abracadabra nas calçadas da rua Fradique Coutinho, em 1979. Da esquerda para a direita, Olney de Abreu, Malu Morenah, Breno Moroni e Po Mar.

Caminhando pelas imediações de Pinheiros, encontro a nossa companheira de viagem que veio do Rio, Sônia, que agora está em nova fase, completamente integrada a Pinheiros e Vila Madalena, ainda que com ressalvas... Aos poucos, em sua fala, vemos aparecer a negação das atitudes consumistas, o espírito de comunidade, a procura de uma vida apoiada nos valores distintos de que falam Rita e Luiz, com a busca de um compromisso com a formação de adultos e com a educação popular. Ela segue contando.

Meu irmão entrou na Poli e eu, na FAU. Meu pai comprou um apartamento para a gente morar na rua Mateus Grou e viemos para Pinheiros, região que conhecia só de passagem, não era *habitué* do bairro. Passava quando ia para a USP, ou ia ao largo de Pinheiros fotografar, ou a algum restaurante ou bar. Mas, na Mateus Grou, já fiquei super do bairro, vou à feira, aos botecos do bairro. Tem um na Fradique Coutinho onde comemos filé a cavalo, paramos numa esquina, tomamos uma cerveja. Na Vila Madalena tem um boteco na rua Aspicuelta com a Mourato Coelho em que os caras jogam dominó. Tomamos cerveja no balcão, há um monte de barzinhos onde bebemos qualquer coisa, e tem a feira. Mas começam a surgir as repúblicas, uma na Cunha Gago, outra na Fradique Coutinho, outra num prédio na Rebouças, outra na Teodoro, a vida está sendo Pinheiros e a USP intensamente. Acho um bairro muito feio, este monte de casinhas geminadas. Meu padrão estético está conectado com a minha infância, na arquitetura fluminense e carioca da aristocracia, na natureza, mar, montanha e florestas. Acho horríveis estas casinhas, ladeiras, botecos. Mas namoro muito, faço milhares de reuniões, de grupos de estudos, vivo nos bares, e só ando de ônibus. Acho tudo horrível, mas estou feliz da vida.

Fiquei dois anos trabalhando, no terceiro ano fiz cursinho no Equipe, na Caio Prado, e entrei em 1975 na FAU. Este apartamento está sendo maravilhoso, moram muitas pessoas, tem sala, cozinha, dois quartos e banheiro, areazinha de serviço e quartinho de empregada. Por lá já passaram milhares de amigos, muitos ainda moram com os pais, é raro estarem no começo da faculdade e morarem sozinhos. Nós estamos porque nossos pais foram embora para o Rio, é uma condição privilegiada. Muitas pessoas já moraram lá. É uma referência, ali morou arquiteto, fotógrafo...

Morou uma amiga minha que foi internada pela mãe num sanatório, porque era diferente e a mãe resolveu internar. Eu, meu namorado e o pai dela fomos tirá-la, porque é uma pessoa libertária e a mãe, careta, enfiou ela no sanatório. Morou outra que é artista plástica, tinha brigado com o namorado na FAU, e entrou em depressão profunda porque era apaixonada por ele. Se mudou para a minha casa, sentou na mesa da sala e fez uma sequência de uns cem desenhos deslumbrantes, que depois fez uma exposição na FAU. Surtou e transformou isso em criação. Eu, meu irmão e os nossos amigos que frequentam a casa acompanhamos a explosão criativa. Morou uma moça da ECA, fotógrafa, que se mudou para Salvador. Tenho um amigo que trabalha em área indígena assurini, grupo tupi, mora próximo a Itaituba, no Pará, e sempre que vem da aldeia fica em nossa casa. Um dia encontrei uma amiga na rua, meio desorientada, morando num lugar que não estava dando certo, onde as moças são muito católicas. Levei ela para casa, todos os meus namorados acabam morando ali. Estamos nos anos áureos do amor livre, tem pílula anticoncepcional, magnífico sexo, drogas, *rock and roll* e movimento estudantil muito intenso.

Moraram duas pessoas que passaram grandes temporadas, clandestinas, eram da ALN, perderam todo os seus companheiros, que foram mortos pela ditadura. Outro morou um tempo, porque a namorada morava. A casa é uma espécie de caverna, com discos de *rock*, música popular, Mutantes, Gilberto Gil, Caetano, Milton Nascimento, Edith do Prato, Paulinho da Viola, e a gente vai à feira. Meu pai veio nos visitar, abriu a geladeira e só tinha cerveja. Falou: "Pô, o que vocês comem?". Mas nós comemos no Crusp, nos botecos de Pinheiros, no final de semana vamos à feira, fazemos um cozido, feijoada... Quando não estamos na escola e nas passeatas, vamos ver todos os filmes e as exposições.

[...]

Com as drogas, estamos em época de experimentos, provamos chá de cogumelo, ácido, é uma bola preta, estrela vermelha, provamos maconha com mel, que vem do Maranhão. Não sou usuária, é a mesma medida em que estou indo a *vernissage*, ver filme, passeata. Estamos nos abrindo totalmente para o universo, são experimentos, vamos para o sítio de alguém, colhemos cogumelos e fazemos bolo com ele. Embora conheça e conviva com pessoas que são usuárias, não sou. Temos uma relação muito forte com a música. Vamos a todos os *show*s dos Novos Baianos, do Gil, do Caetano, da Bethânia, de coisas do Nordeste, às vezes vamos a locais que tem forró, perto do largo Treze de Maio, em Santo Amaro, ou a um local que tem dança de salão, com muitos coroas, na rua Rego Freitas, o Som de Cristal. Fui a um *show* do Caetano em que ele estava com uma roupa de mulher e pintado. Fiquei muito marcada por filmes, *Pierrot le fou* [no Brasil, *O demônio das onze horas*, 1965] do Godard, lembro que entrei de um jeito e saí de outro. Do *2001, uma odisseia no espaço*, do Kubrick, também entrei de um jeito e saí de outro. Algumas coisas que li, como O jogo de amarelinha, do Cortázar, me marcaram muito, mas também li Graciliano Ramos, José Lins do Rego, Os sertões, do Euclides da Cunha, Cecília Meireles, Manoel Bandeira, Grande sertão: veredas, que me deixaram muito impactada. Descobri que existe uma outra linguagem para você contar as coisas.

[...]

Começamos a ter uma vida na cidade universitária. Na FAU, entro em contato com professores como o Flávio Motta, que me abre milhares de portas na área de história da arte. Fiz um curso de cinema com o Paulo Emílio, sou aluna do Flávio Império. As aulas dele são laboratórios, estudo aquarela e xilogravura com a Renina Katz. Fico no porão da FAU, na gráfica com os funcionários, no laboratório de fotografia com o João Musa e com o Raul, na biblioteca, mas pouquíssimo em sala de aula. Muito tempo em passeata, e trabalhando, a faculdade é período integral, mas já tive vários empregos. No escritório do Figueiredo Ferraz, na avenida Paulista, fiz projetos de escolas. Na Pinacoteca do Estado, trabalhei com a Aracy Amaral e a Ana Maria Belluzzo, que são minhas professoras. Vivo intensamente a região, vou à rua das noivas, como esfirra numa daquelas ruas por ali, almoçamos no Brás, fico no jardim da Luz. Catalogamos tudo que está apodrecendo na Pinacoteca e fazemos várias exposições. Vendo fotos para revistas, jornais, faço exposições de fotografia. Frequentamos o Belas Artes, todos os cinemas em que passavam filmes interessantes.

Este ano, de junho a dezembro, um grupo de estudantes da FAU e da ECA — eu, Isabel Gouvêa, João Luiz Musa, Milton Hatoum, Cid Marcondes de Oliveira, Sérgio de Oliveira, com ambientação sonora de João Carlos Nassif — montou uma exposição, que ocorre na FAU, no Congresso de Agronomia no parque Anhembi, Clube Campestre Santo Amaro (Sesc-SP) e na Escola de Artes Visuais do parque Lage, Rio de Janeiro, que acaba de resultar no livro Amazonas: palavras e imagens de um rio entre ruínas.

É interessante, porque na FAU já estão articulando os partidos políticos, os embriões, com os grupos do PC, da Liberdade e Luta, dos independentes, não sou de nenhum, não ponho a menor fé em partido, mas vou a todas as manifestações, assembleias, passeatas, e fui presa no Deops este ano, num dos atos públicos, em frente à São Francisco. Chegou a polícia, nós saímos correndo, mas fui presa na rua XV de Novembro. Me pegaram pelo cangote, enfiaram no camburão e levaram para o Deops. Várias pessoas foram presas nesse dia. Dormi lá e saí de manhã. Fizemos todas aquelas coisas de praxe, pôr dedo, fotografar, preencher fixa, responder interrogatório. Os policiais queriam saber quem eram as lideranças da Liberdade e Luta,

↳ Montagem da exposição *Amazônia*. Sônia Lorenz na gráfica da FAU-USP, 1976.

↳ Manifestação em ato pela educação em frente à catedral da Sé, 1978.

perguntaram do Josimar Melo, meu colega na FAU e uma das lideranças do grupo. Mas se deram conta de que sou massa avançada, não sou liderança. Nesta sala em que fui interrogada, trouxeram um rapaz que não era estudante, nem classe média ou da burguesia, acho que era um operário, pelo que depreendi. Torturaram esse cara enquanto eu estava sendo interrogada. Ele estava muito machucado. No dia seguinte me soltaram, com mais um monte de gente, e fomos à rodoviária, que tem aquelas coisas coloridas, medonha. Todos os conhecidos se encontraram na saída do Deops e, na mesma hora, fomos pra rodoviária comer pastel e tomar caldo de cana.

Fiquei em choque, parecia que estava vendo um filme, não parecia que estive num lugar em que uma pessoa foi torturada ao meu lado. Saí de lá, passei pela rede ferroviária e fomos comer, depois peguei um ônibus para voltar para meu apartamento em Pinheiros. Nesta situação, vi a cidade como se estivesse vendo um filme e não estivesse no lugar. É a mesma sensação que tive, quando criança, ao ver os tanques atrás da Candelária, ou quando, indo para a escola, tinham explodido uma bomba no Conjunto Nacional. Foi o mesmo quando saí do Deops. Sensação de que estava num cruzamento de vetores, de política, de economia, de sociedade, de violência e, ao mesmo tempo, era um ator daquilo. Em choque, você tem um certo distanciamento, fica vendo um filme passar na sua frente, novamente. É uma coisa cíclica. Virei do bairro de Pinheiros, da FAU, da USP, mas novamente se instala o medo. Vai um bando de gente em casa, mas... alguém pode ser dedo-duro. Vou para as passeatas, mas, como já fui presa, tenho que ser mais esperta, na faculdade tenho que saber que algumas pessoas estão sendo procuradas. Mais uma vez, passei a ter medo de andar na cidade e de conviver com as pessoas.

Depois que trabalhei no Metrô, no governo do Figueiredo Ferraz e, na Pinacoteca do Estado, caiu uma ficha: vou deixar de trabalhar para a burguesia e vou trabalhar na periferia. Estou dando aula de artes, laboratório de colagem, escultura, desenho, na Vila Guarani, perto do Jabaquara. Demoro muito para chegar e para voltar, é uma escola pública, dou aula para meninos, adolescentes, muitos são ladrões, puxam carro, roubam gente no farol, relógio, carteira, essas coisas. É a primeira vez que entro em contato com esta cidade, que não é a cidade burguesa. Uma coisa é você estar no Riviera discutindo a revolução, fazendo passeata na frente da São Francisco, outra coisa é você dar aula na Vila Guarani. Está sendo uma experiência muito legal conhecer a periferia, e dá certo, tenho uma empatia muito forte com os alunos, percebem muito rapidamente que não estou ali para dar regras ou lição de moral. Estou lá por uma hora e meia para fazer colagem, desenhar, conversar e curtir esse tempo. É muito legal, porque comecei um trabalho de desenho de observação. Fiz alguns cursos de desenho de observação, com modelo nu, na Pinacoteca e na FAU. Mas na Vila Guarani não há nenhuma hipótese de ter modelo nu. Comecei a ir para lá todos os sábados, passo o dia lá, a minha aula é de uma hora e meia, mas não vou só dar aula, fico na escola, vou para o boteco tomar um pingado, tem uma coisa de aproximação, para poder dar aula. Na aula, combinamos que semana que vem alguém vai trazer uma bicicleta para todo mundo desenhar, depois um espelho para fazermos autorretrato; na outra, uma imagem de revista para a gente copiar, depois picar para fazer colagem. Começam a querer saber onde estudei, onde nasci, porque sou loira e não os trato mal... Me dizem que lá é perigoso, quando chego tem sempre um me esperando no ponto, e quando vou embora um que me leva, formamos um vínculo, já estou ali há quase um ano e meio trabalhando com estes adolescentes, de 11 a 19 anos, barra-pesadíssima, e a gente colore, desenha, faz colagem, conversa, e contam: "meu padrasto queimou minha mãe com cigarro", "meu irmão fugiu da prisão e tomou um tiro". Fico chocada, mas, quando temos uma relação produtiva com as pessoas, não é o Carandiru, a favela deixa de ser manchete de jornal, porque temos uma relação com as pessoas. (Sônia Lorenz, depoimento)

Por vezes a sensação é de que há um grande combinado, e que todos caminham pelas mesmas trilhas, mas a verdade é que, com nuances diversas, pisando um mesmo solo da cidade, compartilhando um mesmo território e herdeiros das mesmas tradições intelectuais e artísticas, esses jovens vão ousando em aspectos comportamentais e construindo novas formas de participação. A inserção feminina na vida urbana e no mercado de trabalho vai aos poucos abrindo as portas para a entrada na política, através dos movimentos e da imprensa. Outra tarde, caminhando pelas imediações de Pinheiros, encontro outra das nossas caminhantes psicólogas, Raquel, que fazia tempo que não encontrávamos. Ela anda totalmente engajada nessas ações femininas e nos movimentos da periferia.

O primeiro jornal das mulheres foi o *Nós Mulheres*. Uma história pouco conhecida é que ele está sendo patrocinado pela Elis Regina. Fui à casa dela, conversamos e ela tirou do bolso o dinheiro e me deu. Uma fase heroica, tem até um agradecimento a ela no primeiro número, mas estamos num momento em que não podemos aparecer como pessoas, nem personalidades, os artigos são anônimos. Ninguém assina, e essa história da Elis acabou passando desapercebida.

[...]
A primeira reunião que fizemos depois do movimento de luta por creches e da faculdade foi no porão do *Versus*. Publicamos uma notinha sobre o movimento de creches na *Gazeta de Pinheiros*. Aconteceu a reunião e apareceu uma mulher que ninguém conhecia. Ela leu no jornal e apareceu para a reunião... "agente da CIA"... é a coisa que mais ouvimos a respeito dos desconhecidos, "devem ser agentes da CIA ou do Deops". No fim, foi justamente a mulher que nos facilitou o acesso ao movimento popular, de outra ala do movimento das mulheres. Temos, ao mesmo tempo, a ousadia de colocar um anúncio dizendo que vamos fazer uma reunião para discutir e o medo das pessoas desconhecidas. Do começo da década para hoje, há uma profunda transformação. Os medos, o fechado, a ditadura, os mortos, a batalha, a luta, a guerra, a anistia, a resistência e a ousadia, todas as coisas convivendo intensamente. Temos ideologia, palavras de ordem, somos empolgados, temos vontade de transformar o mundo.

Nas reuniões de estudantes, a música presente é "Caminhando e cantando..". ["Pra não dizer que não falei das flores], do Vandré, nossa música de passeata. O movimento feminista adotou outra: "Maria, Maria". A movimento estudantil grandão mesmo, quem vai é o Renato; nós ficamos cuidando da psicologia especificamente, estamos nas manifestações, mas não na organização. Agora, com a Libelu, já não há muito essa relação com a música. De certa forma, a música nestes anos todos acabou expressando a emoção, a revolta, a indignação, as palavras de ordem. O LP em que está a música "Alegria, alegria", na época em que ocupamos a faculdade de psicologia, tocava o dia inteiro, todo santo dia. Quando vem à lembrança o movimento, ele tem uma trilha sonora.

A imprensa alternativa é outro polo de resistência e de tentativa de furar o bloqueio da informação, com duas mãos, obviamente: por um lado, tentando noticiar todas as coisas que a grande imprensa não noticia; e, por outro, tentando levar aos mais diversos cantos um ponto de vista crítico com relação às questões. É um jornalzinho que não só está em algumas bancas como também o levamos embaixo do braço para distribuir e discutir em algumas regiões. Há uma multiplicação desses jornais. *Brasil Mulher*, com sede em Pinheiros... ali dividimos um porão, o andar de cima é do *Versus* e embaixo tem *Nós Mulheres* e o MNU, Movimento Negro Unificado. As mulheres do movimento negro, assim como as lésbicas, no começo estavam no seu movimento, levaram um tempo para decidir discutir a questão na condição de mulheres e entrar no movimento. A questão dentro do Movimento Negro Unificado é mais específica, tem que discuti-la junto com os companheiros, a relação conosco é outra, mas estão começando a se aproximar física e afetivamente.

Saí do *Nós Mulheres* e fui para o *Movimento*. Existem o *Movimento*, o *Em Tempo*, o *Pasquim*, e o *Opinião* acabou no começo do ano. Conheço mais as redações do *Movimento* e do *Em Tempo*. A imprensa nanica também tem outro aporte interessante que é *O Repórter*, para o qual já escrevi, que pretende ser um jornal mais popular, tem matérias mais sensacionalistas, e matérias de cunho político mais sério. O *Bondinho* pegou parte do pessoal do *Ex*. A imprensa alternativa é rica. Uma coisa boa é que temos esta postura mais coletiva. Estamos sendo capazes de construir na mais profunda adversidade. Não ganho quase nada com este trabalho nos jornais, às vezes dou de graça as matérias, ou, se recebo, é de maneira absolutamente simbólica, mas tudo bem, porque faço pesquisa de mercado para sobreviver.

[...]

O pessoal de teatro trabalha todo como militante, são sempre pessoas ótimas, maravilhosas, estonteantes, lindérrimas e muito legais, mas conheço mais a distância. Nos grupos que presencio, participo e discuto mais intensamente, existe uma relação com a liberalização dos costumes, com relação à sexualidade. Ali existe até uma brincadeirinha dos estudantes da Medicina, a palavra de ordem é "virgindade dá câncer"! Isso, dito por médicos, é muito importante, grandes farras em função disso. Até na Psicologia tem a discussão do que significa a sexualidade imposta. O movimento feminista retomou um pouco o tema. Que sentido têm a monogamia e a relação obrigatoriamente institucional de homem e mulher? Esta última [questão] vai ser levantada pelo movimento *gay* e as lésbicas, que vêm conseguindo entrar no movimento feminista, mas enfrentaram um preconceito grande. Aos poucos foram chegando. Temos de um lado a Igreja, que tem acesso às mulheres da periferia, e, por outro, as lésbicas, que querem entrar e discutir a questão da sexualidade. É um casamento difícil. Meio de campo complicado.

Enfim, há a discussão sobre virgindade, a hipocrisia no fato de a mulher ter que casar virgem e o homem ter que acumular grande experiência sexual e iniciar a mulher, e a questão da fidelidade. No fundo, isso quer dizer que todo mundo pode pular a cerca. É legítimo? Não. Queremos casamento aberto e multiplicidade de relações. Em função disso, acabou se colocando uma coisa alternativa mais interessante: as pessoas devem ousar, experimentar e vivenciar. Traição é você pular cerca e não contar para o seu companheiro. Mas que você se sinta atraído por uma pessoa, mesmo que você esteja namorando com outra, é perfeitamente natural, normal, acontece com todo mundo. A hipocrisia de não se permitir é unilateral, a mulher que transa com outro é puta e homem que transa com outra é garanhão. A relação aberta, amizade colorida, casamento aberto, passa a ser a moda no momento. Entrei nessa e é difícil! Minha conclusão é de que quero o máximo de liberdade para mim e o máximo de garantia de fidelidade do outro. Num primeiro momento, a ideia é que se pode fazer, mas tem que contar! Tortura-se o outro com os detalhes, histórias e sensações, a curiosidade mórbida que desperta no outro, que também te coloca uma série de perguntas e provoca um sofrimento intenso, que você tem que engolir e fazer de conta que não, porque dizer que é ciumenta é o fim da picada. Pode eventualmente ir a um boteco, Boi na Brasa, um lugar onde vamos jantar de vez em quando, e encontrar ela com outro ou ele com outra, um choque grande, que não podemos manifestar de nenhuma maneira, senão está manifestando ciúme, que é consequência de insegurança e preconceito pequeno-burguês. Essa discussão passa um pouco pelo movimento feminista. A sensação que tenho é de que essa maior liberdade com relação à sexualidade e aos hábitos é uma revolução um pouquinho traída, não seria traída se incorporasse os valores femininos na relação. Acaba incorporando o desempenho masculino, mas não a afetividade feminina... seria mais revolucionária e transformadora se efetivamente conseguisse encampar essa faceta, que fica a dever. (Raquel Moreno, depoimento)

A necessidade de atender as camadas menos favorecidas não se traduz simplesmente na ida para a periferia, mas também em atender públicos que estão totalmente longe de poder acessar seus direitos. O trabalho de conscientização não está só em romper as garras da censura; significa, do mesmo modo, abrir campos de questionamento, criar grupos, chamar para o debate, colocar os jornais debaixo do braço e ir à periferia, aos grupos de mães, às comunidades eclesiais, e provocar o debate. Em cima dessa participação, ajudar a organizar as reivindicações... trata-se de um trabalho árduo.

***

Cinema: muitos dos filmes mais significativos dos anos 70 tiveram a colaboração da Embrafilme como produtora, financiadora e distribuidora. Os velhos nomes do cinema novo ainda dominam a cena: Cacá Diegues, com *Xica da Silva* (1976) e *Chuvas de verão* (1977), Sylvio Back com *Aleluia, Gretchen* (1977), reflexos do nazismo numa colônia alemã em Santa Catarina, Jorge Bodanzky focalizará *Iracema* (1976), a vida dos marginalizados da Transamazônica. Glauber filma o enterro de Di Cavalcanti, rindo da vida e da morte, num documentário que nasce clássico.

Teatro: Ruth Escobar constrói e reconstrói seus teatros montando *O Balcão*, de Jean Genet, e *A torre de Babel*, de Arrabal. Antunes Filho encena *Esperando Godot*, de Samuel Beckett, com elenco exclusivamente feminino.

Minorias: Movimento Feminino pela Anistia consegue entregar a Rosalynn Carter um relatório das famílias dos políticos presos, exilados e desaparecidos, o que deixa Geisel apoplético. (Adaptado de Ribeiro, 1985)

A carreira jornalística não está restrita aos jornais nanicos. A grande imprensa, apesar de cerceada, ainda atrai alguns jovens. A reportagem policial vem aumentando seu espaço na imprensa, em paralelo ao aumento da violência na sociedade. Política e polícia repressivas contribuem para o aumento da criminalidade. Desde o início desta década vêm crescendo as reportagens que denunciam os focos de violência e a ação temerária das forças oficiais e oficiosas de repressão. Nesse contexto, nosso companheiro jornalista Luciano, que acaba de voltar ao Brasil, conta seus caminhos atuais.

Em 1976, resolvi sair um pouco do país. Tive uma desilusão amorosa e me sentia desconfortável. Recém-formado, trabalhava na Abril, mas o emprego me conduzia para um caminho diferente do que eu queria. Queria ser jornalista, fazer reportagem policial, acho interessante o comportamento do criminoso reincidente, que nunca acha que vai ser punido: o cara está preso, condenado a 120 anos de cadeia, mas acha que o mundo está errado. Sempre fiquei curioso. No começo da carreira, trabalhei como voluntário no Iresp, dando aula para detentos que vão sair da cadeia e precisam ter uma profissão. Saí porque senti este desconforto no país, um vazio, sem perspectiva, a ditadura se arrastando.

Fiquei um ano fora. No início deste ano fui trabalhar na agência *Folha* como repórter policial. Começo ganhando um quinto do que ganhava dois anos antes, mas fazendo o que quero, não me preocupo muito com o fato do crime em si, mas com o perfil das pessoas, com o entorno — sempre soube que, se resolvesse matar alguém, poderia. Houve épocas em que sonhei matar uns políticos, certas figuras da República. Tenho desejo de morte — e sei que o criminoso só não tem contenção. Gosto do perfil psicológico do criminoso. Por que o cara é reincidente? Faz sempre os mesmos golpes e acha que não vai ser preso, é um sujeito que não amadurece nunca. Convivi com um bom número deles quando fui voluntário do Iresp, o Instituto de Recuperação de Egressos do Sistema Penitenciário. Percebia que eles tinham sempre essa falta de maturidade, exceto, claro, os extremamente patológicos, violentos, os perversos. Mas gosto de acompanhar o crime que se organiza. Estou conhecendo pessoas interessantes na polícia, tem um delegado, Maurício Henrique Guimarães Pereira, que é um cara muito inteligente e estimula muito a investigação "cerebral", científica.

Sou muito independente. Embora tenha convicção sobre o modelo social e político que desejo para o Brasil, nunca deixei de conversar com essas pessoas. Frequento o gabinete do Erasmo Dias, me seduz a capacidade que o sistema tem de basear toda a sua força na estupidez. Ele significa o retrato absoluto da estupidez do sistema. Cheguei a escrever um livro como *ghost-writer* dele. Gosto de observar os conflitos pessoais, a figura humana, seu sofrimento com as filhas e com a vida, os questionamentos que se faz. Caminha estupidamente sempre na mesma direção, para fazer o errado. Foi educado para fazer desse jeito, mas se questiona. Eventualmente vou a um gabinete pouco frequentado por jornalistas, que é do coronel Arnaldo Bastos de Carvalho Braga, chefe do SNI em São Paulo. Ele não aceita nenhum jornalista, só eu que entro. Frequento o prédio da Polícia Federal, acompanho como repórter os policiais federais daqui. Faço uma boa agenda de relacionamentos, porque não vomito na frente deles, sei que é completamente nojento, mas tiro informações dali, e eles me respeitam. (Luciano Martins, depoimento)

MOVIMENTOS DE ESTUDANTES

Muita coisa acontecendo nestes dois anos, além da forte repressão, da censura, do medo, das prisões, pancadaria. Junto com a repressão, as limitações impostas à sociabilidade nas ruas: há infiltrados nas conversas nas mesas de bares, que no passado eram fluidas e tranquilas. Jovens estudantes, outrora militantes nas artes, participantes ativos em debates, criações artísticas, um público atento e exigente, perdem esse espaço. Aqui e ali há algumas iniciativas tímidas de agregar e retomar diálogos. Aqui e ali, algumas peças passam pelo crivo da censura e reúnem corajosos nos teatros da cidade. Alguns cinemas, mas poucos pontos de encontro. Belas Artes, Marachá, Bijou, Escola Macunaíma, Centro Cultural Equipe...

O cerco se fecha, as ações se pulverizam. As delimitações espaciais, antes restritas à universidade e às ruas centrais — com seus teatros, cinemas, bibliotecas, livrarias, sebos, bares e restaurantes —, se abrem para outro universo e outras formas de sociabilidade e integração.

Os espaços musicais já haviam incorporado o samba, as gafieiras, as escolas de samba. Agora, em poucos e restritos locais, recuperam algumas tradições, inclusive unindo samba e choro. Em outros, incorporam a música latino-americana, que aporta por aqui acompanhando a chegada dos exilados argentinos, uruguaios, chilenos. Há ainda a entrada em cena da música instrumental, com a fusão de sons populares nordestinos, a exemplo do que fazem os quintetos Violado e Armorial, e a fusão da música popular com Villa-Lobos, na requintada criação de Egberto Gismonti. Há os que ousam, em alguns recantos, novas sonoridades de "vanguarda", além de cantos de outros Brasis, sertanejos, cearenses, pernambucanos, mato-grossenses, gaúchos.

Na ação política, com certa criatividade e muita perseverança, os jovens ganham a periferia. Fazem isso sem vínculo com partidos políticos organizados e articulados, sem grandes lideranças, mas com muita vontade. Unem-se, em bairros periféricos — principalmente das zonas Sul, Norte e Leste —, às incipientes organizações da Igreja católica, únicos espaços que se abriam para a população mais carente da cidade se reunir, sediando grupos de mães, lutas por creches e por serviços urbanos essenciais. Raros são os momentos em que a luta se mostra de forma mais explícita, como no ato contra a carestia na praça da Sé, ou no grande ato no Colégio Arquidiocesano.

Para grande parte desses jovens estudantes que agora habitam a região de Pinheiros e Vila Madalena, o momento é de muita festa, muita música de Maria Bethânia, Gal Costa, Gilberto Gil, Caetano Veloso, Chico Buarque, Jorge Ben, Novos Baianos, muito recolhimento nas repúblicas comunitárias, muito questionamento em relação aos padrões da moral e dos bons costumes. Momento "Odara", como traduz um de nossos companheiros de viagem: momento de um espírito anti-intelectualista e afinado com a contracultura. De experimentar tudo — novas formas de viver em grupo, de viver as relações afetivas, de viver a sexualidade, de vivenciar novas drogas, de se portar, se vestir, se agrupar, de sociabilidade.

Grande impacto na formação e na sociabilidade desses jovens são as redações dos jornais, nanicos, independentes, *udigrudi*, ou sejá lá o nome que se quiser dar. Os jovens jornalistas, aglomerados numa mesma região da cidade, vivem uma intensa troca, o debate, sem espaço público que o viabilize, acaba existindo entre quatro paredes, visibilizado no jornal impresso. Nesse espaço se firmam e pedem abrigo, visibilidade e aceitação os grupos feministas, homossexuais e negros, além de todos os tons que compõem as forças democráticas.

> Petrônio Portela, gênio político do Piauí, começa a desmontar regime ditatorial, revogando o AI-5 e conseguindo a aprovação da Emenda Constitucional n. 11, que derroga o artigo que tornava inelegíveis políticos cassados, além de devolver prerrogativas da magistratura e restabelecer o *habeas corpus*. Graças as suas artimanhas, as promessas de Geisel sobre democracia adjetivada, distensões paulatinas e aberturas graduais começam a viabilizar-se. Magalhães Pinto e Severo Gomes, atacados pela mosca azul, se declaram candidatos à presidência da república, e os milicos caem na gargalhada. O nosso Severo toma um bom pileque, diz umas verdades sobre seus colegas do ministério e "é renunciado" do cargo de ministro da Indústria e Comércio, substituído por Ângelo Calmon de Sá. Revogados atos de banimentos dos presos políticos, trocados por diplomatas sequestrados porque a justiça reclama a necessidade de processar alguns deles.
>
> Governo prescreve a prisão perpétua e a pena de morte da legislação, mas continua a praticá-la na surdina, através do Esquadrão da Morte, liderado pelo delegado Fleury, célebre torturador e assassino

de presos políticos. O bravo promotor paulista Hélio Bicudo enfrenta o poderio de Fleury e consegue que o juiz decrete a prisão deste, mas o bandido se salva graças a uma "Lei Fleury". Para substituir a violência do AI-5, é promulgada a nova Lei de Segurança Nacional, que submete toda cidadania brasileira a cortes marciais, por quaisquer atos que os militares julguem criminosos. Três delegados gaúchos ajudam policiais uruguaios a sequestrar Universindo Díaz e Lilián Celiberti e seus filhos, e a levá-los amarrados de Porto Alegre a Montevidéu. Ficam impunes. É a Operação Condor. Nos dez anos de AI-5 e no Decreto n. 1.077 de Garastazu [Médici], a censura interdita mais de quinhentos filmes, quatrocentas peças, duzentos livros, além de milhares de músicas. Uns como subversivos, outros como pornográficos.

Governo proíbe as greves nas áreas de segurança nacional, nos serviços públicos, transportes, energia, combustível, água, esgoto e saúde. Greve livre, mesmo, só no estrangeiro. Metalúrgicos do ABC reconquistam seus sindicatos e vão à greve conduzidos por Luiz Inácio da Silva — Lula —, que surge assim como liderança trabalhista de novo corte.

Juventude: 3 mil jovens militantes da TFP realizam procissão histérica, conduzida pelo Dominus Plinius[14], como uma marcha de dezenas de quilômetros a pé, gritando e chorando de emoção, para desagravar Nossa Senhora de Aparecida, desrespeitada por um fanático. Cardeal Evaristo Arns acolhe milhares de operários metalúrgicos em greve — severamente reprimidos pela polícia — em dezenas de igrejas em toda a cidade, para realizarem ali assembleias sindicais. (Adaptado de Ribeiro, 1985)

Lendo notícias dos jornais locais, é possível perceber que pouco a pouco crescem nas periferias das grandes cidades aquelas lutas pontuais contra a espoliação urbana, bem como as manifestações contra o arbítrio do regime, somadas às manifestações estudantis e ao posicionamento de juristas e profissionais liberais no ano de 1977.

A pobreza é tão naturalizada neste país de diferenças abissais entre ricos e pobres, que tendemos a ver como normal a condição de vida das famílias que vivem na periferia da cidade. Andei lendo há pouco que, até a década de 1950, praticamente não havia favelas nesta cidade e a população moradora em cortiços era pequena. A classe popular tinha condições de comprar um lote na periferia, frequentemente com 8 metros de frente por 25 metros de fundo, em

---

14 Referência ao líder católico Plínio Corrêa de Oliveira (1908-95).

loteamento que, embora urbanisticamente clandestino, raramente ocupava terreno grilado. Nele realizavam suas construções pelo sistema de mutirão, conseguindo assim moradias que, em termos de tamanho e solidez, superavam em muito as existentes nas favelas de hoje. Nesta cidade de então, os níveis de segurança eram muito altos. Ladrões só assaltavam casas se soubessem que nelas não havia ninguém. Junto com esse histórico, um fato que chama a atenção nesta década é a proliferação de favelas no município: se, em 1973, apenas 1,09% da população residia nesse tipo de habitação, em 1978 essa porcentagem sobe para 4,01. (Villaça, 2004)

A cidade vê sua periferia se expandindo para todas as direções. As condições de vida nessas regiões, onde reside a maior parte de nossa população, são as muito precárias, havendo carência de serviços essenciais, saneamento básico, rede de esgoto, coleta de lixo, creche, escolas etc. É para essa realidade que olham os jovens que perderam seus espaços de atuação política, e é nela que se engajam e intervêm. Contribuem com a população menos favorecida e ampliam seu próprio universo de circulação urbana, abraçando os tentáculos da periferia, levando seu saber, sua capacidade de organização, sua consciência básica de direitos e cidadania. São ainda lentas as alterações que essas ações resultam na universidade, na imprensa, na censura, na vida cultural, mas significam muito num cenário que estava tão fechado. Nossa companheira de viagem filósofa, Olgária, que esteve fora do país por um tempo, mostra como anda o engajamento desses estudantes e recém-formados.

> Temos um convívio com a periferia, com os trabalhadores, é uma coisa de organização sindical, mas de conscientização, de vida cultural. É muito a ideia de quanto o trabalho te priva da possibilidade do conhecimento. Damos cursos para reparar o fato de que os operários não têm tempo e são privados do direito à formação educacional, então mesmo o movimento ligado ao trabalhador é ligado à educação. O sindicato não é apenas um local ligado ao trabalho, mas é também local de convivência, onde se criam afinidades, amizades, relações duradouras, formas de mediação de conversas com os patrões. Não é só uma instituição de reivindicação econômica, tem formas de solidariedade e de convivência. É, portanto, um espaço público, onde há a ideia de pertencimento, de duração.

Há ainda os movimentos populares, alguns ligados à teologia da libertação, mas têm presença de quem é militante, aqueles que moram e militam nestes bairros junto com a Igreja. Milito um pouco no Jardim

Miriam, em Parelheiros, onde há um padre italiano. Ajudamos na organização do clube de mães, dos sindicatos. Com os operários que moram nesses bairros e são sindicalizados fazemos discussões, oferecemos cursos de história para as mães dos operários. A Igreja dá cursos de puericultura, tudo muito modesto, mas tem aula de história, geografia, português, literatura, datilografia. Há uma organização ligada à Igreja, chamamos essa ação de "conscientização". Discussões sobre as condições de trabalho, sobre quais reivindicações podem ser feitas, a relação com a máquina, com horário. No clube de mães, quando tem tempo livre, podem aprender corte e costura, se precisam trabalhar conversamos sobre o que fazer com as crianças. É espontâneo, voluntário, nós trabalhamos e nosso tempo livre dedicamos a isso. Não é uma coisa profissionalizada, em que ganhemos dinheiro, onde não se sabe até onde vai o interesse pela política, até onde vai o interesse pessoal. Somos todos estudantes, das humanas, matemática, mas basicamente das humanas, ciências sociais, filosofia, história. Nesses movimentos de periferia, notamos certo machismo no modo como os homens tratam as mulheres, mas não chegam ao ponto de não deixar que elas frequentem os cursos. Os homens não têm aquela coisa de ser tão autoritários na família, até porque as mulheres estão começando a trabalhar, não porque queiram se emancipar... mas porque estão sendo obrigadas, por causa dos baixos salários. Sempre funcionou essa estratégia de vizinhança, de um ficar com o filho do outro para o outro poder ir trabalhar, mas, quando isso começou a ficar demais, não tem quem olhe as crianças, que ficam trancadas em casa, sozinhas.

[...]

A abertura política vem lentamente ocorrendo, com as passeatas. Também começa a ser mais discutida na imprensa. A SBPC [Sociedade Brasileira para o Progresso da Ciência] tem uma função importantíssima, como um partido político de oposição, é de massa. As questões políticas e intelectuais são trazidas para o debate social a partir da SBPC. Houve uma palestra de Marilena Chaui que tinha quase 3 mil pessoas assistindo-a falar do [Pierre] Clastres, *A sociedade contra o Estado*. Isso tem uma importância grande.

Isso está trazendo para a sociedade algo inédito, uma forma nova de discussão do poder, vai abrindo a discussão democrática para novas ideias. O questionamento sobre o que é a democracia. Democracia é o poder disperso na sociedade, não está fora dela, alojada numa instituição, ou num cargo, ou num governante. As discussões com o Simão Mathias, com os químicos, com os físicos, são discussões sobre ciência, e dizem respeito às sociedades e aos países que desenvolvem essas ciências. Trazem para o debate o que é ser liberal, como a França, o que é o socialismo real e a ditadura stalinista, o que é a ditadura no Brasil. Começa a haver um retorno do movimento estudantil, ligado às questões de reforma da universidade, ampliação das vagas, porque a ditadura não democratizou; ela massificou tudo, gerando queda da qualidade. Há uma efervescência, a vida política voltou para dentro da USP, nas aulas do Weffort são mais de trezentos alunos, muitos são ouvintes. Há um frenesi de conhecimento, vontade de discutir as questões éticas, políticas, as teorias, tudo de que estamos carentes, com a deficiência da formação do segundo grau e da própria universidade. Esses professores acabam sendo grandes referências, transbordando o âmbito da sua própria faculdade, falando para um público muito maior do que os estudantes. A universidade está voltando a ser um centro de produção de cultura e de educação política. (Olgária Matos, depoimento)

***

Após ouvir o depoimento de Olgária, vamos às notícias, para examinar a questão por um prisma mais amplo:

> Associação dos professores da USP publica *O livro negro da USP*, reconstituindo a história da repressão cultural sofrida pela universidade, com a conivência do reitor Gama e Silva e do professor Alfredo Buzaid, apoiados pela maioria dos catedráticos. Roberto Schwarz lança "19 princípios para a crítica literária", e Paulo Marconi publica *A censura política na imprensa brasileira.*
>
> *Imprensa*: Inteligência brasileira se divide entre patrulheiros e patrulhados. Cacá Diegues abre fogo no *Estadão* e nas "folhas" contra o patrulhismo ideológico dos "vadios", que se queixam de não produzir por culpa da censura, mas só se ocupam de dedurar quem produz. Suspensa a censura a dois jornais paulistas: *Movimento* e *O São Paulo*, que é da Igreja. O mesmo ocorre com a *Tribuna da Imprensa*, do Rio de Janeiro. *Movimento* publica um número especial de denúncias de dezenas de casos de corrupção não apurados pelo governo e que significaram um roubo de mais de 6 milhões de dólares. Barbosa Lima Sobrinho assume a presidência da ABI, para lhe dar garra e galhardia na defesa da liberdade. (Adaptado de Ribeiro, 1985)

Nem todos os estudantes têm o mesmo grau de engajamento, e esse engajamento não se dá nos mesmos grupos, apesar de a questão universitária ser um denominador comum entre estudantes e professores. A questão feminina tem mobilizado muitas mulheres dentro do grupo universitário e nos movimentos populares. Enquanto conversava com Olgária, vi de longe a Walnice. Aproveito que tenho mais algum tempo e me aproximo para uma conversa. Um pouco desanimada, ela me diz:

> Minha sociabilidade é em Paraty. Na Faculdade de Filosofia e na USP não tenho muita sociabilidade, acabou. Vou com a minha turma tomar aula de dança na Escola do Movimento — Método Ivaldo Bertazzo, que existe desde 1975, que preza pela consciência dos movimentos do corpo. Criei um grupo feminista que já dura vários anos, faz a minha cabeça. É uma coisa importante, um sinal de que posso ter vida fora de casa, mas tudo em ambiente fechado... o grupo feminista, a dança com o Ivaldo. O grupo feminino é mais de intelectuais. Estudamos, discutimos textos com as nossas questões, é bom, dá muita força para todo mundo. Dei curso sobre o tema na faculdade, na pós-graduação. Fizemos uma ou duas mesas redondas na SBPC, em Belo Horizonte, em 1975. Este ano estamos tendo uma abertura, tudo está mudando de figura, em tudo quanto é canto começa a haver comícios, ato público, podemos ir, bater palmas para os caras, nos sentimos muito mais seguros. Foram dez anos de desgraça, entre o AI-5 e a abertura. Os exilados estão voltando, é uma farra o encontro com eles. De um lado há o grupo feminista, de outro, a SBPC, que vem se tornando o único fórum dos intelectuais brasileiros. Ajudo e participo em todas as reuniões, apresentando trabalhos. A Sociedade Brasileira para o Progresso da Ciência é importantíssima, é de oposição ao regime.
> [...]
> Na Cidade Universitária não se forma nenhum espaço de convivência, isso é o que sempre lamentamos. Há o Café Paris, que frequento muito, e o Rei das Batidas, muito bons, os dois, cada um de seu jeito, um mais arrumadinho, outro mais popular. Na região da Henrique Schaumann tem o Quincas Borba e o Bora Bora. O Quincas Borba é de toda a esquerda, intelectuais e artistas, frequento muito. Os bares estão se deslocando também para a rua dos Pinheiros e a Faria Lima. (Walnice Nogueira Galvão, depoimento)

***

O país está fervendo em muitas frentes. Passo novamente os olhos nas notícias.

> *Índios:* Juruna, cacique xavante, com seu gravador e sua clara cabeça, enfrenta a ditadura e ganha opinião pública nacional e internacional para derrotar a campanha do governo para aprovar um decreto da

falsa Emancipação dos Índios. Grandes manifestações antirracistas na capital de São Paulo. Os homossexuais do Rio de Janeiro e de São Paulo lançam o periódico *O Lampião da Esquina*, para defender os talentos sexuais alternativos. (Adaptado de Ribeiro, 1985)

Ainda que a cidade volte sempre a mostrar suas múltiplas faces, o que vemos é o nascimento de um outro tipo de militância e de grupos de convivência. Esses grupos não estão mais restritos ao espaço do centro da cidade, que trazia as marcas da grande concentração de escolas, livrarias, bares, cafés, leiterias, estúdios de rádio, redações de jornais, agências de publicidade... Depois de tantos anos de ditadura, o desejo de participação é gigantesco, e os deslocamentos urbanos aumentam. Além disso, as notícias dão conta de novos personagens elevados à categoria de sujeitos na vida pública.

Encontro com Nair aqui na saída da USP, e ela me conta que o movimento de mulheres era meio tímido, mas agora começa a acontecer o Dia Internacional da Mulher de forma mais participativa. Nair vem atuando junto às comunidades indígenas: são os diversos movimentos aos poucos se entrecruzando e ocupando novos espaços.

> Em relação às comunidades indígenas, pretendemos fazer um primeiro grande encontro, em Altamira, no começo da próxima década, em 1982. Vai ser um choque: de repente, todas as raças indígenas lá para discutir os caminhos dos territórios. Nesses anos todos, uma coisa foi encaminhando para outra, nada é solto no espaço, os movimentos dos índios têm a ver com o resto da população, não foi uma coisa que surgiu do nada. Eles são fortes, têm ideias, mas organizar um encontro não é fácil. Trazer gente, montar as discussões, providenciar alimentação, enfim... mas às vezes penso que temos a sorte de viver este momento tão intenso.
> [...]
> O meu caminho profissional parece que foi todo enviesado, nunca fui a um jornal batalhar para entrar. Cheguei, mas já estava fazendo, alguém sabia que eu tinha fotos sobre determinado assunto e pedia, mandava para o jornal, para a revista, publicava na *IstoÉ*. Não cheguei lá e disse "quero um emprego". Desde o início vi que na área de fotografia, vídeo, um emprego me tiraria totalmente a liberdade, que é preciosa para conseguir fazer um bom desenvolvimento. (Nair Benedicto, depoimento)

De novo, as mulheres. Elas estão assumindo a dianteira numa série de ações. Enquanto conversava com Nair, quem se aproxima é Sônia, nossa companheira de viagem carioca, que gosta de fotografar e que está morando na Vila Madalena. Ela confirma como as histórias em alguns momentos se cruzam.

Estou chegando no fim da FAU, sentindo que tenho que cair fora. Vivi intensamente a cidade, o movimento estudantil, a faculdade, o trabalho na periferia. Quero passar um tempo fora, ter um trabalho com a comunidade, não sei muito bem o quê, mas quero aprofundar, transmitir conhecimento para as pessoas. Sou uma pessoa superprivilegiada, estudei nas melhores escolas e estou entupida de conhecimento e informação, não quero ficar num escritório. A experiência na Vila Guarani foi a oportunidade de sacar que não é legal ficar num escritório de arquitetura fazendo projeto de casas, ou ficar fotografando para galeria de arte. Isso tudo é um porre!

Fiquei amiga de um grupo de antropólogos das Ciências Sociais da USP. Tem um fotógrafo, antropólogos da Unicamp, um pessoal que não está indo para a periferia, mas está indo para as aldeias, trabalhando com os índios. Convivo com eles já há alguns anos. Moram na rua Mato Grosso, atrás do cemitério da Consolação, são meus amigos. Neste ano de 1978, fundamos a ONG Centro de Trabalho Indigenista, o CTI. Alguns já estão trabalhando em aldeia. Como estou morando na rua Fidalga, fui incumbida de alugar uma sala para a sede da ONG, que basicamente vai trabalhar com a causa indígena. Um fotografando, outro fazendo demarcação, outro escrevendo. Entramos clandestinos nas aldeias, ninguém tem permissão da Funai, estamos na ditadura, continua a "barca" de estar sempre na contramão. Aluguei a sala para o CTI na rua Fidalga, único predinho comercial da região. Só atravesso a rua da minha casa e estou lá. Através desse grupo e também por relações amorosas, porque meu namorado é amazonense, estou indo morar com os índios sateré-maués, grupo tupi que fica na região entre os rios Tapajós e Madeira, na fronteira entre os estados do Amazonas e Pará. Fico um tempo na aldeia e um tempo aqui.

Chego à aldeia de ônibus, carona, um pedaço de ônibus no asfalto, outro de carona com caminhão, de barco, de canoa, uma loucura até chegar, depois fico um tempo morando na floresta, tomando banho de rio. Estamos fazendo a demarcação do território deles com eles, a Polícia Federal, o Exército, alguns funcionários da Funai que são mais digeríveis, mais palatáveis. De alguma forma estou cumprindo um ciclo, voltando para o mundo da natureza da minha infância, onde as pessoas são iguais e só precisamos ter água, montanha, floresta e cordialidade. Já fui para a aldeia este ano e estou me programando para ir no ano que vem. E para, no outro, me mudar definitivamente para lá. Vou pegar tudo que tenho: geladeira, fogão, livro, discos, roupas e distribuir para as pessoas, vou embora mesmo. Sinto que morando na aldeia volto para aquele mundo do qual tinha sido expulsa quando meu pai veio morar em São Paulo. (Sônia Lorenz, depoimento)

***

Música: Gilberto Gil e Chico Buarque driblam a censura com "Cálice", em que se entende "Cale-se!". Sucesso atual. As Frenéticas respondem ao caradurismo geiseliano com a pândega mais histriônica e estridente. Realizado, em setembro de 1978, o I Festival Internacional de Jazz de São Paulo, evento sem precedentes na cidade e no país. Parceria com Montreux, reúne jazzistas de Estados Unidos, Europa, Argentina e Brasil. Os ocupantes das 3.500 poltronas do Palácio das Convenções do Anhembi vibraram ao som dos mais tradicionais aos modernos radicais. (Adaptado de Ribeiro, 1985)

Deixando um pouco de lado a conversa com as mulheres, que estão expandindo todos os seus territórios, dou uma passada rápida pelo Riviera, indo em direção ao centro, e encontro o gaúcho Wagner. Vamos ver se ele tem novidades sobre a cidade. Alguns jovens profissionais do jornalismo, como ele, que fazem parte do grupo do *Versus*, continuam a ter uma vida cultural ainda mais agitada. Ele conta:

Grandes festivais de *jazz* estão acontecendo no auditório do Anhembi. Vivemos intensamente dentro dos bares, onde há troca de informações, e é onde temos acesso a coisas interessantes no campo da cultura.
[...]
Minha turma migrou para a Henrique Schaumann, onde estão os novos bares, com gente diferente. O primeiro a arregimentar a turma foi o Bora Bora, onde começam a aparecer outras categorias profissionais, os sociólogos, arquitetos, artistas, gente de televisão, de teatro. O Quincas Borba é o grande, ali apareceram os políticos que foram exilados e estão voltando. O Fernando Henrique, que é candidato ao senado, é *habitué*, vai quase todas as noites. Bebe-se muito, claro. O Fernando Morais, jornalista que lançou em 1976 o livro *A ilha*, sobre Cuba, está começando a vida como político, e é grande articulador da ligação entre Brasil e Cuba. Montamos comitês de campanhas, tudo é formado ali. Sou sócio do Caoc [Centro Acadêmico Oswaldo Cruz], clube da Medicina. Saímos do bar e vamos para o clube. De manhã cedo, mas bem cedinho, fica cheio de gente, todo mundo lendo a

revista *IstoÉ*, é incrível, é o primeiro veículo da grande imprensa que traz aquilo que só a imprensa alternativa dá, e faz isso em grande estilo. Primeira que falou do homossexualismo, com uma capa famosa do Nirlando Beirão, que são dois homens de mãos dadas.

Neste momento, nestes bares, provamos que as diferenças são muito rasas, superficiais, só da casca, de resto somos todos iguais, inclusive nossos opressores. Há uma compreensão maior até do adversário, do inimigo, uma compreensão mais humana, inclusive, porque muitos sofreram dessa intimidade terrível que é você ser torturado pelo outro, é de uma intimidade brutal, mas reveladora, tanto do torturador quanto do torturado, muito reveladora das coisas mais íntimas, nas quais nós somos mais parecidos. Assim como a coisa com as drogas, experimentar é importante nas nossas vidas. O Aldous Huxley fez as experiências dele para abrir a mente, não para ficar lá naquele mundo. (Wagner Carelli, depoimento)

***

Vale a pena voltar ao caderno de cultura:

Artistas do Rio, São Paulo e Belo Horizonte fazem atos de enterro simbólico da censura, para comemorar o Dia Nacional da Liberdade de Expressão.

Artes plásticas: Incêndio destrói a maior parte do precioso acervo do Museu de Arte Moderna do Rio de Janeiro, inclusive uma retrospectiva de Torres García, o principal pintor do Uruguai.

Teatro: alcançam sucesso *Ópera do malandro*, de Chico Buarque, *Quem tem medo de Virginia Woolf?*, de Edward Albee, e *Macunaíma*, de Mário de Andrade, recriados por Antunes Filho, que dá uma virada em sua carreira. (Adaptado de Ribeiro, 1985)

Eu me despeço e sigo meu caminho, em direção ao encontro que marquei no Gigetto com os companheiros de viagem do teatro. Já fiquei sabendo que, para não abrir mão do trabalho em que acreditam, acompanharam o movimento dos jovens militantes e atuam agora na periferia.

Com todo esse clima de "abertura", creio que vou ouvir coisas boas sobre a categoria. Chegando ao Gigetto, encontro Idibal e Celso. Começamos uma conversa muito interessante, em que vai se descortinando um novo cenário, no qual as artes também estão deslocando seus espaços de atuação. Celso conta que, quando dirigia o Arena, Maurício Segall foi preso.

> [...] tempo bem difícil para nós. Sem a liderança dele, a coisa foi degringolando, o final mesmo, fechou-se o cerco. Resolvemos voltar para a teoria do Arena, que se propunha a fazer um teatro popular, no centro, para um público pequeno, de classe média, mas de maneira crítica. Perante esta impossibilidade, resolvemos fazer um teatro popular de verdade, no bairro. Está sendo o momento mais interessante da minha trajetória, do ponto de vista do teatro. Já faz alguns anos, estou na avenida São Miguel, na Vila Esperança. Fazemos o movimento contrário dos grupos, que do amador vão para o profissional. Viemos fazer um trabalho mais vocacional. Vivo do teatro, apesar de tudo, mas no bairro. Queremos provar a possibilidade, a viabilidade de um teatro profissional no bairro. Trabalhamos todos os dias, apresentando peças.
> [...]
> É um deslocamento de eixo, o movimento político todo está indo mais para a fábrica. O eixo é o movimento contra a carestia, pela moradia, pela educação de base, as pastorais, que são os lugares onde nos colocamos. O Núcleo é nosso teatro, um grupo independente, tanto no aspecto político como no aspecto cultural. Temos espetáculos, *show*s de música, um jornal bastante atuante, bem forte, chamado *Espalhafato*, que é voltado para o movimento popular do bairro.
> Nossa sede é na zona Leste. Alugamos uma garagem, construímos um teatro, mas atuamos em toda a região: Itaim Paulista, Vila Nhocuné, Camargo Velho, Guaianases... é muito vibrante. Trabalhamos a ficção. Deixamos de ter um caráter tão iluminista, que a esquerda ainda tem, de levar uma verdade, para assumir um caráter mais questionador a partir do contato com a ficção popular. É muito diferente do realismo socialista que aprendemos, mas não menos combativo, não menos crítico, com uma estrutura completamente diferente. Neste ano, 1979, viemos para um lugar mais longe ainda, Jardim Limoeiro, em São Miguel, uma casa, muito maluco. Mas o eixo está mudando de maneira muito categórica, do bairro para a fábrica e para a política mesmo. Começa-se a discutir o país de uma maneira mais direta, mais aberta, é muito legal. (Celso Frateschi, depoimento)

Idibal complementa:

> Há ainda outros grupos, que convivem com o nosso, União e Olho Vivo, pela cidade. O Núcleo do Celso Frateschi, Truques e Traquejos,

Galo de Briga, Núcleo Expressão de Osasco, ligado não oficialmente ao sindicato, Ricardo Dias, Rubens Pignatari, atores moradores de Osasco, que têm sede na rua Minas Bogasian e fazem um trabalho de bairro bom. Celso faz um trabalho muito bom com o Núcleo, em São Miguel Paulista. Galo de Briga e Truques e Traquejos também fazem esse tipo de trabalho, um teatro de militância.

[...]

O Boal, que é uma liderança especial, ficou preso quase um ano. O Arena foi totalmente destruído, não materialmente, mas moralmente, no sentido de quase não poder mais se reunir, com o Guarnieri fugido. O Arena não foi para o bairro, mas é um teatro sumamente de resistência. O Oficina, com outra linha, mas absolutamente respeitável, tem público para tudo, e todos têm que ser esclarecidos. Bem ou mal, nós conseguimos sobreviver. O Lula, diretor do sindicato dos metalúrgicos de São Bernardo, viu o espetáculo nosso, *Bumba meu queixada*, que fala de greves, umas vinte, trinta vezes, e após o espetáculo ainda fazia discurso, discursos sindicais. (Idibal Pivetta, depoimento)

Antes que os dois saiam, entra João e se une a nós. Ele ouve o Celso e o Idibal, e em seguida muda um pouco o foco da conversa, falando de conquistas importantes do momento.

Está acontecendo uma coisa muito legal, a discussão sobre a regulamentação da profissão de ator, com várias assembleias no Ruth Escobar. Em plena ditadura, e a classe teatral começa a fazer esse movimento. Quem está encabeçando são o Armando Bógus e a Lélia Abramo. Assembleias memoráveis! O engraçado é que antes de a gente abrir a porta do teatro, sentimos os *flashes*, sentimos que estamos sendo fotografados. Claro, tem polícia infiltrada.

Estamos no olho do furacão, nós, atores, lutando pela regulamentação da profissão. Na verdade, sempre fui contra regulamentar a profissão de ator, acho que não dá para você botar a arte no esquema. Mas é uma forma de discutirmos junto, um meio de treinar nas assembleias. Defender os nossos direitos, algo interessantíssimo. Tem o Cláudio Mamberti, o Tanah Correa, pai do Alexandre Borges, o Plínio Marcos, que é brilhante numa discussão. O Raul Cortez, apesar de ser do teatrão, tem umas posições muito interessantes e conduz muito bem as assembleias, é legal ver. Teve também a greve dos dubladores, importante porque peitou os estúdios norte-americanos que pagam uma miséria, conseguiram, ficaram uns quatro meses em greve. Todos esses encontros estão concentrados no Teatro Ruth Escobar.

O local tem um papel importante, porque a Ruth sempre inventa festivais internacionais, monta peças polêmicas como *Balcão*. O *Cemitério de automóveis* já montou no Theatro Treze de Maio. É um polo, centro de cultura muito importante para a cidade. Acontece muita coisa ali, festivais, assembleias, ela tem uma atuação política intensa, bem legal. Consegue verbas em todo tipo de governo, é muito importante para a gente, uma referência bacana. O teatro é um ponto de encontro, e para mim tem este símbolo afetivo, porque foi lá que vi *Castro Alves pede passagem*, onde realmente entendi o que queria. E agora comecei a entrar politicamente na minha classe.

[...]

Em maio, quando saiu a regulamentação da profissão, ia para Brasília levar os documentos com o Plínio Marcos, que é muito atuante. Mas recebemos recados... estava em casa, 7 da manhã de um domingo, meu pai vem de Minas. Assustei! Ele contou que tem um primo na Marinha, e que ele pediu para me dar um toque, para não ir às reuniões no Bora Bora, porque os caras estão vigiando. Tem um clima ruim. Só quando vier a anistia, a distensão lenta e gradual, é que vai começar a melhorar. Um marco no teatro foi a vinda do *Trate-me Leão* do Rio, em 1978, uma coisa nova, e junta com o Antunes fazendo *Macunaíma*... são dois momentos importantes. (João Signorelli, depoimento)

Quando Celso, Idibal e João estão de saída, vejo entrar a nossa companheira de viagem Adelaide, que trabalha na Abril. Ela foi cursar jornalismo, mas na verdade anda investindo na escrita de textos teatrais. Aguardo-a para ouvir o que tem para contar. Nos sentamos para um breve café. Ela conta que está no último ano de jornalismo na Cásper Líbero.

Um dos meus professores é Ibrahim Ramadan, editor-chefe do *Notícias Populares*, que conhece todo mundo da baixa noite paulista. Ainda iludida, com aquela visão dos anos 60, bastante romântica, pedi a ele que me levasse para fazer uma ronda pela noite. Foi uma merda! A baixa noite se transformou numa deprê, as mulheres nuas de peitos pra fora, *go-go girls* se esfregando num bastão! Baixou muito a frequência, antes era distinta, agora tem droga!

Na faculdade, efetivamente passou uma fada madrinha, ouviu meu desejo, que se concretizou: o Cecil Thiré dirigiu minhas primeiras peças, *Bodas de papel*, em 1978, em São Paulo, e nesse ano da abertura os ex-presos políticos e exilados começam a voltar. Tenho também a estreia da peça *Resistência*, no Rio de Janeiro. É superimportante, e só pôde ser encenada por conta da abertura. No ano

↳ Ato pela anistia no Teatro Ruth Escobar, em 1978. À esquerda, a atriz Bete Mendes, e, com o microfone, dom Paulo Evaristo Arns.

passado teria sido censurada. Não vou esquecer a emoção que senti na primeira vez que ouvi a música "O bêbado e o equilibrista", com a Elis Regina. A música popular brasileira é muito boa, a melhor produção do Chico Buarque, mais romântica, do Gonzaguinha, do Roberto Carlos, Milton Nascimento, anos de ouro para eles e para todos nós, que nos beneficiamos. Na televisão, há o projeto de um programa de ponta, com compromisso: TV Mulher. Na esteira da "abertura" vem tudo isso, e vem *Malu Mulher*, que estreia agora, 1979. (Maria Adelaide Amaral, depoimento)

***

Às notícias:

Em 5 de janeiro, Geisel anuncia seu sucessor João Baptista Figueiredo. Apesar da indicação oficial, Magalhães Pinto resolve manter sua candidatura, mas perde na convenção da Arena em 8 de abril. Henry Kissinger visita o Brasil. Sua missão é combinar com Shigeaki Ueki a compra e venda da Light. Realizam-se eleições gerais, sob rigoroso controle da Lei Falcão: quinze senadores e 231 deputados da Arena, oito senadores e 189 deputados do MDB. Paulo Maluf compra a dinheiro sua eleição para governador de São Paulo. O escândalo só foi menor que o da negociata de sua família — Lutfalla —, que deu um rombo colossal no Banco de Desenvolvimento. (Ribeiro, 1985)

Sintoma da rearticulação da sociedade civil, começam as greves dos metalúrgicos do ABC, de onde emerge a liderança de Luiz Inácio da Silva. [...] Empresários lançam um manifesto: "Acreditamos que o desenvolvimento econômico e social [...] somente será possível com a participação de todos. [...] Estamos convencidos de que o sistema de livre-iniciativa no Brasil e a economia de mercado são viáveis e podem ser duradouros se formos capazes de construir instituições que projetem os direitos dos cidadãos e garantam a liberdade", lido em 1978, e assinado por oito empresários representantes da categoria: Cláudio Bardella, Severo Gomes, José Mindlin, Antônio Ermírio de Moraes, Paulo Villares, Paulo D'Arrigo Vellinho, Laerte Setúbal Filho e Jorge Gerdau Johannpeter. (Abril Cultural, 1980)

Depois de dar uma lida nas notícias, ando pelas imediações do Bar Brahma, onde marquei um encontro com o jovem jornalista Luciano, que já passou pela Editora Abril e pelo jornal *Movimento*. Ele tem novas histórias para contar, e já chega superagitado.

Entrei na *Folha de S.Paulo* entre 1977 e 1978. Está acontecendo o processo de abertura, a primeira eleição, estou na editoria da política, acompanho o surgimento do Fernando Henrique Cardoso como político. Quem está inventando o Fernando Henrique político é o Antônio Roque Citadini, um cara brilhante, estudante de direito da São Francisco, que deve ter a minha idade e é estagiário no MDB. Acompanho, é o único lugar em que se pode fazer política. Não sou filiado, mas vou lá. Roque Citadini cuida das filiações, mantém um equilíbrio dentro do partido.

Faz crescer a liderança do Quércia para equilibrar com a do Franco Montoro, um jogo político inteligente, manipulação mesmo, marca e agenda reuniões, é maquiavélico. Fez a filiação do Fernando Henrique e está criando os diretórios para dar base à candidatura dele ao Senado. Antônio Roque Citadini e a namorada, dra. Eliana, advogada também, muito articulados. Estão criando com este pessoal, o Airton Soares, o Alberto Goldman, a esquerda do MDB, o primeiro núcleo de resistência. Alguns vindo do partidão, outros de outras militâncias. Arruma diretórios, para equilibrar entre o MDB autêntico e os fisiológicos oportunistas. Está havendo um movimento do MDB das bases, com líderes comunitários de sociedades de amigos de bairros que o partido foi resgatar. Muitos são picaretas, acabam gostando do negócio e tentando dar um golpe no partido.

[...]

Este ano lancei um livro de contos que se chama *História sem salvaguardas*, que fala um pouco desta vida noturna em São Paulo, coisas a que assisti e que me contaram, como sobre o cara que estava vendendo a filha na rua Augusta. Coisa grotesca, assisti, agenciando a própria filha na porta do Piolin.

Passei um tempo na Europa e agora vejo que o pessoal vai muito ao Riviera. Frequento o Moraes, o Posilipo e o Bar Brahma, que meu amigo Dirceu Vieira Leme adora. Eventualmente vamos ao bar do Othon Palace Hotel, que tem um piano. Fui algumas vezes ao Rick Store, na Faria Lima, em frente ao *Shopping* Iguatemi, onde tem encontro de *playboys*, mas não suporto o ambiente. Fui ver como são os locais onde se reúne o outro lado do pensamento, o outro espectro ideológico. O que gosto mesmo é o Ilha, na rua São Gualter, no Alto de Pinheiros. Também o Valadares e a Pastelaria Brasil, na Lapa, perto da Afonso Schmidt. Melhor pastel que já comi, nasci no vale do Ribeira e nunca tinha comido pastel de banana com canela. Às vezes vou à lanchonete perto da praça Leopoldo Fróes, na rua Barão de Itu ou na Marquês de Itu. É uma rede que tem em Perdizes.

[...]

Quando vim morar em São Paulo, estavam terminando o Minhocão. Quando voltei da Europa, a grande obra é o metrô, a cidade cheia de buracos e de coisas acontecendo. Em 1977 tínhamos uma militância mais segura, um movimento muito dividido, a esquerda clássica quer consolidar sua presença em instituições tipo sindicato, o movimento operário do ABC está florescendo, a liderança do Lula em dois anos se tornou uma coisa fortíssima, as organizações de esquerda tentam se aproximar, o PCdoB rachou. O Partido dos Trabalhadores está em formação, já está em cena. Nunca me filiei a nenhum partido, mas agora estou muito próximo do PT. Sou simpatizante, tento entender bem o movimento, acompanhei o aparecimento do Lula, é divertido ler as coisas que a imprensa noticia. Está sendo um momento muito rico no país, quem tem a possibilidade, coragem, desprendimento de se manter independente, cresce muito. Estou fazendo uma carreira muito legal, bonita, no jornalismo.

A imprensa nasceu para ensinar às pessoas como viver num ambiente mais denso. Nasce e continua sendo uma instituição para a organização da vida burguesa, é um paradigma, mas não dos valores burgueses no sentido caricatural, mas dos valores burgueses que sempre foram de respeitar as diferenças, num ambiente densamente povoado, respeitar a democracia. Não existe vida burguesa num burgo, numa cidade, sem democracia. É assim que vejo o pensamento do Lula, "pô, vamos organizar esta joça", "você assinou um contrato com 2 mil trabalhadores, então cumpra o contrato", é isso que ele cobra dos caras, vida digna, se você tiver 10 mil empregados, você vai vender mais carro, porque os caras vão querer comprar o seu carro, é o que ele diz para os empresários e diretores das indústrias automobilísticas, "precisa criar mercado, não adianta pagar esta miséria de salário, o cara mora numa favela e nunca vai comprar um fusca". "Precisa criar mercado e vocês é que têm que fazer isso". É simples, não é? Mas o pensamento sai todo torto na imprensa. (Luciano Martins, depoimento)

Saio da conversa com Luciano e vou para a região da avenida Henrique Schaumann, ao Quincas Borba, que é um novo ponto de encontro da cidade. O bar ainda está vazio, então aproveito para me sentar em uma mesa bem à frente, para apreciar o movimento. Quem chega primeiro é outro companheiro de viagem, o geógrafo e agora jornalista Mouzar. Senta-se, pede uma bebida e vai contando as últimas peripécias.

Fui mandado embora do Sesc por motivos políticos. Creio que foi a militância em jornais alternativos que provocou minha demissão.

> Existe uma lista negra e não conseguia arrumar emprego em lugar nenhum, os caras de recursos humanos têm contato entre si. Mudei para o Rio, passei nove meses lá, voltei agora e vim trabalhar no Senai e morar na Vila Madalena.
>
> Meu trabalho com os presos políticos para os jornais não é só de entrevistas. Comecei a visitá-los porque tenho uns amigos que estão presos. A prima de um deles, conterrâneo nosso de Belo Horizonte, conseguiu entrar na cadeia no Rio, onde tinham um aviso de que havia uma lista de três presos que podiam ser visitados por semana. Vou às quartas e sábado à tarde. Na primeira vez foi meio apavorante, passei por sete grades para chegar até a ala dos presos políticos. Chega-se num comodozinho onde te revistam inteiro, tem que tirar até meia, abrem o cigarro para ver se você não estava levando mensagem dentro do maço. Gozado é que lá o clima é muito bom, tem dois caras condenados à prisão perpétua, a 50, 90 anos de cadeia, mas estão ali na maior, muito alegres. Os filhos (principalmente crianças) dos presos políticos gostam de ir visitar, porque é muito divertido, tem brinquedos para eles e tem um pátio. No primeiro dia que fui, fiz uma matéria para o jornal *Em Tempo* sobre como é visitar um presídio, mas assinei com pseudônimo. Depois fiz uma com o André Borges, preso comum que virou preso político. Preso como arrombador de cofre em Santos, transferido para o Rio, puseram ele para restaurar livros da biblioteca do presídio. A grande maioria dos livros foi deixada pelos presos da Intentona Comunista de 1935. Começou a ler e, em certa altura, entendeu a situação dele. Entendeu que, em vez de ser um câncer da sociedade, é vítima dela. Fizeram um grupo de estudos e formaram uma célula de esquerda, tudo de preso comum. Depois do golpe de 64 fundaram um grupo guerrilheiro — teórico, é claro —, chamado MAR [Movimento de Ação Revolucionária], que durou até 1968, 1969. (Mouzar Benedito, depoimento)

Enquanto Mouzar conta os causos da sua missão jornalística chega Luis, com informações recentes sobre os bares e pontos de encontro musicais paulistanos. Pede licença, pega uma cadeira e junta-se a nós. Agora são dois mineiros a contar casos. Luis se anima:

> Falo de uma boemia do pessoal mais sem grana, que frequenta o Bar do Alemão, ligados ao samba e o choro de periferia. Vamos muito a uma casa na Vila dos Remédios, que tem um belo choro, e outra muito importante é a casa do [Antonio] D'Áurea, perto da Marginal, na Casa Verde, onde o choro paulista renasceu. Ele tem um conjunto que toca com o Isaías e seus irmãos. Eles se reúnem às sextas e ficamos

todos de sapo do lado de fora, ouvindo-os tocar. Da turma do samba tem o Bilu, na entrada da Cidade Universitária, sambão de prime ra. O Almeida sempre me arrasta para um lado e para o outro, e há também os ensaios na época de carnaval.

[...]

O Dom João VI começou aqui na Brigadeiro, numa casa, um lugar de móveis antigos muito interessante, e tem uma boêmia mais pesada, com fase esplendorosa no centro da cidade, na Baiuca, e nos Jardins, na Faria Lima com Cidade Jardim, perto da feijoada do Bolinha, e do Pandoro. Uma boêmia endinheirada, dos quatrocentões. Dos advogados, juízes, profissionais liberais, tem um bar na Oscar Freire com um pianista ótimo, o Ernani. Quem frequenta é o Ruizito Mesquita, este circuito do uísque é de quem tem grana, quatrocentões, alcoólatras. Dessa turma tem o Terceiro Whisky, que é do Adauto Santos. Existe ainda o Jogral, campeão da história, é o mesmo grupo que vai de um lugar para o outro.

No quesito restaurantes, há a [cantina] Montechiaro, a Esperanza, mas os artistas vão mesmo é ao Gigetto e ao Piolin, os campeões. Outro que passa por todos estes tempos é o Parreirinha, frequentado pelo pessoal do samba, do Almeida. No Instituto dos Arquitetos, o Markun e o pai dele montaram um lugar muito agradável, que frequentamos. Uma das primeiras danceterias na Faria Lima foi o Hipopotamus, antecessora do Papagaio, perto do *shopping*.

[...]

Aqui na região da Henrique Schaumann tem o Quincas Borba. Local que é muito frequentado no final da noite por jornalistas e artistas é o restaurante do Hotel Eldorado, ou o da sopa de cebola do Ceasa. O Bar do Léo é frequentado pela tribo dos boêmios do chope. Na Amaral Gurgel tem o Amigo Léo [atual Amigo Leal]. Ali temos um problema, porque no final de noite aparece lá o coronel Erasmo [Dias], carregado pela tropa dele. Bebe todas e sai. Perto da 23 de Maio tem um café da Lindinha Sayão, uma jornalista, e o Café Maravilha, onde tem música muito boa. (Luis Nassif, depoimento)

Depois dessa longa conversa com Mouzar e Luis, quem chega é Luiz Roncari, o historiador que já é nosso velho conhecido.

No meio destes anos 70, estávamos reduzidos a uma vida narcisística e hedonista. Foram anos terríveis, perdemos o horizonte, e, quando não temos horizonte, ficamos olhando muito para o próprio umbigo, na busca do sucesso, do brilho. Agora começa a desanuviar, criar horizontes, abrir possibilidades, podemos nos dedicar a atividades mais exteriores, mais objetivas; política, vida intelectual, sindical, um movimento sindical forte. Estamos num período mais ativo, intenso, coletivo. Importante frisar: o espírito da época é buscar e participar das atividades coletivas, seja sindical, política, cultural, artística, intelectual, valorizamos muito o coletivo, o encontro. É aqui que surge a riqueza da vida, a vida social mesmo. Vamos ao cinema e antes da sessão ficamos na sala de espera, ali é um lugar de encontro. Temos certeza de que encontraremos pessoas amigas, com quem vamos assistir ao filme e depois sair ou jantar. Assistimos juntos e saímos para comentar.

Ao mesmo tempo que abre um novo horizonte de atividade coletiva, a vida cotidiana está ficando mais violenta, a cidade já está demolida, não existe mais centro, cinemas estão acabados, há roubos, não é mais tão tranquilo sair à noite. Estou casado, e a vida muda. É um movimento meio coletivo. Das minhas namoradas do começo da década, nenhuma queria se casar, ter filho, eu também não queria, estava tão boa a variação geral, total, as pessoas se enjoavam umas das outras e trocavam. Agora a vida começa a ficar mais dura, acaba o milagre, tivemos alguns anos de prosperidade econômica, emprego fácil, ganhava-se razoavelmente, houve aumento de renda da classe média, dava aula três vezes por semana e depois tinha o resto do tempo para poder estudar, me divertir, podia pagar aluguel. Ganhei bem como professor do Equipe, depois no Santa Cruz, trabalhando três noites ou três manhãs, nunca trabalhei mais do que isso como professor, e tinha tempo para preparar as aulas, estudar, fazer mestrado, doutorado, me diverti muito também. Mas agora mudou muito o teor de vida, acabou a prosperidade, começa outro tipo de medo. Penso em ter filhos, a perspectiva de uma vida mais doméstica, de constituição de uma vida familiar, passou a ser mais interativa para uma geração.

[...]

Agora, no final da década, existem outros bares. Este Quincas Borba foi o primeiro bar aqui na Henrique Schaumann, mas continua havendo festas. As pessoas começam a se aglutinar em torno de partidos políticos ou sindicatos. Falo isso da minha geração, dos meus amigos, os interesses profissionais começaram a ocupar mais tempo.

Esta abertura começa a encaminhar um pouco a vida, seja para o interesse acadêmico ou para o interesse político. Volta toda uma discussão partidária, o Partido Comunista aparece mais, e há um movimento de discussão para a formação de um partido socialista no Brasil. Participa todo mundo, toda a esquerda, e a pergunta é: encorpar o Partido Comunista ou formar um partido socialista? Meus amigos, o grupo com quem convivo, todos se definiram por participar dessas discussões de formação de um partido socialista, que está se encaminhando para a formação do PT. A grande liderança ali é o Lula, e por vaidade o Fernando Henrique não admite compartilhar ou se subordinar a essa liderança. Toda a esquerda trabalha para eleger o Fernando Henrique como senador e reorganizar o MDB. Mas trabalha para fundar um partido para ele, para que possa realizar sua vaidade. Essa abertura traz possibilidades e dá mais horizonte para organizar a vida. (Luiz Roncari, depoimento)

As alterações comportamentais, principalmente no que diz respeito à sexualidade, tão presentes nessas conversas com os jovens, sejam eles militantes ou não, lentamente começam a ganhar as telas dos cinemas, os debates públicos, os laboratórios teatrais, os festivais de *rock*, como aconteceu em Iacanga [Festival de Águas Claras, 1975], e o mundo editorial. Apesar de não ser esse o tema central da nossa viagem, a presença dele nas conversas e nos debates acalorados das mesas de bar o torna tema incontornável.

É impossível caminhar por esses locais da cidade e não ter a atenção desviada para as mudanças que vêm ocorrendo nesse campo. A liberdade sexual é um componente essencial na imagem desses jovens, em suas vestimentas, suas novas formas de sociabilidade, as comunidades onde residem, as novas formas que propõem para as relações afetivas, a liberdade com que transitam de uma para outra relação... Esses novos comportamentos, que desde o final dos anos 1960 vêm transformando e questionando as relações repressivas, passando do âmbito da política para as relações pessoais, das questões de conteúdo para as questões estéticas, marcam o lugar desses jovens na vida pública, chocam as normas de bom comportamento e fincam estacas para novos parâmetros de relacionamento social. Nas caminhadas pelo centro, encontro uma publicação que acaba de sair, uma coletânea de artigos de alguns de nossos companheiros de viagem que aborda justamente essa questão. O livro é *Sexo e poder*, de Guido Mantega. Sua apresentação diz o seguinte:

> Neste final dos anos 70, a família brasileira assiste ao afrouxamento da censura sexual no país. Finalmente estamos "amadurecidos" para olhar de frente bundas e peitos, e mesmo para ver de relance os pelos púbicos que se insinuam nos cantos mais escuros das telas de cinemas e nas páginas das *Playboys* caboclas. Nos vídeos das tevês já se fala em aborto, necessidades sexuais, educação sexual nas escolas e outros assuntos "apimentados".
>
> É a revolução sexual? O esfacelamento da moral da tradicional família brasileira? Ou apenas um efeito colateral da "redemocratização lenta, gradual e restrita?" [...]

> Uma coisa é certa: a "moral", os "bons costumes", e principalmente os "maus", continuam sendo uma questão de Estado, uma ameaça à segurança nacional e um risco à ordem e à manutenção da família.
>
> E, quanto mais autoritário for o país, mais a sexualidade de seus cidadãos será reprimida. Mas [...] o autoritarismo pode ser sutil, invisível; estar incorporado em cada indivíduo, mesmo nas sociedades de aparência mais democrática... Do mesmo jeito que a maior nudez, por si só, não é sinônimo de liberação da sexualidade". (Mantega, 1979)

A despretensiosa publicação quebra tabus, trazendo a público debates antes reclusos a instâncias informais. Com ela é possível observar pequenos grupos em formação, em torno, por exemplo, da questão da homossexualidade. É o que fica claro no debate sobre a tentativa de organizar na cidade o Núcleo de Defesa dos Homossexuais. Entre os debatedores, estão o crítico de cinema Jean-Claude Bernardet; a jornalista do *Nós Mulheres* Inês Castilho; a militante feminista Raquel Moreno; o escritor João Silvério Trevisan; o ator e diretor teatral Edélcio Mostaço; e o professor de teoria política Cesar Augusto de Carvalho. Ainda seguem na mesma temática com outro debate, "Homossexualidade e repressão"; completa-se o leque de debates com reflexões sobre o campo socialista e a revolução sexual, além do debate "Violação: ato de sexo ou de poder?"

No que se refere especificamente à questão feminina, tão cara a esta geração de mulheres que arregaçou as mangas por seu lugar nas universidades, nas carreiras artísticas e no mercado de trabalho em geral, e que constrói sua luta em diversas frentes, a publicação conta com a reflexão "Feminismo: reforma ou revolução?"

> O movimento de mulheres é, neste contexto, o mais radical, embora sua maioria não tenha consciência disso. Em contrapartida ao caráter masculino da cultura, o "eterno feminino" representa a receptividade, a sensibilidade, a não violência, a ternura etc., incompatíveis com a sociedade produtivista, agressiva e competitiva. (Matos *apud* Mantega [org.], 1979)

O livro encerra o amplo espectro de temas com uma discussão importantíssima entre profissionais da psicologia sobre a importância das teorias pós-Reich no debate da sexualidade neste momento: "As ciências do sexo e os feiticeiros da repressão", de Gregório Baremblitt. Descubro que Maria Rita, nossa conhecida estudante de psicologia, agora formada, participou ativamente da elaboração do livro, e resolvo voltar ao texto que já tínhamos

começado a ler, em que ela relata de forma muito direta suas
impressões sobre aquele momento.

> Talvez o ponto mais forte de nossa revolução molecular tenha sido a revolução sexual, tal como proposta pelo psicanalista Wilhelm Reich, um "maldito" (nós confiamos em todo autor que leve a pecha de maldito) expulso tanto da sociedade psicanalítica de Freud quanto do Partido Comunista alemão [...] Concordo parcialmente com ele, a repressão sexual consentida nos aliena de uma parte essencial de nosso desejo e nos torna presas fáceis de compensações secundárias e de uma submissão da qual não temos consciência. [...] Percebo a ingenuidade de nossa convicção sobre o caráter revolucionário da onda de liberação sexual que começou na década de 1950, com a industrialização dos anticoncepcionais, explodiu no fim dos anos 60 e nos beneficia no melhor período de nossa juventude.
>
> [...] É muito bom para as moças da minha geração perder a virgindade sem culpa, fora do casamento. É bom poder diversificar a experiência sexual, ter parceiros diferentes, aprender, perder preconceitos, perder o medo e, para as mulheres, saber que o primeiro homem não tem de ser necessariamente o definitivo. Mas tentamos abolir a posse e os ciúmes das relações amorosas e com certeza não conseguimos; não reprimimos a atração que sentimos pelo amigo que dorme no quarto ao lado, mas temos de esconder o ciúme e a dor que sentimos quando é nosso parceiro que faz a mesma coisa. Além disso, nem todo mundo consegue ter muito prazer nas experiências de sexo rápido e fortuito que se tornam, mais que uma possibilidade, quase uma obrigação. (Kehl, 2006)

Essa leitura trouxe à lembrança a fala do jovem jornalista Wagner,
que, em nossa última conversa, dizia:

> O que nós estamos vivendo é uma maravilha. Esta é a parte bacana, bárbaro, a educação sexual desta turma é a melhor possível. O sexo é livre mesmo, é só sentir empatia por alguém — e toda noite você sente empatia por alguém e alguém por você. As pessoas estão à procura de liberar-se, querendo se entregar para essa experiência, então é maravilhoso. Não temos nenhum problema na vida ligado à repressão sexual, isso é um episódio de bravura, de grande importância psicológica. Podemos nos expressar sexualmente de todas as formas, com os mais diversos companheiros, podendo experimentar muitas formas de amar, de gostar, de afeto. Experimentamos tudo, sabemos, repensamos quem são as pessoas, entendemos a diferença entre a

atração sexual, intelectual, física, psicológica, há um entendimento quase tácito das pessoas no momento em que se conhecem. Quando se tem a ideia de que tudo é permitido, não tem nada sujo, tudo é lindo e maravilhoso. (Wagner Carelli, depoimento)

O assunto se inflama, a libido corre solta, a realidade é que a busca da liberdade abriu as comportas em direção a todas as dimensões da vida. Não é algo local, exclusivo do nosso país ou de nossa cidade, mas aqui o fenômeno ganha impulso, especialmente nesta época, com a ânsia por romper com a repressão por tanto tempo instalada. Ao menor movimento em direção à abertura política, à reconquista do estado de direito e dos direitos civis, um turbilhão de demandas reprimidas vem à tona. Depois de algum tempo andando pelo centro e por Pinheiros, fui até a entrada da Cidade Universitária, no Bar do Bilu, encontrar com Raquel, que estudou psicologia, escreve na imprensa alternativa e é militante feminista. Ela tem informações sobre coisas interessantes relativas à participação nos movimentos na periferia, e a como eles transitam pela cidade.

Saí da faculdade no meio da década. Ainda fiquei um bom tempo atuando especificamente no movimento feminista. Vamos à periferia discutir isso, no clube de mães, na associação das donas de casa, nos grupos da igreja. Disseminamos a questão tentando ir a todos os cantos. Começamos a discussão sobre a sexualidade, que é a grande atração, e dela passamos pelo planejamento familiar. Como evitar filho? Pílula, camisinha, métodos anticoncepcionais. Aproveitamos para colocar em pauta a questão do prazer, do orgasmo, e isso causa furor. Qualquer tema que tentamos discutir nesses lugares, vai sempre pouca gente, mas, quando propomos discutir a sexualidade, enche. Me dei conta da dimensão do problema quando uma mulher que participou de um desses grupos, quando fui tomar café na casa dela, me disse: acho que devo ter tido sete orgasmos, porque tive sete filhos. Isso é uma pessoa aqui, outra ali, que tenta discutir, mas não é um tema tão aprofundado, passou a ser quando o movimento dos *gays* e o das lésbicas entraram no grupo.

Nossos polos de reflexão e de discussão dessas questões são [José Ângelo] Gaiarsa, por um lado, e *Sem tesão não há solução*, do Roberto Freire, fora do movimento feminista. Fiz no Sedes Sapientae um curso de dinâmica expressiva, em que trabalhamos em conjunto com o pessoal de dança e discutimos um pouco sobre que eixo isso significa, que anel de rigidez você desmancha. Nesses espaços, sinto a discussão rolando. Mas, até o fim da faculdade, não lemos nada a respeito de Reich. Agora já existe algum eco a respeito. Mas só tivemos acesso fora da faculdade com esses dois polos, e que se multiplicaram, em termos de grupo de terapias pedagógicas, e começamos a trabalhar nesse sentido.

A diferença nesta década é que nós publicizamos a questão da liberalização feminina. Não é mais uma questão desconhecida, ela ficou pública e notória. Começamos a fazer surgir algumas estruturas de atendimento e modificação do que havia, conseguimos vitórias. Algumas questões foram colocadas de maneira simbólica por segmentos mais avançados da sociedade, e, na medida em que ficaram só simbolicamente e não foram a raiz do problema, acabaram não resultando em tudo quanto poderia ter resultado.

Avançamos bastante em alguns aspectos específicos. Por exemplo em relação a violência, trabalho, educação. Tive que brigar com meus pais para poder estudar. Minha mãe dizia: "Você já é uma mulher tão difícil, se você ainda for fazer faculdade não vai querer mais se casar com ninguém!". Mas tem muito a avançar, a mulher sofre mais com o desemprego, ganha menos do que os homens, não participa da vida política tanto quanto eles. Enfim, salário, trabalho, representação política, sexualidade, direito ao próprio corpo e aborto não são postos em pauta. A redução da jornada de trabalho interessa a todo mundo por propiciar mais emprego, ao mesmo tempo que garante as condições para a divisão da jornada doméstica. Mas quem cuida das crianças? Vamos dividir? Isso interessa particularmente às mulheres. Temos muito a avançar, feminismo é visto como uma coisa de mal-amadas! As pessoas falam: "Você é feminista? Olha só! Você é até bonitinha, tem até namorado".

O primeiro congresso nós fizemos com o Centro da Mulher Brasileira, com o que sobrou do Congresso da Mulher Metalúrgica, o que sobrou do congresso das químicas, algumas pessoas soltas na periferia, a associação das donas de casa, os clubes de mães, foi este núcleo que organizou. Havia por volta de setecentas mulheres no Teatro Ruth Escobar. Chegamos todas e junto chegou o MR-8, que sentíamos como uma postura mais radical. Queríamos segurar, por conta desse pessoal do clube de mães, ligado à Igreja, às associações das donas de casa. Precisávamos fortalecer esse vínculo, as mais radicais são mais liberadas, mas nos interessa muitíssimo a participação das mulheres de periferia. Em função disso, a discussão no 1º Congresso foi ótima, um pouco comportada, discutimos o direito ao próprio corpo, mas na pauta de reivindicações surgiu desde o trabalho até o aborto. Mas, obviamente, com o pessoal da Igreja lá dentro, o aborto cai, nos interessa taticamente continuar com esse pessoal, e se a Igreja vetar o tema, muitas mulheres praticamente vão embora. Temos que ter um olho na Igreja, outro nesse pessoal.

Na preparação do 2º Congresso começam a chegar as lésbicas, que estão se separando da organização do movimento *gay*. Começaram junto com eles, mas descobriram que até mesmo com eles elas têm menos espaço, e precisavam se desvincular. Assim, bateram na porta e quiseram entrar na organização do Congresso. Tivemos uma grande discussão sobre se a gente devia ou não devia, e o quanto isso afastaria o pessoal da Igreja, o que significaria em termos de escolha, caso tivéssemos que escolher. Até que a Cida Kopcak, presidente da associação das donas de casa, que mora na zona Leste, em São Miguel, disse: "Companheiras, nós temos que discutir sexualidade, corpo, prazer, e é um absurdo vocês acharem que as mulheres vão esvaziar o congresso, as que quiserem ir embora que vão, temos mais que discutir a mulher como um todo". Aí liberou total. Acabaram entrando, tentando colocar em pauta a discussão da sexualidade. O que para nós significa discutir prazer, orgasmo, métodos anticoncepcionais, o direito ao prazer, a liberalização do corpo, a questão do aborto. Mas o que elas colocam na pauta é o direito ao próprio corpo e o direito aos prazeres, de determinarmos inclusive meu objeto de prazer, ampliamos a pauta, e incluímos o tema nas discussões.

O pessoal da Igreja contemporizou e a questão não tem muita força. Todo ano, em toda passeata do 8 de março, tem sempre um bloco que leva a questão do aborto. Qualquer grupo feminista que você pergunte é a favor da legalização do aborto, mas nunca temos ele como palavra de ordem prioritária. Entraram, fizeram a cabeça, o movimento começa a discutir essas questões todas. Mas, apesar de terem sido incorporadas nas pautas de reivindicações, ainda não têm tanta força. Nas greves dos metalúrgicos, em 1978, tivemos uma participação grande. Já estou fora da faculdade, mas há movimento feminista em vários locais, na Associação das Donas de Casa, nos clubes de mães, e a mulherada se organizou em São Bernardo. (Raquel Moreno, depoimento)

Nestes tempos agitados, nosso professor da Sociologia Lúcio Kowarick (2006) nos lembra que, em 1977, o movimento estudantil foi o primeiro a sair maciçamente às ruas, antes dos movimentos populares e do operário. Mas houve o entrelaçamento sutil de diversos caminhos, passando pelos locais de trabalho e moradia, e que acabam desembocando na situação de confronto das três grandes greves metalúrgicas. A greve de 1978 foi intensamente discutida e organizada com apoio das comunidades eclesiais de base da periferia, bem como das

Pastorais Operárias. Nas análises que se realizam neste momento em que se avança da discussão da Anistia, é possível perceber na origem da mobilização em São Paulo o movimento contra o aumento do custo de vida, os clubes de mães e a luta por creches, bem como relatou Raquel em nossa conversa.

O que Kowarick nos mostra é que toda essa movimentação dos jovens, bem como sua atuação nas associações da periferia, estão levando a um acirramento da luta democrática mais ampla. A fala da Raquel e a do nosso companheiro de viagem Koji, que acaba de chegar, mostram quais são esses caminhos percorridos pelos movimentos através da cidade.

> As organizações desmilinguiram, a universidade, o movimento universitário vinha se recuperando, mobilizando, até chegar ao episódio da [invasão da] PUC. Vem o coronel Erasmo Dias e faz aquela lambança toda. O pessoal que teve vivência partidária e de prisão foi tocar a vida, se envolvendo em outras atividades no meio profissional ou participando das discussões. Estamos num período de aumento dos movimentos profissionais, dos sindicatos ganhando dimensão maior. A vida universitária e acadêmica vem se tornando uma alternativa. Em 1970, ninguém pensava nisso, só na revolução, na briga contra a ditadura, não se pensava no projeto de vida. O lado ruim é que há certa desilusão, muitos caem fora. Da minha turma, muitos estão indo para os movimentos de bairros populares, na periferia, ligados à Igreja, às pastorais operárias... partimos para os movimentos sociais.
>
> No movimento de moradia há um trabalho do José Mentor, que em 1977 reconstrói o departamento jurídico do XI de Agosto, na São Francisco, a fim de assessorar juridicamente as comunidades, as associações e os movimentos sociais da periferia. Um dos movimentos que eles apoiam é o das famílias de Vila Heliópolis que buscam direito à moradia. Mentor filiou-se ao MDB e, em 1978, foi um dos candidatos a deputado federal com maior votação. Montam um grupo jurídico voluntário, por toda a periferia, em salas cedidas pela Igreja, e este ano organizaram 3 mil pessoas de 36 loteamentos clandestinos para cobrar do prefeito Reynaldo de Barros a regularização dos lotes.
>
> Como deputado, Mentor tem um trabalho no bairro em que nós estamos, o Bosque da Saúde, Parque do Estado, toda a região, que é um bairro-dormitório, operário, em que as pessoas se deslocam para trabalhar ou no centro de São Paulo ou no ABC. É uma região muito miserável e praticamente todos os loteamentos são clandestinos.
>
> Ele trabalha no sentido de transformar essa demanda num movimento com um objetivo bem específico, e mobilizar as pessoas para

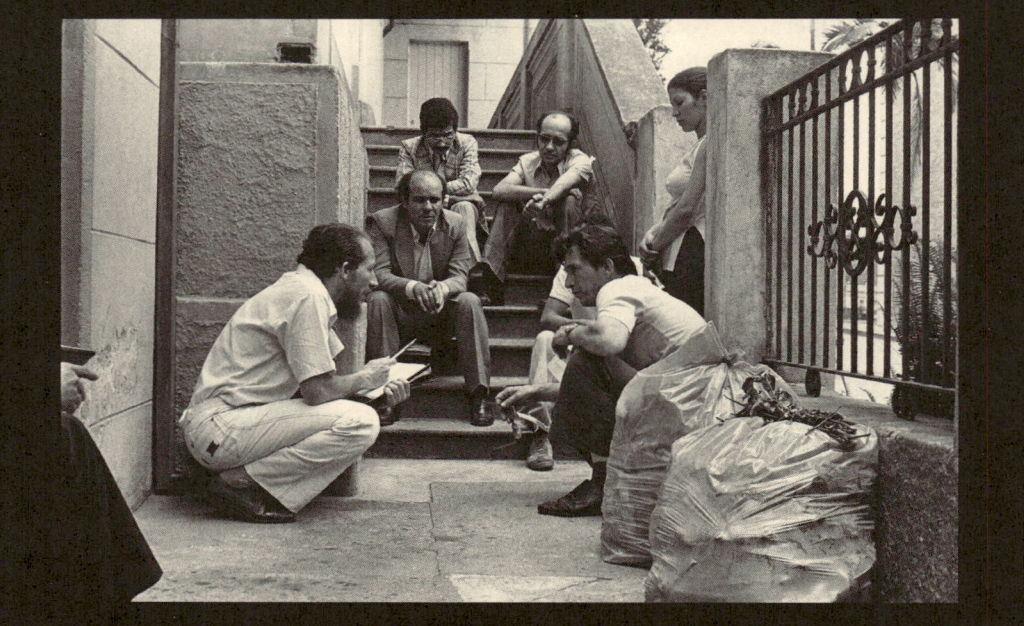

↳ Raimundo Pereira, do jornal *Movimento*, entrevista Waldemar Rossi nos fundos da Catedral da Sé, no dia do velório de Santo Dias da Silva (1979).

isso. Em 1977, 1978, fazem assembleias na igreja, com centenas de pessoas para tratar de escritura de imóveis, é uma coisa importante. Porque a partir daí as pessoas percebem que, se a gente se mobiliza, consegue atingir o objetivo. Isso quer dizer que, se nos mobilizarmos, podemos conseguir muito mais. Passam a criar uma pressão sobre o Estado, que não é demanda política, é demanda social, onde o que importa é o aprendizado de como é possível provocar mudanças. Nesses locais, estão surgindo grupos fortes, que vêm fomentando a criação do Partido dos Trabalhadores, e a Igreja tem um papel importantíssimo nesse processo. Nenhum de nós tem ilusão de que vai atender a todas as demandas desses locais, nem tem a ideia de permanência, agora, quando o PT começa a surgir, muita gente discorda de canalizar esses movimentos. Mas sei que muitos deles estão ajudando a formar e consolidar o PT. (Koji Okabayashi, depoimento)

ANISTIA   ?

Os jornais noticiam:

Política: Escolhido pelo colégio eleitoral, assume a presidência João Baptista Figueiredo. É extinto o bipartidarismo com a dissolução, por força de lei, da Arena e do MDB. O pluripartidarismo ressurge com PDS, governista; PMDB, de oposição consentida; PTB, do aventureirismo negocista; e com dois partidos de oposição ao sistema: PDT, de Brizola, e o PT, de Lula.

Economia: Efetiva-se a venda da Light. Cai [Mário Henrique] Simonsen e retorna Delfim [Antônio Delfim Netto]. Governo resolve fazer frente à crise do petróleo, implantando o Proálcool, para a alegria de usineiros, que encontraram nele uma nova forma gigantesca de subsídios. Eliezer Batista, ex-ministro de Minas de João Goulart, convertido às multinacionais, implanta o Projeto Carajás. Sancionada a lei que determina a correção semestral dos salários dos trabalhadores. Juntamente com a correção monetária, ela incorpora a inflação na economia como princípio estrutural. O madeireiro Rainor Grecco se declara com orgulho o maior madeireiro do mundo: "Derrubei 6 milhões de jacarandás, mognos, cerejeiras e outras madeiras nobres".

Religião: A TFP entrega ao Vaticano duas pilhas, cada qual de metro e meio de altura, com 2 milhões de assinaturas de brasileiros e latino-americanos exigindo do papa que ponha termo à penetração do comunismo na Igreja.

Música: Roberto Carlos alcança glória superando dois milhões de discos vendidos no ano. Chico Buarque lança um disco composto de músicas censuradas como "Cálice", "Apesar de você" e "Chame o ladrão" ["Acorda, amor"], que ele assinou como Julinho da Adelaide.

TV: A série *Malu Mulher* alcança enorme êxito no Brasil e no estrangeiro, focalizando temas sagrados como orgasmo, lesbianismo e aborto.

Comportamento: Grande alegria das praias cariocas: as meninas começam a usar tanguinhas menores que os sutiãs. Qualquer dia adotam o "uluri".

Publicações: Os livros do ano são *As revoluções utópicas dos anos 60*, de [Luiz Carlos] Bresser-Pereira, e *Achados e perdidos*, de Davi Arrigucci Jr., de boa crítica antoniocandiana. Marina Colasanti publica *Uma ideia toda azul* e Lúcia Machado de Almeida publica *Spharion: aventuras de Dico Saburó*, para crianças. (Adaptado de Ribeiro, 1985)

Na música, além dos artistas consagrados, já consolidados no mercado fonográfico, há aqueles que, mesmo tendo enorme sucesso, lutam arduamente para conseguir realizar seu trabalho, apesar da censura. Dentro desse cenário, poucos são os espaços novos na cidade que se abrem aos jovens profissionais, mas os músicos da noite continuam batalhando por seu lugar, e conseguem ter alguma visibilidade nas casas noturnas que ainda sobrevivem na região central. Outra parcela deles, saída da universidade, ou tendo participado dos festivais das canções, vai atrás de espaços alternativos. Neste ano, as notícias que surgem em relação aos novos grupos musicais anunciam uma turma de músicos que vem ganhando espaço e fama.

> Esta geração que ganha visibilidade no Lira Paulistana tem várias denominações, sendo que a mais usada é Vanguarda Paulistana. Dela fazem parte Arrigo Barnabé e a Banda Sabor de Veneno, Língua de Trapo, Rumo, Premeditando o Breque e Itamar Assumpção e Banda Isca de Polícia. Nessas bandas, algumas cantoras sobressaem, como Virgínia Rosa, Ná Ozzetti, Suzana Salles, Eliete Negreiros e Vânia Bastos.
> [...]
> Em maio de 1979, a Rádio e Televisão Cultura de São Paulo promove o 1º Festival Universitário da Música Popular Brasileira. Dele participaram Arrigo Barnabé e grupo (com arranjo de percussão para duas canções de Itamar Assumpção), Biafra e Premeditando o Breque, Celso Viáfora e Eliana Estevão. O 1º lugar foi de Arrigo Barnabé, com a canção "Diversões eletrônicas". (Oliveira, 2002)

Há outra coisa muito interessante surgindo por aqui. Em 25 de outubro de 1979, em um porão de uma antiga loja de móveis na rua Teodoro Sampaio, em Pinheiros, é fundado o Teatro Lira Paulistana.

Sua primeira atração, o musical *Fogo paulista*, é dirigida por Mário Masetti, e o teatro começa a ser requisitado principalmente para apresentações musicais.

O Lira Paulistana está associado a uma história de ocupação de um espaço cultural na praça Benedito Calixto, no final da década de 1960, e à busca de novas sociabilidades que pouco a pouco foram tomando forma na Vila Madalena, bairro tido como reduto *hippie* e contracultural da cidade. A solução encontrada por esses jovens para produzir e veicular seus trabalhos diante da opressão da indústria cultural foi serem alternativos. Alternativa, de resto, é a sociabilidade que está sendo gerada por aqui. Nesses grupos, profundamente influenciados pelo tropicalismo, há uma procura de coisas diferenciadas. Pedro Mourão, membro de um deles, dá mais detalhes.

> O nome do nosso grupo é Rumo da Música Popular. Não queremos repetir as fórmulas criativas. Neste caldo alternativo há uma profunda identidade entre os grupos, sua produção, a ocupação recente do bairro da Vila Madalena pelos estudantes universitários e o novo espaço cultural da cidade.
>
> A Vila juntou uma grande massa crítica. Músicos, atores, cineastas, intelectuais, estudantes com interesses diversos. Jovens influenciados pela contracultura e querendo levar à frente suas próprias ideias. Queremos mudar o mundo a partir do que temos a nossa frente. Queremos ganhar os moradores do bairro. Somos alternativos, por que não um bairro alternativo? Conversamos entre nós e resolvemos nos juntar e produzir, em 1978, a Feira da Vila Madalena. Antigos e novos moradores ganharam autoestima com o evento, e o mais engraçado é que os portugueses do bairro se apropriaram da ideia e viraram alternativos. (*Apud* Oliveira, 2002)

Nessa feira, na esquina da rua Fradique Coutinho com a rua Wisard, em cima de um caminhão, Itamar Assumpção canta e grava um LP ao vivo. Muita coisa tem acontecido na música popular brasileira nos últimos anos. Em nossa viagem pela cidade, conseguimos ter contato com o velho samba-canção, a música nova, o samba paulista, a bossa nova, a jovem guarda, o tropicalismo, e o tal do *rock and roll*, só para listar alguns estilos que chegaram aos nossos ouvidos. Durante essas duas décadas, há inclusive diversos acontecimentos que são paralelos. Há músicos que tocam na noite e que participam de todas as correntes sonoras, os que tocam em locais mais restritos e os que buscam espaços para entrar no mercado

↳ Palco na esquina da rua Fradique Coutinho com a Wisard, na Feira da Vila Madalena, em 1979.

e nas gravadoras. Alguns chegam de fora, trazendo os sons de um Brasil que não se conhece por aqui, cearenses, pernambucanos, sertanejos, baianos...

Esses grupos não se excluem. Circulam simultaneamente pelos espaços, mas traçam caminhos diversos. Os festivais das canções e os programas televisivos deram voz a muitos deles, mas aqueles que ocuparam espaços na cidade realizaram outra trajetória.

Nosso jovem companheiro de viagem Carlinhos, que mora na zona Oeste, descreve um percurso bem diverso, que não passa pela Vila Madalena, e marca outro trajeto de bares e casas noturnas, pontos de encontro dos músicos, atores e jornalistas.

> Junto com meu amigo Arnaldo, estou fazendo muitas músicas para peças e leituras dramáticas, na USP, tanto na EAD [Escola de Artes Dramáticas] como na escola de teatro da ECA. Começamos assim. São leituras dramáticas de peças que estão censuradas, *Roda viva*, do Chico Buarque, *Mariana Pineda*, do García Lorca. No teatro profissional, fizemos o *Flicts*, do Ziraldo, e ganhamos prêmio — nós fizemos a música. Além da música para teatro, estou indo estudar na Fundação das Artes em São Caetano do Sul, escola muito boa. Quem dá aula são Héctor Costita, Nelson Aires, o diretor é o Amilson Godoy, do Zimbo Trio, ali se reúnem os melhores professores de música de São Paulo.
>
> [...]
>
> Entrei ainda em história na PUC. Trabalho com música para teatro, sou militante do Partido Comunista e entrei para o centro acadêmico. Na faculdade, é a grande descoberta da história, gosto muito, tem as meninas, os caras, uma vida muito agitada. É bacana, porque no primeiro ano, 1978, já era professor. Agora dou aula em Perdizes, no Santa Inês, supletivo famoso, e me puseram para dar aula em São Caetano, São Bernardo, Santo André, e dou aula na Lapa também. Estudo de manhã, dou aula à tarde e à noite. Nos dias em que não dou aula, faço licenciatura e toco nas peças de teatro. É muito agitada a minha vida, girando entre PUC, Perdizes, ABC, onde dou aula, e a USP, onde vivo direto entre ECA e EAD, passo noites e noites ali.
>
> Fui morar com o Arnaldo, meu amigo violonista clássico, na rua Mário, na Vila Romana. Mas já saí de lá, voltei para Perdizes, na rua Iperoig. Gosto de ir ao cinema. Há pouco conheci o Plínio Marcos, que fica sempre na Consolação, em frente ao Belas Artes, vendendo seus livros. Achava ele meio *hippie*, tinha admiração por ele e ao mesmo tempo pena, aquele frio, até eu descobrir quem era o Plínio Marcos de verdade, um cara que escrevia para teatro, ator, metido em várias coisas, militante, enfim... Conheci também o músico Filó Machado, que

me introduziu ao mundo musical. Com ele fui à galeria na rua Augusta onde tem o Bar do Amorim, frequentado pelo João Bosco, o próprio Filó Machado, Léa Freire, Almir Guineto, o pessoal dos Originais do Samba. Ali tenho contato com a música mesmo, estudo violão clássico com o Hedelto e à noite fico ouvindo esses músicos. O Filó me colocou para gravar as músicas dele, dificílimas. Ele toca com um grupo maravilhoso, mas me colocou para cantar com ele.

O grupo é Nenê baterista, Netão na guitarra, Léa Freire na flauta e no canto, o Celso Machado, irmão dele, que é violonista, o Nico Assumpção no contrabaixo. Há um outro local, a Casa do Estudante, perto do Bixiga, onde tem *shows*, peças de teatro. É um local de resistência. Filó faz *shows* ali, toquei várias vezes, o Hermeto Pascoal às vezes toca, João Bosco mora no Rio, mas pega ônibus e vem para cá tocar. De graça. Você paga a passagem, e ele vem. Tocou até na Faap, voz e violão. A época é de ditadura, mas fazemos muitas coisas, produzimos muito em conjunto.

[...]

Filó me levou para gravar num estúdio do pai do Oswaldinho do Acordeon. Tem uma gravadora, chamada Cantagalo, mesmo selo que gravou todos os discos do Dominguinhos. O pai dele tem uma casa de forró imensa, e em cima dela tem esse estúdio. Lá conheci o Oswaldinho e o pai dele, que é um grande sanfoneiro também.

[...]

Há lugares interessantes na região do Bixiga, uma casa de jazz na Frei Caneca, o Terceiro Whisky, o Jogral, na travessa da Consolação e Angélica, e na Consolação, onde toca o Zimbo Trio, é fixo lá, uma casa famosa, do lado do cemitério. Algumas vezes estive lá com o Filó, o Amilton [Godoy], [Rubens] Barsotti vem dar sugestões. é um ambiente musical muito saudável. Há ainda o Amorim, na galeria da Augusta, *underground* total, mas pujante, de música popular. Nesses lugares, o Filó toca e me põe para tocar junto.

Tenho uma moto, Filó monta atrás com o violão dele e nós vamos fazendo serenata em vários lugares da rua, é muito tranquilo, embora exista muito racismo. A Polícia Federal sempre para a gente por causa do Filó, de mim não pedem nada, mas pedem a ele. Apesar disso, São Paulo é muito tranquila, andamos muito pelo centro, saímos e vamos para o Terceiro Whisky tocar, tudo a pé. Ele toca no Jogral, onde toca o Manezinho da flauta, um ícone da flauta no Brasil. O Hermeto Pascoal, depois que dá *show* na cidade, vai lá visitar. Agora estou indo tocar também numa peça de teatro, *O mambembe*, do Artur de Azevedo, e lá está a Vânia Bastos, atriz e cantora.
(Carlinhos Antunes, depoimento)

***

A imprensa noticia:

> Com a colaboração da Embrafilme como produtora, financiadora e distribuidora, consagrados nomes do cinema novo ainda dominam a cena: Arnaldo Jabor, com *Toda nudez será castigada*, de 1973, e *Tudo bem*, de 1978 [...]. Nelson Pereira dos Santos busca outros rumos para a sua obra, com *Como era gostoso o meu francês*, de 1971, filme antropofágico que faz uma leitura "oswaldeandradeana" das aventuras de Hans Staden no Brasil colônia, e *O amuleto de Ogum*, 1974, alegoria sobre opressão e marginalidade, na linha do "realismo mágico" [...]. Héctor Babenco, com *O rei da noite*, 1975, e *Lúcio Flávio, o passageiro da agonia*, 1977. Sylvio Back, *A guerra dos pelados*, de 1970, sobre [a Guerra do] Contestado, e Jorge Bodanzky e Wolf Gauer, com *Os Mucker*, de 1978, sobre uma revolta messiânica no Sul. Os filmes nacionais de maior bilheteria são *Dona Flor e seus dois maridos*, de Bruno Barreto, 1976, *A dama do lotação*, de Neville d'Almeida, 1978, e *O rei e os Trapalhões*, de Adriano Stuart, em 1979.
>
> Na imprensa, é recolhido o n. 22, de agosto, da *Gazeta Mercantil* — órgão conservador, mantido por homens de negócio —, porque publica no Brasil um dos artigos secretos do acordo nuclear com a Alemanha. Alexandre Von Baumgarten, jornalista e policial, repõe a revista *O Cruzeiro* em circulação, por conta do SNI, para a sua campanha de difamação das esquerdas e de defesa da ditadura. Começa aí um escândalo de corrupção e brigas entre agentes, que resulta no assassinato de Baumgarten por decisão do SNI. O periódico *Em Tempo* publica uma lista de 440 torturadores e mandantes, bem como dos locais de tortura. (Adaptado de Ribeiro, 1985)

Caminhando aqui pelo centro, atravesso a praça Roosevelt e resolvo subir a Augusta. Paro no Piolin para almoçar e encontro com Ignácio, que ainda está muito incomodado e pouco confiante nas reais mudanças do país.

> É a instalação do medo. Ninguém sabe o que pode e o que não pode fazer em matéria de cultura, posso fazer este filme, escrever este livro? Faz e fica uma briga, é proibido ou não, é editado ou não? O meu livro *Zero*, 1979, foi editado lá fora [Itália, 1974] e depois aqui, mas depois foi proibido. É uma atividade em que penetramos na insegurança e patinamos. Nestes últimos anos, casei, lancei: *Zero, Dentes ao sol, Cadeiras proibidas*.

[...]
Começo a frequentar a região da Paulista e dos Jardins. Frevinho, aqui na rua Augusta, perto da Luís Coelho, os cines Marachá, Bigolino, Astor, Rio e Belas Artes, onde tudo acontece. Este restaurante, o Piolin, é de um dos garçons do Gigetto. Tem uma geração de garçons de lá: Fausto, o Piolin, o Giovanni, o Sarrafo, o Tenente, carros-chefe do Gigetto, que foram saindo. O Piolin trouxe muita gente da classe teatral. Não venho muito aqui. Agora uma coisa curiosíssima é o rodízio de pizza. Comida popular, com o rodízio, expansão das churrascarias, pastelarias, chegada da comida japonesa, tailandesa, indiana. A árabe deixa o refúgio do Almanara, na rua Basílio da Gama, e se esparrama. A grande mudança no panorama do comércio é a abertura dos *shoppings*, que matam os cinemas de rua e o comércio da Augusta. O povo do *shopping* é mais *chic*, e o local, mais seguro, o antigo *footing*, que se tinha em muitos bairros e no centro, se transferiu para dentro do *shopping*. Uma grande mudança. Está havendo expansão do hambúrguer, no Jack in the Box, o Bob's, o Chico Hambúrguer, além das tentativas de fazer o frango frito Kentucky Fried Chicken, o KFC, única invenção norte-americana que não pegou. Há uma grande democratização da comida. Há pouco tempo íamos a um lugar simplesinho, chamado Papagaio Verde, na 24 de Maio, que tem comida média, barata. (Ignácio de Loyola Brandão, depoimento)

Saindo do restaurante, desço novamente a Augusta e cruzo toda a Martins Fontes. Tenho um encontro marcado com Ugo na praça Dom José Gaspar.

Ele já me esperava lá. Pegamos uma mesa no Paribar para tomar um café. Ugo se diz bastante preocupado porque já não dá para vir ao centro da cidade, estão começando a fechar e dividir as salas de cinemas.

No Coral, por exemplo, fizeram uma reforma horrível, já era um cinema cuja largura era um pouco maior do que o comprimento. Os caras botaram uma parede no meio e dividiam a tela em duas, ficaram dois corredores, com uma telinha de cada lado. Os grandes cinemas estão entrando em decadência, passam pornochanchada. Estão acabando com os cinemas do centro, o Windsor, o Marrocos. O Baiuca, da praça Roosevelt, fechou, e foi para a rua Maranhão ou Alagoas. Ninguém ia, fechou rapidamente. Perdeu completamente a identidade. O que sobrevive é o restaurante Carlino, na Vieira de Carvalho. Nunca tivemos esse hábito norte-americano de restaurante de hotel, só o Cadoro. (Ugo Giorgetti, depoimento)

***

Acordo pensando nas conversas do dia anterior. O meu dia certamente reserva mais conversas instigantes. Logo mais irei ao museu encontrar uma amiga, mas, antes, resolvo checar as notícias.

> Universitários reunidos em Salvador reestruturam a UNE, que volta ilegal, mas legítima e ativa. Oficiais governistas, de pura raiva, deitam abaixo o edifício em que a UNE funcionou até 1964, com medo de que os estudantes voltem para lá. Voltarão. Antonio Candido declara ante a Assembleia Legislativa de São Paulo: "O que consta é que, em algum lugar da universidade, estão instalados agentes de segurança. Esses agentes dependem de serviços que não sei quais são e atuam de maneira regular nos processos de contratação dos docentes". A denúncia é confirmada pelo reitor [Mário] Guimarães Ferri, que confessa, a contragosto, ante a mesma comissão, que como reitor "é obrigado a fazer passar pelos órgãos de segurança os contratos que efetua". É sancionada a Lei da Anistia, que permite a volta dos exilados, a libertação dos presos políticos, com reincorporação ao serviço público dos funcionários cassados que o governo quis admitir. Retornam ao país milhares de proscritos, da leva de 1964 e de 1968. A lei, porém, veta qualquer recurso judiciário e deixa de ressarcir os salários do tempo de demissão ou a aposentadoria. Hélio Jaguaribe monta o Fórum San Tiago Dantas. São revogados os decretos n. 228/67 e 477/69, que instituíam o dedurismo e a perseguição na universidade, permitindo que os policiais expulsassem professores e alunos. (Ribeiro, 1985)

A movimentação na universidade por conta da abertura política é grande. O volume de publicações tem aumentado. Como primeiro compromisso do dia, vou até o Masp, na avenida Paulista, e encontro Olgária, que me conta a respeito da publicação que já andamos folheando.

> Acaba de sair uma primeira publicação sobre a sexualidade, porque a esquerda não falava sobre sexualidade. Foi o Guido Mantega que organizou, é uma pequena coleção de ensaios que se chama *Sexo e poder*. Guido começou uma revolução cultural na discussão da sexualidade, em filosofia, antropologia, política. Muito bom, excelente, tem artigo da Maria Rita Khel, do Guido, escrevi também, virou material de consulta. Um dos primeiros a abrir o debate publicamente.
> Temos às vezes projeção de filmes de esquerda aqui no Masp. Quando caiu a ditadura em Portugal e houve a independência de

Moçambique, vimos documentários do Samora Machel. O museu tem uma presença, acolhe o Jorge Luis Borges quando vem ao Brasil, mas são atividades ligadas à universidade e a essas instituições culturais. A Abril Cultural tem uma relação quase simbiótica com a USP, os professores são consultores nas coleções mais importantes de filosofia, literatura, gênios da pintura e nos verbetes das enciclopédias. As publicações em filosofia vão formando uma biblioteca de excelentes traduções, com boas introduções e notas, feitas pelos professores da USP. Ela libera seus funcionários, duas vezes por semana, para fazer nossos cursos de pós-graduação. Há as coleções Os Pensadores, Grandes Personagens da História Universal, Tópicos Extraordinários da História, Geografia Ilustrada, que são excelentes, todas feitas pelos professores da USP.

[...]

Aconteceu uma coisa muito alegre, que marcou meu retorno às passeatas: foi a vitória do Corinthians! No Campeonato Paulista, depois de 23 anos sem títulos, em 1977, quando venceu a Ponte Preta. Fui pra rua, maravilhoso, passeata da Paulista até o Ponto Chic. Chegamos aos boêmios do centro, é tão gostoso conviver com eles, têm uma sabedoria da cidade. É interessante porque são pessoas pobres, são individualizados, têm vida própria, têm seus hábitos, conversamos muito com esse pessoal no dia dessa festa.

[...]

Outra coisa importante são os eventos do 1º de maio, que são o máximo. A partir de 1976, comecei a ir para São Bernardo ver os metalúrgicos e o Lula. É a simbiose do movimento sindical com os intelectuais da USP, Leôncio Martins Rodrigues, Fernando Henrique, professores que estão sempre com os sindicalistas, está na moda o tema do sindicalismo. O 1º de maio é uma grande festa, de efervescência política que vem desta dupla presença, da universidade e do sindicalismo. Acabamos nos relacionado com os trabalhadores, através dos estudos que a USP faz com o sindicato, e começam os trâmites para os partidos políticos. (Olgária Matos, depoimento)

***

Depois que Olgária se vai, permaneço um pouco para fazer anotações e volto à leitura do jornal.

Afrontado por estudantes desbocados de Florianópolis, o presidente parte para a briga, xinga a mãe e ameaça quebrar a cara. Desde então se refreia: "O que eu gosto mesmo é de clarim e de quartel". Explosão popular em São Luís, iniciada por um protesto de estudantes a propósito da passagem de ônibus. Vinte horas de tumultos e quebra-quebra, numa espécie de bogotaço, ou cordobaço nacional. Vários mortos e centenas de feridos. Movimento do custo de vida, comandado por mulheres de São Paulo, faz abaixo-assinado de um milhão e duzentas mil assinaturas contra o desemprego e a carestia. Greve geral nos canaviais pernambucanos mobiliza cem mil enxadeiros. O governo impõe interventores aos sindicatos dos metalúrgicos, alegando que suas lideranças só se preocupam com a defesa dos salários dos membros do sindicato. Joaquinzão, presidente-pelego do maior sindicato do Brasil (Metalúrgicos de São Paulo), começa a construção do edifício-sede, abrigando novos serviços assistenciais. (Ribeiro, 1985)

Com tantas mobilizações e greves de diversas categorias, não podemos deixar de comentar uma delas, que paralisa boa parte do ano letivo de 1978. Tenho aqui um texto de nossa cronista Flora, que nos dá alguns detalhes:

> Cidade Universitária vazia, professores e funcionários em greve, pelas ruas do *campus* não há viva alma, apenas alguns alunos dispersos e talvez alguns flanando para os lados da Poli. Mas, ao que tudo indica, até mesmo lá e na Economia, redutos mais conservadores, as aulas estão suspensas. Alunos divididos, greve de apoio? Por aqui, no prédio da Filosofia, apenas engrossamos a reunião dos professores. Mas a greve é bem mais ampla, os professores da rede pública estadual aderiram. Uma grande manifestação foi marcada para a avenida Dr. Arnaldo. As pessoas chegam a pé, de todas as direções. Mestres, pais, filhos, alunos, famílias inteiras, o corredor de soldados da PM plantados nas duas pistas: "Você, soldado, também é explorado", era a deixa para quebrar o gelo da tensa situação, que não pode explodir. Cercados pelas grades da Faculdade de Medicina, o conjunto que se abre para a avenida conta apenas com dois portões de entrada abertos. Todos temem a invasão pela polícia, muitos discursos, muito medo, mas aos poucos percebemos que não vão invadir. A noite começa a cair, o frio aumenta e o calor humano nos une. Vagarosamente, começamos a sair, evitando o pisoteamento. Ganhamos as ruas, subimos um degrau nas conquistas democráticas. Amanhã será um outro dia, e a esperança aumenta alguns pontos. (Gama, manuscrito, 1992)

O sindicalismo não se restringe aos operários. Professores, jornalistas e muitas outras categorias de profissionais percebem a importância desta forma de pressão e marcam presença nas ruas. Nosso companheiro de viagem Luciano conta que também começou a participar do movimento sindical.

> No sindicato dos jornalistas, há disputas enormes entre a esquerda mais clássica e a nova esquerda. Enfim os trotskistas conseguiram se aproximar dessa nova esquerda, voltada para movimento sindical, e há muita agitação nessas disputas políticas nas redações. Agora houve a greve dos jornalistas de 1979, fui para a assembleia na igreja da Consolação, mas não votei, porque ia sair de férias. Viajei de carro até o Uruguai, e quando voltei, parei no vale do Ribeira e meu irmão falou: "Teve greve e um monte de gente foi demitida". Foi uma caca geral, porque os jornais continuaram saindo. Eu estava na lista de demissão, mas não fui demitido. Umas vinte pessoas foram. (Luciano Martins, depoimento)

O sindicalismo vem se expandindo e ganhando adeptos em muitas categorias profissionais, e agora ganha também suporte nas comunicações. É o que nos conta o companheiro de viagem Angeli, nosso representante no humor:

> Há muitos anos sou amigo do Laerte, que conheci em 1971, 1972. O Glauco veio de Ribeirão Preto, e a gente meio que adotou o Glauco, e ele acabou nos influenciando, porque não tem tradição de trabalhar humor político. Laerte e eu temos uma história mais voltada pras lutas contra o regime e tal. Luta entre aspas, pois o desenho não derruba regime nenhum. Eu e Laerte, junto com o Henfil, estamos trabalhando muito no surgimento do movimento dos metalúrgicos do ABC, desenhamos o primeiro bônus de greve pro sindicato do Lula. E o Glauco, não. Ele ainda é "hippongo", chegou aqui com uma cara de bicho-grilo do interior. Tem um trabalho mais arejado. O que Laerte e eu precisamos neste momento é ser influenciados por esse tipo de humor, porque não estamos conseguindo sair da charge política pesada de oprimido e de opressor, do pelego e do trabalhador. (*Caros Amigos*, ano 5, n. 50, maio 2001)

***

Alguns dias se passam. Hoje terei encontro com Wagner, o jovem jornalista que adora os bares. Vamos ver o que ele me trará de novidades. Passo os olhos pelos jornais antes de sair de casa.

> Brizola desce do avião na fazenda de Jango, em São Borja, recebendo dos gaúchos embandeirados a maior e mais sentida homenagem de sua vida. Arraes é homenageado em Recife, em comício. Prestes é

recebido no Galeão por milhares de pessoas, que cantam: "De norte a Sul/ de Leste a Oeste/ o povo grita/ Luís Carlos Prestes". Fernando Gabeira regressa do exílio e inaugura um novo estilo de ser homem, com enorme êxito pessoal e literário, publicando *O que é isso, companheiro?* O admirável é que as meninas se encantam com ele, matando os machões de inveja. (Ribeiro, 1985)

As conversas com Wagner sempre são boas e ajudam muito a montar um panorama do cenário paulistano na área cultural e de entretenimento. A política, claro, está sempre presente, ainda que de forma indireta, e permeia toda a conversa.

Nossos locais agora são na Vila Madalena. Tem o Bar da Terra, da moçada que está chegando ao bairro. O bar é uma portinha de garagem e tem aquelas meninas superbonitas, que usam sandalinhas, são lindas, todas as bonitas estão lá. Esse pessoal começa a ir aos *shows* de música que tem no Colégio Equipe, na Martiniano de Carvalho, são lugares alternativos, não temos teatrões. Os bares são o lugar dos vícios, onde se bebe, se fuma, e ali algumas fraternidades se agregam, os drogados, os bandidos, os egressos, gente que passou pela cadeia, prisões, e que sofreu barbaridades, tortura, estamos no momento dos "retornados". Os encontros vêm se dando nos bares, com a abertura gradual do Geisel. Obviamente é muito limitado, continuamos a sofrer perseguição, há censura, é muito gradual. Há também o lado negativo do comportamento, que desandou para o banditismo. Algumas pessoas entram em todas como militante, inclusive nas drogas, na liberação sexual, tudo embolado e ao mesmo tempo, e são completamente abduzidas. Pessoas que entram de cabeça em tudo que fazem. Ao mesmo tempo, há pessoas que mudam comportamentos, dão expressão a isso, advogados, amigos e defensores da tua diferença, da tua forma de ser, é muito bacana. A música "Acorda, amor", do Chico Buarque, que diz "Chama o ladrão"... todo mundo entende perfeitamente, sabe do que se trata. Há um culto à marginalidade. Não é muito diferente do que acontece nos cafés da França.

[...]

Sabemos quem é o inimigo, é simples. Entre nós, não tem problema. Não existe diferença, estamos todos de um lado só, do mais radical ao menos. O Marcão Faerman fala isso, tem gente que só cresce na repressão e na abertura diminui, fica pequeno, não sabe como lidar com uma situação em que tem que ser político, requer gente que enfrenta tudo, que está disposta a defender suas ideias e seus direitos e os daqueles que estão ao teu lado. Tem que fazer um monte de

↳ Atriz Ana Paixão na feira da Vila Madalena, 1978.

acertos, os melhores ficam ali, não conseguiram se ajeitar de forma a perseguir e levar as ideias adiante. Algumas pessoas lamentam o fim da ditadura, porque de alguma forma deixou todo mundo órfão, tinham um pai contra quem lutar, um pai medonho, opressor, tirânico, e você se rebela, mas aí o pai desaparece e você fica sem norte.

Agora começaram a voltar os exilados, vou aos bares com o meu amigo, Nei Duclós, e digo: "Olha, Nei, que coisa incrível, quem é que poderia imaginar que a gente ia estar aqui sentado com o Gabeira?" São aqueles monstros, comedores de criancinhas, os terroristas, gente que mata, que foi pintada dessa forma, e agora estão todos com a gente, são como nós, não são nem os monstros que pintavam nem os mitos que nós fizemos, são pessoas comuns. Neste momento da abertura, os bares estão tendo um grande florescimento. (Wagner Carelli, depoimento)

A convivência em Pinheiros e na Vila Madalena é muito maior que a dos bares de jovens. A experiência desses estudantes passa pela vivência cotidiana, que os faz caminhar pelas ruas dos bairros, entre as casinhas simples dos vizinhos imigrantes portugueses e espanhóis, por seu comércio, utilizando seus serviços, usufruindo de suas praças. Os antigos moradores dividem seu território, por vezes até mesmo o terreno de suas moradias, e convivem com jovens universitários. Um desses jovens, Milton, com uma prosa para lá de encantadora, descreve os grupos que habitam a mesma casa, transitam por suas ruas e espaços cotidianos.

O maluco fica horas e horas sentado, bebendo, lendo e escrevendo. Saí para molhar o gogó. O Bar do Xará, o Morango e o Sujinho tavam fechados, vi duas portas abertas de um boteco na rua Colonização, pedi uma cervejinha e sentei ao lado de um cara descalço, de bigodão grisalho, cabeça raspada. Verdugo, condenado ou só um fodido dessas quebradas? [...] Dois caras tomavam uma cachacinha no balcão, levavam um papo sobre o presidente Geisel.

[...] Ia dizer que dois sambistas da Pérola Negra tinham sido presos, mas uma gargalhada papocou na calçada, alguém gritou: "Corno!"

O dono do boteco deu um esporro: "Deixem meu amigo em paz, ele acaba de sair da prisão".

[...] Andei em ziguezague pela Sagarana até a pracinha Jubiabá; na subida da Isabel de Castela entrei num porão e abracei o Badu borracheiro; mais pra cima o Zé do Gás assobiava um samba na janela de um sobradinho, o velho sapateiro Zequiel pregava solas e acenou lá do fundo da oficina, ele consertava os sapatos da minha tia e, de quebra, os meus. Na praça Pôr do Sol uma molecada batia bola, uns namorados se lambiam deitados, uma moça solitária olhava o horizonte. (Hatoum, 2019)

Enquanto converso com Wagner, chega nossa amiga Sônia, que logo entra no papo. Ela conta um pouco sobre os locais por onde transitam e os percursos que fazem.

Foi bom morar na rua Mateus Grou. Dali, andava até a Cardeal Arcoverde, onde tem um ponto para pegar ônibus para a USP, mas saí de lá e fui morar numa república na rua Fradique Coutinho, com um monte de gente. Depois em outra, na rua Isabel de Castela, e em outra na rua Fidalga, porque o apartamento em que morava com meu irmão ficou pequeno para a quantidade de pessoas que vieram morar. Foram quatro repúblicas, com um monte de gente diferente. A república da Fradique Coutinho era formada por duas casas que a gente alugou, na frente moravam três pessoas, e atrás, no fundo de quintal, moravam dois adultos e uma menininha — as pessoas já estão tendo filhos. Comemos comida natural, vegetariana, e temos os grupos de estudos de *O capital*, para ler Marx. Mas eu vou ao Candomblé e temos umas putas festas em que acordamos de manhã e ninguém foi embora, tem um bando de gente dormindo. Na Isabel de Castela existiam vários grupos de estudos, para estudar a cidade, Marx, Adorno. Esta última casa, na rua Fidalga, foi a que fiquei quando vim para a Vila Madalena.

Aqui tem um monte de portugueses, motoristas de táxi, pequenos comerciantes, e nós, estudantes. Não tem nenhum prédio, nem gente nas ruas. O primeiro bar de referência é o Bar da Terra. Moro com um dos donos. Um dia falaram: "Vamos lá, que vai abrir o bar e não tem placa, não tem título". Me levaram, me puseram numa escada e pintei o nome no toldo. Vai um monte de gente da USP, da ECA, FAU, Ciências Sociais, passamos a noite bebendo e conversando, é o primeiro bar da região. Na Mourato Coelho, entre a Inácio Pereira da Rocha e a Wisard. Agora comecei a circular muito na Vila Madalena e na Vila Beatriz, mas somos os primeiros nos bares, nas repúblicas. Tem um cara que vende no Ceasa, a portuguesa que vende flor, o cara que joga dominó, outro é motorista de táxi, convivemos com as pessoas do lugar, nas padarias, nos bares, pizzarias, costureira, papelaria, as coisas do lugar, e nós chegando. (Sônia Lorenz, depoimento)

Aos poucos, algumas pessoas vão se juntando na mesma região. Companheiros de viagem que pareciam distantes começam a transitar por lugares em comum. As duas companheiras que estão conosco desde o final da década de 1960, Mara e Regina, reaparecem. Mara conta

↳ Cícero, sócio do Bar da Terra, serve no balcão.

↳ Milton Hatoum, frequentador do Bar da Terra.

que em 1977 morou fora do país e agora, voltando, desiste de seguir carreira acadêmica.

> Moro no Itaim, mas descobri que a Vila é o lugar onde tem mais estudante da USP, ideal para abrir o bar. Tem várias comunidades. Meu sócio Cícero mora na Fidalga, com o Milton Hatoum, com a Naira e mais alguns. Me separei do Glauco e conheci o France Arturazzi, arquiteto, que bolou a cara do bar, é o primeiro projeto da vida dele, ainda não terminou a FAU. O bar [Bar da Terra] é na Mourato Coelho, primeiríssimo do bairro, só existe o Sujinho na esquina e outro onde ficam os velhinhos jogando dominó. O nome é porque eu e o Cícero somos de touro, o mote é esse. Anselmo e Sônia, que fazem FAU, desenharam as letras, desiguais, como nas barraquinhas de beira de estrada. É um toldo amarelo escrito, ele desenhou, Sônia apareceu e falou "deixa que eu faço", subiu na escada e fez. Não sabíamos direito como inaugurar, todo mundo ajudou. A Regina Berlinck escreveu o cardápio todo à mão. É o espírito do bar, todos que trabalham são estudantes, faz uma relação de pessoas que estão a fim de trabalhar e toda noite é um casal, ou uma dupla, se alguém não puder, avisa, já substituo por outro, temos várias duplas. (Mara Rasmussen, depoimento)

O local está virando um marco, reúne pessoas como Henfil, Caetano Veloso, Angeli, os irmãos Caruso, enfim, um monte de gente bacana. Todo mundo sabe que é reduto da Libelu. O bairro é pequeno, só tem casinhas. O bar é uma efervescência todos os dias da semana. Ali discute-se política, arte, tudo aquilo que rola em São Paulo. Regina entra na conversa:

> Moro numa comunidade com o Valtinho na rua da Consolação, mas em Pinheiros tem o Bar da Terra. A Vila é como as nossas casas. Morei fora, mas, quando vinha para cá, ficava na casa da minha amiga Aracy na rua Colonização, aquela ruinha perto da rua Lira. A Vila é o Sujinho e o Bar da Terra, que bomba, com público de artistas e intelectuais. (Regina Muller, depoimento)

Mara continua:

> Aluguei uma casa atrás do bar onde moro, com o pai dos meus filhos. Tem uma igrejinha muçulmana nos fundos, e nós pusemos a cama no altar, é lindo. Na frente da igreja tem uma parreira e um chafariz, onde criamos carpas. O bar fica na Mourato Coelho, entre as ruas Inácio Pereira da Rocha e a Aspicuelta, no meio da quadra. Nossa! No primeiro

> dia, tinha mais de quinhentas pessoas, sem divulgação, sem nada. Henfil, Caetano, Bob Wolfenson, Angeli... Há uma mistura da ditadura com a liberação. As pessoas me avisavam: "Na mesa tal tão fumando um". Tinha que falar: "Gente, não pode!". E eles falavam "Você tem este bar aqui completamente liberado e não vai enfrentar esta de deixar a gente fumar um?". Há esta mistura, de ditadura e liberação. Uma noite dessas, a polícia parou um ônibus na porta e levou todo mundo que não tinha carteira de trabalho assinada. Foi denúncia. Acha que alguém ia ter carteira de trabalho? Levaram todos, rapidamente soltaram, mas foi todo mundo. Porque é local de encontro dos trotskistas e maconheiros também. Saiu até uma matéria na *IstoÉ* que fala sobre isso, do jeito Libelu de ser, são os trotskistas estudantes. Uma das coisas que faz parte é frequentar o Bar da Terra, ouvir *rock*, não ouvir samba. Não vou ficar muito tempo com o bar, é uma coisa inacreditável, piração, bochicho, muita confusão. Arturazzi trabalha de dia num escritório de arquitetura, e trabalho à noite toda no bar, é um desencontro, e estou muito apaixonada. Ele falou "ou eu, ou o bar". Vou ficar com ele, e tive a boa ideia de mudar para a Ilhabela. (Mara Rasmussen, depoimento)

Já tinha lido que, depois do Sujinho, pioneiro por estas bandas, o bar que agitou o bairro foi o Bar da Terra, local de encontro de universitários, no qual ocorriam eventos performáticos, teatrais e circenses. Esses bares funcionavam como espaços de sociabilidade, troca de conhecimento e ideias entre os recentes moradores da Vila Madalena. Um dos moradores da região, o companheiro desta viagem Mouzar, que encontrei faz pouco tempo no Quincas Borba, na Henrique Schaumann, me diz que o Bar da Terra é o melhor bar da cidade.

> Acontece que está havendo muita perseguição policial ali, um delegado mudou para perto e começou a pentelhar. Mas é divertido, as garçonetes e o cara do balcão, que separa os pedidos, são trotskistas, tem altos papos, tudo gente bonita, dá gosto de ir lá. Mudei para a rua João do Rio, a uma quadra de lá, é uma maravilha, e tem o Sujinho, que vai deixando de ser popular e virando alternativo. Como o bairro, que está mudando de cara, deixando de ser dos portugueses e espanhóis, moradores de fundos que eram da construção civil, e ficando "alternativo". (Mouzar Benedito, depoimento)

Mas nem só de Pinheiros e Vila Madalena vive a cidade. A expansão e o maior trânsito de pessoas nesta região estão associados à transferência dos cursos superiores que compõem a Universidade de São Paulo. O processo é acompanhado de um aumento do número

↳ Plínio Marcos vende livros na feira da Vila Madalena, em 1978.

de jovens que frequentam a universidade. Por um curto período, uma parte desses jovens reside nos alojamentos do *campus*, mas, com o acirramento da repressão, acabam expulsos das moradias estudantis. Soma-se a isso o fato de que, no início desta década, as alterações no ensino superior e as reformas universitárias impostas pelo regime aumentaram consideravelmente o volume dos que ingressam a cada ano. Aumentam também os cursos superiores em faculdades particulares, na capital e em cidades próximas, as chamadas "escolas isoladas", como dizem os estudantes.

***

> O grupo Oficina encena *Na selva das cidades*, de Brecht, peça na qual o cenário era destruído a cada apresentação. Trata-se de um profundo questionamento aliado às experiências conjuntas do Living Theatre, com suas propostas do antiteatro, e que evolui para a contestação radical de *Gracias, Señor*, criação coletiva do Oficina. [...] Afloram os mais diferentes tipos de espetáculos teatrais: desde Dzi Croquettes, que enfatizavam o aspecto andrógino de cada ser humano, até *Escuta, Zé [-Ninguém]*, montagem de Marilena Ansaldi a partir de livro homônimo de Wilhelm Reich; *Gota d'água*, de Chico Buarque e Paulo Pontes, *Macunaíma*, dirigida por Antunes Filho, *Rasga coração* (1979), de Oduvaldo Vianna Filho. (Adaptado de Ribeiro, 1985)

Seguindo uma trilha que teve como grande estimulador o ator Ricardo Bandeira, Marilena Ansaldi sai dos palcos do balé clássico para fazer um percurso pelo balé teatro, que faz da dança e da ausência de palavras uma possibilidade de comunicação neste universo de tanta repressão e censura. É uma estrada solitária, mas que se aproxima do caminho traçado por Marika, nossa companheira de viagem desde *Isso ou aquilo*, em 1975, e *Por dentro/ por fora*, de 1976, ambos com direção de Iacov Hillel. Em 1977, Marilena encena o fantástico *Escuta, Zé-Ninguém*, sobre a vida de Wilhelm Reich. Em 1978, *Fundo de olho*, com direção de Celso Nunes, e, este ano, *Um sopro de vida*, com direção de José Possi Neto.

As redações de jornais, os estúdios de rádio e de TV, os teatros, cinemas, as atividades culturais, os locais de convivência e sociabilidade que, desde a década de 1940, se concentravam na região do Centro Novo e da Vila Buarque, aos poucos foram se dispersando. Mas os teatros continuam por aqui — e, ao redor deles, os atores, diretores, cenógrafos, figurinistas, bailarinos e mímicos. Na cantina Montechiaro, encontro com João, nosso companheiro da área teatral, que mostra que, mesmo com todas as mudanças, ainda há movimento nos antigos e tradicionais pontos de encontro.

> Frequentamos muito as cantinas do Bixiga, especialmente uma na frente da Montechiaro, chamada Cacciatore, muito gostosa. Aconteceu agora, em 1979, a regulamentação da profissão do ator, e tem este teatrão forte. O Antunes Filho está começando *Macunaíma*, o Asdrúbal Trouxe o Trombone veio em 78 do Rio, trazendo *Trate-me Leão*. Está mudando completamente a cara do teatro aqui, estão surgindo pequenos grupos, a maioria dos atores do chamado teatrão está indo para o Rio, para a TV Globo. Assumiram de novo uma postura de fazer televisão ou fazer teatro no Rio. Sou muito amigo do pessoal que faz os jornais *Opinião*, *Versus*, e as coisas estão mudando na cidade. Vim morar na Vila Madalena. A Vila não tem nada, são casas, quase não tem prédio, moro na rua Padre João Gonçalves, que desemboca na Fradique Coutinho. O Grupo Bendegó mora ali, e há um movimento de latinos exilados, poetas, músicos. Há um restaurante popular na Fradique Coutinho, que tem um filé à cubana delicioso. Brincamos que vamos lá comer um filé ideológico, vivemos muito o bairro. (João Signorelli, depoimento)

Assim que João se vai, entra nossa companheira do mundo da dança, Marika, que mostra um movimento bem diferente, inclusive diferente daquele de Marilena Ansaldi. Apesar de manter sua escola na rua Augusta, ela e seu grupo resolvem sair para dançar em outros lugares.

> Muita coisa foi marcante. A experiência no Xingu, em 1977, foi maravilhosa. Depois América do Sul, América Central... uma aventura. Tudo que é proibido nós fizemos, fomos para Cuba, dançamos lá. Fomos para a Nicarágua num momento complicadérrimo, logo depois da revolução, em que víamos crianças de 13 anos orgulhosas porque perderam o pai na revolução, ao mesmo tempo o capitão lá voltando da Europa, e a gente vendo que já estava costurando outro acordo, da turma dele. Vamos aprendendo, tenho uma faculdade enorme de vida, em nenhuma das viagens dormi, e viajamos muito de ônibus, para conhecer o chão mesmo. (Marika Gidali, depoimento)

Há um vetor de expansão da cidade em direção ao oeste, que não se limita ao Butantã e a Pinheiros. Aos bairros de Perdizes e Vila Romana, mais antigos, vêm se somar os loteamentos da City do Alto da Lapa, Alto de Pinheiros, Pacaembu e Sumaré. As franjas da Vila Madalena repetem o tipo de convivência estudantil que acaba por atrair e aproximar alunos da PUC e da Faap.

Saindo da Montechiaro, subo em direção à praça Roosevelt. Na porta do Orvieto, encontro um dos companheiros de viagem, Dagomir, que passou pelo curso de Ciências Sociais na USP e mudou de rumo. Ele conta que entrou na Faap e precisava sair de casa.

Fui morar com a Luciana, uma amiga, porque tinha um quarto vagando na casa em que ela morava, mas acabou virando um casamento. Na rua Capote Valente, quase esquina com Heitor Penteado. Casa muito grande, onde se estabeleceu a sede da publicação *Boca*. A casa não para, é porta aberta o dia inteiro, pessoas entrando, fazendo reunião.

Mas a gente se separou e fui morar com Gomes, parceiro que desenha. Fazemos uma dupla muito boa, fizemos a direção de arte do *Auíca*. Fomos morar na Apinagés, quase esquina com a Alfonso Bovero. O *Auíca* foi todo montado ali, livro que tem uma cara de *coffee table*, feito na cola Pritt, na mesa. Tenho o maior orgulho, porque realmente, quando dez pessoas resolvem fazer um livro, fazem! Foi incrível, mostramos nossa capacidade de produção, saiu até uma crítica na *Playboy* falando do livro. Na Apinagés, começamos a ficar metidos a besta. Resolvemos que éramos uns magnatas da cultura nacional. Mudamos pra uma casa na rua Pedro da Cunha, paralela à avenida Sumaré, uma mansão, e estávamos ganhando razoavelmente. Casa de quatro andares, com jardim imenso, um negócio absurdo, delírio.

A casa virou um ponto. Fizemos uma vez uma festa tão grande que acabou com um cerco da polícia. Foi uma coisa maluca, alguém perguntou o endereço numa lanchonete e o cara sabia onde era, e todo mundo ficou sabendo: "Ó, tem uma festa ali". Encheu de gente desconhecida, alguém lá fora deu um tiro pra cima, e chegou polícia. Mas é assim que gostamos, queremos ser o centro das atenções. Achamos o máximo, os heróis dos quadrinhos brasileiros, estamos com um prêmio em Gramado.

[...]

Um lugar a que vamos muito é o Belas Artes, mas o Bijou é o principal. Aqui o restaurante Orvieto, venho bastante, mas estou virando um cara mais alternativo, começo a ir a restaurante macrobiótico. Vou muito à Paulista. Geograficamente, a vida está mais ligada à região de Pinheiros, existe grande tráfico de paquera com o pessoal da Vila Madalena. As meninas estão no Bar da Terra, ali você está comendo alguma coisa e tem uma *performance* rolando. Queremos paquerar as meninas de lá, estamos numa época de muita festa! Juntamos as pessoas, você arranja um caso, resolve na festa, ia pra casa e já estava resolvido. É um perfil alternativo, há muitas escolas. Tive caso com duas meninas, em épocas diferentes, que eram professoras da mesma escola. (Dagomir Marquezi, depoimento)

Estes dias, conversando com Luis, um dos mineiros proseadores das nossas caminhadas, fico sabendo que o pessoal da música se espalha pela cidade, ganhando novos territórios na região de Pinheiros, na parte baixa da rua Augusta e da Consolação, e no já famoso... Bar do Alemão.

> [...] que é mais do que um bar. Com o dono, Dagô, descobrimos a afetividade discreta dos paulistanos, com Nelsinho, os sons mais divinos do choro e ali montamos nosso *bunker* interiorano. Pelas suas mesas convivem os mais variados sotaques do interior e a melhor música do Brasil. Lá que começam na vida artística e musical o sete corcas de Serginho Leite, o violão baiano de Vicente Barreto, o baixo de Arismar do Espírito Santo, as composições de Carlinhos Vergueiro, Gereba, a voz da Tina. Sem contar Eduardo Gudin, que precedeu a todos. Lá desfilam o conhecimento de música do Pelão, Aluizinho Falcão, o Baiano Gutenberg, pessoal da Cesp, Riolando e Marchezan, os sons de Nelson Cavaquinho, Cartola, Paulinho da Viola, João Nogueira e Paulo César Pinheiro. Lá conheci Valfrido Silva, Inezita, Hervé Cordovil. É o ponto de encontro de todo músico carioca em visita a São Paulo. Ali Clara Nunes fez uma grande noitada e João Bosco provavelmente estreou em Sampa. Durante oito anos venho frequentando quase diariamente o Alemão. Nosso conjunto é composto pelo Dagô, o Nelsinho, o Serginho e o Heraldo ao violão, de vez em quando o Almeida no afoxé, eu no bandolim e a cantoria de Baiano, Tina, Jorge Boadway e outros mais. (Luis Nassif, depoimento)

***

Os jornais noticiam:

> Joãozinho Trinta, renovador genial dos desfiles das escolas de samba, declara: "Quem gosta de miséria é intelectual". A bravura da mulher brasileira é encarnada por Marli Pereira, que denuncia o assassinato do irmão, um biscateiro de 18 anos, pela polícia. Enfrenta todas as ameaças exigindo a punição dos (quatro) culpados. Que ela identifica e declara: "Sou preta, pobre, mas não me considero pior do que ninguém. Tenho pavor de barata, de polícia não". (Ribeiro, 1985)

Na entrada da Cidade Universitária, volto a encontrar com os estudantes que estão participando ativamente no processo de abertura e de toda a agitação que esse processo tem causado na cidade. As ações se multiplicam e se propagam. Raquel nos conta que está participando da fundação do Partido dos Trabalhadores.

↳ Dagoberto Marques e Arismar do Espírito Santo, final dos anos 1970.

↳ 1º Congresso da Mulher Paulista. Teatro Ruth Escobar, 1979.

Existem vários núcleos espalhados pela cidade. Faço parte do Butantã. Em todos os núcleos, a política é discutir tudo, de cima para baixo, de baixo para cima, em todas as direções. Você e qualquer cidadão ali da base podem levantar uma questão que será considerada interessante no núcleo. Essas questões são passadas para cima, e eventualmente se tornam amplas, são assumidas pelo movimento. O núcleo tem uma autonomia. Por exemplo, o Hospital Universitário foi o nosso núcleo que batalhou e conseguiu. Havia um prédio vazio, só a estrutura, que seria vendido. Organizamos uma manifestação, juntamos professores, trabalhadores da região, funcionários da USP, fomos até o local ficamos lá plantados, exigimos, a coisa caminhou até que virou o Hospital Universitário.

Nós, mulheres, batalhamos muito para mostrar que, por exemplo, um líder sindical não pode sair candidato pelo partido se estiver sendo acusado de estupro ou de violência contra a mulher, e que isso é tão importante quanto a carreira político-partidária. Batalhamos contra muita resistência, obviamente, é difícil admitirem a questão da violência contra a mulher. Começamos a instituir a comemoração do dia 8 de março. Conheço a história do dia, mas no Brasil não estava sendo comemorado, e decidimos lançá-lo. Fazemos os congressos nos dias 6 e 7, terminamos no dia 8, vamos para a praça da Sé e fazemos um ato público grande. De lá para cá, instituiu-se o dia de passeata, quando a gente junta tudo que existe em termos de movimento organizado, com as diversas orientações e palavras de ordem.

O movimento desbrava áreas polêmicas, tem desde operárias até donas de casa da periferia. Faz pouco tempo, houve uma série de cinco assassinatos de mulheres no Brás. Ninguém sabia quem era o assassino, então resolvemos fazer uma manifestação em protesto contra a impunidade. Cinco pessoas no mesmo lugar, com tanta proximidade, como é que a polícia não descobre? Estávamos fazendo a passeata, quando de repente aparece alguém e fala: "Quem são vocês? Com que legitimidade vocês vão fazer uma passeata? Qual a intenção de vocês a respeito das prostitutas do Brás?". Falamos: "Venha cá e vamos conversar". Apareceu esta moça fantástica, sensacional, que é prostituta e se convenceu de que somos bem-intencionadas, participou da manifestação, falou publicamente, fez uma série de declarações. Houve também um congresso dos trabalhadores. O SOS Mulher tem uma pequena peça com uma cena sobre prostituição. Ela resolveu encarnar a prostituta e fez um sucesso tremendo. Depois fizemos outra manifestação, junto com o movimento *gay*, pelas ruas do centro, também com relação à violência contra as prostitutas, e a palavra de ordem era: somos todas putas. Com o

SOS Mulher e essas ações irreverentes estamos tomando consciência de que há, efetivamente, muita violência. E não é só entre marido e mulher. Tem também o estupro. A gente vem se dando conta de que a noite é perigosa e é preciso desconstruir esse conceito. Bolamos um evento para mostrar que a noite é nossa também, que ela não precisa ser perigosa. Fomos saindo pela noite, passando pelos mais diversos lugares, junto com um amigo, com câmera, que ia gravando. A ideia é que, se nós estamos em bando, talvez a noite não seja tão perigosa. Quando chegamos ao Edifício Itália, tinha um barzinho lá em cima que era muito legal. Esther, que participava do SOS e é negra, disse: "Deixa que vou entrar, uma mulher sozinha, entrando num bar!" E o porteiro barrou. "Os botecos não são lugares muito permitidos para uma mulher sozinha". Não sabemos bem se é porque era uma mulher sozinha, ou porque era negra, ou as duas coisas. O fato é que achamos que o movimento tem que desbravar os botecos, porque, por mais que eles sejam espaço de discussão da revolução, são mais para brancos e mulheres acompanhadas. Não são de negros, nem de mulheres sozinhas. (Raquel Moreno, depoimento)

Nessas conversas, fui cruzando informações e descobrindo um pouco sobre as movimentações de vários grupos. Fiquei sabendo que inclusive o Movimento Negro volta a se articular. Mostrei à Raquel um texto sobre a situação do Movimento Negro Unificado.

Movimento que teve importantes associações, frentes, jornais e clubes até o final da década de 1940, na década de 1950 em São Paulo contou apenas com algumas organizações: Associação Cultural do Negro, Casa de Cultura Afro-Brasileira, Clube Aristocrata e Kwy. Passou muitos anos desarticulado, contando com pequenos grupos sem grande representatividade. Mas, em 1977, numa discussão dentro do jornal *Versus*, num grupo chamado Afro-Latino, onde estavam presentes Hamilton Cardoso e mais algumas pessoas, resolveram abrir o debate sobre a questão racial dentro da sociedade de classes. Acabaram lançando um jornal do MNUCDR, o Movimento Negro Unificado Contra a Discriminação Racial: a intenção era unir todas as entidades existentes, tanto de direita como de esquerda, de centro, artísticas, esportivas, educacionais e estudantis. Seria uma grande frente do movimento negro. Fizeram uma manifestação de rua em função de um trabalhador negro haver sido preso, torturado e morto. Cercados por viaturas da polícia militar e civil, quatro mil pessoas, em frente ao Mappin e ao Theatro Municipal, numa manifestação tensa. Quem tomou a frente foi a esquerda: Convergência, PC, PCdoB.

> Acabou havendo um racha, a ideia de uma frente ampla se desfez, e este ano surge o Movimento Negro Unificado. (Depoimento de João Batista de Jesus Félix, membro do Movimento Negro Unificado, em Centro Cultural São Paulo, 1988)

Essa conversa me remete a um depoimento que havia lido dias antes, do militante Ricardo Azevedo, em que ele reforçava a importância dos estudantes e de sua inserção em ações na periferia, juntando-se aos movimentos populares periféricos e em outros municípios.

> Montamos uma célula na zona Leste, onde morava o Pereirinha, deslocando para lá o Paulo Sérgio e sua companheira Adriana Benedikt. Formamos também um organismo na zona Sul, para onde foi o Marcelo depois que se formou, juntando-se à Lena e ao Luiz Furtado, que desenvolvia um trabalho num curso de madureza na Cidade Dutra, junto com um grupo de simpatizantes. Mas não conseguimos ter uma influência significativa. A presença do PCdoB é muito mais forte nesta área. [...] A partir da atuação em São Bernardo, o Hélvio conseguiu desenvolver um trabalho importante na Vila Nogueira, em Diadema, tendo chegado a ser diretor da sociedade de amigos do bairro. A Carmen, depois que saiu do movimento estudantil, também foi dar aula no ABC, na Volkswagen, além de desenvolver trabalho em Ribeirão Pires. (Azevedo, 2010)

Assim que Raquel se retira, encontro Koji, que ainda possui uma relação com a universidade. Ele conta:

> Voltei para a faculdade em 1975 e estou lá até agora. Estou trabalhando e faltam duas matérias, EPB e Métodos e Técnicas. São as dependências que ficaram.
> [...]
> Neste final de década, os grandes cinemas estão acabando, as salas estão fechando. O circuito comercial se desloca para os *shopping centers*. Cinemas de bairro estão se transformando nestas espeluncas da pornografia ou em templos. Continuo trabalhando no Sesc, estava na parte de recursos humanos, na administração. Agora, estou no Sesc Interlagos, espaço de lazer. Cheguei lá este ano. Terminamos de montar o primeiro palco, para as grandes apresentações da sinfônica ao ar livre. Não era um hábito das orquestras brasileiras fazer isso. Estou só no operacional, para fazer acontecer, mas vejo que é uma coisa importante, já tem um calendário da programação ao ar livre, música popular e erudita.

↳ Antônio Leite discursa em frente ao Theatro Municipal, em ato contra a violência direcionada aos negros, que marca a fundação do Movimento Negro Unificado, em 1978.

[...]
No tipo de vida que tenho com o meu círculo de amigos, não existem relações baseadas no consumo de roupas, objetos, isso não faz parte da nossa conversa. Só coisas muito pontuais. Por exemplo, calça Lee importada é a única coisa que é objeto de desejo. A vida acadêmica é marcante para as pessoas, temos brigas homéricas por causa de textos. O saber é um valor para o grupo em que convivo. Brigamos por causa de Foucault, a Maria Lúcia Montes trouxe este material para ser estudado, na Ciências Sociais, nós não entendemos muito bem, mas somos contra, estudamos para poder brigar.
[...]
O que está acontecendo é que o sucesso da repressão acabou com as estruturas partidárias e criou um problema. Por uma questão de cunho pessoal, as pessoas, para se sentirem vivas, têm que fazer alguma coisa, agir de alguma forma, e a maioria está tentando preencher este espaço que o estado não ocupa. Os restos dos partidos se voltaram ou para a luta armada ou para a participação — exclusivamente pela via do sindicato. Temos um espaço que estamos conquistando, que é na vida comunitária, ali onde o sujeito mora, onde ele está. O poder das pequenas relações que vão se estabelecendo, tudo isso é exercício político, vai à venda ali, como as pessoas vão lidando com as relações locais. Há certa conjunção, temos o espaço, a carência, a escassez, a miséria que mobiliza as pessoas, e tem um grupo enorme de pessoas que de uma forma ou de outra se envolvem, buscando espaço de atuação possível. (Koji Okabayashi, depoimento)

Depois de uns dias da conversa com Koji, volto à região da Vila Madalena. Paro no bar da esquina, observando alguns senhores, moradores da região. Dois deles estavam sentados à mesa, e os outros, em volta, observavam a partida de dominó. A atmosfera dos habitantes do local é assim. Mais adiante, na rua Virgílio de Carvalho Pinto, podemos ouvir de longe o movimento dos senhores jogando bocha, tradicional esporte dos imigrantes italianos, na cancha, longa pista cercada e encerada, entre os sobradinhos locais. Ali eles se reúnem em alguns finais de tarde, mas principalmente nos finais de semana. Entretida com o jogo, vejo chegando o Mouzar, morador da região. Sentamos por aqui e ele conta que continua nos jornais alternativos, engajado nas lutas democráticas e cultivando esta sociabilidade alternativa do bairro:

Passei um ano e meio indo todo fim de semana à cadeia, no Rio e aqui, fazendo matéria para o *Em Tempo*. Faço entrevistas, saio de lá, entro direto no boteco na Frei Caneca, peço uma cerveja, um papel de embrulho e escrevo.

Agora está começando a formação do PT, são uns caras animados, e cubro todos os acontecimentos da Vila Euclides, em São Bernardo, para o *Em Tempo*. Depois de um tempão sem militância nenhuma, sem nada de organização, é muito bom ver aquele bando de operários autênticos, legítimos, porque as organizações de esquerda eram gozadas, as bases operárias eram de um cara! Na Vila Euclides é tudo de baixo para cima, é o ressurgimento do sindicalismo, tudo que acho interessante. A primeira vez que fui, tinha uma grande assembleia, com deputados do MDB e outros líderes, o pessoal fazendo discurso no palanque, todos ouvindo, meio distraídos, mas, na hora que o Lula começou a falar, parece que tinha uma eletricidade no ar, uma vibração. Este ano teve o famoso 1º de Maio, quando morreu o Fleury. A polícia ficou tentando impedir a gente de sair para a rua, saiu uma passeata enorme, helicóptero passando em cima, os caras com metralhadoras apontadas para amedrontar.

Está muito estimulante, muito bonito, com esperança, alegria. Comecei a discutir com os amigos, e em seguida saiu o manifesto de cento e poucas pessoas, que resolveram criar mesmo o partido. Fundei um núcleo do PT na minha casa, na Vila Madalena, o primeiro na região. É uma estrutura legal, o núcleo é uma coisa de afinidade, alguns por área de trabalho, outros por área de moradia, outros por amizade. No meu caso, foi por amizade. São umas trinta pessoas amigas. Discutimos como deveria ser, como não deveria, pegamos os documentos de fundação do partido e debatemos, fazemos atividade por conta própria, fizemos um manifesto para distribuir na feira livre, explicando e chamando o pessoal para vir discutir. Surge o núcleo de bancários, perto do largo de Pinheiros, outro de intelectuais, na Vila.

Sempre morei em grupo, prefiro. Na Cônego Eugênio Leite, em Pinheiros, tinha uma república no quarto andar de um predinho, gostava muito, agora mudei para outra. É melhor em grupo, no dia a dia da gente, chega à noite e você quer conversar com alguém, contar, receber informações, e tem a zorra. A vida é muito mais divertida. Tem o lado chato, mas tem um lado mais divertido. Nunca ficamos sem namorada, é só alguém separar da namorada, e um amigo já aparece sutilmente trazendo uma amiga, é uma festa geral. Mudei este ano para a Vila Madalena, onde funciona este núcleo do PT, na rua João do Rio, uma rua de um quarteirão só, muito gostoso. Mudamos para lá, três caras descasados. Virou um ponto de encontro. Quando estou sozinho e vou fazer uma sopa, faço para vinte pessoas, porque é o que aparece. Ninguém liga muito para dinheiro, se não tem dinheiro para pagar aluguel, não paga, o outro paga, vai comprar comida quem tem dinheiro. Há emprego, vivemos de *freelance*, não ligamos muito para emprego formal, há um relacionamento muito aberto. É uma outra revolução, quase como a de 1968, com a diferença que 68 foi um rompimento com uma situação opressiva, foi um extravasamento total, e agora, não. Este final da década de 1970, que coincide com a volta dos exilados, os presos políticos saindo da cadeia, a fundação do PT, é um momento de muita alegria, todo mundo vivendo o fim da ditadura pertinho e achando que a ditadura vai cair e tudo vai melhorar. (Mouzar Benedito, depoimento)

Personagem quase cotidiano do Quincas Borba, Gonzaguinha dá o recado deste final de década.

[...]
Eu quero meu amor
Se derramando
Não dá mais pra segurar
Explode, coração[15]

---

15 Luiz Gonzaga Jr., "Não dá mais pra segurar (Explode coração)", em Gonzaguinha, *Gonzaguinha da vida*, 1978.

RODAMOINHO

Foram apenas dois anos, mas o atropelar dos acontecimentos é incrível.

Não é apenas a euforia reinante com a perspectiva de abertura, até porque ela ainda não ocorreu, e adiante será densamente adjetivada. No entanto, a movimentação é intensa. A cidade cresce, mas sua periferia e sua população favelada crescem ainda mais. Junto com essa camada da população, que é sua maior parte, fermentam os movimentos sociais ligados a reivindicações por melhores condições de vida e por direitos civis básicos. Esses grupos se expandem principalmente pelas regiões Norte, Leste e Sul de São Paulo, tendo na Igreja seu maior aliado. Nesses espaços cedidos e organizados pela Igreja, irão atuar a maioria dos jovens estudantes envolvidos com educação de base, formação política, grupos de mães, discussões sobre moradia, loteamentos clandestinos, luz, água, creches, sindicatos, direitos das mulheres e sexualidade feminina.

Os estudantes que se dedicam a essas ações agem de forma militante, voluntária, pela causa social. Aliados às ações das comunidades eclesiais de base, das pastorais e pastorais operárias, realizam uma tarefa cotidiana de levar "educação para a cidadania" e direitos. Transitando em terrenos muito próximos, e fazendo da arte sua forma de luta, estão os grupos de teatro popular. Instalando-se nos bairros distantes do centro, eles se juntam à população das periferias para debater sobre seus problemas cotidianos, seus direitos, e sobre formas de alcançar os serviços urbanos básicos.

Diante da cerrada censura e da impossibilidade de levar sua arte ao público nas casas de espetáculos da cidade, o teatro popular foi uma das formas de manter o teatro vivo e pulsante, emprestando-lhe um conteúdo social ainda maior. Ainda pelos palcos, outra linguagem busca uma saída para a censura: o não verbo, a dança-teatro e a mímica ganham um espaço significativo neste momento.

A movimentação aumenta. Além das lutas nos bairros periféricos, a população negra volta a criar grupos de reivindicação de seus direitos e contra o preconceito. Mas não gritam sozinhos: um grito longínquo, mas firme, vem do Brasil profundo, dos povos originários, indígenas que se mobilizam pela demarcação de suas terras e pela garantia de sua sobrevivência. Na cidade, homossexuais e lésbicas abrem espaços sociais para discussão de suas questões. O movimento feminino ganha fôlego, congressos, mulheres operárias, mulheres universitárias. Funda jornais "alternativos" e consegue um programa televisivo, onde aproveita para divulgar suas lutas.

O campo das reivindicações angaria mais adeptos na sociedade civil. Não são apenas os representantes do direito e os professores que bradam pela democracia. A própria Sociedade Brasileira para o Progresso da Ciência faz de seus encontros anuais palco para discussões com vistas a uma sociedade mais justa e democrática. A imprensa "alternativa" é um grande porta-voz para todo esse debate e, dentro do leque de diversas tendências progressistas, abre espaço para publicação do pensamento e das críticas políticas e sociais.

Na música, uma imensidão de novos cantores, compositores e instrumentistas provenientes de várias regiões do país, cada um trazendo um estilo, um ritmo, uma linguagem, uma batida, instrumentos e temática característicos, afluem para a cidade de São Paulo em busca de locais para se apresentar e de reconhecimento. Eles vêm se somar aos que por aqui já estavam estabelecidos, como Elis Regina, Rita Lee, Maria Bethânia, Gal Costa, Chico Buarque, Gilberto Gil, Caetano Veloso, Milton Nascimento, Gonzaguinha, Egberto Gismonti e tantos outros. A realização de festivais de *rock* no interior paulista e do conceituado Festival Internacional de Jazz realizado no Anhembi, em parceria com Montreux, tiveram grande importância na ampliação dos espaços da música instrumental e internacional.

Os locais de encontro na cidade se ampliam e se deslocam geograficamente. A Vila Buarque e o Centro Novo perdem grande parte de seus pontos de encontro, que atravessam o vale em direção ao Bixiga, à Bela Vista, ao Baixo Augusta e à Consolação. Surgem novos lugares para os lados da avenida Angélica, da Brigadeiro Luís Antônio, Moema, Lapa, Itaim, bem como na região de Pinheiros, Vila Madalena e Butantã. Nestes três bairros, há uma crescente efervescência de atividades culturais e de convivência.

O final da década passada, apesar da intensidade dos acontecimentos, não trazia esperanças para os jovens inseridos nas lutas sociais e que usufruíam ativamente do espaço urbano. Já o final desta parece apontar para uma luz no fim do túnel. A conquista é lenta, os adjetivos da abertura, inúmeros, mas... a euforia depois de tantos anos de ditadura, com a volta dos exilados, a capenga anistia (que ainda vai dar muito trabalho e ter consequências desastrosas) é um respiro para a vida pública. Que venha a década de 1980.

BALANÇO

Vamos chegando ao final desta viagem, na qual esteve comigo um pequeno grupo de companheiros. Jamais esgotaremos toda a história urbana do período, nem era essa a nossa intenção. Pretendíamos, isto sim, trazer alguns elementos indicativos do caráter da cidade, acoplados a seus valores afetivos, sentimentais, individuais e grupais, que se traduzem em resistências ao aniquilamento dos valores humanos essenciais.

Nossa "cidade moderna", que não se traduz na cidade do "progresso" e da especulação infindável de seu território: ela é e continua sendo a soma de todas as alterações e comportamentos que encaminham para uma visão cosmopolita do homem. Para detectar esses processos, deixando um pouco de lado os incansáveis *a priori* do conhecimento científico, buscamos a fala de homens e mulheres que batalharam incansavelmente por garantir seu lugar no espaço real e simbólico da cidade, da arte e do pensamento.

Resgatando e ampliando a fala de Giulio Carlo Argan (1992), "adentramos ainda os seus recantos noturnos, onde 'um bando de homens *e mulheres* insiste em habitar a cidade, dela usufruir a seu bel-prazer, segundo lógicas afetivas, normas de referenciais identitários, que fogem à ponta do lápis dos planejadores e aos dedos afoitos dos especuladores".

Com nosso instrumental de pesquisa já apontado na década de 1950, nossa lupa se aproximou e por vezes "desfocou" o olhar sobre a vida desta cidade. Mas a viagem tem um norte e, por ora, usando ainda as palavras de Argan, diríamos: "Nenhuma análise sociológica pode ser seriamente efetuada se não tiver por base a análise psicológica e, portanto, o estudo da experiência urbana individual é o princípio de qualquer pesquisa sobre os modos de vida urbana de uma sociedade real" (Argan, 1992).

Realizar um balanço desta década é uma tarefa árdua. Se quisermos traduzi-la em uma imagem, poderia ser um jogo de bolas de gude ou de bilhar, em que um rápido movimento desloca todos os componentes do desenho e é necessário rearranjar a mente de pronto para pensar na próxima jogada.

Até o final da década de 1960, a sensação que tínhamos era de continuidade dos caminhos traçados desde o final dos anos 30 na vida da cidade. As transformações urbanas traziam algumas novidades, o centro atravessa o viaduto do Chá e ganha a alcunha de novo. Por ali afluía diariamente grande quantidade de estudantes, comerciários, profissionais liberais, trabalhadores dos serviços, das comunicações — enfim, a dinâmica e a vida pulsante de escolas, faculdades, lojas, escritórios, consultórios, bares, restaurantes, bibliotecas, livrarias. Uma praça nova, um novo viaduto, novas avenidas. O ritmo de intervenção na cidade faz com que as alterações respeitem o uso que se faz deste espaço urbano.

A década de 1970 já tem início sob a égide das restrições à livre circulação e ao livre pensamento dos estudantes e profissionais que pensam e transitam por aqui. As intervenções físicas realizadas na cidade como um todo pulverizam os usos que eram dados à região central e lentamente impõem uma "nova centralidade", reforçada pelas inovações no sistema de transporte, com a criação do metrô, a construção das marginais e a imposição do automóvel como forma de circulação. É crescente a ação da municipalidade no sentido de afastar a população mais pobre para as periferias, onde, pela falta de infraestrutura (água, luz, esgoto, coleta de lixo e transporte público), os terrenos são mais baratos e, inúmeras vezes, são loteados clandestinamente.

De outro lado, desde o início do regime autoritário houve a implantação de uma administração urbana tecnocrática, que atende aos interesses econômicos das elites em detrimento da cidade real. No começo da década, é aprovada pela Câmara Municipal a primeira lei de zoneamento que abrange toda a cidade. Ela introduz alterações substanciais nos bairros de classe média alta ou classe alta localizados no quadrante sudoeste da cidade. Atendendo à demanda das elites que ali residem, importantes vias são abertas no quadrante, e passa a haver uma maior segregação nessa região, no que se refere a moradias, empregos, comércio e serviços dos quais essa população se serve.

Esse fenômeno se repete com a expansão da cidade: "Quanto mais longe iam para os Jardins, para o Morumbi e depois para a Granja Viana, Tamboré, Aldeia da Serra e Alphaville, mais aquelas classes puxavam seus empregos, comércio e serviços (depois seus *shopping centers*) na mesma direção". Exemplos de empreendimento nesse sentido são o Shopping center Iguatemi e o Centro Empresarial. Segundo Villaça (2004), esse foi o processo utilizado pela burguesia quando abandonou o comércio, os serviços e a moradia no Centro Novo, transferindo-se para a região da avenida Paulista e da rua Augusta.

Exilados do outro lado do rio Pinheiros e sem grupos de referência, parte dos estudantes percebe a perversidade do processo de crescimento da cidade e de exclusão a que os trabalhadores estão submetidos. Sem partidos, organizações políticas, entidades representativas da sociedade civil, esse grupo e alguns grupos de artistas arregaçam as mangas e se lançam para os espaços possíveis de atuação, nas periferias, ao lado de associações de bairro e núcleos da Igreja católica.

Os interesses no andar de cima deram-se os braços. Após a saída das moradias da elite, de seus serviços e seu comércio, há a retirada da região de parte significativa dos estudantes, mas a noite tem outros verbos e outros sons. A teimosia e a perseverança fazem com que as atividades culturais não morram, e apenas mudem de lugar. Pouco menos barulhentas, abafadas pela ditadura, brotam em vários cantos da cidade locais menores e alternativos para a música, o teatro, o cinema, a fotografia e a literatura.

Autor bastante significativo no período é Tom Zé, que dá o ar da graça, mostrando novos locais de encontro.

> Augusta,
> Graças a Deus.
> Entre você e a Angélica
> Eu encontrei a Consolação
> Que veio olhar por mim
> E me deu a mão[16]

Até meados da década de 1970, com a censura a todo vapor, poucos *show*s ocorrem em grandes teatros na cidade. Apenas algumas apresentações junto aos estudantes na Cidade Universitária, nos parques do Ibirapuera e Alfredo Volpi, no Anhembi e no Centro Cultural Equipe. A partir de 1975, a cantora Elis Regina retoma as apresentações, ficando um ano em cartaz no Teatro Bandeirantes com *Falso brilhante*, dirigida por Myriam Muniz e coreografada por Lennie Dale. Em 1978, retorna com *Transversal do tempo* e, em 1979, com *Essa mulher*. Os grandes cantores e compositores aos poucos vão voltando a aparecer, mas uma nova leva de músicos começa a ocupar espaço na cidade. Vindos da Bahia, de Pernambuco, do Ceará, encontram no amadorismo dos espaços estudantis um público ávido

---

16 "Augusta, Angélica e Consolação", Tom Zé, 1972.

por novos ritmos e canções.

A importância deste período para a história de nossa cultura é essencial. É um momento de profunda integração com a literatura, o humor, a música, incluindo a nova canção latino-americana, de países igualmente marcados por ditadura e repressão, algumas ainda mais sanguinárias que a nossa. Momento também de descoberta de um outro Brasil musical, culinário, literário, que teve a largada na década de 1960 e se ampliou na de 70, quando muitos músicos, dançarinos e artistas plásticos vão buscar a arte popular e regional, e, nela, a temática de suas obras. Impossível mensurar a extensão dessas ações na nossa cultura, mas, finda a década, com certeza nosso repertório está mais rico.

Boas histórias nos trazem estes viajantes que se prontificaram a falar, percebendo a importância da memória oral na construção da história desta cidade tão violentada pela ação de um "progresso" sem medidas, que arrasou e continua arrasando quarteirões e destruindo nossos referenciais culturais e espaciais. Encerro a década com uma doce lembrança da mestra da memória paulistana, Ecléa Bosi:

> Mas a memória rema contra a maré; o meio urbano afasta as pessoas que já não se visitam, faltam os companheiros que sustentavam as lembranças e já se dispersaram. Daí a importância da coletividade no suporte da memória. Quando as vozes das testemunhas se dispersam, se apagam, nós ficamos sem guia para percorrer os caminhos da nossa história mais recente: quem nos conduzirá em suas bifurcações e atalhos? Fica-nos a história oficial: em vez da envolvente trama tecida a nossa frente, só nos resta virar a página de um livro, unívoco testemunho do passado. (Bosi, 2004)

A nova década se avizinha e nós vamos ficando por aqui. Apenas algumas notícias selecionadas, que resumem o que vem ocorrendo e dão um pontapé inicial no que virá, e algumas últimas histórias de nossos viajantes, relatos que já introduzem os caminhos e descaminhos que tomarão a seguir. Indícios de batalhas e novos enfrentamentos, necessários para a conquista de um real regime democrático, que mui vagarosamente vai mostrando seu rosto. A década que se inicia vai intensificar o movimento noturno e aumentar os pontos de encontro nas regiões de Pinheiros, Vila Madalena e Bixiga. Mas isso é tema para outro livro.

***

A visita do papa dá lugar a imensas concentrações de fiéis em todo o país, inclusive centena de milhares de operários de São Paulo, trazidos por dom Paulo Evaristo Arns, que faz a paz da Igreja com os proletários. Em Teresina, olhando para a multidão, o papa exclama: "Meu Deus, este povo tem fome". Reacionários paulistas, inconformados com o encontro do papa com os operários, sequestram e castigam brutalmente o líder católico Dalmo Dallari. Em Manaus, na última missa celebrada no Brasil, o santo padre lê os nomes de cinco caciques índios assassinados recentemente pelos invasores das terras indígenas. Surgem oficialmente as comunidades eclesiais de base, expressão da responsabilidade social assumida pelos católicos fiéis a João XXIII. Multiplicam-se rapidamente, atingindo 60 mil núcleos no país, principalmente nas favelas e no campo. Leonardo Boff, teólogo brasileiro de prestígio mundial, passa a ser objeto de ódio da Igreja reacionária — especialmente da que acoberta a TFP —, que exige do Vaticano sua cassação e silenciamento. Dom Marcelino Bicego, bispo de Carolina, morre inesperadamente no Maranhão, provavelmente envenenado pelos que odiavam seu trabalho em defesa dos lavradores do local. É expulso do Brasil, por exigência dos usineiros de Pernambuco, o padre Miracapillo, que se nega a rezar uma missa pela prosperidade dos ricos. Plínio Salgado volta à cena com a difusão prodigiosa de um Código de Ética do Estudante, que compreendia a doutrina da sua trilogia: Deus, Pátria e Família. A Ação Integralista se reestrutura como associação cultural, com o nome de ABC, que opera com base numa relação de 1,5 mil integralistas em cargos de chefia do governo.

Mário Juruna vai à Holanda presidir o Tribunal Bertrand Russel. Espantado de ver tantos indígenas perseguidos no mundo, se pergunta se nos outros países também há gente não parida, como os coronéis da Funai. Tribunal condena a prelazia salesiana do rio Negro por prática sistemática de etnocídio contra milhares de indígenas na região. São assassinados a pancadas o líder Apurinã, por José Ribeiro, seringalista de Tapauã, do Amazonas; à bala, dois guajajaras, Mateus e Moacir, de Barra do Corda, no Maranhão, e, numa emboscada, o cacique Kretã dos caingangues, do Paraná, que defendia as terras da tribo contra a grilagem da [madeireira] Slaviero, com conivência da Funai.

Bandos terroristas colocam bomba no apartamento em que Brizola se hospedava num hotel no Rio de Janeiro; na Escola de Samba Acadêmicos do Salgueiro; na Câmara dos Vereadores, que mutila um funcionário; na Ordem dos Advogados do Brasil, que mata Lyda Monteiro da Silva e fere seis pessoas; e outra, que explode no colo do sargento, matando-o e ferindo o motorista do carro no estacionamento do Riocentro, durante *show* de MPB.

Justiça eleitoral doa a Ivete Vargas a sigla PTB. Brizola chora, mas cria o PDT, Partido Democrático Trabalhista. Lula cria o PT, aglutinando os católicos de esquerda, lideranças operárias e vários intelectuais socialistas. Tancredo larga o PMDB e cria o PP. Instituídas as eições diretas para governador — porém, passa a ser obrigatória a vinculação do voto ao mesmo partido. Luís Carlos Prestes, aos 80 anos, é exonerado do cargo de secretário-geral do Partido Comunista, que exercia há mais de 40 anos, para dar seu posto a um tarefeiro. Tudo dentro do ideário stalinista. O poder vai se tornando insuportável para Figueiredo. Produção anual de automóveis pelas multinacionais alcança o cume com 1.165.174 veículos, mas a partir daí cai. Os aparelhos de rádio saltam para 50 milhões. Seca no Nordeste começa em 1979 e já matou 3 milhões de pessoas. O Ipea verifica que 60% dos brasileiros vivem com tanta fome que não conseguem manter o complexo cerebral e neurológico indispensável para a conduta inteligente. (Adaptado de Ribeiro, 1985)

As notícias do último ano da década de 1970 dão conta da concretização de muito do que já vinha sendo anunciado durante os últimos dez anos. A importância do papel de uma Igreja renovada, ao lado dos pobres e aliada aos movimentos populares, com as lideranças católicas assumindo papel decisivo na denúncia das atrocidades que vêm sendo cometidas pelo governo ditatorial. Na Igreja também se encontram aliados fundamentais na formação e na defesa dos mais pobres, inclusive das lideranças sindicais. Ao lado de pequenos grupos da sociedade civil, são as únicas vozes institucionais que se manifestam contra o genocídio das populações indígenas. De outro lado, há um acirramento de forças de direita, que saem pelas ruas distribuindo bombas, atacando escolas de samba, câmara de vereadores, redações de jornais, a OAB e *show*s musicais, principalmente no Rio de Janeiro. Há uma reação dos católicos mais reacionários, defensores da tríade tradição, família e propriedade, contra a "abertura", mas esses grupos já não têm o mesmo eco social. São momentos tensos, mas logo a formação de novos partidos e a composição de novos grupos políticos, com velhas e novas lideranças, tomam a frente dos debates.

Alguns encontros com nossos companheiros de viagem já insinuam percursos desta década. Nessa despedida, concretizam-se caminhos que começaram a ser traçados e deixam o sabor do que poderá surgir neste começo de década. Caminhando na região da avenida Paulista, encontro João, um de nossos atores, o mais jovem do grupo, que dá algumas pistas sobre seu caminho.

> Agora dei uma desbundada. É a volta do Caetano do exílio, Gil, começamos a ouvir muito essas músicas, e estou indo para outro lado, buscar outros caminhos de ampliação da consciência, outras experiências. Está acabando essa movimentação política conjunta, e começo a conviver mais com as pessoas que se engajaram na política partidária. Não gostei, não consigo me enquadrar nesse tipo de ordem. Na peça *Pano de boca*, em 1976, fiz papel de um personagem chamado Marx. Toda hora falava: "Questão de ordem!". Fui trabalhar essa minha questão de ordem.
>
> [...]
>
> Abrem-se as portas para várias experiências. Começo uma busca espiritual: frequentei umbanda, igreja presbiteriana, tomei daime, fui do Osho, até que comecei a praticar tai chi chuan, que mudou completamente a minha percepção. Comecei a meditar, fazer tai chi, essa busca espiritual de estudar bastante, buscando uma transformação minha através do interior, de um comportamento que pudesse servir de exemplo para a modificação da sociedade. Vim morar na alameda Joaquim Eugênio de Lima, comecei a fazer teatro e televisão ao mesmo tempo. (João Signorelli, depoimento)

Apesar de esse tipo de caminho, mais místico, já estar presente em alguns, nem todos seguem essa direção. Pouco depois do encontro com João, encontro com Dagomir. Bem entusiasmado, ele tem desdobramentos de suas investidas nas comunicações, e nos conta:

> Não temos mais a referência da Faap, mas continuamos juntos. Viramos uma espécie de organismo, sempre inventando alguma coisa, trabalhando. Agora teve uma briga na casa, um de nós foi afastado por mau comportamento, e o resto foi para a casa na rua André Dreyfus, no Sumaré, onde acontecem muitas coisas. É uma casa imensa. As ruas são ladeiras, a casa tem dois andares, mais um porão que serve de base para as nossas operações, e até no quarto de empregada, lá embaixo, tem gente morando. É uma comunidade mesmo. Farra contínua, total produção.
>
> Quando tem festa é garantido, as pessoas vão de olho fechado, pois sabem que, no mínimo, vai acabar com polícia batendo na porta. Abaixamos a música e convidamos os caras pra entrar, entram e bebem com a gente. Estamos numa fase em que criamos nossas coisas, fotonovela, quadrinhos, filme. Através do Roberto Navarro, temos um programa de rádio na Excelsior FM. Está sendo outra experiência fabulosa, se chama *Rádio Pirata*, às sextas-feiras. Na gravação, faço o planejamento básico com o Navarro. Chegando lá, chamamos quem estiver a

fim de ir. Vira outra festa, vão umas dez pessoas. Fazemos uma radionovela, chamada *O destino quis assim*, e quem estiver ali vai fazer algum papel. As pessoas adoram, é uma forma de diversão maravilhosa.
[...]
É revolucionário, porque tocamos *rock*, que as rádios não tocam! Usamos isso como bandeira, "Rádio Pirata: O programa que toca *rock!*". Tem um fanatismo nosso pelo Frank Zappa, somos tipo doutrinadores, todo programa tem uma música dele, falamos dele, da banda dele. Esta casa está sendo um período realmente cheio de atividade, tudo tá concentrado. Escrevo pra vários jornais, revistas, faço um trabalho que adoro, que é o folhetim, escrevo folhetim para a revista *Homem*, com uma história do detetive Castro. Fiz três histórias seguidas, adoro, ganho meio mal, mas adoro, penso que é o que quero fazer da vida. É uma história em que o detetive Castro, que acha que é o Humphrey Bogart, fala como se estivesse vivendo em Chicago, mas mora na Rego Freitas. É muito legal fazer. (Dagomir Marquezi, depoimento)

***

Nascem e se expandem, para além dos partidos, os movimentos de massa, formados por associações de moradores, mulheres, negros, índios, homossexuais e ecologistas. Sua ação social junto à população carente e a camadas oprimidas vai gerando lideranças de novo tipo, mais legítimas e autênticas, aliadas às facções da Igreja engajadas nas lutas sociais e nos partidos de esquerda. Greve dos metalúrgicos em São Paulo, por 41 dias, apesar da prisão de seus líderes, lança nacionalmente o nome de Lula. Começa a luta do mulherio contra o machismo do Código Civil brasileiro, que exige comprovação de virgindade pelo marido para legitimar o casamento civil; autoriza o pai a deserdar a filha que considere desonesta, e entrega o mando e a regência do lar ao marido, mesmo que seja um banana. Seis esposas mineiras são assassinadas a tiros por seus valentes maridos, revoltados de tanta dor de corno. Mulheres picham as ruas de Belo Horizonte: "Quem ama não mata". Realiza-se em São Paulo, com a participação de oitocentos representantes de todo o país, o Primeiro Encontro de Homossexuais. (Ribeiro, 1985)

As notícias dão conta de alterações fortes na ação das mulheres: há uma radicalização das antes tímidas ações em congressos, e alguns novos jornais alternativos. Na frente do prédio da *Gazeta*, vejo Raquel, muito falante e animada, que conta:

O *Jornal Mulherio* surgiu na Fundação Carlos Chagas, de uma mistura de vários grupos, mas o pessoal mais importante é ligado à Fundação. Anterior a ele, existiam *Nós Mulheres* e o *Brasil Mulher*. Agora os dois minguaram, o que justificou a necessidade de sair outra coisa. Falando do Movimento Feminista, tem muita coisa acontecendo. Os programas de televisão estão sendo bem divertidos.

[...]

Irede Cardoso era jornalista da *Folha de S.Paulo*, e uma das pessoas que facilitava nossa vida divulgando no jornal notas do primeiro e do segundo congresso, do movimento de luta por creche. Foi convidada para bolar um programa que se chama *Mulheres*, na TV Gazeta, e me convidou para ajudá-la. A mim, Leila Reis, Silvia Poppovic... um mês antes de estrear o programa, foi convidada a fazer não sei o que nos Estados Unidos, foi embora e largou o programa na minha mão. O programa emplacou durante algum tempo, só que Irede, a grande idealizadora, estava longe, e eu, que não sou jornalista, tive que esgrimir com o diretor executivo do programa. O embate se dá entre nós, eu querendo colocar mais conteúdo e mais seriedade possível, e ele querendo fazer um programa de auditório, de bate palmas, daqueles em que se lê cartas de leitoras dizendo: "Dra. Raquel, meu marido me bate, o que é que faço?". "Dra. Raquel, por favor, dê uma resposta". Eu digo: "Psicólogo não dá respostas, tem que refletir sobre a situação..". Consegui ficar três meses nesta história. Depois disso, o programa ficou nas mãos da professora de inglês, que virou apresentadora, e acabou. Irede bolou outro programa, que é mais conhecido, na Globo, com a Marta Suplicy, que é o *TV Mulher*. Não sei se podemos caracterizar isso como coisa do movimento feminista... acho que sim e não, porque não é uma atividade do movimento, mas é uma tentativa de abrir um espaço na grande mídia para permitir a ampliação da discussão sobre a mulher, na medida dos limites impostos pelo meio. Um marco importante que, de um lado, proporciona maior divulgação da questão, disseminação da discussão e, de outro, tem a propaganda se apoderando um pouco da coisa e dando a volta. (Raquel Moreno, depoimento)

***

Cinema: Sucesso de *Bye Bye Brasil*, de Cacá Diegues, e fracasso de *Idade da pedra*, de Glauber Rocha. Sylvio Back alcança êxito com *Revolução de 30*, destaque para *Pixote*, de Héctor Babenco, e *Iracema*, de Jorge Bodanzky.

Publicações: Lygia Bojunga Nunes, que vinha renovando o teatro infantil, publica *O sofá estampado*. Carlos Drummond de Andrade retoma lirismo da juventude com *A paixão medida*. Estouro nas edições infantis: 1.150 títulos, 16 milhões de tiragem, metade de autores nacionais. As revistas eróticas se multiplicam, desvendando também os homens nus. Alfredo Sirkis, ex-guerilheiro, publica seu depoimento *Os carbonários*, que a nova geração lê ávida.

Música: A música se renova e vira espetáculo com o *rock* nativo, irreverente e irrefreável de Rita Lee, toda feita de talento e audácia: "Não tenho grana para pagar o motel/ Não sou do tipo que frequenta bordel/ Papai me empresta o carro/ Para eu tirar um sarro com meu bem". Musicalidade nordestina explode com o talento de Elba Ramalho.

Artes plásticas: ganham os indígenas, com a exposição *Arte Plumária*, no Masp, em São Paulo, que percorre o mundo. (Adaptado de Ribeiro, 1985)

Na área cultural, é muito importante a entrada em cena, nas telas do cinema, de alguns personagens da trágica situação do povo brasileiro. Objeto de muita luta por direitos na década que se encerra, os "menores" abandonados são retratados no filme-denúncia *Pixote: a lei do mais fraco*. Sobem ao "palco" a população indígena e a Amazônia, com a preciosa *Iracema: uma transa amazônica*. A forte repressão do regime rompe a fórceps o universo das publicações com *Os carbonários*, depoimento de Alfredo Sirkis sobre a guerrilha urbana. Na área musical, além do tal do *rock and roll*, ganha ainda mais espaço a música brasileira nordestina. Em meio a toda essa efervescência, Koji, representante do nosso grupo no Sesc, conta que mais algumas transformações estão para ocorrer em breve.

É no Pompeia que o projeto Sesc se concretiza. Ficam prontos o projeto da Lina Bo Bardi, a concepção arquitetônica e a corporificação da gestão. O sentido é tornar um espaço de vida cultural marcante, não só para aquilo que é o convencional, mas para o que é transformador. A turma é muito boa, por isso acontece. Quem cria a denominação e o conceito de animador cultural é o Sesc. A maioria do pessoal é formada em letras e educação física. O Pompeia é o local de concretização do projeto, não só na concepção espacial, mas na proposta. As duas unidades que chamam a atenção são os projetos do Sesc Interlagos e do Pompeia. Há toda a parte mais convencional, com esportes, churrasco de fim de semana, e a parte cultural, que dá outro sabor. Mas o mais importante está acontecendo no Pompeia, e quem está na coordenação é o Ivan Giannini. É um personagem da vida cultural, tem trabalhos legais que fizeram com registro de áudio, um acervo editado de coleta e registro de campo. (Koji Okabayashi, depoimento)

Nas publicações e no humor também se ensaiam alguns passos novos. Prometem longo e hilário caminho de síntese de todas as transformações de comportamento que a década trouxe, e ainda vão nos dar muito prazer. Angeli dá alguns indícios do que virá:

> O Wood e o Stock são dois velhos *hippies*. Eu me identifico muito com eles porque fui meio "hippongo", e acredito nesse discurso da libertação. O mundo está mudando muito. As mulheres ganhando espaço, as liberdades estão sendo discutidas, as crianças, educadas de modo diferente, o ensino é diferente. O namorado come a namorada e o namorado come o namorado também. O mundo mudou muito depois desta década. Muitos dizem: "O movimento *hippie* não deu certo". Deu certo, sim. Trato o Wood e o Stock com muito carinho porque tenho amigos iguais. Agora, se estou com esses amigos, o tempo todo fico criando piadas com eles. Sou da geração *hippie*, mas tudo dá para criticar, pra levantar defeitos.
>
> [...]
>
> Recebi críticas por ter mudado de direção, principalmente com Meia Oito, um dos primeiros personagens de sucesso. O nome era uma referência a Maio de 68, um cara de bonezinho, barbinha, capotinho, um "Che Guevarinha" e, como eu fazia trabalhos para o Partidão, mesmo não tendo a carteirinha do partido e não podendo frequentar a piscina, tinha participações, algumas funções: "Ó, vamos fazer um folheto para o sindicalista tal...". Mas nunca deixei de ser cabeludo de camisa estampada, brinco e tal. Nas reuniões, era uma gozação geral, implicavam com meu jeito. E eu pensava: "Puta, sou um corpo estranho nesta merda aqui". Um dia, conversando com um amigo *gay* militante dos primórdios do PT, ele me disse que levantou a questão homossexual e todo mundo caiu de pau. "Cala boca, como é que você vem agora falar disso!?". É estranha essa posição da esquerda, esse moralismo, vai contra tudo o que eu achava quando escutava Bob Dylan, o discurso libertário da geração *hippie*. Então fiz o 68 para gozar esse tipo de coisa e logo levantou gente gritando: "Humor que serve à direita". (*Caros amigos*, ano 5, n. 50, maio 2001)

Nosso companheiro de viagem Mouzar, que já marcou ou marca presença em quase todos os jornais alternativos, ainda põe mais lenha na fogueira das publicações:

Conheci o Henfil agora, mas já era fã dele do *Pasquim*. Sou colaborador, mas fico aqui e ele no Rio, este ano veio para cá. O Quino fez um acordo com a editora Global para a versão da *Mafalda* e queria que o Henfil fizesse, mas ele não tem tempo. Paulo Shilling, que chegou agora, é cara de confiança da Global, autor da editora, propôs que eu fizesse a versão e o Henfil desse um toque. A primeira vez que vi o Henfil foi num almoço com ele e o Quino para tratar disso. Toda vez que acaba a versão, levo para discutir com ele.

Depois da publicação, não vi mais o Henfil. Uma vez o *Pasquim* estava mal das pernas e pediu aos ex-colaboradores para voltarem a colaborar de graça, para ver se isso salvava o jornal. Eu fiz umas matérias e falaram: "Leva lá na casa do Henfil que ele manda para cá, no malote". Fui lá e foi muito divertido, não me lembro como foi o papo, mas ele me chamou pra trabalhar como ator no programa do minuto que ele tinha na televisão. Foi minha grande experiência como ator. Fiz o papel de defunto, quase perfeito. Se bem que a Célia viu e disse que eu ficava piscando, porque a vela ficava pingando na minha mão. Ele me falou que queria que eu perdesse o medo da câmera, porque estava pensando em fazer um filme, *Tanga (Deu no New York Times?)*. Faria aqui em São Paulo, estava selecionando atores e queria que eu trabalhasse. Cada pessoa era uma organização guerrilheira, no filme dele eu ia ser uma organização. Henfil, antes de existirem os *talk shows*, tinha bolado um programa de entrevistas, humor e mais um monte de coisas. Aconteceria na TV Cultura, estava tudo certo — a TV Cultura é interessante. Mesmo durante a ditadura, teve administração, conselho curador, tudo muito independente. Mas o PMDB ganhou as eleições com o Montoro para governador e tomou posse da Cultura. (Mouzar Benedito, depoimento)

REFERÊNCIAS BIBLIOGRÁFICAS

ABRIL CULTURAL. Coleção Nosso Século 1960-1980. São Paulo: Abril Cultural, 1980, 5 v.
ALMADA, I. *Teatro de Arena, uma estética de resistência*. São Paulo: Boitempo, 2004. Coleção Paulicéia.
ARGAN, G. C. *História da arte como história da cidade*. São Paulo: Martins Fontes, 1992.
AZEVEDO, R. *Por um triz: memórias de um militante da AP*. São Paulo: Plena Editorial, 2010.
BARBARA, F. "São Paulo nos últimos 50 anos: práticas urbanas consolidadas". Em: VÁRIOS AUTORES. *1968: reflexos e reflexões*. São Paulo: Edições Sesc São Paulo, 2018.
BORELLI, H. *Noites paulistanas: histórias e revelações musicais das décadas de 50 e 60*. São Paulo: Arte & Ciência, 2005.
BOSI, E. *O tempo vivo da memória*. São Paulo: Ateliê, 2004.
CAMARGO, C. P. *São Paulo 1975: crescimento e pobreza*. São Paulo: Loyola, 1976.
CAMPOS, C. A. (1988). *Zumbi, Tiradentes*. São Paulo: Perspectiva/Edusp, 1988.
CANDIDO, A. *Florestan Fernandes*. São Paulo: Fundação Perseu Abramo, 2001.
____. *Textos de intervenção*. São Paulo: Duas Cidades/ Editora 34, 2002.
CASTRO, R. *Chega de saudade: a história e as histórias da bossa nova*. São Paulo: Companhia da Letras, 1990.
COELHO, C. N. "A contracultura: o outro lado da modernização autoritária". Em: KHEL, M. R. et al. *Anos 70: trajetórias*. São Paulo: Iluminuras, 2006.
COMODO, R. "Cultura de resistência: luta e prazer contra a ditadura". Em: CAMPOS, M. C.; GAMA, L. H.; SACCHETA, V. (orgs.). *São Paulo, metrópole em trânsito: percursos urbanos e culturais*. São Paulo: Senac, 2004.
COSTA, C. T. *Cale-se: a saga de Vannucchi Leme; a USP como aldeia gaulesa; o show proibido de Gilberto Gil*. São Paulo: Girafa, 2003.
COSTA, L. M. *História sem salvaguardas*. São Paulo: Lampião, 1978.
DIAS, L. *Anos 70: enquanto corria a barca*. São Paulo: Senac, 2003.
DIRCEU, J. "O movimento estudantil em São Paulo". Em: GARCIA, M. A.; VIEIRA, M. A. (orgs.) *Rebeldes e contestadores*. São Paulo: Fundação Perseu Abramo, 1999.
ENCICLOPÉDIA ITAÚ CULTURAL. "Dzi Croquettes". Disponível em: <https://enciclopedia.itaucultural.org.br/grupo399377/dzi-croquettes>. Acesso em: 6 jun. 2022.
FELDMAN, S. "A configuração espacial da metrópole". Em: CAMPOS, M. C.; GAMA, L. H.; SACCHETA, V. (orgs.). *São Paulo, metrópole em trânsito: percursos urbanos e culturais*. São Paulo: Senac, 2004.
FEVORINI, R. "Assim nasceu o Equipe. Em coletivo". Em: *Equipédia: O livro dos 50 anos do Colégio Equipe*. São Paulo: Grupo Educacional Equipe, 2019, pp. 38-40.
FREIRE, R. *Eu é um outro: autobiografia de Roberto Freire*. Salvador: Maianga, 2002.
GALVÃO, W. N. "Nas asas de 1968: rumos, ritmos e rimas". Em: GARCIA, M. A.; VIEIRA, M. A. (orgs.). *Rebeldes e contestadores*. São Paulo: Fundação Perseu Abramo, 1999.
GAMA, L. H. Manuscritos (1992, 2018, 2019).
GAMA, L. H., "Novos centros e intensas movimentações democráticas". Em: CAMPOS, M. C.; GAMA, L. H.; SACCHETA, V. (orgs.). *São Paulo, metrópole em trânsito: percursos urbanos e culturais*. São Paulo: Senac, 2004.
GARCIA, M. A.; VIEIRA, M. A. (orgs.) *Rebeldes e contestadores*. São Paulo: Fundação Perseu Abramo, 1999.

GAÚNA, R. *Rogério Duprat: sonoridades multiplas*. São Paulo: Editora Unesp, 2001.
HATOUM, M. *Pontos de fuga: o lugar mais sombrio*. São Paulo: Companhia das Letras, 2019.
HOHAGEN, L. "João Sebastião Bar". Disponível em: <http://contosdolafa.blogspot.com/2009/03/1966.html?m=1>. Acesso em: 6 jun. 2022.
JESUS, C. M. *O quarto de despejo*. São Paulo: Francisco Alves, 1960.
KHEL, M. R. "As duas décadas dos anos 70". Em: KHEL, M. R. *et al. Anos 70: trajetórias*. São Paulo: Iluminuras, 2006.
KHEL, M. R. *et al. Anos 70: trajetórias*. São Paulo: Iluminuras, 2006.
KOWARICK, L. "Os movimentos sociais nos anos 1970". Em: MAUES, F.; ABRAMO Z. W. (orgs.). *Pela democracia, contra o arbítrio*. São Paulo: Fundação Perseu Abramo, 2006.
KUCINSKI, B. *Jornalistas e revolucionários nos tempos da imprensa alternativa*. São Paulo, Scritta, 1991.
LANCELOTTI, Silvio. *Revista da Folha*.
LEE, R. *Uma autobiografia*. São Paulo: Globo Livros, 2016.
MACIEL, L. C. *Geração em transe: memórias do tempo do tropicalismo*. Rio de Janeiro: Nova fronteira, 1996.
MANTEGA, G. (org.) *Sexo e poder*. São Paulo: Círculo do Livro, 1982.
MARCONDES, C. "Anos incríveis". Em: MAUES, F.; ABRAMO Z. W. (orgs.). *Pela democracia, contra o arbítrio*. São Paulo: Fundação Perseu Abramo, 2006.
MATOS, O. C. "Feminismo: reforma ou revolução?". Em: MANTEGA, G. (org.). *Sexo e poder*. São Paulo: Círculo do Livro, 1982.
_____. "Tardes de maio". Em: GARCIA, M. A.; VIEIRA, M. A. (orgs.). *Rebeldes e contestadores*. São Paulo: Fundação Perseu Abramo, 1999.
MELLO, Z. H. *A era dos festivais, uma parábola*. São Paulo: Editora 34, 2003.
OLIVEIRA, A. *São Paulo em Foco.com.br*.
OLIVEIRA, L. F. *Em um porão de São Paulo: o Lira Paulistana e a produção alternativa*. São Paulo: Annablume, 2002.
PALMEIRA, V. "Os valores de 1968". Em: GARCIA, M. A.; VIEIRA, M. A. (orgs.). *Rebeldes e contestadores*. São Paulo: Fundação Perseu Abramo, 1999.
REIS FILHO, D. A. "Aproximações, contrastes e contradições entre paradigmas de mudança social: os cinquenta anos de 1968". Em: Vários autores, *1968: Reflexos e reflexões*. São Paulo: Edições Sesc São Paulo, 2018.
REIS FILHO, D. A.; MORAES, P. *68: a paixão de uma utopia*. Rio de Janeiro: Espaço e Tempo, 1988.
RIBEIRO, D. *Aos trancos e barrancos*. Rio de Janeiro: Editora Guanabara, 1985.
RIDENTI, M. "Breve recapitulação de 1968 no Brasil". Em: GARCIA, M. A.; VIEIRA, M. A. (orgs.). *Rebeldes e contestadores*. São Paulo: Fundação Perseu Abramo, 1999.
RISÉRIO, A. "Duas ou três coisas sobre a contracultura no Brasil. Em KHEL, M. R. *et al. Anos 70: trajetórias*. São Paulo: Iluminuras, 2006.
ROLNIK, R. *São Paulo*. São Paulo: Publifolha, 2001. Coleção Folha Explica.
ROLNIK, R.; KOWARICK, L.; SOMEKH, N. (orgs.). *São Paulo: crise e mudança*. São Paulo: Brasiliense, 1990.
SALINAS FORTES, L. R. *Retrato falado*. São Paulo: Editora Unesp, 2018.
SEVCENKO, N. "Configurando os anos 70: a imaginação no poder e a arte nas ruas". Em KHEL, M. R. *et al. Anos 70: trajetórias*. São Paulo: Iluminuras, 2006.
SIMÕES, I. *O imaginário da Boca*. São Paulo: CCSP/SMC, 1989.
_____. *Salas de cinema em São Paulo*. São Paulo: PW Editores / SMC/ SEC, 1990.
TAPAJÓS, R. "Influência de 1968 na criação artística". Em: GARCIA, M. A.; VIEIRA, M. A. (orgs.). *Rebeldes e contestadores*. São Paulo: Fundação Perseu Abramo, 1999.
TATIT, L. "A canção moderna". Em KHEL, M. R. *et al. Anos 70: trajetórias*. São Paulo: Iluminuras, 2006.
VÁRIOS AUTORES. *1968: Reflexos e reflexões*. São Paulo: Edições Sesc São Paulo, 2018.
VELOSO, C. *Verdade tropical*. São Paulo: Companhia das Letras, 1997.
VENTURA, Z. "A nostalgia do não vivido". Em: GARCIA, M. A.; VIEIRA, M. A. (orgs.). *Rebeldes e contestadores*. São Paulo: Fundação Perseu Abramo, 1999.

VICTOR, A.; LINS, J. *Ariano Suassuna, um perfil biográfico*. Rio de Janeiro: Zahar, 2007.
VILLAÇA, F. "Elites, desigualdade e poder municipal". Em: CAMPOS, M. C.; GAMA, L. H.; SACCHETA, V. (orgs.). *São Paulo, metrópole em trânsito: percursos urbanos e culturais*. São Paulo: Senac, 2004.

REVISTAS
Caros Amigos (Ano 1, n. 6, 1997). "Plínio Marcos o maldito divino".
Caros Amigos (Ano 5, n. 50, maio 2001). "Angeli matador".
LOMBARDI, R. "Os bons tempos do Paribar". *O Estado de S. Paulo*, Caderno Cidades, 3 fev. 1997.
Mais 60. "Marika Gidali, 79 anos. Bailarina". Disponível em: <https://portal.sescsp.org.br/online/artigo/10425_MARIKA+GIDALI+79+ANOS+BAILARINA>. Acesso em: 6 jun. 2022.
NASSIF, L. "A saga do bar do Alemão". Disponível em: <https://www1.folha.uol.com.br/fsp/dinheiro/fi2804200210.htm>. Acesso em 6 jun. 2022.
OLIVEIRA, A. "Galeria metrópole". Jornal *O Coração da Cidade SP*, ano 1, n. 4, fev. 1996.

EXPOSIÇÕES
CENTRO CULTURAL DE SÃO PAULO. *Trajetória do negro no espaço paulistano*. São Paulo: Centro Cultural São Paulo, 1988 (boneco de exposição).

DEPOIMENTOS COLHIDOS PELA AUTORA
Alberto Lira. Entrevista realizada em 23 abr. 2003.
Antônio Aguillar. Entrevista realizada em 10 nov. 2006.
Carlinhos Antunes. Entrevista realizada em 10 abr. 2020.
Celso Frateschi. Entrevista realizada em ago. 2013.
Dagomir Marquezi. Entrevista realizada em jul. 2011.
Idibal Pivetta. Entrevista realizada em 11 maio 2007.
Ignácio de Loyola Brandão. Entrevista realizada em 27 abr. 2007.
Izaías Almada. Entrevista realizada em 7 jul. 2003.
João Carlos Botezelli (Pelão). Entrevista realizada em 29 mar. 2007.
João Signorelli. Entrevista realizada em 18 abr. 2011.
Koji Okabayashi. Entrevista realizada em 5 maio 2011.
Luciano Martins. Entrevista realizada em 11 mar. 2003.
Luis Nassif. Entrevista realizada em 22 maio 2007.
Luiz da Orquestra. Entrevista realizada em 25 jun. 2003.
Luiz Roncari. Entrevista realizada em 22 ago. 2003.
Mara Rasmussen. Entrevista realizada em 15 jul. 2011.
Maria Adelaide Amaral. Entrevista realizada em 26 jun. 2003.
Marika Gidali. Entrevista realizada em jun. 2011.
Mouzar Benedito. Entrevistas realizadas em 12 dez. 2002 e 11 fev. 2003.
Nair Benedicto. Entrevista realizada em set. 2011.
Olgária Matos. Entrevista realizada em 9 jun. 2011.
Raquel Moreno. Entrevista realizada em 13 mar. 2003.
Regina Muller. Entrevista realizada em 15 jul. 2011.
Rudá de Andrade. Entrevista realizada em 24 maio 1995.
Sergio Papi. Entrevista realizada em jun. 2020.
Sônia Lorenz. Entrevista realizada em 16 abr. 2003.
Ugo Giorgetti. Entrevista realizada em 3 maio 2007.
Vallandro Keating. Entrevista realizada em 10 jan. 2003.
Wagner Carelli. Entrevista realizada em 27 maio. 2011.
Walnice Nogueira Galvão. Entrevista realizada em 28 jun. 2011.

CRÉDITOS DAS IMAGENS

PÁG. 21 Acervo Monica Mortara /fotógrafo desconhecido.
PÁG. 33A Acervo Rai Duprat.
PÁG. 33B Acervo Héctor Costita.
PÁG. 37A Reprodução da capa da primeira edição de Quarto de despejo, desenho de Cyro del Nero. Rio de Janeiro: Livraria Francisco Alves, 1960.
PÁG. 37B Foto da quarta capa do livro Quarto de despejo, idem.
PÁG. 43A Acervo Héctor Costita.
PÁG. 43B Acervo Iconographia/SP.
PÁG. 43C Acervo Monica Mortara /fotógrafo desconhecido.
PÁG. 58A Acervo Aflalo/Gasperini Arquitetos.
PÁG. 58B Acervo Aflalo/Gasperini Arquitetos.
PÁG. 60A Foto Michael Alves dos Santos/ Correia Leite (1988)/Acervo fotográfico do Museu da Cidade de São Paulo
PÁG. 60B Acervo Héctor Costita.
PÁG. 68 Acervo de Pelão.
PÁG. 80 Acervo da autora.
PÁG. 90A Acervo Iconographia/SP.
PÁG. 90B Acervo Héctor Costita.
PÁG. 96 Acervo da autora.
PÁG. 109 Foto Mujica Saldanha.
PÁG. 114A Acervo da autora.
PÁG. 114B Acervo Ignácio de Loyola Brandão.
PÁG. 130 Foto Mujica Saldanha.
PÁG. 134A Revista Realidade / Acervo da Associação de Ex-Alunos do Colégio Vocacional.
PÁG. 134B Acervo Toni Venturi.
PÁG. 136A Acervo Toni Venturi.
PÁG. 136B Acervo Toni Venturi.
PÁG. 151 Acervo Ignácio de Loyola Brandão.
PÁG. 160 Acervo Héctor Costita.
PÁG. 171 Acervo da autora.
PÁG. 189 Acervo Toni Venturi.
PÁG. 243 Acervo Sônia Lorenz.
PÁG. 285 Acervo Sônia Lorenz.
PÁG. 289A Acervo de Pelão.
PÁG. 289B Acervo Simone Alcântara.
PÁG. 297 Acervo da autora.
PÁG. 329A Acervo da família.
PÁG. 329B Acervo da família.
PÁG. 332A Acervo de Pelão.
PÁG. 332B Acervo da família.
PÁG. 336A Foto Sergio Sade / Acervo da família.
PÁG. 336B Foto Sergio Sade / Acervo Dagoberto Marques Filho.
PÁG. 342 Acervo Raquel Moreno.
PÁG. 352 Foto Mujica Saldanha.
PÁG. 359A Acervo da família.
PÁG. 359B Acervo da família.
PÁG. 364 Foto Ennio Brauns/Foto&Grafia.
PÁG. 384A Acervo Raquel Moreno.
PÁG. 384B Acervo da autora.
PÁG. 389 Acervo Sônia Lorenz.
PÁG. 394 Acervo da autora.
PÁG. 402 Foto Ennio Brauns/Foto&Grafia.
PÁG. 406A Acervo Sônia Lorenz.
PÁG. 406B Foto Ennio Brauns/Foto&Grafia.
PÁG. 428 Foto Mujica Saldanha.
PÁG. 442 Foto Ennio Brauns/Foto&Grafia.
PÁG. 447 Foto Mujica Saldanha.
PÁG. 457 Foto Ennio Brauns/Foto&Grafia.
PÁG. 460A Acervo Cícero Françozo.
PÁG. 460B Acervo Sônia Lorenz.
PÁG. 463 Foto Ennio Brauns/Foto&Grafia.
PÁG. 468A Acervo da família.
PÁG. 468B Foto Jesus Carlos/Imagens.
PÁG. 472A Foto Jesus Carlos/Imagens.

SOBRE A AUTORA

Lúcia Helena Gama é doutora em Sociologia pela Faculdade de Filosofia, Letras e Ciências Humanas da USP, trabalhou por mais de vinte anos na área do patrimônio histórico na cidade e no Estado de São Paulo. Durante muito tempo se dedicou à utilização da memória oral como fonte de pesquisa histórica e social, tendo passado por formação nesse sentido no Centro de Estudos Rurais e Urbanos da USP e com a mestra Ecléa Bosi. Na década de 1990 se dedicou ao estudo da vida cultural e da sociabilidade na cidade de São Paulo, e sua transformação urbana, baseada em histórias de vida de estudantes, intelectuais e artistas do período, além de extensa pesquisa documental sobre as transformações da cidade. Essa pesquisa resultou na sua tese de doutorado, que posteriormente se tornou livro publicado pela Editora Senac com o título *Nos bares da vida: produção cultural e sociabilidade em São Paulo — 1940-1950*. Desde o início dos anos 2000, vem se dedicando à coleta de depoimentos de artistas e intelectuais, das mais diversas áreas, e à pesquisa documental que permitam a visualização dos caminhos que a cidade tomou nos anos 1960-70. A proximidade histórica do período tratado se enriquece com imagens, letras de música, poemas e locais ainda presentes nas nossas caminhadas pelas ruas de São Paulo.

FONTE ITC Avant Garde Gothic, Graphik e GT Alpina
PAPEL Pólen natural 70 g/m^2
IMPRESSÃO Ogra Indústria Gráfica Ltda.
DATA setembro de 2023

MISTO
Papel produzido a partir
de fontes responsáveis
FSC® C027686